개정판

GUIDE BOOK

소프트웨어 테스트 전문가(CSTS) 가이드

한국정보통신기술협회(TTA) 지음

도서출판 홍릉

[개정판]

소프트웨어 테스트 전문가(CSTS) 가이드

2019년 12월 20일 초　판 1쇄 발행
2021년　4월 10일 개정판 1쇄 발행
2026년　2월 3일 개정판 7쇄 발행

저　자: 한국정보통신기술협회(TTA)
발행인: 송 준
발행처: 도서출판 홍릉
주　소: 01093 서울시 강북구 인수봉로 50길 10
등　록: 1976년 10월 21일 제5-66호

전　화: 02-999-2274~5, 903-7037
팩　스: 02-905-6729
e-mail: hongpub@hongpub.co.kr
http://www.hongpub.co.kr
ISBN: 979-11-5600-856-9(93000)

정　가: 33,000원

본 도서는 TTA의 "SW 테스트 전문가 자격시험 수험서 개발" 연구용역
(연구원: 한성대 정인상교수, 부산대 채흥석교수) 결과물을 기반으로 출판되었습니다.

머리말

4차 산업혁명 시대, SW(소프트웨어)가 주요 산업의 핵심 요소로 자리 잡으면서, SW안전과 품질확보에 관심이 높아지고 있습니다. 특히 빅데이터, 인공지능(AI) 등 4차 산업 관련 다양한 기술 분야에서 SW테스팅이 SW안전과 품질을 확보하는 수단으로서의 중요성이 그 어느 때보다 강조되고 있습니다.

한국정보통신기술협회(TTA)는 2001년부터 다양한 SW 특성에 맞춰, 국제수준에 맞는 SW테스팅 환경을 구축하여 국내 SW산업경쟁력 강화에 기여하고 있습니다.

전 세계 소프트웨어 강국 중 하나인 인도의 SW산업협회(NASSCOM)에 따르면, 세계 SW 개발시장에서 테스트가 차지하는 비중이 50%에 달한다고 합니다. SW테스트 자동화를 통해 비용을 줄이고 효율성을 제고하는 것이 주요 이슈로 부각되고 있습니다.

본 책자는 ISO 29119, ISO 25010 등 SW테스트 및 품질 관련 표준을 기반으로, SW테스트의 필요성과 기본개념, SW테스트 분류에 따른 다양한 설계 기법은 물론, SW테스트 계획에서부터 평가 및 개선에 이르기까지 SW테스트 프로세스 전반을 쉽게 이해할 수 있도록 정리했습니다.

SW테스팅 관련 책자가 많지 않은 국내 상황에서, TTA가 'SW테스트 전문가(CSTS) 자격시험'의 국가공인 획득을 계기로 본 책자를 발간함으로써, SW테스트 전문가 자격시험을 준비하는 수험생은 물론, SW 개발자부터 품질담당자 등 SW테스트에 관심 있는 모든 분들에게 유용하게 활용될 수 있기를 기대합니다.

2019년 12월

한국정보통신기술협회 회장 최영해

일러두기

Q&A로 풀어보는 CSTS 자격시험 제도 소개

Q1 CSTS 자격시험 제도는 무엇입니까?

CSTS는 Certified Software Test Specialist의 약자로 한국정보통신기술협회에서 'SW 직무능력을 평가하여 자격을 갖춘 인재 전문성을 검증하고 국내 소프트웨어 산업계에 검증된 전문 인력 배출'을 목적으로 '08년부터 개발·운영되어온 'SW 테스트 전문가' 자격시험을 말합니다.

Q2 CSTS 자격시험 등급이 어떻게 나누어져 있습니까?

CSTS 자격시험은 일반등급(Foundation Level)과 고급등급(Advanced Level) 등 2개의 등급으로 나누어져 있습니다.

- 일반등급: SW 테스트에 대한 기술이론 지식을 갖추고, 테스트 계획, 설계, 실행, 종료 등 테스트 프로세스를 이해하며 테스트 케이스를 설계할 수 있는 능력의 유무를 평가
- 고급등급: SW 테스트 기술이론 지식과 경험을 갖추고, 체계적으로 테스트 전략을 수립하며, 테스트 프로세스 활동을 평가하고 개선하는 등 테스트 프로세스 전반을 관리할 수 있는 능력의 유무를 평가

Q3 CSTS 자격시험의 구분 및 운영은 어떻게 됩니까?

구분	일반등급	고급등급
자격의 종류	국가공인 자격('20년~'24년) ※ '13년 9월~: 민간자격	민간자격('13년 9월~)
시험방법	필기	필기
시험문항	**총 70문항** • 선택형(4지선다) 50문항 • 선택형(진위형 ○/×) 10문항 • 서답형(단답) 10문항	**총 75문항** • 선택형(4지선다) 50문항 • 선택형(진위형 ○/×) 10문항 • 서답형(단답) 10문항 • 서답형(작업) 5문항
합격기준	75점 이상(100점 만점)	75점 이상(100점 만점)
시험장소	분당(TTA), 대구, 대전, 부산, 광주 ※ 광역도시 동시 실시	분당(TTA)
시험횟수	연 4회	연 2회
응시자격	제한없음	SW 개발 및 테스트 관련 5년 이상의 경력자 또는 CSTS 일반등급 자격취득자 중 해당 분야 3년 이상의 경력자
응시료	50,000원	70,000원

Q4 CSTS 자격시험 일정과 신청은 어떻게 합니까?

매년 초 TTA아카데미 홈페이지(https://edu.tta.or.kr)에 연간일정이 공지되며, 자격시험의 신청은 TTA아카데미 홈페이지에서 회원가입 후 신청하실 수 있습니다.

Q5 CSTS 자격증은 어디에 활용됩니까?

많은 기업에서 품질담당자 채용 시 SW 테스트 전문가(CSTS) 자격증 소지자를 우대하고 있습니다. 또한, 국가공인인 CSTS 일반등급은 「자격기본법 제30조 자격취득자에 대한 우대」 2항에 의거, 사업주는 근로자의 채용·승진·전보, 그 밖에 인사상의 조치를 하는 경우 해당 분야의 공인자격을 취득한 자를 우대할 수 있으며, 「학점인정 등에 관한 법률 시행령 제9조 학점인정 대상학교 등」 2항에 의거 학점인정의 대상이 됩니다.

차례

PART 01

테스트 개요

제1장 테스트 개요 ···· 2

1.1 테스트 목적 ···· 2
1.2 오류, 결함, 장애 ···· 2
1.3 테스트의 현실/실제 ···· 8
1.4 테스트와 품질 ···· 13
1.5 테스트 기본 용어 ···· 16
Exercise ···· 24

제2장 테스트 분류와 테스팅 방법 ···· 27

2.1 개요 ···· 27
2.2 테스트 분류 ···· 27
2.3 테스팅 방법 ···· 36
Exercise ···· 40

제3장 소프트웨어 개발 단계와 테스트 ···· 43

3.1 개 요 ···· 43
3.2 컴포넌트 테스트 ···· 45
3.3 통합 테스트 ···· 50
3.4 시스템 테스트 및 인수 테스트 ···· 56
3.5 리그레션 테스트 ···· 57
Exercise ···· 64

제4장 품질 특성과 비기능 테스트 ···· 67

4.1 개 요 ···· 67
4.2 기능 적합성 테스트 ···· 71
4.3 성능 효율성 테스트 ···· 71
4.4 호환성 테스트 ···· 75
4.5 사용성 테스트 ···· 77
4.6 신뢰성 테스트 ···· 80
4.7 보안성 테스트 ···· 81
4.8 유지보수성 테스트 ···· 82
4.9 이식성 테스트 ···· 85
Exercise ···· 88

차례

제5장 위험 기반 테스트 ······ 91
5.1 개 요 ······ 91
5.2 위험 분석 ······ 92
5.3 위험 기반 테스트 수행 ······ 96
Exercise ······ 103

제6장 소프트웨어 생명 주기 모델과 테스트 ······ 107
6.1 순차적 개발 모델 ······ 107
6.2 진화적 개발 모델 ······ 111
6.3 애자일 개발 모델 ······ 113
Exercise ······ 119

제7장 테스트 자동화 ······ 123
7.1 개 요 ······ 123
7.2 테스트 자동화 분야 및 테스트 도구 ······ 125
7.3 테스트 도구 선정 ······ 134
Exercise ······ 137

PART 02 테스트 설계기법

제8장 정적 테스트 ······ 142
8.1 개 요 ······ 142
8.2 리뷰 프로세스 ······ 143
8.3 관리 리뷰 ······ 144
8.4 기술 리뷰 ······ 145
8.5 인스펙션 ······ 145
8.6 워크쓰루 ······ 149
8.7 감사 ······ 150
8.8 정적 분석 ······ 150
Exercise ······ 162

차례

제9장 **구조 기반 테스트** 167

9.1 개 요 167

9.2 제어 흐름 그래프 167

9.3 구조 기반 테스트의 이해 169

9.4 문장 테스트 170

9.5 결정 테스트 173

9.6 조건 테스트 176

9.7 결정/조건 테스트 180

9.8 다중 조건 테스트 181

9.9 변형된 조건/결정 테스트(MCDC) 184

9.10 기본 경로 테스트 188

Exercise 193

제10장 **명세 기반 테스트** 200

10.1 개 요 200

10.2 동등 분할 201

10.3 분류 트리 기법 208

10.4 경곗값 분석 211

10.5 조합 테스트 215

10.6 결정표 테스트 223

10.7 상태 전이 테스트 226

10.8 시나리오 테스트 230

Exercise 238

차례

PART 03

테스트 프로세스

제11장 테스트 프로세스 개요 ······ 246
11.1 개 요 ······ 246
Exercise ······ 249
11.2 조직 테스트 프로세스 ······ 250
Exercise ······ 288
11.3 테스트 관리 프로세스 ······ 290
Exercise ······ 295
11.4 동적 테스트 프로세스 ······ 296
Exercise ······ 301
11.5 테스트 산출물 ······ 302

제12장 테스트 계획 ······ 305
12.1 개 요 ······ 305
12.2 테스트 컨텍스트 명세 ······ 307
12.3 위험 분석 ······ 311
12.4 테스트 전략 수립 ······ 314
12.5 테스트 수행 계획 수립 ······ 340
12.6 산출물 요약 ······ 344
Exercise ······ 345

제13장 테스트 설계/구현 및 테스트 환경 구축/관리 ······ 348
13.1 개 요 ······ 348
13.2 테스트 설계 및 구현 ······ 349
Exercise ······ 368
13.3 테스트 환경 구축 및 관리 ······ 370
13.4 산출물 요약 ······ 373
Exercise ······ 377

제14장 테스트 실행 및 결함 보고 ······ 378
14.1 개 요 ······ 378
14.2 테스트 실행 ······ 379
Exercise ······ 385

차례

14.3 결함 보고 ··· 387
Exercise ··· 399
14.4 산출물 요약 ··· 402

제15장 테스트 모니터링/제어 및 테스트 종료 ··· 405
15.1 개 요 ··· 405
15.2 테스트 모니터링 및 제어 ··· 406
Exercise ··· 415
15.3 테스트 종료 ··· 417
15.4 산출물 요약 ··· 425
Exercise ··· 427

제16장 테스트 평가 및 개선 ··· 429
16.1 개요 ··· 429
16.2 테스트 활동 평가 ··· 430
16.3 테스트 활동 개선 ··· 437
16.4 테스트 프로세스 평가 모델 ··· 442
Exercise ··· 450

부록 SW테스트전문가(CSTS) 자격시험 예제
SW테스트전문가(CSTS) 자격시험(FL) 일반등급 ··· 454
정답표 ··· 471
SW테스트전문가(CSTS) 자격시험(AL) 고급등급 ··· 472
정답표 ··· 493

❑ 참고문헌 ··· 495
❑ 찾아보기 ··· 499

PART

01

테스트 개요

제1장 테스트 개요

제2장 테스트 분류와 테스팅 방법

제3장 소프트웨어 개발 단계와 테스트

제4장 품질 특성과 비기능 테스트

제5장 위험 기반 테스트

제6장 소프트웨어 생명 주기 모델과 테스트

제7장 테스트 자동화

제 1 장 테스트 개요

1.1 테스트 목적

테스트는 시스템이 정해진 요구사항을 만족하는지 확인하고, 주어진 표준 등을 준수하는지 검증하기 위하여 수행된다. 좀 더 구체적으로 말하면 테스트의 목적은 결함 검출, 품질 평가, 프로세스 개선이라고 볼 수 있다.

- **결함의 검출과 제품 품질 개선**: 테스트는 결함을 검출하기 위한 목적으로 수행될 수 있다. 그리고 검출된 결함을 제거함으로써 결국은 소프트웨어의 품질을 개선하는 것이 목표이다.

- **품질 평가와 의사 결정 지원**: 소프트웨어 또는 시스템에 대한 품질을 평가하기 위한 목적으로 테스트를 실시한다. 즉, 테스트 결과를 바탕으로 성능, 신뢰성, 보안성 등의 다양한 소프트웨어 품질 특성에 대한 충족 수준을 평가하고, 품질 평가 결과를 바탕으로 소프트웨어 제품에 대한 의사 결정을 수행할 수 있다.

- **개발 프로세스 개선 지원**: 소프트웨어 개발 과정 중 어떤 단계에서 결함이 발생하는지 분석하고, 그러한 결함이 왜 검출되지 않았는지 파악함으로써 개발 프로세스 개선을 도울 수 있다. 예를 들어, 검출된 결함 중에서 요구사항 관련 결함이 많다면 요구분석 단계의 프로세스 개선이 필요하며, 요구분석 단계에서의 결함 검출 방법도 개선할 필요가 있다.

1.2 오류, 결함, 장애

1.2.1 오류, 결함, 장애의 개념

소프트웨어를 개발할 때 기대・약속된 소프트웨어의 동작에 대한 기준이 주어지는데, 이 동작 기준을 정의한 것을 소프트웨어 요구사항이라고 한다. 예를 들어, 차량에 설치된 AV

시스템이라면, 'USB가 삽입되었을 때, 삽입된 USB에 포함된 오디오 또는 비디오가 재생되어야 한다.'라는 소프트웨어 요구사항이 있을 수 있다.

만약, 소프트웨어가 요구사항과 다르게 동작했다면 이를 장애(Failure)가 발생했다고 한다. 앞에서 든 예시, 'USB가 삽입되었을 때, 삽입된 USB에 포함된 오디오 또는 비디오가 재생되어야 한다.'라는 요구사항이 있는 AV시스템에 USB가 삽입되었는데도 USB가 인식되지 않거나, 인식은 되지만 USB에 포함된 오디오 또는 비디오가 재생되지 않는다면 이 시스템에 장애가 있다고 판단할 수 있다. 즉, 장애는 프로그램의 실행 결과와 요구사항에 명시된 결과에 (관찰 가능한) 차이가 있음을 의미하는 것이다.

이러한 장애는 결국 소프트웨어를 구성하는 요소에 부족한 점이 있어서 발생한 것이다. 이는, 부정확한 구현 때문일 수도 있고, 필요한 기능이 포함되지 않았기 때문일 수도 있다. 이와 같이, 소프트웨어 내에 장애를 유발할 수 있는 문제를 결함(Defect)이라고 한다. 이렇게 결함 때문에 장애가 발생하지만 결함이 있다고 해서 반드시 장애가 발생하는 것은 아니다. 이에 대한 자세한 내용은 1.1.2. 결함 유형에서 확인해보자.

그리고 이러한 결함이 생기게 한 개발자의 행위를 오류(Error)라고 한다. 사용자의 요구사항을 잘못 파악・이해하여 발생하는 실수, 오타(typo)나 프로그램 명령어를 잘못 이해하여 코딩하는 경우 등이 오류에 해당한다.

1.2.2 결함 유형

테스트를 통하여 결함을 효과적・효율적으로 검출하기 위해서는 먼저 소프트웨어에 어떤 종류의 결함이 존재할 수 있는지 이해해야 한다. 그림 1.1은 소프트웨어 결함을 누락, 비관련, 부정확한 구현이라는 세 가지 유형으로 분류한 개념을 보여 준다.

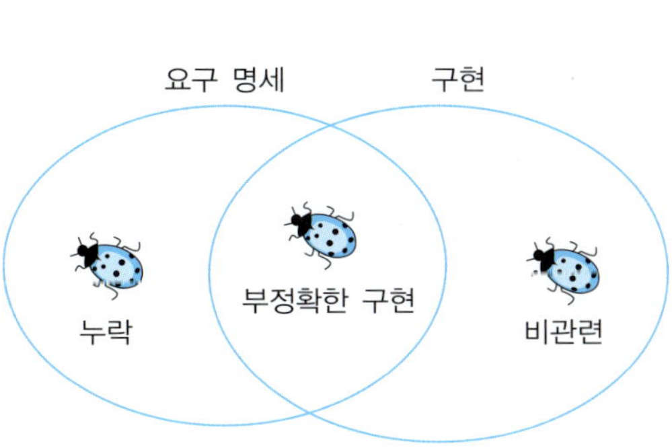

그림 1.1 결함의 유형

- 누락(Omission)은 요구 명세에 명시된 요구사항이 시스템의 구현에 반영되지 않은 결함을 말한다. 예를 들어, 어떤 시스템의 요구 명세에 특정 입력에 대하여 'A'를 출력하도록 명시되어 있지만 소프트웨어에는 구현되지 않았다면 이는 누락에 해당한다. 누락 결함에는 기능적인 것뿐만 아니라 성능, 보안, 안전, 신뢰도 등 품질 요소에 관한 누락도 포함된다.
- 부정확한(Incorrect) 구현은 요구 명세에 명시된 요구사항이 소프트웨어에 부정확하게 반영된 결함을 뜻한다. 예를 들어, 요구 명세에서 특정 입력에 대해 'A'를 출력하도록 명시되어 있지만 소프트웨어에는 'B'가 출력되도록 구현되어 있다면, 이는 부정확한 구현 결함에 해당한다. 부정확한 구현 결함에는 기능적인 것뿐만 아니라 성능, 보안, 안전, 신뢰도 등 품질 요소에 관한 부정확한 구현도 포함된다.
- 비관련(Extraneous) 결함은 요구 명세와 관련되지 않은 구현을 말한다. 예를 들어, 소스 코드에서 어떤 부분이 요구 명세에 언급된 기능·품질 등과 무관하다면 비관련 결함에 해당한다. 비관련 결함은 당장 직접적인 장애(Failure)를 유발하지 않을 수도 있다. 하지만 시스템의 기능·품질에 기여하지 않는 무의미한 코드가 존재한다면 이는 불필요한 분석·테스트·관리의 노력을 유발하고 결국에는 다른 결함을 초래하는 원인이 될 수 있다.

그림 1.2는 부정확한 구현, 누락 그리고 비관련 유형의 결함을 실제 소스 코드로 설명한 것이다. 이 소스 코드는 근의 공식($x_{1,2} = \dfrac{-b \pm \sqrt{b^2 - 4ac}}{2a}$)을 이용하여 2차 방정식($ax^2 + bx + c = 0$)의 해를 구하기 위하여 작성된 것으로, 이 함수에 대한 요구 명세는 2차 방정식의 해를 구하는 것이다.

```
void quadratic( int a, int b, int c, float* x1, float* x2) {
    D = b * b - 4 * a * b ;
    if ( D > 0 ) {
        *x1 = ( - b + sqrt(D) ) / (2 * a);
        *x2 = ( - b - sqrt(D) ) / (2 * a);
    } else if (D == 0) {
        ...
    // } else { // 두 허근
    //    ...
    // }
    float* d = new int[1000000];
    int file = open(...);
}
```

부정확한 구현
부정확한 구현
누락
비관련

그림 1.2 결함 유형의 예

예제 코드의 첫 문장에서는 판별식(D)($b^2 - 4ac$)를 계산하고 있다. 그런데 판별식은 b * b - 4 * a * c이므로 위의 예제 코드와 같이 b * b - 4 * a * b로 작성한 것은 '부정확한 구현' 유형의 결함에 해당한다. 그리고 세 번째 문장과 네 번째 문장의 근의 공식에서 분모를 2 * a로 할 때 만약 2차 항의 계수 a의 값이 0이 되는 경우에는 분모가 0이 되어 'Divide By Zero'가 발생하게 된다. 이 또한 부정확한 구현의 결함이다.

위의 코드에서 두 개의 허근을 가질 경우에 대한 코드가 주석(Comment)으로 표시되었어야 한다. 2차 방정식을 위한 요구 명세에는 판별식이 음수인 경우 두 개의 허근을 구해야 하는데 이것이 소스 코드에 구현되어 있지 않은 것이다. 그러므로 이는 '누락' 유형의 결함이라고 볼 수 있다.

그리고 마지막 두 문장에는 메모리를 할당하고 파일을 여는 코드가 구현되어 있는데, 이 동작은 2차 방정식의 해를 구하는 요구사항에 해당되지 않는다. 그러므로 이 두 개의 문장은 '비관련' 유형의 결함이다.

1.2.3 개발 단계별 결함

지금까지의 설명으로 보면 결함이 마치 소스 코드에만 존재한다고 생각할 수 있다. 하지만 결함은 소스 코드를 포함해서 최종적으로 소프트웨어 동작의 장애를 유발할 수 있는 모든 개발 산출물에 존재할 수 있다. 예를 들어, 소스 코드에서 발견된 결함이 소스 코드를 작성하는 구현 단계가 아니라 설계 명세서의 부정확한 알고리즘에 기인한 것일 수도 있는데, 이러한 경우에는 소스 코드의 결함이라기보다는 설계의 결함이라고 볼 수 있다.

일반화하면 개발자는 소프트웨어를 개발하는 각 단계에서 오류를 범할 수 있으므로 각 단계의 산출물에는 결함이 존재할 가능성이 있는 것이다. 그림 1.3은 전체 결함에 대하여 소프트웨어 주요 개발 단계별 결함의 발생 비율을 보여 준다.[1] 전체 결함의 35%가 코딩 단계의 오류에 따른 것이고, 요구분석 단계에서 20%, 설계 단계에서 25%의 결함이 발생함을 알 수 있다. 참고로 결함 해결 오류는 결함을 해결하는 과정에서 새롭게 발생한 결함의 비율을 의미한다.

1) Software Quality and Software Economics, Software Tech News April 2010

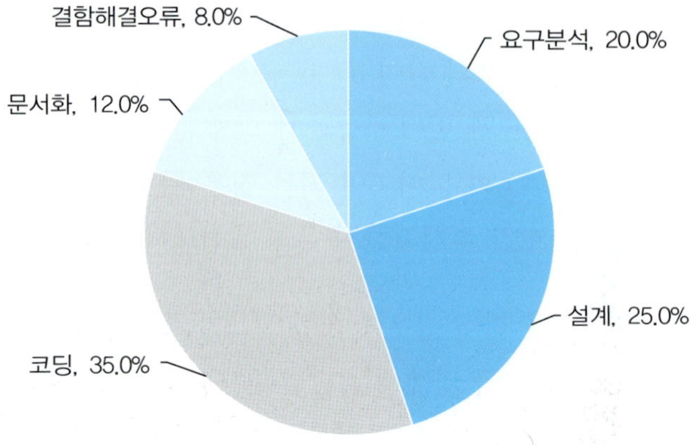

그림 1.3 결함 발생 단계

결함이 발생했을 때, 해당 단계에서 적절하게 검출하여 제거하지 않으면 이후 단계를 거쳐 소스 코드에 영향을 미치며 결국에는 장애를 유발하게 된다. 게다가 결함이 발생한 시점에 제거되지 않고 이후 개발 단계에 그대로 전달되면 이 결함을 제거하기 위하여 더 많은 비용이 소요된다. 그림 1.4는 소프트웨어 개발 단계에 따라 결함을 제거하는 데 소요되는 비용을 상대적인 수치로 나타낸 것이다.[2] 예를 들어, 요구분석 단계에서 결함을 해결하면 0.1에서 0.2 정도의 비용이 소요되지만 이를 코딩 단계에서 제거하려면 1의 비용이 소요되고, 인수 테스트 단계에서는 5의 비용이 소요된다. 유지보수 단계에서는 심지어 20의 비용이 소요됨을 알 수 있다.

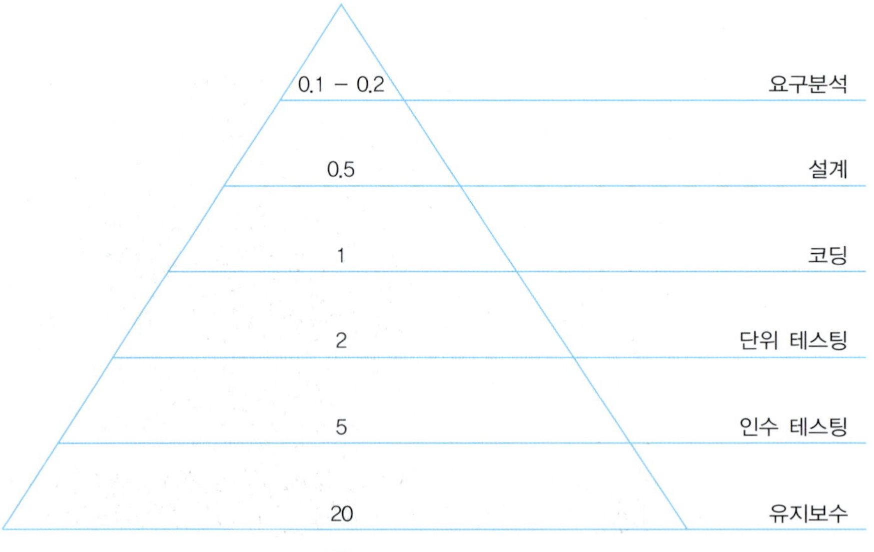

그림 1.4 결함 해결 비용

2) Davis, Alan M. Software Requirements: Objects, Functions, and States. Prentice-Hall, 1993

그러므로 결함 해결에 소요되는 비용을 최소화하기 위해서는 각 개발 단계의 결과물을 테스트하여 해당 산출물에 존재하는 결함을 최대한 빨리 검출하고 제거해야 한다.

1.2.4 테스팅, 디버깅, 재테스팅

결함, 테스팅과 관련된 용어로 디버깅(Debugging)이 있다. 디버깅은 테스팅과 다른 개념이며 혼동하여 사용하지 않아야 한다. 그림 1.5는 테스팅과 디버깅의 관계를 개념적으로 나타낸 것이다.

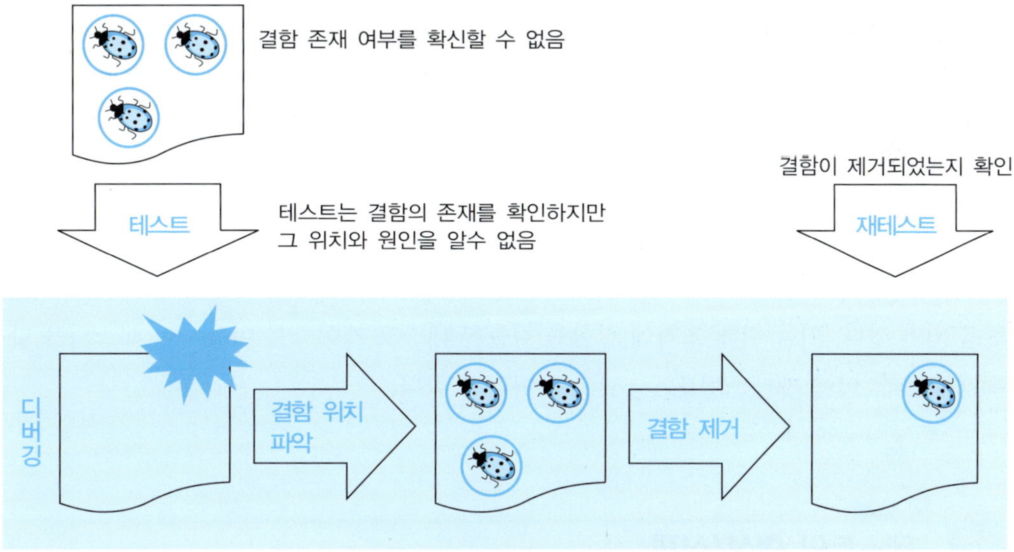

그림 1.5 테스팅과 디버깅의 차이점

❑ 테스팅

테스팅은 소프트웨어의 실제 동작과 요구사항과의 차이를 확인한다. 특히, 동적 테스트는 결함의 존재 여부를 알 수 없는 상황에서 결함의 발견을 목적으로 프로그램을 실행한다. 프로그램이 예상 결과와 다른 결과를 보일 때, 즉, 소프트웨어에 장애가 있을 때 테스팅에서는 해당 프로그램 내부에 결함이 존재한다고 추측한다. 다시 말해서 장애 발생을 확인하여 소프트웨어에 결함이 있음을 간접적으로 판단하는 것이다.

테스팅의 결과는 결함을 검출한 테스트 케이스와 테스트 환경이다. 즉, 테스팅은 어떤 환경에서 어떤 입력값을 사용하였을 때 예상되는 결과와 실제 출력 결과 등을 기록하지만 이 결함이 소프트웨어의 어떤 모듈에서 발생하였고 이를 해결하기 위하여 소스 코드를 어떻게 수정해야 하는지에 대하여 관여하지 않는다.

❑ 디버깅

디버깅은 테스팅을 통하여 결함의 존재를 확인한 후에 수행되며 결함의 위치를 파악하고 이를 제거하는 것을 목적으로 한다. 테스팅을 통해 어떤 입력값에 대한 결함이 있음을 알게 되면 디버깅에서는 해당 결함과 관련된 소스 코드의 위치를 찾아야 한다. 일반적으로 결함을 검출한 입력값을 이용해서 소프트웨어를 동작시킬 때 실행된 소스 코드에 결함이 존재한다.

일단 결함의 위치를 알아내면 해당 결함을 제거하기 위해서 소스 코드를 수정해야 한다. 이 작업은 단순히 코드의 철자를 바로잡는 것일 수도 있고, 알고리즘의 부정확한 구현을 정확하게 수정하는 것일 수도 있으며 요구분석에 명시되었으나 누락된 기능을 추가하는 것일 수도 있다.

❑ 재테스팅

개발자가 결함을 제거하기 위해서 코드를 수정하고 나면 실제로 결함이 제거되었는지 확인을 해야 한다. 이를 위해 초기에 결함을 검출한 테스트 케이스를 이용하여 테스팅을 다시 수행하는데, 이를 재테스팅(Re-testing)이라고 한다.

1.3 테스트의 현실/실제

1.3.1 완벽한 테스트의 비현실성

테스트를 통하여 결함을 검출하려면 많은 수의 테스트 케이스가 필요하다. 예를 들어, 2차 방정식 프로그램에서 (a=1, b=2, c=1) 하나만을 입력하는 것은 부족하다. (a=1, b=2, c=2) 또는 (a=1, b=−2, c=1) 등과 같이 다양한 입력값을 테스트 케이스로 준비해야 한다.

소프트웨어의 어느 코드에 결함이 있는지 미리 알 수 없으므로 가능한 한 모든 입력값을 사용하여 결함을 찾아야 한다. 그러나 간단한 소프트웨어인 경우에도 거의 무한한 입력값을 가질 수 있다. 예를 들어, 2차 방정식 프로그램은 a, b, c의 값을 2바이트 정수로 제한하더라도 $2^{16} \times 2^{16} \times 2^{16}$ 경우의 수가 존재한다.

그림 1.6은 워드(Word)의 글꼴 메뉴 항목을 지정하는 대화상자이다. 워드가 글꼴을 지정

한 대로 보여주는지 확인하려면 모든 가능한 글꼴, 글꼴 스타일, 크기, 글꼴 색 및 효과 등의 상호 조합을 고려하여 테스트해야 한다.

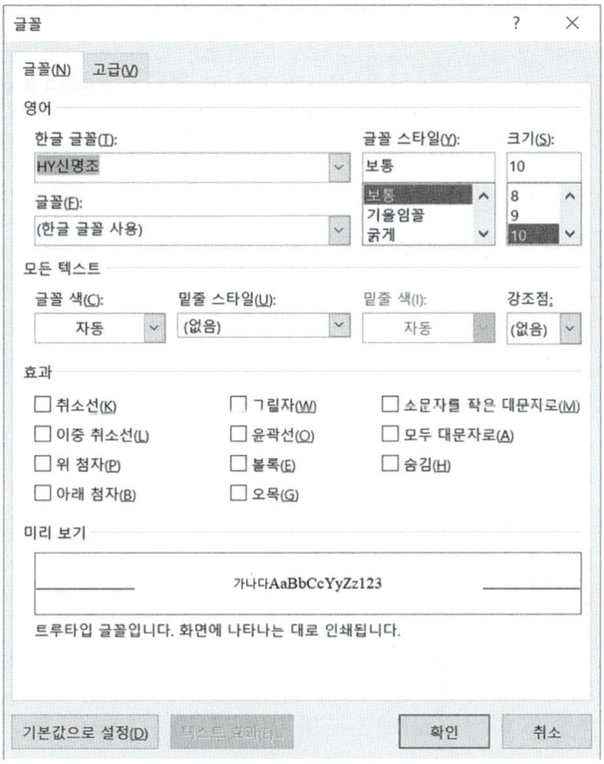

그림 1.6 **워드의 글꼴 대화 상자**

하지만 이 모든 조합을 테스트하는 것은 현실적으로 불가능하다. 예를 들어, 글꼴 개수 30개, 글꼴 스타일 5개, 크기 21개라고 가정하면 30×5×21=3,150가지의 경우가 생기며, 글꼴 색, 밑줄 스타일 및 효과까지 지정할 수 있으므로 엄청난 경우의 수가 생긴다.

프로그램 테스트의 한계를 조금 더 쉽게 이해하기 위해 낚시와 비교하여 생각해보자. 일정한 시간 동안(평생 낚시만 할 수 없으므로, 예를 들면, 가져온 미끼를 다 사용하는 동안) 저수지에서 낚시를 할 때 물고기가 계속 잡히지 않을 수 있다. 이 경우에 저수지에 정말 물고기가 없어서 안 잡힐 수도 있고 물고기가 있는데 낚시 실력이 부족해서 안 잡힐 수도 있다. 그렇다면 이 저수지에는 물고기가 없다고 단정적으로 말할 수 있을까? 이렇게 말하려면 저수지 물을 전부 없애고 정말 물고기가 없는지 살펴보아야 한다. 현실적으로 불가능한 이야기이다.

낚시에서 사용되는 미끼를 테스트 데이터라고 생각하고 저수지의 물고기를 프로그램의 결함으로 간주하여 생각해보자. 미끼를 다 사용할 때까지 물고기가 안 잡히는 상황은 선정된 테스트 집합에 대해 프로그램이 모두 올바르게 실행되는 경우에 해당한다. 이 경우에 저수지에 물고기가 없다고 단정적으로 말할 수 없듯이 프로그램에 결함이 없다고 말할 수 없다. 이와 같은 프로그램 테스트 기술의 한계를 다익스트라(Dijkstra)는 다음과 같이 표현하였다.[3)]

"프로그램 테스트는 결함이 있음을 보일 수는 있지만, 결함이 없음을 보일 수는 없다."
"Program testing can be used to show the presence of bugs, but never their absence."

따라서 주어진 인력과 시간을 바탕으로 최대한 효과적이고 효율적인 테스트를 수행할 수 있도록 체계적인 테스트가 수행되어야 한다. 특히, 소프트웨어를 실행하는 방식으로 수행되는 동적 테스트에서는 너무나 많은 경우의 수가 있으므로 효과적이면서 효율적인 테스트는 중요한 이슈이다.

- 동적 테스트에는 이러한 테스트의 한계를 충분히 고려하여 테스트 케이스를 설계하는 '동등 분할', '경곗값 분석', '조합 테스트' 등의 다양한 방법이 존재한다.
- 또한, 위험 기반 테스트 방법을 적용할 수도 있다. 테스트 대상에서 테스트할 각각의 특성에 대한 위험 분석을 바탕으로 테스트할 범위를 선정하고 이에 따라 테스트 전략을 수립함으로써 한정된 비용과 일정 내에서 테스트의 효과를 최대화할 수 있다.

1.3.2 테스트의 진화 과정

겔퍼린(Gelperin)과 헤첼(Hetzel)은 소프트웨어 테스트 개념의 진화 과정을 다음의 5개 레벨로 나누어 설명하였다.[4)]

레벨 1 (Debugging-oriented, ~1956년) 테스트와 디버깅에 뚜렷한 차이가 없는 레벨이다. 우연히 발견된 결함을 수정하는 디버깅에 중점을 두며 프로그램의 결함을 찾기 위한 별도의 노력을 기울이지 않는다.

---

3) Edsger W. Dijkstra, Chapter I: Notes on structured programming, Structured programming, Academic Press Ltd., London, UK, 1972

4) Gelperin, D., and Hetzel, B. "The Growth of Software Testing", Communications of the ACM, Volume 31 Issue 6, June 1988, pp. 687-695

레벨 2 (Demonstration–oriented, 1957~1978) 프로그램이 올바르게 동작한다는 사실을 입증하기 위해 테스트를 수행한다. 따라서 결함을 찾을 확률이 높은 테스트 케이스를 설계하기보다는 시스템의 정상 작동을 증명하는 데 초점이 맞추어진 테스트 케이스를 설계하는 경향이 있다.

레벨 3 (Destruction–oriented, 1979~1982) 프로그램에 결함이 존재함을 보여주기 위해 테스트를 수행한다. 프로그램이 잘 작동하지 않는다는 사실을 보여주려는 의도로 테스트 케이스를 설계하므로 프로그램의 결함을 발견하는 테스트 케이스가 그렇지 못한 테스트 케이스보다 훨씬 더 가치 있다는 인식이 있다.

레벨 4 (Evaluation–oriented, 1983~1987) 레벨 3의 테스트가 실제 프로그램 코드에 있는 결함을 발견하는 것에 초점을 맞춘다면 레벨 4의 테스트는 소프트웨어 개발 전 단계에서 발생하는 결함을 발견하는 개념으로 확장한다. 따라서 코딩이 완료된 후에 테스트를 시작하는 것이 아니라 개발 초기 단계부터 지속적으로 리뷰 등을 통해 시스템을 평가하는 작업을 수행해야 한다는 개념이다.

레벨 5 (Prevention–oriented, 1988~) 이 레벨에서 테스트의 목적은 프로그램의 결함을 사후에 발견하는 것이 아니라 아예 결함이 발생하지 않도록 사전에 방지하는 것이며, 프로그램을 개발할 때 처음부터 테스트가 용이하도록 시스템을 설계해야 한다는 개념을 추구한다. 결함을 미연에 방지하기 위한 가장 효과적인 방법은 테스트 케이스를 미리 설계하는 것이다. 실제로 테스트 주도 개발(Test–Driven Development, TDD)에서는 테스트 케이스를 미리 설계하고 코딩을 나중에 하는 방식으로 시스템을 개발한다.

1.3.3 테스트 원칙

G. J. 마이어스(G. J. Myers) 등은 “The Art of Software Testing”에서 기본적으로 테스트를 수행할 때 따라야 할 원칙을 소개하였다. 여기서는 그중 중요한 몇 가지 원칙을 소개한다.[5)]

테스트는 반드시 프로그램을 개발한 프로그래머나 팀과는 무관한 그룹이 수행해야 한다. 사람의 심리 상 자신이 작성한 프로그램에 대해서는 방어적 경향을 띨 수밖에 없다. 또한, 자신이 담당한 부분의 요구사항을 제대로 해석하지 못했을 가능성이 있으므로 테스트를

5) Glenford J. Myers, Corey Sandler, Tom Badgett, The Art of Software Testing, 3rd Edition, 2011

철저하게 수행하더라도 결함을 발견하지 못할 가능성이 크다.

결함이 발견되지 않으리라는 가정하에 테스트 계획을 수립해서는 안 된다. 테스트는 프로그램이 올바르게 동작함을 보여주는 작업이 아니라 결함을 발견하려는 의도로 프로그램을 실행하는 과정이기 때문이다. 이는 겔퍼린(Gelperin)과 헤첼(Hetzel)의 레벨 3 (Destructionoriented) 테스트 개념에 해당한다.

타당한 경우뿐만 아니라 타당하지 않고 예상하지 못한 경우에 대해서도 테스트를 수행하라. 일반적으로 프로그램을 작성할 때 타당한 조건을 만족하는 입력들만 고려하여 테스트하는 경향이 있다. 그러나 프로그램이 예상하지 못한 방식으로 사용되는 경우에 많은 결함이 발생한다. 예를 들어, 정숫값을 입력으로 받아들이는 프로그램에서 문자열을 입력하면 프로그램이 제대로 동작하지 않는다.

프로그램의 어떤 부분에 결함이 남아있을 확률은 그 부분에서 이미 발견된 결함의 수에 비례한다. 이는 파레토(Pareto) 원칙으로 다음과 같이 설명될 수 있다.

"프로그램 결함의 80%는 20%의 모듈에서 발생한다."

실제로 많은 프로그램에서 이러한 현상이 관찰되었다. 이러한 현상의 원인은 무엇일까? 프로그래머가 모듈을 작성할 때 엉망으로 코딩하여 결함투성이 모듈이 됐을 수도 있고 소프트웨어 설계나 구조 자체에 심각한 문제가 있어 발견된 결함들이 결국 동일한 원인으로 발생했을 수도 있다. 이 원칙은 결함이 많이 발생한 부분에 테스트 노력을 집중하는 편이 효과적임을 시사한다.

테스트 케이스를 체계적으로 관리하라. 테스트 케이스 설계는 시간과 노력이 많이 투입되는 작업이다. 만약 프로그램이 여러 가지 이유로 수정되었다면 올바르게 프로그램이 수정되었는지, 프로그램 수정으로 인하여 기존의 기능이 영향을 받았는지 다시 테스트해야 한다. 이를 위하여 새로운 테스트 케이스를 만들려면 많은 작업량이 필요하므로 기존에 만들었던 테스트 케이스를 재사용하여 테스트하는 것이 바람직하다.

각각의 테스트 결과를 철저하게 점검하라. 당연하게 들리겠지만, 각각의 테스트 케이스 실행 결과를 철저하게 점검해야 한다. 지금 발견한 결함이 앞서 수행했던 테스트 케이스에서 발견되었는데도 지나치는 경우가 있다. 조금만 더 주의 깊게 각 테스트 결과를 점검하면 결함의 발견 확률을 높일 수 있다는 의미이다.

1.4 테스트와 품질

1.4.1 테스트와 품질 평가

테스트 목적에서 기술하였듯이 품질 평가도 테스트 목적의 하나이다. 즉, 소프트웨어 품질을 평가할 때 테스트를 활용할 수 있다. ISO 25010에서는 표 1.1과 같이 소프트웨어 품질의 유형을 8개 주특성과 각 주특성에 따른 하위 품질 특성으로 정의하고 있다.

표 1.1 ISO 25010의 품질 특성 분류

주특성	설명
기능 적합성	요구되는 기능을 만족시키는 능력
성능 효율성	적절한 자원의 사용 및 적정한 반응시간 정도
호환성	다른 시스템과의 상호 연동 능력
사용성	사용자가 이해하고 배우기 쉬운 정도
신뢰성	규정된 조건에서 규정된 기간 동안 오동작 없이 의도된 기능을 수행하는 소프트웨어의 능력
보안성	정보 및 데이터를 보호하는 능력
유지보수성	소프트웨어 유지보수의 용이성
이식성	다양한 플랫폼에서 운영될 수 있는 소프트웨어의 능력

요구사항 명세는 대표적으로 기능 요구사항과 품질 요구사항을 포함한다. 즉, 소프트웨어는 기능적인 동작뿐만 아니라 성능, 호환성, 사용성 등의 품질 특성에 대한 요구를 충족해야 한다. 그러므로 테스트를 수행할 때는 소프트웨어의 기능적 측면에 더하여 이러한 비기능적 측면의 결함을 검출해야 한다. 이때, 기능 요구사항에 중점을 둔 테스트를 기능(Functional) 테스트라고 부르며, 품질 요구사항에 초점을 둔 테스트를 비기능(Non-functional) 테스트라고 부른다.

성능, 신뢰성, 사용성 등의 각 품질 특성은 근본적으로 상이하고 각 품질 특성을 테스트하는 방법도 서로 다르므로 각 품질 특성별로 테스트를 수행한다. 성능을 확인하기 위하여 성능 테스트를 수행하고 보안성을 확인하기 위해서 보안 테스트를 수행하듯이 각 품질 특성별로 수행되는 테스트를 유형 테스트라고 한다. 즉, 유형 테스트는 성능 테스트, 보안 테스트, 신뢰성 테스트 등의 테스트를 부르는 용어이다.

1.4.2 테스트와 품질 보증

테스트와 관련된 용어로 V&V(Verification and Validation)와 품질 보증이 있다. 그림 1.7은 이 3가지 용어의 포함관계를 보여 준다.

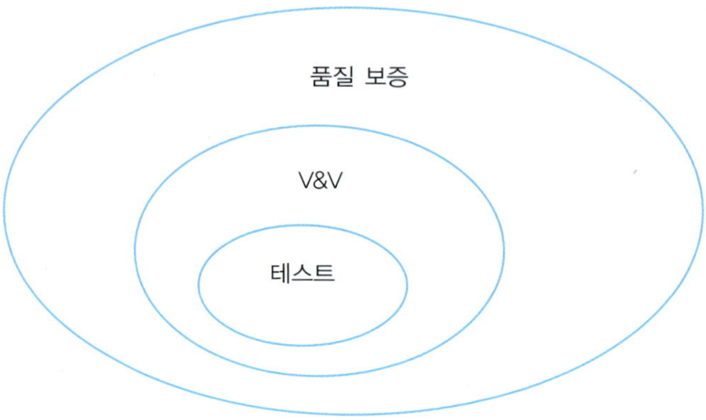

그림 1.7 품질 보증, V&V, 테스트 개념

V&V는 "Verification(검증)과 Validation(확인)"의 약어로서 소프트웨어 품질 보증을 위한 핵심 개념이다. 검증은 소프트웨어 개발 과정에서 수행한 활동의 적합성 검사에 초점을 두며 확인은 결과물의 적합성에 초점을 둔다. 예를 들어, 요구 분석 단계의 결과물인 요구사항 명세서가 구조 설계 및 상세 설계의 결과물에 적절하게 반영되었는지를 조사하는 추적성 확인은 검증에 해당되고, 반면에 동작하는 소프트웨어가 주어진 요구사항을 충족하는지 확인하는 것은 확인에 해당된다.

V&V는 테스트를 포함하여 다양한 방법으로 수행될 수 있다. IEEE Std. 1012-2012 IEEE Standard for System and Software Verification and Validation에서는 요구 분석 단계, 설계 단계, 구현 단계 등의 개발 단계별로 적용할 수 있는 V&V 방법을 제시한다. 예를 들어, 요구 분석 단계에 적용할 수 있는 V&V 방법으로는 요구사항 평가, 인터페이스 분석, 추적성 분석, 심각성 분석 등이 있다.

ISO/IEC/IEEE 29119-1의 부록에서는 테스트를 포함한 V&V 활동의 분류를 소개한다. 그림 1.8은 29119-1 표준에서 제시하는 V&V 활동을 보여 준다. V&V는 정형 방법, 테스팅, 그리고 V&V 분석으로 분류된다. 정형 방법에는 모델체킹과 정확성 증명이 있으며, 테스팅은 동적 테스팅과 정적 테스팅으로 분류된다. 그리고 V&V 분석의 유형으로는 시뮬레이션과 평가가 있다.

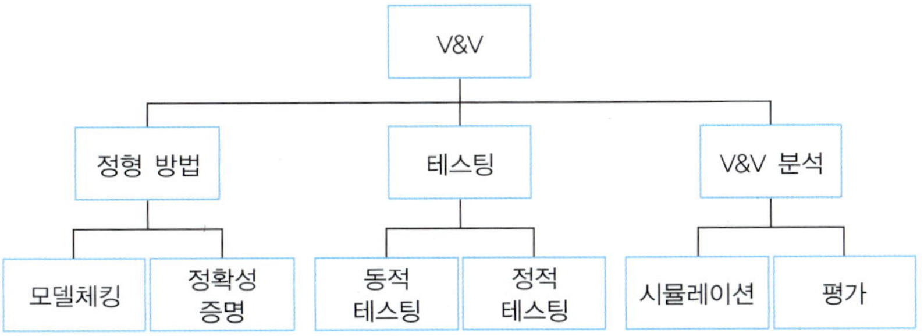

그림 1.8 **V&V 활동 분류**

소프트웨어 생명 주기 프로세스에 대한 표준인 ISO/IEC 12207:2017에서는, 품질 보증이란, 의도한 목적에 적합한 품질의 소프트웨어 제품을 개발하였는지, 그리고 그러한 소프트웨어 프로세스가 적합한지에 대한 확신을 주기 위하여 수행되는 다양한 활동이라고 정의하고 있다. 그러므로 품질 보증은 소프트웨어 제품의 품질뿐만 아니라 프로세스의 품질을 포함한다는 측면에서 V&V보다 광범위하다고 볼 수 있다.

그림 1.9는 IEEE Std. 730-2014 IEEE Standard for Software Quality Assurance Processes의 소프트웨어 품질 보증 활동 범위를 보여 준다. 그림에서 볼 수 있듯이 품질 보증은 규칙·규제·법규 등을 포함한 이해관계자의 요구사항을 바탕으로 프로세스와 시스템·소프트웨어 개발 측면에 대한 모든 것을 포함한다. 즉, 프로세스 요구사항과 시스템 요구사항이 이해관계자 요구사항과 부합하는지, 소프트웨어 요구사항이 시스템 요구사항에 부합하는지, 프로세스와 표준 및 절차가 프로세스 요구사항에 부합하는지, 프로세스 활동의 수행이 프로세스, 표준 및 절차에 부합하는지, 소프트웨어가 소프트웨어 요구사항에 부합하는지 등을 확인한다.

그림 1.9 **소프트웨어 품질 보증**

1.5 테스트 기본 용어

테스트를 체계적으로 수행하려면 기본적인 테스트 용어와 테스트 방법을 숙지해야 한다. 그림 1.10은 동적 테스트를 수행할 때 반드시 이해해야 할 기본 용어를 보여 준다.

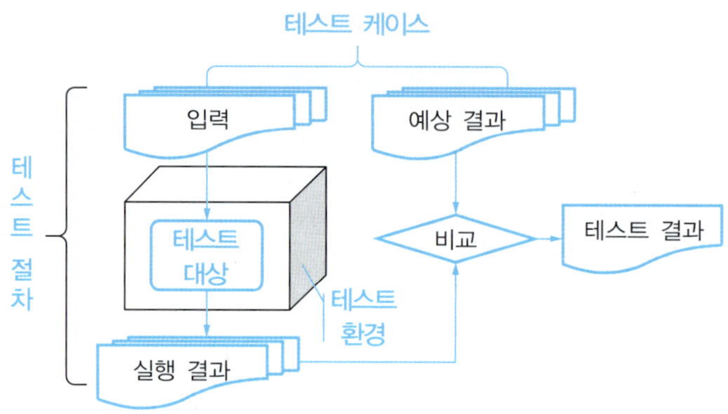

그림 1.10 테스트 기본 용어

1.5.1 테스트 대상과 테스트 레벨

테스트 대상(Test item)은 테스트를 통해 결함을 검출하려는 대상 소프트웨어를 뜻한다. 시스템을 구성하는 전체 소프트웨어가 테스트 대상이 될 수도 있고 전체 소프트웨어의 일부분이 대상이 될 수도 있다. 예를 들어, 차량 소프트웨어는 차량 전체 소프트웨어가 테스트 대상이 될 수 있으며, 에어백, 크루즈 컨트롤 같은 부분 소프트웨어가 테스트 대상이 될 수도 있다.

차량 소프트웨어처럼 규모가 큰 대상 전체를 한 번에 테스트하여 결함을 찾거나 디버깅하는 것은 쉽지 않다. 그래서 일반적으로 에어백 컴포넌트, 크루즈 컨트롤 컴포넌트와 같이 전체 시스템의 일부분을 먼저 테스트한 후에 각 부분을 통합하여 전체를 대상으로 테스트를 수행하는 것이 효과적이다.

그림 1.11은 테스트 대상별로 수행되는 3가지 레벨의 테스트를 보여 준다. 일반적으로 전체 소프트웨어를 대상으로 한 테스트를 시스템 테스트라고 하고, 부분을 대상으로 한 테스트를 컴포넌트(Component) 테스트 또는 단위(Unit) 테스트라고 한다. 그리고 시스템을 구성하는 각 부분의 연결에 초점을 둔 테스트를 통합 테스트라고 한다. 반대로 말하면 시스템 테스트를 수행할 때 테스트 대상은 전체 소프트웨어이고 컴포넌트 또는 단위 테스트를

수행할 때 테스트 대상은 시스템의 부분이다.

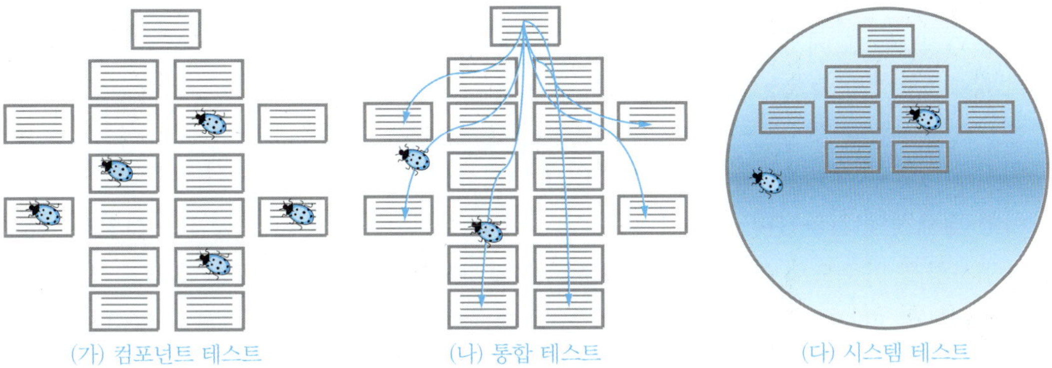

그림 1.11 테스트 대상과 테스트 레벨

이와 같이 테스트 대상에 따라서 수행되는 컴포넌트 테스트, 통합 테스트, 시스템 테스트 등을 통칭하여 레벨 테스트라고 부른다.

1.5.2 피처와 테스트 유형

피처(Feature)는 테스트 대상의 특성 중에서 테스트하고자 하는 측면・관점을 뜻한다. 그림 1.12는 자동차를 대상으로 한 피처의 예를 보여 준다.

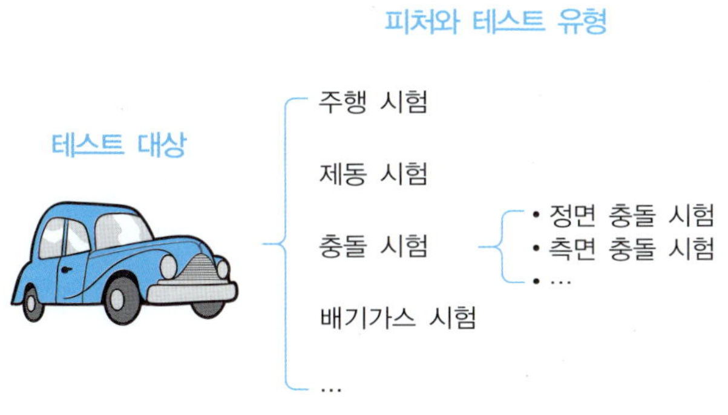

그림 1.12 피처와 테스트 유형

차량을 대상으로 테스트를 수행한다고 가정할 때, 즉, 차량에 존재하는 결함을 검출하려고 할 때, 차량의 다양한 관점・측면이 조사되어야 한다. 예를 들어, 주행 시험 관점에서는 정상 노면과 눈・비에 젖은 노면에서 운전대가 향하는 방향으로, 가속 페달을 누르는 강도에 따라 차량이 주행하는지 테스트하고, 제동 시험 관점에서는 제동 장치를 구동하면 약속된 거리 이내에서 차량이 멈추는지 테스트할 수 있다. 그리고 충돌 시험에서는 정면 방향 또는 측면 방향으로 충돌할 때 탑승자에 미치는 영향을 테스트할 수 있다.

차량 대상 테스트에서 주행, 제동, 충돌 등의 관점으로 테스트를 수행하듯이 소프트웨어도 다양한 측면・관점으로 테스트가 수행될 수 있다.

이러한 다양한 측면・관점의 소프트웨어에 대한 기대・요구는 요구분석 단계를 거쳐 요구사항 명세서에 기록된다. 그림 1.13은 요구사항 명세서에 기술된 기능 요구사항 및 품질 요구사항을 기준으로 테스트 기법을 분류한 것이다. 예를 들어, 요구사항 명세서에 성능 요구사항이 명시되었다면 성능 테스트를 수행해야 하고, 보안 요구사항이 명시되었으면 마찬가지로 보안 테스트를 수행해야 한다.

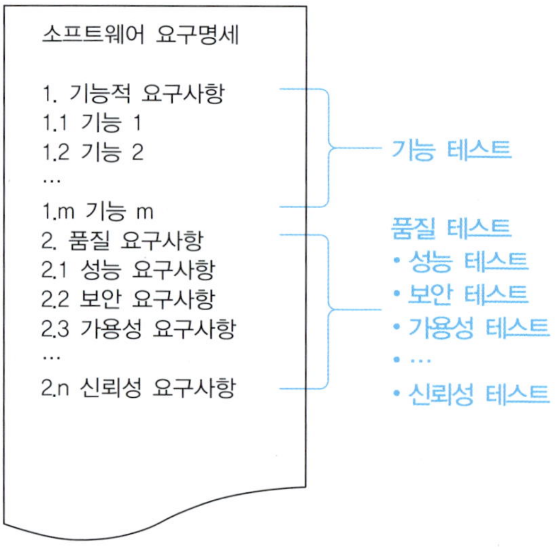

그림 1.13 피처에 따른 테스트 유형

피처는 테스트 계획을 수립할 때 식별되어 테스트 범위로 기술된다. 그리고 테스트 설계 활동을 통해 피처가 구체화되며 이를 기준으로 테스트 케이스 및 테스트 절차가 개발된다.

1.5.3 테스트 설계 기법

테스트 설계 기법은 테스트 대상의 결함을 효과적으로 그리고 효율적으로 검출하기 위한 것으로, 정적 테스트를 수행하기 위한 기법과 동적 테스트를 수행하기 위한 기법으로 분류된다.

1.5.3.1 정적 테스트

정적 테스트는 테스트 대상을 실행하지 않고 테스트를 수행하는 방식이다. 대표적인 방법으로는 리뷰(Review)와 정적 분석(Static analysis)이 있다.

- 리뷰는 각 개발 단계별로 해당 단계의 산출물이 품질 목표에 부합하는지 점검하거나 산출물에 존재하는 결함을 검출하려는 목적으로, 산출물을 실행하지 않고 검사하는 방법이다. 예를 들면, 요구사항 단계가 종료된 시점에 고객으로부터 받은 요구사항이 누락되지 않고 요구사항 단계에 정확하게 반영되었는지 검토하는 활동이 이에 해당된다.

- 정적 분석은 소스 코드를 대상으로 결함으로 판단할 수 있는 특정한 패턴이 소스 코드에 있는지 분석한다. 예를 들어, 변수를 초기화하지 않고 그 값에 접근하려고 하는 패턴은 소프트웨어 결함이라고 볼 수 있으므로 소스 코드를 분석하여 초기화하지 않고 사용되는 변수를 파악함으로써 결함을 검출한다.

정적 테스트는 테스트 대상을 실행하지 않기 때문에 테스트 대상에 대한 실행 환경을 필요로 하지 않는다는 장점이 있다. 또한, 소스 코드가 작성되기 이전의 개발 단계, 즉, 요구 분석 단계, 구조 설계 단계, 상세 설계 단계 등에서 산출물에 대한 테스트를 수행할 수 있다는 장점이 있다. 이와 같이, 소스 코드를 작성하기 전에 요구사항이나 설계 수준에서의 결함을 검출하고 해결하는 것은 소스 코드가 작성된 후에 결함을 검출하고 해결하는 것보다 훨씬 경제적이다.

정적 분석은 자동화 도구를 활용함으로써 테스트를 자동으로 수행할 수 있다는 장점이 있다. 자동화된 도구를 이용하여 대규모 소스 코드 분석이 가능하므로 사용이 증가하는 추세이다. 특히, 프로그래밍 개발표준인 MISRA C, MISRA C++, JSF AV C++ 등은 자동차, 항공기를 포함하여 안전이 중요시되는 소프트웨어 개발에 필수로 요구되어 자동화된 도구의 사용이 일반적이다.

그러나 자동화 도구는 결함이 아닌 문제를 결함으로 보고하는 오검지(False positive)의 단점이 있다. 이러한 오검지 비율이 높아지게 되면 개발자가 도구의 테스트 결과 자체를 신뢰하지 않는 부작용이 발생할 수 있다.

1.5.3.2 동적 테스트

동적 테스트는 정적 테스트와 달리 테스트 대상, 즉, 소프트웨어를 실행하는 방식으로 테스트를 수행하여 결함을 검출한다. 요구사항은 어떤 입력에 대한 기대 결과를 명시한다. 따라서 소프트웨어를 실행하여 해당 입력을 넣었을 때 요구사항의 기대 결과와 다른 결과가 발생하는 경우 소프트웨어에 결함이 있다고 판단할 수 있다.

동적 테스트를 수행하는 방법은 명세 기반 방법, 구조 기반 방법, 그리고 경험 기반 방법이 있다.

- 명세 기반 방법은 프로그램의 내부 논리 구조를 참조하지 않고 사용자의 요구 명세나 설계 정보 등을 이용하여 테스트 케이스를 개발한다. 명세 기반 테스트는 대상 시스템의 명세 정보를 얻을 수 있는 한 적용 대상에 제한이 없으며 컴포넌트 테스트, 통합 테스트, 시스템 테스트 및 인수 테스트 등 전 과정에 걸쳐 사용될 수 있다.

- 구조 기반 방법은 프로그램의 제어 흐름이나 자료 흐름 정보를 이용하여 테스트 케이스를 설계하는 방법이다. 구조 기반 테스트는 프로그램의 내부 구조 정보를 기반으로 테스트 케이스를 설계한다는 측면에서 구조적 테스트(Structural test), 화이트박스 테스트(White box test) 또는 글래스 박스 테스트(Glass-box test)라고도 한다.

- 경험 기반 테스트는 테스트 케이스 설계를 바탕으로 테스트를 수행하지 않고 도메인에 대한 테스터의 경험, 기존 테스트 결과, 테스터의 직관을 주로 활용하여 테스트를 수행한다. 경험 기반 테스트의 대표적인 방법으로는 오류 추정(Error guessing)과 탐색적 테스트(Exploratory test)가 있다.

동적 테스트는 실행 가능한 소프트웨어가 필요하며 소스 코드는 사용되지 않는다. 따라서 소스 코드가 없는 경우에도 수행할 수 있다는 특징이 있다. 예를 들어, 전체 소프트웨어를 구성하는 일부 컴포넌트를 외주 업체를 통해서 개발하는 경우 소스 코드를 제공받지 못할 수 있다. 이런 경우에는 앞에서 설명한 정적 테스트를 수행할 수는 없지만 실행 가능한 컴포넌트가 제공되므로 동적 테스트를 수행할 수 있다.

동적 테스트는 소스 코드가 없어도 수행 가능하다는 장점이 있지만, 소프트웨어를 실행시키기 위한 환경이 요구된다. 예를 들어, 네비게이션 소프트웨어에 대한 동적 테스트를 위해서는 네비게이션 소프트웨어가 실행될 수 있는 환경인 운영체제, 라이브러리, GPS, DMB 수신기 등이 필요하다.

소프트웨어의 일부 요구사항은 정적 테스트로 확인하기 어려운 경우가 있다. 예를 들어, "USB가 삽입되었을 때 1초 이내에 재생되어야 한다." 또는 "부팅 후 5초 이내에 현재 위치를 표시해야 한다." 같은 성능 요구사항은 코드 분석으로는 확인하기 어려우며 소프트웨어를 실행해야 확인할 수 있다. 마찬가지로, 소프트웨어의 품질 요구사항인 가용성, 확장성, 신뢰성 등도 동적 테스트를 통해서 확인이 가능하다.

1.5.4 테스트 케이스

동적 테스트를 수행할 때는 테스트 대상을 실행하기 위해 적절한 입력값을 주어야 한다. 그리고 테스트의 목적이 결함 검출임을 전제로 하면 결함의 검출 가능성이 큰 입력값을 결정해야 한다. 예를 들어, 2차 방정식의 해를 구하는 프로그램에서는 (a=1, b=2, c=1)과 같이 적절한 값을 입력해야 한다.

그리고 특정한 입력값으로 테스트 대상을 실행하였을 때 기대되는 값도 결정해야 한다. 예를 들어, 2차 방정식의 해를 구하는 프로그램에 (a=1, b=2, c=1)이 입력되었을 때 기대되는 예상 결과는 중근 −1이 된다. 테스트 대상을 실행하였을 때 기대되는 값을 결정해야 하는 이유는 실제 출력이 예상 기댓값과 다른 경우 테스트 대상은 결함을 가지고 있다고 간주할 수 있기 때문이다. 예를 들어, (a=1, b=2, c=1)을 입력값으로 하여 2차 방정식 프로그램을 실행하였을 때 그 결과가 만약 1이라면 이 프로그램에는 결함이 있다고 판단할 수 있는 것이다.

그러므로 입력값에 대응되는 기대되는 예상값이 항상 결정되어야 한다. 이와 같이, 입력과 대응되는 예상 결과를 묶어서 일반적으로 테스트 케이스라고 부른다. 실제로 테스트 케이스에는 입력값뿐만 아니라 입력값을 테스트 대상에 제공하는 방법, 그리고 예상 결과와 실제 결과를 비교하는 방법도 포함된다.

1.5.5 테스트 절차

테스트를 수행하려면 테스트 환경이 구축되어야 하고 준비된 테스트 케이스의 입력값을 실제 테스트 대상에 입력하여 테스트 대상을 실행해야 한다. 그리고 테스트 대상의 동작을 관찰하여 실제 수행 결과를 추출하고 이를 테스트 케이스의 예상 결과와 비교해야 한다.

테스트를 객관적이고 효율적으로 수행하려면 이러한 과정을 명시적으로 정의하고 기록할 필요가 있다. 테스트 절차(Procedure)는 테스트를 준비하고, 실행하고, 결과를 관찰하고 기록하는 절차를 정의한 것이다. 만약, 테스트 절차가 명확하게 정의되지 않고 문서화되지 않은 경우에는 테스트를 수행할 때마다 다른 결과가 나올 위험이 있다.

테스트에서 결함이 발견되었을 때 디버깅을 하려면 동일한 결함이 나오는 상황을 재연해야 한다. 테스트 실행은 테스트 절차에 따라 수행되고, 테스트 절차는 검출된 결함을 재연할 때도 사용된다. 따라서 결함의 재연이 가능하도록 테스트 절차를 구체적이고 명확하게 기술하면 해당 결함을 제거하는 데, 즉 디버깅하는 데 큰 도움이 된다.

참고로 테스트 절차를 문서로 기록하는 대신에 자동화 도구가 해석하고 실행하는 언어로 작성한 것을 테스트 스크립트(Script)라고 부른다.

1.5.6 테스트 환경

앞서 말했듯이 동적 테스트를 하려면 테스트 대상을 실행해야 한다. 테스트 환경은 테스트 대상을 실행하는 모든 환경으로 하드웨어, 운영 체제를 포함한 시스템 소프트웨어, 외부 연동 시스템, 공존하는 응용 소프트웨어, 테스트 도구 등을 포함한다. 예를 들어, 네비게이션 소프트웨어를 테스트하려면 네비게이션 소프트웨어가 동작할 하드웨어와 운영체제 그리고 GPS 등을 포함한 장치가 필요하다. 다른 예로, 자동차 소프트웨어를 테스트하려면 차량이 운행될 안전한 도로가 필요하다.

컴포넌트・단위 테스트의 경우에는 테스트 대상이 소프트웨어 전체가 아닌 일부분(컴포넌트 또는 모듈)인데, 컴포넌트 자체가 독립적으로 실행될 수는 없다. 따라서 사용자・환경으로부터의 입력을 대상 컴포넌트에 전달하기 위한 다른 모듈이 필요할 수 있고, 마찬가지로 테스트 대상 컴포넌트가 다른 컴포넌트를 이용하거나 호출한다면 피호출 컴포넌트가 필요하다. 이런 목적으로 드라이버(Driver)와 스텁(Stub)이 사용되며, 이 또한 테스트 환경에 해당된다.

그리고 테스트 실행 시 사용될 수 있는 다양한 테스트 도구도 테스트 환경으로 간주된다. 예를 들어, 테스트 절차를 자동으로 실행하거나, 테스트 실행 결과를 추출하거나, 테스트 실행 결과의 예상 결과를 비교하는 도구들도 테스트 환경에 포함된다.

기본적으로 시스템이 동작하는 실제 환경과 최대한 유사한 환경에서 테스트를 수행하는 것이 중요하다. 이는 테스트 환경과 실제 동작 환경의 차이가 크면 클수록 테스트를 통하여 검증되었던 테스트 케이스가 실패할 가능성이 커지기 때문이다.

1.5.7 테스트 기본 용어 요약

그림 1.14는 지금까지 테스트 기본 용어로 설명한 테스트 대상, 피처, 테스트 방법, 테스트 케이스, 테스트 절차, 그리고 테스트 환경 개념 간의 관계를 표현한 것이다.

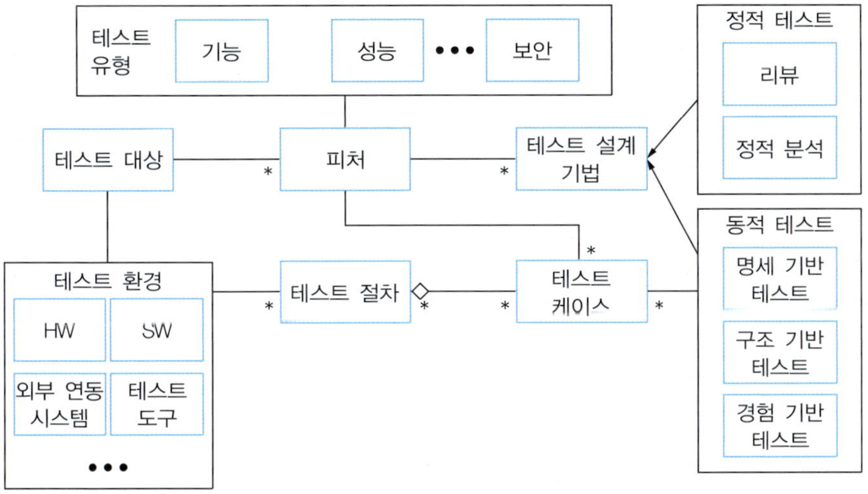

그림 1.14 **테스트 용어 간의 관계**

하나의 테스트 대상에 대하여 복수 개의 피처가 있을 수 있고, 이럴 경우 각 피처에 대한 테스트가 수행된다. 피처로는 기능 피처와 성능, 보안 등을 다루는 비기능 피처가 있으며, 피처에 초점을 둔 테스트를 유형 테스트라고 부른다.

피처를 테스트 할 때는 그에 적합한 테스트 설계기법을 적용하여 테스트를 수행해야 한다. 테스트 설계기법은 정적 테스트와 동적 테스트로 구분한다. 정적 테스트 방법으로는 리뷰와 정적 분석이 있으며 동적 테스트 방법으로는 명세 기반 테스트, 구조 기반 테스트 그리고 경험 기반 테스트가 있다.

동적 테스트 방법을 적용할 때 복수 개의 테스트 케이스가 설계된다. 테스트 케이스는 피처에 따라, 즉, 테스트 대상의 특성 중에서 테스트하고자 하는 측면·관점에 따라 결정된다. 복수 개의 테스트 케이스가 특정 테스트 환경에서 수행될 수 있도록 순서를 정하면 이것이 테스트 절차가 된다. 또한, 하나의 테스트 케이스는 여러 테스트 절차에서 사용될 수 있다.

Exercise

01 소프트웨어 테스트에 관한 설명 중에서 올바른 것은 무엇인가?

① 프로그램의 오류를 발견하고 결함을 제거함으로써 프로그램의 품질을 높이는 활동이다.
② 테스트는 프로그램에 결함이 존재하지 않음을 보여 주기 위한 목적으로 수행한다.
③ 타당하지 않고 예상하지 못한 경우들에 대해서는 테스트를 수행하지 않아도 된다.
④ 프로그램을 가장 잘 이해하는 개발자가 직접 테스트를 수행하는 것이 효과적이다.

해설 ② 테스트를 통하여 결함이 없음을 보여 주는 것은 현실적으로 불가능하다.
③ 타당하지 않고 예상하지 못한 경우에 대한 테스트를 반드시 수행해야 한다.
④ 개발자가 아닌 다른 테스터가 테스트를 수행하는 것이 효과적이다.

02 완벽한 소프트웨어 테스트는 불가능하다. 다음 중 그 이유를 가장 잘 설명한 것은?

① 테스트 조직이 작아 할당할 수 있는 테스터가 적기 때문이다.
② 테스트 지식이 부족하고 테스트 전략과 계획의 완성도가 낮기 때문이다.
③ 개발 일정 대신 테스트 일정을 줄여 결과적으로 충분한 테스트 일정을 확보하지 못하기 때문이다.
④ 무한 입력값, 무한 시간, 코드 내 무한 경로 등을 모두 고려해 테스트할 수 없기 때문이다.

해설 완벽한 테스트는 불가능하며, 이는 소프트웨어의 무한 입력값, 실행 시점의 무한 타이밍, 소프트웨어 코드 내 무한 경로 등을 모두 고려해 테스트할 수 없기 때문이다.

03 다음 중에서 품질 보증, 테스트, V&V의 관계를 가장 잘 표현하고 있는 것은?
※ A < B는 A의 개념보다 B가 더 광범위한 용어임을 의미한다. A = B는 A와 B가 동일한 범위를 가짐을 의미한다.

① 테스트 > V&V = 품질 보증
② V&V = 테스트 < 품질 보증
③ 테스트 < V&V < 품질 보증
④ V&V < 테스트 < 품질 보증

해설 테스트보다 V&V가 광범위 하고, V&V보다 품질 보증이 광범위하다.

정답 01 ① 02 ④ 03 ③

04 테스팅과 디버깅에 대한 설명으로 올바르지 않은 것은 무엇인가?

① 테스팅의 목적은 알려지지 않은 결함을 발견하는 것이다.
② 테스팅은 외부 개입을 배제하고, 시스템 내부관련자가 수행하는 것이다.
③ 디버깅은 이미 알고 있는 오류를 수정하는 것이다.
④ 디버깅의 주요 작업은 오류의 위치를 파악하고 이를 적절히 수정하는 것이다.

해설 테스팅의 목적은 알려지지 않은 결함을 발견하고자 하는 활동이고, 디버깅은 이미 알고 있는 오류를 수정하는 활동으로 주로 오류의 위치를 찾고 이를 수정하는 작업이 이루어진다.

05 다음은 무엇에 대한 설명인가?

> 테스트가 테스트 요구사항을 얼마큼 만족하는지 나타내는 용어로 "테스팅 정도에 대한 양적 평가"를 결정하는 것이다. 이를 근거로 테스트를 얼마나 더 해야 할지 멈추어야 할지 결정할 수 있다.

① 테스트 효율성　　② 테스트 조건
③ 테스트 케이스 실패율　　④ 테스트 커버리지

해설 테스트 커버리지에 대한 설명이다.

06 다음 중 결함(Defect)에 대한 설명으로 올바른 것은 무엇인가?

① 에러(Error)에 의해 발생되며 장애(Failure)의 원인이 될 수 있다.
② 결함이 실행되면 반드시 프로그램의 장애(failure)가 발생된다.
③ 프로그램의 실행 결과와 예상 결과와의 차이를 의미한다.
④ 사용자의 요구사항을 잘못 파악하거나 이해할 때 발생하는 실수를 말한다.

해설 ① 결함은 에러에 의해서 발생하며, 장애의 원인이 될 수 있다.
② 결함이 실행된다고 반드시 장애가 발생하는 것은 아니다.
③ 장애에 대한 설명이다.
④ 에러에 대한 설명이다.

07 소프트웨어 테스트에서 결함은 프로그램의 모든 부분에 걸쳐 균일하게 분포되어 있다는 특성을 이용하여 테스트하는 것이 효과적이다. [O/X]

해설 프로그램 결함은 일부분의 모듈에 집중되어 나타난다.

정답 04 ② 05 ④ 06 ① 07 ×

08 다음 설명은 어떤 용어에 대한 설명인지 기재하시오.

- 에러의 타입을 식별(Fault Identification)하고, 에러를 수정(Fault Correction)하는 작업이다.
- 에러의 정확한 위치를 파악(Fault Location)하는 작업이다.
- 시스템 내부 관련자가 수행한다.

09 다음 중 소프트웨어 테스트 활동에 대한 설명으로 올바른 것은 무엇인가?

① 결함의 위치를 파악하고 제거하는 것을 목적으로 한다.

② 결함 검출 및 제거를 목표로 하나, 소프트웨어 품질 개선을 목표로 하지 않는다.

③ 정해진 요구사항을 만족하는지 확인하고, 주어진 표준 등을 준수하는지 검증하는 활동이다.

④ 남아 있는 결함이 장애를 일으키지 않음의 증명을 통해 소프트웨어의 품질을 보증하는 활동이다.

해설 ① 디버깅에 대한 설명
② 테스트의 목적은 결함 검출, 품질 평가, 프로세스 개선과 소프트웨어 품질 개선이라고 볼 수 있다.
④ 남아 있는 결함이 장애를 일으키지 않음을 증명할 수 없다.

10 소프트웨어 개발 단계 중 어느 시점에 발견된 결함의 수정 비용이 가장 클 것으로 예상되는지 다음 보기에서 찾아 쓰시오.

요구사항 정의, 운영 및 유지보수, 분석, 설계, 구현, 단위 테스트, 통합 테스트, 시스템 테스트, 사용자 승인 테스트

정답 08 디버깅(Debugging) 09 ③ 10 운영 및 유지보수

제 2 장 테스트 분류와 테스팅 방법

2.1 개 요

테스트와 관련된 많은 개념이 존재한다. 예를 들어 컴포넌트 테스트, 통합 테스트, 시스템 테스트, 인수 테스트라는 용어도 있고, 기능 테스트와 비기능 테스트라는 개념도 있다. 또한, 정적 테스트, 동적 테스트라는 용어도 있다. 그뿐만 아니라 위험 기반 테스트, 리그레션 테스트, 모델 기반 테스트 등의 용어도 존재한다. 본 장에서는 이렇게 다양한 테스트 관련 개념을 테스트 분류와 테스팅 방법으로 구분하여 설명한다.

- 테스트 분류에서는 테스트 레벨(컴포넌트, 통합, 시스템, 인수), 테스트 유형(기능, 품질), 그리고 테스트 설계 기법을 기준으로 테스트 분류를 설명한다.
- 테스팅 방법에서는 적용하는 개발 생명 주기, 프로젝트 단계(개발 또는 유지 보수) 등 프로젝트의 상황을 고려하여 현실적으로 적용할 수 있는 테스트 방법을 설명한다.

2.2 테스트 분류

2.2.1 개요

소프트웨어 테스트는 테스트 레벨, 테스트 유형, 그리고 테스트 설계 기법에 따라서 다양하게 분류될 수 있다. 이들 3가지 기준은 각각 독립적인 기준이므로 그림 2.1과 같이 3차원 축으로 분류하여 나타내었다.

그림 2.1 테스트 분류

테스트 레벨은 컴포넌트 테스트, 통합 테스트, 시스템 테스트, 인수 테스트로 분류되고, 테스트 유형은 기능 테스트와 성능 테스트, 신뢰성 테스트, 보안 테스트 등으로 분류된다. 테스트 유형에서 기능 테스트를 제외한 성능 테스트, 신뢰성 테스트, 보안 테스트 등을 비기능 테스트라고 부른다. 그리고 테스트 설계 기법은 정적 테스트와 동적 테스트로 분류할 수 있다.

2.2.2 테스트 레벨에 의한 분류

테스트의 레벨(Level)에 따라서 컴포넌트(또는 단위) 테스트, 통합 테스트, 시스템 테스트 그리고 인수 테스트로 분류된다. 표 2.1은 테스트 레벨에 따라 분류한 각 테스트를 설명하고 있다.

표 2.1 테스트 레벨

테스트 기법	설명
컴포넌트(Component)/단위(unit) 테스트	시스템을 구성하는 단위 모듈을 테스트 대상으로 하여 개별 단위 모듈을 독립적으로 테스트한다.
통합(Integration) 테스트	시스템을 구성하는 단위 모듈들이 정확하게 통합되었는지에 초점을 둔다. 시스템 내부 구성 모듈과 이들 간의 관계를 정의한 구조 설계 명세서를 바탕으로 테스트가 진행된다.
시스템(System) 테스트	전체 시스템을 테스트 대상으로 하여 테스트가 진행된다. 요구사항 명세서에 명시된 방식대로 시스템이 동작하는지 확인하는 데 초점을 둔다.
인수(Acceptance) 테스트	시스템 테스트와 마찬가지로 전체 시스템을 하나의 단위로 보고 테스트가 진행된다. 그러나 시스템 테스트와 달리 인수 테스트는 고객/사용자의 관점에서 고객이 기대하는 방식으로 소프트웨어가 동작하는지 확인한다.

4개 레벨의 테스트는 일반적인 소프트웨어의 개발 단계 즉 요구 분석, 구조 설계(또는 아키텍처 설계), 상세 설계와 밀접한 연관이 있다. 그림 2.2는 소프트웨어 개발 각 단계와 그에 상응하는 테스트 레벨을 표현한 것이다. 좌측의 개발 단계와 우측의 테스트 수준이 알파벳 'V'형태를 이루므로 이를 V 모델이라고 부른다.

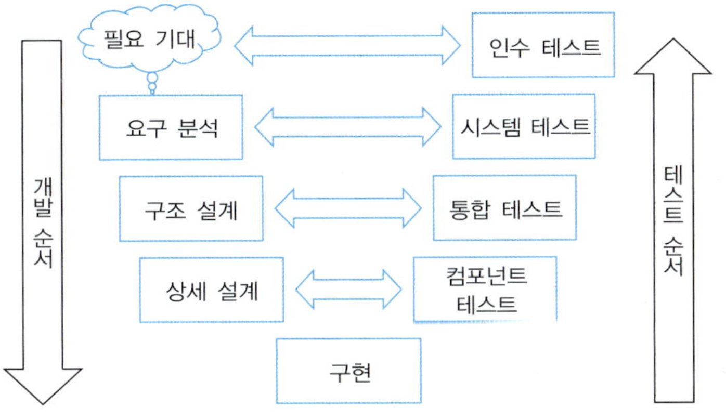

그림 2.2 V 모델

테스트는 컴포넌트 테스트, 통합 테스트, 시스템 테스트, 인수 테스트 순서로 진행된다. 그리고 각 테스트는 개발의 각 단계를 기준으로 진행된다. 예를 들어 컴포넌트 테스트는 단위 구성 요소(함수 · 클래스 · 컴포넌트 등)에 대한 상세 설계를 기준으로 구현된 단위를 테스트한다. 그리고 통합 테스트는 아키텍처 설계를 통하여 결정된 단위 간의 관계(호출 등)를 기준으로 통합된 단위를 테스트한다. 시스템 테스트와 인수 테스트는 각각 요구 분석과 고객 · 사용자의 필요 · 기대를 기준으로 테스트를 수행한다.

2.2.3 테스트 유형에 의한 분류

테스트를 통해 확인하고자 하는 소프트웨어의 동작 및 특성에 대한 기준은 요구사항 명세서에 정의된다. 그리고 요구사항 명세는 기능 요구사항과 품질 요구사항을 포함한다. 성능 효율성 테스트, 신뢰성 테스트 같이 개별 품질 특성에 초점을 두고 수행하는 테스트를 전통적으로 비기능(Non-functional) 테스트라고 부른다. 또한, ISO 29119 표준에서는 기능 테스트와 각각의 비기능 테스트를 유형 테스트(Type test)라고 부른다. 표 2.2는 테스트 유형을 기능 테스트와 비기능 테스트로 분류하여 설명한 것이다.

표 2.2 테스트 유형

테스트 유형	설명
기능(Functional) 테스트	• 기능 요구사항 측면의 결함 검출 및 충족 여부 확인을 목적으로 한다. • 모든 테스트 수준(컴포넌트 · 통합 · 시스템 · 인수 테스트)에서 진행된다.
비기능(Non-functional) 테스트	• 성능, 보안성, 신뢰성 등 품질 요구사항 측면의 결함 검출 및 충족 여부 확인을 목적으로 한다. • 일반적으로 시스템 테스트와 인수 테스트 수준에서 진행된다.

ISO 25010은 소프트웨어 품질 모델을 정의하고 있다. 소프트웨어 품질 모델은 소프트웨어가 갖춰야 하는 다양한 품질 특성에 관한 표준을 정의한 것이다. 표 2.3은 ISO 25010에서 정의한 품질 모델이다.

표 2.3 ISO 25010 품질 모델

주특성	부특성
기능 적합성	완전성, 정확성, 타당성
사용성	타당성 식별력, 학습성, 운영 용이성, 사용자 오류 보호, 사용자 인터페이스 미학, 접근성
성능 효율성	시간 행동(Time-behaviour), 자원 활용성, 수용성(Capacity)
호환성	공존성, 상호운영성
신뢰성	성숙성, 가용성, 장애 허용성, 회복 가능성
보안성	기밀성, 무결성, 부인방지, 책임성, 진본성
유지보수성	모듈성, 재사용성, 분석성, 변경 용이성, 테스트 용이성
이식성	적응성, 설치 용이성, 대치 용이성

ISO 25010 품질 모델은 기능 적합성, 사용성, 성능 효율성, 호환성, 신뢰성, 보안성, 유지보수성, 이식성을 주특성으로 정의한다. 그리고 이 8개의 주특성별로 세부적인 품질 특성을 부특성으로 정의하고 있다. 예를 들어, 호환성은 공존성과 상호운영성으로 세분화되고, 유지보수성은 모듈성, 재사용성, 분석성, 변경 용이성, 테스트 용이성으로 세분화된다.

이러한 품질 특성은 소프트웨어가 충족해야 하는 요소이며, 기능 요구사항과 더불어 소프트웨어 요구사항의 한 유형이다. 그러므로 소프트웨어가 이러한 각 품질 특성을 충족하는지 테스트를 수행해야 한다. 예를 들어, 소프트웨어가 주어진 성능 요구사항을 충족하는지 확인하기 위하여 성능 효율성 테스트를 수행할 수 있고, 신뢰성 요구사항에 대한 충족 여부를 판단하기 위하여 신뢰성 테스트를 수행할 수 있다.

2.2.4 테스트 설계 기법에 따른 분류

2.2.4.1 개요

테스트는 테스트 설계 기법에 따라서 정적 테스트와 동적 테스트로 분류된다. 정적 테스트는 리뷰와 정적 분석으로 분류되며 동적 테스트는 명세 기반 테스트, 구조 기반 테스트, 그리고 경험 기반 테스트로 분류된다.

2.2.4.2 정적 테스트

정적 테스트는 테스트 대상을 실행하지 않는 방식으로 테스트를 수행한다. 대표적인 방법으로는 리뷰(Review)와 정적 분석(Static analysis)이 있다.

2.2.4.2.1 리뷰

리뷰는 소프트웨어의 다양한 산출물에 존재하는 결함을 검출하거나 프로젝트의 진행 상황을 점검하기 위한 활동으로, 전문가 그룹이 수행한다. 리뷰를 효과적으로 수행하기 위하여 정해진 절차를 따르는데, 순서는 1) 경영진 준비, 2) 리뷰 계획, 3) 리뷰 절차 개요 설명, 4) 작업물 개요 설명, 5) 개별 준비, 6) 그룹 검토, 7) 재작업, 8) 후속 작업이다.

리뷰는 목적 및 구체적인 수행 방법에 따라 관리 리뷰, 기술 리뷰, 인스펙션(Inspection), 워크쓰루(Walk-through), 그리고 감사(Audit)로 구분된다. 표 2.4는 리뷰 유형에 대한 설명이다.

표 2.4 정적 테스트 – 리뷰 유형

리뷰 유형	설명
관리 리뷰	프로젝트 진행 상황에 대한 검토를 바탕으로 일정, 인력, 범위 등에 대한 통제 및 의사결정을 지원한다.
기술 리뷰	정의된 계획 및 명세를 준수하고 있는지에 대한 검토를 수행한다.
인스펙션	문제(Anomaly)를 식별하고 문제에 대한 올바른 해결(Resolution)을 검증한다.
워크쓰루	문제를 식별하고 더 나아가서 대안 조사, 개선 활동, 학습 기회 제공을 수행한다.
감사	객관적인 표준과 규제에 대한 준수를 독립적으로 평가한다.

2.2.4.2.2 정적 분석

정적 분석은 산출물(주로 소스 코드)의 구조적 속성을 이용하여 자동화된 방식으로 도구에 의해서 수행된다. 표 2.5는 대표적인 정적 분석 방법에 대한 설명이다.

표 2.5 정적 테스트 - 정적 분석 유형

리뷰 유형	설명
코딩 표준	MISRA-C, MISRA-C++ 등의 코딩 표준에 대한 준수 여부 검사
복잡도 측정	사이클로매틱 복잡도 등, 프로그램의 복잡도 측정
자료 흐름 분석	프로그램 자료 흐름에 이상(Anomaly) 존재 여부 분석

2.2.4.3 동적 테스트

동적 테스트는 테스트 대상을 실행하여 결함을 검출하는 방법으로, 적절한 입력값, 즉, 테스트 케이스를 결정해야 한다. 이해를 돕기 위해 자동차안전기준에 정의된 차량 정면충돌 시험을 예시로 살펴보자.

정면충돌 시험	자동차안전기준 제 102조
승용자동차의 경우, 시속 48.3km의 속도로 고정벽에 정면충돌시킬 때 운전 좌석 및 전방 탑승 좌석에 착석시킨 인체모형의 머리, 흉부, 대퇴부 등이 받는 충격이 아래 값을 초과하지 아니할 것 • 머리 상해 기준값(HIC): 1,000 • 흉부 가속도: 60g • 대퇴부 압축 하중: 1,020kg	

정면충돌 시험을 하는 경우, 탑승자에 미치는 충격은 충돌 시의 차량 속도에 따라 달라질 수 있다. 그러므로 충돌 시점의 차량 속도를 적절히 결정하고 시험을 진행해야 한다. 이때, 충돌 시점의 차량 속도가 테스트 케이스로 구성된다. 실제로 자동차안전연구원은 요구된 48.3km/h보다 빠른 56km/h 속도로 충돌 시험을 실시한다.

이렇게 테스트 케이스를 결정할 때, 소프트웨어의 어느 부분에 결함이 존재하는지 알 수 없으므로 가능한 한 많은 경우의 수를 조사하여 테스트 케이스를 결정해야 할 것 같지만, 소프트웨어는 매우 복잡해서 너무나 많은 상황이 있을 수 있으므로 모든 상황을 테스트하기 위한 테스트 케이스를 준비하기란 현실적으로 불가능하다. 그러므로 존재할 수 있는 결함을 누락하지 않으면서도 테스트 비용을 절감하려면 가능한 한 적은 수의 테스트 케이스를 사용하도록 테스트 케이스를 설계하는 것이 중요하다.

동적 테스트는 테스트를 통하여 확인하고자 하는 상황을 어떤 방법으로 결정하느냐에 따라 명세 기반 테스트, 구조 기반 테스트, 경험 기반 테스트로 분류된다.

2.2.4.3.1 명세 기반 테스트와 구조 기반 테스트

이 절에서는 동적 테스트 방법 중 명세 기반 테스트와 구조 기반 테스트에 대하여 설명한다. 그림 2.3은 명세 기반 테스트와 구조 기반 테스트의 개념을 보여준다.

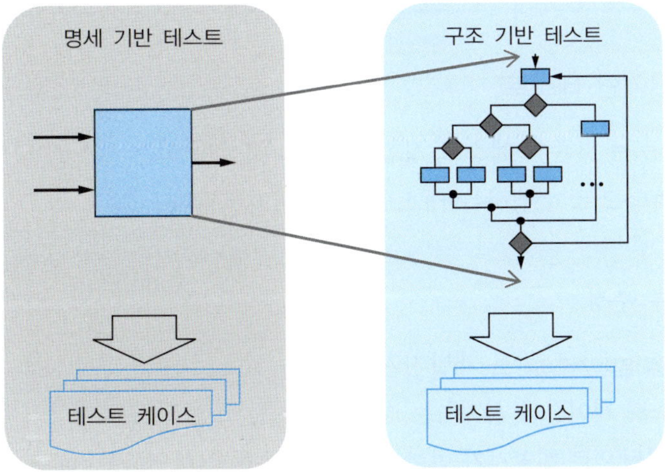

그림 2.3 명세 기반 테스트와 구조 기반 테스트 개념

명세 기반 테스트는 소스 코드를 참고하지 않고 테스트 케이스를 결정한다. 예를 들어 임의의 입력값을 생성하여 테스트하는 임의(Random) 테스트 방법도 소스 코드를 이용하지 않으므로 명세 기반 테스트라고 볼 수 있다.

반면에, 구조 기반 테스트는 구현된 소스 코드를 참고해서 테스트 케이스를 결정한다. 만약, 소스 코드의 특정 문장 또는 특정 경로(Path)를 실행하기 위한 입력값을 결정한다면 이 테스트는 구조 기반 테스트라고 볼 수 있다. 표 2.6은 명세 기반 테스트와 구조 기반 테스트를 수행할 때 사용되는 구체적인 테스트 설계 기법을 나열한 것이다.

표 2.6 명세 기반 테스트와 구조 기반 테스트 유형

명세 기반 테스트	구조 기반 테스트
동등 분할	문장 테스트
분류 트리 기법	결정 테스트
경곗값 분석	조건 테스트
신택스 테스트	결정/조건 테스트
조합 테스트	다중 조건 테스트
상태 전이 테스트	변형 조건/결정 테스트(MCDC)
인과 그래핑	기본 경로 테스트
결정표 테스트	
시나리오 테스트	

2.2.4.3.2 경험 기반 테스트

경험 기반 테스트는 기존의 테스트 경험, 테스트 대상이 되는 시스템 및 해당 도메인에 대한 경험 등을 바탕으로 수행하는 테스트 방법을 일컫는다.

2.2.4.3.2.1 오류 추정

오류 추정(Error guessing)은 개발자가 범할 수 있는 실수를 추정하고 이에 따른 결함이 검출되도록 테스트 케이스를 설계하는 방법이다. 즉, 특정 테스트 대상이 주어지면 테스터의 경험과 직관을 바탕으로 개발자가 범할 수 있는 실수들을 나열하고, 해당 실수에 따른 결함을 노출하는 테스트를 수행하는 것이다. 예를 들어, tan(x) 함수의 경우 ∞가 되는 90° 에 대한 값을 특별히 처리하지 않는 실수가 예상되므로 이 함수에 대한 테스트 입력에 90° 도를 포함시킬 수 있다.

오류 추정은 매우 직관적이고 상황에 따라 적합한 방식으로 수행되므로 일반화된 기법과 절차를 정의하기는 어렵다. 하지만 기본 아이디어는 발생할 수 있는 오류 상황을 나열하는 것에서 시작된다. 예를 들면, 일반적으로 특별하게 처리해야 하는 0 값을 미처리한 오류 상황이 발생할 수 있다. 그리고 가변적인 크기의 입력에서 특정 값을 검색하는 함수가 있을 때, '입력의 크기가 0인 경우'와 '일치하는 값을 발견하지 못한 경우'에 대한 오류 상황을 추정하고 이를 테스트할 수 있다.

오류 추정은 동등 분할이나 경곗값 분석 같은 명세 기반 테스트 방법과 함께 사용될 수 있다. 예를 들면, 동등 분할 방법에서 유효한 분할(Valid partition)은 테스트 대상에 대한 명세를 통하여 식별되지만 유효하지 않은 값의 영역은 명세의 정의가 명확하지 않으므로 테스터의 경험과 직관을 활용하여 유효하지 않은 분할(Invalid partition)을 결정할 수 있다.

오류 추정의 가장 효과적인 방법은 오류가 검출된 대표적인 사례를 이용하는 것이다. 다음 예시는 정렬 프로그램을 테스트할 때 오류 추정을 통하여 식별된 테스트 상황이다.

- 입력 목록의 크기가 0일 때
- 입력 목록이 오직 하나의 데이터만 가지고 있는 경우
- 입력 목록이 모두 동일한 데이터를 가지고 있는 경우
- 입력 목록이 모두 정렬이 되어 있는 경우

특히, 오류 추정은 일반적으로 예상되지 않는 상황이 사용자 입력값으로 적절히 처리되고 있는지 확인할 때 유용하게 사용될 수 있다. 표 2.7은 오류 추정 기법에서 고려할 수 있는 대표적인 상황을 보여 준다.

표 2.7 **오류 추정 기법 예**

상황	설명
필수 입력	필수 입력 항목인 경우 값이 입력되지 않는 상황을 테스트한다.
입력 항목의 길이	입력 항목의 길이에 제약이 있는 경우, 더 작거나 더 긴 항목이 입력되는 상황을 테스트한다. 예 주민번호 앞자리는 6자리가 되어야 함
입력 항목의 형식	입력 항목에 대한 형식을 위반하는 상황을 테스트한다. 예 생년월일 형식: YY/MM/DD
입력값의 명시적 제약사항	입력 항목의 값에 대하여 명시적으로 정해진 범위를 위반하는 상황을 테스트한다. 예 YY: 00 - 99, MM: 01 - 12, DD: 01 - 31
입력값의 묵시적 제약사항	입력 항목의 값에 대하여 명시되지 않았지만, 상식적으로 가정되는 범위를 위반하는 상황을 테스트한다. 예 YY: 19 이하의 값; 금년이 2019년이므로

2.2.4.3.2.2 탐색적 테스트

탐색적 테스트는 사전에 구체적으로 테스트 케이스를 설계하여 기록하고 이를 바탕으로 테스트를 수행하는 방식이 아니라, 테스트 대상에 대한 이해, 테스트 케이스 설계, 테스트 실행을 병행하는 방식이다. 즉, 테스트 대상에 대한 이해를 바탕으로 즉석에서 테스트 케이스를 결정한 후, 문서화 없이 해당 테스트를 바로 수행한다. 그리고 이 테스트의 결과를 바탕으로 다음 테스트를 결정한다. 테스터는 자신이 원하는 방식으로 테스트를 수행하면서 테스트 대상이 어떻게 동작하는지, 어떤 기능이 동작하는지 파악해 나간다.

따라서 탐색적 테스트의 효과는 테스터의 지식에 의존한다. 예를 들어, 테스트를 수행하는 과정에서 파악하게 되는 테스트 대상에 대한 이해의 정도, 테스트 대상에 대한 사전 경험, 발생할 가능성이 있는 결함과 테스트 대상에 대한 위험 요소에 대한 이해 등이 중요한 영향을 미치게 된다.

앞서 얘기한 바와 같이 탐색적 테스트는 테스트를 위한 문서를 작성하지 않는다. 탐색적 테스트는 체계적인 이론과 방법을 바탕으로 테스트 설계를 수행하여 사전에 테스트 명세서(테스트 설계 명세서, 테스트 케이스 명세서, 테스트 절차 명세서)를 작성하는 대신, 테스터의 경험과 직관을 바탕으로 즉석에서 테스트 케이스를 결정하고 바로 수행한다. 심지어 테스트 계획서를 작성하지 않기도 한다. 그러나 테스트에 사용하는 자동화 도구를 통하여 테스트 로그 및 테스트 결과 등이 자동으로 생성될 수 있다.

테스트해야 하는 세부 피처를 명확하게 식별하고 의사소통하기 위한 테스트 차터(Charter)를 간략히 작성할 수 있다. 차터에는 테스트하고자 하는 세부 피처를 비롯하여 검출된 결함과 관련하여 추후 해결이 필요한 이슈 등을 기록한다.

탐색적 테스트는 애자일 방법을 사용하는 웹 응용 시스템의 테스트에 적합한 방법이다. 이러한 유형의 시스템은 개발 주기가 매우 짧기 때문에 세부적인 테스트 명세서를 개발하고 관리할 시간이 충분하지 않다.

탐색적 테스트를 수행할 때 명확한 가이드가 없으면 다음과 같은 단점이 있다. 첫째, 초기에 시스템에 대한 정보 및 이해가 부족하므로 결함을 검출하기 위하여 명확한 목표 없이 시스템의 이곳저곳을 탐색하는 데 과도한 시간을 사용할 위험이 있다. 둘째, 여러 명 또는 여러 팀이 탐색적 테스트에 참여할 경우에 동일한 기능을 중복해서 반복적으로 테스트할 위험이 있다. 또한, 테스트 범위를 명확하게 문서화하지 않고 테스트를 실시하므로 테스트의 적합성 즉, 커버리지(Coverage)에 대한 판단을 할 수 없다.

2.3 테스팅 방법

2.3.1 개요

지금까지 테스트에 대한 분류로서 테스트 레벨에 따른 분류, 테스트 유형에 따른 분류, 그리고 테스트 설계 기법에 따른 분류를 설명하였다. 본 절에서는 프로젝트의 다양한 현실적인 상황을 고려하여 실제 적용할 수 있는 대표적인 테스트 수행 방법을 소개한다.

2.3.2 리그레션 테스트

유지보수 단계에서는 다양한 이유로 소프트웨어 변경이 발생한다. 예를 들어, 사용자가 소프트웨어를 사용하는 과정에서 발견한 결함이 보고되는 경우, 이를 제거하기 위해 소프트웨어를 수정하게 된다. 또한, 기능을 추가하거나 성능을 개선하기 위하여 소프트웨어를 수정할 수도 있고, 새로운 운영 환경에 적응하기 위하여 수정하기도 한다. 또한, 더 높은 수준의 유지보수성을 확보하기 위하여 소프트웨어를 수정할 때도 있다.

이러한 이유로 소프트웨어가 변경되었다면 리그레션 테스트(Regression Test)를 수행해야 한다. 리그레션 테스트는 변경 후에 수행되는 테스트로, 소프트웨어에 가해진 변경이 의도하지 않게 결함을 만들지는 않았는지, 시스템이 기존의 요구사항을 충족하는지 검증하기 위하여 수행된다.

리그레션 테스트에 다양한 테스트 전략이 적용될 수 있는데, 대표적인 방법으로는 Retest-all 전략, 선택적 리그레션 테스트 전략, 테스트 최소화 전략, 그리고 테스트 우선 순위화 전략이 있다.

그리고 소프트웨어가 변경되면 각 레벨 테스트 순서대로 즉, 컴포넌트 테스트, 통합 테스트, 시스템 테스트 각 레벨마다 리그레션 테스트를 수행한다.

2.3.3 소프트웨어 생명 주기 모델과 테스트

소프트웨어 생명 주기는 소프트웨어 개발 체계의 추상적 표현이며 순차적 또는 병렬적인 일련의 단계로 구성된다. 예를 들어, 요구사항을 수집하고 문제를 이해・분석하는 단계부터 시작하여 설계 단계 및 시스템을 구성하는 모듈을 구현하는 단계를 거친다.

테스트는 이러한 소프트웨어 생명 주기 모델의 특성을 고려하여 수행되어야 한다. 예를 들어, 순차적 생명 주기 모델의 경우, 테스트는 구현이 완료된 시점에 1회만 수행되지만 진화형 모델과 애자일 모델과 같이 반복적이고 점진적인 모델에서는 테스트도 반복적・점진적으로 수행된다.

대표적인 순차적 생명 주기 모델인 폭포수 모델에서는 구현이 완료된 후에 테스트가 시작된다. 테스트 시작 시점이 구현이 완료된 후이므로 테스트를 수행할 때 요구사항 명세부터 구조 설계 및 상세 설계 산출물을 비롯하여 소스 코드에 이르기까지 필요한 모든 자료가 존재한다는 이점이 있지만, 이때 검출된 결함을 해결하는 데 많은 비용과 시간이 소요될 가능성이 크다. 예를 들어, 결함의 원인이 근본적인 구조 설계상의 문제인 경우라면 개발 종료 시점에서는 이를 해결할 수 있는 시간이 충분하지 않고, 많은 비용이 소요될 것이다.

또 다른 순차적 개발 모델인 V-모델은 폭포수 모델과 달리 개발 시작과 함께 테스트도 시작된다. 그리고 각 개발 단계에서 발생하는 결함을 검출할 수 있는 테스트 레벨이 존재한다. 요구분석 단계에서는 시스템 테스트를 위한 테스트 계획 설계 및 테스트 케이스와 절차를 도출하고, 구조 설계 단계에서는 통합테스트 테스트 계획 수립 및 테스트 케이스를 도출한다. 그리고 V-모델에서는 동적 테스트와 더불어 개발 산출물에 대한 정적 테스트도 수행한다. 즉, 요구사항 명세서, 구조 설계 명세서, 상세 설계 명세서, 그리고 소스 코드 등에 대한 리뷰·정적 분석을 수행하여 결함을 검출한다.

진화적 개발 모델은 이터레이션(Iteration)과 점진적인Incremental) 방식으로 개발을 진행한다. 즉, 이 개발 모델은 시스템의 구성요소 중 핵심 부분을 개발한 후, 각 구성 요소와 추가 요구사항을 여러 이터레이션을 통해 개선하고 발전시켜 최종 완성품을 개발한다. 진화적 개발 모델은 수행하는 각 이터레이션마다 테스트 수행 계획을 작성하며 이에 따라 테스트를 수행한다. 각 이터레이션은 순차적 모델처럼 요구사항 분석, 설계, 구현, 테스트와 같은 단계로 구성되며 각 개발 단계에서 테스트 관련 프로세스가 수행된다.

애자일 개발 방법론은 진화적 개발 모델처럼 반복적이면서 점진적인 개발 접근 방식을 따른다. 애자일 방법론은 일반적으로 테스트 주도 개발(Test-Driven Development, TDD)을 적용한다. TDD는 프로그램에 대한 테스트 케이스를 먼저 작성하고, 이 테스트 케이스를 통과하는 실제 프로그램의 코드를 나중에 작성하는 방식이다. 그리고 TDD와 더불어 애자일 개발에서 중요한 실천 규칙인 지속적 통합(CI, Continuous Integration)이 있다. 말 그대로 지속적 통합은 통합이 어느 한 시점에 이루어지는 것이 아니라 계속해서 통합을 수행하는 것을 말한다.

2.3.4 위험 기반 테스트

테스트는 소프트웨어 프로젝트와 마찬가지로 주어진 비용과 일정 내에서 수행되어야 한다. 따라서 주어진 자원이라는 제약 내에서 테스트 목적을 달성하기 위한 노력이 필요하다.

테스트 접근 방법뿐만 아니라 테스트 범위를 결정할 때에도 주어진 비용과 일정을 고려해야 한다. 즉, 테스트 비용의 범위 내에서 단위 테스트, 통합 테스트 및 시스템 테스트의 수행 수준이 결정된다. 또한, 단위 테스트가 수행될 대상이 되는 모듈을 결정하고, 시스템 테스트를 수행할 때 테스트 될 기능 및 비기능적 특성 즉, 피처도 한정할 수 있다.

테스트 대상을 결정하고 선택된 테스트 대상에 대한 테스트 범위를 전체 시스템의 일부로 한정시키는 것은 테스트 비용을 줄일 수는 있지만 테스트 되지 않은 부분에서 결함이 발생할 가능성이 커지고 이는 결국 소프트웨어 품질에 악영향을 미칠 수 있다.

따라서 테스트 대상과 범위를 결정할 때는 테스트 미수행에 따른 위험을 고려해야 한다. 즉, 테스트가 수행되지 않았다고 하더라도 그에 따른 위험 수준이 낮은 것들은 테스트 대상에서 제외할 수 있지만, 테스트 제외에 따른 위험 수준이 높은 것은 테스트 대상에 반드시 포함해야 한다. 이와 같이, 피처에 대한 위험 분석을 바탕으로 테스트에 대한 계획과 설계 그리고 실행 등의 활동을 수행하는 것을 위험 기반 테스트라고 한다.

2.3.5 모델 기반 테스트

모든 명세 기반 테스트는 테스트 대상에 대한 기대 동작을 표현하는 일종의 모델을 이용한다. 이러한 모델은 자연어로 표현된 형식이거나 상태 전이도 또는 UML 다이어그램과 같은 시각적인 표현방식이 될 수 있으며 의사결정표와 같은 표 형태도 가능하다.

기존의 테스트는 모델을 이용하더라도 보통은 수작업으로 테스트 입력 및 출력을 결정하는 방식만을 제공하였다. 반면에, 모델 기반 테스트는 테스트 절차를 수행할 수 있는 정보가 자동으로 추출될 수 있을 정도로 정형화되고 상세한 모델을 바탕으로 한다. 즉, 모델을 바탕으로 테스트 계획을 수립하고, 테스트 케이스, 테스트 절차, 테스트 입력 및 예상 결과 등을 결정한다.

모델 기반 테스트 수행은 테스트 계획에서 테스트 종료까지 대부분의 활동을 자동화할 수 있다는 이점이 있다. 게다가 모델 자체에 존재할 수 있는 다양한 유형의 문제를 이른 시점에 식별하는 방법으로 개발 단계 산출물의 결함을 검출할 수 있다는 이점도 있다. 이러한 이유로, 모델 기반 테스트는 장애가 발생했을 때 많은 비용이 유발되는 자동차, 의료 등 안전 필수(Safety critical) 소프트웨어를 대상으로 수행되고 있다.

모델 기반 테스트는 일단 모델이 구축된 후에는 자동화를 통해서 효율적인 테스트를 수행할 수 있다는 이점이 있지만, 모델 기반 테스트의 근간이 되는 모델, 즉, 정형적이고 상세한 테스트 모델을 구축하는 비용이 추가되는 단점이 있다.

테스트 대상의 동작에 대한 상세한 모델링에는 의사결정표, UML 상태 다이어그램, UML 액티비티 다이어그램을 비롯한 정형적 표현법을 사용할 수 있다.

Exercise

01 명세 기반 테스트와 구조 기반 테스트 방법은 대표적인 정적 테스트 방법이다. [O/X]

해설 명세 기반 방법과 구조 기반 방법은 동적 테스트 방법이다.

02 정적 테스트에 대한 설명으로 타당하지 않은 것은 무엇인가?

① 동적 테스트 방법에서 검출하기 힘든 오류를 찾아낸다.
② 개발 초기에 오류를 찾아내어 품질을 향상시킨다.
③ 프로그램 개발단계에서 산출되는 결과물에서 결함을 찾아낸다.
④ 코드 분석을 기반으로 프로그램을 실행하여 오류를 찾아낸다.

해설 ④ 프로그램을 실행하는 방법은 동적 테스트이다.

03 명세기반 테스트는 특성상 시스템 및 인수 테스트 단계에서만 수행한다. [O/X]

해설 명세 기반 테스트는 대상 시스템의 명세 정보를 얻을 수 있는 한, 적용 대상에 제한이 없으며 컴포넌트 테스트, 통합 테스트, 시스템 테스트 및 인수 테스트 전 과정에 걸쳐 사용될 수 있다.

04 오류 추정은 특정 소프트웨어에 대해 테스터의 직관과 경험을 활용하여 어떤 유형의 결함이 발생할 것을 예측하여 테스트하는 방법이다. [O/X]

해설 오류 추정에 대한 설명이다.

05 다음 중 탐색적 테스팅에 대한 설명으로 가장 거리가 먼 것은?

① 세션 기반 테스팅을 사용하여 테스트를 구조화한다.
② 테스트 케이스를 먼저 디자인하지 않는다.
③ 애자일 개발 방법에 적합하지 않다.
④ 다른 테스트 기법의 사용을 포함할 수 있다.

해설 ③ 탐색한 테스팅은 애자일 방법을 사용하는 웹 응용 시스템의 테스트에 적합한 방법이다.

정답 01 × 02 ④ 03 × 04 O 05 ③

06 다음 설명 중에서 모델 기반 테스트와 거리가 가장 먼 것은?

① 개발 단계 산출물에 존재할 수 있는 결함을 검출할 수 있다는 이점도 있다.

② 장애가 발생하였을 때 큰 비용이 유발되는 자동차, 의료 등 안전 필수 소프트웨어를 대상으로 수행되고 있다.

③ 모델을 바탕으로 테스트 계획을 수립하고, 테스트 케이스, 테스트 절차, 테스트 입력 및 예상 결과 등을 결정한다.

④ 기존의 테스팅에서 이용하던 의사결정표, 순서도 등은 모델이 아니다.

해설 모델 기반 테스트 대상의 동작에 대한 상세한 모델링에는 의사결정표, UML 상태 다이어그램, UML 액티비티 다이어그램을 비롯한 정형적 표현법을 사용할 수 있다.

07 테스트 대상의 동작에 대한 정형적 명세를 바탕으로 테스트 케이스 및 테스트 절차를 자동으로 생성하는 방식으로 수행되는 테스팅을 무엇이라고 하는가?

해설 모델 기반 테스트는 테스트 절차를 수행할 수 있는 정보가 자동으로 추출될 수 있을 정도로 정형화되고 상세한 모델을 바탕으로 하여, 테스트 계획을 수립하고, 테스트 케이스, 테스트 절차, 테스트 입력 및 예상 결과 등을 결정한다.

08 테스트 스텁 작성 비용이 많이 드는 경우에는 상향식 통합 테스트를 수행하면 좋다.

[O/X]

해설 하위에 있는 모듈들을 먼저 통합하기 때문에 스텁을 작성할 필요가 없다.

09 다음 테스트 종류 중, 분류 기준이 다른 하나는 무엇인가?

① 성능 테스트 (Performance Test)

② 시스템 테스트 (System Test)

③ 보안성 테스트 (Security Test)

④ 신뢰성 테스트 (Reliability Test)

해설 시스템 테스트는 단위, 통합, 시스템과 같이 테스트 레벨(단계)에 의한 구분이고, 나머지는 테스트 특성(유형)에 따른 구분임

정답 06 ④ 07 모델 기반 테스팅 08 O 09 ②

10 다음 괄호 안에 들어갈 가장 알맞은 방법은 무엇인가?

> ISO/IEC/IEEE 29119에서는 테스트 방법을 (   ) 기반 테스트, 명세 기반 테스트, 구조 기반 테스트로 분류한다.

① 경험
② 키워드
③ 요구사항
④ 시나리오

정답 10 ①

제 3 장 소프트웨어 개발 단계와 테스트

3.1 개 요

소프트웨어 테스트는 다음과 같이 매우 다양한 방법으로 분류할 수 있다(표 3.1 참조).

- 테스트 레벨에 따른 테스트 분류
- 테스트 설계 방식에 따른 분류
- 테스트 유형(품질 특성)에 따른 분류

표 3.1 소프트웨어 테스트의 분류

<table>
<tr><th>분류</th><th colspan="2">테스트 종류</th><th>설 명</th></tr>
<tr><td rowspan="4">테스트 레벨</td><td colspan="2">컴포넌트/단위 테스트</td><td>각각의 컴포넌트를 테스트한다.</td></tr>
<tr><td colspan="2">통합 테스트</td><td>컴포넌트 간의 인터페이스를 테스트한다.</td></tr>
<tr><td colspan="2">시스템 테스트</td><td>전체 시스템이 목적을 만족시키는지 테스트한다.</td></tr>
<tr><td colspan="2">인수 테스트</td><td>사용자의 요구사항을 만족하는지 확인한다.</td></tr>
<tr><td rowspan="5">테스트 설계</td><td rowspan="3">동적 테스트</td><td>명세 기반 테스트</td><td>명세를 바탕으로 테스트 케이스를 생성한다.</td></tr>
<tr><td>구조 기반 테스트</td><td>프로그램 코드 정보를 바탕으로 테스트 케이스를 생성한다.</td></tr>
<tr><td>경험 기반 테스트</td><td>테스터의 경험을 기반으로 테스트 케이스를 생성한다.</td></tr>
<tr><td rowspan="2">정적 테스트</td><td>리뷰</td><td>산출물에 존재하는 결함을 검출하거나 프로젝트의 진행 상황을 점검한다.</td></tr>
<tr><td>정적 분석</td><td>자동화된 도구를 이용하여 산출물의 결함을 검출하거나 복잡도를 측정한다.</td></tr>
</table>

구분			설명
테스트 유형	기능 테스트		기능적 요구사항 측면의 결함 검출 및 충족 여부를 확인한다.
	비기능 테스트	기능 적합성 테스트	사용자의 요구사항을 만족하는 기능이 제공되는 정도를 테스트한다.
		성능 효율성 테스트	시스템의 응답시간이나 처리량을 테스트한다.
		호환성 테스트	다른 시스템과의 상호 연동 능력이나 공존성을 테스트한다.
		사용성 테스트	사용자가 이해하고 배우기 쉬운 정도를 테스트한다.
		신뢰성 테스트	규정된 조건/기간에 오동작 없이 수행하는 능력을 테스트한다.
		보안성 테스트	시스템의 정보 및 데이터를 보호하는 능력을 테스트한다.
		유지보수성 테스트	소프트웨어 유지보수의 용이성을 테스트한다.
		이식성 테스트	다양한 플랫폼에서 운영될 수 있는 능력을 테스트한다.

이 장에서는 테스트 레벨에 따른 테스트 방법에 대해 살펴본다. 컴포넌트(단위) 테스트, 통합 테스트, 시스템 테스트, 인수 테스트는 목적이나 방법이 서로 다르므로 각각에 대해 자세하게 알아볼 필요가 있다.

그림 3.1은 컴포넌트 테스트, 통합 테스트, 시스템 테스트 레벨의 각 레벨별 테스트 대상을 보여준다.

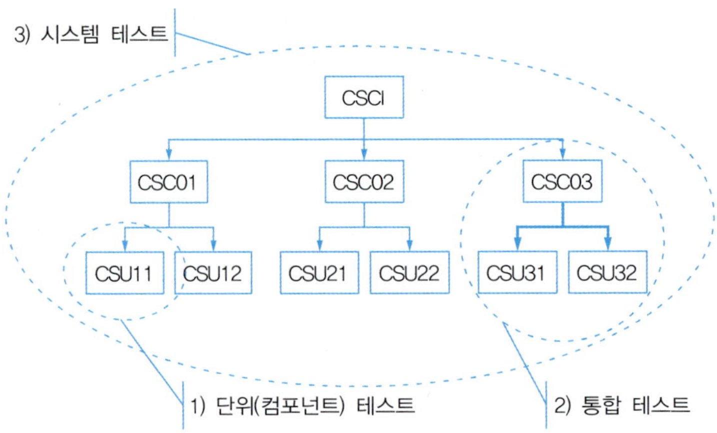

그림 3.1 테스트 레벨과 테스트 대상

이 그림에서 CSCI, CSC, CSU 등은 시스템을 구성하는 주요 컴포넌트를 나타낸다. 시스템은 컴포넌트 간의 연동으로 동작하며, 이 그림에서는 각 컴포넌트 간의 연동이 화살표로 표현되어 있다. 예를 들어, CSCI 컴포넌트는 CSC01, CSC02, CSC03 컴포넌트를 호출한다.

시스템이 구성되면 이를 바탕으로 우리는 컴포넌트 테스트, 통합 테스트, 그리고 시스템 테스트의 대상을 결정할 수 있다. (참고로, 이런 구조도를 아키텍처 설계도라고 부른다) 따라서, 만약 우리가 시스템에 대한 테스트 레벨과 테스트 대상을 결정하고자 한다면 우선 위와 같이 간단한 형태라 하더라도 시스템의 구조가 어떤 모습인지를 알아야 한다.

그림 3.1을 기준으로 한다면 컴포넌트 테스트를 수행할 때 각 개별 컴포넌트가 테스트 대상이 된다. 그리고 통합 테스트는 화살표로 표시된 연동 관계가 있는 컴포넌트 간의 연결이 테스트 대상이 되고, 시스템 테스트를 수행할 때는 전체 시스템 자체를 테스트 대상으로 삼는다.

표 3.2는 각 테스트 레벨별 테스트 대상을 예시로 보여준다. 컴포넌트 테스트는 각 컴포넌트를 대상으로 하므로 테스트 대상의 수는 총 10개이고, 통합 테스트는 컴포넌트 간의 연동을 대상으로 하므로 총 9개가 테스트 대상이 된다. 시스템 테스트는 시스템 자체이므로 1개가 테스트 대상이다.

표 3.2 **테스트 레벨별 테스트 대상 예**

테스트 레벨	테스트 대상 수	테스트 대상
컴포넌트 테스트	10	CSCI, CSC01, CSC02, CSC03, CSU11, CSU12, …
통합 테스트	9	CSCI → CSC01, CSCI → CSC02, CSCI → CSC03 CSC01 → CSU11, CSC01 → CSU12, …
시스템 테스트	1	시스템 자체

3.2 컴포넌트 테스트

3.2.1 개요

컴포넌트(단위) 테스트는 개별적인 모듈(또는 컴포넌트)의 테스트를 말하며, 구현 단계에서 각 모듈을 구현한 후에 수행한다(물론 테스트 주도 개발처럼 코드가 개발되기 전에 테스트 케이스를 먼저 생성할 수도 있다). 개별적인 모듈에 대해 컴포넌트 테스트를 수행하려면 모듈을 단독으로 실행할 수 있는 환경이 필요하다. 테스트 환경은 테스트 베드(Test bed)라고도 한다. 테스트 환경의 주요 구성 요소로 테스트 드라이버(Driver)와 테스트 스텁(Stub)이 있다.

테스트 드라이버와 스텁에 대한 이해를 돕기 위하여 3개의 컴포넌트로 구성된 시스템을 대상으로 컴포넌트 테스트를 그림 3.2와 같이 표현하였다. (b), (c), (d)에서 컴포넌트 0, 컴포넌트 1, 컴포넌트 2는 각각 테스트 대상이다.

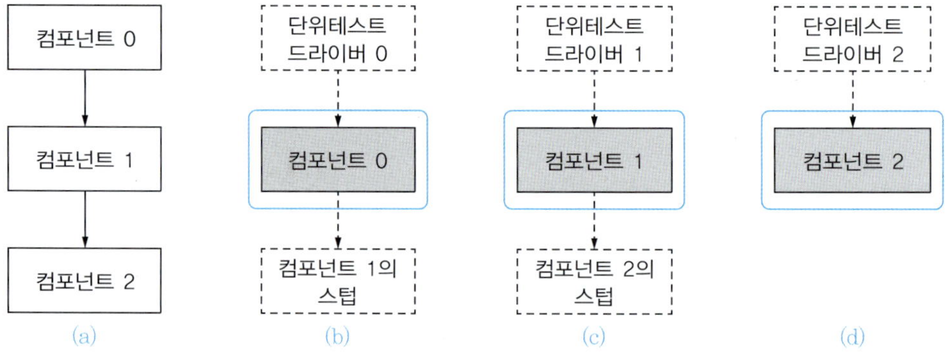

그림 3.2 **컴포넌트 테스트를 위한 테스트 환경**

컴포넌트 테스트는 시스템을 구성하는 컴포넌트를 독립적인 방식으로 테스트를 수행하는 것이 특징이다. 예를 들어, 컴포넌트 0을 테스트할 때 컴포넌트 1 및 컴포넌트 2에 의존하지 않는 방식으로 컴포넌트 테스트가 수행된다. 그러므로 그림 3.2의 (b)에서 볼 수 있듯이, 컴포넌트 0을 대상으로 하여 컴포넌트 테스트를 수행하는 경우, 컴포넌트 1을 호출하는 대신에 이에 대한 스텁을 사용한다. 마찬가지로 컴포넌트 1을 테스트 대상으로 할 때는 컴포넌트 2 대신 스텁을 이용한다. 이런 방식을 통해서 개별적인 컴포넌트의 독립적인 동작을 확인할 수 있다.

3.2.2 모의 객체 생성 프레임워크

객체 지향 프로그램에서는 컴포넌트 테스트를 수행할 때 테스트 되는 메소드가 다른 클래스의 객체에 의존할 수 있다. 이런 경우에는 메소드를 고립화하여 테스트하는 것이 불가능하다. 따라서 독립적인 컴포넌트 테스트를 위해서는 절차 지향적 프로그래밍에서 스텁과 같은 개념이 필요하다. 모의(Mock) 객체는 스텁의 객체 지향 버전이라 할 수 있다.

모의 객체는 개발자가 처음부터 수작업으로 만들거나 모의 객체 생성 프레임워크를 이용하여 만들 수 있다. 여기에서는 Mockito 모의 객체 생성 프레임워크를 이용하여 모의 객체를 만들어 컴포넌트 테스트를 수행하는 방법에 대해 간략하게 살펴본다.

예를 들어, 인자로 은행의 계좌 정보(Account 객체)를 사용하는 클래스 Foo의 메소드 perform()을 테스트하는 상황을 생각해보자. Account 인터페이스는 그림 3.3에 정의되어 있다.

```
interface Account {
              Money balance();
              boolean withdraw(Money m);
              void deposit(Money m);
}
```

그림 3.3 Account 인터페이스

메소드 perform()을 수행하는 데 500달러가 소요된다고 가정하면 은행 잔고가 최소 500달러 이상이어야 한다는 사실을 알 수 있다. 실제의 계좌 객체는 은행과 네트워크로 통신하여 인터페이스에 정의된 기능을 수행해야 하지만 모의 객체를 이용하면 실 객체 대신에 여러 상황을 별다른 어려움 없이 간단하게 테스트할 수 있다.

그림 3.4는 perform() 메소드가 정상적으로 동작하는 시나리오를 고려하여 작성한 JUnit 테스트 케이스이다:

```
@Mock
Account acctMock;
@InjectMocks
Foo foo;
@Test
public void testPerformInFoo() {
   1: MockitoAnnotations.initMocks(this);
   2: when(acctMock. balance()).thenReturn((Money)850);
   3: foo.perform();
   4: verify(acctMock, times(1)).balance();
   5: verify(acctMock, times(1)).withdraw((Money)500);
}
```

그림 3.4 모의 객체를 이용한 Junit 테스트 케이스

테스트 케이스는 크게 생성, 동작, 확인 세 부분으로 구성된다. 생성은 1번, 2번 문장에 해당하는데, 테스트에 필요한 상황을 생성하는 부분(Setup 부분)이고 fixture라고도 한다. 이 부분에서는 테스트에 필요한 객체를 생성하거나 자원을 할당한다. 1번 문장은 테스트 대상이 되는 객체와 계좌 모의 객체를 생성한다. 그리고 생성된 모의 객체(AcctMock)를 테스트 대상이 되는 객체(Foo)에 주입한다. 2번 문장은 모의 객체의 행위를 지정한다. 메소드 balance()가 호출되었을 때 850달러를 반환하도록 작성되어 있다.

두 번째 부분인 동작은 실제 테스트하고자 하는 기능을 호출하고, 3번 문장이 이에 해당한다. 3번 문장은 Foo 클래스의 perform() 메소드를 호출한다.

마지막으로 4번, 5번 문장은 확인에 해당한다. 여기서는 동작의 실행 결과와 기대 결과를 비교한다. 만약, 테스트 케이스에서 이 부분이 빠지면 테스트 케이스 역할을 전혀 수행하지 못할 것이다. 메소드 perform()이 실행되면 계좌 객체에 대해 balance()가 호출되고 balance()가 실행된 후에는 실제 예금 인출이 이루어져야 하므로 withdraw() 함수가 호출된다. 만약, 이렇게 예상된 함수 호출이 이루어지지 않으면 결함이 있는 것이다.

심화노트 모의 객체

모의 객체는 다음과 같이 분류하기도 한다.

- 더미(Dummy) 객체는 테스트할 때 객체만 필요하고 해당 객체의 기능까지는 필요하지 않은 경우에 사용된다. 더미 객체의 메소드가 호출되면 정상 동작은 수행하지 않고 예외를 던진다.
- 테스트 스텁(Stub)은 더미 객체에 단순한 기능성을 작성하며 추가객체의 특정 상태를 가정해서 특정한 값을 리턴하거나 특정한 메시지를 출력하게 한다.
- 테스트 스파이(Spy)는 주로 테스트 대상 클래스(CUT)와 협력하는 클래스로 가는 출력을 검증하는 데 사용하며 CUT가 실행되는 동안 특정 협력 클래스로의 호출(또는 호출의 결과)을 잡아내 실행이 끝난 후 정상 호출되었는지 검사한다.
- 가짜(Fake) 객체는 실제 협력 클래스의 기능을 대체해야 할 경우에 사용하며 실제 협력 클래스의 기능 중 전체나 일부를 훨씬 단순하게 구현한다. 실제 협력 클래스가 구현되지 않았거나 너무 느리거나 테스트 환경에서는 사용할 수 없을 때 가짜 객체를 사용한다.

모의 객체는 앞서 기술한 모든 형태를 포함하는 의미로 사용된다.

3.2.3 FIRST 원칙

컴포넌트 테스트를 잘 수행하는 것은 매우 중요하다. 컴포넌트 테스트는 통합 테스트나 시스템 테스트, 인수 테스트보다 쉽게 수행할 수 있으며 테스트 수행에 따른 피드백이 빠르다. 또한, 결함이 발견되었을 때 결함을 발생시키는 부분을 쉽게 식별하여 수정할 수 있으므로 컴포넌트 테스트 케이스를 잘 설계하고 수행하여야 한다.

컴포넌트 테스트를 잘 수행하기 위한 FIRST 원칙이 있다. 이 원칙은 다음과 같은 5가지 원칙으로 구성되어 있다.

- Fast: 컴포넌트 테스트는 빠르게 수행되어야 한다. 이 원칙은 매우 중요하다. 예를 들면, 500개의 컴포넌트 테스트가 있을 때 각 테스트가 실행되는 데 0.5초가 걸린다면 컴포넌트 테스트 모두를 수행하는 데 약 4분이 넘게 소요된다. 컴포넌트 테스트의 주요 목적 중 하나가 리그레션 테스트인데, 코드를 변경할 때마다 4분 넘는 테스트가 수행된다면 개발자는 테스트를 수행하지 않고자 하는 유혹에 빠질 수 있고, 코드에 새로운 기능이 추가될수록 테스트 실행 시간은 증가될 것이다. 결국, 이는 코드의 품질에 심각한 영향을 주게 된다. 특히, 데이터베이스나 네트워크처럼 외부 자원에 의존하는 경우에는 테스트 수행 시간이 길어질 가능성이 크다. 이 경우에는 모의 객체 생성 프레임워크를 이용하여 테스트 시간을 단축하는 것이 좋다.

- Isolated: 컴포넌트 테스트가 다른 컴포넌트 테스트에 의존하지 않도록 해야 한다. 어떤 특정한 컴포넌트 테스트 집합이나 컴포넌트 테스트 하나를 독립적으로 수행할 수 있어야 한다. 만약, 한 컴포넌트 테스트가 다른 컴포넌트 테스트의 수행 결과에 의존한다면 테스트 실행 순서에 따라 다른 결과가 나올 것이다. 즉, 전체 컴포넌트 테스트 집합을 실행한 결과와 개별적으로 컴포넌트 테스트를 실행한 결과가 달라서는 안 된다.

- Repeatable: 테스트를 몇 번 실행해도 동일한 결과가 나오도록 해야 한다. 만약 테스트를 실행할 때마다 다른 결과가 나온다면 더 이상 테스트 결과를 신뢰하지 않고 테스트를 수행하지 않게 될 것이다. 이 문제는 테스트가 랜덤 함수나 시간 또는 날짜에 의존하는 경우에 발생할 수 있다. 또한, 데이터베이스를 사용하여 테스트를 하는 경우도 주의해야 한다. 만약, 데이터베이스의 내용이 이미 다른 개발자가 수행한 테스트에 의해 변경되었을 때 이 변경으로 인하여 테스트의 결과가 달라질 수 있다. 개발자 자신만이 사용할 수 있는 샌드박스를 구축하여 테스트를 수행하는 것이 좋다.

- Self-Validating: 사람의 개입 없이 테스트가 통과되었는지 알 수 있도록 작성해야 한다. 테스트 결과를 판단하기 위하여 사람이 개입하도록 작성하면 매우 많은 시간이 소요될 여지가 있고 많은 위험이 따른다. 또한, 테스트에 필요한 데이터 준비 작업이나 설정 파일 조작과 같은 작업도 자동화하여 사람이 개입할 필요가 없는 것이 좋다.

• Timely: 컴포넌트 테스트는 제때 수행되어야 한다. 여기서 제때란 테스트 대상이 되는 코드가 작성되는 시점을 의미한다. TDD에서는 코드 작성 바로 전이다.

3.3 통합 테스트

3.3.1 개요

통합(Integration) 테스트는 컴포넌트를 통합하는 과정에서 수행되는 테스트이다. 컴포넌트 테스트는 개별적인 모듈・컴포넌트의 기능이 올바르게 작동하는지 테스트하는 반면에 통합 테스트는 컴포넌트 간의 상호 연동이 제대로 수행되는지 검사하는 테스트이다. 개별적인 컴포넌트에 대해 테스트가 수행되었더라도 실제로 컴포넌트들을 통합한 후에 결함이 발생할 수 있다.

통합 테스트에서는 서로 다른 컴포넌트가 통합되어 호출된다. 그림 3.5는 3개의 컴포넌트에 대한 통합 테스트 방법을 나타낸 것이다. (a)에서는 컴포넌트 1과 컴포넌트 2를, (b)에서는 3개의 컴포넌트를 모두 통합한 모습을 보여 준다.

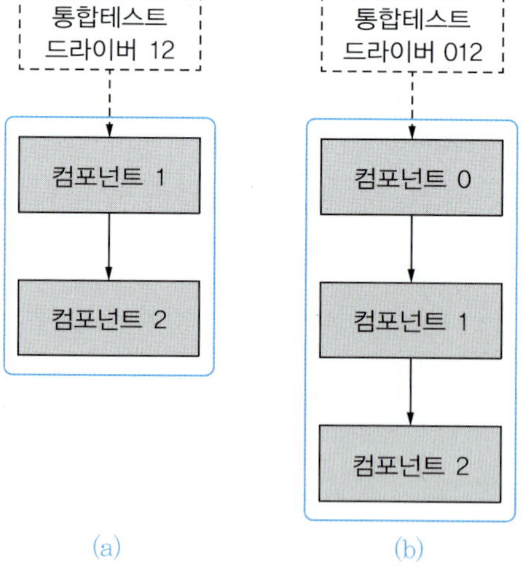

그림 3.5 통합 테스트

통합 테스트를 수행할 때는 각 테스트별로 통합 대상이 되는 컴포넌트가 먼저 결정되어야 한다. 예를 들어, 그림 3.5의 (a)에서는 컴포넌트 1과 컴포넌트 2가 통합 대상이고, 그림

3.5의 (b)에서는 컴포넌트 0, 컴포넌트 1, 컴포넌트 2가 통합 대상이 된다.

통합 테스트의 목적에 대해서는 두 가지 다른 관점이 있다. 자료에 따라 통합 테스트가 두 컴포넌트 간 연결의 정확성에만 초점을 두기도 하고, 연결된 두 컴포넌트의 기능적인 측면에 초점을 두기도 한다.

그림 3.6은 컴포넌트 간의 상호작용에만 초점을 두고 수행하는 통합 테스트의 예시이다. 이 통합 테스트는 컴포넌트 1과 컴포넌트 2를 대상으로 수행된다. 하지만 실제 테스트는 음영으로 표시한 것과 같이 컴포넌트 1의 Output1과 컴포넌트 2의 Input2 사이의 데이터 연결에만 초점을 두고 있다. 즉, 컴포넌트 1에서 컴포넌트 2로 전송한 데이터가 누락되는지, 일부 변경이 발생하는지, 데이터의 전달 순서가 변경되는지 등에 대한 테스트를 수행하는 것이다.

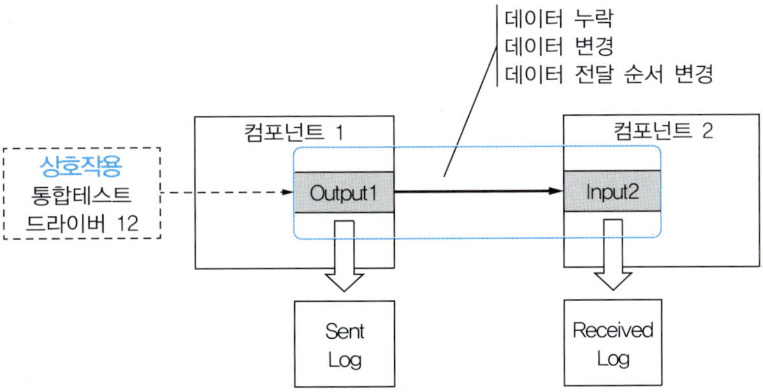

그림 3.6 **상호작용에 초점을 둔 통합 테스트**

이와 같이 상호작용에만 초점을 두고 통합 테스트를 수행할 때는 두 컴포넌트 간에 전송·수신된 데이터를 중심으로 본다. 그러므로 그림에서 볼 수 있듯이 컴포넌트 1의 데이터를 전송하는 Output1에서 전송 데이터에 대한 로그를 생성하고, 컴포넌트 2의 데이터를 수신하는 Input2에서 수신 데이터에 대한 로그를 생성하여 이 두 로그의 값을 비교하는 방식으로 두 컴포넌트의 상호작용 적합성을 확인할 수 있다.

그러나 시스템에 따라서 전송·수신 로그를 생성하는 것이 용이하지 않을 수도 있다. 예를 들어, 임베디드 소프트웨어는 로그를 기록하기 위한 메모리와 파일시스템 공간이 제한적이므로 로그 크기를 최소화해야 한다. 이런 경우에는 실제 전달되는 데이터 전체를 로그로 남기는 대신에 핑거 프린트(Finger print)를 사용해서 데이터의 변경 여부만을 판단하기 위한 최소한의 로그를 생성할 수 있다.

그림 3.7은 다른 관점의 통합 테스트를 보여준다. 이 통합 테스트는 컴포넌트 간 데이터 전달의 적합성만을 보는 것이 아니라 연결된 두 컴포넌트의 기능적인 측면에서 적합성을 확인한다. 이 경우에는 컴포넌트 1과 컴포넌트 2 전체가 테스트 대상이라고 볼 수 있다.

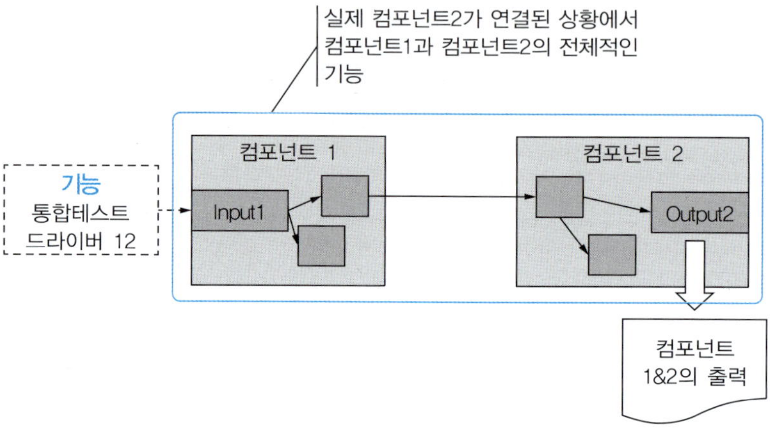

그림 3.7 기능에 초점을 둔 통합 테스트

컴포넌트 테스트와 비교해 보면, 컴포넌트 1을 대상으로 컴포넌트 테스트를 수행할 때는 컴포넌트 2를 대신해서 스텁을 사용했지만, 통합 테스트에서는 실제 컴포넌트 2를 컴포넌트 1과 연결해서 테스트를 수행하는 것이다. 그래서 컴포넌트 1을 동작시키면 컴포넌트 2가 동작되고 컴포넌트 1과 컴포넌트 2의 종합적인 동작 결과를 확인할 수 있다.

첫 번째 관점과 같이 상호작용에 초점을 둘 것인지, 아니면 두 번째 관점과 같이 기능에 초점을 둘 것인지는 상황에 따라 달라질 수 있다. 만약, 컴포넌트 간의 연결 자체에서 오작동이 발생할 가능성이 크다면, 첫 번째 방식의 통합 테스트를 먼저 수행하는 것이 효율적일 수 있다. 하지만 컴포넌트 간의 통신에 문제가 있을 가능성이 작다면 두 번째 방식처럼 바로 기능 위주의 통합 테스트를 수행하는 것이 더 효과적이다.

3.3.2 점진적 통합

통합 대상 컴포넌트가 많은 경우, 전체 컴포넌트를 한 번에 통합하여 테스트하는 방법을 빅뱅(Big-bang) 방식이라고 부른다. 예를 들어, 그림 3.5 (b)는 빅뱅 방식이라고 볼 수 있다. 빅뱅 방식의 통합 테스트는 한 번에 많은 수의 컴포넌트가 통합되므로 테스트를 통해서 오동작이 확인되었을 때 어떤 컴포넌트가 오동작의 원인, 즉, 결함을 가지고 있는지 판단하기 어렵다. 그림 3.5에서 (b)의 경우에는 컴포넌트가 3개뿐이므로 오동작의 원인이 되는 컴포넌트를 찾기가 어렵지 않지만, 만약 30개의 컴포넌트를 한 번에 통합한 경우에는 이 중에서 결함을 가진 컴포넌트 찾기가 쉽지 않을 것이다.

이런 경우에는 전체 컴포넌트를 한 번에 통합하는 빅뱅 방식 대신에 적은 수의 컴포넌트를 차례로 통합하는 점진적(Incremental) 방식을 적용하는 것이 효과적이다. 점진적 방식은 오작동의 원인이 되는 컴포넌트를 찾기 쉬운 반면 테스트 드라이버 및 스텁을 여러 번 개발해야 한다.

만약, 컴포넌트 0, 컴포넌트 1, 컴포넌트 2 이렇게 3개의 컴포넌트가 있다면, 점진적 방식을 이용하여 다음과 같이 2회에 걸쳐 통합테스트를 수행할 수 있다. 이때, 1차, 2차 통합테스트 수행 시 드라이버와 스텁을 각각 개발해야 한다.

- 1차 통합 테스트: 컴포넌트 1, 컴포넌트 2
- 2차 통합 테스트: 컴포넌트 0 추가

점진적인 통합 테스트 수행 방식에는 호출 관계의 하위에 있는 컴포넌트들을 시작으로 해서 상위에 있는 컴포넌트들을 통합하는 상향식 통합과 시스템을 구성하는 컴포넌트들의 계층 구조에서 가장 상위에 있는 컴포넌트부터 시작하여 하위에 있는 컴포넌트들을 점진적으로 통합하는 하향식 통합, 그리고 상향식과 하향식 두 방법을 결합하여 시스템을 통합하는 샌드위치 통합 방식이 있다. 그림 3.8은 상향식 통합과 하향식 통합의 차이를 보여준다.

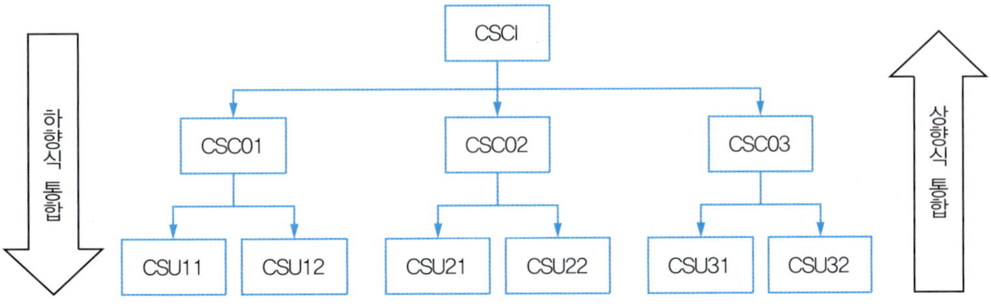

그림 3.8 점진적 통합 순서 : 상향식과 하향식

당연히 상향식 통합 테스트와 하향식 통합 테스트는 선택되는 컴포넌트의 순서가 다르다. 그림 3.5의 (b)를 예로 들면, 통합 방식에 따라서 선택되는 컴포넌트가 표 3.3과 같이 달라진다.

표 3.3 상향식 통합과 하향식 통합의 예

통합 순서	상향식 통합	하향식 통합
1차	컴포넌트 1 컴포넌트 2	컴포넌트 0 컴포넌트 1
2차	컴포넌트 0 컴포넌트 1	컴포넌트 1 컴포넌트 2

상향식 통합 과정을 보면 특별한 기능을 제공하는 하위의 컴포넌트(모듈)를 식별하여 그룹화·클러스터링한 후에 테스트 드라이버를 작성하여 테스트를 수행한다. 이때, 여러 모듈의 묶음을 '클러스터(Cluster)' 또는 '빌드(Build)'라 한다. 클러스터를 테스트한 후에 테스트 드라이버를 제거하고 실제 모듈과 결합한다. 이와 같은 과정을 시스템이 완전히 통합될 때까지 반복한다. 그림 3.9는 이러한 상향식 통합 과정을 보여 준다.

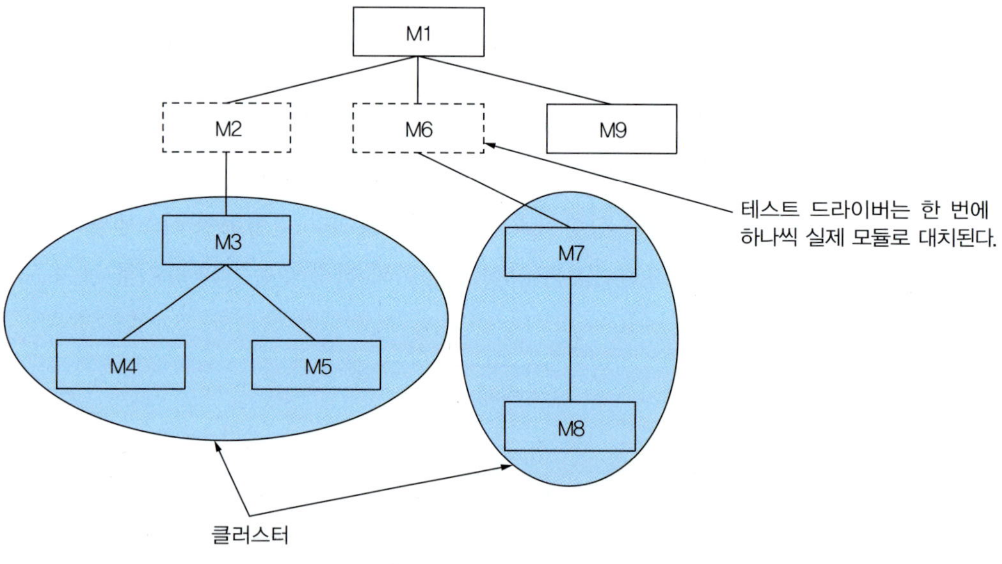

그림 3.9 상향식 통합 테스트

상향식 통합 테스트의 장점은 하위 컴포넌트를 충분하게 테스트할 수 있다는 점이다. 일반적으로 컴포넌트 의존 관계에서 하위에 있는 컴포넌트는 시스템이 제공하는 서비스에 필요한 공통적인 기능을 제공하는 역할을 한다. 따라서 컴포넌트가 하위에 있을수록 여러 상위 컴포넌트가 빈번하게 사용하는 코드를 갖는다고 간주할 수 있으며, 통합이 진행될수록 이 코드들은 그만큼 빈번하게 테스트 된다. 또한, 하향식 통합에서 필요한 테스트 스텁을 제공하는 비용이 들지 않는다는 장점도 있다.

하향식 통합 테스트 방식을 사용하여 시스템을 테스트하는 과정은 다음과 같다. 우선, 가장 상위에 있는 컴포넌트를 테스트하기 위해 하위 컴포넌트를 테스트 스텁으로 대치한 후 테스트를 수행한다. 깊이 우선 방식이나 너비 우선 방식을 사용하여 테스트 스텁을 한 번에 하나씩 실제 컴포넌트로 대치하고, 대치된 컴포넌트가 실제 호출하는 하위 컴포넌트를 테스트 스텁으로 대치한다. 이 경우에 테스트 스텁이 실제 모듈로 대치되어 시스템에 변경이 발생하였으므로 리그레션 테스트를 수행한다. 이 과정을 시스템이 완전히 통합될 때까지 반복한다(그림 3.10 참조).

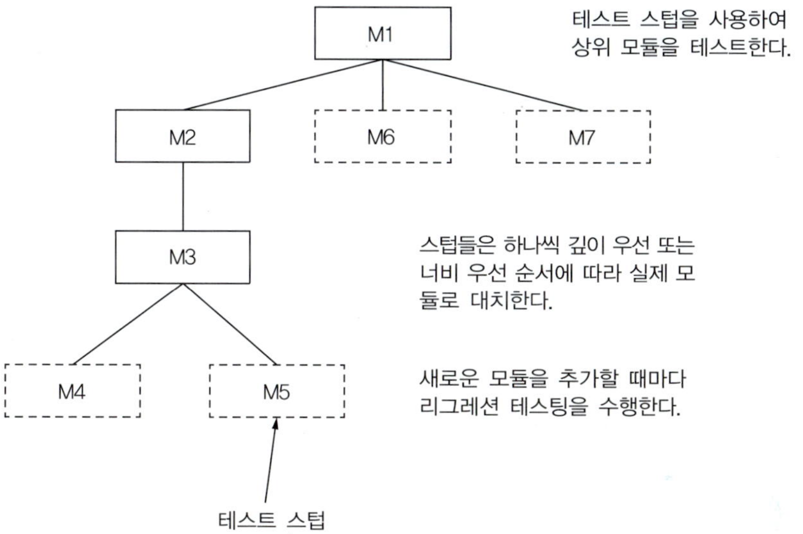

그림 3.10 **하향식 통합 테스팅 과정**

컴포넌트 종속 관계에서 기본적으로 상위 컴포넌트는 시스템의 기능을 결정하고, 하위 컴포넌트는 시스템이 제공하는 기능을 보조하는 역할을 한다. 즉, 상위 컴포넌트의 결함은 시스템 설계의 문제가 나타난 것으로 해석할 수 있다. 상위 컴포넌트의 결함은 상위 컴포넌트를 반복적으로 테스트하는 하향식 통합 테스트 방식으로 빠르게 발견할 수 있다. 반면, 하향식 통합 테스트 방법은 많은 수의 테스트 스텁이 필요하므로 만약 테스트 스텁 구현 비용이 많이 드는 경우라면 효과적인 테스트 방법이 아니다.

상향식 통합 테스트와 하향식 통합 테스트 방식을 결합하여 시스템을 통합할 수 있는데, 이러한 방식을 샌드위치 통합 테스트 방식이라고 한다.

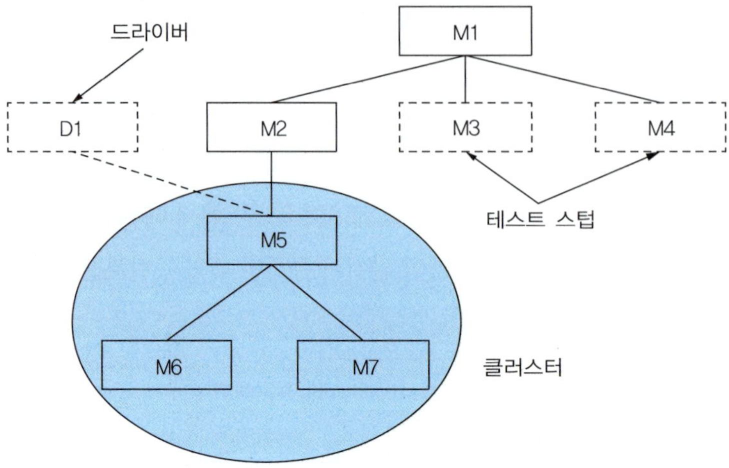

그림 3.11 샌드위치 통합

그림 3.11은 샌드위치 통합 테스트 전략을 이용하여 모듈을 통합하는 과정을 보여준다. 상위 컴포넌트 M1은 M2, M3, M4에 해당하는 테스트 스텁을 사용하여 테스트하고, M5, M6, M7은 클러스터링하여 테스트 드라이버 D1을 사용하여 테스트한다. 클러스터에 대한 테스트가 완료되면 실제 컴포넌트 M2를 통합하고 나머지 컴포넌트 M3, M4도 추가 통합하여 완전한 시스템을 구축한다.

3.4 시스템 테스트 및 인수 테스트

시스템 테스트(System test)는 통합 테스트가 완료된 후에 전체 시스템이 시스템 명세에 따라 개발되었는지 검증하기 위해 수행하는 테스트이다. 시스템 테스트의 목적은 컴포넌트 테스트나 통합 테스트와는 다르다. 컴포넌트 테스트나 통합 테스트는 기능이 올바르게 수행되는지 검증하는 것에 중점을 두지만, 시스템 테스트는 시스템의 기능 측면뿐만 아니라 성능(Performance), 호환성(Compatibility), 사용성(Usability), 신뢰성(Reliability), 보안성(Security), 유지보수성(Maintainability), 이식성(Portability) 등과 같은 비기능적인 요구사항을 만족하는지도 검증한다.

시스템 테스트가 완료되면 실제 사용자의 요구사항을 만족하는지 확인하기 위한 인수 테스트(Acceptance test)를 수행해야 한다. 인수 테스트의 주목적은 결함 검출이 아니라 시스템을 인수해도 되는지 고객의 입장에서 평가하는 것이다. 인수 테스트에서 사용되는 테스트 케이스는 사용자 또는 소프트웨어 구입자가 제시할 수도 있고 시스템 테스트에서 사용했던 테스트 케이스를 사용할 수도 있다.

실제 사용자가 시스템을 사용하는 방식은 개발자가 시스템을 테스트할 때 사용한 방식과 차이가 있을 수 있으므로, 개발자가 수행한 테스트로 발견되지 않은 결함이 인수 테스트 단계에서 발견될 가능성이 있다.

인수 테스트의 유형에는 알파 테스트(Alpha test)와 베타 테스트(Beta test)가 있다. 알파 테스트는 선택된 사용자(회사 내의 다른 사용자 또는 실제 사용자)가 개발자 환경에서 통제된 상태로 수행하는 반면, 베타 테스트는 일정 수의 사용자에게 소프트웨어를 사용하게 하고 피드백을 받는다. 보통 베타 테스트에는 개발자가 참여하지 않는다.

3.5 리그레션 테스트

유지보수 단계에서도 소프트웨어가 수정된 후에 변경이 올바르게 되었는지 검사하기 위하여 리그레션 테스트를 수행한다. 유지보수 단계에서는 다음과 같은 이유로 소프트웨어 수정이 이루어진다:

- 결함 수정 작업(Corrective maintenance): 소프트웨어를 사용하는 도중에 발견된 결함을 수정하기 위해 소프트웨어를 변경하는 유지보수 활동
- 기능 보강 작업(Perfective maintenance): 소프트웨어 기능을 추가하거나 성능을 개선하기 위해 소프트웨어를 변경하는 유지보수 활동
- 적응 작업(Adaptive maintenance): 소프트웨어 시스템을 새로운 운영환경에 적응시키기 위해 소프트웨어를 변경하는 유지보수 활동
- 예방 작업(Preventive maintenance): 더 나은 유지보수를 위해 기존의 소프트웨어 시스템에 대한 문서를 준비하거나 시스템 구조를 유지보수하기 용이한 새로운 구조로 변경하는 작업 활동

그림 3.12는 유지보수 단계에 상기 네 가지 유지보수 활동이 차지하는 상대적 비율을 나타낸다.

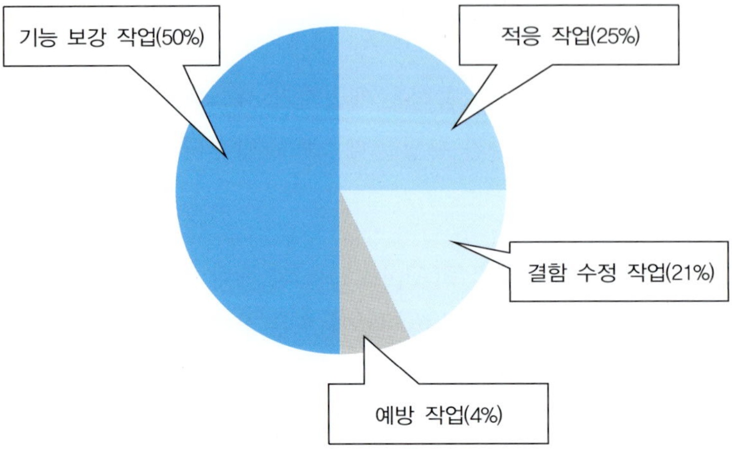

그림 3.12 소프트웨어 유지보수 활동 비율

이러한 유지 보수 활동에는 필연적으로 소프트웨어 수정 작업이 수반된다. 따라서 소프트웨어가 변경되었을 때 변경 작업으로 인해 새로운 결함이 유발되었는지 살펴보아야 한다(그림 3.13 참조).

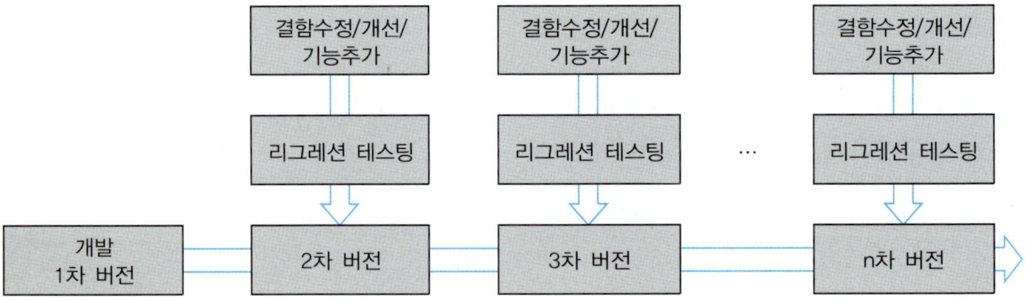

그림 3.13 리그레션 테스트 사이클

보통 유지보수 단계에서 리그레션 테스트를 수행하는 방법은 개발 단계에서 사용한 테스트 케이스를 이용하는 것이다. 개발 단계에서 사용한 테스트 케이스를 수정된 프로그램에 실행하여, 그 결과가 수정되기 전 프로그램에서 실행한 결과와 차이가 있는지 비교해본다. 만약 다르다면 이 변화가 의도한 것인지 확인하고 의도한 결과가 아니라면 프로그램에 결함이 있다고 판단할 수 있다. 현재 시장에 나와 있는 대부분의 테스트 도구 및 환경은 이러한 형태의 리그레션 테스트를 지원한다.

리그레션 테스트에서 중요하게 고려해야 할 점은 테스트 케이스의 규모이다. 시간이 갈수록 새로운 기능이 추가되는 시스템이라면 리그레션 테스트에 소요되는 비용과 시간도 늘어나게 될 것이다. 표 3.4는 기능 추가에 따라 소요되는 리그레션 테스트 시간의 변화를 보여 준다.

표 3.4 기능 추가에 따른 리그레션 테스트 시간 변화

추가 기능	테스트 케이스 집합	테스트 실행 시간	리그레션 테스트 케이스 집합	리그레션 테스트 실행 시간
F1	TS1	T1	–	–
F2	TS2	T2	TS1	T1
F3	TS3	T3	TS1+TS2	T1+T2
F4	TS4	T4	TS1+TS2+TS3	T1+T2+T3

리그레션 테스트에도 여러 방식이 있다. 그중 기존에 개발된 모든 테스트 케이스를 사용하는 방식이 Retest All 방식이다. 이 방식은 복잡한 테스트 절차를 요구하지 않지만 너무나 많은 시간과 자원이 필요하다.

현실적으로 시간과 예산이 한정되어 있으므로 확보된 테스트 케이스의 일부만을 사용해서 리그레션 테스트를 수행하는 방법이 있다. 그림 3.14는 Retest-All 방식을 포함한 여러 리그레션 테스트 방식을 보여준다.

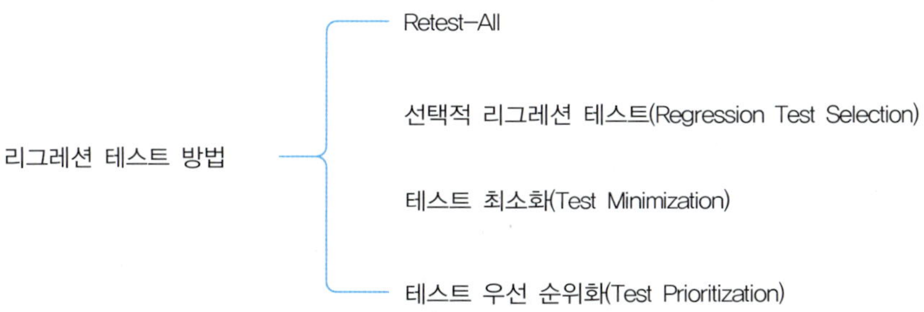

그림 3.14 리그레션 테스트 방식

선택적 리그레션 테스트는 기존의 테스트 케이스 중에서 일부만 선정하는 방식이다. 이 방식은 슬라이싱 기법, 자료 흐름 분석 기법과 같은 변경 영향 분석(Change impact analysis)을 통해 원래의 프로그램과 변경된 프로그램이 서로 다른 결과를 출력할 가능성이 있는 테스트 케이스를 식별하여 리그레션 테스트를 수행한다.

예를 들어, 슬라이싱 기법을 이용하여 선택적 리그레션 테스트를 수행할 때, 테스트 케이스가 실행한 문장들로부터 출력 결과에 영향을 미칠 수 있는 부분을 분석하고, 이들이 변경된 부분을 포함하는지 파악한다. 만약 포함한다면 해당 테스트 케이스를 리그레션 테스트 케이스로 사용한다.

테스트 최소화 방식은 중복된 테스트 케이스를 제거하여 테스트 케이스의 수를 줄이는 방식이다. 이 방식은 중복된 테스트 케이스를 식별하기 위해 커버리지 개념을 사용한다. 예를 들어, 하나의 테스트 케이스 t1이 실행한 문장들이 다른 테스트 케이스 t2가 실행한 문장들을 포함하거나, 동일한 함수를 실행했다면 테스트 케이스 t2를 제거할 수 있다. 테스트 최소화 방식은 선택적 리그레션 테스트와는 달리 실제 테스트 케이스가 제거되기 때문에 변경되는 부분이나 변경에 의하여 영향받는 부분을 테스트하는 테스트 케이스가 제거될 위험이 있으므로 주의하여야 한다.

테스트 우선순위화 방식은 테스트 케이스에 우선순위를 두어 우선순위가 높은 테스트 케이스만을 활용하는 방식이다. 테스트 케이스 우선순위화 방식은 가능한 한 빨리 많은 결함을 검출할 수 있도록 테스트 케이스의 실행 순서를 결정한다.

테스트 케이스 우선순위의 효과성을 평가하기 위한 척도로 APFD(Average Percentage of Faults Detected)가 많이 사용된다. APFD는 테스트 케이스의 실행 수 대비 검출된 결함의 비율을 측정한다. 따라서 높은 APFD는 많은 결함을 빨리 검출하였다는 의미이며, 테스트 케이스 우선순위화 방식은 가능한 높은 APFD를 갖도록 테스트 케이스에 우선순위 등급을 부여하는 것이다. 다음은 APFD를 계산하는 공식으로, 그 값은 0부터 100까지 범위를 가진다.

$$\text{APFD} = (1 - \frac{Tf1 + Tf2 + \ldots + Tfm}{mn} + \frac{1}{2n}) \times 100$$

n : 테스트 케이스의 수

m : 결함의 수

$TCfi$: 결함 i를 검출하는 테스트 케이스의 위치

Exercise 01	테스트 케이스의 실행 순서에 따라 APFD가 어떻게 변화하는지 살펴보자. 표 3.5는 5개의 테스트 케이스와 이들이 검출한 5개의 결함을 보여준다.

표 3.5 결함 매트릭스

테스트 케이스	결함				
	f1	f2	f3	f4	f5
TC1	×				
TC2	×	×			×
TC3				×	
TC4		×	×		
TC5		×		×	×

우선 테스트 케이스가 TC1, TC2, TC3, TC4, TC5의 순서대로 실행되었을 때 APFD를 계산해보자.

$n=5,\ m=5$

$$\text{APFD}=\left(1-\frac{1+2+4+3+2}{5\times5}+\frac{1}{2\times5}\right)\times100=62$$

만약 테스트 케이스가 TC2, TC4, TC3, TC1, TC5 순서대로 실행되었을 때 APFD를 계산하면 다음과 같다.

$n=5,\ m=5$

$$\text{APFD}=\left(1-\frac{1+1+2+3+1}{5\times5}+\frac{1}{2\times5}\right)\times100=78$$

예제에서 볼 수 있듯이 테스트 케이스의 실행 순서에 따라 APFD가 큰 차이를 보인다. APFD가 높다는 것은 더 적은 수의 테스트 케이스를 실행하여 많은 결함을 빠르게 검출할 수 있음을 의미한다. 만약, 리그레션 테스트에 소요되는 시간과 비용이 제한된 상황이라면, 가능한 한 결함 검출을 빠르게 할 수 있는 테스트 케이스의 우선순위를 높게 설정하여 테스트의 효용성을 높일 수 있다.

결함 검출률이 높은 테스트 케이스 식별은 현실적으로 매우 어려운 일이다. 보통은 비즈니스 중요도, 리스크, 테스트 케이스의 실행 시간, 커버리지, 결함 검출 내역 등의 요인들을 고려하여 테스트 케이스 우선순위 등급을 설정한다.

리그레션 테스트는 컴포넌트 테스트, 통합 테스트, 시스템 테스트를 비롯한 모든 단계에서 수행된다. 그림 3.15는 애플리케이션에 변경이 이루어진 후에 수행되는 리그레션 테스트의 절차를 보여준다.

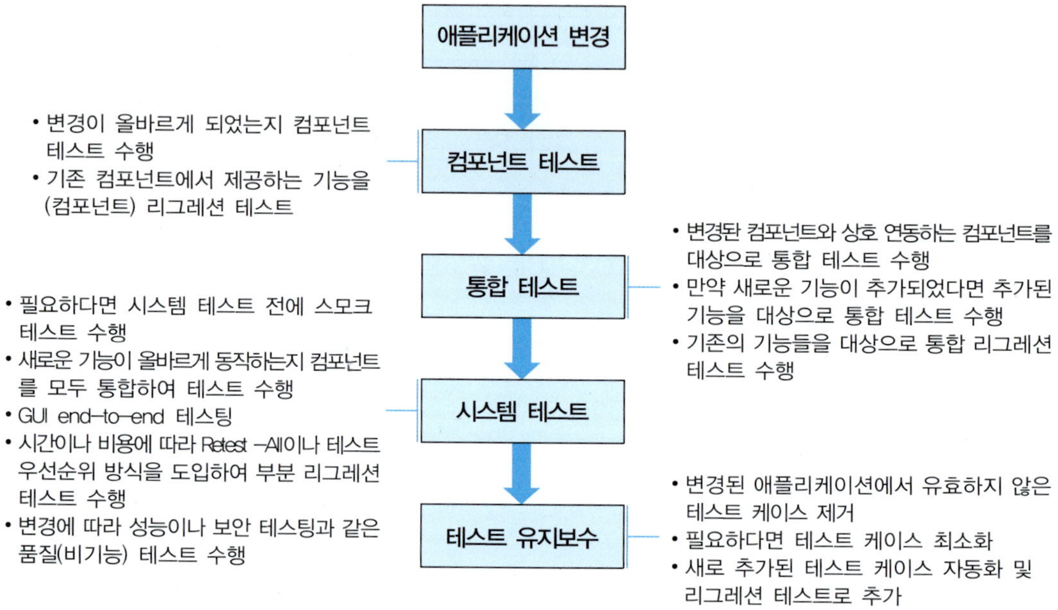

그림 3.15 **리그레션 테스트 절차**

테스트 유지보수 단계에는 더 이상 필요 없는 테스트 케이스를 제거하는 과정이 있다. 만약, 어떤 기능이 더 이상 비즈니스에 필요하지 않아 애플리케이션에서 제거되었다면, 이를 테스트하는 테스트 케이스도 리그레션 테스트 케이스 집합에서 제거되어야 한다. 이 경우에 해당 테스트 케이스를 제거하지 않는다면 이로 인하여 리그레션 테스트를 수행할 때 잘못된 테스트 결과가 보고되고 테스트의 신뢰성을 잃게 만드는 요인이 될 것이다.

또한, 요구사항이 변경되어 입력 출력의 관계가 변할 수 있다. 이 경우에도 해당하는 테스트 케이스를 요구사항 변경에 따라 변경하는 작업이 필요하다. 새로 추가된 테스트 케이스가 있다면 이 테스트 케이스를 자동화하는 작업도 추가될 수 있다. 리그레션 테스트는 많은 테스트 케이스를 자주 실행하므로 가급적 자동화하는 편이 효율적이다. 따라서 새로 추가된 테스트 케이스를 자동화하는 작업도 중요한 테스트 유지보수 작업에 해당한다.

다음은 리그레션 테스트 프로세스를 수행하는 예이다.

Exercise 02 기존에는 일반 택배 서비스만 제공하던 온라인 샵이 이번 릴리즈에서 퀵 서비스를 제공하는 기능을 추가하였다. 이 경우에 적용되는 리그레션 테스트 프로세스를 살펴보자.

기능 추가 후 배송지 정보를 입력하고 저장하는 퀵서비스 윈도우에 대한 컴포넌트 테스트를 수행한다. 또한, 택배 서비스 화면에 기존의 택배 서비스와 추가된 퀵 서비스 옵션이 나타나는지 검증한다. 이때 기존의 택배 서비스 인터페이스 API 서버와 퀵 서비스 인터페이스 API를 제공하는 서버는 모의 객체로 대신한다.

통합 테스트 단계에서 퀵 서비스 인터페이스 API를 제공하는 서버와 통합하여 적절하게 호출되었는지 검증하고 배송지 정보가 문제없이 전달되었는지 확인한다. 또한, 기존의 택배 서비스를 대상으로 통합 리그레션 테스트를 수행하여 퀵 서비스 추가가 기존 택배 서비스에 어떤 영향이 있는지 검증한다.

통합 테스트가 통과된 후에는 GUI를 이용한 퀵 서비스 시스템 테스트를 수행하고, 기존 택배 서비스에 대해서도 리그레션 테스트를 수행한다. 시간과 비용에 제약이 있다면 테스트 우선순위화 방식을 이용하여 우선순위 등급 1, 2에 대해서만 기존의 택배 서비스에 대한 GUI 테스트를 수행한다. 이 경우에는 비기능적 테스트는 수행하지 않는다.

Exercise

01 소프트웨어 개발 단계별 테스트에 대한 설명으로 올바른 것은?

① 단위 테스트: 모듈을 통합하는 과정에 사용되는 인터페이스를 대상으로 상호 작용이 올바르게 이루어지는지 검증하는 테스트
② 통합 테스트: 개발 시스템이 인수 조건을 만족하는지 검증하는 테스트
③ 시스템 테스트: 시스템이 요구사항에 맞게 개발되었는지 기능 및 비기능 측면을 확인하는 테스트
④ 인수 테스트: 하나의 소프트웨어 단위가 정상적으로 기능을 수행하는지 여부를 확인하는 테스트

해설 ① 통합테스트에 대한 설명이다.
② 인수테스트에 대한 설명이다.
④ 단위테스트에 대한 설명이다.

02 상향식 통합 테스트에 대한 설명으로 가장 올바른 것은?

① 많은 수의 테스트 스텁이 필요하다.
② 설계 오류를 빨리 발견할 수 있다.
③ 하위 컴포넌트가 충분하게 테스트 된다.
④ 빅뱅 통합 방식의 하나이다.

해설 ①, ② 하향식 통합 테스트에 대한 설명이다.
③ 구조도의 하위 계층에 있는 모듈들을 먼저 테스트하므로 하위 모듈들은 충분하게 테스트 된다.
④ 상향식 통합테스트는 점진적 통합테스트 방식의 하나이다.

03 FIRST 원칙은 통합 테스트를 잘 수행하기 위한 원칙이다. [O/×]

해설 FIRST 원칙은 단위 테스트를 잘 수행하기 위한 원칙이다.

정답 01 ③ 02 ③ 03 ×

04 다음 중 올바르지 않은 설명은 무엇인가?

① 새로운 기능이 추가되면 이 기능을 테스트하는 테스트 케이스도 추가되어야 한다.

② 기존의 기능이 변경되면 변경된 기능을 테스트하는 테스트 케이스도 변경되어야 한다.

③ 기존의 기능이 제거되면 삭제된 기능을 테스트하는 테스트 케이스는 재사용을 위해 그대로 둔다.

④ 가능한 동일한 프로그램 경로를 실행하는 테스트 케이스들은 제거하여 중복을 피한다.

해설 만약, 어떤 기능이 더 이상 비즈니스에 필요하지 않아 애플리케이션에서 제거되었다면, 이를 테스트하는 테스트 케이스도 리그레션 테스트 케이스 집합에서 제거되어야 한다. 이 경우에 해당 테스트 케이스를 제거하지 않는다면 이로 인하여 리그레션 테스트를 수행할 때 잘못된 테스트 결과가 보고되고 테스트의 신뢰성을 잃게 만드는 요인이 된다.

05 다음 중에서 APFD에 대한 설명으로 옳지 않은 것은?

① 테스트 케이스 실행 비율 대비 검출된 결함의 비율을 측정한다.

② APFD가 낮다는 것은 더 적은 수의 테스트 케이스를 실행하여 많은 결함을 빠르게 검출할 수 있다는 것을 의미한다.

③ APFD는 테스트 케이스의 수와 결함의 수, 실행 순서로 계산된다.

④ 리그레션 테스트 케이스의 우선순위를 결정하는 데 사용된다.

해설 APFD가 높다는 것은 더 적은 수의 테스트 케이스를 실행하여 많은 결함을 빠르게 검출할 수 있다는 것을 의미한다.

06 결함 수정 후 이 작업이 기존의 기능에 새로운 결함이 도입되었는지 검증하기 위해 리그레션 테스트를 수행해야 한다. [O/X]

해설 맞는 설명이다.

정답 04 ③ 05 ② 06 O

07 테스트와 관련된 다음의 설명 중 올바른 것은?

① 성숙도가 높은 테스트는 결함이 발견된 소프트웨어 모듈을 확인하고, 이를 해결하기 위해 소스 코드를 어떻게 수정해야 하는지 알려준다.

② 단순한 소스 코드의 철자를 바로잡거나 알고리즘의 부정확한 구현을 정확하게 수정하는 작업을 정적분석이라 한다.

③ 초기에 결함을 검출한 테스트 케이스를 이용하여 다시 테스트하는 것을 스모크테스트라 한다.

④ 유지보수 단계에서 소프트웨어가 수정된 후, 기존 프로그램이 변경된 부분으로 인해 영향을 받지 않았는지 검사하기 위한 테스트를 회귀(Regression) 테스트라 한다.

해설 ①과 ②는 디버깅, ③ 스모크테스트는 빌드가 테스트할 수준인지 확인하는 테스트이다.

08 아래의 시스템 구성 모듈을 너비 우선(Breadth-First) 방식으로 하향식 통합하였을 때, 통합된 순서는 M1, M2, M3, M4, M5, M6, M7, M8 이다. [O/X]

해설

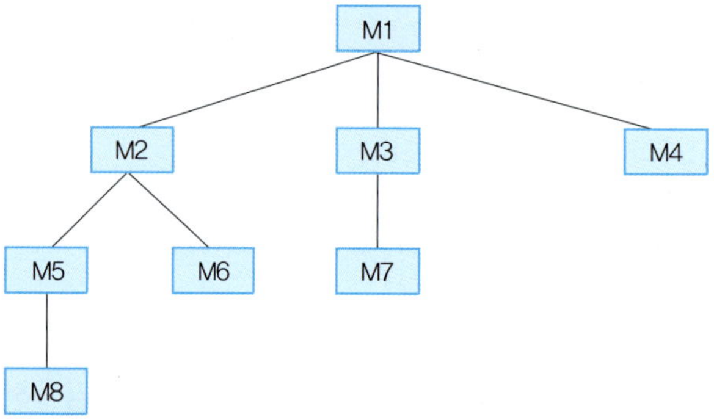

09 다음 설명에 적절한 테스트 용어를 기재하시오.

테스트가 가능한 최소 단위의 소프트웨어(모듈, 프로그램, 객체, 클래스 등) 내에서 결함을 찾고 검증하는 테스트 단계

10 인수 테스트의 일반적인 수행 주체는 누구인가?

① 개발자　　② 테스트 팀

③ 시스템 엔지니어　　④ 고객 또는 사용자

해설 인수 테스트는 고객 또는 사용자에 의해 행해진다.

정답 07 ④ 08 O 09 단위 테스트(unit test), 단위 테스팅(unit testing) 10 ④

제 4 장 품질 특성과 비기능 테스트

4.1 개 요

이 절에서는 ISO 25010에 따라 품질 특성을 테스트하는 방법에 대해 간략하게 설명한다. ISO 25010 품질 모델에서는 소프트웨어 품질 특성을 다음과 같이 8가지 주특성과 각 주특성에 따른 하위 품질 특성을 정의하고 있다(그림 4.1 참조).

- 기능 적합성(Functional Suitability): 제품 또는 시스템이 명시적 또는 묵시적 요구를 충족시키는 기능을 제공하는 정도
- 성능 효율성(Performance Efficiency): 명시된 조건하에서 사용된 자원의 양에 대한 성능의 정도
- 호환성(Compatibility): 제품, 시스템 또는 구성 요소가 다른 제품, 시스템 또는 구성 요소와 정보를 교환하거나 필요한 하드웨어 또는 소프트웨어 환경을 공유하면서 필요한 기능을 수행할 수 있는 정도
- 사용성(Usability): 특정한 사용자들이 주어진 사용 환경(특정 사용 컨텍스트)에서 특정한 목적을 달성하기 위해 제품이나 시스템을 사용할 때의 효율성, 효과성 및 만족도에 대한 정도
- 신뢰성(Reliability): 특정 조건에서 특정 기간 동안 오동작 없이 요구되는 기능을 수행하는 정도
- 보안성(Security): 시스템이 정보 및 데이터를 보호하는 정도
- 유지보수성(Maintainability): 제품 또는 시스템이 유지보수 될 수 있는 효율성의 정도
- 이식성(Portability): 다양한 플랫폼에서 운영될 수 있는 소프트웨어의 능력

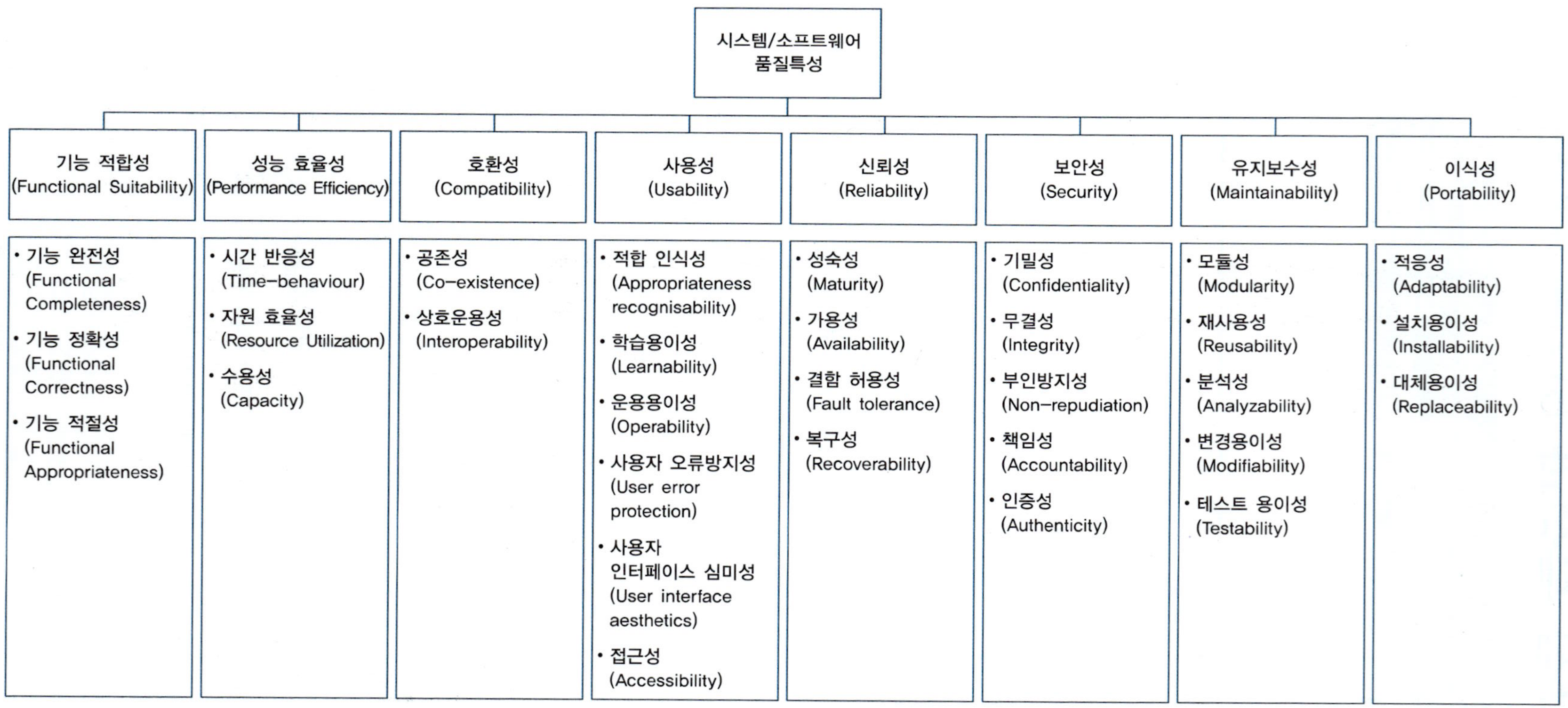

그림 4.1 ISO 25010 품질 특성

표 4.1은 부특성에 대한 설명이다. 이러한 품질 특성에 따라 다양한 테스트 설계 기술을 사용하여 테스트 케이스를 설계할 수 있다.

표 4.1 ISO 25010 품질 특성

주특성	부특성	설명
기능 적합성 (Functional Suitability)	기능 완전성 (Functional completeness)	기능 집합이 모든 명시된 요구사항을 포괄하는 정도
	기능 정확성 (Functional Correctness)	시스템이 정의된 정밀도로 정확한 결과를 제공하는 정도
	기능 적절성 (Functional Appropriateness)	기능이 목적 달성에 도움을 주는 정도
성능 효율성 (Performance Efficiency)	시간 반응성 (Time-behaviour)	기능 수행 시 시스템의 응답·처리 시간 및 처리율이 요구사항을 충족시키는 정도
	자원 효율성 (Resource Utilization)	기능 수행 시 시스템이 사용하는 자원이 요구 사항을 충족시키는 정도
	수용성 (Capacity)	시스템 매개 변수(동시 사용자 수, 통신 대역폭, 트랜잭션 처리량 양 등)의 최대 한계가 요구사항을 충족시키는 정도
호환성 (Compatibility)	공존성 (Co-existence)	다른 소프트웨어에 나쁜 영향을 미치지 않고 자원을 공유하면서 요구되는 기능을 효율적으로 수행할 수 있는 정도
	상호운영성 (Interoperability)	둘 이상의 시스템 또는 구성 요소가 정보를 교환하고 교환된 정보를 사용할 수 있는 정도
사용성 (Usability)	적합 인식성 (Appropriateness Recognisability)	사용자가 자신의 필요에 시스템이 적합한지 여부를 인식할 수 있는 정도
	학습 용이성 (Learnability)	사용자가 소프트웨어의 사용법을 배워 명시된 목적을 달성할 수 있는 정도
	운영 용이성 (Operability)	시스템이 쉽게 조작하고 제어할 수 있는 속성을 갖는 정도
	사용자 오류 방지성 (User Error Protection)	시스템이 사용자로 하여금 오류를 범하지 않게 하는 정도
	사용자 인터페이스 심미성 (User Interface Aesthetics)	사용자 인터페이스가 사용자에게 만족스러움을 주는 정도
	접근성 (Accessibility)	사용자의 특성이나 능력(예 연령과 장애)에 관계없이 시스템을 사용할 수 있는 정도

신뢰성 (Reliability)	성숙성 (Maturity)	시스템 또는 구성 요소가 정상 작동 상태에서 신뢰성 요구를 충족시키는 정도
	가용성 (Availability)	사용자가 시스템 또는 구성요소를 사용하고자 할 때 사용 및 접근이 가능한 정도
	결함 허용성 (Fault Tolerance)	하드웨어나 소프트웨어 결함이 있음에도 불구하고 시스템 또는 구성 요소가 의도한 대로 작동하는 정도
	복구성 (Recoverability)	중단 또는 장애가 발생한 경우 시스템이 영향을 받은 데이터를 복구하고 상태를 재설정할 수 있는 정도
보안성 (Security)	기밀성 (Confidentiality)	접근 권한이 있는 사람에게만 데이터에 액세스할 수 있도록 하는 정도
	무결성 (Integrity)	시스템 또는 구성 요소가 컴퓨터 프로그램 또는 데이터에 무단으로 접근하거나 이의 변경을 방지하는 정도
	부인 방지성 (Non-Repudiation)	사건 및 행위 후에 부인하지 못하도록 행동 및 사건을 입증할 수 있는 정도
	책임성 (Accountability)	각 개인을 유일하게 식별하여 행위를 기록하고 필요 시 그 행위자를 추적할 수 있는 능력
	인증성 (Authenticity)	사건 및 행동에 대해 실제 행위자임을 증명할 수 있는 정도
유지보수성 (Maintainability)	모듈성 (Modularity)	하나의 구성 요소에 대한 변경이 다른 구성 요소에 미치는 영향이 최소화되도록 시스템 또는 컴퓨터 프로그램이 개별 구성요소로 구성된 정도
	재사용성 (Reusability)	시스템 자산이 하나 이상의 시스템에서 사용될 수 있는 정도, 또는 다른 자산을 구축할 수 있는 정도
	분석성 (Analyzability)	부분에 의도된 변경이 전체 시스템에 미치는 영향을 평가하거나 결함 또는 결함 원인에 대해 제품을 진단하거나 수정될 부분을 식별할 수 있는 정도
	변경 용이성 (Modifiability)	결함이나 품질 저하 없이 효과적이고 효율적으로 수정될 수 있는 정도
	테스트 용이성 (Testability)	테스트 수행을 용이하게 하는 정도
이식성 (Portability)	적응성 (Adaptability)	시스템이 다른 하드웨어, 소프트웨어 혹은 기타 사용 환경에 효과적이고 효율적으로 적용될 수 있는 정도
	설치 용이성 (Installability)	특정 환경에서 시스템을 성공적으로 설치 및 제거할 수 있는 정도
	대체 용이성 (Replaceability)	시스템이 동일한 환경에서 동일한 목적을 위해 다른 지정된 소프트웨어 제품으로 대체될 수 있는 정도

4.2 기능 적합성 테스트

기능 적합성(Functional Suitability) 테스트는 사용자의 요구사항을 시스템이 얼마나 만족하는지에 대한 정보를 제공한다. 표 4.1에서 확인하였듯이 기능 적합성의 부특성으로는 기능 완전성, 기능 정확성, 기능 적절성이 있다.

부특성 중 기능 완전성은 사용자가 요구하는 기능을 얼마나 제공하는지를 보는 것으로, 기능 완전성 테스트는 명세 기반 테스트 방법으로 테스트할 수 있다. 사용자의 요구사항이 유스케이스나 사용자 스토리 등으로 표현되었을 때, 이로부터 테스트 케이스를 추출하고 요구사항과 테스트 케이스 간의 추적성 정보를 유지함으로써 현재 시스템이 얼마만큼 기능을 제공하는지 파악할 수 있다.

기능 정확성은 시스템이 사용자가 기대하는 수준으로 얼마나 정확하게 동작하는지를 의미한다. 따라서 전체 소프트웨어 기능 중에서 사용자의 의도된 목적을 달성할 수 있을 정도로 정확하게 동작하는 기능의 수로 정확성을 판단할 수 있다. 기능 정확성은 명세 기반이나 구조 기반 테스트 방법을 모두 사용할 수 있다.

기능 적절성은 사용자의 사용 목적을 달성하는 데 도움을 주는 정도를 의미한다. 기능 적절성 테스트의 대상이 되는 목적을 나열하고 각 목적별로 적절성을 테스트한다. 예를 들어, 해당 목적을 달성하는 데 필요한 기능이 누락되지는 않았는지 또는 올바르게 구현되었는지 테스트한다.

4.3 성능 효율성 테스트

소프트웨어 시스템의 성능을 평가할 때 고려해야 할 요소로는 CPU 사이클, 디스크, 주 기억공간과 같은 자원의 사용, 주어진 시간 동안 처리할 수 있는 작업량, 자원이 할당되기를 기다리는 태스크의 수 등이 있다. 이러한 요소들은 시스템 특성에 따라 주로 결정된다. 예를 들면, 데이터베이스를 주로 사용하는 시스템에서는 데이터베이스에 접근하는 비율이 시스템의 성능을 결정하는 중요한 요소가 될 수 있다.

따라서 이러한 요소를 포함하여 성능에 관한 요구사항은 구체적이면서 검증 가능한 형태로 명세서에 기술되어야 한다. 그러나 많은 경우 성능에 관한 요구사항이 명세서에 명시적으로 기술되어 있지 않거나 성능에 관한 요구사항이 기술되었다 할지라도 그러한 요구 사항들이 만족되었는지 아니면 만족되지 않았는지 검증이 불가한 형태로 기술되는 문제가 발생한다.

다음과 같이 작성된 컴파일러의 성능 요구사항을 생각해보자: "컴파일러는 어떤 모듈이든 1초 이내에 컴파일할 수 있어야 한다." 이러한 요구사항의 문제점은, 만족하지 않음은 쉽게 보일 수 있지만, 만족됨을 보장하기란 매우 어렵다는 점이다. 예를 들어, 컴파일 시간이 1초 이상 걸리는 모듈을 선정하면 컴파일러의 성능이 요구사항을 만족하지 않음을 보이기는 매우 쉽다. 그러나 성능 테스트를 위해 사용된 다수의 모듈이 1초 이내에 컴파일된다고 해서 컴파일러가 모든 모듈을 1초 이내에 컴파일할 수 있다고 단정할 수는 없다.

그렇다면 어떻게 성능에 관한 요구사항을 기술해야 하는가? 앞에서 언급하였듯이 검증 가능한 형태로 기술되어야 한다. 예를 들어, "평균적인 부하가 있는 상황에서 시스템을 가동할 때 CPU 사용률이 50%를 초과해서는 안 된다."와 같이 기술할 수 있다. 또 다른 검증 가능한 성능 요구사항 명세의 예로, "관찰된 기간 동안에 최대 부하가 걸린 상황과 동일한 상태에서 CPU 사용률이 90%를 초과해서는 안 된다."와 같이 작성할 수 있다.

이와 같이 검증 가능한 형태로 요구사항을 작성하려면 실제로 사용자들이 시스템을 사용하는 패턴인, 시스템 운영 프로파일(Operational profile)이 필요하다. 만약 시스템이 처음 개발되는 경우이거나 시스템의 사용 정보를 수집하지 못한 경우와 같이 시스템의 운영 프로파일을 이용할 수 없는 상황이라면, 주위에 유사한 시스템이 있는지 살펴보아야 한다. 이마저도 여의치 않다면 전문가팀이 부하 상황을 추정하여 예측할 수밖에 없으며 정보가 추가되어 감에 따라 요구사항들이 좀 더 정제될 수 있을 것이다.

시스템의 성능을 테스트하는 전통적인 방법으로는 벤치마크(Benchmark)의 개념을 사용하는 벤치마크 테스트(Benchmark test)가 있다. 벤치마크 테스트란, 실존하는 비교 대상을 두고 하드웨어나 소프트웨어의 성능을 비교 시험하고 평가하는 것으로, 일반적인 성능 테스트와는 달리 실제와 상황이 같은 시험 환경에서 한 개 또는 여러 개의 대표적인 비교 대상과 비교 시험을 반복하여 성능을 평가하는 방법이다.

벤치마크는 시스템이 동작되는 운영 환경 및 작업 부하를 대표해야 한다. 예를 들면, 운영체제의 성능을 테스트할 때 100명의 사용자가 사용하는 것이 일반적인 패턴이라면 벤치마크는 이 패턴을 반영해야 한다. 그리고 평균 작업 부하 상태에서 CPU 활용도가 50%를 초과하지 않아야 한다는 성능 요구사항이 있다면, 이 요구사항을 시스템이 만족하는지 검증하기 위해 100명의 사용자가 동시에 시스템을 사용하는 환경이 있어야 하고, 동일한 작업 부하를 시스템에 줄 수 있어야 한다.

또한, 성능 테스트는 시스템에 가해지는 평균적인 작업 부하뿐만 아니라 극단적 작업 부하가 걸린 상태도 고려해야 하므로 벤치마크를 성능 테스트에 사용하는 경우에는 사용되는 작업 부하 패턴을 정확하게 반영할 수 있도록, 운영 프로파일(Operational profile) 형태로 제공되는 것이 바람직하다.

벤치마크를 개발할 때 추가로 고려할 사항은 평균 부하(또는 최고 부하)가 걸린 상황을 어느 기간 동안 반영할 것인지를 결정하는 일이다. 즉, 1시간 동안 시스템에 걸린 부하 상황을 반영할 수도 있고, 24시간 동안의 부하 상황을 반영할 수도 있다. 경우에 따라서는 일주일 또는 한 달 동안 시스템 부하 상황을 보고 벤치마크를 개발할 수도 있다. 중요한 점은 반복성(Repeatability)이다. 예를 들어, 일주일 동안 시스템 운영 상황이 다음 일주일 동안에도 유사하게 발생한다면 일주일 동안 시스템에 걸린 부하 상황만 고려하여 벤치마크를 개발할 수 있다. 물론 공휴일이나 국가적으로 큰 재앙이 발생한 것과 같은 특수한 상황은 제외해야 한다.

표 4.2는 대표적인 성능 테스트 종류를 비교한 표이고, 그림 4.2는 이러한 성능 테스트의 차이를 가시화한 그래프이다.

표 4.2 성능 테스팅 종류

종류	설명
부하 테스팅 (Load testing)	부하를 계속 증가시키면서 시스템의 임계점을 찾는다. 임계점이란, 처리량이 더는 증가하지 않거나 CPU 이용률이나 메모리 사용량이 비정상적으로 증가하는 지점을 의미한다. 이 테스팅을 통해 병목 지점을 찾고 병목 현상을 제거하는 과정을 반복한다.
스트레스 테스팅 (Stress testing)	시스템 처리 능력 이상의 부하, 즉 임계점 이상의 부하를 가하여 비정상적인 상황에서의 처리를 테스트한다.
스파이크 테스팅 (Spike testing)	이 테스팅은 짧은 시간에 사용자가 몰릴 때 시스템의 반응을 측정한다. BTS와 같은 세계적인 아이돌 그룹의 공연 예매를 지원하는 시스템에 짧은 시간에 수많은 사용자가 몰리는 상황을 생각해볼 수 있다.
내구성 테스팅 (Endurance testing/ Soak testing)	오랜 시간 동안 시스템에 높은 부하를 가하여 시스템의 반응을 파악한다.

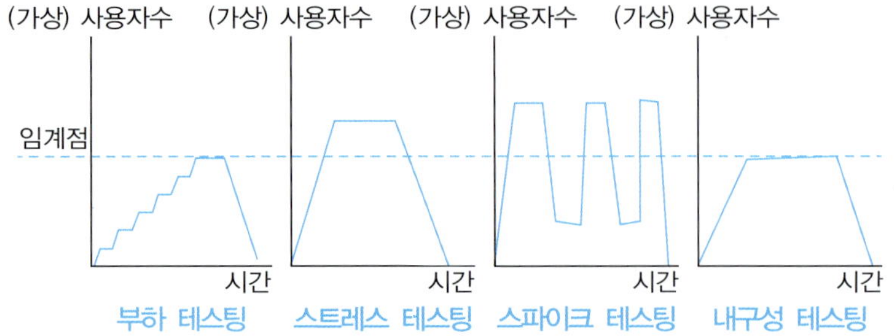

그림 4.2 성능 테스팅 비교

심화노트 Little's law와 성능 테스트

리틀의 법칙은 성능 테스트에서 반드시 알아야 하는 매우 유명한 법칙이다. 리틀의 법칙은 발명자 존 리틀 박사의 이름을 따서 만들었으며 매우 간단하고 직관적이다. 리틀의 법칙은 시스템에 오랜 시간 동안 머물러 있는 고객의 평균 수치는 오랜 시간 동안에 걸친 평균 실제 도착률과 시스템에서 고객이 머문 평균 시간을 곱한 값과 동일하다는 것이다. 성능 테스트 관점에서 이 법칙을 설명하기 위해 필요한 용어를 다음과 같이 정리한다.

용어	설명
동시 사용자 (Concurrent user)	Active user + Inactive user
Active user	요청 후에 응답을 기다리는 사용자
Inactive user	세션 정보를 가지고 있지만, 요청을 보내지 않는 사용자(e.g., 앞선 요청에 대한 결과를 보고 있는 사용자)
처리량 (Throughput)	단위 시간 동안 시스템(서버)에서 처리되는 요청 수이다. 보통 TPS(Transactions Per Second)로 나타낸다.
응답 시간 (Response time)	요청을 보낸 후 응답이 처리되어 결과가 사용자에게 전달될 때까지 걸리는 시간이다.
씽크 타임 (Think time)	요청을 보낸 후에 응답 결과를 수신하고 다음 요청을 보낼 때까지 걸리는 시간이다.
요청 간격 (Request interval)	요청을 보낸 후에 다음 요청을 보낼 때까지 걸리는 시간이다. Request interval = Response time + Think time

이러한 정의를 바탕으로 리틀의 법칙을 성능 테스트 관점에서 기술하면 아래 공식들로 표현된다.

```
- Concurrent user = 처리량(TPS)*요청 간격(Request interval)
                  = 처리량(TPS)*(Response time + Think time)
- Active user = 처리량(TPS)*Response time
- Inactive user = 처리량(TPS)*Think time
```

리틀의 법칙은 성능 테스트에서 사용되는 목표 처리량에 요구되는 동시 사용자 수를 산정할 때 사용한다. 동시 사용자 수를 너무 적게 산정하면 실제 시스템에서 발생할 수 있는 상황과는 거리가 먼 테스트 결과가 나올 수 있으며 너무 많이 산정하면 성능 테스트에 필요 이상으로 비용이 들게 된다.
이해를 돕기 위해 예를 들어보자. 만약 목표 처리량이 50TPS이고 시스템 평균 응답 시간(think time은 0라고 가정한다)이 2초라면 성능 테스트에 필요한 가상 사용자 수는 100이다. 따라서 100명의 가상 사용자를 대신하는 쓰레드를 생성하여 성능 테스트를 수행할 필요가 있다.
리틀의 법칙과는 직접적인 관계는 없지만, 성능 테스트에서 자주 사용되는 용어에 Ramp up과 Ramp down이 있다. Ramp up은 가상 사용자를 이용하여 부하를 주는 패턴을 말하며, 가상 사용자를 동시에 유입할지 어느 정도 시간 간격에 따라 유입할지를 정의한다. 예를 들어, Ramp up 기간이 100초이고 10명의 가상 사용자가 있다면 100/10 = 10초 주기로 가상 사용자가 한 명 유입된다. 반면에 Ramp down이란 성능 테스트가 종료된 후에 가상 사용자 수를 줄이는 패턴이다.

4.4 호환성 테스트

ISO 25010 품질 모델은 호환성(Compatibility)의 부특성을 공존성(Co-existence)과 상호운영성(Interoperability)으로 설명하고 있다. 공존성은 다른 소프트웨어와 환경 및 자원을 공유하면서 요구된 기능을 효율적으로 수행하는 정도를 나타내며, 상호운영성은 여러 시스템이 정보를 교환하거나 교환된 정보를 성공적으로 사용할 수 있는 정도를 의미한다.

공존성이 유지되지 않을 때 발생할 수 있는 문제의 예로, 보안 프로그램을 여러 곳에서 다운로드 받아 설치할 때 기존 애플리케이션이 정상적으로 동작되지 않는 경우를 들 수 있다. 이러한 문제는 설치된 보안 프로그램들이 메모리와 같은 자원을 사용하여 충돌이 일어나거나 자원을 독점적으로 사용할 때 발생한다.

공존성은 특히 시스템의 장애 발생이 인명 손실이나 막대한 재산 피해, 또는 치명적인 환경 파괴를 가져올 수 있는 안전성 필수(Safety-critical) 시스템에서 매우 중요하다.

일례로, 자동차 기능 안전성 국제 표준인 ISO 26262에서는 다른 시스템 요소들이 공존하기 위한 기준을 위험 등급으로 엄격하게 규정하고 있다. ISO 26262 준수를 위한 핵심사항인 ASIL(Automotive Safety Integrity Level)은 위험 노출 가능성(E:Exposure, E0~E4), 통제 가능성(C:Controllability, C0~C3), 심각성 평가(S:Severity, S0~S3)를 기반으로 위험성을 평가한다. 이 세 가지 사항을 조합하여 도출된 위험성 등급은 ISO 26262 준수가 불필요한 QM(Quality Management), 그리고 가장 낮은 등급인 A등급부터 D등급까지로 분류된다.

상호운영성은 특별하게 노력을 기울이지 않아도 시스템 또는 제품이 다른 시스템이나 제품과 함께 잘 동작할 수 있는 능력을 의미한다. 이러한 상호운영성은 사물인터넷(IoT)이나 국방정보시스템을 구축할 때 매우 중요하다.

많은 전문가는 IoT 가치의 상당 부분은 다양한 IoT 시스템 간의 상호운영성 달성 능력에 달려 있다고 입을 모은다. 구글, 마이크로소프트, 애플, 시스코, 인텔, IBM 등 대형 IT 기업이 자신의 IoT 기술을 가지고 있다. 하지만 어느 한 기업이 보유한 IoT 솔루션만으로 모두를 만족시킬 수는 없다. 따라서 IoT 공급업체의 기술을 평가할 때 상호운영성이 핵심 기준이 될 수밖에 없다.

IoT 상호운영성을 위해 데이터 교환 및 관리 역할을 하는 국제표준 기반의 플랫폼 기술이 활발히 개발되고 있으며, 각 표준협의체에서는 각각의 인증프로그램을 운영하여 상호운영성 보장을 위한 표준에 적합한 제품이 시장에 출시되도록 유도하고 있다.

국방정보시스템은 지휘 통제 분야, 전략 전술 분야, 물자 관리 분야 등 다양한 분야에서 사용되고 있다. 군의 전력을 극대화하기 위해서는 다양한 국방정보시스템 간의 효과적인 상호운영성이 전제되어야 한다.

LISI(Level of Information System Interoperability) 모델은 국방정보시스템 간의 상호운영성을 평가하기 위한 모델로 미국방성에 연구비를 받아 카네기 멜론대학의 SEI 연구소에서 개발되었다. LISI(표 4.3 참조)는 시스템 간의 정보 교환 능력을 설명하는 상호운영성 성숙도 모델(Interoperability maturity model)을 보여 준다. 이 성숙도 모델은 요구되는 상호운영 능력을 절차, 응용, 인프라, 데이터 네 가지 측면으로 구분하여 0부터 5까지 여섯 단계 수준으로 구성된다.

표 4.3 LISI 능력 모델

수준		설명
전군적	5	전군의 도메인 간 자료공유와 협력의 가상공간을 제공하는 상호운영 수준
도메인	4	도메인 내부에서 개별적인 응용 프로그램으로 공유된 데이터베이스를 이용하여 상호운영이 가능한 수준
기능적	3	개별적인 응용 프로그램으로 이종의 자료에 대하여 상호운영이 가능한 수준
연결	2	동종의 자료를 이용하여 컴퓨터 간의 방식으로 이루어지는 상호운영 수준
불완전	1	상호운영이 이루어지고 있으나 사람이 디스켓 등을 이용하여 수동적으로 이루어지는 수준
격리	0	타 시스템과 상호운영이 이루어지지 않고 독립적으로 운영되는 수준

한국군에서도 LISI 모델을 바탕으로 상호운영성을 측정하고 있으며, LISI에 따른 상호운영성 평가를 위해 전자질의평가 방법을 주로 사용해 왔다. 이 방법은 미리 준비된 상호운영

에 관한 질의서에 개발 시스템 구현 정보 옵션을 입력하고, 질의서에 입력된 정보를 바탕으로 평가 대상 시스템의 상호운영 능력과 관련된 정보를 종합한 상호운영 프로파일을 작성한 후, 상호운영 프로파일을 바탕으로 상호운영 수준을 평가하는 것이다.

4.5 사용성 테스트

ISO 25010에서 사용성(Usability)은 특정한 사용자들이 주어진 사용 환경(특정 사용 컨텍스트)에서 특정한 목적을 달성하기 위해 제품이나 시스템을 사용할 때 얻게 되는 효율성, 효과성 및 만족도로 정의된다.

ISO 9241-11(Guidance on usability)에서도 이와 동일하게 사용성을 정의하고 있다. 표 4.4는 ISO 9241-11과 ISO 25010에서 설명된 효과성, 효율성 및 만족도에 대한 설명이다.

표 4.4 사용성 평가 품질특성

품질 특성	설명
효과성	사용자가 특정 목표를 달성하는 정확성 및 완전성
효율성	사용자가 목표를 달성하는 정확성 및 완전성과 관련하여 소비되는 자원(정신적 또는 육체적 노력, 시간, 재료 또는 재정적 비용 등)
만족도	지정된 사용 환경에서 사용자가 불편함이 없는 정도와 제품 사용에 대한 태도, 지정된 사용 환경에서 사용될 때 사용자 요구가 충족되는 정도

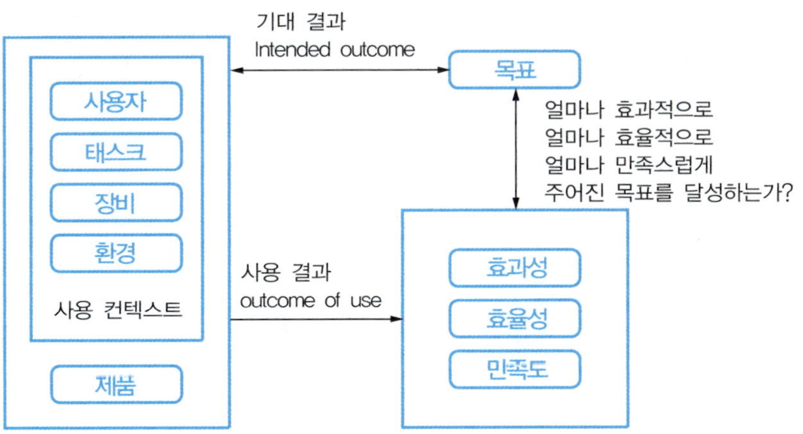

그림 4.3 ISO 9241-11 사용성 프레임워크

그림 4.3은 ISO 9241-11에서 규정한 사용성을 측정하고 평가하기 위하여 구성요소들을 측정·검증 가능하도록 분해하고, 그 관계를 표현한 프레임워크이다. 이 프레임워크에서 볼 수 있듯이 효과성, 효율성, 만족도는 시스템이나 제품의 사용성 수준을 측정하는 기준으로 사용될 수 있다.

표 4.5는 한국과학기술정보연구원(KISTI)에서 2011년 발간한 "웹사이트 사용성 개선을 위한 단계별 전략"에 관한 보고서에 소개된 ISO 9241-11의 효과성, 효율성, 만족도를 기반으로 하는 사용성 측정 예시이다.

표 4.5 사용성 측정 예시

측정항목	정의	측정방법
효과성	태스크 성공/실패 여부	[100-(등급별 만족도 * 오류 횟수)] 각 태스크 수행 후 만족도 수준 파악 • A(매우 만족): 0점 • B(만족): 5점 • C(보통): 10점 • D(불만): 15점 • E(매우 불만): 20점
효율성	태스크를 수행하는데 걸리는 시간	[태스크 수행 총 소요 시간 - 이용자와 연구자와의 인터뷰 진행 시간 제외]
만족도	각 태스크 수행 후 이용 난이도 수준 파악	• A(매우 만족): 100점 • B(만족): 90점 • C(보통): 80점 • D(불만): 70점 • E(매우 불만): 60점

ISO 25010에서 사용성은 다음 6가지 부특성으로 나뉘며, 사용성 평가에 이러한 특성을 고려할 수 있다.

- 적합 인식성(Appropriateness recognisability): 사용자가 자신의 필요에 시스템이 적합한지를 인식할 수 있는 정도
- 학습 용이성(Learnability): 사용자가 소프트웨어 사용법을 배워 명시된 목적을 달성할 수 있는 정도
- 운영 용이성(Operability): 시스템이 쉽게 조작하고 제어할 수 있는 속성을 갖는 정도
- 사용자 오류 방지성(User error protection): 시스템이 사용자로 하여금 오류를 범하지

않게 하는 정도

- 사용자 인터페이스 심미성(User interface aesthetics): 사용자 인터페이스가 사용자에게 만족스러움을 주는 정도
- 접근성(Accessibility): 사용자의 특성이나 능력(예 연령과 장애)에 관계없이 시스템을 사용할 수 있는 정도

현재 사용성 평가를 위한 다양한 방법이 개발되어 있으며 전문가가 행하는 휴리스틱 평가(Heuristic Evaluation), FGI(Focus Group Interview), 인지적 워크쓰루(Cognitive Walk-through), 설문(Questionnaire) 등의 방법이 주로 사용된다.

휴리스틱 평가(Heuristic Evaluation)는 사용성 평가 전문가가 제품과 관련된 사용성 원칙을 기준으로 체크리스트를 통해 사용성에 관한 문제점을 도출하는 방법이다. 3명~5명 정도 되는 적은 인원의 전문가를 활용하여 비교적 쉽게 실시할 수 있고, 중요한 사용성 문제를 많이 도출할 수 있으며, 효율적이고 빠르게 수행할 수 있다는 장점이 있다.

FGI(Focus Group Interview)는 그룹 인터뷰 방법이다. 주로 시스템 개발 이전에 사용자의 요구사항을 파악하는 데 많이 사용되는 정성적인 평가방법으로, 공통점이 있는 사용자들을 그룹별(7~8명)로 모아 시스템이나 문제점 등에 관해 의견을 나누고 필요한 정보를 수집하는 방법이다.

인지적 워크쓰루(Cognitive walk-through)는 학습 용이성 분석에 중점을 둔 방법이다. 실제 사용자를 대상으로 사전설명 또는 안내 없이 제품을 사용하여 주어진 과제를 달성하도록 한다. 그리고 과제를 달성하는 각 단계에서 적합한 행동을 취하는지 분석한다. 과제를 수행하는 각 단계마다 진행자는 다음과 같은 질문을 던진다. 여기서 액션은 버튼(컨트롤)에 마우스를 클릭하는 행위 등을 의미한다.

- 사용자는 원하는 목적을 달성하기 위해 이 액션을 수행하는 시도를 할 것인가?
- 사용자가 올바른 액션을 수행하기 위해 필요한 컨트롤이 가시적인가?
- 이 액션을 통해서 사용자가 과제를 달성할 수 있는지 알아낼 수 있는가?
- 사용자는 적절한 피드백을 얻는가?

이러한 사용성 평가는 시스템 개발의 전 주기에 걸쳐 진행되어야 하며, 평가 목적에 따라 평가방법을 달리하는 것이 좋다. 사용성 평가 결과 나타난 문제의 원인을 체계적으로 분석하고 시스템 개선에 반영한다면 이용자의 만족도를 높이는 시스템을 설계할 수 있다.

4.6 신뢰성 테스트

신뢰성(Reliability)은 특정 조건에서 특정 기간 동안 시스템이 요구되는 서비스를 오동작 없이 제공하는 정도를 말한다. ISO 25010에서 신뢰성은 다음과 같이 네 가지 부특성으로 설명되어 있다.

- 성숙성(Maturity): 시스템 또는 구성 요소가 정상 작동 상태에서 신뢰성 요구를 충족시키는 정도
- 가용성(Availability): 사용자가 시스템 또는 구성요소를 사용하고자 할 때 사용 및 접근이 가능한 정도
- 결함 허용성(Fault tolerance): 하드웨어나 소프트웨어에 결함이 있는데도 시스템 또는 구성 요소가 의도한 대로 작동하는 정도
- 복구성(Recoverability): 중단 또는 장애가 발생한 경우 시스템이 영향을 받은 데이터를 복구하고 상태를 재설정할 수 있는 정도

일반적으로 신뢰성은 가용성(Availability), MTTF(Mean Time To Failure) 등의 척도로 정량화된다. 가용성은 시스템이 주어진 기간 동안 서비스를 실제로 제공할 수 있는지를 나타내는 속성이다. 예를 들면, 어떤 시스템의 가용성이 0.995를 갖는다고 했을 때 이 시스템은 1000시간 단위(날, 주, 달) 동안에 995시간 단위 동안 서비스를 제공할 수 있음을 의미한다. MTTF는 시스템이 운영된 후 오류가 발생할 때까지 걸리는 평균 동작 시간이다. 예를 들면, 시스템의 MTTF가 100을 갖는다는 사실은 100시간 단위마다 1개의 오류가 발생할 수 있음을 의미한다.

일반적으로 신뢰성을 테스트하기 위해서 통계적 테스트(Statistical testing) 방법을 사용한다. 통계적 테스트는 시스템이 실제로 사용자들이 쓰는 패턴인, 운영 프로파일(Operational profile)을 사용하여 테스트 케이스를 생성한다. 운영 프로파일은 가능한 입력들을 여러 개의 클래스로 분류하고, 분류된 각 클래스의 발생 확률로 구성된다.

통계적 테스트 방법으로 신뢰성을 추정하기 위해서는 일단 운영 프로파일을 작성하고, 각 클래스의 발생 확률에 따라 테스트 케이스를 생성한다. 소프트웨어의 신뢰성을 측정하기 위해서는 오류가 발생하기까지 걸리는 시스템 동작 시간이 중요하므로 오류가 발생한 시간과 오류 발생 후 다음 오류가 발생할 때까지 걸리는 동작 시간을 기록한다. 이렇게 모인 데이터로 여러 신뢰성 추정 모델을 사용하여 신뢰성을 추정하게 된다.

4.7 보안성 테스트

보안성은 시스템이 정보 및 데이터를 보호하는 정도를 뜻하는 용어로, 다음과 같은 다섯 가지 부특성을 갖는다.

- 기밀성(Confidentiality): 접근 권한이 있는 사람에게만 데이터에 액세스할 수 있도록 하는 정도
- 무결성(Integrity): 시스템 또는 구성 요소가 컴퓨터 프로그램 또는 데이터에 무단으로 접근 또는 변경되는 것을 방지하는 정도
- 부인 방지성(Non-repudiation): 사건 및 행위 후에 부인하지 못하도록 행동 및 사건에 관해 입증할 수 있는 정도
- 책임성(Accountability): 각 개인을 유일하게 식별하여 행위를 기록하고 필요시 그 행위자를 추적할 수 있는 능력
- 인증성(Authenticity): 사건 및 행동에 관해 실제 행위자임을 증명할 수 있는 정도

시스템의 보안성을 검증하는 데 주로 사용하는 방법으로 침입 테스트(Penetration test)가 있다. 침입 테스트는 침입자(Hacker)의 관점에서 소프트웨어 시스템의 취약성(Vulnerability)을 찾는 테스트 방법이다. 따라서 침입 테스트는 시스템 안전성에 관해 경험과 지식이 많은 사람이 행하는 것이 보통이다. 이들은 가능한 한 많은 시스템 침입 시나리오들(과거에 사용되었던)을 이용하여 소프트웨어 취약성을 찾고 해결책을 제시한다. 그러나 만약 침입 테스트로 소프트웨어의 취약성이 발견되지 않았다 할지라도 시스템의 보안성이 확보되었다고 확신할 수는 없다. 그 이유는 수많은 침입자가 만들어내는 침입 시나리오를 미리 테스트하기란 거의 불가능하며 미리 테스트할 수 있다 할지라도 침입자들이 또 다른 침입 시나리오를 개발하여 시도할 것이기 때문이다.

보안성 검증을 하는 또 다른 방법으로, 정적 분석을 사용할 수 있다. 이 방법은 보안성 높은 소프트웨어가 준수해야 할 소스 코드 수준에서 코딩 규칙을 정의하고, 이러한 코딩 규칙을 준수하는지를 정적 분석 도구로 검사하는 것이다.

CWE(Common Weakness Enumeration)는 소스코드에 존재할 수 있는 신뢰성 및 보안성과 관련된 코딩 규칙 목록을 정의한 것이다. 그 중 CWE-658은 C 언어로 작성된 소스코드에 관한 규칙 목록으로, Stack overflow, Buffer overflow, Null pointer dereference 등을 포함하며, CWE-659는 C++ 언어에 관한 규칙 목록으로, Uncaught exception, declaration of catch for generic exception 등을 포함한다. CWE-660은 Java 언어에 관한 규칙 목록으로, Direct use of unsafe JNI, Public clonable() method without final 등을 포함한다. 이 CWE 코딩 규칙은 실제로 방위사업청에서 제시한 '무기체계 소프트웨어 개발 및 관리 매뉴얼'의 무기체계 연구개발사업에 관한 보안성 시험 부분에서 CWE-658, CWE-659, CWE-660 등을 바탕으로 정적 시험을 수행하도록 명시되어 있다.

4.8 유지보수성 테스트

누군가가 시스템을 사용한다면 시스템은 변경될 수밖에 없다. 유지보수성(Maintainability)이란, 시스템이 변경 요구를 만족시키는 능력이며, 유지보수성 테스트란, 이러한 능력을 테스트하는 것이다. 일반적으로 시스템 수정 요구는 다음과 같은 요구에 기인한다.

- **기능 개선 및 추가**: 기능이나 성능을 개선하거나 새로운 기능을 추가하기 위하여 프로그램을 수정하는 작업으로, 시스템 변경 작업 중에서 약 50%를 차지한다.
- **변경된 환경에 적응**: 운영체제나 인프라, 환경 등이 변경되었을 때 이 변화를 수용하도록 프로그램을 수정하는 작업으로, 시스템 변경 작업 중에서 약 25%를 차지한다.
- **오류 수정**: 소프트웨어에 오류가 발견되었을 때 이를 수정하는 작업으로, 시스템 변경 작업 중에서 약 20%를 차지한다.
- **예상치 못한 장애 예방**: 소프트웨어 장애가 발생하기 전에 코드를 재구성(Restructuring)하거나 문서를 갱신하여 장애가 발생하지 않도록 미리 예방하는 작업으로, 시스템 변경 작업 중에서 약 5%를 차지한다.

유지보수성 테스트는 요구사항을 만족하도록 얼마나 쉽게 변경할 수 있는지 테스트하기 때문에 동적 테스트보다는 정적 테스트를 이용하여 테스트한다. 물론, 수정 요구사항이 변경에 소요되는 시간이나 비용으로 표현되면 유지보수 절차를 수행하는데 실제 소요되는 시간이나 비용을 계산하여 요구사항과 비교하는 방식으로 동적 테스트를 해야 할 수도 있다.

ISO 25010에서는 유지보수성을 모듈성, 분석성, 재사용성, 변경 용이성 및 테스트 용이성으로 세분화하였다. 테스트 관점에서 모듈성, 분석성, 재사용성과 변경 용이성은 공통적인 특성이 많이 있으므로 구분하지 않고 한꺼번에 다루어도 상관없지만, 테스트 용이성은 이들과는 특성이 다르므로 분리해서 설명하겠다.

우선, 모듈성, 분석성, 재사용성, 변경 용이성을 테스트하기 위해서는 다음과 같은 특성들을 검토하여야 한다.

- 모듈화 정도
- 모듈 간 결합도
- 모듈 응집도
- 모듈 복잡도

모듈화는 시스템을 여러 부분으로 분할하여 각 부분이 정의된 기능을 잘 수행하도록 하는 설계 기법이며, 모듈화를 측정하는 척도로 fan-in과 fan-out이 있다. fan-in은 얼마나 많은 모듈이 주어진 모듈을 호출하는가를 나타내며 fan-out은 주어진 모듈이 호출하는 모듈 수를 나타낸다.

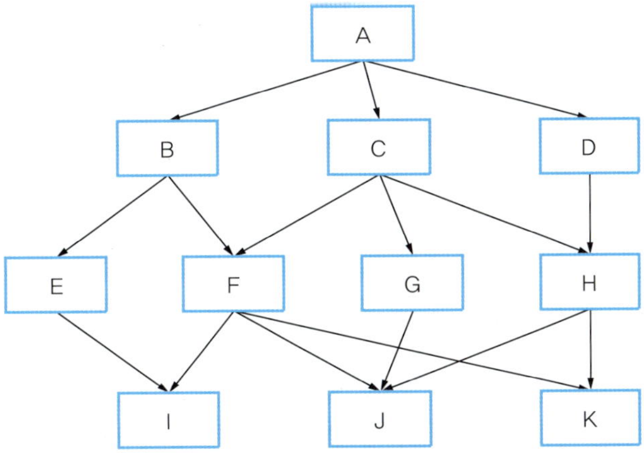

그림 4.4 **모듈 구조도**

예를 들어 시스템이 그림 4.4와 같이 모듈화되었을 때 모듈 F의 fan-in과 fan-out을 계산해보자. 모듈 F를 호출하는 모듈은 B와 C 2개이므로 fan-in은 2이고 모듈 F가 호출하는 모듈은 I, J, L이므로 fan-out은 3이다. 가장 문제시되는 모듈은 fan-in과 fan-out이 높은 모듈이다. 이 모듈이 변경되면 많은 모듈이 영향을 받게 되며, 또한 해당 모듈이 의존하는 모듈 중 하나라도 변경되면 이 모듈도 영향을 받기 때문이다. 이러한 모듈은 정적 분석에서 식별하고 재구성해야 한다.

모듈 간의 결합도는 낮게 설계되어야 한다. 결합도가 높다는 것은 모듈이 의존하는 모듈들이 변경될 때 영향을 받을 가능성이 크다는 것을 의미한다. 가능한 한 잘 정의된 인터페이스만을 통하여 모듈 간 상호작용을 하는 것이 바람직하며 공통 자료 영역이나 실행 흐름을 변경하는 제어요소를 통해 상호작용하는 것은 피해야 한다.

모듈의 응집도는 개개의 모듈을 구성하는 요소들이 얼마나 서로 관련되어 있는가를 나타낸다. 모듈의 응집도는 높을수록 좋다. 응집도가 높은 모듈은 다른 모듈에 의존 관계가 낮아 재사용성이 좋으며 변경이나 오류를 국부화할 수 있다.

객체지향 프로그램에서 클래스의 응집도를 나타내는 대표적인 척도로 LCOM(Lack of Cohesion in Methods)이 있다. 이 척도는 클래스 내의 메소드들이 얼마나 서로 연관되어 있는지를 나타내며 여러 버전이 있다. LCOM 척도 중의 하나인 LCOM4는 클래스 내의 메소드들이 동일한 필드에 접근하거나 호출 관계가 있으면 연관되어 있다고 간주하며, 모든 메소드가 연관되어 있으면 클래스가 하나의 기능(책임)을 수행하도록 설계되어 있다고 가정한다. 반면에 서로 연관되지 않은 메소드가 2개 이상 있으면 이들을 다른 클래스로 분할할 필요가 있다.

클래스 Foo		
A()	B()	C()
A1() A2() A3()	B1() B2()	C1() C2() C3()

그림 4.5 예제 클래스

예를 들어 그림 4.5의 Foo 클래스에서 A() 메소드와 A1(), A2(), A3()가 호출관계로 연결되어 있으며, B() 메소드와 B1(), B2() 메소드가 동일한 필드에 접근하고, C() 메소드와 C1(), C2(), C3()가 호출 관계로 연결되어 있다고 할 때 LCOM(Foo)=3이다. 즉, 3개의 독립된 기능을 하나의 클래스에서 제공한다고 간주하며 이들은 각기 다른 3개의 클래스로 분할할 필요가 있다.

모듈의 복잡도도 유지보수성에 영향을 미친다. 모듈의 복잡도를 측정하는 대표적인 척도로 순환 복잡도가 있다. RIAC(Reliability Information Analysis Center)에서 발표한 복잡도와 소프트웨어 신뢰성과의 관계에서 순환 복잡도가 75 이상이면 결함을 수정하기 위해 수행한 작업이 새로운 결함을 발생시킬 가능성이 매우 큰 것으로 나와 있다. 따라서 정적 분석으로 순환 복잡도가 높은 모듈들을 식별하고 리팩토링 및 재구성을 통해 복잡도를 낮게 만들 필요가 있다.

테스트 용이성은 프로그램을 얼마나 손쉽게 테스트할 수 있는지 나타내는 특성을 말한다. 프로그램의 테스트 용이성을 높이기 위해 표 4.6과 같은 특성을 고려하여 테스트를 수행한다.

표 4.6 테스트 용이성

제어 용이성	프로그램의 실행을 제어하기 용이하도록 설계한다. 제어 용이성이 높아지면 테스트를 자동화할 수 있는 부분이 많아지고 최적화할 수 있다.
관찰 가능성	프로그램 내부 상태가 현재 어떤 상태인지 쉽게 파악할 수 있는 기능을 갖추도록 설계한다.
단순성	가능한 한 시스템 구조 등을 단순하게 설계한다. 코딩 표준에 따라 프로그램을 작성하여 쉽게 코드를 이해할 수 있게 하거나 프로그램 구조를 단순화하여 결함이 발생하였을 때 다른 곳으로 쉽게 전이되지 않도록 설계한다.
분할 용이성	테스트할 대상 영역을 제어함으로써 문제가 발생된 곳을 고립시켜 독립적으로 모듈에 테스트를 수행할 수 있도록 설계한다. 즉, 가능한 한 시스템 모듈 간의 의존성을 줄인다.
운영 용이성	프로그램에 결함이 발생하여도 테스트 작업을 계속할 수 있도록 설계한다.
안정성	테스드하는 동안 소프트웨어에 변경이 자주 발생하지 않도록 설계한다.
이해 용이성	소프트웨어 설계 정보가 잘 조직화되어 쉽게 접근 가능하도록 하여 소프트웨어를 더욱 잘 이해할 수 있도록 설계한다.

4.9 이식성 테스트

이식성(Portability) 테스트의 주요 목적은 서비스 이용자 단말기의 하드웨어 및 소프트웨어 환경이 달라도 동등한 서비스를 제공하는지 테스트하는 것이다. 이식성 테스트는 운영체제(OS)와 브라우저, 태블릿과 스마트폰 등 애플리케이션이 동작하는 운영환경과 사용환경이 다양해지고 복잡해지면서 점점 중요성이 높아지는 추세이다.

예를 들어, 우리나라 전자정부 서비스를 생각해보자. 전자정부 서비스는 다양한 단말기나 브라우저 및 운영체제에서 동작되는 것이 매우 중요하다. 행정안전부에서도 이 점을 고려하여 전자정부 서비스 호환성 준수지침을 제정하였고, 전자정부 서비스의 호환성 확보를 위해 새로 개발될 서비스나 유지 보수되는 서비스에 관해 지켜야 할 사항을 규정하고 있다. 예를 들어, 행정안전부 고시 제2017-26호 개정판 4조에서 웹사이트 호환성 확보에 관하여 다음과 같이 언급하고 있다.

제4조 【웹사이트 호환성 확보】 ① 행정기관 등의 장은 전자정부 서비스를 위한 웹사이트를 신규 개발하는 경우 다양한 웹 브라우저에서 동등하게 서비스를 제공하여야 한다.
② 행정기관 등의 장은 전자정부 서비스를 위한 웹사이트를 개선, 유지보수 및 운영하는

경우 다양한 웹 브라우저에서 동등하게 서비스를 제공하도록 노력하여야 한다.

③ 제1항 및 제2항에서 웹 브라우저의 종류는 해당 전자정부 서비스를 신규 개발, 개선, 유지보수 및 운영하는 행정기관 등의 장이 정한다.

그뿐만 아니라 전자정부 호환성 진단표도 제정하여 구체적으로 진단 지표, 진단 기준 및 방법까지 규정하고 있다. 표 4.7은 전자정부 서비스 웹 호환성 진단표이다.

표 4.7 **전자정부 서비스 웹 호환성 진단표**

구 분	진단지표	진 단 기 준	진단방법
1. 웹표준 문법 준수	1-1 표준 (X)HTML 문법 준수 여부	• W3C Markup Validator에서 출력된 오류 개수에 따라 감점 ※ HTML5의 경우 Nu Html Checker로 자동전환	W3C Markup Validator
	1-2 표준 CSS 문법 준수 여부	• W3C CSS Validator에서 출력된 오류 개수에 따라 감점 ※ CSS의 경우 Level 3으로 진단	W3C CSS Validator
2. 웹 호환성 확보	2-1 기능 호환성 확보 여부	• 브라우저 부가 기능을 이용해서 해당 페이지 내에 사용된 Javascript 오류 및 DOM 경고 발생 시 감점 • Javascript가 의도한 기능이 정상적으로 동작하는지 점검하여 비정상적 동작에 대해 감점	브라우저 부가 기능 크로스 브라우징 테스트 준용
	2-2 화면표시 호환성 확보 여부	• 다양한 웹 브라우저에서 화면표시가 동등하게 구현되었는지 여부 확인 ※ 웹 브라우저별 특성에 따른 차이(폰트, 픽셀 등)는 예외로 함	크로스 브라우징 테스트 준용
3. 비표준 기술제거	3.1 비표준 기술제거 여부	• 웹 사이트에서 비표준기술 (액티브X 등)사용 여부 점검 ※ 개인정보보호, 보안 등을 위해 사용하는 비표준 기술(액티브X, EXE 등)을 사용하고 있는지 점검 ※ 웹 표준이 아닌 방식으로 메뉴, 동영상 등을 위해 사용하는 멀티미디어(플래시, 실버라이트, 자바 애플릿, 미디어플레이어 등)를 사용하고 있는지 점검	수동 평가
	3-2 최신 웹 표준 기술 사용 여부	• 최신 웹 표준 기술(HTML5) 사용 여부 점검 ※ 최신 웹 표준 기술을 활용하여 웹사이트를 운영하고 있지 않을 경우 감점	수동 평가

표 4.7에서 웹 호환성 확보 진단방법을 보면 크로스 브라우징 테스트를 준용한다고 기술되어 있다. 크로스 브라우징 테스트란 다양한 브라우저에서 또는 동일한 브라우저이지만 버전이 서로 다른 브라우저에서 대상 애플리케이션이 동일하게 동작하는지 테스트하는 것을 의미한다. 이는 상이한 운영체제에서 동작하거나 브라우저에서 채택하는 렌더링 엔진이 다르기 때문에 동일한 애플리케이션이 동작하더라도 브라우저마다 다르게 보일 수 있으므로 크로스 브라우징 테스트를 수행하는 작업은 매우 중요하다.

크로스 브라우징 테스트를 자동화하기 위해 Selenium Grid, QTP, RFP와 같은 도구를 사용할 수 있다. 이 도구들은 테스트 스크립트를 다양한 브라우저와 운영체제 조합에서 수행할 수 있다. 예를 들어, Selenium Grid 도구를 사용하여 크로스 브라우징 테스트를 수행하는 과정을 살펴보자. 그림 4.6은 Selenium Grid 아키텍처를 보여준다.

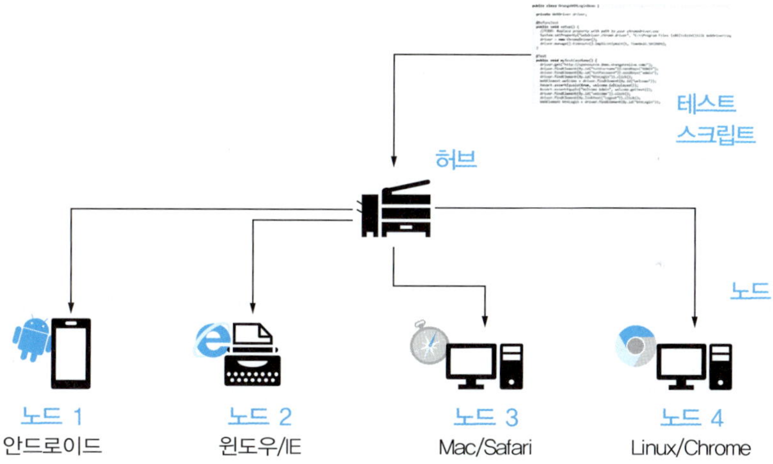

그림 4.6 Selenium Grid 아키텍처

그림에서 볼 수 있듯이 Selenium Grid는 하나의 허브와 여러 개의 노드로 구성되어 있으며, 다양한 운영체제 및 브라우저 환경을 갖춘 여러 노드를 통해 허브에서 제공받은 테스트 스크립트를 동시에 수행할 수 있는 분산 테스트 실행 도구이다. 따라서 크로스 브라우징 테스트를 수행할 수 있고, 만약 노드가 동일한 플랫폼이라면 테스트 스크립트 집합을 여러 노드에 분산 실행함으로써 테스트 실행 시간을 줄일 수 있다.

그러나 이렇게 크로스 브라우싱 테스트를 자동화 도구로 수행하면 좋은 점만 있는 것은 아니다. 실제 인간의 눈으로만 확인할 수 있는 부분이 존재하며, 이를 자동화하기란 매우 어렵다. 따라서 전적으로 자동화 도구에만 의존하기보다는 매뉴얼 테스트를 병행적으로 수행하는 것이 좋다. 테스트 자동화는 7장에서 더 자세히 다룬다.

Exercise

01 다음 중 사용자의 요구사항을 시스템이 얼마나 만족하는지에 대한 정보를 제공하는 기능 적합성 테스트의 부특성에 대한 설명으로 올바른 것은?

① 완전성: 모든 명시된 기능을 시스템이 제공하는 정도

② 적절성: 기능 수행 시 사용되는 자원이 요구사항을 만족시키는 정도

③ 정확성: 사용자의 목적 달성에 소프트웨어가 도움을 주는 정도

④ 가용성: 사용자가 원하는 시간에 사용 및 접근이 가능한 정도

해설 ① 완전성: 모든 명시된 기능을 시스템이 제공하는 정도
② 적절성: 사용자의 목적 달성에 소프트웨어가 도움을 주는 정도
③ 정확성: 정의된 정밀도에 따라 정확하게 결과를 제공하는 정도
④ 가용성: 신뢰성의 부특성

02 다음 중 성능 효율성 테스트의 부특성은 무엇인가?

① 운영 용이성 ② 자원 활용성

③ 상호 운영성 ④ 복구성

해설 성능 효율성 테스트 부특성: 시간 반응성(Time-behaviour), 자원 효율성(Resource Utilization), 수용성(Capacity)
① 운영 용이성: 사용성 테스트 부특성
③ 상호 운영성: 호환성 테스트 부특성
④ 복구성: 신뢰성 테스트 부특성

03 다음 그림에서 스파이크 테스팅에 해당하는 것은?

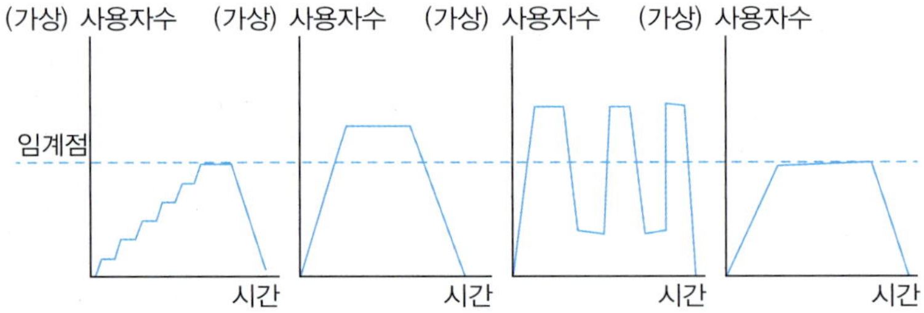

① ② ③ ④

해설 이 테스팅은 짧은 시간에 사용자가 몰릴 때 시스템의 반응을 측정한다. BTS와 같은 세계적인 아이돌 그룹의 공연 예매를 지원하는 시스템에 짧은 시간에 수많은 사용자가 몰리는 상황을 생각해볼 수 있다.

정답 01 ① 02 ② 03 ③

04 서로 다른 시스템과의 상호연동능력을 확인하기 위한 테스트로, 테스트하고자 하는 제품이 다른 제품과 공통으로 환경 및 자원을 공유하면서 그 제품에 유해한 영향을 미치지 않고 올바른 기능을 수행할 수 있는지 확인하는 테스트는 이식성 테스트이다. [O/×]

해설 서로 다른 시스템과의 상호연동능력을 확인하기 위한 테스트로, 테스트하고자 하는 제품이 다른 제품과 공통으로 환경 및 자원을 공유하면서 그 제품에 유해한 영향을 미치지 않고 올바른 기능을 수행할 수 있는지 확인하는 테스트는 호환성 테스트이다.

05 다음은 ISO/IEC 25010 품질 특성에 관한 설명이다. 어떤 품질 특성에 대한 설명인지 기술하시오.

> 특정 조건에서 특정 기간 동안 오동작 없이 의도된 기능을 수행하는 소프트웨어의 능력을 말하며, 부특성으로는 성숙성, 가용성, 결함 허용성, 복구성이 있다.

해설 신뢰성에 대한 설명이다.

06 보안성 품질 특성에 대한 설명으로 가장 적절한 것은?

① 보안성의 부특성은 성숙성, 가용성, 접근성이 있다.
② 소프트웨어가 정보 및 데이터를 올바르게 보호하는 능력을 의미한다.
③ 보안성 결함은 명세 및 구조 기반 테스팅 기법으로 모두 검출할 수 있다.
④ 부특성인 접근성은 데이터가 인가되지 않은 접근으로부터 보호되는 비율, 암호화 및 복호화가 정확히 구현된 비율 등으로 측정한다.

해설 ① 보안성의 부특성은 기밀성, 무결성, 부인 방지성, 책임성, 인증성이다.
③ 보안성 결함은 일반적인 테스팅 기법으로 검출할 수 없으므로 침투 시험 (Penetration Test)를 수행하여 보안의 취약점을 확인한다.
④ 보안성의 부특성 중 기밀성에 대한 설명이다.

07 프로그램이 얼마나 손쉽게 테스트 가능한지를 나타내는 특성과 가장 거리가 먼 것은?

① 단순성(Simplicity) ② 관찰 용이성(Observability)
③ 운용 용이성(Operability) ④ 견고성(Robustness)

해설 견고성은 테스트 용이성과 가장 거리가 먼 특성이다. 반면에 단순성, 관찰 용이성, 운용 용이성은 테스트 용이성의 구체적인 특성이다

정답 04 × 05 신뢰성(Reliability) 06 ② 07 ④

08 다음은 어떤 품질 특성을 평가하는 방법인가?

- 인지적 워크쓰루(Cognitive walk-through)
- FGI(Focus Group Interview)
- 휴리스틱 평가(Heuristic Evaluation)

① 사용성 ② 호환성
③ 유지보수성 ④ 신뢰성

해설 모두 사용성을 평가하는 방법이다.

09 다음은 프로그램을 얼마나 손쉽게 테스트할 수 있는지를 나타내는 테스트 용이성에 관한 설명이다. 특성과 설명이 올바르게 연결된 것은?

(가) 제어 용이성 (나) 안정성 (다) 분할 용이성 (라) 이해 용이성	Ⓐ 테스트 동안에 소프트웨어에 대한 변경이 자주 발생하지 않도록 설계 Ⓑ 소프트웨어 설계 정보가 잘 조직화되어 쉽게 접근 가능하도록 설계 Ⓒ 테스트할 대상 영역을 제어함으로써 문제가 발생된 곳을 고립시켜 독립적으로 모듈 시험 Ⓓ 프로그램의 실행을 제어하기 용이하도록 설계

① (가)—Ⓓ, (나)—Ⓐ, (다)—Ⓒ, (라)—Ⓑ
② (가)—Ⓓ, (나)—Ⓑ, (다)—Ⓒ, (라)—Ⓐ
③ (가)—Ⓒ, (나)—Ⓐ, (다)—Ⓓ, (라)—Ⓑ
④ (가)—Ⓒ, (나)—Ⓑ, (다)—Ⓓ, (라)—Ⓐ

해설 (가) 제어용이성 : 프로그램의 실행을 제어하기 용이하도록 설계
(나) 안정성 : 테스트 동안에 소프트웨어에 대한 변경이 자주 발생하지 않도록 설계
(다) 분할용이성 : 테스트할 대상 영역을 제어함으로써 문제가 발생된 곳을 고립시켜 독립적으로 모듈 시험
(라) 이해용이성 : 소프트웨어 설계 정보가 잘 조직화되어 쉽게 접근 가능하도록 설계

정답 08 ① 09 ①

제 5 장 위험 기반 테스트

5.1 개 요

일반적으로 테스트에 시간과 비용을 많이 투입할수록 더욱더 많이 결함을 검출할 수 있고, 품질에 관하여 확인된 결과의 정확성은 더욱 높아질 수 있다.

그러나 소프트웨어 프로젝트와 마찬가지로 테스트는 주어진 비용과 일정, 즉, 현실적으로 주어진 자원이라는 제약 내에서 테스트 목적을 달성해야 한다. 그리고 주어진 비용과 일정은 테스트 전략을 선택할 때뿐만 아니라 테스트 범위를 결정할 때도 고려사항이 된다.

좀 더 자세히 이야기하면, 테스트 비용의 범위 내에서 컴포넌트 테스트, 통합 테스트 및 시스템 테스트의 수행 강도를 결정하고 컴포넌트 테스트를 수행할 대상이 되는 모듈도 결정할 수 있다. 그리고 시스템 테스트를 수행할 때 테스트 할 기능 및 비기능적 특성 즉 테스트하고자 하는 피처를 한정할 수도 있다.

테스트 대상을 결정하고 선택된 테스트 범위를 전체 시스템의 일부로 한정하면 테스트 비용을 줄일 수는 있지만, 테스트 되지 않은 부분에서 장애가 발생할 가능성이 있기 때문에, 이는 결국 소프트웨어 품질에 악영향을 미칠 수 있다. 따라서 테스트 대상과 범위를 결정할 때는 테스트를 수행하지 않음으로써 발생할 위험까지도 고려해야 한다. 즉, 테스트하지 않았다 하더라도 그에 따른 위험 수준이 낮은 것들은 테스트 대상에서 제외될 수 있지만, 테스트 제외에 따른 위험 수준이 높은 것은 테스트 대상에 포함되어야 한다.

5.2 위험 분석

5.2.1 위험 요소 식별

위험 분석 기반 테스트를 수행할 때 계획 수립의 시작은, 우선, 테스트가 필요한 피처들을 모두 나열하는 것이다. 즉, 테스트 범위로 기술되는 시스템의 기능 및 비기능적 모든 요소를 나열하는 것이다. 이렇게 나열된 피처는 이후에 수행되는 위험 분석의 대상이 되며 위험 분석 결과에 따라서 테스트 계획이 수립된다.

피처는 소프트웨어 요구사항 명세서를 바탕으로 구할 수 있다. 요구사항 명세서는 시스템에 요구되는 기능적인 측면과 성능, 신뢰도, 가용성, 보안성 등과 같은 비기능적 측면의 요구사항을 담고 있다. 요구사항 명세서는 테스트를 수행할 때 기준으로 삼는 가장 중요한 문서이므로 이 문서에 나열된 요구사항들을 우선 피처로서 사용할 수 있다.

또한, 요구사항 명세서가 완전(Complete)하지 못하여 사용자 입장에서 필요한 요구사항이 누락될 가능성이 있다면, 테스터는 요구사항 명세서의 내용을 단순히 참고하는 것뿐만 아니라 품질 모델을 바탕으로 하여 적극적으로 테스트할 피처들을 찾을 수도 있다.

시스템 유형에 따라 강조되는 품질 요소가 다를 수 있다. 예를 들어, 많은 수의 사용자 또는 클라이언트 시스템을 지원해야 하는 서버 또는 미들웨어 시스템이라면, 사용자 및 클라이언트 시스템 수가 증가하더라도 적절한 수준의 성능을 제공할 수 있어야 하는 확장성(Scalability)이 일반적으로 요구되는 품질 요소일 것이다. 그리고 충분하지 않은 컴퓨팅 성능을 가진 장치에서 일반적으로 수행되는 임베디드 소프트웨어라면, 시스템 자원을 매우 효율적으로 활용해야 하는 성능(Performance)이 중요한 품질 요소가 된다. 또한, 주변 장치의 오동작에도 소프트웨어는 적절하게 동작해야 하므로 신뢰성 및 결함 허용성도 중요한 요소가 될 수 있다.

나열되는 피처 후보는 이후의 위험 분석이 가능하도록 명확하게 구체적으로 기술되어야 한다. 개략적이고 추상적인 설명은 해당 피처 후보에 대한 발생 가능성, 심각성, 긴급성을 판단하기 어렵기 때문이다. 예를 들어, ATM 시스템에서는 “현금 입출금 기능이 제공된다.”라는 현금 입금 기능과 현금 출금 기능으로 세분화될 수 있으며, 입금과 출금 기능에 따라서 장애의 발생 가능성, 장애의 심각성과 처리의 긴급성이 다를 수 있다. 따라서 피처 후보는 발생 가능성, 심각성, 긴급성을 부여할 수 있는 수준으로 구체적으로 상세히 파악되어야 한다.

5.2.2 위험도 산정

앞에서 도출된 각 피처 후보 중 무엇을 테스트 대상에 포함할 것인지에 관한 결정과 효과적인 테스트 전략의 결정을 위하여 위험도를 산정해야 한다. 각 피처 후보의 위험도 산정은 발생 가능성(Likelihood), 심각성(Severity), 긴급성(Urgency)을 바탕으로 수행된다. 위험도 산정의 각 항목 수준은 정량적인 분석을 위한 적절한 등급값이 부여될 수 있다. 위험도 산정 항목은 3가지 등급 또는 5가지 등급으로 세분화될 수 있다.

발생 가능성은 해당 피처와 관련된 장애가 실행 시에 발생할 가능성을 의미한다. 예를 들어, ATM 시스템에서 "계좌 잔액보다 큰 금액으로 출금 요청 시에는 잔액 부족 메시지를 출력한다."가 피처 후보라면, 계좌에 잔액이 부족한데도 "잔액 부족" 메시지가 출력되지 않고 현금이 출금되는 장애 상황이 발생할 가능성이 조사되어야 한다.

장애 발생 가능성은 다음과 같은 세 가지 측면을 고려해야 한다. 첫 번째로, 기술적인 복잡성 측면이다. 즉, 구현 자체에 복잡성이 많다면 장애 발생 가능성도 클 수 있다는 것이다.

두 번째로, 해당 피처와 관련된 결함이 소프트웨어 개발 공정에서 검출되어 제거될 수 있는지 고려할 필요가 있다. 즉, 해당 결함이 상세 설계 명세서 또는 코드 리뷰를 통해서 발견되고 제거될 가능성이 크다면 동적 테스트 활동에서는 관심을 덜 가져도 될 수 있다.

마지막으로, 사용자가 해당 기능을 사용하는 빈도도 장애 발생 가능성에 영향을 줄 수 있다. 사용자가 빈번하게 이용하는 기능일수록 더 자주 관련 장애가 발생할 수 있기 때문이다.

표 5.1은 5가지 등급으로 분류된 발생 가능성의 예를 보여 준다. 발생 가능성이 가장 큰 경우 1의 값을 부여하고, 가장 작은 경우에는 5의 값을 부여한다.

표 5.1 발생 가능성 등급 예시

등급	설명
1	거의 모든 환경, 사용자, 기능에서 장애가 발생할 수 있음
2	많은 환경, 사용자, 기능에서 장애가 발생할 수 있음
3	일부 환경, 사용자, 기능에서 장애가 발생할 수 있음
4	제한된 일부 환경, 사용자, 기능에서 장애가 발생할 수 있음
5	발생 가능성이 작음

심각성은 관련 장애가 발생하였을 때, 즉, 피처에 기술된 시스템의 기능 및 비기능적 요소가 기대한 대로 동작하지 않을 때 사용자에게 미치는 영향의 정도를 나타낸다.

표 5.2는 심각성을 5가지 등급으로 분류한 예시를 보여준다. 가장 높은 수준의 심각성이 1이고, 가장 낮은 수준의 심각성이 5이다. 1등급은 장애가 발생할 경우에 시스템의 주요 데이터와 시스템의 사용자마저 잃을 수 있는 심각한 상황에 해당한다. 2등급은 1등급보다는 심각한 결과를 초래하지는 않지만, 시스템의 주요 기능이 제공되지 않을 수 있는 상황을 뜻한다. 3등급은 정상적으로 제공되지 않는 기능을 다른 방식으로 사용할 수 있는 경우에 해당한다. 4등급은 주요하지 않은 기능에서 발생하는 장애를 뜻하며, 5등급은 정상적으로 동작은 하지만 사용자 인터페이스 또는 약간의 지체 등과 같이 일부 장애가 있고, 개선할 여지가 있는 상황을 뜻한다.

표 5.2 심각성 등급 예시

등급	설명
1	시스템 데이터의 유실 및 사용자를 잃을 수 있음
2	시스템의 주요 기능이 제한될 수 있음
3	시스템의 주요 기능이 제한되지만, 다른 대안(Workaround)이 있음
4	주요하지 않은 기능이 제한될 수 있음
5	정상적으로 동작은 하지만 일부 장애가 있음

긴급성은 해당 피처와 관련된 장애가 발생하였을 때 얼마나 시급한 수정이 필요한가를 나타낸다. 우선, 많은 사용자가 빈번하게 사용하는 기능은 더욱 긴급하게 결함을 수정하는 것이 바람직하므로 높은 긴급성 등급을 지정한다. 그뿐만 아니라, 사용자들이 자주 이용하는 기능은 아니지만, 해당 소프트웨어와 관련된 계약 및 법규 등의 제약으로 장애 발생 시 즉각적인 수정이 요구될 수도 있다. 따라서 시스템과 관련된 사용자 및 이해당사자를 모두 파악하고 이해당사자별로 시급한 기능/비기능을 조사하여 이를 긴급성에 반영하도록 한다.

표 5.3은 결함 수정의 긴급성을 5가지 등급으로 분류한 예를 보여준다. 장애가 발생하였을 때 사용자, 고객 및 그 외 이해당사자들에게 미칠 영향에 따라서 즉각적인 수정이 필요한 1등급, 현재 릴리스에서 반드시 수정을 요하는 2등급, 수정되지 않으면 시스템이 사용자 및 고객에게 제공하던 가치가 크게 손상될 수 있는 3등급, 예산과 일정이 허용되면 이번 릴리스에서 수정을 하고 그렇지 않으면 다음 릴리스로 미루는 4등급과 향후 릴리스에서 가능하면 수정을 하는 5등급으로 분류된다.

표 5.3 긴급성 등급 예시

등급	설명
1	즉각적인 수정이 필요함
2	현재 릴리스에 반드시 수정을 해야 함
3	수정되지 않으면 시스템이 사용자 및 고객에게 제공하던 가치가 크게 손상됨
4	예산과 일정이 허용되면 현재 릴리스에서 수정을 함. 그렇지 않으면 다음 릴리스에서 수정을 함
5	향후 릴리스에서 가능하면 수정함

표 5.4는 ATM 시스템에서 고려될 수 있는 피처들과 피처별로 부여된 발생 가능성, 심각성, 긴급성 등급과 이에 따른 위험도에 관한 예시를 보여 준다.

표 5.4 위험 분석의 예

유형	피처	발생 가능성	심각성	긴급성	위험도
기능성	삽입된 카드를 인식함	4	2	2	16
	사용자 입력 시간 초과 확인	3	5	4	60
	사용자 입력이 필요할 때마다 취소가 가능함	2	3	1	6
성능	주어진 시간 내에 입금/출금/이체를 수행함	3	3	3	27
신뢰성	각종 H/W 장애에도 잔액의 무결성 유지	2	1	1	2
보안성	일정 횟수 이상의 부정확한 암호 입력 확인	4	1	1	4
...	...	...	...	...	...

삽입된 카드를 정확히 인식하지 못하는 것은 일부 ATM 기기에서 발생할 수 있다고 가정을 하면, 발생 가능성은 4등급에 해당한다. 카드가 인식되지 않았을 경우에는 입금/출금/이체 등과 같은 시스템의 주요 기능이 제공되지 못하므로 심각성은 2등급에 해당한다. 삽입된 카드가 정확히 인식되지 않는다면 해당 ATM 기기를 사용하는 고객을 잃을 가능성이 있으므로 현재 릴리스에서 반드시 수정해야 한다.

반면에 사용자 암호, 출금/이체 금액 등을 입력할 때 입력 시간 초과를 확인하지 않는 것은 사용자가 지정된 시간 내에 입력을 하지 않거나 못하는 상황을 초래할 수 있으므로 발생 가능성은 3등급이 될 수 있다. 그러나 입력 시간 초과 확인에 장애가 발생하여 입력 시간이 초과된 것을 확인하지 않고 계속해서 사용자 입력을 기다리는 상황이 발생하여도 입금/출금/이체 등의 기능을 사용자가 이용하는 것에 아무런 문제가 발생하지 않는다. 따라서 심각성은 5등급이 될 수 있다. 그러나 ATM 사용 시간을 제한하여 더 많은 고객을 서비스하는 것이 바람직할 수 있으므로 예산과 일정이 허용된다면 이번 릴리스에서 수정하는 것이 바람직하다.

또 다른 예로서 ATM 시스템에서는 암호 입력, 금액 입력, 계좌번호 입력 등과 같이 사용자 입력이 요구될 때마다 "취소"가 가능해야 한다. "취소" 기능이 필요한 상황이 복잡하여 관련된 코드에 결함이 발생할 가능성이 클 수 있으므로 발생 가능성은 2등급이 될 수 있다. 설령 "취소" 기능에 장애가 있다 하더라도 사용자가 실수 없이 암호/금액/계좌번호 등을 정확하게 입력하여 "취소" 장애를 회피하거나 일정 시간 동안 입력을 하지 않아서 입력 시간 초과로 취소될 수도 있으므로 심각성은 3등급에 해당된다. "취소" 장애를 회피할 방법은 있지만 적지 않게 불편함을 초래하여 고객/사용자를 잃을 위험이 크므로 이는 즉각적인 수정이 필요할 수 있다.

보안성 측면의 요구사항으로서 일정 횟수 이상의 부정확한 암호 입력인 경우 정상적인 사용자라면 발생 가능성은 크지 않을 수 있지만(등급 4), 만약 이 기능에 장애가 발생하여 여러 회 반복적으로 부정확하게 입력되는 암호를 확인하지 않으면 습득한 카드로 불법적인 출금/이체를 할 수 있으므로 심각성은 1등급이 된다. 그리고 은행 신용도 및 금전적인 손실을 초래할 수 있으므로 즉각적인 수정이 필요할 수 있다.

피처별로 위의 세 가지 요소에 관한 등급을 결정한 후에는 이 세 등급의 값을 조합함으로써 위험 수준을 결정한다. 표 5.4에서는 발생 가능성, 심각성, 긴급성에 부여될 값을 곱하여 피처별 위험도를 산출하였다. 이 위험도 값은 해당 피처를 얼마나 강도 높게 테스트하는가를 결정하는 기준으로 사용된다.

5.3 위험 기반 테스트 수행

5.3.1 개요

위험 분석 결과는 효과적이고 효율적인 테스트를 수행하기 위한 계획을 수립할 때 사용된다. 즉, 주어진 일정과 비용 내에서 중요한 테스트 대상을 결정하고, 더욱 집중적으로 테스트할 피처들을 선정하는 데 위험 분석 결과가 사용된다.

그림 5.1은 발생 가능성, 심각성, 긴급성을 바탕으로 결정된 위험도 기반의 테스트 계획 수립 과정을 보여준다. 먼저, 산정된 위험도 값을 바탕으로 수행할 테스트의 강도를 결정한다. 즉, 위험 수준을 바탕으로 해당 피처의 테스트에 투입할 자원과 비용 등을 결정한다.

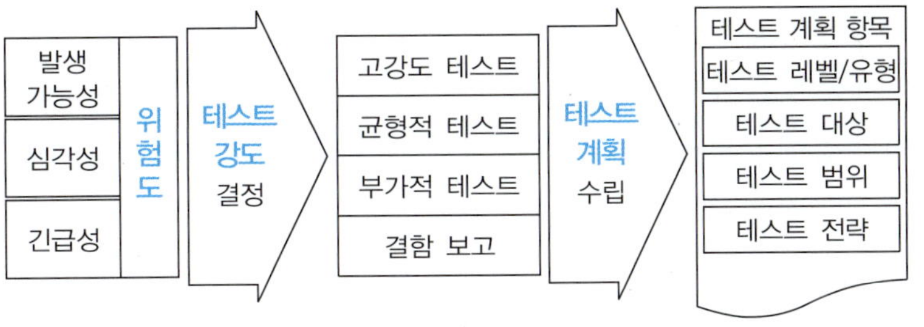

그림 5.1 **위험 분석 기반 테스트 계획**

세 가지 위험도 구성 항목은 1부터 5까지의 값을 가질 수 있으므로 위험도는 1에서 125까지의 값을 가질 수 있다. 테스트 관리자는 적절한 기준값을 사용하여 위험도를 등급화하고 이를 바탕으로 테스트 강도를 결정할 수 있다. 예를 들어, 그림 5.2는 세 가지 기준값을 적절히 선택하여 테스트 강도를 고강도 테스트, 균형적 테스트, 부가적 테스트, 결함 보고의 4가지 등급으로 분류한 모습을 보여 준다.

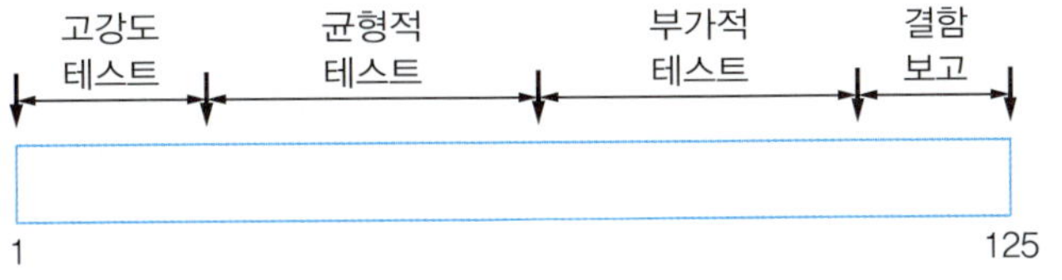

그림 5.2 **위험도에 따른 테스트 강도**

- **고강도 테스트**: 매우 높은 위험도를 가지는 피처들은 이 등급으로 분류된다. 즉, 피처와 관련된 결함의 발생 가능성이 높고, 발생하였을 때 시스템에 심각한 피해를 줄 수 있으며, 즉각적인 수정이 요구되는 결함에 해당되는 피처는 가능한 한 많은 자원을 사용하여 높은 강도로 테스트를 수행한다.
- **균형적 테스트**: 고강도 테스트보다 낮은 위험도를 가지는 피처들은 균형적 테스트를 적용한다. 균형적 테스트에서는 프로젝트의 주어진 예산과 일정을 고려하여 효과적이고 효율적인 테스트를 수행하는 데 초점을 둔다. 테스트 예산과 일정에 제한이 있기 때문에 심각성, 긴급성 등을 고려하여 테스트 노력을 투입하도록 한다.
- **부가적 테스트**: 균형적 테스트로 분류되는 피처보다 낮은 위험도를 가지는 피처들은 부가적 테스트로 분류된다. 이 등급에 해당하는 결함들은 다른 등급의 결함들을 검출하기 위한 목적으로 수행되는 테스트 활동에 일부 추가적인 작업 - 일부 테스트 케이스의 추가, 일부 테스트 데이터의 추가 등 - 을 수행하여 검출을 시도한다. 균형적 테스트와 마찬가지로 예산과 비용이 한정되므로 심각성, 긴급성 등을 고려하여 결함을 재연하거나 고

립화하도록 한다.

- **결함 보고**: 가장 낮은 수준의 위험도를 가지는 피처들은 결함 보고 등급으로 분류된다. 테스터는 이 등급에 해당하는 피처들을 테스트 범위에 포함시키지 않는다. 즉, 이 피처를 대상으로 테스트 설계 및 구현 활동을 수행하거나 테스트 실행 활동을 수행하지는 않는다. 다만, 다른 테스트를 수행하는 과정에서 이 등급의 피처에 해당되는 결함이 발견되면, 발견된 결함에 관하여 보고를 한다. 물론, 결함의 심각성과 긴급성을 고려하여 발견 결함의 보고 여부도 결정될 수 있다.

그림 5.1에서 볼 수 있듯이 위험도를 바탕으로 결정된 테스트 강도 수준은 테스트 계획의 주요 항목에 영향을 줄 수 있다. 즉, 테스트 유형, 테스트 대상, 테스트 범위 등의 테스트 컨텍스트를 설정하거나 테스트 전략을 수립할 때 테스트 강도를 고려한다. 즉, 테스트 강도가 높으면 테스트 대상과 테스트 범위가 확대되고, 더 높은 수준의 테스트 전략을 사용할 수 있다.

5.3.2 테스트 계획

5.3.2.1 테스트 레벨/유형 결정

테스트 강도는 수행할 테스트 레벨 및 유형을 결정할 때 영향을 준다. 예를 들어, 고강도 테스트 및 균형적 테스트로 분류된 피처는 테스트 레벨 전체에 걸쳐서 테스트를 적용해야 한다. 즉, 해당 피처와 관련된 모듈들을 파악하여 컴포넌트 테스트를 수행하고, 해당 모듈들로 구성된 통합 시나리오에 대하여 통합 테스트를 수행한 후에 시스템 테스트를 수행한다. 만약, 피처가 비기능 유형이면 이 비기능 피처에만 초점을 둔 유형 테스트를 추가로 수행할 수도 있다. 예를 들어, 성능 관련 피처가 고강도 테스트 등급으로 분류된다면 컴포넌트・통합・시스템 테스트에 추가로 성능 테스트를 수행할 수 있다.

반면에 부가적 테스트 등급에 해당되는 피처는 컴포넌트 테스트 및 통합 테스트를 수행할 때는 고려하지 않고 시스템 테스트를 수행할 때만 고려할 수도 있다.

5.3.2.2 테스트 대상 선정

위험 분석 결과 및 테스트 강도로 테스트 대상이 선정될 수 있다. 특히, 컴포넌트 테스트를 수행할 때 위험 분석 결과를 고려하여 테스트 대상이 되는 컴포넌트가 선정될 수 있다. 즉,

시스템을 구성하는 전체 컴포넌트를 테스트하는 대신 높은 수준의 위험도에 포함되는 피처와 직접적 관련이 있는 컴포넌트를 테스트 대상으로 선정할 수 있다. 반대로 말하면, 위험도가 낮은, 부가적 테스트 또는 결함 보고 강도에 해당하는 피처를 구현하는 컴포넌트는 테스트 대상에서 제외하는 것을 고려할 수 있다.

마찬가지로 통합 테스트를 수행할 때 위험 분석 결과를 고려하여 통합 테스트의 대상에 포함될 컴포넌트 간의 연결을 결정할 수 있다. 즉, 높은 수준의 위험과 관련된 연결은 통합 테스트 대상에 반드시 포함하도록 하는 반면 결함 보고 테스트 또는 부가적 테스트 수준으로 분류될 수 있는 낮은 수준의 위험과 관련된 연결은 통합 테스트 대상에서 제외할 수도 있다.

5.3.2.3 테스트 범위 설정

위험 분석 결과는 특히 테스트 범위의 결정에 영향을 준다. 예를 들면, 높은 수준의 위험도를 가지는 것으로 산정된, 즉, 고강도 테스트로 분류된 피처는 가용한 모든 예산 범위 내에서 최대한 테스트 범위에 포함시킨다. 그리고 균형적 테스트로 분류된 피처는 예산을 고려하여 테스트 범위에 포함할 것인지를 결정한다. 반면에, 부가적 테스트로 분류된 피처는 명시적으로 테스트 범위에 포함되지 않지만, 테스트를 실행할 때 다른 테스트 케이스 및 테스트 절차를 활용하여 테스트한다. 결함 보고 테스트로 분류된 피처는 테스트 범위에 포함되지 않으며 테스트 실행 활동에서도 이 피처에 특별한 노력은 하지 않는다.

5.3.2.4 테스트 전략

위험 수준이 높을수록 엄격한 테스트를 진행해야 한다. 즉, 테스트 전략을 더욱 엄격하게 적용하여 더 많은 결함을 검출해야 한다. 특히, 테스트 설계 기법, 테스트 종료 기준, 재테스팅 및 리그레션 테스팅 방법을 결정할 때 위험 수준을 고려하여 결정하도록 한다.

- **테스트 설계 기법**: 위험 수준이 높은 피처는 더 강도 높은 테스트 설계 기법을 적용한다. 예를 들어, 고강도 테스트로 분류된 피처는 동등 분할보다 높은 강도의 경곗값 분석 기법을 적용할 수 있다.
  구조 기반 테스트 설계 기법을 적용할 때도 위험 수준을 고려하여 위험 수준이 높은 피처는 더 강도 높은 테스트 방법을 적용한다. 예를 들어, 위험 수준이 높은 피처를 구현하는 컴포넌트는 문장 테스트보다는 결정 테스트를, 결정 테스트보다는 결정/조건 테스트를, 결정/조건 테스트보다는 MCDC를 적용할 수 있다.

- **테스트 완료 기준:** 위험 수준이 높은 피처를 구현하는 컴포넌트는 다른 컴포넌트에 비하여 상대적으로 높은 수준의 테스트 완료 기준을 적용할 수 있다. 예를 들어, 위험 수준이 낮으면 결정 커버리지 80%를 완료 기준으로 하지만, 위험 수준이 높으면 결정 커버리지 95%를 완료 기준으로 할 수 있다.
  그뿐만 아니라, 여러 가지 유형의 완료 기준을 함께 적용하여 테스트 완료 기준을 강화할 수도 있다. 예를 들어, 테스트 케이스 실행률이 95% 이상이면서, 결정 커버리지를 95% 충족해야 하고 동시에 2개 이하의 결함만을 허용하는 테스트 완료 기준을 사용할 수 있다. 또한, 높은 위험 수준의 피처를 구현하는 컴포넌트는 결함 탐지 기반 방법, 복수 테스트팀 기반 방법, 신뢰도 예측 모델 기반 방법 등의 분석적 방법을 추가로 적용하여 테스트 완료 기준을 설정할 수도 있다.

- **재테스팅과 리그레션 테스팅:** 위험 수준은 재테스팅과 리그레션 테스팅을 수행할 때도 고려될 수 있다. 즉, 발견된 결함을 개발자가 올바르게 해결하였는지 검증하기 위하여 재테스팅을 수행할 때 검출 결함과 관련된 피처의 위험 수준을 고려할 수 있다. 예를 들어, 위험 수준이 낮은 피처에 대한 결함이었다면 시간과 비용을 고려하여 컴포넌트 레벨의 재테스팅을 생략하고 시스템 테스트에서만 재테스팅을 수행할 수도 있다.
  마찬가지로, 리그레션 테스팅을 수행할 때도 위험 수준을 고려할 수 있다. 예를 들면, 위험 수준이 낮은 피처를 변경할 경우, 컴포넌트 테스트에서 리그레션 테스팅을 생략하고 시스템 테스트에서만 리그레션 테스트를 수행할 수 있다. 또한, 위험 수준이 높은 피처는 Retest-all 전략을 적용하고 위험 수준이 낮다면 선택적 리그레션 테스트 전략, 테스트 최소화 전략, 그리고 테스트 우선 순위화 전략을 적용할 수 있다.

5.3.3 테스트 설계/구현 및 테스트 환경

테스트 설계 및 구현 활동에서는 각 피처를 세부 피처로 구체화하고 피처 집합별로 테스트 전략을 수립할 때 위험 수준이 고려될 수 있다. 그리고 테스트 환경 구축 활동에서는 위험 수준을 고려하여 테스트 환경을 구축하고 테스트 데이터를 준비할 수 있다.

- **피처 구체화 및 테스트 전략 구체화:** 테스트 설계를 수행하면서 높은 위험도를 가진 피처는 더욱 세밀하게 피처를 구체화하여 많은 테스트 케이스를 설계함으로써 더 깊이 있는 테스트가 수행될 수 있도록 한다. 그리고 테스트 전략을 구체화하면서 위험 수준을 고려한다. 높은 위험 수준의 피처를 많이 가진 피처 집합은 더 강도 높은 방식으로 테스트 설

계 전략을 구체화한다. 예를 들어, 위험 수준이 높은 피처는 경곗값 분석을 적용할 때 2-value 경곗값보다 3-value 경곗값을 적용할 수 있다. 그리고 만약 상태 전이 테스트를 적용한다면 상태 테스트보다는 단일 전이 테스트를, 그리고 단일 전이 테스트보다는 다중 전이 테스트 방법을 적용할 수 있다.

- **우선순위**: 위험 수준을 참고하여 피처 집합, 테스트 케이스, 그리고 테스트 절차의 우선순위를 결정한다. 즉, 위험 수준이 높은 피처들을 가진 피처 집합에 높은 우선순위를 부여한다. 그리고 위험 수준이 높은 피처를 세분화하여 개발된 테스트 케이스와 테스트 절차에 높은 우선순위를 부여하도록 한다.

- **테스트 환경 요건 및 구축**: 위험 수준이 높은 피처는 별도로 테스트 환경을 구축할 수 있다. 예를 들어, 인수 테스트뿐만 아니라 통합 테스트, 시스템 테스트에서도 테스트 환경을 가능한 한 운영 환경과 유사하도록 구축함으로써 테스트 환경과 운영 환경의 차이 때문에 발생할 수 있는 테스트 자체의 오류를 최소화할 수 있다.

- **테스트 데이터 요건 및 준비**: 위험 수준이 높은 피처를 테스트할 때는 테스트 설계 기법에 따라 생성된 테스트 데이터뿐만 아니라, 실제 사용 환경에서 수집된 테스트 데이터를 적용함으로써 실제 운영 상황과 더욱 비슷한 환경으로 구축할 수 있다. 그리고 테스트 자동화 도구를 적용하여 동일한 시간이라 하더라도 더 많은 테스트를 수행할 수 있다.

5.3.4 테스트 실행 및 결함 보고

위험 분석 결과는 테스트 실행 활동 및 결함 보고 활동에서도 고려된다. 즉, 위험 수준이 높은 피처와 관련된 테스트를 우선 수행하는 것이다. 그리고 위험 수준이 높은 피처에 실시된 테스트에서 검출된 결함은 높은 심각도와 우선순위로 보고하여, 더욱 신속하게 해결하고 엄격하게 재테스팅을 수행한다.

- **테스트 절차 선택**: 위험 수준이 높은 피처에 대한 테스트를 먼저 수행한다. 그리고 테스트 설계 및 구현 활동에서 개발된 수많은 테스트 절차 중에서 위험 수준이 높은 테스트 절차를 우선 선택한다. 위험 수준이 피처 집합, 테스트 케이스, 그리고 테스트 절차에 이미 반영되었다면, 우선순위가 높은 테스트 절차를 선정하는 것은 바로 위험 수준이 높은 피처에 대한 테스트 실행을 우선한다고 볼 수 있다.

- **결함 기록**: 위험 수준은 검출된 결함에 대한 보고에도 고려된다. 위험 수준이 높은 피처

에 대한 테스트 절차를 실행하여 검출된 결함은 상대적으로 심각하고 긴급한 해결이 필요할 가능성이 크다. 즉, 검출된 결함에 대한 보고를 할 때 위험 수준은 결함의 심각도와 우선순위에 반영될 수 있다.

• 결함 추적: 위험 수준은 보고된 결함에 대한 해결과 종결까지의 과정에서 고려된다. 예를 들어, 위험 수준이 높은 피처에 대하여 검출된 결함(물론 결함의 심각도와 우선순위에 반영이 되었을 수도 있지만)은 위험 수준이 낮은 피처에 대하여 검출된 결함보다 우선시하여 해결하도록 한다. 또한, 우선순위가 높은 피처의 결함은 재테스팅을 수행하여 결함이 올바르게 수정되었는지 확인하는 반면에 위험 수준이 낮은 경우에는 생략되거나 시스템 테스트 레벨에서만 재테스팅이 수행될 수도 있다.

5.3.5 테스트 모니터링/제어 및 테스트 종료

위험 분석 결과는 테스트 모니터링 및 제어 활동과 테스트 종료 활동에서도 고려된다. 즉, 위험 수준이 높은 피처의 관련 테스트에 관해서는 더욱 상세하게 모니터링을 수행하고 신속하게 제어 활동을 수행하는 것이다. 그리고 위험 수준이 높은 피처들에 대한 테스트 결과를 별도로 정리할 수도 있다.

• 테스트 모니터링 및 테스트 활동 제어: 위험 수준은 테스트 진행에 대한 현황 보고에서도 고려된다. 즉, 위험 수준이 높은 피처들에 대한 테스트 진행은 별도의 현황 보고로 더욱 세밀하게 진행될 수 있다. 예를 들어, 위험 수준이 높은 피처에 대해서는 테스트 절차 및 테스트 케이스 실행률, 통과된 테스트 절차 및 테스트 케이스 비율 등의 테스트 실행 유형에 대한 모니터링뿐만 아니라, 요구사항 커버리지, 설계 커버리지, 코드 커버리지 등의 커버리지 유형에 대한 모니터링도 수행할 수 있다. 또한, 검출 결함 수, 상태별 결함 수, 그리고 결함 나이 등의 결함 유형에 대한 모니터링도 수행할 수 있다.
그리고 위험 수준이 높은 피처들에 대한 테스트 모니터링을 더욱 빈번하게 수행하게 되면 이를 바탕으로 테스트 활동에 변경이 필요할 때 이를 신속하게 적용할 수 있다.

• 테스트 종료 보고: 위험 수준이 높은 피처들에 대한 테스트 종료 보고는 별도로 진행할 수 있다. 즉, 위험 수준이 높은 피처들과 관련된 테스트 실행 결과를 위험 수준이 낮은 피처들의 테스트 실행과 구분해서 보고서를 작성할 수 있다. 위험 수준이 높은 피처들에 대한 테스트 결과로서 특히, 테스트 메트릭, 결함 목록, 잔존 위험, 테스트 완료 평가 등을 별도로 보고할 수 있다.

Exercise

01 위험 기반 테스트 계획에서 위험도에 영향을 주는 요인으로 올바르지 않은 설명은?

① 많은 사용자에게 영향을 미치는 경우는 더 높은 위험성을 가진다.
② 관련 법규, 협력 업체와의 계약 등은 위험성에 영향을 주지 않는다.
③ 오류의 발생 빈도는 위험성에 많은 영향을 미칠 수 있다.
④ 신뢰도에 심각한 영향을 미칠 수 있다면 위험성 측면에서도 많은 영향을 미친다.

해설 심각성, 발생 가능성뿐만 아니라 관련 법규, 협력 업체와의 계약 등도 고려해야 한다.

02 위험 분석 결과를 바탕으로 테스트에 대한 강도를 4등급으로 분류할 수 있다. 이 중에서 3개 이상을 나열하시오.

해설

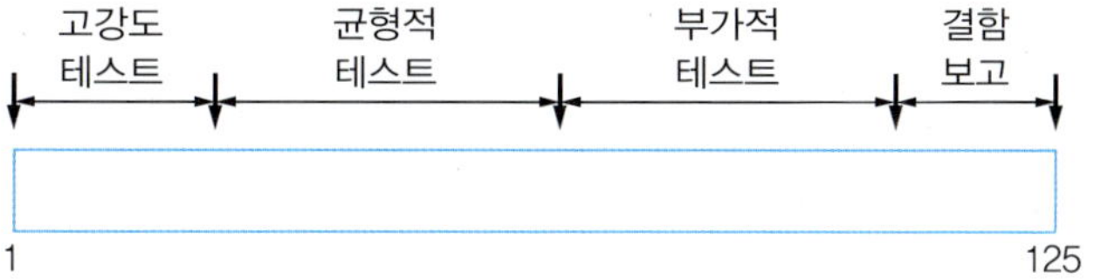

위험도에 따른 테스트강도

03 형식적인 테스트 계획이나 테스트 케이스 없이 테스트 결과에 따라 테스트 전략을 변경해 나가는 테스트 방식을 위험 기반 테스트라고 한다. [O/×]

04 다음 중 위험기반 테스트에 대한 설명으로 올바르지 않은 것은?

① 시스템의 복잡도 등을 통하여 오류의 발생 가능성을 추정하는 것은 비현실적이다.
② 위험도는 오류가 발생하였을 때 미치는 영향과 해당 오류가 발생할 가능성이 고려되어야 한다.
③ 낮은 위험성을 가지는 오류는 테스트 대상에서 제외될 수도 있다.
④ 위험성의 정도에 따라서 테스트 접근 방법이 고려될 수 있다.

해설 위험성의 요인은 발생 가능성(B), 심각성(C), 긴급성(D)이다.

정답 01 ② 02 고강도, 균형적, 부가적, 결함 보고 중 3개 이상 제시 03 × 04 ①

05 위험도(Risk)는 장애가 발생할 가능성과 복잡도의 곱으로 계산한다. [O/×]

해설 Boehm의 위험 노출 계산
Risk = probability(장애가 발생할 가능성) × impact(영향도)

06 다음 위험도를 산정하기 위해 필요한 항목과 항목에 대한 설명으로 잘못된 것은?

① 발생 가능성(Likelihood) : 해당 피처와 관련된 장애가 실행 시에 발생할 가능성
② 취약성(vulnerability) : 외부 요소로부터 시스템의 안전도를 낮추는 데 사용되는 정도
③ 긴급성(Urgency) : 관련 장애가 발생하였을 때 얼마나 시급한 수정이 필요한지의 정도
④ 심각성(Severity) : 시스템의 기능 요소가 기대한 대로 동작하지 않을 때 미치는 영향의 정도

해설 위험분석 기반 테스트를 수행할 때는 먼저 위험 요소를 식별하기 위해 모든 기능, 비기능 요소를 나열한다. 어떤 피처를 테스트 대상에 포함할 것인지에 관한 결정과 효과적인 테스트 전략의 결정을 위하여 위험도를 산정해야 한다. 각 피처 후보의 위험도 산정은 발생 가능성(Likelihood), 심각성(Severity), 긴급성(Urgency)을 바탕으로 수행된다.
② 취약성은 위험도 산정과 직접적인 관련이 없다.

07 위험 관리란 프로젝트 목적 수행에 부정적인 영향을 미칠 수 있는 불확실한 이벤트나 조건을 의미한다. [O/×]

해설 위험에 대한 설명. 위험관리는 잠재 위험이 문제로 발현되기 전에 대응책을 생각해 내는 과정이다.

08 위험도 분석은 장애발생 가능성과 영향도를 측정하여 테스트 대상에 대한 우선순위를 결정한다. [O/×]

정답 05 × 06 ② 07 × 08 O

09 개발 중인 차량에 탑재되어 운전자에게 인포테인먼트 기능을 제공하는 AVN(Audio Video Navigation) 장치에 대해 아래 표에 제시하고 있는 피처들을 대상으로 위험 분석을 수행하여, 위험 기반 테스트를 수행하고자 한다. 각 피처의 위험도를 등급화하고 계획한 테스트 강도의 설명으로 올바르지 않은 것은? (테스트 강도에 따른 위험도는 표 아래에 제시된 기준에 따르며, 매우 높은 위험도를 1, 가장 낮은 위험도를 125로 한다.)

피처	발생 가능성	심각성	긴급성
(가) 후진 기어 입력 시 후방 카메라 영상을 디스플레이 장치에 표시	4	2	4
(나) 차량 공조 장치(에어컨 등)의 가동 상태를 차량 관리 화면에 표시	4	4	5
(다) 심각한 차량 충격이 감지되면 긴급 연락망(119 등)으로 전화 연결	2	1	1
(라) 네비게이션 음성 안내 멘트가 재생되는 동안, 재생 중이던 음악 볼륨을 자동으로 줄였다가, 안내 멘트 재생이 끝나면 원래 크기로 자동 조절	5	5	4

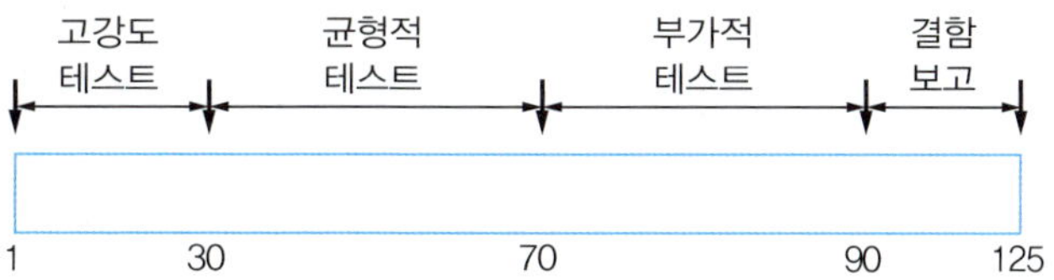

위험도에 따른 테스트강도

① (가) 프로젝트의 주어진 예산과 일정을 고려하여 효과적이고 효율적인 테스트를 수행한다.

② (나) 다른 등급의 결함들을 검출하기 위한 목적으로 일부 테스트 케이스 및 데이터를 추가하여 테스트를 수행한다.

③ (다) 시스템에 심각한 피해를 줄 수 있으며, 즉각적인 수정이 요구되는 결함에 해당되는 피처들을 대상으로 많은 자원을 사용하여 테스트를 수행한다.

④ (라) 시스템에 심각한 피해를 주는 피처들을 대상으로 긴급하게 해결되어야 하는 결함을 검출하고 빠른 보고를 위해 테스트를 수행한다.

정답 09 ④

해설

피처	발생 가능성	심각성	긴급성	위험도	테스트 강도
(가) 후진 기어 입력 시 후방 카메라 영상을 디스플레이 장치에 표시	4	2	4	32	균형적
(나) 차량 공조 장치(에어컨 등)의 가동 상태를 차량 관리 화면에 표시	4	4	5	80	부가적
(다) 심각한 차량 충격이 감지되면 긴급 연락망(119 등)으로 전화 연결	2	1	1	2	고강도
(라) 네비게이션 음성 안내 멘트가 재생되는 동안, 재생 중이던 음악 볼륨을 자동으로 줄였다가, 안내 멘트 재생이 끝나면 원래 크기로 자동 조절	5	5	4	100	결함보고

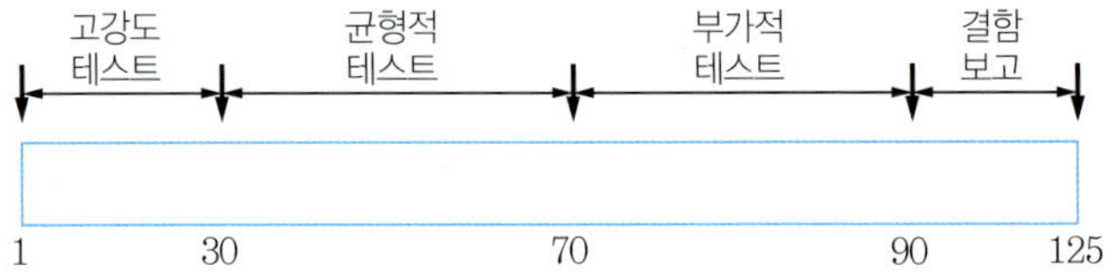

위험도에 따른 테스트강도

(라) 항목은 위험도 100으로, 제시된 기준에 따르면 결함 보고의 테스트 강도에 해당된다. 결함 보고는 가장 낮은 위험도를 가지는 피처들을 대상으로 분류된다.

10 다음 중 위험 분석에서 고려해야 할 사항으로 가장 거리가 먼 것은?

① 상호 관계 복잡성 ② 구현 기술 난이도

③ 테스트 소요 시간 ④ 사용 빈도

해설 ③ 테스트 소요 시간은 위험 분석에서 고려해야 할 사항으로 보기 어렵다.

정답 10 ③

제 6 장

소프트웨어 생명 주기 모델과 테스트

소프트웨어 생명 주기는 소프트웨어를 개발하는 체계에 관한 추상적 표현으로, 순차적 또는 병렬적인 일련의 단계로 구성된다. 소프트웨어를 개발하는 전형적인 방법은, 우선, 분석가가 개발하고자 하는 소프트웨어에 대한 요구사항을 수집하고 문제를 이해 분석하는 단계에서 시작하여 설계 단계 및 시스템을 구성하는 모듈들을 구현하는 단계를 거친다.

그러나 소프트웨어를 개발할 때 반드시 이와 같은 절차에 따라 개발할 필요는 없다. 소프트웨어는 그 규모나 특성에 따라 매우 다양한 방식으로 개발될 수 있다. 예를 들면, 학교 과제물로 나오는 프로그램과 같이 매우 소규모인 프로그램을 작성하는 경우는 별도의 요구사항 분석이나 설계 과정 없이 바로 코딩 작업에 들어갈 수 있다. 또한, 결함을 검출하기 위한 테스트 작업을 별도로 분리해 수행하지 않고 디버깅 작업의 한 부분으로 수행할 수도 있다. 이와 같이 소프트웨어를 개발하는 방식을 Code-and-Fix 모형이라고 한다. 이 모형은 혼자 사용하거나 곧바로 폐기 처분되는 소프트웨어를 개발하는 경우에는 타당한 접근 방식일 수 있지만, 오랫동안 많은 다양한 사용자들이 사용하는 시스템이거나 비교적 규모가 큰 시스템인 경우에는 적합하지 않은 개발 모형이다.

이 장에서는 현재 사용되고 있는 주요한 소프트웨어 생명 주기 모형들을 기술하고 각 생명 주기 모형에서 테스트 역할에 대해 설명한다.

6.1 순차적 개발 모델

순차적 개발 모델에는 대표적으로 폭포수 모델과 V-모델이 있다. 그 중 폭포수 모델은 모든 소프트웨어 생명 주기 모형 중에서 가장 오래된 전통적인 모형으로, 소프트웨어 개발을 요구사항 분석에서 시작하여 설계, 코딩, 테스트, 유지보수의 전 과정을 체계적이고 순차적으로 접근한다. 그림 6.1은 일반적인 폭포수 모델을 보여 준다.

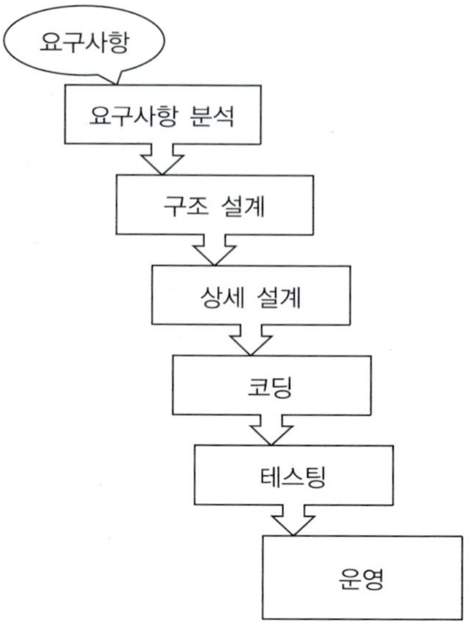

그림 6.1 **폭포수 모델**

다음은 폭포수 모델을 구성하는 주요 단계에 관한 간략한 설명이다.

- **요구사항 분석**: 개발하고자 하는 소프트웨어에 대한 요구사항을 수집하고 문제를 이해 및 분석하여 이를 명세화하는 단계이다. 소프트웨어 분석가는 요구되는 기능, 성능 및 인터페이스를 이해하여 프로그램의 특성을 파악해야 하며, 이 단계의 주요 산출물로는 요구사항 명세(Requirements specification)가 있다.
- **구조 설계 단계**: 소프트웨어의 전체적인 구조를 결정하는 단계이다. 이를 위하여 시스템을 구성하는 요소(모듈, 데이터베이스 등)들 간의 의존성을 파악하여 상호 연결하는 단계이다. 이 단계의 주요 산출물은 시스템의 전체적인 아키텍처를 보여주는 설계 명세이다.
- **상세 설계 단계**: 이 단계에서는 각 모듈의 알고리즘 세부 사항, 구체적인 데이터 표현, 루틴과 데이터 간의 인터페이스를 결정한다. 이 단계의 주요 산출물은 모듈 명세를 포함하는 상세 설계 명세이다.
- **코딩**: 프로그래밍 언어 등을 사용하여 실제 기계가 해독할 수 있는 형태로 변환하는 단계이다. 이 단계의 주요 산출물로는 프로그램을 들 수 있다.
- **테스팅**: 완성된 시스템의 결함을 검출하기 위해 테스트를 수행하는 단계이다.

기본적으로 폭포수 모델은 사용자의 요구사항이 개발자에게 익숙한 경우나 요구사항 변경이 개발 도중에 빈번하게 이루어지지 않는 경우에 적합한 개발 모형이다.

소프트웨어 테스트 관점에서도 폭포수 모델은 좋은 점이 있다. 개발과정을 거치면서 소프트웨어에 관해 문서와 정보가 많이 산출되므로 코딩이 완료된 후 테스트 작업에 필요한 정보를 쉽게 얻을 수 있다. 그러나 폭포수 모델은 기본적으로 테스트 작업을 코딩 단계 후의 한 단계로만 취급한다. 이는 전체 프로젝트의 비용 및 개발 일정에 심각한 영향을 끼칠 수 있다. 그 이유는 개발 초기에 결함을 발견하였을 때보다 개발이 거의 완료될 무렵에 결함을 발견하여 수정할 때 비용과 시간이 훨씬 많이 들기 때문이다. 만약, 발견된 문제가 시스템의 본질적인 구조 설계상의 문제라면 개발 완료 시점에서 이를 수정하거나 올바르게 변경할 수조차 없는 경우가 발생할 수도 있다.

폭포수 모델이 개발 중심 모델인 데 반해 V-모델은 테스트를 개발과 동등하게 취급한 모델이다. 폭포수 모델은 테스트를 하나의 개발 단계로만 간주하지만, V-모델은 생명 주기를 크게 개발에 관련된 단계들과 테스트에 관련된 단계들로 명확하게 구분하고, 그들 간의 관계를 명시적으로 나타낸다. 그림 6.2는 V-모델을 나타낸 것이다. 그림에서 V의 왼쪽 단계들은 개발 관련 단계(Software Development Life Cycle, SDLC)이고 오른쪽은 테스트 관련 단계(Software Testing Life Cycle, STLC)이다.

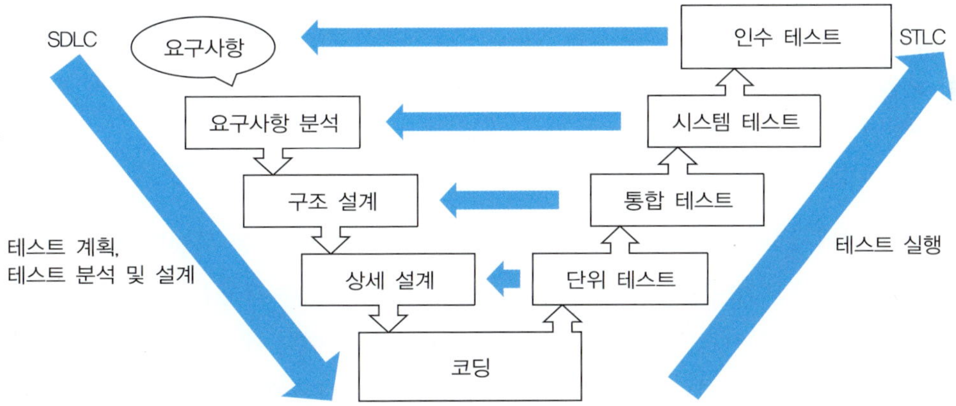

그림 6.2 V-모델

V-모델에서 테스트 활동은 개발이 시작됨과 동시에 시작된다. 개발자가 프로젝트 계획을 세우고 사용자에게서 요구사항을 수집하는 동안 인수 테스트 계획(Acceptance testing plan)을 수립한다. 또한, 시스템 테스트 계획을 수립하기 위해 단위 및 통합 테스트 단계가 종료되길 기다릴 필요가 없다. 그리고 각 개발 단계에서 나오는 산출물을 이용하여 테스트에 필요한 정보를 획득할 수 있다. 예를 들면, 인수 테스트나 시스템 테스트를 위한 테스트 케이스를 사용자의 요구사항에 맞게 개발하고, 통합 테스트를 수행할 때 사용되는 테스트

케이스를 구조 설계도에 맞추어 개발할 수 있다.

V-모델은 각 개발 단계에서 발생하는 결함을 검출하기 위한 테스트 레벨을 명시적으로 보여준다. 단위 테스트에서는 기본적으로 각 모듈이 올바르게 기능을 수행하는지 판별한다. 단위 테스트를 하는 데 구현 정보 및 상세 설계 정보를 이용할 수 있다. 통합 테스트는 모듈 간의 인터페이스를 테스트하는 것이 주목적으로, 모듈 간의 의존관계를 보여주는 구조 설계 문서가 필요하다. 시스템 테스트는 모듈들을 통합하여 완전한 시스템이 구성될 때 개발자가 수행하는 테스트이다. 개발된 시스템이 시스템 명세에 맞게 구현되었는지 시스템 전체를 검사한다. 인수 테스트는 결함 검출보다는 사용자 관점에서 요구사항에 맞게 개발되었는지를 확인하는 테스트이다.

이러한 동적 테스트 외에도 V-모델에서는 개발 산출물에 대한 정적 테스트도 수행된다. 요구사항 명세서, 구조 설계 명세서, 상세 설계 명세서, 그리고 소스 코드 등에 대해서 리뷰와 정적 분석을 수행하여 결함을 검출한다.

심화 노트 폭포수 모델과 V-모델

- 폭포수 모델은 개발 중심 모델로, 테스트를 하나의 개발단계로만 간주하는 데 반해, V-모델은 개발과 테스트를 동등하게 보고 명확하게 구분한다.
- V-모델은 개발이 시작됨과 동시에 테스트 계획 및 설계에 필요한 활동이 시작되지만, 폭포수 모델은 코딩 후에 테스트가 수행된다.

테스트 관점에서 V-모델과 폭포수 모델의 가장 중요한 차이점은 무엇일까? 코딩 단계가 완료된 후에 테스트 수행이 이루어진다는 점은 같지만, 폭포수 모델은 모든 테스트 관련 작업이 코딩 후에 이루어지는 반면, V-모델은 테스트 계획이나 테스트 설계 과정이 개발단계와 거의 동시에 시작한다는 점에서 확연히 다르다는 점을 알 수 있다.

V-모델에서 V는 V&V(Verification & Validation)를 의미한다. 여기에서는 'Verification'을 '검증'으로 번역하고, 'Validation'을 '확인'으로 번역한다. 이 두 개념의 차이는 무엇일까? 검증은 시스템이 명세를 만족하는지 검사하는 프로세스를 의미하고, 확인은 시스템이 사용자의 요구사항을 만족하는지 검사하는 프로세스를 의미한다. 즉, 검증은 시스템을 올바르게 만들고 있는지 판별하는 과정(Are we building the system right?)이고, 확인은 우리가 올바른 시스템을 만들고 있는지 판별하는 과정(Are we building the right system?)이다. 따라서 확인은 사용자와 그들의 요구사항을 직접적으로 다루는 반면, 검증

은 구현된 시스템이 해당 명세에 따라 구현되었는지를 본다.

이러한 관점에서 인수 테스트는 사용자 의도대로 시스템이 구현되었는지 판별하는 것이 주목적이므로 대표적인 확인 방법이라 할 수 있다. 반면에 시스템 명세, 구조 설계, 상세 설계는 시스템 테스트, 통합 테스트, 단위 테스트로 각각 검증되며 이 테스트들은 검증 방법에 속한다. 만약, 시스템 명세에 사용자의 운영환경 정보가 반영되어 시스템 테스트에 반영된다면 이 경우에는 시스템 테스트도 확인 방법 중의 하나로 볼 수 있다.

6.2 진화적 개발 모델

현실적으로 사용자의 요구 사항이 프로젝트 시작부터 모두 명확하게 정의되기 어렵고, 시간에 따라 요구사항도 변경되기 마련이다. 순차적 개발 모델은 요구사항이 개발 초기에 완전하게 정의되어 있을 때는 적합하지만, 불확실한 요구사항 또는 요구사항 변경이 빈번하게 발생하는 경우에는 적합하지 않다. 진화적 모델은 이와 같이 요구사항이 명확하지 않은 경우에 적용되는 개발 모델이다.

진화적 개발 모델은 이터레이션(Iteration)과 점진적(Incremental) 개발 원칙에 바탕을 두고 있다. 이 개발 모델은 시스템의 구성요소 중 핵심 부분을 개발한 후, 각 구성요소와 추가 요구사항을 여러 이터레이션을 통해 개선 발전시켜 최종 완성품을 개발한다. 이와 같이 진화적 개발 모델은 많은 이터레이션으로 구성되며 각 이터레이션의 결과물이 고객에게 전달되어 평가받는다. 이 평가를 바탕으로 소프트웨어가 개선된다. 그림 6.3은 진화적 개발 모델을 보여 준다.

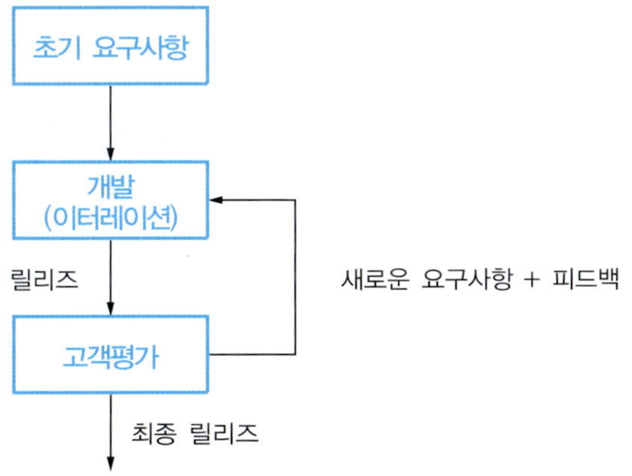

그림 6.3 진화적 개발 모델

진화적 개발 모델은 수행하는 각 이터레이션마다 테스트 수행 계획을 작성하며 이 계획에 따라 테스트를 수행한다. 각 이터레이션은 순차적 모델과 같이 요구사항 분석, 설계, 구현, 테스팅과 같은 단계들로 구성되며 각 개발 단계에서 테스트 관련 프로세스가 수행된다.

요구사항 분석 단계와 설계 단계에서 테스트 대상은 요구사항 문서나 설계 문서이다. 이러한 문서들을 기반으로 위험을 분석하여 위험도에 따라 검토 방법을 선정·수행하거나 경우에 따라서는 도구 지원을 받는 정적 분석을 수행할 수 있다. 이러한 정적 테스트는 동적 테스트에 앞서 수행하여 개발 초기에 결함을 발견하고 수정할 수 있으므로 구현이 완료된 개발 후반부에 결함을 발견하였을 때 초래할 수 있는 위험을 상당히 줄일 수 있다.

코드가 구현되면 컴포넌트(단위) 테스트, 통합 테스트, 시스템 테스트가 수행된다. 물론 경우에 따라 성능 테스트와 같은 비기능 테스트를 수행할 수 있다.

진화적 모델처럼 반복적·점진적으로 개발하는 모델의 예로 나선형 개발 모델을 들 수 있다. 나선형 모델은 요구사항이 개발 초기에 완전하게 정의되어 있지 않고 부분적으로 정의된 경우에 반복적으로 요구사항을 정제하고 확장하는 과정을 사용자가 받아들일 수 있는 완전한 시스템이 개발될 때까지 반복한다.

나선형 모델의 일반적인 방법은 기술적으로 어렵거나 고객의 비즈니스 가치를 최상으로 만드는 요구사항들에 대해 우선 프로토타입을 개발하고, 프로토타입에 대한 테스트 및 사용자의 평가를 거쳐 다음 개발 주기를 시작한다(그림 6.4 참조). 이때 필요에 따라 이전 주기에 개발했던 프로토타입이 기능적으로 더욱 확장되거나 아예 폐기되어 새로운 프로토타입이 개발될 수도 있다. 또한, 새로운 개발 주기가 시작될 때마다 위험 분석을 수행하기 때문에 잠재적인 위험 분야를 파악하여 해결해 나갈 수 있다. 이런 과정을 반복하여 시스템이 제공해야 하는 기능들이 파악되는 시점에서 V-모델에 따라 시스템을 개발한다. 즉, 나선의 각 타원에서 한 가지 모델만 채택할 필요는 없으며 생명 주기 모델들을 여러 개 혼합하여 개발할 수 있다. 이러한 점 때문에 나선형 모델을 메타 생명 주기 모델이라고도 한다.

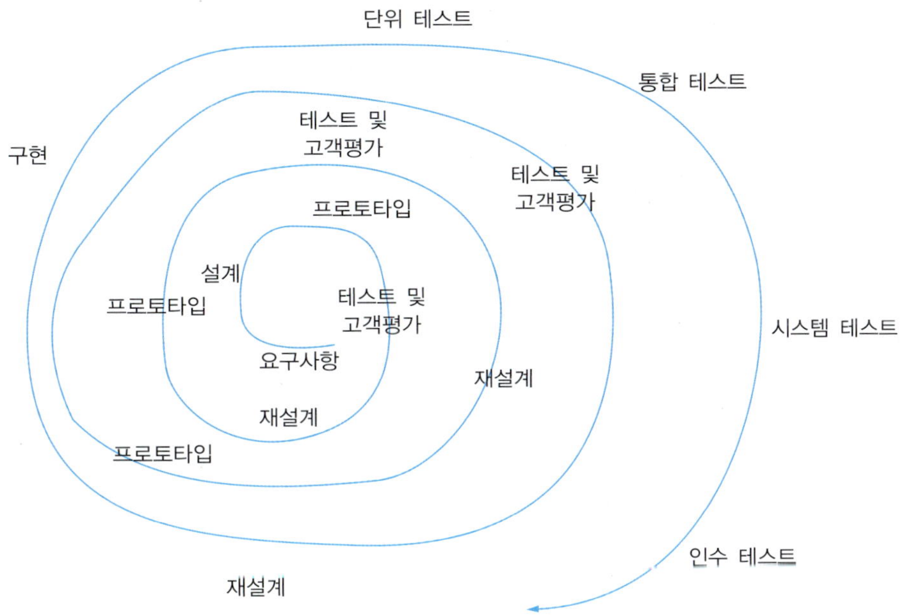

그림 6.4 나선형 모형

나선형 모델은 매 단계에서 적당한 테스트가 이루어지므로 개발 과정에서 발생하는 많은 문제점을 해결할 수 있는 기회를 제공한다. 또한, 나선형 모델은 나선의 한 타원으로 표현되는 소프트웨어 프로세스 한 주기마다 사용자에게 피드백을 받기 때문에 폭포수 모델처럼 개발이 거의 완료가 된 후에야 심각한 결함이 발견되는 문제가 생길 가능성이 거의 없을 뿐만 아니라 다음 개발 주기에 수행되는 설계나 테스트에 고객 평가를 반영할 수 있는 자료를 획득할 수 있다.

6.3 애자일 개발 모델

'Agile'은 가볍고 민첩하다는 사전적 의미가 있다. 이는 폭포수 모델처럼 문서 중심의 매우 복잡한, 또는 프로세스 위주의 방법론과 대치되는 개념이다. 애자일 방법론이 무엇이다라고 정의하는 것보다 애자일 방법론이 추구하는 가치를 먼저 살펴보도록 하자.

- 사람 및 상호 의사 교환이 프로세스나 도구보다 우선한다.
- 동작하는 소프트웨어가 포괄적인 문서보다 우선한다.
- 고객과의 협력이 계약 협상보다 우선한다.
- 변화에 반응하는 것이 계획을 따르는 것보다 우선한다.

위의 네 가지 가치는 애자일 선언(Agile Manifesto)이라고도 하며 애자일 개발 방법론이 추구하는 가치와 기존 개발 방법론과의 차이점을 극명하게 보여준다. 이와 같은 가치를 추구하기 위해 애자일 개발 방법론은 진화적 개발 모델과 같이 반복적이면서 점진적인 개발 접근 방식(Iterative and Incremental Development, IDD)을 따른다.

IDD는 소프트웨어 개발 주기를 여러 개의 이터레이션으로 구분한다. 각 이터레이션은 요구분석, 설계, 구현 및 테스트와 같은 활동들로 구성된 소규모 프로젝트로 생각할 수 있다. 각 이터레이션이 종료되면 부분적으로 완성된 시스템이 산출된다. 그러나 이터레이션에서 산출된 시스템은 내부 개발자가 관리하는 것이며, 사용자에게 외부적으로 릴리즈되는 것은 최종 반복 주기의 산출물이다. 소프트웨어 개발 주기를 구성하는 각 반복 주기는 보통 1주에서 4주이며 주기마다 새로운 요구사항이 추가되어 개발(Incremental development)된다(그림 6.5 참조).

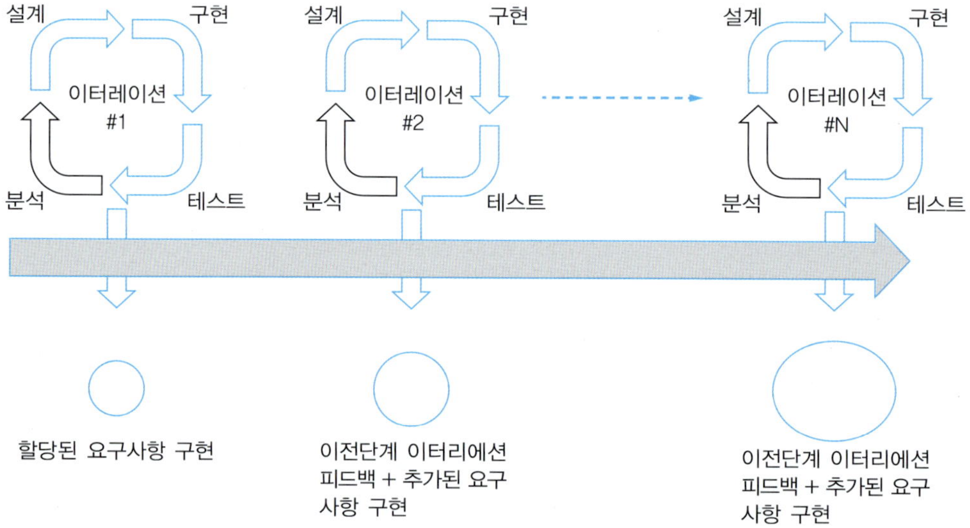

그림 6.5 애자일 방법에서의 IID

이와 같이 이터레이션이 짧기 때문에 실제 요구사항 정의부터 시작하여 개발까지 오랜 시간이 걸리는 순차적 개발 모델과는 달리 고객이 실제 동작하는 소프트웨어를 빠르게 볼 수 있어 일의 진척 정도를 눈으로 확인할 수 있는 기회가 많다(동작하는 소프트웨어가 포괄적인 문서보다 우선한다).

각 이터레이션에서 개발할 요구사항은 고객이 각 반복주기 시작 전에 선택하는데 일반적으로 고객에게 가장 높은 비즈니스 가치를 가져다주는 요구사항에 우선순위를 높게 둔다

(고객과의 협력이 계약 협상보다 우선한다). 각 반복주기가 시작할 때마다 이러한 요구사항을 선정하므로 자주 변경될 수 있는 고객의 요구사항을 탄력적으로 처리할 기회를 제공한다(변화에 반응하는 것이 계획을 따르는 것보다 우선한다). 물론 일단 이터레이션이 시작되면 이제 요구사항 변경은 받아들이지 않아야 한다.

애자일 선언에서 가장 첫 번째로 나오는 가치는 '사람 및 상호 의사 교환이 프로세스나 도구보다 우선한다.'이다. 이것은 프로그래밍은 본질적으로 사람의 활동이라는 사실을 상기하게 한다. 대표적인 애자일 방법의 하나인 XP(eXtreme Programming)는 지속적인 개발을 위해 프로그래머가 과도한 작업을 피하는 것이 매우 중요하다는 사실을 강조한다. 즉, 프로그래머의 과도한 작업이 오히려 역효과를 불러일으킨다는 점을 인지하고 있는 것이다.

또한, 연구 결과에 따르면 개인에 따라 많게는 10배까지 생산성의 차이가 있다는 사실이 밝혀졌다. 이것이 아주 능력이 출중한 프로그래머를 고용해야 한다는 사실을 의미하는 것은 아니다. (보통 이러한 프로그래머는 어느 한 곳에서 지속적으로 개발하는 성향을 보이지 않는다.) 대신에 지속적인 교육과 개발자의 멘토링에 더 많은 가치를 두어야 한다는 의미이다. XP는 짝 프로그래밍(Pair Programming)을 통해 개발자 간의 지식 전달 및 공유를 꾀하고 있다.

심화노트 짝 프로그래밍

XP의 실현 방안(Practice) 중 하나로 개발자 두 명이 짝을 이루어 코딩하는 방식이 있다. 짝 중 한 명이 코드를 입력하는 동안 다른 한 명은 코드를 검토하는 등의 작업을 수행한다. 즉, 한 명이 키보드를 잡고 있을 때 다른 한 명은 뒤에서 작업 상황을 실시간으로 지켜보게 된다. 언뜻 보면 한 명이 할 일을 두 명이 매달리니까 업무 효율이 다소 떨어질지도 모르고, 또 다른 일을 할 수 있는 한 명의 인력을 낭비하는 것처럼 보이기까지 한다.

그러나 이러한 짝 프로그래밍에는 많은 이점이 있다. "Two are better than one."이라는 격언을 상기하라. 두 명의 머리가 한 작업에 집중을 하므로 시너지 효과가 발생한다. 작업하는 도중에 생겨나는 아이디어도 두 배가 될 것이고, 두 명이 각각 가지고 있는 경험이 한 코드에 녹아들게 된다. 또한, 키보드를 잡은 사람이 저지르게 되는 코딩상의 사소한 실수도 다른 한 명이 발견하여 코딩 후 컴파일 시 일어나는 문법상 결함을 제거하느라 소모되는 시간도 줄일 수 있다. 그리고 언젠가는 그 작업물이 팀에서 공유되어야 하는데 그때 다시 다른 사람이 그 코드를 보며 이해하려고 노력하는 시간을 줄일 수 있다. 게다가 혼자서 작업하면 딴 길로 새는 경우가 많은데 뒤에서 누가 지켜보고 있기 때문에 작업 집중도가 높아질 수밖에 없다.

애자일 방법론은 소프트웨어 테스트를 매우 강조한다. XP에는 소프트웨어 테스트에 관련된 중요한 개념이 있다. 바로, 테스트 주도 개발(Test-Driven Development, TDD)이라는 개념이다. TDD는 프로그램에 대한 테스트 케이스를 먼저 작성하고, 이 테스트 케이스로 테스트 되는 실제 프로그램의 코드를 나중에 작성하는 방식이다. 이 방식을 사용하면 테스트 되지 않는 코드가 없어 결함의 발생 가능성을 상당히 줄일 수 있다. TDD는 코드 설계에도 영향을 준다. 테스트를 먼저 고려해서 코딩하기 때문에 테스트 용이성이 높은 코드가 산출되며 변경 요구에 쉽게 대응할 수 있도록 설계가 되는 효과가 있다. 또한, 테스트 케이스는 대상 테스트 모듈을 사용하는 입장에서 작성하게 되기 때문에 테스트 케이스 자체가 요구 사항을 분명하게 드러나게 해주는 효과가 있다.

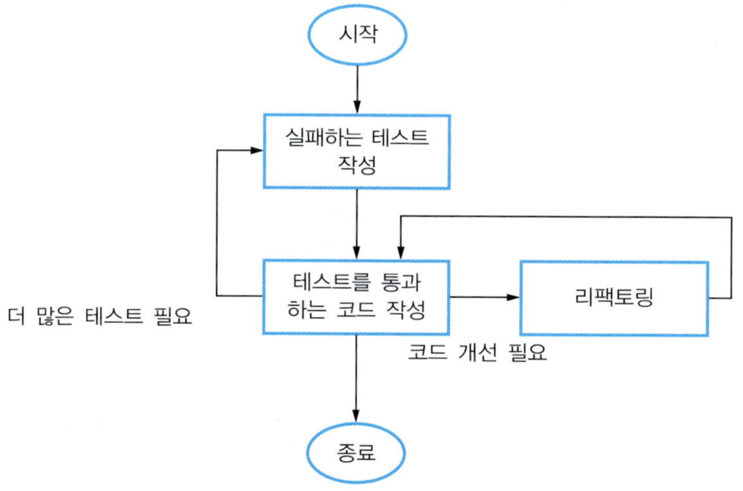

그림 6.6 TDD 프로세스

그림 6.6은 TDD의 작업 흐름을 보여준다. TDD에서 가장 첫 번째로 수행하는 작업은 테스트 케이스를 작성하는 것이다. 물론 이 테스트는 실패할 것이다. 테스트가 실패하는 이유는 테스트할 대상이 아무것도 작성되어 있지 않기 때문이다.

다음 단계는 테스트를 통과하는 코드를 작성하는 것이다. 필요하다면 TDD를 수행하는 도중에 리팩토링(Refactoring)을 수행한다. 리팩토링은 기능을 변경하지 않고 코드의 내부 구조를 개선하는 작업이다. 코딩을 하다 보면 중복된 부분이나 로직이 복잡해질 위험성은 언제든지 발생할 수 있으므로 TDD를 수행하는 중간 중간에 리팩토링을 수행하여 더욱 단순하게 코드를 만들어 줄 필요가 있다. 모든 항목이 구현될 때까지 이러한 과정을 반복한다.

론 제프리스(Ron Jeffries)는 TDD를 수행하면 코드가 단순해지고, 이러한 코드를 "동작하는 깨끗한 코드(Clean code that works)"라고 하였다. 여기에서 「동작한다」는 의미는 테스트를 통과하는 코드란 의미이며 「깨끗하다」라는 의미는 리팩토링을 수행하여 중복된 코드가 없음을 의미한다.

심화노트 TDD

TDD에 대한 이해를 돕기 위해 아래에 나오는 간단한 예시로 설명하려고 한다(물론 TDD를 지원하는 테스트 프레임워크로 JUnit과 같은 도구를 사용할 수 있지만, 여기에서는 개념적 설명을 위해 이러한 도구에 관한 설명은 생략한다).
기본적으로 TDD는 단위 테스트를 위한 것이다. 객체 지향 프로그램에서 단위는 보통 하나의 클래스를 의미한다. 예를 들어, 일련의 정숫값들을 더하는 클래스를 구현한다고 가정하자. 이를 위해 다음과 같은 (JUnit)테스트 케이스를 작성하였다(TDD는 코드를 구현하기 전에 테스트 케이스를 작성한다는 사실을 명심하라).

```
        @Test
void testAdd() {
        SumInt s=new SumInt(); //SumInt는 개발할 클래스이다.
}
```

현재 작성되어 있는 코드가 없기 때문에 이 테스트 케이스를 실행하면 컴파일되지 않는다. 우선 컴파일만 될 수 있게 최소한의 코드만 작성해보자. 컴파일 오류를 피하기 위해서는 SumInt 클래스를 정의해야 한다.

```
class SumInt {
}
```

테스트가 통과되었으므로 실패하는 테스트를 추가하자.

```
@Test
void testAdd() {
        SumInt s = new SumInt(); // SumInt는 개발할 클래스이다.
        int r = s.add(10, 20);
}
```

실제 다시 한번 테스트를 실행시켜보면 add 함수가 선언되어 있지 않아 컴파일 오류가 발생한다. 테스트를 통과하기 위해서는 SumInt 클래스에 add 함수를 정의하여야 한다.

```
class SumInt {
public int add(int x, int y) { return 0;} // 0은 기본 반환값
}
```

컴파일 오류는 더는 발생하지 않기 때문에 실패하도록 테스트 코드를 추가하자.

```
@Test
void testAdd() {
        SumInt s = new SumInt(); //SumInt는 개발할 클래스이다.
        int r = s.add(10, 20);
        assertEquals(30, r);
}
```

테스트를 수행하면 단정문 "assertEquals(30, r)"을 통과하지 못함을 알 수 있다. 단정문을 통과하기 위한 코드를 다음과 같이 작성해보자.

```
class SumInt {
public int add(int x, int y) { return x+y; }
}
```

다시 테스트를 실행하면 이제 더는 오류가 검출되지 않을 것이다.

지속적 통합(Continuous Integration, CI)은 TDD와 더불어 애자일 개발에서 중요한 실천 규칙이다. 말 그대로 지속적 통합은 통합이 어느 한 시점에 이루어지는 것이 아니라 지속적으로 통합을 수행하는 것을 말한다. 그렇다면 얼마나 자주 통합이 이루어져야 '지속적'이 될 것인가? 지속적 통합에서는 각 개발자가 작업한 코드의 업데이트를 코드 저장소에 반영할 때마다 통합이 이루어진다. 하루에도 몇 번씩 이루어질 수 있다는 의미이다.

지속적 통합의 개념 안에는 코드 통합 작업뿐만 아니라 코드 품질을 평가하는 테스트와 같은 여러 품질관리 활동들이 포함되어 있다. 지속적 통합은 통합이 빈번하게 이루어질 뿐만 아니라 통합되었을 때 즉시 잠재적인 문제가 있는지 바로 결과를 알 수 있기 때문에 소프트웨어 품질을 높이고 통합의 위험을 줄이는 대표적인 방법이며, 지속적으로 품질을 관리하는 방법으로 볼 수 있다. 지속적 통합은 다음과 같은 이점이 있다.

- 통합 지연에 따른 비용 증가를 막을 수 있다.
- 빠른 결함 발견으로 비용을 감소할 수 있다. (결함이 늦게 발견될수록 비용이 증가한다.)
- 항상 빌드 가능한 소프트웨어 버전이 있기 때문에 소프트웨어 품질에 대한 확신이 있다.

Exercise

01 다음은 테스트 주도 개발(Test-Driven Development, TDD) 프로세스를 나타내는 그림이다. (가)에 들어갈 용어는 무엇인가?

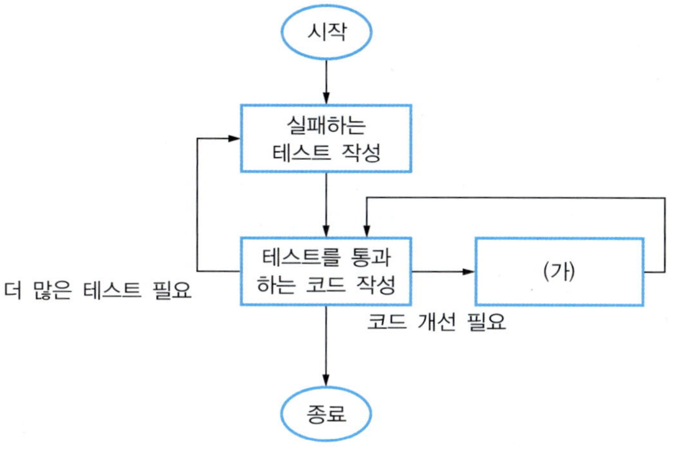

① 재구성(Restructuring)
② 리팩토링(Refactoring)
③ 재공학(Reengineering)
④ 역공학(Reverse engineering)

해설

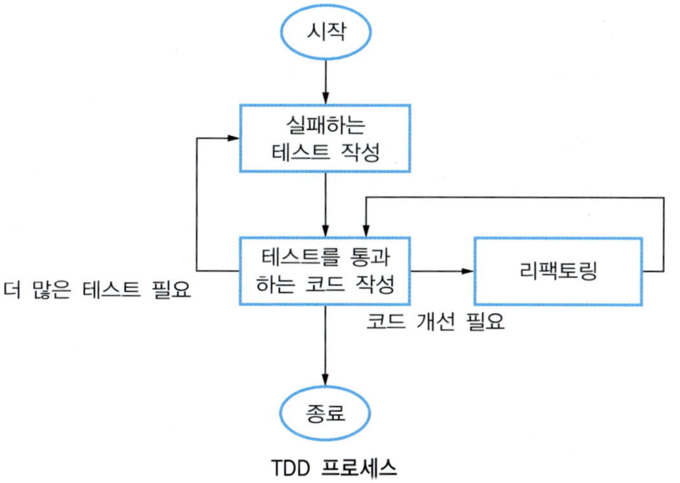

TDD 프로세스

정답 01 ②

02 리팩토링을 수행한 후에 수행하는 테스트는?

① 리그레션 테스트(Regression test)

② 재테스트(Retest)

③ 인수 테스트((Acceptance test)

④ 벤치마크 테스트(Benchmark test)

해설 코드의 내부구조를 개선하는 리팩토링 작업을 수행한 뒤에는 이 작업으로 인해 기존의 기능에 새로운 결함이 도입되었는지 검증해야 하므로 리그레션 테스트를 수행한다.

03 소프트웨어 생명 주기 모델인 순차적 모델과 테스트에 관한 설명 중 올바른 것은 무엇인가?

① 폭포수 모델은 개발 완료 후 발견된 결함의 수정 비용과 시간이 적게 소요된다.

② V-모델에서 테스트 활동은 개발이 종료됨과 동시에 시작된다.

③ V-모델에서 개발 산출물에 대한 동적 테스트가 수행된다.

④ 폭포수 모델은 테스트를 하나의 개발 단계로만 간주한다.

해설 ① 폭포수 모델은 개발이 거의 완료될 무렵에 결함을 발견하여 수정할 때 비용과 시간이 훨씬 많이 든다.
② V-모델에서 테스트 활동은 개발이 시작됨과 동시에 시작된다.
③ V-모델에서 개발 산출물에 대한 정적 테스트가 수행된다.
④ 폭포수 모델은 기본적으로 테스트 작업을 코딩 단계 후의 한 단계로만 취급한다.

04 다음에서 설명하는 용어는 무엇인가?

- 개발자 관점의 검증(Verification)과 사용자 관점의 확인(Validation)을 기반으로 한 개발 모델
- 소프트웨어 개발방법론 중 폭포수 개발모델(Waterfall)에 근간을 두고 있는 모델
- 소프트웨어 개발 단계별 테스트 유형이 대응하여 정의됨
  (요구사항↔인수 테스트, 요구사항 분석↔시스템 테스트, 구조설계↔통합 테스트, 상세설계 ↔단위 테스트)

정답 02 ① 03 ④ 04 V&V모델, 브이모델

05 아래의 V-모델에서 빈칸에 들어갈 알맞은 용어를 적절하게 나열한 것은 무엇인가?

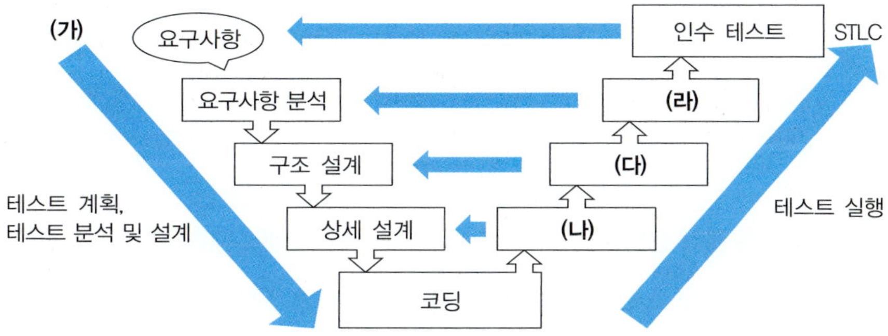

V-모델

① (가) 단위 테스트, (나) 시스템 테스트, (다) 통합 테스트, (라) SDLC

② (가) 단위 테스트, (나) 통합 테스트 (라) 시스템 테스트, (라) SDLC

③ (가) SDLC, (나) 단위 테스트, (다) 통합 테스트, (라) 시스템 테스트

④ (가) SDLC, (나) 단위 테스트, (다) 디버깅, (라) 시스템 테스트

해설

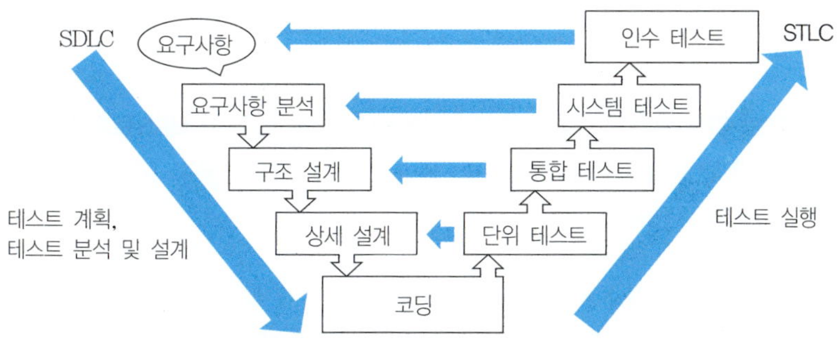

그림 6.2 V-모델

06 다음 중 애자일 선언(Agile Manifesto)과 가장 거리가 먼 것은?

① 사람 및 상호 의사 교환이 프로세스나 도구보다 우선한다.

② 동작하는 소프트웨어가 포괄적인 문서보다 우선한다.

③ 고객과의 계약이 무엇보다 우선한다.

④ 변화에 반응하는 것이 계획을 따르는 것보다 우선한다.

해설 ① 사람 및 상호 의사 교환이 프로세스나 도구보다 우선한다.
② 동작하는 소프트웨어가 포괄하는 문서보다 우선한다.
③ 고객과의 협력이 계약 협상보다 우선한다.
④ 변화에 반응하는 것이 계획을 따르는 것보다 우선한다.

정답 05 ③ 06 ③

07 테스트 주도 개발(Test-Driven Development)인 TDD는 테스트 되는 실제 프로그램의 코드를 먼저 작성하고 프로그램에 대한 테스트 케이스를 나중에 작성하는 방식이다. [O/×]

해설 테스트 주도 개발(Test-Driven Development)인 TDD는 프로그램에 대한 테스트 케이스를 먼저 작성하고, 이 테스트 케이스로 테스트 되는 실제 프로그램의 코드를 나중에 작성하는 방식이다.

08 다음 소프트웨어 생명 주기 모형 중 진화적 개발 모델에 대한 설명으로 가장 올바른 것은?

① 요구사항이 프로젝트 시작부터 명확하게 정의된 프로젝트에 적합한 개발 모델이다.

② 시스템의 모든 구성 요소를 한꺼번에 개발 완료하는 방식이다.

③ 폭포수 모델보다 프로젝트 관리가 용이하여 보다 큰 차세대 프로젝트에 적합한 개발 모델이다.

④ 사이클마다 리스크 분석이 수행되므로 발생하는 문제점을 해결할 방안을 마련할 수 있다.

해설 ④ 요구사항이 불명확할 때 사용하기 적합한 개발 모델로 시스템 구성 요소를 조금씩 개발 반복적으로 수행하여 프로젝트를 진행하는 방식으로 대규모 프로젝트에 적합하다. 매 단계 테스트가 수행되므로 많은 문제점을 해결할 기회를 가질 수 있다.

09 폭포수 모델과 같은 순차적 개발 모델은 매 단계에서 적정한 테스트가 이루어지므로 고객의 주요 요구사항에 대해 우선 프로토타입을 개발하고 사용자 평가 및 테스트를 거쳐 다음 개발 주기를 시작한다. [O/×]

해설 진화적 개발 모델에 대한 설명이다.
진화적 개발 모델은 이터레이션(Iteration)과 점진적(Incremental) 개발 원칙에 바탕을 두고 있다. 이 개발 모델은 시스템의 구성요소 중 핵심 부분을 개발한 후, 각 구성요소와 추가 요구사항을 여러 이터레이션을 통해 개선 발전 시켜 최종 완성품을 개발한다.
나선형 모델의 일반적인 방법은 기술적으로 어렵거나 고객의 비즈니스 가치를 최상으로 만드는 요구사항들에 대해 우선 프로토타입을 개발하고, 프로토타입에 대한 테스트 및 사용자의 평가를 거쳐 다음 개발 주기를 시작한다.

10 소프트웨어 생명 주기 모델 중 애자일(Agile) 개발 모델은 프로세스와 문서 위주의 방법론으로 요구사항의 변경이 빈번하게 발생하는 경우에 적합한 방법이다. [O/×]

해설 프로세스와 문서 위주의 방법론은 순차적 개발모델이다.

정답 07 × 08 ④ 09 × 10 ×

제 7 장 테스트 자동화

7.1 개 요

테스트 자동화란 도구를 사용하여 테스트 프로세스의 일부 혹은 전부를 자동화하는 것을 의미한다. 사람이 수행하는 단순하고 반복적인 일에 도구를 사용하여 효율적으로 작업을 수행할 수 있게 하고, 테스터의 부담을 줄여 좀 더 창의적인 작업에 집중할 수 있게 한다. 표 7.1은 테스트를 지원하는 업무에 따라 도구를 분류한 것이다.

표 7.1 도구 분류

지원 업무	도구 종류	설명
테스트 관리	테스트 관리 도구, 요구사항 관리, 인시던트 관리(이슈 추적), 형상 관리	• 테스트 계획, 노력 추정, 테스트 일정과 관련된 작업 수행 • 테스트 진행과 보고 • 테스트 문서 관리 • 요구사항과 테스트 케이스 추적성 관리 • 이슈 등록 및 추적 • 변경 관리 및 통제
정적 테스트	리뷰 프로세스 지원 도구, 정적 분석 도구, 모델링 도구	• 표준 코딩 규칙 검사 • 복잡도 검사 • 자료 흐름 검사
동적 테스트	테스트 설계 도구, 테스트 데이터 준비 도구	• 모델이나 소스 코드에서 테스트 케이스 생성 • 테스트 실행에 필요한 데이터 자동 생성
테스트 실행 및 로깅	테스트 실행 도구, 테스트 하네스(Harness)/단위 테스트 프레임워크, 테스트 비교기, 커버리지 측정 도구, 보안 도구	• 테스트 케이스 실행 • 모의 객체 생성 • 기대 결과와 실행 결과 비교 • 커버리지 측정
성능 및 모니터링	동적 분석 도구, 성능/스트레스/부하 테스트 도구, 모니터링 도구	• 메모리 누수 검사 • 부하 발생 • 성능 측정

현재 개발 중인 웹 사이트의 로그인 기능이 올바르게 동작하는지 테스트하기 위해 그림 7.1의 단계들을 수행해야 하는 상황을 가정해보자. 만약 이 단계들을 수작업으로 수행해야 한다면 굉장히 단순한 작업인데도 수작업으로 많은 실수가 발생할 가능성이 있다. 웹 사이트 주소나 아이디, 또는 비번을 잘못 입력할 수 있고, 주어진 절차를 빠뜨리거나 따르지 않으면 올바른 테스트를 수행할 수 없게 된다. 또한, 로그인 기능이 올바르게 동작하는지 확인하기 위해 웰컴 페이지를 사람이 직접 확인해야 한다.

1. 웹 사이트 주소 입력
2. Id 필드에 가입한 아이디 입력
3. 패스워드 필드에 비번 입력
4. 로그인 버튼 클릭
5. 웰컴(welcome) 페이지 확인

그림 7.1 **로그인 검증을 위한 테스트 단계**

그림 7.2는 그림 7.1을 셀레늄(Selenium)의 JUnit Webdriver 코드로 변환한 것이다. 셀레늄은 웹 애플리케이션 테스트를 위한 프레임워크이며 Java, C#, PHP, Ruby 등 많은 언어를 지원한다. IE, Chrome, Firefox 등 대부분의 브라우저 및 윈도우와 리눅스 등 많은 플랫폼에서 실행이 가능하다.

```
@Test
public void shouldVisitWelcomePage() throws IOException {
      driver.get("웹 사이트 주소");
      driver.findElement(By.id("id")).sendKeys("아이디");
      driver.findElement(By.id("pwd")).sendKeys("비번");
      driver.findElement(By.id("btnsignIn")).click();

      assertEquals("웰컴 메시지",driver".findElement(By.xpath("blah blah")).getText())
}
```

그림 7.2 JUnit Webdriver **코드 변환**

이와 같이 도구를 사용하여 실행할 수 있도록 자동화하면 테스터는 단순하면서 반복적인 업무에서 벗어나 일관성을 유지하면서 빠르게 테스트를 수행할 수 있다. 성능 테스트, 부하 테스트, 스트레스 테스트 등과 같이 실제 자동화하지 않으면 효과적인 테스트를 할 수 없는 분야가 있다. 예를 들어, 부하 테스트나 스트레스 테스트를 위해 100명의 사용자가 동시에 시스템에 접근해야 하는 경우에 100명의 사용자를 실제 고용해서 테스트를 수행한다면 시간과 비용이 너무 많이 들 것이고, 사용자들이 테스트 목적을 위해 정확하게 테스트를 수행한다는 것을 보장하기는 매우 어려울 것이다. 반면에 주어진 테스트 스크립트를 100개의 쓰레드나 프로세스를 이용하여 자동으로 수행한다면 훨씬 효과적으로 테스트를 수행할 수 있다.

물론, 모든 경우에 테스트 작업을 자동화하는 것이 정답은 아니다. 예를 들어, 자주 반복적으로 수행되는 테스트가 아니고 한두 번 수행되는 경우에는 굳이 테스트를 자동화할 필요가 없을 것이다. 또한, 경우에 따라서는 자동화된 테스트보다 매뉴얼 테스트(Manual test)가 효과적일 때도 있다. 예를 들면, 사용자 인터페이스 테스트를 수행할 때 화면 배경 색상과 버튼 배경 색상이 동일하여 버튼을 구분하기 어렵거나 화면 전환이 부자연스러운 경우는 사람이 화면을 지켜보고 있을 때 쉽게 발견할 수 있을 것이다.

7.2 테스트 자동화 분야 및 테스트 도구

전통적인 테스트 자동화에서는 테스트 케이스의 실행을 자동으로 하는 자동화를 핵심요소로 간주하기 쉬운데, 완성도 높은 자동화 인프라는 테스트의 여러 단계에 걸쳐 전체적인 테스트 활동의 전문성과 안정성에 관여한다. 이런 자동화 모델의 예로 키스 스토비(Keith Stobie)와 마크 버그먼(Mark Bergman)의 SEARCH 모델이 있다.

SEARCH 모델에서 테스트 자동화는 셋업(Set up), 실행(Execution), 분석(Analysis), 보고(Report), 정리(Clean up), 도움말(Help)의 총 6단계로 구성된다. 각 단계를 자동화함으로써 효율을 높이고 사람의 실수(Human error)를 예방할 수 있으며, 이를 통해 전문성과 일관성을 가진 테스트를 할 수 있다.

ISO/IEC/IEEE 29119는 테스트 프로세스를 조직 테스트 프로세스, 테스트 관리 프로세스 및 동적 테스트 프로세스로 분류하였으며, 이들 테스트 프로세스에 관련된 활동들은 모두 자동화 대상이 될 수 있다. 이번 절에서는 ISO/IEC/IEEE 29119의 동적 테스트 프로세스 활동을 지원하는 도구에 대해 살펴본다.

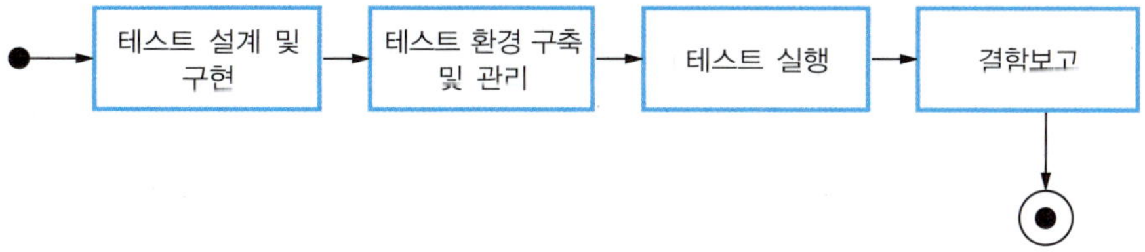

그림 7.3 ISO/IEC/IEEE 29119 동적 테스트 프로세스

그림 7.3에서 볼 수 있듯이 ISO/IEC/IEEE 29119의 동적 테스트 프로세스는 다음과 같은 네 가지 프로세스로 구성되며 이들이 모두 테스트 자동화의 대상이 될 수 있다.

- **테스트 설계 및 구현**: 테스트 케이스 및 테스트 절차를 개발하는 프로세스
- **테스트 환경 구축 및 관리**: 테스트 환경 요구사항에 따라 테스트 환경을 구축하고 관리하는 프로세스
- **테스트 실행**: 테스트 절차를 실행하고 그 결과를 저장하는 프로세스
- **결함 보고**: 테스트 결과를 분석하여 결함이 식별되었을 때 이를 보고하는 프로세스

이 절에서는 위 프로세스를 바탕으로 테스트 자동화 도구를 테스트 설계 도구, 테스트 환경 구축 도구, 테스트 실행 도구, 결함 보고 프로세스를 지원하는 이슈 관리 도구로 분류하여 기술한다.

7.2.1 테스트 설계 도구

테스트 설계 도구는 테스트 케이스를 생성하는 도구이다. 테스트 케이스를 생성하기 위해서는 테스트 형태에 따라 명세 기반 테스트 설계 도구와 구조 기반 테스트 설계 도구로 분류할 수 있다.

명세 기반 테스트 설계 도구는 요구사항 명세서를 바탕으로 테스트 케이스의 설계 및 생성을 지원하는 도구이다. 주어지는 명세서의 형태에 따라(분류 트리(Classification tree) 형태로 명세서가 주어질 수도 있고 상태 전이도 형태로 명세서가 주어질 수 있다.) 다양한 명세 기반 테스트 설계 도구가 존재하는데, 요구사항 명세 모델을 입력으로 받아 테스트 케이스를 생성한다. 그뿐만 아니라 조합 테스트를 위한 테스트 도구도 존재한다. 마이크로소프트에서 만든 PICT 도구는 입력 인자와 입력 인자들이 취할 수 있는 값, 그들 간의 제약사항을 제공하면 제약 조건을 만족하는 페어와이즈 테스트 케이스 조합을 생성한다.

구조 기반 테스트 설계 도구는 코드를 입력으로 받아 테스트 케이스를 생성하는 도구이다. 명세 기반 테스트 설계 도구와는 달리 테스트 케이스를 구성하는 기대 결괏값은 코드에서 이끌어낼 수 없기 때문에 대부분의 구조 기반 테스트 도구는 테스트 입력값만을 생성한다. 구조 기반 테스트 설계 도구는 커버리지 측정과 결과를 연동하여 동작한다. 예를 들어, 결정 커버리지를 만족하는 테스트 입력값을 산출하는 도구에서는 아직까지 실행되지 않은 분기들을 식별하여 이들을 실행할 수 있는 입력값을 생성한다.

대부분의 구조 기반 테스트 설계 도구는 기대 결괏값은 생성하지 않지만, 몇몇 구조 기반

테스트 설계 도구는 기대 결과도 생성한다. 예를 들어, EvoSuite는 유전자 알고리즘(GA, Genetic Algorithm)에 바탕을 두고 소스 코드를 분석하여 테스트 케이스를 생성한다. EvoSuite는 기대 결과를 생성하기 위해 명세 정보를 활용하지 않고, 실제 프로그램을 실행하여 실행 결과를 기대 결과로 대신하는 방식을 취한다.

이러한 도구는 레거시 시스템을 기반으로 프로젝트를 진행할 때 이렇게 생성된 테스트 케이스들을 리그레션 테스트 케이스로 활용할 수 있다. 예를 들어, 레거시 시스템에 새로운 기능을 추가하기 위해서 시스템을 변경할 때, 기존의 기능이 영향을 받았는지 테스트하기 위해 실행 결과를 기대 결과로 대신하는 테스트 케이스들을 실행할 수 있다.

7.2.2 테스트 환경 구축 도구

테스트 환경 구축은 테스트를 원활하게 수행하기 위한 가장 기본적이면서 중요한 작업이다. 개발자 환경에서 작동이 되는 애플리케이션이 실제 테스트 환경이나 운영 환경에서는 작동이 되지 않는 경우가 있다. 이렇게 일관성 없이 애플리케이션이 실행되는 이유는 매우 다양하다. 운영 및 테스트 환경 설정이 개발 환경과 다르거나 사용하는 라이브러리 버전이 다를 수도 있다. 그뿐만 아니라 애플리케이션 환경을 설정하는 작업은 대부분 매우 까다롭기 때문에 환경을 구축하는 동안 실수를 하거나 구성 단계를 누락하기도 하고 순서를 지키지 않을 수도 있다.

최근에 IaC(Infrastructure as Code) 개념이 등장하였다. IaC는 말 그대로 "인프라를 코드화한다", "인프라를 코드로 기록한다"의 의미이다. 즉, IaC를 통해 시스템 환경을 수동으로 구성하는 대신 시스템 환경 구성 정보를 기록한 스크립트를 사용하여 자동으로 인프라를 구성한다. 이와 같이 인프라 구성 정보를 코드로 관리해두면 애플리케이션 개발 시 Git 등과 같은 버전 관리 도구로 소스 코드를 관리하는 것처럼 변경 이력을 일원화하여 관리할 수 있다.

IaC 개념을 바탕으로 한 도커(Docker)는 애플리케이션 실행 환경을 자동으로 설치할 수 있는 도구이다. 도커는 소프트웨어 컨테이너(Container)라는 단위로 패키징하며, 이 컨테이너에는 라이브러리, 미들웨어, 시스템 도구, 런타임 환경 등 애플리케이션을 실행하는 데 필요한 모든 것을 포함할 수 있다. 이러한 애플리케이션 실행 환경을 도커에서는 "Dockerfile"이라는 소스 코드로 환경 구성 정보를 기록하여 관리한다. 따라서 애플리케이션을 신속하게 배포 및 확장할 수 있으며 코드가 문제없이 개발자 플랫폼에 구애받지 않고 실행될 것임을 확신할 수 있다. 즉, 누구라도 구성파일 실행을 통해 테스트 환경이나 운영 환경을 아주 손쉽게 구축할 수 있다.

7.2.3 테스트 실행 도구

테스트 실행은 가장 전통적인 테스트 자동화의 핵심 분야이다. 테스트 실행 도구는 테스트 케이스를 자동으로 실행할 수 있도록 스크립트로 변환하여 실행한다. 테스트 케이스를 컴퓨터가 실행할 수 있는 스크립트로 변환하는 방법 중에서 대표적인 것이 Record&Playback 방식이다.

이 방식을 지원하는 도구는 사용자가 브라우저 등을 통해 시스템을 사용하는 행위와 시스템 반응을 스크립트로 기록하고 이를 다시 반복 실행할 수 있도록 한다. 따라서 도구 사용자가 테스트 스크립트 언어에 관한 특별한 지식이 없어도 테스트 케이스를 설계하여 실행할 수 있다.

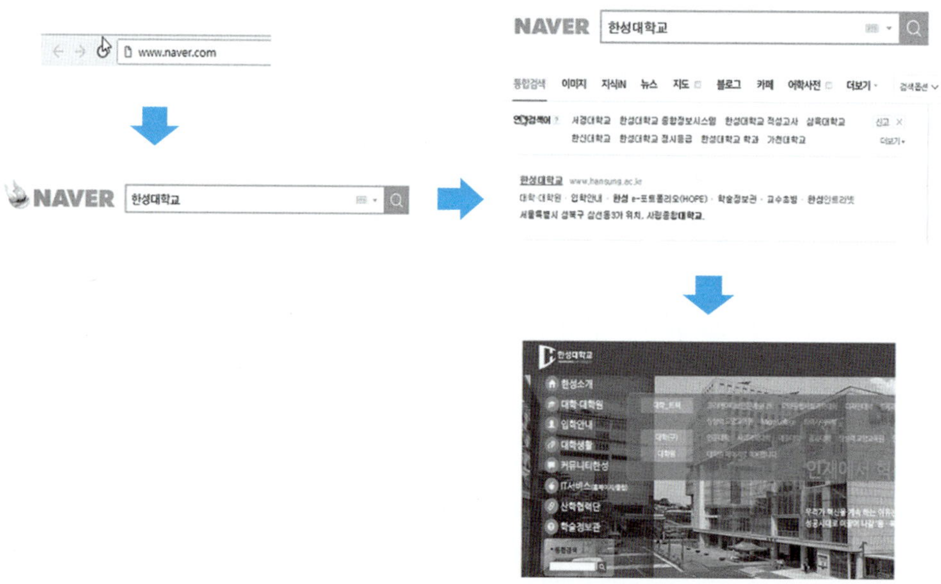

그림 7.4 사용자의 행위를 기록

Katalon Studio는 Record&Playback 기능을 제공하는 도구이다. Katalon Studio는 크롬 브라우저의 플러그인으로 제공되며 기존의 Selenium IDE의 기능을 제공한다. 그림 7.4는 사용자가 네이버에서 한성대학교 홈페이지를 찾아가는 과정을 보여준다. Katalon Studio는 이러한 사용자의 행위를 그림 7.5와 같은 스크립트로 저장하고 사용자의 관여 없이 다시 실행할 수 있다. 이렇게 번역된 스크립트는 Selenium 프레임워크에서 사용할 수 있도록 Java, C#, Python 등으로 변환될 수 있으며 심지어 Robot 프레임워크에서 사용할 수 있도록 변환 기능을 제공한다.

Command	Target	Value
open	https://www.naver.com/	
click	id=query	
click	id=query	
type	id=query	한성대학교
click	xpath=(.//*[normalize-space(text()) and normalize-space(.)='검색'])[2]/following::span[1]	
click	xpath=(.//*[normalize-space(text()) and normalize-space(.)='정답형사이트'])[1]/following::b[1]	
selectWindow	win_ser_1	

그림 7.5 Katalon 스크립트

테스트 실행 프레임워크를 지원하는 스크립팅 언어 수준에 따라 다음과 같이 분류할 수 있다.

- 선형(Linear) 프레임워크: 스크립트를 작성하는 가장 간단한 형태이다. 모듈과 같은 스크립트를 구조화하는 수단을 제공하지 않으며 스크립트의 테스트 단계들을 순차적인 흐름으로 실행한다. 이는 Record&Playback을 지원하는 도구에서 주로 찾아볼 수 있다.

- 모듈 기반(Modular Based) 프레임워크: 스크립트를 모듈화할 수 있는 여러 수단을 제공한다. 특히, 모듈 호출 기능은 한 스크립트에서 다른 스크립트를 호출할 수도 있다. 따라서 하나의 큰 스크립트를 유지가 용이한 여러 개의 작은 스크립트로 분할하여 관리하는 것이 가능하다. 여러 스크립트에서 공통적으로 필요로 하는 스크립트를 개발하는 비용을 줄일 수 있다.

- 데이터 주도(Data-Driven) 프레임워크: 테스트에 사용되는 데이터를 테스트 스크립트의 로직과 분리하여 보관하는 프레임워크이다. 테스터는 빈번히 어플리케이션의 같은 기능을 다양한 입력 데이터로 여러 번 테스트해야 하는 상황과 마주한다. 이때, 테스트 데이터 셋을 스크립트 로직 내에 하드코딩 하지 않고 엑셀 시트, 텍스트 파일, CSV(Comma Separated Value) 파일 등에 보관하여 스크립트의 입력 데이터에 전달하면 테스트 수행 효율을 크게 높일 수 있다. 여러 개의 입력 데이터로 반복하여 테스트될 수 있고, 입력 데이터만 바꾸기 때문에 필요한 테스트 스크립트 개수가 줄어든다. 그리고 테스트 스크립트의 변경이 테스트 데이터에 영향을 주지 않고, 데이터의 변경 또한 테스트 스크립트에 영향을 주지 않는다.

- 키워드 주도(Keyword-Driven) 프레임워크: 앞서 언급한 테스트 프레임워크의 공통적인 단점은 테스트 케이스와 애플리케이션 간에 결합이 강하여 애플리케이션이 변경되면 관련된 수많은 테스트 케이스도 따라서 변경해야 한다는 것이다. 예를 들어, 입력 필드의 위치만 변경되더라도 해당 필드를 사용하는 수많은 스크립트가 변경되어야 한다. 키워드 주도 테스트는 키워드를 사용한 테스트 케이스를 작성하여 테스트 케이스와 애플리케이

션 간에 결합을 줄임으로써 애플리케이션이 변경되어도 테스트 케이스에 직접적으로 영향을 주지 않도록 하였다. 여기서 키워드란 어플리케이션을 테스트할 때 요구되는 다양한 액션이나 단계를 캡슐화하는 테스트 케이스를 구성하는 빌딩 블록이다. 예를 들어, 고객 정보를 애플리케이션에 추가하기 위해서는 고객 이름 입력, 고객 주소 및 전화번호 입력 및 등록 버튼을 클릭하고 올바르게 추가되었는지 확인하는 여러 단계로 구성된다. 실제 이런 단계들은 구체적으로 입력 필드를 확인하고 필요한 정보를 전달하는 등의 여러 기술적인 로직이 필요하다. 그러나 키워드 주도 테스트에서는 이들 기술적인 단계를 모두 캡슐화하여 "ADD A NEW CUSTOMER" 키워드로 정의한다. 테스트 설계자는 이렇게 미리 정의된 키워드들을 조합하여 테스트 케이스를 작성한다. 따라서 애플리케이션이 변경되어도 키워드로 작성된 테스트 케이스들은 변경할 필요가 없다.

표 7.2 테스트 프레임워크

프레임워크	장점	단점
선형	• 프로그래밍 지식이 필요하지 않음 • 테스트 케이스를 쉽게 작성할 수 있음	• 유지보수하기 어려움 • 테스트가 기록되는 시점과 조건이 조금이라도 다르면 테스트가 작동되지 않음 • 데이터가 스크립트에 직접적으로 기록되어 다양한 데이터를 사용하여 테스트하기 어려움
모듈 기반	• 여러 스크립트에서 공통적으로 필요한 스크립트 개발 비용을 줄일 수 있음 • 애플리케이션이 변경되었을 때 관련된 스크립트만 변경 • 스크립트가 통과되는 경우와 통과되지 않은 경우를 구분하여 작성 가능	• 스크립트를 작성할 때 프로그래밍 지식이 요구됨 • 데이터가 스크립트에 직접적으로 기록되어 다양한 데이터를 사용하여 테스트하기 어려움
데이터 주도	• 다양한 데이터를 사용하여 테스트 • 데이터 파일 관리가 용이	• 스크립트를 작성할 때 프로그래밍 지식이 요구됨 • 데이터 파일 관리가 요구됨 • 데이터 검증 요구
키워드 주도	• 테스트 설계와 자동화 분리 • 테스트 케이스 유지보수 용이 • 테스트 케이스를 설계할 때 프로그래밍 지식이 요구되지 않음 • 기술적인 관점이 아닌 비즈니스 관점에서 테스트 • 키워드 재사용	• 프레임워크 구축 시 자동화 지식과 기술이 있는 전문화된 테스트 자동화 인력 요구 • 테스트 라이브러리를 구성하는 등의 높은 초기 비용

7.2.4 이슈 관리 도구

이슈 관리 도구는 과거에는 버그 추적 도구로 불렸다. 이슈는 사전적 의미로는 사건 또는 문제점으로 해석된다. 따라서 이슈는 버그로 한정되어 취급될 수 있다. 일반적으로 인시던트는 테스트 프로세스 수행 중에 검출된 문제 즉, 이슈에 해당한다. 그러나 현재 사용 중인 수많은 이슈 관리 도구는 테스트 프로세스에 관련된 문제만이 아닌 프로젝트를 진행하면서 발생하는 모든 사항을 이슈로 처리한다. 다음은 이슈에 해당하는 일부분을 나열한 것이다.

- 신규 고객 요구사항
- 기능 개선
- 버그 수정
- 문서 작업
- 시스템 설치 작업

따라서 이슈 관리 도구는 프로젝트 관리 도구라고 해도 무리가 없다. 이 절에서는 테스트를 통해 발견된 문제에 한정해서 이슈 관리 도구를 기술한다.

테스트를 통해서 검출된 문제점 즉 이슈는 시스템 품질을 악화시키고 사용자 불만족을 유발하는 원인이 될 수 있다. 그러므로 식별된 문제점은 소스 코드를 수정해서 제거될 수 있도록 해야 한다. 만약 문제점이 코드 결함으로 판명되고 이 결함이 매우 단순해서 개발자가 즉각적으로 해결할 수 있으면 바로 소스 코드를 수정하고 결함이 제거된 시스템을 빌드하면 된다.

하지만 일반적으로 테스트를 통해서 식별된 결함은 재연이 잘되지 않거나 그 근본 원인을 파악하기 어려운 경우가 있다. 따라서 결함이 검출되고 이를 해결하기까지는 적지 않은 시간이 소요되며, 중요한 결함은 반드시 해결되었는지 관리하여야 한다. 또한, 시스템 테스트 시 테스터는 결함을 검출하지만 결함을 제거하기 위해서 소스 코드를 변경하는 작업은 개발자 즉 프로그래머의 역할이다. 이런 경우에는 테스터가 검출한 결함 정보가 개발자/프로그래머와 공유되어야 한다.

그리고 개발자/프로그래머가 소스 코드를 수정하여 결함을 제거했다고 생각하더라도 결함이 제거되지 않았거나 실수로 새로운 결함이 발생하였을 수도 있다. 그러므로 개발자/프로그래머가 수정한 소스 코드를 대상으로 다시 테스트를 해야 한다.

이와 같이 결함이 식별되면 그 결함을 완전히 해결할 때까지 검출된 결함은 추적/관리되어야 한다. 대부분의 이슈 관리 시스템은 이렇게 하나의 결함이 식별부터 완료될 때까지의 이슈 상태를 추적 관리하는 생명 주기(Defect Life Cycle)를 조직 실정이나 프로젝트 특성에 맞게 조정할 수 있는 기능을 제공한다. 예를 들어, 그림 7.6은 간단한 결함 생명 주기를 보여 준다.

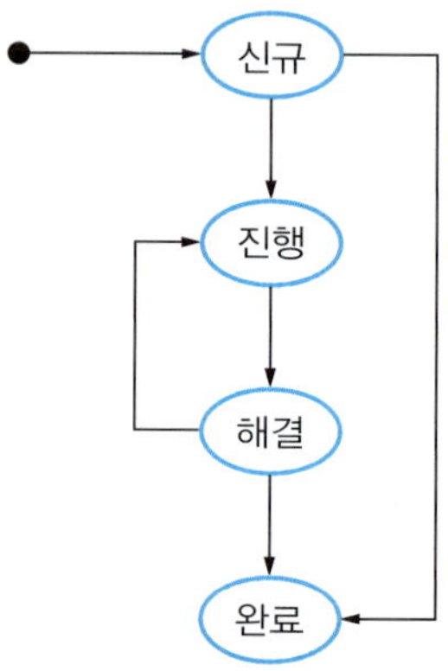

그림 7.6 결함 생명 주기 예

- **신규 상태:** 테스터는 테스트를 수행함으로써 결함을 식별할 수 있다. 테스터는 식별된 결함이 해결될 수 있도록 결함에 관련된 정보를 기록하고 보고한다. 이렇게 식별된 결함이 보고된 상태를 "신규"로 정의하도록 한다.
  "신규" 상태에서는 보고된 결함에 대한 분석이 수행된다. 그리고 해결할 필요가 없는 경우에는 해당 결함을 종결시키고 "완료" 상태로 변경한다. 예를 들어, 검출된 결함이 매우 사소해서 수정할 필요가 없다거나 기존에 해결된 결함이라는 확신이 있으면 이런 결함은 바로 "완료" 상태로 변경하도록 한다.
  만약 보고된 결함이 해결해야 하는 결함이라면 적절한 개발자에게 해당 결함에 대한 수정이 지시되며, 결함 상태를 "진행"으로 변경한다. 즉, 결함에 대한 해결 작업이 진행되고 있음을 의미한다.

- **진행 상태:** 개발자는 지시된 결함을 해결하기 위해서 소스 코드를 수정한다. 그리고 개발자 스스로 결함이 해결되었다고 판단이 서면 테스터에게 재테스트를 요청하면서 결함 상태를 "해결"로 변경하도록 한다.

- **해결 상태:** 테스터는 개발자에게서 지시된 결함이 해결되었다는 보고를 받았으므로 실제 결함이 해결되었는지 테스트함으로써 확인한다. 즉, 해당 결함을 검출하는 데 사용된 동

일한 테스트 케이스를 다시 사용해서 그 결함이 제거되었는지 확인한다. 만약 결함이 해결되고 새로운 결함이 발견되지 않았다면 해당 결함 상태를 "완료"로 변경한다.
반면에 테스터가 재테스트를 수행하였을 때 기존 결함이 여전히 발견되거나 기존 결함은 해결되었지만 새로운 다른 결함이 검출된 경우에는 다시 개발자에게 해결을 지시할 수 있다. 그리고 해당 결함 상태를 "진행"으로 변경한다.

- **완료 상태:** 테스터가 결함이 해결된 것을 재테스트를 통해서 확인한 상태이다. 그러므로 결함이 이 상태에 도달하게 되면 비로소 검출된 결함을 종결시킨다. 또는 "신규"로 등록된 결함이 매우 사소해서 테스트 관리자가 바로 종결시킬 때도 결함은 "완료" 상태가 될 수 있다.

실제로 결함 생명 주기는 이보다 복잡할 수 있다. 예를 들어, 테스터가 결함 해결을 확인하고 그 후에 테스트 관리자가 재차 확인할 수도 있다. 그리고 개발자가 결함을 해결하려고 했는데 해당 결함이 재연되지 않아서 테스터에게 결함에 관한 구체적인 상황을 재요청할 수도 있다.

현재 시장에는 이슈 관리를 지원하는 다양한 제품들이 출시되어 있다. 표 7.3은 대표적인 이슈 관리 도구를 나열한 것이다. 이슈 관리 시스템을 도입할 때는 매우 신중해야 한다. 한 번 도입한 이슈 관리 시스템은 사용 중에 타제품으로 변경하는 게 쉽지 않고 변경 시에는 데이터 이관 등에 많은 시간과 비용이 발생한다. 또한, 이슈 관리 도구는 업무 규칙이나 업무 흐름 등과 직접적으로 연관되므로 도입할 도구를 너무 쉽게 결정해서는 안 된다. 사용성, 비용, 제공하는 기능, 서비스 제공 형태 등과 같은 여러 요소를 고려해서 도구를 선정 도입하여야 한다.

표 7.3 **이슈 관리 도구**

이슈 관리 도구	개발 언어	홈페이지	비고
Redmine	Ruby	http://www.redmine.org	GNU v2
Jira	Java	https://www.atlassian.com/software/jira	상용
Mantis	PHP	http://www.mantisbt.org	GNU v2
Trac	Phython	http://trac.edgewall.org	BSD
Yona	Java	http://yona.io/	Apache 2

7.3 테스트 도구 선정

자주 반복되는 테스트를 수작업으로 수행하면 많은 비용을 초래한다. 마찬가지로 속도가 느린 작업이거나 도구를 사용하는 것이 더 안전하게 작업을 수행할 수 있는 경우라면 테스트 자동화의 대상이 될 수 있다. 반면에, 몇 번 수행되지 않는 테스트를 자동화하는 작업도 비용 대비 효과가 별로 없다. 또한, 테스트 프로세스의 모든 작업을 100% 자동화하는 것도 올바른 선택이 아닐 수 있다. 예를 들어, 요구사항이 자주 변경되는 경우에는 테스트 케이스도 같이 변경되어야 하며 CAPTCHA(Completely Automated Public Turing test to tell Computers and Humans Apart, 완전 자동화된 사람과 컴퓨터 판별, 캡차), 폰트나 색상 등이 관련된 경우에는 자동화된 테스트보다는 매뉴얼 테스트가 더 효과적이다. 따라서 테스트 자동화는 매뉴얼 테스트(Manual test)를 대치하기보다는 상호 보완하는 방향으로 가야 한다.

테스트 조직 및 프로세스 상황에 따라 반자동화 또는 일부 자동화(Semi-Automation)를 고려할 필요가 있다.

일반적으로 테스트 자동화를 할 때 먼저 자동화를 시도하는 부분이 UI 테스트이다. UI 테스트를 위해 많은 도구가 소개되고 있으며 시스템 전체를 테스트 대상으로 한다는 점에서 매우 매력적이다.

그러나 UI 테스트를 위한 테스트 케이스가 많아질수록 문제가 발생할 가능성이 커진다. UI 테스트는 시스템 전체의 실행을 전제로 하기 때문에 수많은 UI 테스트 케이스들을 실행하는 작업은 속도가 느릴 수밖에 없다. 또한, UI는 시스템을 사용하는 사용자가 가장 처음 마주하는 것으로 UI에 대한 요구사항은 자주 변경되기 마련이다.

UI가 변경되면 해당 테스트 스크립트도 변경해야 한다. 만약 요구사항이 변경되었는데 해당 테스트 케이스들을 제때 변경하지 않으면 거짓 양성(False positive)이 나타나기 시작한다. 거짓 양성이란 실제 결함이 아닌데 결함으로 잘못 판단한 경우를 의미한다. 즉, 프로그램 구현은 문제가 없으나 프로그램 구현 변경에 따라서 제때 수정이 안 된 테스트 케이스들이 수정된 프로그램에 문제가 있다고 보고한다. 이러한 거짓 양성은 결과 확인 시 사람의 개입을 요구하여 결과적으로 자동화 효율성이 저하될 수밖에 없다.

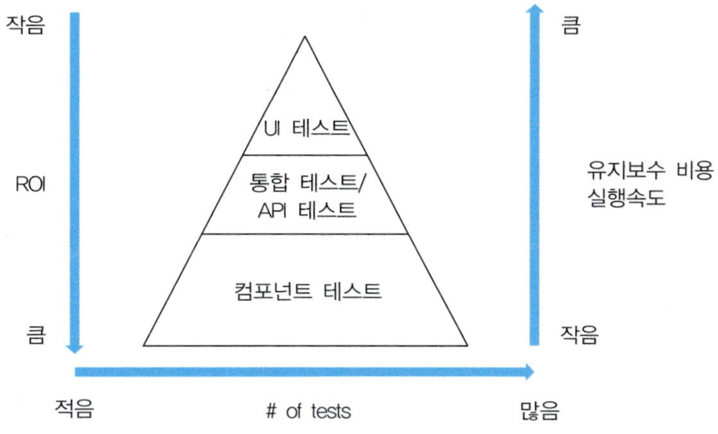

그림 7.7 테스트 피라미드

테스트 자동화 대상과 관련하여 Lisa Crispin의 테스트 피라미드 개념이 널리 알려져 있다. 그림 7.7은 테스트 피라미드를 보여준다. 피라미드에서 UI 테스트, 통합/API 테스트, 컴포넌트 테스트가 차지하는 영역의 넓이가 다른 것을 볼 수 있다. 각 테스트 타입이 차지하는 영역의 넓이는 투자 대비 효과(ROI)와 자동화해야 하는 양을 의미한다. 컴포넌트 테스트에 자동화가 많이 이루어질수록 투자 대비 효과가 많아진다는 것을 의미한다.

컴포넌트 테스트 케이스는 통합 테스트나 UI 테스트보다 쉽게 작성할 수 있으며 테스트 수행에 따른 피드백이 빠르다. 또한, 결함이 발견되었을 때 단위 테스트는 결함을 발생시키는 부분을 쉽게 식별하여 수정이 가능한 데 반해 UI나 통합 테스트로 발견한 결함은 결함을 발생시키는 부분을 찾기 어려우므로 결함 수정에 시간이 많이 소요된다.

테스트 피라미드가 시사하는 점은 새로운 테스트 케이스를 개발할 때 UI나 통합 테스트 케이스 형태로 개발하는 대신 가능한 한 단위 테스트 케이스로 개발할 것을 의미한다. 단위 테스트 케이스로 테스트하지 못할 때만 통합 테스트 케이스를 개발하고 단위나 통합 테스트 케이스로 부족할 때만 UI 테스트 케이스를 개발한다.

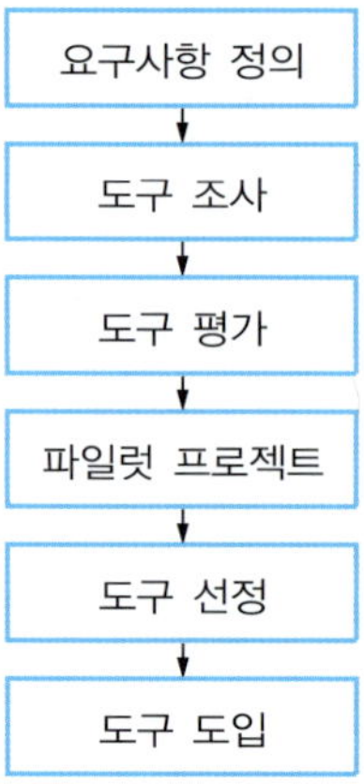

그림 7.8 **테스트 도구 선정 프로세스**

테스트 자동화를 위해 올바른 도구를 선정하는 작업은 매우 중요하다. 그림 7.8은 테스트 도구를 선정하는 프로세스이며 각 단계는 다음과 같은 작업들을 수행한다.

- **요구사항 정의**: 테스트 도구에 대한 요구사항을 식별하여 정의한다. 도구를 도입할 때 조직의 프로세스 및 능력을 고려해야 한다. 조직의 테스트 프로세스나 능력이 충분하게 성숙되어 있지 않으면 도구 사용에 따른 프로세스 변화에 적절하게 대처할 수 없기 때문에 그에 따른 충분한 효과를 볼 수 없다.

- **도구 조사**: 요구사항을 고려하여 상업용 도구나 오픈소스 소프트웨어 등을 조사한다. 또한, 자체 개발 가능성도 검토한다.

- **도구 평가**: 평가 기준을 준비하여 도구가 요구사항에 얼마나 부합하는지 평가한다. 이때 도구 공급자의 명성이나 사후 관리 및 도구 갱신 주기 등과 같은 여러 요소를 고려한다.

- **파일럿 프로젝트**: 도구의 시험판 버전을 사용하거나 파일럿 프로젝트를 수행하여 도구의 품질을 평가한다. 또한, 도구의 문제점을 도출하고 해결방안을 검토한다.

- **도구 선정**: 도구 도입에 따른 테스트 프로세스의 개선 효과 등을 고려하여 비용 대비 대얻을 수 있는 이득을 추정하여 도구를 선정한다.

- **도구 도입**: 실제로 도구를 조직에 도입하는 단계이다. 도구 도입에 따른 테스트 프로세스를 개선한다. 도구 배포 계획을 수립하고 교육 및 훈련 계획을 수립한다.

Exercise

01 다음 중 정적 분석 도구의 용도로 적합하지 않은 경우는?

① 사이클로매틱 복잡도 계산 ② 코딩 표준 준수 검사

③ 사용하지 않은 변수 검출 ④ 테스트 케이스 커버리지 측정

해설 ④ 동적 분석 도구

02 다음 중 테스트 관리 도구의 목적이 아닌 것은?

① 테스트 계획, 노력 추정, 테스트 일정과 관련된 작업 수행

② 요구사항과 테스트 케이스 추적성 관리

③ 테스트 진행과 보고

④ 모델이나 소스 코드로부터 테스트 케이스 생성

해설 ④ 테스트 설계 도구

03 다음은 테스트 도구를 선정하는 프로세스의 한 단계에 대한 설명이다. (   )에 알맞은 용어는?

도구의 시험판 버전을 사용하거나 (   )를 수행하여 도구의 품질을 평가한다. 또한 도구의 문제점을 도출하고 해결방안을 검토한다.

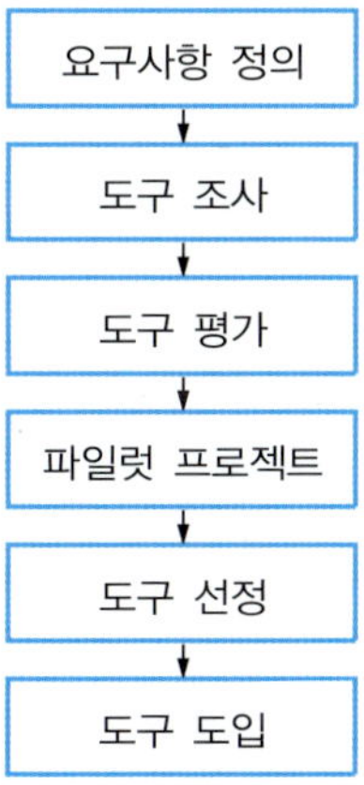

테스트 도구 선정 프로세스

정답 01 ④ 02 ④ 03 파일럿 프로젝트

04 테스트 자동화에 대한 설명으로 올바르지 않은 것은?

① 많은 경우 테스트에 소요되는 수행시간을 줄일 수 있다.

② 적은 비용으로 테스트 환경을 구축할 수 있다.

③ 테스트 환경의 다양화로 테스트 커버리지를 확대할 수 있다.

④ 테스트 실행 및 결과 확인 과정에서 사람의 실수를 줄일 수 있다.

해설 ② 테스트 도구 구매 및 개발 비용, 테스트 스크립트 개발 비용, 테스트 엔지니어 훈련 비용 등 프로젝트 초반에 테스트 자동화를 위해 상당한 투자 비용이 발생한다.

05 다음 테스트 자동화 프레임워크 필요성에 대한 설명으로 올바르지 않은 것은?

① 테스트 대상 시스템에 대한 의존도 최대화

② 테스트 케이스 중복 최소화

③ 테스트 스위트(Test Suite)의 효율적 구성 및 관리

④ 테스트 수행 및 결과의 저장 및 관리(DB화)

해설 테스트 대상 시스템에 대한 의존도 최소화를 해야 한다.

06 다음 중 SEARCH 모델의 테스트 자동화 구성 요소로 올바르지 않은 것은?

① Analysis (분석)　② Execution (실행)

③ Setup (셋업)　④ Retest (재테스트)

해설 SEARCH 모델: Setup(셋업) → Execution(실행) → Analysis(분석) → Report(보고) → Cleanup(정리) → Help(도움말)

정답 04 ② 05 ① 06 ④

07 테스트 실행 프레임워크를 지원하는 스크립팅 언어 수준에 따라 다음과 같이 분류할 수 있다. 다음 중 프레임워크에 대한 설명으로 올바른 것은?

① 테스트 주도(Test-Driven) 프레임워크: Record & PlayBack을 지원하는 도구에서 주로 볼 수 있다.

② 데이터 주도(Data-Driven) 프레임워크: 키워드를 사용한 테스트 케이스를 이용하여 애플리케이션 간에 결합을 줄여준다.

③ 선형(Linear) 프레임워크: 테스트 데이터 셋을 하드 코딩하지 않고 CSV 파일 등에 보관하여 전달하면 테스트 효율을 높일 수 있다.

④ 모듈 기반(Module Based) 프레임워크: 하나의 큰 스크립트를 유지가 용이한 여러 개의 작은 스크립트로 분할하여 관리할 수 있다.

해설 ①는 선형(Linear) 프레임워크에 대한 설명이다. 스크립트를 작성하는 가장 간단한 형태이다. 모듈과 같은 스크립트를 구조화하는 수단을 제공하지 않으며 스크립트의 테스트 단계들을 순자석인 흐름으로 실행한다. 이는 Record&Playback을 지원하는 도구에서 주로 찾아볼 수 있다.
②은 키워드 주도(Keyword-Driven) 프레임워크에 대한 설명이다.
③은 데이터 주도(Data-Driven) 프레임워크에 대한 설명이다. 테스트에 사용되는 데이터를 테스트 스크립트의 로직과 분리하여 보관하는 프레임워크이다.

08 테스트 케이스를 컴퓨터가 실행할 수 있는 스크립트로 변환하는 방법 중 Record & Playback 방식이 있다. [O/X]

해설 테스트 케이스를 컴퓨터가 실행할 수 있는 스크립트로 변환하는 방법 중에서 대표적인 것이 Record&Playback 방식이다. 옳은 내용이다.
이 방식을 지원하는 도구는 사용자가 브라우저 등을 통해 시스템을 사용하는 행위와 시스템 반응을 스크립트로 기록하고 이를 다시 반복 실행할 수 있도록 한다. 따라서 도구 사용자가 테스트 스크립트 언어에 관한 특별한 지식이 없어도 테스트 케이스를 설계하여 실행할 수 있다. Katalon Studio는 Record&Playback 기능을 제공하는 도구이다.

09 다음 중 테스트 자동화 도구로 가장 거리가 먼 것은?

① GUI 테스트 실행 도구(Selenium, Robotium)

② 소스 코드 빌드 도구(CMake, bitbake)

③ 테스트 관리 도구(Jenkins, Redmine)

④ 형상 관리 도구(Git, Subversion)

해설 ② 빌드 도구는 테스트 자동화 도구로 보기 어렵다. (빌드 규칙을 서술한 텍스트 파일에 테스트 모듈을 포함하거나 수행하도록 기술하기는 하지만, 빌드 도구 자체가 테스트 자동화 도구로 보기는 어려움)

정답 07 ④ 08 O 09 ②

10 이슈 관리 도구를 이용하여 프로젝트에서 검출되는 결함을 관리하려고 한다. 결함이 식별되고 완료되기까지의 이슈 상태를 추적하기 위해 다음 보기를 충족하는 결함의 생명 주기를 설계하고 이를 상태 전이 다이어그램으로 표현하시오. (서답형/상태 간 전이는 단방향 화살표로 표현)

- 테스터는 테스트를 수행하여 결함을 식별하고, 결함에 관련된 정보를 기록한 이슈를 "Open" 상태로 등록한다.
- "Open" 또는 "Re-open" 상태의 이슈는 개발자에게 할당되며, 개발자는 이슈의 상태를 "In progress"으로 변경한 후 분석 활동을 수행한다.
- 개발자는 소스 코드를 수정하고, 개발자 테스트를 수행하여 결함이 해결되었다고 판단한 후 테스터에게 재테스트를 요청하면서 이슈 상태를 "Resolved"로 변경한다.
- 테스터는 실제 결함이 해결되었는지 테스트하여 확인한다.
- 테스터는 재테스트를 수행한 후 보고된 결함이 제거되었다면 이슈의 상태를 "Closed"로 변경하고, 기존 결함이 여전히 발견된다면 이슈의 상태를 "In progress"으로 변경한 후 개발자에게 해결을 지시한다.
- 테스터는 "Closed" 상태의 이슈에 대해 동일한 결함이 재발되는 것을 확인하면 해당 이슈를 "Re-open" 상태로 변경한다.

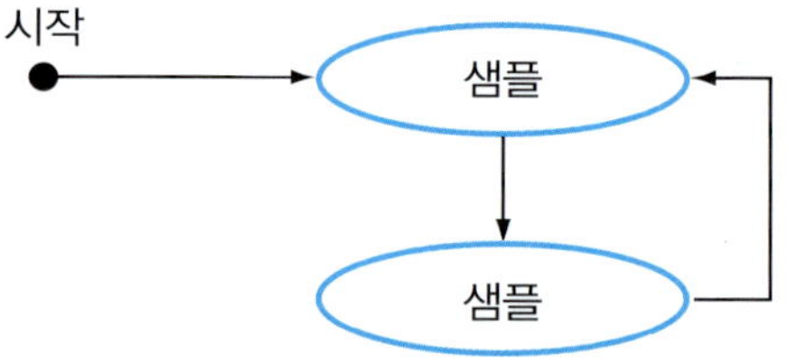

해설 일반적으로 이슈 관리 도구(예 : Jira)는 원활한 이슈 트래킹을 위하여 이슈 상태를 변경함으로써 이슈의 생명 주기를 관리한다.

개발자/테스터/프로젝트 리더/고객 사이에 효과적인 이슈 트래킹을 위해 현업에서 적극적으로 사용하는 도구이며, 이슈 트래킹을 자동화하는데 매우 효과적인 도구이다.

본 문제에서는 테스터에 의한 신규 결함 보고(Open)부터, 개발자에게 할당(In Progress), 해결 (Resolved), 최종 완료 (Closed) 그리고 리그레션이 발생으로 인한 결함 보고(Re-open)에 이르는 이슈 생명 주기를 설계할 수 있는 역량이 있는지 점검한다.

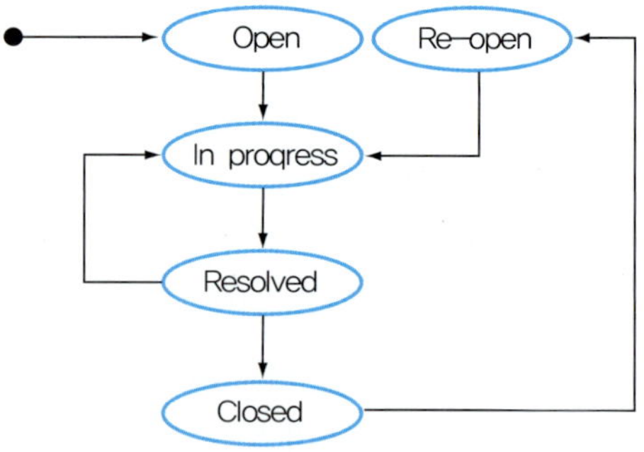

PART

02

테스트 설계기법

제8장 정적 테스트

제9장 구조 기반 테스트

제10장 명세 기반 테스트

제 8 장 정적 테스트

8.1 개 요

소프트웨어 테스트 방법은 프로그램 실행을 요구하는 동적 테스트와 프로그램 실행을 요구하지 않는 정적 테스트로 분류한다. IEEE 1028-2008에서는 정적 테스트를 리뷰(Review)라고 하며 다음과 같이 감사를 포함하여 5종류로 분류한다.

- 관리 리뷰(Management review)
- 기술 리뷰(Technical review)
- 인스펙션(Inspection)
- 워크쓰루(Walk-through)
- 감사(Audit)

리뷰는 여러 전문가가 모여 프로그램을 검토하여 결함을 검출하는 방법이다. 리뷰 대상이 되는 작업물은 프로그램에 한정되지 않고 소프트웨어 개발 중에 생성되는 모든 산출물이다. 즉, 요구사항 명세서, 설계 명세서, 테스트 계획서와 같은 문서들이 올바르게 작성되었는지를 판단하기 위해 리뷰 방법을 이용할 수 있다. 테스트 대상으로 모든 산출물이 가능하다는 점은 결함 제거 비용 측면에서 매우 중요한 의미가 있다.

프로그램 개발이 완료된 후에 결함을 제거하는 일은 요구 단계나 설계 단계보다 100배 이상의 노력과 비용이 소요된다. 따라서 결함이 발생하는 순간 가능한 한 빨리 검출하여 제거해야 결함 제거 비용을 절약할 수 있다. 만약 결함이 발생하였는데 제거되지 않고 다음 단계로 전이될 경우 결함 제거 비용이 매우 증가하게 된다.

Tom Gilb은 리뷰를 이용하면 결함을 발견하고 제거하는 평균 비용을 60~80% 감소할 수 있다고 말한다. 이는 전통적인 방법에 따른 소프트웨어 테스트 노력의 40%만으로도 테스트할 수 있고, 소프트웨어 개발 각 단계에서 다음 단계로 전이되는 결함의 50~70%를 감소시키는 효과가 있다는 것이다.

8.2 리뷰 프로세스

IEEE 1028-2008에서는 1970년대 초 IBM에서 Fagan이 정립한 인스펙션 수행 프로세스에 기반을 둔 리뷰에 필요한 공통 프로세스를 제공한다. 프로세스를 구성하는 활동의 적용 수준은 리뷰의 종류에 따라 달라진다. 다음은 IEEE 1028-2008에서 정의한 리뷰 프로세스이다.

① 경영진 준비(Management preparation): 경영진은 리뷰를 성공적으로 수행하기 위해 필요한 자원(스태프, 설비, 재원, 훈련 및 교육)을 제공하고 법규, 표준 및 관련 정책의 요구에 따른 리뷰 수행을 보장해야 한다.

② 리뷰 계획(Planning review): 리뷰 리더(Review leader)는 리뷰 목적을 파악해서 리뷰 팀을 구성하고 각 팀 구성원에게 책임을 할당하며 리뷰 참가자들에게 리뷰에 필요한 자료들을 제공한다. 또한, 리뷰 일정을 결정해서 참가자들에게 공지한다.

③ 리뷰 절차 개요 설명(Overview of review procedures): 리뷰 리더의 요청이 있을 때 수행되며, 리뷰 목적과 리뷰 절차를 설명한다. 반드시 리뷰 리더가 할 필요는 없고 적절한 자격이 있는 사람이 이 단계를 수행해도 무방하다.

④ 작업물 개요 설명(Overview of software product): 리뷰 리더의 요청이 있을 때 수행된다. 이는 리뷰 참가자들이 검토할 작업물을 좀 더 친숙하게 느끼게 하고 사전 이해도를 높이기 위함이다.

⑤ 개별 준비(Individual preparation): 그룹 검토에 앞서 리뷰팀 멤버들은 개별적으로 작업물(Software product)이나 프로세스를 검토한다. 만약 검토 수행 중에 문제(Anomaly)를 발견하면 발견한 문제를 문서화하여 리뷰 리더에게 보낸다.

⑥ 그룹 검토(Group examination): 계획한 날짜에 모든 리뷰 멤버들이 참가하는 회의를 한다. 여기에서 모든 검토 결과를 모아 검토 대상이 되는 작업물(또는 프로세스)의 상태에 관해 합의를 도출한다.

⑦ 재작업(Rework): 검출된 문제 목록을 개발자나 문제 해결 책임자에게 전달하여 문제를 해결하는 작업을 수행한다.

⑧ 후속작업(Follow up): 리뷰 리더는 회의에서 산출된 모든 조치 항목(Action item)을 완료(Close)하였는지 확인한다.

이러한 리뷰 프로세스를 수행하기 전에 리뷰 프로세스를 수행하는 데 필요한 조건(Entry condition)들이 만족되었는지 확인할 필요가 있으며, 리뷰가 끝난 후에도 성공적인 리뷰에 필요한 모든 행위가 수행되었는지 확인하고 리뷰 종류에 따라 적절한 리뷰 결과물이 산출되었는지 점검하는 과정이 필요하다.

8.3 관리 리뷰

관리 리뷰(Management review)의 목적은 진행 상황을 모니터하고 계획과 현재 일정 상태를 평가하여 필요하다면 자원, 일정이나 프로젝트 범위 등을 변경하는 것이다. 따라서 관리 리뷰 후에는 해당 계획이 적절히 변경되었는지 확인할 필요가 있다. 주로 관리 리뷰 대상이 되는 작업물은 다음과 같이 계획과 관련되거나 현재 프로젝트 진행 상황을 파악할 수 있는 관련 문서들이다.

- 설치 계획
- 백업 및 회복 계획
- 안정성 계획
- 재난 계획
- 비상 대책 계획(Contingency plan)
- 진행 보고서
- 테스트 결과

관리 리뷰는 8.2.절에 기술한 리뷰 프로세스를 따르지만 ④ 작업물 개요 설명 단계는 수행되지 않는다. 그룹 검토 회의는 관리 스태프들이 참여하며 관리자가 주재한다. 또한, 기술 스태프는 관리 스태프에게 필요한 정보를 제공해야 한다. 리뷰팀이 발견한 문제, 조치 사항, 결정사항 및 추천들은 서기(Recorder)가 기록한다. 조치 항목 목록, 문제(Anomaly list) 등은 의사 결정자(Decision maker)에게 전달되고 리뷰 목적이 달성되었는지 판단한다. 또한, 산출물들은 검토 회의 결과에 영향을 받는 사람들에게도 전달되어야 한다.

8.4 기술 리뷰

기술 리뷰(Technical review)는 유능한 인력으로 구성된 팀이 다음과 같은 작업을 수행하여 프로젝트의 기술적 상태를 확인하는 증거로 관리자에게 제공한다:

- 대상 작업물이 의도된 사용에 적합한지(Fitness for its intended use) 평가한다.
- 대상 작업물이 계획, 법규, 표준이나 명세를 충실히 지키는지 평가한다.
- 변경 사항이 적절하게 구현되었는지를 평가하고 변경 명세(Change specification)에 식별된 영역에만 해당 변경이 영향을 미치는지 평가한다.
- 여러 대안을 추천하거나 대안들을 검토한다.

기술 리뷰의 대상에는 소프트웨어 요구・설계 명세, 테스트 문서, 유지 보수 매뉴얼이나 설치 절차 등이 포함되지만 이에 한정되지는 않는다. 기술 리뷰는 기본적으로 8.2절에 기술한 리뷰 프로세스를 따른다. 기술 리뷰는 대표 엔지니어(Lead engineer)가 주재하며 경우에 따라 관리자가 해결해야 할 이슈가 있으면 관리자도 참가할 수 있다.

8.5 인스펙션

인스펙션(Inspection)은 IEEE 1028-2008의 리뷰 종류 중에서 가장 형식화된 대표적인 리뷰 방식이다. IBM의 Fagan은 결함은 발생한 시점에서 가능한 한 이른 시기에 제거해야 하며, 이를 위해서는 더욱 구조적이고 절차적인 방법이 필요하다는 생각을 시작으로 인스펙션 프로세스를 정립하였다.

인스펙션은 동료 검토(Peer review)라고 할 수 있다. 동료 검토란 비슷한 수준이나 역할을 가진 사람들이 코드 등을 포함한 소프트웨어 산출물을 검토하는 작업이다. 인스펙션은 가능한 한 개발 초기에 검사해야만 개발 초기 작업물에서 문제를 찾아낼 수 있다. 인스펙션으로 검출한 문제(Anomaly)의 유형이나 투자한 시간 등을 포함한 자료를 수집하여 인스펙션 자체 프로세스와 체크리스트 같은 인스펙션 지원 문서 개선에 활용한다.

8.5.1 인스펙션 참가자의 역할

인스펙션 과정을 이해하면 인스펙션을 더욱 효율적으로 수행하여 자원과 시간의 낭비를 줄일 수 있다. 인스펙션 과정을 올바르게 이해하기 위해 인스펙션 참가자의 역할을 알아보는 것은 매우 중요하다.

- 주재자(Inspection leader/Moderator): 인스펙션 주재자의 주된 임무는 검사할 작업물을 기초로 인스펙션 참가자들을 선정하고 인스펙션을 계획하는 일이다. 인스펙션 회의를 위해 주재자는 인스펙션 참가자들에게 미리 검토할 자료를 전달하여 참가자들이 인스펙션 회의를 충분히 준비할 수 있게 해야 한다. 인스펙션 회의에서 주재자는 회의를 주재하는 역할을 담당한다. 회의나 준비 기간 동안 발생할 수 있는 참가자 간의 불화 또는 예기치 않은 상황에 잘 대처하고, 회의가 끝난 뒤에는 어떤 후속 조치가 필요한지 신속히 결정해야 한다. 또한, 회의 후에는 회의에서 기록된 모든 자료를 보고서 형식으로 만들어 소프트웨어 개발자에게 전달하고 인스펙션 프로세스를 개선하기 위해 사용되는 여러 데이터를 수집한다. 인스펙션 주재자는 전문적으로 훈련된 퍼실리테이터(Facilitator)가 담당한다(심화노트 참조).

- 작성자(Author): 작성자는 인스펙션 회의에 필요한 자료를 제출해야 하며 자료 내용에 관한 설명을 하거나 질문에 대답할 수 있어야 한다. 회의 내용을 신중히 듣고 토의에 참여해야 하며 방어적인 자세로 회의에 참여해서는 안 된다. 회의가 끝난 후에는 검출된 결함 내용에 관하여 재작업을 해야 한다. 8.2.절의 리뷰 프로세스 중 단계 ④ 작업물 개요 설명도 작성자가 수행한다. IEEE 1028-2008에서 작성자는 인스펙션 주재자가 될 수 없다.

- 낭독자(Reader): 낭독자는 작업물에 대한 자신의 이해 및 해석을 바탕으로 작업물에 대해 회의 참가자들에게 설명하며 인스펙션 회의를 이끄는 역할을 수행한다. 준비에 필요한 시간을 줄이기 위하여 작업물을 여러 부분으로 분할하고 각 분할된 부분에 다른 낭독자들을 할당하여 회의를 진행할 수도 있다.

- 기록자(Recorder): 기록자는 인스펙션 회의에서 논쟁, 모든 질문 및 답변 등을 기록해야 한다. 또한, 인스펙션 회의를 마치면 기록된 사항들을 정리하여 문서화해야 한다. 기록자는 회의에서 회의 주재자나 개발자 입장이 아닌 검토자 입장에서 참가해야 한다. 인스펙션 회의의 토론을 이해하고 의미 있는 문서를 위해 충분한 지식을 갖추어야 한다. IEEE 1028-2008에서 작성자는 기록자가 될 수 없지만, 인스펙션 주재자는 기록자 역할도 수행할 수 있는 것으로 명시하고 있다.

- 검토자(Inspector): 검토자는 인스펙션 회의를 위해서 전달받은 자료를 충분히 검토하고 인스펙션 회의를 준비해야 한다. 또한, 검토할 작업물을 충분히 이해하도록 노력해야 하고 주어진 자료에서 결함을 찾아내고 기록한다. 몇몇 검토자에게는 특별한 주제를 할당하는 것도 좋다. 예를 들면, 어떤 검토자는 특정 표준에 부합되는지에 중점을 두어 리뷰하고, 어떤 검토자는 철자 결함 등에 중점을 두어 리뷰를 수행할 수 있다. 또한, 검토자는 해결자 입장이 아니므로 찾아낸 결함을 해결하기 위해 노력하지 말고 간단히 의견만 제시해야 한다. 다른 사람의 의견이나 작성자를 비판하기 위해 인스펙션 회의에 참여하는 것이 아니라 인스펙션 팀을 돕기 위해 참가하는 것이므로 개인적인 친분은 배제하고 최대한 객관적인 관점에서 회의에 참여해야 한다. 또한, 관리자 직책을 담당하는 사람은 팀 멤버로 참여하는 것이 금지된다.

심화노트 퍼실리테이터

퍼실리테이터(Facilitator)는 검토 회의 또는 워크숍과 같이 여러 사람이 일정한 목적을 가지고 함께 작업을 수행할 때, 효과적으로 그 목적을 달성하도록 작업 과정을 설계하고 참여를 유도하여 질 높은 결과물이 나오도록 도움을 주는 사람을 말한다.

이상적인 인스펙션 팀의 규모는 어떻게 될까? 작성자가 자신의 작업물을 비평하고 검토할 수는 없기 때문에 작성자 이외에 검토자가 최소한 한 명은 있어야 하고, 회의를 주재하는 사람이 필요하므로 인스펙션 팀은 두 명 이상이어야 한다. 400개의 인스펙션에서 자료를 수집한 결과에 따르면 4명의 팀이 가장 이상적인 규모라고 하며 일반적으로 3~6명의 규모로 팀이 구성된다. 6명 이상인 팀은 관리하기가 힘들기 때문에 좋지 않다. 또한, 주재자와 같은 다른 역할이 이미 있다 할지라도 팀 구성원 모두는 검토자 역할을 수행한다.

팀을 구성할 때 중요한 점은 절대 작성자의 자질을 평가하는 분위기가 형성되어서는 안 된다는 점이다. 성공적인 인스펙션이 되기 위해서는 인스펙션의 목적이 작성자의 능력을 평가하는 것이 아니라 작업물에서 결함을 발견하여 더 나은 품질의 소프트웨어를 개발하는 데 있다는 점을 팀 구성원 모두가 인식해야 한다.

8.5.2 인스펙션 과정

인스펙션은 기본적으로 8.2.절에서 기술한 리뷰 프로세스를 따른다. 인스펙션과 각 단계에 관한 설명은 다음과 같다.

① **리뷰 계획(Planning review)**: 리뷰 리더(Review leader)인 중재자가 리뷰 목적을 파악해서 리뷰팀을 구성한 후, 각 팀 구성원에게 책임을 할당하고 리뷰 참가자들에게 리뷰 날짜, 장소 등을 알린다. 또한, 인스펙션에 필요한 자료들을 참가자들에게 제공하고 준비에 필요한 시간을 할애한다.

② **인스펙션 절차 개요 설명(Overview of inspection procedures)**: 중재자는 참가자들의 역할을 할당하고 체크리스트나 역할 할당에 관한 질문에 대답한다. 또한, 중재자는 참가자에게 최소 준비 시간, 희망하는 인스펙션 수행률(Inspection rate) 및 유사한 프로젝트의 인스펙션에서 검출된 문제의 수 등을 전달한다.

③ **인스펙션 작업물에 대한 개요 설명(Overview of inspection product)**: 작성자가 검토자들에게 검토할 작업물(예를 들면, 코드 인스펙션인 경우에는 프로그램 코드)에 대해 설명한다. 이는 검토할 작업물을 좀 더 친숙하게 느끼게 하고 사전 이해도를 높이기 위함이다. 검토자는 작업물에 대한 이해도를 높이기 위한 질문을 할 수 있지만, 이 단계에서 더 나은 해결책(설계 또는 구현 방법)을 제안하거나 결함을 수정하는 것과 같은 작업은 하지 않는다.

④ **준비(Preparation)**: 실제 리뷰 회의 전에 인스펙션팀 구성원은 작업물을 검토한다. 준비 기간에 검출된 문제들은 중재자에게 전달한다. 중재자는 검출된 문제들을 IEEE 1044 등을 활용해 적절하게 분류하여 인스펙션을 계속할지 판단한다. 만약 대상 작업물의 문제들이 인스펙션을 수행하지 못할 정도로 심각하거나 많다면 인스펙션을 취소할 수도 있다. 중재자는 검출한 문제 목록을 작성자에게 전달한다.

⑤ **검토 회의(Inspection meeting)**: 개별적으로 체크리스트를 사용하여 작업물에 대한 개별 검토가 완료된 후, 모든 검토자가 참가하는 회의를 시작한다. 회의에서는 낭독자가 인스펙션 참가자들에게 작업물에 대한 설명을 하며 참가자들은 객관적으로 철저하게 작업물을 검사한다. 기록자는 검출한 문제들을 분류하고 관련된 정보를 기록한다. 검토 회의에서 작성자의 역할은 자신의 작업물에 대한 검토자의 질문에 답하며 참가자들의 결함 검출에 도움을 주는 일이다. 또한, 검토자에게서 피드백을 받는 역할로 참가하며 작업물

에 대해 더 설명하거나 옹호하는 행동은 피해야 한다. 그 이유는 인스펙션의 목적에는 작업물 자체를 누가 보더라도 이해하기 쉽게 작성되었다는 것을 확인하는 작업도 포함되기 때문이다. IEEE 1028-2008에서는 검토 회의 결과를 다음과 같이 분류하여 규정한다.

- Accept with no verification or with rework verification: 있는 그대로 작업물을 승인하거나 약간의 재작업만을 수행한다.
- Accept with rework verification: 주재자나 주재자에게서 위임받은 사람이 재작업을 검증한 후에 작업물을 승인한다.
- Reinspect: 작업물을 승인할 수 없어 문제가 해결된 후에 재작업을 검증하기 위해 다시 인스펙션 일정을 계획한다.

⑥ 재작업(Rework): 검출된 문제 목록이 작성자에게 전달되면 작성자는 실제 작업물에서 문제를 해결하는 작업을 수행한다. 예를 들면, 코드 인스펙션에서 이러한 작업에는 코드를 변경하는 작업, 주석문을 추가하거나 제거하는 작업 및 프로그램 구조를 재구성하는 작업이 포함될 수 있다. 이때 명심할 점은 검토 회의에서는 문제를 해결하는 방안에 관한 토론은 하지 않는다는 사실이다. 만약 작성자가 해결방안에 대한 피드백을 원한다면 검토 회의 후 작성자가 주체가 되어 검토자에게 문의할 수 있다.

⑦ 후속작업(Follow up): 이 단계에서 주재자나 주재자에게서 위임받은 사람이 발견된 모든 문제에 대해 재작업이 충분하게 이루어지는지 확인한다.

8.6 워크쓰루

워크쓰루(Walkthroughs)는 인스펙션보다는 비형식적인 결함 검출 방법이다. 워크쓰루는 결함을 검출할 뿐만 아니라 참가자들의 교육이나 지식 공유를 위해 수행되기도 한다. 인스펙션에서 회의 주재자는 작성자가 아닌 사람이 맡지만, 워크쓰루는 작성자 본인이 보통 회의를 주재하며 기록자 역할도 담당할 수 있다. 인스펙션과 마찬가지로 관리자 직책을 담당하는 사람은 팀 멤버로 참여하는 것을 금지하고 있다.

IEEE 1024-2008에서는 워크쓰루 절차 및 작업물에 대한 개요 설명 단계를 워크쓰루 회의의 한 부분으로 다룰 수 있다고 명시해 놓았다. 워크쓰루를 행하는 방법은 단어가 의미하는 바와 같이 작성자가 작업물을 따라 돌아다니면서(Walkthroughs) 작업물에 대한 설명을 진행하고 검출된 결함에 대한 권고 및 조치 사항들을 기록한다. 재작업 및 후속 단계에서 작성자는 모든 조치 사항들이 종결되었음을 확인한다.

8.7 감사

IEEE 1028-2008에서는 감사(Audit)의 목적을 소프트웨어 제품 및 프로세스가 규제, 표준, 가이드라인, 계획, 절차를 준수하고 있는지를 독립적으로 평가하는 것으로 규정하고 있다. 감사는 소프트웨어 제품의 제공자, 소비자, 또는 FDA와 같은 제3기관에서 필요에 따라 요구될 수 있다.

감사 참여자들은 특정 역할, 즉 대표 감사자(Lead auditor), 감사자(Auditor), 기록자(Recorder) 또는 개시자(Initiator) 등이 부여되며, 피감사 조직의 대표도 된다. 대표 감사자(Lead auditor)가 감사를 주도하며 인터뷰나 문서들을 점검함으로써 법규나 표준 등에 부합되는지 증거를 수집한다. 감사는 비준수 사항의 사례(Instance)를 식별하고 해당팀이 교정 활동(Corrective action)을 요구하는 보고서를 산출하게 한다.

8.8 정적 분석

지금까지 열거한 방법들은 기본적으로 사람이 직접 수행하는 수작업 중심의 방법이다. 이 방법들 외에도 자동화된 도구를 사용하여 정적 테스트를 수행할 수 있다. 예를 들면, 컴파일러는 문법 결함 등과 같은 기본적인 결함들도 검출할 수 있을 뿐만 아니라 경우에 따라 프로그램 내에 무한 루프나 절대 실행할 수 없는 프로그램 문장 등을 검출하는 기능도 수행한다. 이와 같이 도구의 지원을 받아 정적 테스트를 수행하는 것을 정적 분석(Static analysis)이라고 한다. 정적 분석으로 많은 작업을 수행할 수 있지만, 이 장에서는 코딩 표준 부합, 코드 복잡도 계산, 자료 흐름 분석을 소개한다.

8.8.1 코딩 표준

코딩 표준(Coding standard) 또는 코딩 지침(Coding guideline)은 개발자가 프로그램을 작성할 때 지켜야 하는 규약이다. 개발자는 자신이 선호하는 코딩 스타일이 있다. 예를 들어, 주석문을 언제/어떻게 넣을 것인지, 변수와 함수 이름을 어떻게 지을 것인지, 들여쓰기를 어떻게 할 것인지와 같은 사항들이 코딩 스타일의 예이다. 또한, switch 문을 작성할 때 default 문을 넣을 것인지도 여기에 포함된다.

코딩 표준은 개발자가 자신의 스타일로 코딩을 하는 대신에 코딩 표준에 따라 일관되게 프로그램을 작성하게 하는 것이 목적이다. 즉, 한 프로그램을 여러 개발자가 협력하여 작성하더라도 프로그램 모든 부분이 동일한 개발자가 코딩한 것처럼 보이게 한다. 이는 가독성이 좋고, 이해하기 쉬우므로 유지보수가 용이한 프로그램을 개발할 수 있다.

예를 들어 그림 8.1의 프로그램을 보자.

```
int foo(int n) { int i = 0; while (n > 0) {i = i + n % 10;
n = n / 10;
} return i;}
```

그림 8.1 **코딩 표준을 적용하기 전 프로그램**

이 코드를 개발한 당사자도 한 달 후 아니 일주일 후에 코드를 보면 무슨 코드인지 이해하는 데 어려움이 따를 것이다.

그림 8.2의 코드는 위 코드를 구글(Google)의 자바(Java) 코딩 표준(심화노트 참고)을 따라 다시 작성한 것이다. 코딩 표준을 적용하기 전보다 가독성이 훨씬 좋아졌음을 알 수 있다.

```
public static int foo(int n) {
  int i = 0;
  while (n > 0) {
    i = i + n % 10;
    n = n/ 10;
  }
  return i;
}
```

그림 8.2 **구글 자바 코딩 스타일에 따라 개선한 프로그램**

심화노트 코딩 스타일

- 중괄호의 위치에 따른 코딩 스타일에는 대표적으로 BSD, K&R, GNU 3가지가 있다. 구글 자바 코딩 스타일은 K&R을 따른다.

<table>
<tr><th>BSD</th><th>K&R</th><th>GNU</th></tr>
<tr><td><pre>if (...)
{
        doSomething();
}</pre></td><td><pre>if (...){
  doSomething();
}</pre></td><td><pre>if(...)
    {
      doSomething();
    }</pre></td></tr>
<tr><td>블록을 if 문 아래에 작성하고 들여쓰기를 하지만 중괄호는 들여쓰기를 하지 않는다.</td><td>블록의 여는 중괄호를 if와 같은 행에 배치한다.</td><td>블록을 if 문 아래에 작성하고 들여쓰기를 한다.</td></tr>
</table>

- 새로운 블록은 공백 두 칸의 들여쓰기로 시작한다. 블록이 끝나면 이전 들여쓰기 수준으로 되돌아간다.
- 메소드 이름은 카멜 표기 방식(Camel Case)을 따르고 동사나 동사구를 사용한다. 카멜 표기 방식이란 여러 단어를 연달아 사용할 때 각 단어의 첫 글자를 대문자로 적되, 맨 앞에 오는 글자는 소문자로 표기하는 것이다.
- 변수 이름은 메소드 이름과 같이 카멜 표기 방식을 따르지만, 명사를 사용한다. 또한, 의미가 있도록 작성되어야 하며 사용 의도를 드러내야 한다.

가독성은 개선되었지만, 여전히 프로그램을 이해하기가 어렵다. 그 이유는 함수 이름과 변수 이름들이 사용 의도를 전혀 나타내지 않기 때문이다. 그림 8.3의 코드는 함수 이름과 변수 이름을 사용 의도를 명확하게 드러내도록 심화노트의 마지막 두 항목에 따라 개선하였다. 실제 이 프로그램은 정수를 입력으로 받아 정수를 구성하는 숫자들의 합을 구하는 프로그램이다.

```
public static int getSumOfDigits(int n) {
  int sum = 0;
  while (n > 0) {
    sum = sum + n % 10;
    n = n/ 10;
  }
  return sum;
}
```

그림 8.3 **함수 이름과 변수 이름을 개선한 프로그램**

자동차, 우주/항공, 의료장비, 국방, 철도 등 안정성 및 신뢰성을 요구하는 분야에서도 코딩 가이드라인은 매우 중요한 역할을 한다. 이와 관련하여 대표적인 것이 MISRA-C이다.

MISRA-C는 영국 자동차 산업 신뢰성 협회(MISRA: Motor Industry Software Reliability Association)에서 발표한 C 프로그래밍 언어의 코딩 가이드라인이다. 이 코딩 가이드라인의 목적은 임베디드 시스템에서 안전하고, 이식성이 좋고, 신뢰성 있는 코드를 만드는 것이다.

MISRA-C는 1998년에 처음 등장했으며 이를 자동차 등 안전성이 요구되는 분야에 사용할 수 있도록 MISRA-C:2004라는 개정판이 발표되었다. 세 번째 버전인 MISRA-C:2012는 2013년 3월 발표되었다.

많은 언어가 개발되었지만, 지금까지도 여전히 C 언어를 임베디드 시스템을 개발할 때 선호한다. 그러나 C 언어는 안전성이 요구되는 시스템에서 사용될 때 많은 주의가 필요하다. 그 이유는 C 언어의 "undefined behavior"에 기인하여 문제가 발생하는 경우가 많기 때문이다. ISO/IEC 9899-2011과 MISRA-C에서는 "undefined behavior"를 다음과 같이 정의한다.

```
ISO/IEC 9899-2011: behavior, upon use of a nonportable or erroneous program construct or of erroneous data, for which this International Standard imposes no requirements. (호환이 안 되거나 잘못된 프로그램 구조나 데이터의 사용으로 인한 (프로그램) 동작이며, 본 국제표준은 어떤 요건도 (컴파일러 개발자에게) 부과하지 않는다.)

MISRA-C: essentially programming errors, but for which the compiler writer is not obliged to provide error messages. (컴파일러 개발자가 반드시 오류 메시지를 제공할 의무가 없는 프로그래밍 오류)
```

다음은 "undefined behavior"가 발생할 수 있는 경우이다.

- 초기화되지 않은 변수의 사용
- 배열의 범위를 넘어서는 인덱스를 사용하여 배열 참조
- 0으로 나눗셈 연산 수행

예를 들어, 그림 8.4 프로그램을 살펴보자.

```
int x;
if (x == 1) printf("Hello");
if (x == 2) printf("World!!!");
```

그림 8.4 "undefined behavior"가 발생하는 코드

이 프로그램은 정수형 변수 x를 초기화하지 않고 바로 사용하는 코드이다. 대부분의 사람은 이 코드를 보고 "Hello"나 "World!!!"를 출력할 것으로 생각한다. 그러나 이 경우 "undefined behavior"가 발생된다. 즉, C 언어 명세에서는 이 코드에 대해 컴파일러가 어떤 목적 코드를 생성하도록 어떠한 요구도 하지 않는다. 따라서 "Hello"와 "World!!!"가 같이 출력되어도 하등 이상할 것이 없다. 더 나아가 현재 기억장치의 모든 파일을 지우는 행위를 수행할 수도 있는 것이다.

MISRA-C는 가급적 "undefined behavior"에 의존하지 않은 안전한 프로그램을 개발하는 것이 주요 목표이다. 예를 들어, MISRA-C:2004에는 그림 8.4와 같은 프로그램의 개발을 피하기 위해 다음과 같은 규칙 9.1이 있다.

```
Rule 9.1: All automatic variables shall have been assigned a value before
being used. (모든 자동 변수는 사용되기 전에 값을 할당받아야 한다.)
```

코딩 규칙을 수작업으로 검사하기란 매우 번거로운 일이다. 이를 자동화된 도구를 사용하면 많은 노력을 줄일 수 있다. 시중에 판매되는 몇몇 정적 분석 도구에서 MISRA-C 코딩 규칙을 검사할 수 있다. 대표적인 도구로는 LDRA, PRQA, Parasoft에서 판매하는 제품이 있다. 국내에서도 Suresoftetch 회사의 제품이 있다.

8.8.2 복잡도 분석

소프트웨어 개발의 핵심은 복잡도를 통제하여 필요 이상으로 복잡도가 높지 않도록 하는 일이다. 복잡도가 높은 프로그램은 신뢰성, 테스트 비용, 유지보수성 측면에서 좋지 않은 결과를 가져오기 때문이다. 프로그램 복잡도 통제를 위해 신뢰할 수 있는 척도를 사용하여 프로그램의 복잡도를 측정하는 것은 매우 중요한 작업이다.

지금까지 수많은 복잡도를 나타내는 지표가 있지만, 그중에서도 1976년에 McCabe가 발표한 순환 복잡도(Cyclomatic complexity)가 가장 널리 사용되고 있으며 많은 정적 도구가 이 지표를 지원하고 있다. 순환 복잡도는 주어진 제어 흐름 그래프(9.2절 참조)에서 선형적으로 독립적인 기본 경로(Basis path)라 불리는 프로그램 경로들의 개수이다. 이 기본 경로 집합을 사용하여 프로그램에 존재하는 어떤 경로도 선형적으로 조합하여 표현할 수 있는 특징을 지니고 있다. 순환 복잡도는 프로그램을 제어 흐름 그래프로 변환 후에 다음과 같이 구할 수 있다:

$$\text{순환 복잡도} = E - N + 2$$

여기에서 E는 제어 흐름 그래프에 있는 간선들의 개수이고, N은 노드들의 개수이다. 그림

8.5에서 E=8, N=7이므로 기본 경로들의 개수는 8−7+2=3개가 존재하며, 따라서 순환 복잡도도 3이다.

```
i = 1;
while (i<n) {
        if (i>10) d = d+10;
        else d = d-10;
        i++;
}
printf("%d", d);
```

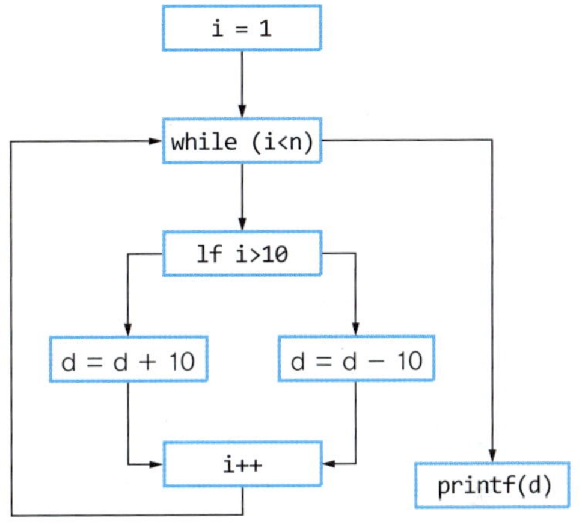

그림 8.5 예제 프로그램과 제어 흐름 그래프

또한, 순환 복잡도는 제어 흐름 그래프의 닫힌 영역(Region)들의 개수와 관계가 있다. 만약 제어 흐름 그래프 종료 노드부터 시작 노드로 간선을 연결한다면 제어 흐름 그래프가 간선과 노드들에 의해 둘러싸인 여러 개의 영역으로 분할된다. 순환 복잡도는 이와 같이 분할된 영역들의 개수이다. 그림 8.6은 그림 8.5에 주어진 제어 흐름 그래프의 영역을 보여주며 2개의 영역이 있음을 알 수 있다. 순한 복잡도를 닫힌 영역의 개수를 이용하여 계산하려면 다음의 공식을 사용한다:

순환 복잡도 = 닫힌 영역의 개수 + 1

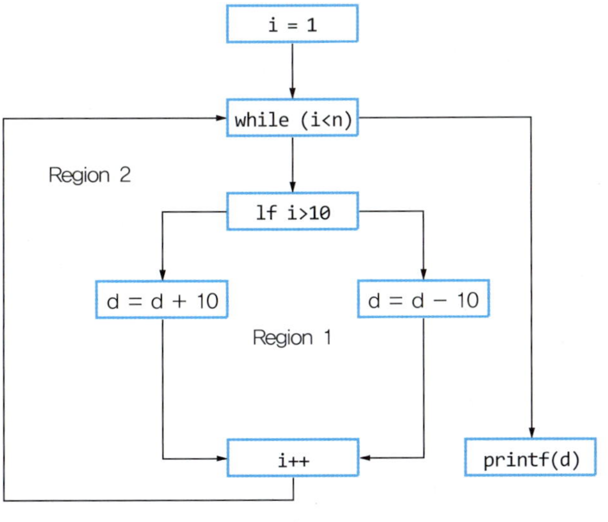

그림 8.6 제어 흐름 그래프에 존재하는 영역

더 간단하게 순환 복잡도를 계산하려면 제어 흐름 그래프에 있는 분기 노드들의 개수에 1을 더하면 된다.

즉,

$$\text{순환 복잡도} = \text{분기 노드들의 개수} + 1$$

이 경우에도 그림 8.5에 주어진 프로그램의 순환 복잡도는 3임을 알 수 있다. McCabe에 따르면 순환 복잡도는 프로그램을 이해하고 테스트 및 유지보수가 얼마나 어려운지를 판별하는 기반이 될 수 있다.

Walsh는 1979년에 임베디드 시스템 모듈의 순환 복잡도가 10 이상일 때 결함률이 확연하게 증가한다는 연구 결과를 발표하였다. Audi, BMW, Porshe, 폭스바겐, 크라이슬러 연합, HIS에서도 10을 순환 복잡도의 제한 값으로 유지하도록 권고하였다. 반면에 JSF(Joint Strike Fighter) AV C++ 코딩 표준의 AV rule 3에서는 20 이하로 유지할 것을 권고하며 MISRA Report 5에서는 15를 넘어서는 안 된다고 기술하고 있다.

미국 카네기 멜론 대학교(Carnegie Mellon University)의 소프트웨어공학연구소(SEI: Software Engineering Institute)는 순환 복잡도에 따른 위험성(Risk) 증가를 언급하였고, RIAC(Reliability Information Analysis Center)는 복잡도와 소프트웨어 신뢰성과의 관계를 표 8.1과 같이 제시한다.

표 8.1 순환 복잡도와 신뢰성과의 관계

복잡도	신뢰성
10 이하	acceptable
30 이상	questionable
50 이상	cannot be tested
75 이상	bad fix (결함을 수정하기 위해 수행한 작업이 새로운 결함을 도입한다)

심화노트 순환 복잡도 계산

만약 분기 노드가 여러 개의 조건문으로 구성되어 있을 때 순환 복잡도를 어떻게 계산할까? 예를 들어, 다음 프로그램의 순환 복잡도를 계산해보자.

```
if ((x>0) && (y>0)) {
      doSomething1;
```

```
}
doSomething2;
```

이 프로그램의 제어 흐름 그래프는 다음과 같다.

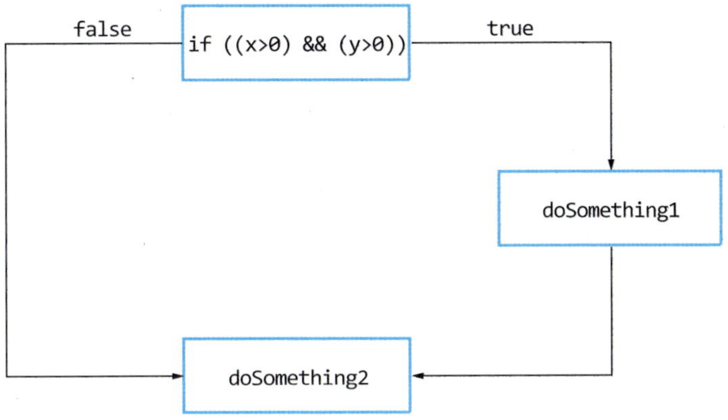

이 그래프에서 순환 복잡도를 산출해보자. E−N+2=3−3+2이므로 순환 복잡도는 2이다. 그러나 분기 노드가 복합 조건식이므로 이를 감안하여 계산할 필요가 있다. 또한, 단축연산을 수행할 경우에는 예제 프로그램은 아래와 같이 변환된다.

```
if (x>0) {
        if (y>0)
          doSomething1;
}
doSomething2;
```

이 프로그램에 해당하는 제어 흐름 그래프는 다음과 같다.

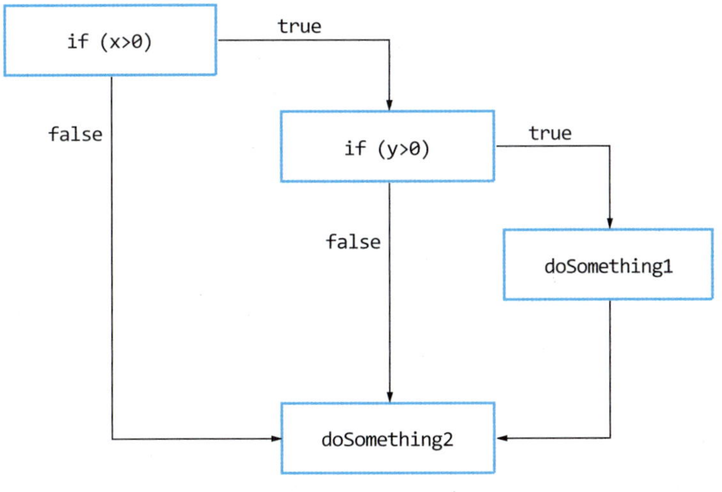

이 그래프에서 순환 복잡도를 산출해보자. E−N+2=5−4+2=3이므로 순환 복잡도는 3이다. 일반적인 순환 복잡도는 다음과 같이 계산한다.

- if, while, for, &&, ||를 만나면 +1을 한다.
- switch 문의 각 case에 +1을 한다.

switch 문 case마다 복잡도를 증가하면 프로그램 복잡도가 필요 이상으로 증가될 수 있다. 어떤 경우는 이를 반영하여 switch 문 자체로 +1을 증가하고 case는 고려하지 않는 경우도 있다.

8.8.3 자료 흐름 분석

자료 흐름 분석(Data flow analysis)의 목적은 프로그램의 자료 흐름에 이상(Anomaly)이 있는지 분석하는 데 있다. 예를 들면, 개발자는 변수를 먼저 정의하지 않고 사용할 수 있다. 또한, 변수를 초기화하지 않은 상태로 다음과 같이 조건문에서 사용할 수도 있다.

```
int x;
if (x == 1000) { …}
```

이와 같은 자료 흐름 이상의 발생은 프로그램이 올바르게 수행되는 것을 방해하는 원인이 된다.

자료 흐름 이상이 발생하는 경우들을 이해하기 위해서는 자료 흐름에 대한 기본적인 이해가 필요하다. 예를 들어, "a=b+c"에서 변수 a는 이 문장에서 정의되었다(Defined)고 말하며 변수 b와 c는 이 문장에서 참조되었다(Used)고 말한다. 즉, 프로시저의 입력 인자, 치환문의 왼쪽에 있는 변수와 같이 값이 새로 설정되거나 변경되는 경우, 변수는 해당 문장에서 정의되었다고 말하며, 값이 변경되지 않고 수식계산이나 조건을 평가할 때 사용되는 변수를 참조되었다고 말한다.

변수의 참조는 두 부류로 구분할 수 있다. 계산 참조는 변수가 일반 수식을 계산할 때 사용된다는 것이며 c-use로 나타낸다. 조건 참조는 변수가 조건의 참, 거짓을 결정할 때 사용되며 p-use로 나타낸다. 또한, 변수는 정의와 참조 이외에도 무효화될 수도 있다(Killed). 변수가 선언된 영역 밖으로 벗어날 때 그 변수는 무효화되었다고 한다.

다음 기호는 자료 흐름 이상 패턴들을 표현하기 위해 사용된다.

- d : defined
- k : killed
- u : used
- ~x : 모든 선행 행위가 x(d, k 또는 u)와 관련이 없다는 사실을 나타냄
- x~ : x 이후에 행위들이 x(d, k 또는 u)와는 관련이 없다는 사실을 나타냄

표 8.2는 자료 흐름 쓰임새 패턴을 보여 준다. 표에서 볼 수 있듯이 모든 자료 흐름의 쓰임새가 이상 현상을 일으켜 직접적인 해를 끼치는 것은 아니다. 하지만 몇 가지 자료 흐름 패턴은 결함이 발생할 수 있는 가능성을 보여주기 때문에 의심해보아야 한다. 예를 들어, 'ku' 쓰임새 패턴은 변수가 (영역을 벗어나) 무효화된 후에 다시 사용된다는 사실을 나타내기 때문에 꽤 심각한 결함이다.

표 8.2 자료 흐름 쓰임새 패턴

패턴		설 명
~d	처음 정의됨	문제없음
du	define-use	문제없음, 정상적인 경우
dk	define-kill	잠재적 결함, 전혀 자료가 사용되지 않음
~u	처음 사용됨	잠재적 결함, 자료가 정의되지 않고 바로 사용됨
ud	use-define	문제없음, 자료가 사용된 후 다시 정의됨
uk	Use-kill	문제없음
~k	처음으로 무효화	잠재적 결함, 자료가 정의되지 않고 바로 무효화됨
ku	kill-use	심각한 결함. 무효화되었는데 사용
kd	kill-define	문제없음. 무효화된 후에 다시 정의가 됨
dd	define-define	잠재적 결함. 두 번 연이어 정의됨
uu	use-use	문제없음. 정상적인 경우
kk	kill-kill	잠재적 결함
d~	제일 나중에 발생한 정의	잠재적 결함
u~	제일 나중에 발생한 참조	문제없음
k~	제일 나중에 발생한 무효화	문제없음. 정상적인 경우

그림 8.7에 주어진 프로그램을 생각해보자. 표 8.3은 변수 a에 대한 예제 프로그램의 자료 흐름 패턴을 보여 준다. 2번 문장과 3번 문장에서 연속적으로 변수 a가 정의됨을 알 수 있다. 나머지 패턴들은 모두 정상적인 경우를 보여 준다.

```
1:      int dataflow(int c, int d) {
2:              int a=0, x;
3:              a = c+d;
4:              if (a>0)
5:                      x = 1;
                else
6:                      c = 10;
7:              a = a+x;
8:              return a;
9:}
```

그림 8.7 예제 프로그램

표 8.3 변수 a에 대한 예제 프로그램의 자료 흐름 패턴

자료 흐름 패턴		설 명
~d	1-2	문제없음. 정상적인 경우
dd	2-3	잠재적 결함. 두 번 연이어 정의
du	3-4, 7-8	문제없음. 정상적인 경우
ud	7	문제없음
uk	8-9	문제없음
uu	4-5-7, 4-6-7	문제없음
k~	9	문제없음. 정상적인 경우

표에서 두 번째 열은 자료 흐름 쓰임새 패턴을 보여 주는 프로그램 (부분)경로이다. 그림 8.8은 자료 흐름 패턴을 입력으로 받아 이상 여부를 알려주는 상태 그래프이다. 이 그래프에서 각 노드는 현재 변수의 상태를 나타내고 노드 간의 간선은 상태 간의 전이를 나타낸다. 예를 들면, 변수 a에 대하여 'uu' 패턴을 보여 주는 부분 경로 4-5-7을 생각해보자. 우선, 4번 문장은 변수 a를 참조하는 조건식이므로 상태 그래프에서 'U' 상태에 머물게 된다. 5번 문장은 변수 a를 정의하거나 참조하지 않으므로 계속해서 'U' 상태에 머무른다. 7번 문장에서 a를 참조하므로 전이가 이루어지는데 이 경우에는 다시 'U' 상태로 전이가 된다.

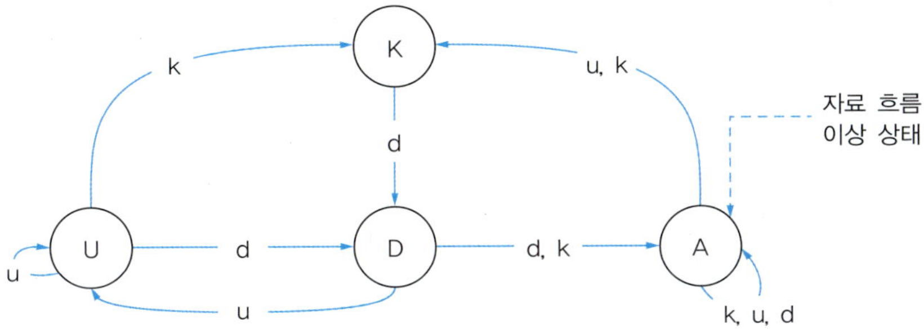

그림 8.8 자료 흐름 이상 상태 그래프

표 8.4는 변수 x에 대한 자료 흐름 쓰임새 패턴을 보여 주며 변수 x가 정의되지 않았는데도 사용되는 자료 흐름 이상을 검출하였다.

표 8.4 변수 x에 대한 예제 프로그램의 자료 흐름 이상

자료 흐름 이상		설 명
du	5-7	문제없음. 정상적인 경우
~u	2-3-4-6-7	잠재적 결함, 자료가 정의되지 않고 바로 사용됨
k~	9	문제없음. 정상적인 경우

Exercise

01 요구사항 분석서, 설계서, 코드, 테스트 관련 문서 등 소프트웨어 개발 관련 모든 문서와 산출물이 리뷰 대상이 될 수 있다. [O/X]

해설 리뷰 대상이 되는 작업물은 프로그램에 한정되지 않고 소프트웨어 개발 중에 생성되는 모든 산출물이다. 즉, 요구사항 명세서, 설계 명세서, 테스트 계획서와 같은 문서들이 올바르게 작성되었는지를 판단하기 위해 리뷰 방법을 이용할 수 있다.

02 다음 중 감사(Audit)의 목적을 가장 잘 설명한 것은?

① 대상 작업물이 계획, 법규, 표준이나 명세를 충실히 지키는지를 평가한다.
② 소프트웨어 제품 및 프로세스가 규제, 표준, 가이드라인, 계획, 절차를 준수하고 있는지 평가한다.
③ 개발자가 작성한 소스코드가 코딩표준 또는 코딩 지침에 맞게 작성되었는지 검토한다.
④ 현재 계획에 따라 진행 상황을 모니터하여 계획과 일정 상태를 평가하여 필요하다면 자원, 일정이나 프로젝트 범위 등을 변경한다.

해설 감사(Audit)의 목적은 소프트웨어 제품 및 프로세스가 규제, 표준, 가이드라인, 계획, 절차를 준수하고 있는지를 독립적으로 평가하는 것이다. (IEEE 1028-2008)

03 기술 리뷰는 관리자 직책을 담당하는 사람이 팀의 멤버로 참여하는 것을 금지하고 있다. [O/X]

해설 기술 리뷰는 대표 엔지니어(Lead engineer)가 주재를 하며 경우에 따라 관리자가 해결해야 할 이슈가 있으면 관리자도 참가할 수 있다.

04 정적 분석을 통해 식별할 수 있는 결함 유형과 거리가 먼 것은?

① 초기화하지 않고 사용한 변수
② 선언 후 사용하지 않은 함수
③ 선언 후 사용하지 않은 변수
④ 요구사항과 다른 연산 결과

해설 도구의 지원을 받아 정적테스트를 수행하는 것을 정적 분석이라고 한다. 정적분석으로 식별할 수 있는 결함은 초기화하지 않고 사용한 변수, 선언 후 사용하지 않은 함수, 선언 후 사용하지 않은 변수 등이다.

정답 01 O 02 ② 03 X 04 ④

05 다음 프로그램 코드는 K&R 코딩 스타일을 따른다. [O/X]

```
if (x == 1){
    프로그램 문장;
}
```

해설 중괄호의 위치에 따른 코딩 스타일에는 다음과 같이 대표적으로 BSD, K&R, GNU 3가지가 있다.

BSD	K&R	GNU

`if (...)`
`{`
`        doSomething();`
`}`
	`if (...){`
	`  doSomething();`
	`}`
		`if(...)`
		`  {`
		`      doSomething();`
		`  }`

블록을 if 문 아래에 작성하고 들여쓰기를 하지만 중괄호는 들여쓰기를 하지 않는다.	블록의 여는 중괄호를 if와 같은 행에 배치한다.	블록을 if 문 아래에 작성하고 들여쓰기를 한다.

K&R은 여는 블록을 if와 같은 행에 배치한다. 코드 줄 수를 절약하여 한눈에 많은 코드를 볼 수 있고 수평으로 많은 코드를 작성할 수 있다.

정답 05 O

06 다음의 자료 흐름도에서 변수 x에 대한 오류 패턴을 하나만 적으시오.

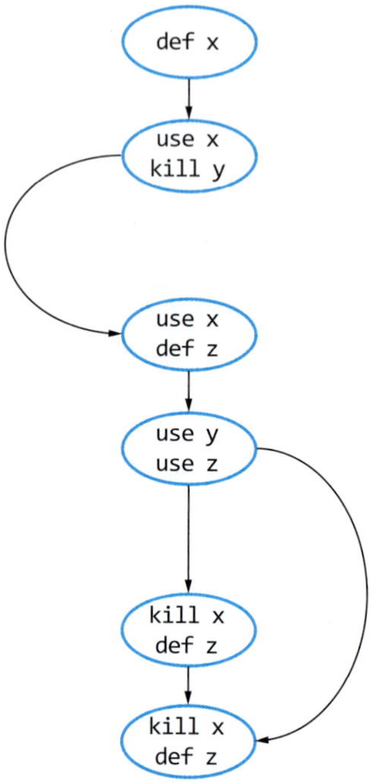

해설 위의 자료 흐름도의 최대 기본 경로에 대한 자료 흐름 패턴은 다음과 같다.

x	y	z
~d	-	-
du	~k	-
uu	-	~d
-	ku (u~)	du
uk	–	ud
kk	–	dd

정답 06 kk

07 다음 프로그램에 대해 자료흐름 분석을 수행하여 검출되는 자료 패턴 중에서 잠재적 오류인 패턴은 무엇인가?

```
    int foo(int x) {
1       int y;
2       if (x==1)
3           y=x+1;
4       x=10;
5       return y;
6       y=10;
7   }
```

① ~u ② du

③ uu ④ ~k

해설 변수 x가 정의되지 않고 사용되었다.

No.	x	y
1	-	~u(잠재적 결함)
3	uu(정상)	ud(정상)
4	ud(정상)	-
5	-	dk(잠재적 결함)
6	-	kd(정상)
7	d~(잠재적 결함)	d~(잠재적 결함)

08 리뷰(Review, 검토)를 성공시키기 위해 필요한 요소로 가장 거리가 먼 것은?

① 리뷰 주재자가 리뷰 기법에 대한 교육을 이수한 경우, 리뷰 참석자는 별도의 교육이 필요하지 않다.

② 소프트웨어 개발 산출물과 검토자의 수준 등을 고려하여 리뷰 기법을 적절히 적용해야 한다.

③ 결함의 발견에 부정적이지 않으며, 발견된 결함은 객관적으로 표현되어야 한다.

④ 효과적이고 효율적인 결함 발견을 위해 필요 시 체크리스트를 활용할 수 있다.

해설 ① 리뷰 참석자는 리뷰 기법에 대한 교육 훈련이 제공되어야 하며, 주재자는 별도의 교육을 필수로 이수해야 한다.

정답 07 ① 08 ①

09 다음 중 테스트 실행에 대한 설명으로 올바른 것은?

① 테스트를 실행하는 주체는 테스트 단계(레벨)에 따라서 달라질 수 있다.
② 컴포넌트 테스트는 사용자가 직접 실행시키는 것이 일반적이다.
③ 인수 테스트는 원칙적으로 운영 환경에서 개발자에 의해 실행된다.
④ 통합 테스트는 개발 환경에서 시스템 테스트 완료 후에 수행한다.

해설 ② 컴포넌트 테스트는 개발자가 직접 실행시키는 것이 일반적이다.
③ 인수 테스트는 원칙적으로 사용자의 환경에서 사용자에 의해서 실행이 된다.
④ 통합 테스트는 개발 환경에서 컴포넌트 테스트 후에 수행한다.

10 인스펙션(Inspection)을 도입하여 프로그램을 개발하는 경우 나타나는 특징으로 올바르지 않은 것은?

① 결과적으로 품질에 투입되는 비용이 감소하며 개발 기간이 단축된다.
② 코딩 전까지는 일반적인 개발보다 소요 인력이 더 많이 필요할 수 있다.
③ 초기 프로젝트 비용이 증가하지만, 개발 단계의 재작업과 투입 인력이 감소한다.
④ 코딩이 시작되면서 투입 인력 수요가 급증하고 테스팅 단계에서 최고치가 된다.

해설 ④ 인스펙션을 적용하지 않은 일반적인 개발에서 코딩이 시작되면서 투입 인력 수요가 급증하며, 테스팅 단계에서 절정을 이루게 된다.

정답 09 ① 10 ④

제 9 장 구조 기반 테스트

9.1 개 요

구조 기반 테스트(Structure-based test)는 프로그램 제어 흐름이나 자료 흐름 정보를 이용하여 테스트 케이스를 설계하는 방법이다. 구조 기반 테스트는 프로그램의 내부 구조 정보를 기반으로 테스트 케이스를 설계하는 측면에서 구조적 테스트(Structural test), 화이트박스 테스트(White box test) 또는 글래스 박스 테스트(Glass-box test)라고도 한다.

9.2 제어 흐름 그래프

제어 흐름 그래프(Control flow graph)는 프로그램 구조를 매우 효과적으로 나타낼 수 있는 수단이다. 구조 기반 테스트를 수행할 때 우선 프로그램을 제어 흐름 그래프로 나타낸 후에 테스트 케이스를 추출하는 것이 일반적이다. 제어 흐름 그래프를 이루는 요소는 다음과 같다:

- 기본 블록(Basic block): 단일 진입점과 단일 진출점을 가진 일련의 연속적인 실행 가능한 문장들의 집합이다. 기본 블록의 문장들은 모두 함께 실행되거나 모두 함께 실행되지 않는다. 기본 블록은 각각 제어 흐름 그래프의 노드가 되며 박스로 표시한다.

- 제어 흐름(Control flow): 기본 블록 간의 실행 순서를 나타낸다. 만약 기본 블록 A에서 기본 블록 B로 간선이 있다면 A가 실행된 후에 B가 실행된다는 의미이다. 제어 흐름은 화살표로 표시한다.

Exercise 01 그림 9.1 코드를 제어 흐름 그래프로 나타내 보자.

CFG.java

```
void findVinArray(int a[], int n, int v) {
        1: int i = 0;
        2: int count = 0;
        3: while (i < n) {
        4:       if (a[i] == v)
        5:                 count++;
        6:       i++;
           }
    7: printf("number %d", count);
  }
```

그림 9.1 예제 프로그램

표 9.1은 위 코드를 제어 흐름 그래프로 나타내기 위해 기본 블록들을 식별한 것이며 이를 제어 흐름 그래프로 나타낸 것이 그림 9.2이다.

표 9.1 기본 블록

기본 블록	문장	진입점	진출점
B1	{1, 2}	1	2
B2	{3}	3	3
B3	{4}	4	4
B4	{5}	5	5
B5	{6}	6	6
B6	{7}	7	7

기본 블록 B1은 1, 2번 문장들로 구성되어 있다. 3번 문장이 B1에 속하지 않는 이유는 무엇일까? 6번 문장의 실행이 종료되면 3번 문장으로 제어가 이동되어야 한다. 따라서 3번 문장은 1번 문장과 2번 문장과 동일한 블록에 포함될 수 없다. 또한, 3번 조건에 의해 조건이 참이 되면 4번 문장이 실행되나 거짓이 되면 4번 문장은 실행되지 않는다. 진출점이 두 개가 되기 때문에 3번과 4번 문장은 하나의 블록에 포함되지 않는다. 다른 기본 블록도 마찬가지로 구성된다.

그림 9.2는 기본 블록 간의 실행 순서를 고려하여 제어 흐름 그래프로 나타낸 것이다. 제어 흐름 그래프에서 볼 수 있듯이 프로그램 실행 흐름 및 프로그램 구조가 일목요연하게 나타나 있음을 알 수 있다.

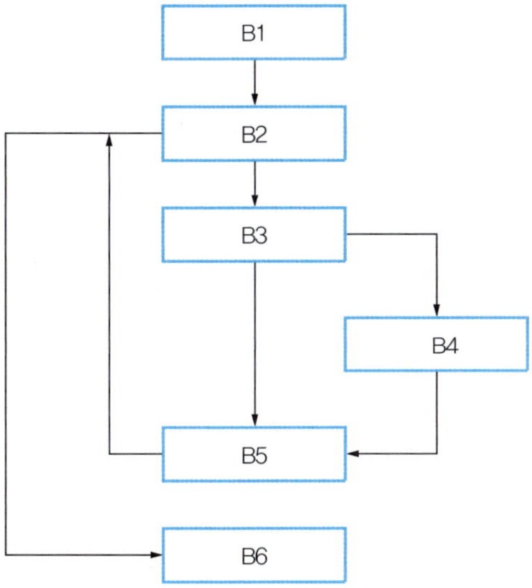

그림 9.2 제어 흐름 그래프 예

제어 흐름 그래프상에서 입력 간선이 없는 노드를 시작 노드라 하고, 출력 간선이 없는 노드를 종료 노드라 한다. 그림 9.2에서 시작 노드는 B1, 종료 노드는 B6이다. 제어 흐름 그래프상에서 프로그램 경로(Path)는 시작 노드에서 종료 노드까지 일련의 노드들이다. 예를 들어, (B1, B2, B3, B4, B5, B2, B3, B5, B2, B6)는 프로그램상에 존재하는 수많은 프로그램 경로 중의 하나이다.

9.3 구조 기반 테스트의 이해

가장 이상적인 구조 기반 테스트는 프로그램의 모든 경로를 최소한 한 번은 실행하여 테스트하는 것이다. 그러나 불행하게도 모든 프로그램 경로를 한 번씩 실행시키는 작업은 현실적으로 불가능하다. 그 이유는 프로그램 경로가 엄청나게 많이 존재할 수 있기 때문이다.

예를 들어, 표 9.1의 예제 프로그램에서 경로의 개수는 n이 0과 같거나 작은 작은 수일 때는 1, n이 1일 때는 2, n이 2일 때는 2^2, …, n이 20인 경우는 2^{20}에 달하는 프로그램 경로가 존재하게 된다. 이러한 모든 프로그램 경로를 실행하기 위해서는 엄청나게 많은 시간과 노력이 요구된다.

따라서 구조 기반 테스트는 프로그램상에 존재하는 모든 가능한 경로를 테스트하는 대신 일부 경로만 테스트하는 방법을 사용한다. 대표적인 기본 경로 테스트인 문장 테스트, 분기 테스트, 조건 테스트, 다중 조건 테스트, MCDC 및 자료 흐름 테스트 등은 모든 프로그램 경로를 테스트 하지 않고 일부 경로만 선정하는 기준을 제공한다.

9.4 문장 테스트

문장 테스트(Statement test)는 프로그램의 모든(실행 가능한) 문장을 최소한 한 번은 행하도록 요구한다. 문장 테스트는 그림 9.3의 절차로 수행된다.

(1) 테스트 대상 프로그램에 해당하는 제어 흐름 그래프를 작성한다..
(2) 모든 실행 가능한 기본 블록들을 지나가는 프로그램 경로 집합을 식별한다.
(3) 프로그램 경로 집합에 있는 각 프로그램 경로에 대해 다음을 수행한다.
  A. 경로를 실행하는 입력 데이터를 식별한다.
  B. 명세 등에서 해당 입력에 대한 기대 출력(Expected output)을 식별한다.

그림 9.3 문장 테스트를 수행하는 절차

그림 9.3의 절차로 제어 흐름 그래프의 모든 블록이 수행되었다면 당연히 프로그램의 모든 문장이 수행되었음을 의미한다.

Exercise 02 다음 프로그램에 대해 문장 테스트에 따라 테스트 케이스를 설계해보자.

명세 함수 foo는 입력 x와 z 또는 y와 z가 양수이거나 x, y 값에 상관없이 z가 10보다 크면 10을 반환한다. 그 외의 경우는 0을 반환한다.

```
int foo(int x, int y, int z) {
        int w=0;
        if (x>0 || y>0)
                z=z+10;
        if (z>10)
                w=10;
        return w;
}
```

그림 9.4 예제 프로그램

우선 제어 흐름 그래프를 작성한다. 그림 9.5는 테스트 대상 프로그램의 제어 흐름 그래프이다. 이 제어 흐름 그래프에서 모든 블록을 실행할 수 있는 프로그램 경로 집합을 구한다. 이러한 프로그램 경로 집합은 유일하지 않으며 여러 개가 존재할 수 있다. 예를 들면, TS1-{⟨B1, B2, B3, B5⟩, ⟨B1, B3, B4, B5⟩}이나 TS2={⟨B1, B2, B3, B4, B5⟩}는 모두 문장 테스트 요건을 만족하는 경로 집합들이다. 만약 TS1을 테스트할 경로 집합으로 선정하였다면 전체 4개의 프로그램 경로 i.g., {⟨B1, B2, B3, B4, B5⟩, ⟨B1, B2, B3, B5⟩, ⟨B1, B3, B4, B5⟩, ⟨B1, B3, B5⟩} 중에서 2개의 경로를 선정하여 테스트하는 것이고 TS2를 선정하였다면 4개의 경로 중에서 1개의 경로만 테스트하는 것이다.

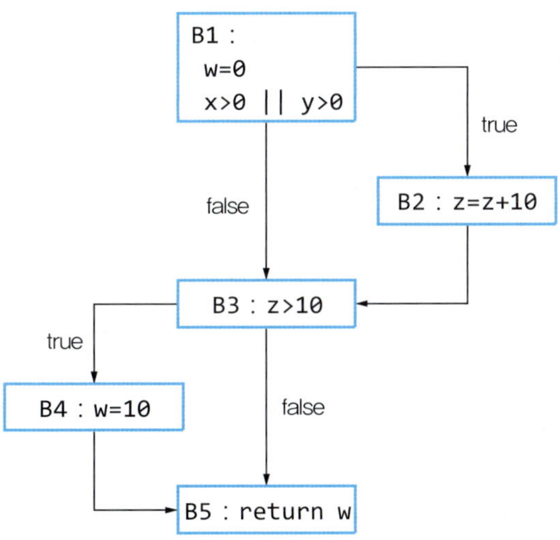

그림 9.5 제어 흐름 그래프

이 예에서는 TS2를 테스트 경로 집합으로 선정한다. 다음 단계에서는 TS2에 있는 경로를 실행하는 입력 데이터 집합을 구한다. 입력 데이터 집합 {(x=10, y=10, z=10)}은 프로그램 경로 〈B1, B2, B3, B4, B5〉를 실행하므로 모든 프로그램 문장을 실행한다. 또한, 명세에서 이 입력 데이터가 주어졌을 때 기대 출력은 10임을 알 수 있다(표 9.2 참조).

표 9.2 테스트 케이스

테스트 케이스	입력			기대 출력	실행된 블록
	x	y	z		
1	10	10	10	10	B1, B2, B3, B4, B5

따라서 만약 프로그램에 (x=10, y=10, z=10)을 입력하여 실행했을 때 출력으로 10 이외의 값이 반환된다면 프로그램에 결함이 있음을 알 수 있다.

그림 9.6의 식을 이용하여 테스트 케이스 집합에 의해 문장 테스트가 어느 정도 이루어졌는지 정량적으로 알 수 있으며 이를 문장 커버리지(Coverage)라고 한다.

$$\text{문장 커버리지(\%)} = \frac{\text{테스트 케이스 집합에 의해 실행된 문장의 수}}{\text{전체 실행 가능한 프로그램 문장의 수}} \times 100$$

그림 9.6 문장 커버리지

Exercise 03

그림 9.5에서 (x=10, y=10, z=0)은 〈B1, B2, B3, B5〉 경로를 실행하기 때문에 문장 커버리지는 전체 6개의 문장 중에서 5개의 문장이 실행되므로 $\frac{5}{6}\times 100=83.3\%$의 문장 커버리지를 갖는다. 만약 실행이 안 된 블록 B4를 실행하는 테스트 케이스를 추가하면 100% 문장 커버리지를 가지게 될 것이다.

심화노트 단축연산과 문장 커버리지

C, C++나 Java와 같은 프로그래밍 언어는 프로그램의 효율적인 실행을 위해 단축연산(Short-circuit evaluation)을 수행한다. 단축 연산은 &&(and), ||(or)가 관여되는 논리 연산식에서 첫 번째 인자의 평가로 논리식의 결과가 결정될 때 다음에 나오는 인자를 평가하지 않는 방법이다. 만약 A&&B 연산식에서 A의 평가 결과가 false이면 B를 평가하지 않고 전체 연산의 결과는 false가 된다. 같은 이유로 A||B에서 A가 true이면 B를 평가하지 않고 전체 연산의 결과는 true가 된다.
만약 그림 9.4에서 "x>0 || y>0"가 단축 연산을 수행한다면 입력 데이터 집합 {(x=10), (y=10)}은 모든 문장을 실행하지 못한다. 그 이유는 논리식 "x>0 || y>0"에서 (x=10, y=10, z=10)에 대해 x>0가 참이 되어 전체 논리식의 결과를 결정하기 때문에 y>0이 평가(실행)되지 않기 때문이다. 이와 같이 단축 연산을 수행하는 경우에는 x>0의 결과를 false로 하여 y>0을 평가하게 할 필요가 있다. 따라서 (x=−10, y=10, z=10)을 입력하여 테스트하면 모든 문장을 실행할 수 있다.

9.5 결정 테스트

9.4의 문장 테스트(Statement test)는 더 적은 개수의 테스트 데이터들로 쉽게 만족할 수 있지만, 프로그램상에 존재하는 가능한 경우들을 모두 검증하지 못한다는 단점이 있다. 예를 들면, 다음 프로그램을 생각해보자.

```
if (x<0) x = -x;
z = x;
```

x가 0보다 작은 어떠한 값도 모든 문장을 한 번은 실행하게 하므로 문장 테스트의 요건을 만족한다. 이 경우에 변수 x가 0보다 크거나 같을 때는 프로그램이 올바르게 실행이 되는지 알 수가 없다.

결정 테스트는 프로그램상에 나타난 모든 결정문(Decision)의 결과가 참이 되는 경우와 거짓이 되는 경우를 최소한 한 번은 실행하도록 요구한다. 예를 들어, {(x=3), (x=−5)}는 결정문을 true와 false가 되는 경우를 실행하므로 결정 테스트 요건을 만족하는 테스트 데이터 집합이다. 물론 항상 결정문의 결과로 true와 false 2개의 값만을 가지지는 않는다. C 언어에서 스위치(Switch) 문장은 결정문이 여러 개의 결과를 가질 수 있다.

결정 테스트는 그림 9.7의 절차로 수행된다.

(1) 테스트 대상 프로그램에 해당하는 제어 흐름 그래프를 작성한다.
(2) 아직 실행되지 않은 결정의 결과(들)에 도달하는 프로그램 경로 집합을 식별한다.
(3) 프로그램 경로 집합에 있는 각 프로그램 경로에 다음을 수행한다.
  A. 경로를 실행하는 입력 데이터를 식별한다.
  B. 명세 등에서 해당 입력에 대한 기대 출력(Expected output)을 식별한다.
(4) (2)-(3)을 모든 결정의 결과가 실행될 때까지 반복한다.

그림 9.7 **결정 테스트를 수행하는 절차**

Exercise 04 Exercise 02의 프로그램을 사용하여 결정 테스트에 따라 테스트 케이스를 설계해보자.

이 프로그램에는 2개의 결정문이 있다: x>0 || y>0과 z>10. 각각의 결정문이 true와

false 값을 갖는 프로그램 경로 집합을 구한다. 이러한 프로그램 경로 집합은 유일하지 않으며 여러 개가 존재할 수 있다.

예를 들어, TS={〈B1, B2, B3, B5〉, 〈B1, B3, B4, B5〉}는 그러한 집합 중의 하나이다. 경로 〈B1, B2, B3, B5〉를 실행하는 입력 테스트 데이터는 결정문 "x>0||y>0"이 true 값을 산출하고 z>10이 false 결과를 갖도록 한다. 경로 〈B1, B3, B4, B5〉를 실행하는 입력 테스트 데이터는 "x>0||y>0"이 false 값을 산출하고 z>10이 true 결과를 갖는다.

그림 9.8은 제어 흐름 그래프상에 이 경로 집합에 의해 실행된 경로들을 점선으로 표시한 것이다.

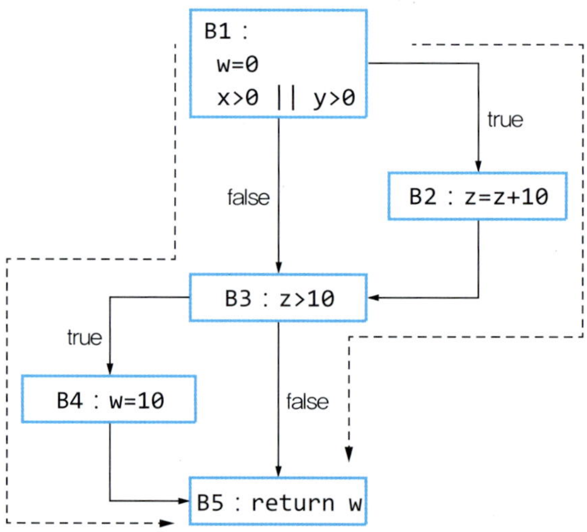

그림 9.8 실행된 경로

따라서 위 경로 집합을 실행하는 테스트 케이스 집합을 사용하여 프로그램을 실행하면 프로그램의 모든 결정문이 가질 수 있는 산출 결과들에 대해 프로그램을 테스트할 수 있다. 표 9.3은 결정 테스트에 따라 구한 테스트 케이스 집합을 보여 준다.

표 9.3 테스트 케이스

테스트 케이스	입력			기대 출력	결정 결과
	x	y	z		
1	10	10	−10	0	x>0||y>0: true z>10: false
2	−10	−10	20	10	x>0||y>0: false z>10: true

그림 9.9는 결정 커버리지를 구하는 식이다. 이 식을 이용하여 테스트 케이스 집합에 의해 결정 테스트가 어느 정도 이루어졌는지 정량적으로 알 수 있다.

$$\text{결정 커버리지(\%)} = \frac{\text{테스트 케이스 집합에 의해 실행된 결정문의 결과 수}}{\text{전체 프로그램의 결정문의 결과 수}} \times 100$$

그림 9.9 **결정 커버리지**

Exercise 05

표 9.3에서 테스트 케이스 1은 총 4개의 결정 결괏값 중에서 2개가 산출되기 때문에 $\frac{2}{4} \times 100 = 50\%$의 결정 커버리지를 갖는다. 여기에 테스트 케이스 2가 추가되면 100% 결정 커버리지를 갖는다.

심화노트 결정 테스트와 분기 테스트

ISO/IEC/IEEE 29119에서는 결정 테스트와 분기 테스트를 달리 정의한다. ISO/IEC/IEEE 29119에서 정의한 분기 테스트는 프로그램을 제어 흐름 그래프로 표현했을 때 제어 흐름 그래프상의 분기(또는 간선)들이 최소한 한 번은 실행되기를 요구한다. 이러한 정의에 따르면 표 9.3의 테스트 케이스 집합은 분기 테스트 요건을 만족한다.

그러나 결정문이 분기를 가지지 않은 경우에는 분기 테스트의 테스트 케이스 집합과 결정 테스트의 테스트 케이스 집합이 동일하지 않을 수 있다. 예를 들면, 다음 프로그램을 생각해보자.

```
int foo(int x, int y) {
        boolean k;
    1: k=(x>10)&&(y>10);
    2: return k+1;
}
```

1번 배정문은 결정식 "(x > 10)&&(y > 10)"의 결과를 변수 k에 대입한다. 따라서 결정 테스트로 테스트 케이스 집합을 구하면 k가 true와 false가 되는 경우를 모두 나오게 하는 x와 y의 값을 사용하여 테스트해야 한다. 즉, x와 y가 모두 10보다 큰 경우와 x나 y가 10보다 작은 경우인 두 개의 테스트 케이스가 필요하다. 반면에 분기 테스트는 제어 흐름 그래프를 작성했을 때 기본 블록 하나로만 구성되므로 이 블록을 실행하는 테스트 케이스이면 k가 어떤 값을 가지든지 상관없다. 따라서 하나의 테스트 케이스이면 분기 테스트의 요건을 만족한다.

테스트 요건 간의 관계는 포용 관계(Subsumption relation)로서 서로 비교할 수 있다. 만약 두 개의 테스트 요건이 C1과 C2가 있다고 가정할 때 C1을 만족하는 테스트 케이스 집합이 C2를 만족한다면 C1은 C2를 포용한다고 말한다.

동일한 프로그램에 대해 결정 테스트를 만족하는 테스트 케이스 집합은 문장 테스트를 만족함을 쉽게 알 수 있다. 따라서 결정 테스트는 문장 테스트를 포용한다.

9.6 조건 테스트

DO-178B는 항공전자 시스템에서 사용되는 소프트웨어의 FAA(미국연방항공국) 승인을 위한 지침으로 널리 사용되어오고 있다. DO-178B는 다음과 같이 결정과 조건을 구분한다.

```
A Condition is a Boolean expression containing no Boolean operators. A Decision is a Boolean expression composed of conditions and zero or more Boolean operators. A decision without a Boolean operator is a condition. If a condition appears more than once in a decision, each occurrence is a distinct condition.
```

위 정의에 따르면 조건은 논리 연산자 "and"나 "or" (C나 Java언어에서는 "&&", "||")를 포함하지 않은 Boolean 식이고, 결정은 이러한 조건들이 논리 연산자를 사용하여 구성된 Boolean 식을 의미한다. 그러나 기본적으로 우리는 DO-178B의 정의를 따르지만 조건이나 결정이 반드시 true나 false를 가지는 Boolean 식으로 한정하지 않는다. 그 이유는 switch 문과 같은 경우에는 true나 false가 아닌 여러 값을 가질 수 있기 때문이다.

예를 들어, 다음 프로그램을 생각해보자.

```
if (x>0 && y<=-3) {
        x=y+4;
        y = y-1;
}
```

이 프로그램에서 결정 "x>0&&y<=-3"은 두 개의 조건 x>0과 y<=-3을 논리 연산자 "&&"를 사용하여 구성하였다. 이때 x>0과 y<=-3은 식에 논리 연산자가 관여되지 않은, 더 이상 분할될 수 없는 (기본) 조건이다. 이와 같이 관계 연산자(=, <>, <=)만을 적용하거나 Boolean 변수로만 이루어진 식을 조건이라 한다.

이 프로그램에 결정 테스트 요건을 만족하는 테스트 집합을 구해보면 다음과 같다. {(x=4, y= −4), (x=−1, y=−4)}. 표 9.4에서 볼 수 있듯이 우리는 쉽게 위에서 주어진 테스트 집합을 사용하여 프로그램을 실행하면 결정이 true가 되는 경우와 false가 되는 경우를 모두 실행할 수 있음을 알 수 있다.

표 9.4 결정 테스트를 만족하는 테스트 집합

테스트 데이터	조건		결정
	x>0	y<=-3	x>0 &&y<=-3
x=4, y=−4	true	true	true
x=−1, y=−4	false	true	false

그러나 또한 이 테스트 집합은 조건 y<=−3이 false가 되는 경우는 전혀 테스트하지 못하는 사실도 알 수 있다.

조건 테스트(Condition test)는 프로그램의 조건에 나타난 모든 조건이 true가 되는 경우와 false가 되는 경우 모두를 발생하게 하는 입력 데이터를 테스트 집합으로 사용할 것을 요구한다. 따라서 표 9.4의 테스트 집합은 결정 테스트 요건을 만족하지만, y<=−3이 false가 되는 경우를 테스트하지 않기 때문에 조건 테스트를 만족하지 않는다. 만약 표 9.5와 같이 (x=−1, y=−2)를 테스트 집합에 추가하면 y<=−3이 false가 되는 경우를 테스트하므로 조건 테스트를 만족한다.

표 9.5 조건 테스트를 만족하는 테스트 집합

테스트 데이터	조건		결정
	x>0	y<=-3	x>0 &&y<=-3
x=4, y=−4	true	true	true
x=−1, y=−4	false	true	false
x=−1, y=−2	false	false	false

조건 테스트는 그림 9.10의 절차로 수행된다.

(1) 테스트 대상 프로그램에 해당하는 제어 흐름 그래프를 작성한다.
(2) 아직 실행되지 않은 조건의 결과(들)에 도달하는 프로그램 경로 집합을 식별한다.
(3) 프로그램 경로 집합에 있는 각 프로그램 경로에 다음을 수행한다.
  A. 경로를 실행하는 입력 데이터를 식별한다.
  B. 명세 등에서 해당 입력에 대한 기대 출력(Expected output)을 식별한다.
(4) (2)-(3)을 모든 조건의 결과가 실행될 때까지 반복한다.

그림 9.10 조건 테스트를 수행하는 절차

Exercise 06

Exercise 02의 프로그램을 사용하여 조건 테스트에 따라 테스트 케이스를 설계해보자. 이 프로그램에는 2개의 결정이 있다. 첫 번째 결정 x>0 || y>0에는 x>0과 y>0인 두 가지 조건으로 구성되어 있고, 두 번째 결정에는 z>10인 조건 하나로 이루어져 있다. 표 9.6은 조건 테스트를 만족하는 테스트 케이스 집합을 보여 준다.

표 9.6 테스트 케이스

테스트 케이스	입력			기대 출력	조건		
	x	y	z		x>0	y>0	z>10
1	1	−1	0	0	true	false	false
2	−1	1	1	10	false	true	true

그림 9.11의 식을 이용하여 테스트 케이스 집합에 의해 조건 테스트가 어느 정도 이루어졌는지 정량적으로 알 수 있으며, 이를 조건 커버리지 라고 한다.

$$\text{조건 커버리지(\%)} = \frac{\text{테스트 케이스 집합에 의해 실행된 개별 조건의 결과 수}}{\text{전체 프로그램 개별 조건의 결과 수}} \times 100$$

그림 9.11 조건 커버리지

Exercise 07

표 9.6에서 테스트 케이스 1은 총 6개의 결정 결괏값 중에서 3개가 산출되기 때문에 $\frac{3}{6}$ ×100=50%의 조건 커버리지를 갖는다. 여기에 테스트 케이스 2가 추가되면 100% 조건 커버리지를 갖는다.

조건 테스트는 결정 테스트를 포용할까? 즉, 조건 테스트 요건을 만족하는 테스트 집합은 결정 테스트 요건을 만족할까? 대답은 No이다. 이는 표 9.7을 보면 쉽게 알 수 있다.

표 9.7 조건 테스트를 만족하지만 결정 테스트를 만족하지 않은 테스트 케이스

테스트 케이스	입력			기대 출력	조건		결정1	결정2
	x	y	z		x>0	y>0	x>0||y>0	z>10
1	1	−1	0	0	true	false	true	false
2	−1	1	1	10	false	true	true	true

표 9.7을 보면 2개의 테스트 케이스로 모든 조건의 결과가 생성됨을 볼 수 있지만, 결정1은 true만 테스트 되고 false는 테스트 되지 않는다. 따라서 표 9.7의 테스트 케이스 집합은 조건 커버리지를 만족하지만, 결정 커버리지를 만족하지 않는다. 또한, 우리는 결정 커버리지를 만족하지만 조건 커버리지가 반드시 만족되지 않는다는 사실을 이미 알고 있다. 따라서 조건 테스트와 결정 테스트는 서로 포용하지 않는다.

심화노트 단축 연산과 조건 커버리지

단축 연산을 수행한다면 표 9.7의 테스트 케이스 집합은 100% 조건 커버리지를 만족하지 못한다. 다음 표는 단축 연산을 수행하는 경우 표 9.7의 테스트 케이스 집합에 따른 조건들의 평가 결과를 보여 준다.

이 표에서 볼 수 있듯이 테스트 케이스 1은 x>0의 평가 결과로 전체 결정의 결과가 true가 됨을 알기 때문에 y>0 조건을 평가하지 않는다. 반면에 테스트 케이스 2는 x>0의 평가 결과가 false이기 때문에 결정의 결과를 알기 위해서는 y>0을 반드시 평가해야 한다.

테스트 케이스	입력			기대 출력	조건		결정1	결정2
	x	y	z		x>0	y>0	x>0||y>0	z>10
1	1	−1	0	0	true	−	true	false
2	−1	1	1	10	false	true	true	true

따라서 테스트 케이스 집합은 조건 y>0에서 false가 나오는 경우가 없으므로 100% 조건 커버리지를 만족하지 못한다. 100% 조건 커버리지를 만족하기 위해서는 y>0을 false가 되는 테스트 데이터를 추가할 필요가 있다. 이때 주의할 점은 x>0을 false가 나오도록 하면서 y>0을 false가 나오도록 해야 한다. 만약 x>0이 true가 나오면 y>0이 실행되지 않기 때문이다. 다음 표는 100% 조건 커버리지를 만족하도록 추가된 테스트 케이스를 보여 준다.

테스트 케이스	입력			기대 출력	조건		결정1	결정2
	x	y	z		x>0	y>0	x>0||y>0	z>10
1	1	−1	0	0	true		true	false
2	−1	1	1	10	false	true	true	true
3	−1	−1	1	0	false	false	false	false

9.7 결정/조건 테스트

9.6절에서 결정 테스트와 조건 테스트는 어느 쪽도 포용하지 않음을 기술하였다. 결정/조건 테스트(Decision Condition Test)는 결정 테스트와 조건 테스트를 모두 만족하는 테스트 케이스 집합을 설계하도록 요구한다.

결정 조건 테스트는 그림 9.12의 절차로 수행된다.

(1) 테스트 대상 프로그램에 해당하는 제어 흐름 그래프를 작성한다.
(2) 아직 실행되지 않은 결정과 조건의 결과(들)에 도달하는 프로그램 경로 집합을 식별한다.
(3) 프로그램 경로 집합에 있는 각 프로그램 경로에 다음을 수행한다.
  A. 경로를 실행하는 입력 데이터를 식별한다.
  B. 명세 등에서 해당 입력에 대한 기대 출력(Expected output)을 식별한다.
(4) (2)-(3)을 모든 결정과 조건의 결과가 실행될 때까지 반복한다.

그림 9.12 결정/조건 테스트를 수행하는 절차

Exercise 08

표 9.7을 보면 2개의 테스트 케이스로 모든 조건의 결과가 생성됨을 볼 수 있지만, 결정1은 true만 테스트 되고 false는 테스트 되지 않는다. 따라서 표 9.7의 테스트 케이스 집합은 조건 커버리지를 만족하지만, 결정 커버리지를 만족하지 않는다. 따라서 결정/조건 테스트의 요건을 만족하기 위해서는 결정1을 false로 평가할 수 있는 테스트 케이스가 추가되어야 한다. 표 9.8은 테스트 케이스 3을 추가하여 결정/조건 테스트를 만족하는 테스트 케이스 집합을 보여 준다.

표 9.8 결정 조건 테스트를 만족하는 테스트 케이스

테스트 케이스	입력			기대 출력	조건		결정1	결정2
	x	y	z		x>0	y>0	x>0||y>0	z>10
1	1	−1	0	0	true	false	true	false
2	−1	1	1	10	false	true	true	true
3	−1	−1	1	0	false	false	false	false

그림 9.13의 식을 이용하여 테스트 케이스 집합에 의해 결정 조건 테스트가 어느 정도 이루어졌는지 정량적으로 알 수 있으며, 이를 결정/조건 커버리지라고 한다.

$$\text{결정/조건 커버리지(\%)} = \frac{\text{테스트 케이스 집합에 의해 실행된 결정문과 개별 조건의 결과 수}}{\text{전체 프로그램 결정문과 개별 조건의 결과 수}} \times 100$$

그림 9.13 **결정/조건 커버리지**

Exercise 09

표 9.8의 테스트 케이스 1과 테스트 케이스 2로 이루어진 테스트 케이스 집합에 의해 달성되는 결정/조건 커버리지를 구해보자. 총 8개의 결정 및 조건 결괏값 중에서 7개가 산출되므로 $\frac{7}{8} \times 100 = 88\%$의 결정/조건 커버리지를 갖는다. 여기에 테스트 케이스 3을 추가하면 100% 결정/조건 커버리지를 갖는다.

Exercise 10

표 9.8의 테스트 케이스 집합은 결정/조건 커버리지를 만족하는 최소 집합이 아니다. 표 9.9와 같이 2개의 테스트 케이스를 사용하여 결정/조건 커버리지를 만족할 수 있다.

표 9.9 **결정/조건 테스트를 만족하는 테스트 케이스**

테스트 케이스	입력			기대 출력	조건		결정1	결정2
	x	y	z		x>0	y>0	x>0||y>0	z>10
1	1	1	0	0	true	true	true	false
2	−1	−1	1	20	false	false	false	true

9.8 다중 조건 테스트

더욱 강화된 테스트 케이스 집합을 얻기 위해서는 결정이 가질 수 있는 경우뿐만 아니라 결정을 구성하는 기본 조건들이 가질 수 있는 모든 가능한 조합까지도 프로그램 실행 중에 최소한 한 번은 검증할 필요가 있다.

예를 들어, 다음 프로그램을 생각해보자.

```
int multi(int x, int y) {
        if (x>0 && y <=-3) {
                x=y+4;
        }
        return x;
}
```

이 프로그램에서 결정 "x>0&&y<=-3"은 두 가지 조건 x>0과 y<=-3을 논리 연산자 "&&"를 사용하여 구성하였다. 다중 조건 테스트(Multiple Condition Test)는 표 9.10에서 보인 바와 같이 두 가지 조건의 모든 가능한 조합에 대해 테스트 집합을 구성한다.

표 9.10 **다중 조건 테스트**

id	x>0&&y<=-3		테스트 데이터
	x>0	y<=-3	
1	true	true	(x: 10, y: -5)
2	true	false	(x: 10, y: -1)
3	false	true	(x: -5, y: -5)
4	false	false	(x: -5, y: -1)

다중 조건 테스트(Multiple Condition Test)는 프로그램의 결정들에 사용된 모든 조건의 조합을 테스트할 수 있는 입력 데이터들을 테스트 데이터 집합으로 선정한다. 따라서 다중 조건 테스트는 문장 테스트, 결정 테스트, 조건 테스트 및 결정 조건 테스트를 포용한다.

다중 조건 테스트는 그림 9.14의 절차로 수행된다.

(1) 테스트 대상 프로그램에 해당하는 제어 흐름 그래프를 작성한다.
(2) 아직 실행되지 않은 조건의 조합을 실행하는 프로그램 경로들을 식별한다.
(3) 프로그램 경로 집합에 있는 각 프로그램 경로에 다음을 수행한다.
  A. 경로를 실행하는 입력 데이터를 식별한다.
  B. 명세 등에서 해당 입력에 대한 기대 출력(Expected output)을 식별한다.
(4) (2)-(3)을 모든 결정에 포함된 조건들의 조합이 실행될 때까지 반복한다.

그림 9.14 **다중 조건 테스트를 수행하는 절차**

Exercise 11

표 9.11은 Exercise 02의 프로그램에 다중 조건 테스트를 사용하여 구한 테스트 케이스 집합을 보여 준다. 이 프로그램에는 2개의 결정이 있고, 첫 번째 결정은 2개의 조건으로 구성되어 있으며 두 번째 결정은 하나의 조건으로 구성되어 있다. 테스트 케이스 1부터 테스트 케이스 4까지 첫 번째 결정을 구성하는 두 가지 조건의 모든 조합을 테스트한다. 또한, 테스트 케이스 1과 테스트 케이스 2는 두 번째 결정을 구성하는 모든 조건의 조합을 테스트함을 알 수 있다. 물론 테스트 케이스 1과 2 대신에 테스트 케이스 2와 3 또는 테스트 케이스 1과 4 또는 테스트 케이스 3과 4도 두 번째 결정을 구성하는 조건의 조합을 테스트한다.

표 9.11 다중 조건 테스트를 만족하는 테스트 케이스

테스트 케이스	입력			기대 출력	x>0||y>0		z>10
	x	y	z		x>0	y>0	z>10
1	1	1	1	10	true	true	true
2	1	0	0	0	true	false	false
3	−1	1	1	10	false	true	true
4	−1	−1	0	0	false	false	false

그림 9.15의 식을 이용하여 테스트 케이스 집합에 따라 다중 조건 테스트가 어느 정도 이루어졌는지 정량적으로 알 수 있으며 이를 다중 조건 커버리지 라고 한다.

$$\text{다중 조건 커버리지}(\%) = \frac{\text{테스트 케이스 집합에 의해 실행된 조건들의 조합 수}}{\text{전체 프로그램 개별 조건들의 조합 수}} \times 100$$

그림 9.15 다중 조건 커버리지

Exercise 12 표 9.11에서 테스트 케이스 1부터 테스트 케이스 3으로 구성된 3개의 테스트 케이스들에 의해 달성되는 다중 조건 커버리지를 구해보자.

총 6개의 조건 조합의 수(첫 번째 결정에서 4개의 조건 조합과 두 번째 결정에서 2개의 조건 조합)에서 첫 번째 결정의 조건 조합(false, false)이 누락되었기 때문에 5/6*100=84%의 다중조건 커버리지를 갖는다. 여기에 테스트 케이스 4를 추가하면 100% 다중 조건 커버리지를 갖는다.

심화 노트 단축연산과 다중 조건 커버리지

단축 연산을 수행한다면 표 9.11의 테스트 케이스 1과 2는 x>0을 true로 평가하여 두 번째 결정 y>0을 실행하지 않는다. 따라서 첫 번째 결정의 관점에서 테스트 케이스 1과 2는 중복되는 테스트 케이스라 볼 수 있다. 테스트 케이스 3과 4는 모두 필요하다. 이 테스트 케이스들은 첫 번째 조건 x>0을 false로 평가하여 결국 두 번째 조건 y>0이 전체 결정의 값을 결정하기 때문이다. 두 번째 결정은 z>10인 한 가지 조건으로만 이루어져 있으므로 단축 연산의 영향을 받지 않으며, 이미 테스트 케이스 1과 4 또는 테스트 케이스 3과 4에 의해 다중 조건 커버리지를 만족한다.

테스트 케이스	입력			기대 출력	x>0||y>0		z>10
	x	y	z		x>0	y>0	z>10
1	1	1	1	10	true	–	true
3	−1	1	1	10	false	true	true
4	−1	−1	0	0	false	false	false

9.9 변형된 조건/결정 테스트(MCDC)

변형된 조건/결정 테스트(Modified Condition Decision Adequacy Criterion, MCDC)는 말 그대로 조건 테스트와 결정 테스트 요건을 모두 만족해야 한다. 그러나 결정/조건 테스트와는 다른 점이 있다. 결정을 구성하는 각 조건이 독립적으로 결정의 결과에 영향을 미쳐야 한다. 여기에서 독립적이란 의미는 결정을 구성하는 다른 조건의 값은 고정하고 해당 조건의 값만 변경해야 한다는 의미이다. 즉, MCDC는 각 조건이 결정을 구성하는 다른 조건들과는 무관하게 전체 결정의 평가에 영향을 미치는지를 알아보기 위한 테스트 케이스를 생성한다.

MCDC 테스트 요건을 만족하는 테스트 케이스를 구하기 위해서는 우선 결정을 구성하는 각 조건 C에 대해 C를 true로 만드는 테스트 케이스와 false로 만드는 테스트 케이스 두 개를 선정한다. 이때 C를 제외한 다른 모든 조건의 값은 동일하게 고정하고 전체 결정의 값이 true가 되는 경우와 false가 되는 경우가 발생하도록 테스트 케이스들을 선정한다.

예를 들어, 결정 (A&&B)||C를 생각해보자. MCDC를 만족하기 위해서는 다음과 같은 네 가지 경우가 발생할 수 있는 테스트 케이스들이 필요하다.

표 9.12 MCDC 테스트를 만족하는 테스트 케이스

테스트 케이스	A	B	C	결과
1	true	true	false	true
2	false	true	false	false
3	true	false	false	false
4	true	false	true	true

테스트 케이스 1과 테스트 케이스 2는 조건 A에 대한 MCDC를 만족하는 테스트 케이스들

이고 테스트 케이스 1과 테스트 케이스 3은 조건 B에 대한 MCDC를 만족하는 테스트 케이스들이며 테스트 케이스 3과 테스트 케이스 4는 조건 C에 대한 MCDC를 만족하는 테스트 케이스들이다. 이와 같이 한 조건에 대해 MCDC 테스트 요건을 만족하기 위해서는 2개의 테스트 케이스를 필요로 하는데 이들을 독립 쌍(Independence pair)이라고도 한다.

그림 9.16은 MCDC 테스트를 수행하는 절차이다.

(1) 프로그램의 모든 결정에 대해 (2)-(6)과정을 반복한다.
(2) 주어진 결정을 트리 구조로 변환한다.
(3) 트리를 따라 위로 올라갈 때 다음 과정을 루트 노드에 도달할 때까지 반복한다.
  A. 테스트 대상 조건 (간단히 테스트 조건)의 부모 노드가 OR이라면 형제 노드에게는 false를 할당한다.
  B. 만약 부모 노드가 AND라면 형제 노드에게는 true를 할당한다.
(4) 트리 아래 방향으로 아직까지 값이 할당되지 못한 기본 조건들이 있다면 다음 과정을 통해 값을 전달한다.
  A. 방문한 노드가 AND 노드이고 true라면 자식 노드는 모두 true가 되어야 하며, false라면 자식 노드 중 어느 하나는 false가 되어야 한다.
  B. 방문한 노드가 OR 노드이고 true라면 자식 노드 중 어느 하나는 true이며, false라면 자식 노드는 모두 false가 되어야 한다.
(5) 테스트 조건의 진릿값을 true와 false로 각각 설정한 후에 다음을 수행한다.
  A. 트리의 각 조건에 할당된 진릿값을 생성할 수 있는 입력 데이터를 식별한다.
  B. 명세 등에서 해당 입력에 대한 기대 출력(Expected output)을 식별한다.
(6) (2)-(5)과정의 결정을 구성하는 모든 조건에 대해 반복한다.

그림 9.16 MCDC 테스트를 수행하는 절차

Exercise 13

다음 프로그램에 대해 MCDC 테스트 요건을 만족하는 테스트 케이스를 구해보자.

명세 함수 mcdc는 입력 x와 y가 모두 양수이거나 x, y 값에 상관없이 z가 10보다 크면 20을 반환한다. 그 외의 경우는 10을 반환한다.

```
int mcdc(int x, int y, int z) {
        int w=10;
        if ((x>0 && y>0) || z>10)
                w=w+10;

        return w;
}
```

그림 9.17은 "((x > 0&&y > 0) | | z > 10)"에 대해 테스트 조건이 x > 0이라 할 때 나머지 조건들이 가져야 하는 값을 계산하는 과정을 보여 준다.

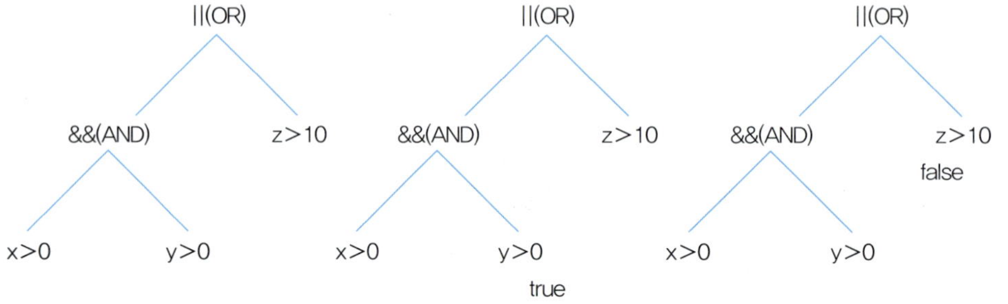

그림 9.17 x>0에 대해 독립 쌍을 계산하는 과정

가장 왼쪽 그림은 결정 "((x > 10 && y > 0) | | Z > 10)"을 트리 구조로 표현한 것이며 중간 그림은 테스트 조건의 부모가 AND이기 때문에 형제인 (y > 0)에 true를 할당한 것을 보여 준다. 가장 오른쪽 그림은 부모 노드가 OR 노드이기 때문에 조건 (z > 10)에 false를 할당하였다. 루트 노드에 도달하였을 때 더는 값이 할당 안 된 조건이 없기 때문에 x > 0의 독립 쌍을 구하였다(표 9.13 참조).

표 9.13 x>0에 대해 MCDC 테스트를 만족하는 독립 쌍

테스트 케이스	입력			기대 출력	(x>0&&y>0)||z>10		
	x	y	z		x>0	y>0	z>10
1	1	1	1	20	true	true	false
2	−1	1	1	10	false	true	false

표에서 볼 수 있듯이 두 개의 테스트 케이스들은 테스트 조건 x > 0의 진릿값은 변경하지만, 나머지 조건들의 진릿값은 변경하지 않는다. 나머지 2개의 조건에도 동일한 과정을 반복하여 테스트 케이스들을 구하면 된다.

그림 9.18의 식을 이용하여 테스트 케이스 집합에 의해 MCDC 테스트가 어느 정도 이루어졌는지 정량적으로 알 수 있으며 이를 MCDC 커버리지라고 한다.

$$\text{MCDC 커버리지(\%)} = \frac{\text{테스트 케이스 집합에 의해 MCDC를 만족하는 조건의 개수}}{\text{총 조건의 개수}} \times 100$$

그림 9.18 MCDC 커버리지

Exercise 14	표 9.13에서 테스트 케이스 1과 테스트 케이스 2에 의해서 달성되는 MCDC 커버리지를 구해보자.

총 3개의 조건이 있으며(결정은 하나가 있고 이 결정에 3개의 조건이 있다) 표 9.13의 테스트 케이스들은 조건 x>0에 독립 쌍이다. 나머지 2개의 조건에 대한 독립 쌍은 포함되어 있지 않다. 따라서 MCDC 커버리지는 $\frac{1}{3} \times 100 = 34\%$의 MCDC 커버리지를 갖는다.

Exercise 15	표 9.13에 100% MCDC를 만족하도록 테스트 케이스를 추가하자. 표 9.14는 100% MCDC를 만족하는 테스트 케이스 집합이다. 테스트 케이스 1과 3은 조건 "y>0"에 대한 독립 쌍이고 테스트 케이스 3과 4는 조건 "z>10"에 대한 독립 쌍이다.

표 9.14 다중 조건 테스트를 만족하는 테스트 집합

테스트 케이스	입력			기대 출력	x>0||y>0		z>10
	x	y	z		x>0	y>0	z>10
1	1	1	1	20	true	true	false
2	−1	1	1	10	false	true	false
3	1	0	0	10	true	false	false
4	1	0	20	20	true	false	true

심화노트 단축연산과 MCDC

9.9절에서 설명한 MCDC는 Unique-Cause MCDC라고 불린다. Unique-Cause MCDC에서는 테스트 조건 이외의 나머지 조건들은 값이 고정되어 있어야 한다. 그러나 이러한 제약은 테스트 케이스의 식별이 순조롭지 않을 수 있다. 예를 들면, 다음 결정을 생각해보자. (X and Y) or (X and Z) 이 결정에서는 조건 X가 반복되어 나타난다. 9.6절에서 언급하였듯이 DO-178B에서는 이들을 개별적인 조건으로 간주한다.

```
… If a condition appears more than once in a decision, each occurrence
is a distinct condition.
```

이 경우에 첫 번째 X 조건을 변경하면 두 번째 X 조건도 따라서 변경될 수밖에 없기 때문에 Unique-Cause MCDC에서 요구하는 요건을 만족하는 테스트 케이스를 구할 수 없게 된다.
DO-178B의 개정판인 DO-178C에서는 이러한 문제를 해결하기 위해 Unique-cause MCDC 대신에 Masking MCDC를 사용할 수 있다. Masking MCDC에서는 테스트 대상 조건이 유일하게 전체 결정의 값에 영향을 주는 유일한 조건임을 보여줄 수 있다면 테스트 조건 이외 나머지 조건들의 값이 반드시 고정되어 있을 필요가 없다. 예를 들면, 다음 표는 첫 번째 조건 X의 독립 쌍이 될 수 있다.

X1	Y	X2	Z
true	true	true	false
false	true	false	true

(표에서 X1은 첫 번째 X 조건을, X2는 두 번째 X 조건을 나타낸다.)

표에서 알 수 있듯이 두 번째 X의 조건은 첫 번째 X의 조건에 따라 값이 변하였으며 조건 Z의 값도 변경되었음을 볼 수 있다. Y가 true가 되고 (X and Z)가 false가 되는 상황에서는 첫 번째 조건이 전체 결정의 값에 영향을 주는 유일한 조건이다. 즉, (X and Z)가 false가 된다면 Z 값은 변경되어도 전체 결정의 값에 영향을 미치지 않으므로 변경되어도 상관없다. 그러나 조건 Y의 값은 변경되어서는 안 되고 true로 고정되어야 한다. 그 이유는 만약 Y가 독립 쌍 어느 한 곳에서 false가 된다면 첫 번째 조건 X의 값을 마스킹하게 되어 테스트 조건이 전체 결정의 값에 영향을 미치지 못하게 하기 때문이다.

단축 연산을 수행하는 경우에도 Unique-Cause MCDC는 문제가 될 수 있다. Exercise 14에서 구한 테스트 케이스 집합을 생각해보자. 표 9.13은 단축 연산을 수행한다고 가정하면 테스트 조건 x>0이 true라면 y>0은 평가되지 않기 때문에 다음과 같이 변경되어야 한다.

테스트 케이스	입력			기대 출력	(x>0&&y>0)||z>10		
	x	y	z		x>0	y>0	z>10
1*	1	1	1	20	true	true	false
2*	−1	1	1	10	false	−	false

즉, 단축 연산이 있는 경우에 y>0이 true가 되는 테스트 케이스를 구할 수 없다. 그러나 Masking MCDC는 테스트 케이스 1*과 테스트 케이스 2*가 테스트 조건 x>0에 대한 독립 쌍이 될 수 있다.

9.10 기본 경로 테스트

지금까지 살펴본 테스트 방법은 프로그램 문장, 분기, 조건 등 프로그램 구조적 요소를 실행하는 테스트 데이터를 요구하였다. 즉, 직접적으로 특정 프로그램 경로를 실행하도록 요구하지는 않았다.

기본 경로 테스트(Basis Path Test)는 이와는 달리 프로그램 경로 중에서 기본 경로(Basis path)를 테스트하도록 요구한다. 기본 경로는 프로그램 나머지 경로를 만드는 데 기본이 되는 경로로 생각할 수 있다. 이러한 기본 경로의 개수는 8.8.2절에서 언급한 순환 복잡도와 같다.

기본 경로 집합을 사용하면 프로그램상에 존재하는 어떤 경로도 선형적으로 조합하여 표현할 수 있는 특징이 있다. 이를 좀 더 형식적으로 이해하기 위해서는 「간선 벡터(Edge vector)」 개념을 이해할 필요가 있다.

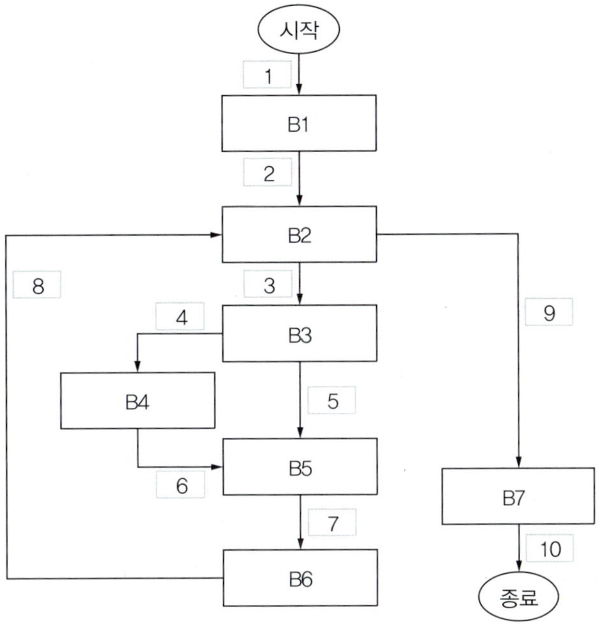

그림 9.19 제어 흐름 그래프

그림 9.19의 제어 흐름 그래프를 예시로 간선 벡터의 개념을 알아보자. 간선 벡터의 크기는 제어 흐름 그래프의 간선 개수로 결정된다. 예제 제어 흐름 그래프에서 간선 개수가 10이므로 이 제어 흐름 그래프의 간선 벡터들은 크기가 10이다. 또한, 간선 벡터의 i-번째 항목은 프로그램의 경로를 구성하는 데 i-번째 간선이 몇 번 사용되었는지를 나타낸다. 제어 흐름 그래프에서 눈여겨보아야 할 점은 간선에 번호를 할당했다는 점이다.

예를 들어, 프로그램 경로 〈1→2→3→4→6→7→8→9→10〉은 간선 벡터 〈1, 1, 1, 1, 0, 1, 1, 1, 1, 1〉로 표현한다. 마찬가지로 프로그램 경로 〈1→2→3→4→6→7→8→3→4→6→7→8→9→10〉은 3, 4, 6, 7, 8번 간선이 각각 두 번씩 경로에 나타나므로 간선 벡터 〈1, 1, 2, 2, 0, 2, 2, 2, 1, 1〉로 표현한다. 이와 같이 프로그램 경로를 벡터 형식으로 표현할 수 있기 때문에 한 프로그램 경로를 다른 프로그램 경로들의 (선형적인) 조합으로 표현할 수 있다.

프로그램 경로 P1=〈1→2→3→4→6→7→8→9→10〉과 경로 P2=〈1→2→9→10〉으로 프로그램 경로 P3=〈1→2→3→4→6→7→8→3→4→6→7→8→9→10〉를 표현할 수 있다. 이를 이해하기 위해서 우선 P1, P2, P3를 다음과 같이 간선 벡터로 표현한다. P1=〈1, 1, 1, 1, 0, 1, 1, 1, 1, 1〉, P2=〈1, 1, 0, 0, 0, 0, 0, 0, 1, 1〉, P3=〈1, 1, 2, 2, 0, 2, 2,

2, 1, 1〉. 이때 P3=2P1+(−1)P2=2〈1, 1, 1, 1, 0, 1, 1, 1, 1, 1〉+(−1)〈1, 1, 0, 0, 0, 0, 0, 0, 1, 1〉가 성립됨을 알 수 있다.

이 경우에 P3는 P1과 P2의 선형적인 조합으로 표현되었다고 말하며 테스트 관점에서는 만약 P1과 P2가 테스트 되었다면 P3는 테스트할 필요가 없다고 본다.

따라서 기본 경로 테스트의 목적은 프로그램의 모든 경로를 선형적 조합으로 표현할 수 있는 독립적인(Independent) 경로 집합을 구하는 것이다. 여기에서 '독립적'이란 의미는 기본 경로 집합에 속한 각 기본 경로들은 기본 경로 집합에 속한 나머지 경로들의 선형 조합으로 표현되어서는 안 됨을 뜻한다.

기본 경로 집합을 구하는 여러 방법이 있으며 여기에서는 베이스라인(Baseline) 방법을 소개한다. 베이스라인 방법의 첫 번째 단계에서는 테스트 대상 프로그램에서 가장 베이스라인이 되는 프로그램 경로를 선정한다. 베이스라인 경로는 어떤 특정 프로그램 경로를 지칭하지 않지만, 예외처리를 나타내는 프로그램 경로보다는 대상 프로그램의 대표적인 기능을 수행하는 프로그램 경로를 베이스라인으로 선택하는 것이 일반적이다.

그림 9.20의 제어 흐름 그래프에서 베이스라인 경로로 1→2→3→4→6→7→8→9→10을 선정한 결과를 보여 준다.

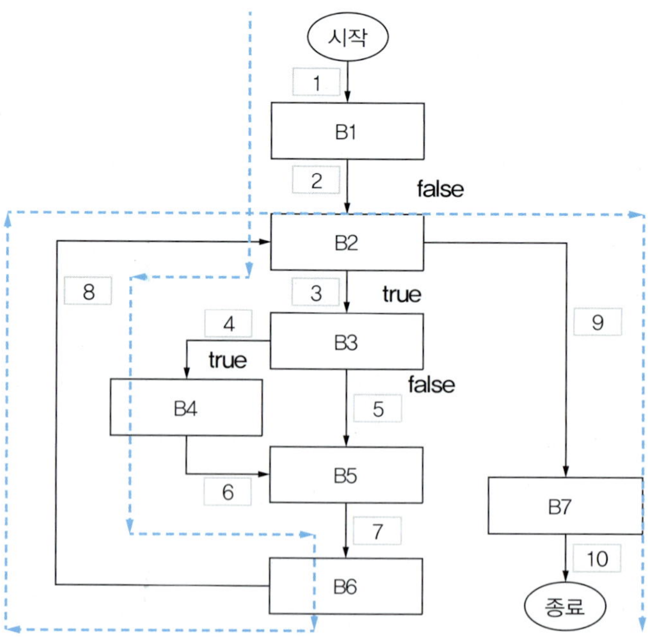

그림 9.20 베이스라인 선정

다음에 생성할 경로들은 베이스라인 경로를 기반으로 생성된다. 두 번째 경로를 생성하기 위해서는 베이스라인의 첫 번째 결정값을 변경하고 베이스라인의 나머지 결정값들은 가능한 한 변경하지 않는다. 그림 9.21은 이와 같은 절차에 따라 생성된 두 번째 기본 경로 1→2→9→10이다. 베이스라인의 첫 번째 결정이 true이기 때문에 이를 false로 변경하였다.

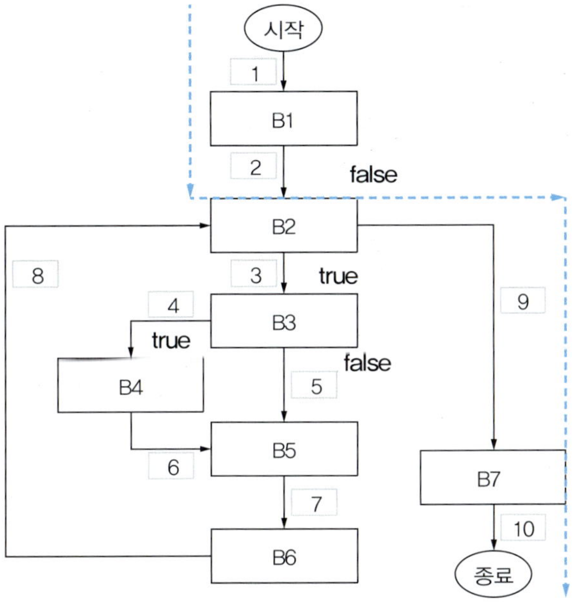

그림 9.21 두 번째 경로 선정

만약 경로를 생성하는 도중에 베이스라인 경로를 구성하는 결정들을 방문한다면 임의대로 결정값을 선정하면 된다. 물론 이 경우에도 가급적 프로그램의 대표적인 기능을 수행하도록 한다.

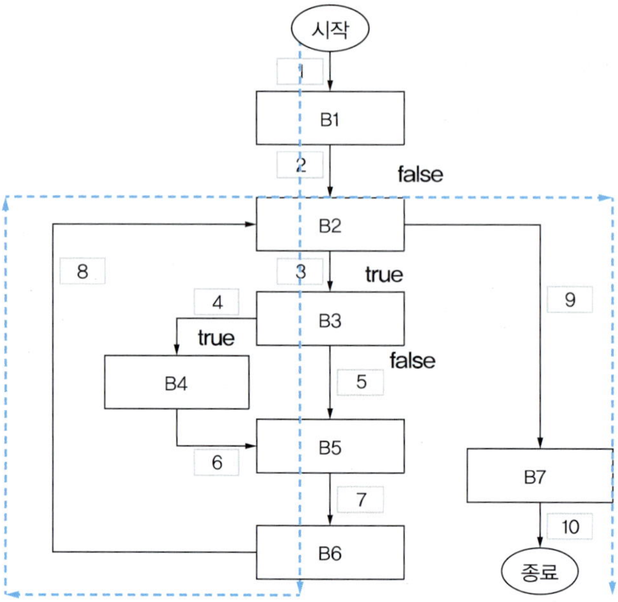

그림 9.22 세 번째 경로 선정

세 번째 경로를 선정하기 위해 베이스라인 경로의 두 번째 결정을 변화시킨다. 주의할 점은 첫 번째 결정은 이제는 변경하지 않고 베이스라인 경로와 동일하게 한다는 점이다. 그림 9.22는 세 번째 기본 경로 1→2→3→5→7→8→9→10을 보여 준다.

이와 같은 과정을 베이스라인의 나머지 결정들에도 수행한다. 만약 베이스라인 경로의 모든 결정에 수행하였다면 두 번째 구한 기본 경로에 베이스라인 경로와 동일한 과정을 적용하여 기본 경로들을 생성한다. 만약 위의 과정이 프로그램의 모든 결정이 가질 만한 모든 가능한 값에 수행되었다면 기본 경로 집합이 모두 계산된 것이다. 그림 9.19에서 알 수 있듯이 프로그램에 결정 2개가 모두 고려되었으므로 제어 흐름 그래프의 사이클로매틱 복잡도와 같은 3개의 기본 경로들을 모두 구했다.

Exercise

01 다음 보기 중에서 구조 기반 테스팅의 커버리지 기준으로 사용되는 것은?

> (가) 프로그램의 모든 문장을 최소한 한 번은 실행해야 한다.
> (나) 프로그램의 모든 분기가 최소한 한 번은 실행해야 한다.
> (다) 프로그램의 모든 기본 경로가 최소한 한 번은 실행해야 한다.
> (라) 프로그램의 모든 상태를 최소한 한 번은 실행하여야 한다.

① (가), (나), (다)　　② (나), (다), (라)
③ (가), (다)　　④ (나), (라)

해설 (가) 문장 커버리지
(나) 분기 커버리지
(다) 기본경로 커버리지

02 다음 프로그램에 대하여 100(%) 문장 커버리지를 만족하는 테스트 데이터는 무엇인가? (※단, short circuit evaluation은 없다고 가정한다)

```
IF (( X > 1 ) AND ( Y == 1 ))
Z = Z / X
END
IF (( X == 2 ) OR ( Z > 1 ))
Z = Z + 1
END
```

① X=5, Y=1, Z=10　　② X=1, Y=1, Z=2
③ X=2, Y=2, Z=5　　④ X=3, Y=1, Z=0

해설 모든 문장을 1회 이상 수행하면 100% 문장 커버리지를 만족한다.
① (X=5, Y=1, Z=10)의 경우 두 조건문이 모두 참이 되어 모든 문장을 수행한다.

정답 01 ① 02 ①

03 아래와 같은 제어 흐름도를 갖는 프로그램이 있다. A, C, F, H의 경로로 테스트를 수행했을 때, 문장 커버리지는 얼마인가? (※단, 소수점 첫째 자리에서 반올림)

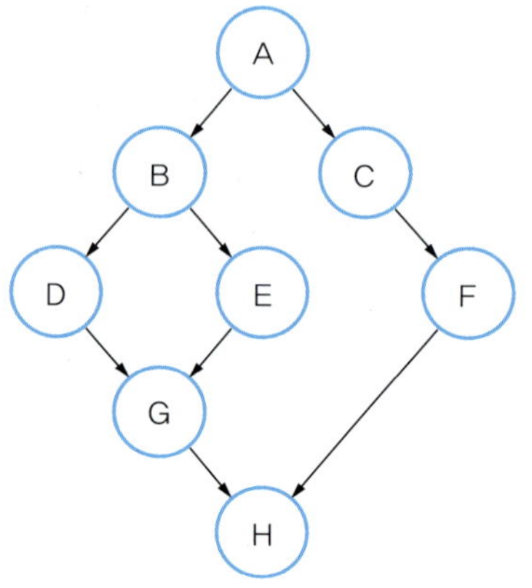

해설 문장 커버리지 $= \frac{\text{테스트 케이스 집합에 의해 실행된 문장의 수}}{\text{전체 실행 가능한 프로그램 문장의 수}} \times 100$

전체 문장 8개(A, B, C, D, E, F, G, H)중 4개(A, C, F, H)를 지나가게 되므로 문장 커버리지는 50%이다.

04 다음 명세와 이를 구현한 프로그램에 대해 올바르지 않은 것은?

명세 함수 foo는 입력 x와 z 또는 y와 z가 양수이거나 x, y 값에 상관없이 z가 10보다 크면 10을 반환한다. 그 외의 경우는 0을 반환한다.

```
int foo(int x, int y, int z) {
        int w=0;
        if (x>0 || y>0)
            z=z-10;
        if (z>10)
            w=10;
        return w;
}
```

① z=z−10을 z=z+10으로 수정하여야 한다.
② x=−10, y=10, z=30은 결함을 검출할 수 있다.
③ x=−10, y=10, z=30은 100% 문장 커버리지를 만족한다.
④ x=−10, y=−10, z=30은 결함을 검출할 수 없다.

해설 ② x=−10, y=10, z=30은 결함을 검출할 수 없다.

정답 03 50(%) 04 ②

05

다음의 제어 흐름도를 이용하여 결정 커버리지를 100(%) 달성하고자 할 때, 테스트 케이스 최소 개수를 기술하시오.

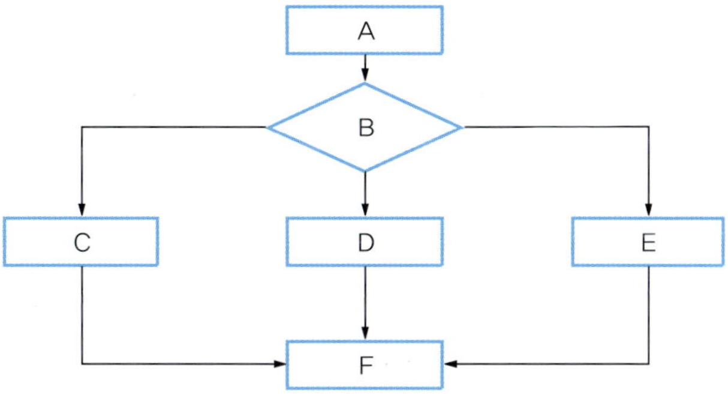

해설

$$\text{결정 커버리지} = \frac{\text{테스트 케이스 집합에 의해 실행된 결정의 결과 수}}{\text{전체 프로그램 결정의 결과 수}} \times 100$$

주어진 제어흐름도에서 전체 프로그램의 결정 결과가 3개(B→C, B→D, B→E)이므로 결정 커버리지를 100% 달성하려면 최소 3개의 테스트 케이스가 필요하다.

06

다음 프로그램을 테스트하기 위한 테스트 케이스가 다음과 같이 3개가 있다. 조건 커버리지를 100(%) 만족하는 최소 개수의 테스트 케이스를 구하고자 할 때, 사용하지 않아도 되는 테스트 케이스는 무엇인지 기술하시오.

```
IF ((X>1) AND (Y==1))
     Z=Z/X
END
IF ((X==2) OR (Z>1))
     Z=Z+1
END
```

[테스트 케이스]

```
TC1 : (X=1, Y=2, Z=2)
TC2 : (X=2, Y=1, Z=6)
TC3 : (X=0, Y=0, Z=1)
```

해설 TC2와 TC3만으로도 모든 기본조건의 T, F를 만족한다.
따라서, TC1을 사용하지 않더라도 100%의 조건 커버리지를 만족할 수 있다.

테스트 데이터	기본조건			
	X>1	Y==1	X==2	Z>1
TC1: (X=1, Y=2, Z=2)	F	F	F	T
TC2: (X=2, Y=1, Z=6)	T	T	T	T
TC3: (X=0, Y=0, Z=1)	F	F	F	F

정답 05 3개 06 TC1

07 다음 프로그램에 대하여 (X=15, Y=2, Z=0), (X=10, Y=20, Z=0)의 테스트 케이스를 실행하였을 때, 조건/분기 커버리지는 몇 %인가? (※단, 소수점 첫째 자리에서 반올림)

```
IF ((X > 10) OR (Y == 2))
      Z = X + Y
IF ((X < Z) AND (Y > 15))
      Z = X
IF (X <= Z)
      PRINT(Z)
```

① 64% ② 75%

③ 93% ④ 100%

해설

$$\text{결정/조건 커버리지} = \frac{\text{테스트 케이스 집합에 의해 실행된 결정조건의 결과 수}}{\text{전체 프로그램 결정조건의 결과 수}} \times 100$$

$$= \frac{13}{14} \times 100 = 92.8$$

테스트 케이스	X>10	Y==2	X>10 OR Y==2	X<Z	Y>15	X<Z AND Y>15	X<=Z
X=15, Y=2, Z=0	T	T	T	T	F	F	T
X=10, Y=20, Z=0	F	F	F	F	T	F	F

08 다음은 구조기반 테스트 커버리지에 대한 설명이다. 어떤 테스트 커버리지에 대한 설명인지 기재하시오.

- 각 기본 조건식 및 전체 조건식의 결괏값이 참(True)과 거짓(False)을 적어도 한 번 이상 실행시키는 것을 기준으로 하는 테스트 방법
- 테스트 케이스 수트에 의해 실행된 전체 조건식과 기본 조건식이 몇 (%)인지 측정

해설 결정/조건 커버리지에 대한 설명이다.

정답 07 ③ 08 결정/조건 커버리지, 조건/분기 커버리지

09 다음은 구조기반 테스트에 대한 설명이다. 어떤 테스트에 대한 설명인지 기재하시오.

> 구조기반 테스트 커버리지 중 테스트 강도가 가장 높으며, 기본 조건식의 가능한 논리적인 조합이 적어도 한번 테스트 되도록 테스트 케이스를 도출하는 방법

10 다음의 진리표를 이용해 변형 조건/결정(MC/DC) 테스트를 하고자 한다. 변형 조건/결정(MC/DC) 커버리지를 100% 달성하는 최소 테스트 케이스 집합은? (테스트 케이스 ID를 모두 나열)

테스트 케이스 ID	A	B	C	A and B or C
1	T	T	T	T
2	T	T	F	T
3	T	F	T	T
4	T	F	F	F
5	F	T	T	T
6	F	T	F	F
7	F	F	T	T
8	F	F	F	F

해설 변형 조건/결정(MC/DC) 테스트는 개별 조건이 독립적으로 변경될 때 전체 결과에 영향을 미치는 케이스를 식별하고, 개별 조건 N개의 변경 조건/변경 커버리지(MC/DC) 케이스는 N+1개 필요하다.

- 개별 조건 3개: 변경 조건/변경 커버리지(MC/DC) = 3 + 1 = 4

변경 조건/변경 커버리지(MC/DC) 100% 최소 테스트 케이스

- 테스트 케이스 2: T, T, F (T)
- 테스트 케이스 3: T, F, T (T)
- 테스트 케이스 4: T, F, F (F)
- 테스트 케이스 6: F, T, F (F)

정답 09 다중 조건 (테스트) 10 2, 3, 4, 6

11 다음 소스 코드에 대하여 100% MC/DC 커버리지를 만족하는 테스트 케이스는 무엇인가?

```
IF ((score>90 AND period>2) OR membership == 'gold')
   fee = 15000
ELSE
   fee = 25000
END
```

①

TC#	score	period	membership
1	91	3	basic
2	90	3	gold
3	89	3	basic
4	91	2	basic

②

TC#	score	period	membership
1	91	3	gold
2	90	3	gold
3	89	3	basic
4	91	2	basic

③

TC#	score	period	membership
1	91	3	basic
2	90	3	gold
3	89	3	basic
4	89	2	basic

④

TC#	score	period	membership
1	91	3	gold
2	90	3	gold
3	89	3	basic
4	89	2	basic

해설 MC/DC 100%를 만족하는 테스트 데이터(score, period, membership)는 (T, T, F), (F, T, T), (F, T, F), (T, F, F)이다.

정답 11 ①

12 보기의 코드를 제어 흐름도로 작성하고, 순환 복잡도를 구하시오.

```
int computeBill(int a)
{
   int b=0;
   if (a>120)
   {
       if (a<=240)
          b=(a-120)*2;
       else
       {
          b=(a-240)*2;
          if (b>=100) b=b*3;
       }
   }
   return b;
}
```

정답

[제어 흐름도]

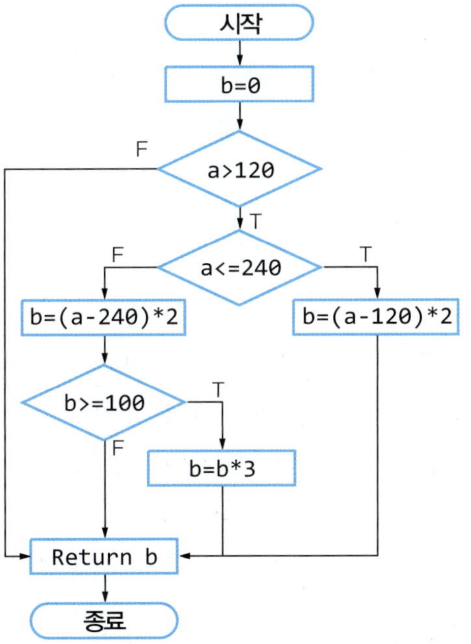

• 순환 복잡도 = 분기문 + 1 = 3 + 1 = 4

제 10 장 명세 기반 테스트

10.1 개 요

블랙박스 테스트라고도 하는 명세 기반 테스트(Specification-based test)는 프로그램의 내부 논리 구조를 참조하지 않고 사용자의 요구사항이 기술된 명세나 설계 정보 등을 이용하여 테스트 케이스를 개발한다. 명세 기반 테스트는 대상 시스템의 명세 정보를 얻을 수 있는 한, 적용 대상에 제한이 없으며 컴포넌트 테스트, 통합 테스트, 시스템 테스트 및 인수 테스트 전 과정에 걸쳐 사용될 수 있다(그림 10.1 참조).

그림 10.1 **명세 기반 테스트**

프로그램 코드 내부 구조를 자세하게 아는 개발자보다는 프로그램 코드 내부 구조를 전혀 모르는 사람이 명세 기반 테스트를 수행하는 것이 좋을 수도 있다. 그 이유는 아무래도 개발자는 코드가 잘 동작되는 면만을 부각하는 테스트 케이스를 작성하는 경향이 있기 때문이다. 따라서 외부의 독립적인 테스터가 명세 기반 테스트를 수행하는 것이 좋다. 물론 외부 테스터라 할지라도 프로그램 기능과 도메인에 관한 이해가 충분해야 한다.

그러나 예외도 있다. 모든 명세 기반 테스트가 외부 테스터에게 맡겨지는 것은 아니다. 개발자 자신이 명세 기반 테스트를 실행할 때도 있다. XP(eXtreme Programming)의 테스트 주도 개발에서는 개발자가 먼저 테스트 케이스를 작성한 후에 코드를 구현한다. XP에서 새롭게 작성되는 테스트 케이스들은 기존 코드가 고려하지 않은 경우들을 대상으로 하기 때문에 편향적인 테스트 케이스 개발을 막을 수 있다. 그뿐만 아니라 짝 프로그래밍을 통해 테스트 케이스 개발과정을 개발자 자신 이외에 다른 작업자가 지켜보기 때문에 외부 테스터가 테스트 케이스 개발을 하는 것과 비슷한 효과가 있다.

명세 기반 테스트는 다음과 같은 여러 이점을 갖는다. 첫 번째로 프로그램 코드가 아닌 명세를 바탕으로 테스트 케이스를 설계하므로 서브 시스템이나 전체 시스템처럼 규모가 큰 단위에도 효과적으로 적용할 수 있다. 두 번째로 테스터가 구현 언어라든지 알고리즘 등 구현에 관한 지식이 없어도 테스트를 수행할 수 있으며, 사용자 관점에서 테스트를 수행하기 때문에 효과적으로 결함을 검출할 수 있는 기회가 제공된다. 세 번째로 명세 결함(일관성이나 애매모호한 점)이 드러나는 기회가 되며 명세가 완성되는 순간 테스트 케이스들을 설계할 수 있다. 즉, 코드가 구현될 때까지 기다릴 필요가 없다. 또한, 명세 기반 테스트 케이스들은 누락 결함(Missing function error)을 검출할 가능성을 높여준다. 명세에는 있지만 구현되지 않은 기능이 있는 결함을 누락 결함이라고 한다. 프로그램 코드에 누락된 기능에 관한 정보는 명세에서 얻을 수 있고 이를 바탕으로 테스트 케이스를 설계하면 누락 결함을 검출할 수 있다.

10.2 동등 분할

동등 분할(Equivalence partitioning)은 소프트웨어 테스트의 근간을 이루는 방법이라 할 수 있다. 크기가 아주 작은 프로그램이라 하더라도 모든 가능한 입력을 사용하여 프로그램을 테스트하기란 불가능하다. 일반적으로 프로그램의 입력 영역은 무한히 크기 때문에 현실적으로 모든 가능한 입력값을 사용하여 테스트 케이스를 만들 수 없다. 예를 들어, 0부터 100 사이에 있는 두 정수를 입력으로 하는 프로그램을 테스트해야 한다고 가정하자. 이때 모든 가능한 입력 조합의 수는 101*101이다. 이렇게 간단한 프로그램을 테스트하더라도 1000개가 넘는 테스트 케이스가 필요하다.

동등 분할은 테스트를 효과적으로 수행하면서도 테스트 케이스의 개수를 줄이는 방법이다. 이 방법은 기본적으로 프로그램 입력이나 출력 영역을 동등 클래스(Equivalent class)라 불리는 몇 개 영역으로 분할하여 각 클래스에서 하나의 값을 선택하여 테스트 케이스로 이용한다. 만약 동등 클래스에서 선정된 한 값에 프로그램이 올바르게 동작한다면 동등 클래스의 나머지 값들도 올바르게 동작할 것이라는 가정을 하고 있다. 한 입력 영역에 대해 여러 개의 동등 클래스로 분할할 때 주의할 점은 분할된 동등 클래스들의 합집합은 입력 영역 그 자체이고 동등 클래스들은 서로 공통된 값이 없어야 한다는 점이다.

동등 분할은 그림 10.2의 절차로 수행된다.

(1) 명세에서 입력과 출력을 식별한다.
(2) 각 입력/출력 영역을 동등 클래스들로 분할한다. 이때 프로그램이 사용되는 입력/출력에 관한 도메인 지식을 이용하거나 과거의 경험을 이용하여 입력/출력 영역을 분할할 수 있으며 아래 「심화노트」의 지침에 따라 영역을 분할할 수 있다.
(3) 각 동등 클래스에서 최소한 하나의 대푯값을 선정하여 테스트 케이스에 반영한 다음, 테스트 케이스 테이블을 작성한다.

그림 10.2 **동등 분할을 수행하는 절차**

심화노트 동등 클래스 입력영역 분할 규칙

일반적인 입력 영역을 분할하는 규칙은 다음과 같다.

① 입력 조건이 범위를 기술하는 경우에는 입력 조건을 만족하는 하나의 클래스와 입력 조건을 만족하지 못하는 두 개의 클래스로 분할한다. 예를 들면, 어떤 프로그램이 나이를 입력받는다고 가정하자. 이 프로그램에서 가정하고 있는 나이의 범위가 25세에서 59세까지라고 한다면 25세 이상 60세 미만, 24세 이하 60세 이상으로 분할한다.

② 입력 조건이 특정 값을 기술하는 경우에는 입력 조건을 만족하는 경우와 입력 조건을 만족하지 않는 두 개의 클래스로 분할한다. 즉, 특정 값 하나로만 이루어진 클래스와 그 값을 포함하지 않는 클래스로 분할한다.

③ 입력 조건이 어떤 집합의 원소를 기술하는 경우에는 그 집합의 원소들만으로 이루어진 클래스와 그렇지 못한 클래스로 분할한다. 예를 들면, 입력 조건이 {오렌지, 사과, 배, 포도}의 한 원소임을 요구할 때 오렌지, 사과, 배, 포도로만 구성된 클래스와 이 원소들을 하나도 갖지 않는 클래스로 분할한다.

④ 입력 조건이 어떤 개체가 존재하는지를 따지는 경우에는 있는 경우와 없는 경우 각각을 하나의 클래스로 만든다. 예를 들어, 전화번호에서 지역 번호는 경우에 따라 입력으로 받을 수도 있고 안 받을 수도 있다. 이때 지역 번호가 있는 경우를 하나의 클래스로 만들고 지역 번호가 없는 경우도 하나의 클래스로 만든다. 만약 이 예에서 입력 조건이 지역 번호 범위를 기술한다면 첫 번째 규칙도 적용할 수 있다. 즉, 지역 번호 범위가 111-555까지라면 지역 번호가 존재하는 경우에 첫 번째 분할 규칙을 적용하여 세 개의 클래스를 만들 수 있다.

Exercise 01

동등 분할을 이용한 블랙박스 테스트 개념을 이해하기 위해 놀이동산 입장권 처리와 관련된 프로그램의 명세를 살펴보자.

> 명세 나이가 10세 이하이면 입장을 할 수 없고 나이가 10-15세이면 보호자가 동반해야 입장이 가능하고 나이가 15세가 넘으면 혼자서도 입장이 가능하다. 또한, 80세가 넘은 경우에도 보호자가 동반해야 입장이 가능하다. 나이가 0세 이하이거나 정수가 아니면 "Invalid input" 메시지를 출력한다. 그리고 나이가 100세를 넘는 경우에는 "Too old" 메시지를 출력한다.

동등 분할 방식을 적용하기 위해 우선해야 할 일은 입력과 출력을 식별하는 일이다. 명세에서 "나이"가 유일한 입력이고 출력은 "입장 불가", "보호자 동반 입장" 및 "입장 가능"이다. 입력과 출력에 대하여 동등 분할을 수행할 때 주의할 점은 유효한 입력 및 출력만을 고려하지 않고 유효하지 않은 입력 및 출력까지도 고려해야 한다는 점이다.

표 10.1 **동등 분할**

	유효 분할	유효하지 않은 분할
입력	0<나이≤100	나이≤0 나이>100 나이=문자열 나이=실수
출력	"입장 불가":(0<나이≤10) "보호자 동반 입장": (10<나이≤15), (80〈나이≤100) "입장 가능": (16<나이≤80) "Invalid input": (나이≤0), (나이=non-integer) "Too old": (나이>100)	메시지≠{"입장 불가", "보호자 동반 입장", "입장 가능", "Invalid input", "Too old"} =>"노인 할인 입장": (60<나이≤100)

예제에서는 표 10.1에서 보는 바와 같이 유효하지 않은 입력으로 나이에 문자열과 실수를 주는 경우를 고려하였다. 이와 같이 프로그램이 전혀 기대하지 않은 입력값을 주었을 때 프로그램 반응을 점검하는 것은 중요하다.

ISO/IEC/IEEE 29119에서 유효하지 않은 출력이란 명세에 명시적으로 기술되어 있지 않은 출력을 말한다. 따라서 유효하지 않은 출력의 식별은 테스터의 주관이나 과거의 비슷한 시스템에서 얻은 경험에 의존되는 경우가 많다. 표 10.1에서는 "노인 할인 입장"이라는 가상의 출력(유효하지 않은 출력)에 대한 입력 클래스를 상정한 것이다.

유효하거나 유효하지 않은 입력과 출력에 대하여 클래스들로 분할한 후에는 각 클래스에서 실제 값을 선정하여 테스트 케이스를 작성한다. 클래스에서 값을 선정할 때는 클래스의 어떤 값도 사용될 수 있다. 그 이유는 클래스에 속한 값들은 프로그램에 의해 동일하게 처리된다는 가정을 하기 때문이다. ISO/IEC/IEEE 29119에서는 입력/출력이 분할되어 나온 클래스들이 테스트 케이스에 최소한 한 번은 포함될 것을 요구한다. 표 10.2는 이와 같은 과정을 거쳐 작성한 테스트 케이스들이다.

표 10.2 **테스트 케이스**

테스트 케이스	입력(나이)	예상 출력	동등 클래스
1	50	"입장 가능"	0<나이≤100
2	−10	"Invalid input"	나이≤0
3	105	"Too old"	100<나이
4	"abc"	"Invalid input"	나이=문자열
5	27.5	"Invalid input"	나이=실수
6	5	"입장 불가"	0<나이≤10
7	13	"보호자 동반 입장"	10<나이≤15
8	85	"보호자 동반 입장"	80<나이≤100
9	30	"입장 가능"	16<나이≤80
10	−20	"Invalid input"	나이<0
11	23.11	"Invalid input"	나이=non−integer
12	110	"Too old"	100<나이
13	70	"입장 가능"	"노인 할인 입장": 60<나이≤100

Exercise 02 동등 분할 테스트에 대해 더 알아보기 위해 [Exercise 01]의 명세를 조금 수정하여 보자. 이제는 입력으로 남자('M')인지 여자('F')인지를 구분하고 만약 30세가 넘은 여자 관객에게 할인을 해줄 때 테스트 케이스를 설계하여 보자.

우선 유효하거나 유효하지 않은 입력과 출력에 대해 분할을 수행한다. 표 10.3에 새로 추가되거나 수정된 내용을 굵은 글씨체로 표시하였다. "성별" 입력이 추가되었으므로 이에 대해 분할을 수행한다. 분할 규칙을 적용하면 성별을 나타내는 입력에 'M', 'F' 그리고 이 두 개의 값을 가지지 않는 클래스로 분할할 수 있다. 표 10.3에서는 성별에 'M', 'F'가 아닌 값으로 'D'를 사용하였다.

표 10.3 동등 분할

	유효 분할	유효하지 않은 분할
입력	0<나이≤100 성별='M' 성별='F'	나이≤0 나이>100 나이=문자열 나이=실수 성별≠{'M', 'F'}
출력	"입장 불가": (0<나이≤10) "보호자 동반 입장": (10<나이≤15), (80<나이≤100) ∧ (성별='M') "입장 가능": (30<나이≤80) ∧ (성별='M'), (16〈나이≤30) "Invalid input": (나이≤0), (나이=non-integer), 성별≠{'M', 'F'} "Too old": (나이>100) **"여성 할인 입장": (30<나이≤80) ∧ (성별='F')** **"여성 할인 입장" ∧"보호자 동반 입장": (80<나이≤100) ∧ (성별='F')**	메시지≠{"입장 불가", "보호자 동반 입장", "입장 가능", "Invalid input", "Too old"} =>"노인 할인 입장": (60<나이≤100)

ISO/IEC/IEEE 29119에서는 입력/출력이 분할되어 나온 클래스들을 조합하는 다음과 같은 두 가지 방법을 기술하고 있다.

- One-to-One 동등 분할: 입력/출력 영역을 분할한 클래스들과 테스트 케이스 간 일 대 일 관계를 명시적으로 보여 준다. 표 10.4의 테스트 케이스들은 One-to-One 동등 분할에 의해 설계되었다. 표 10.4의 테스트 케이스 4는 "나이≤0" 클래스에 해당하는 테스트 케이스이며 이 경우 성별은 임의의 값을 사용하면 된다. 즉, 성별에 'M'이나 'F' 어떤 값을 사용해도 무방하다. 만약 성별≠{'M', 'F'} 값을 사용하는 경우는 어떨까? 이렇게 만들어진 테스트 케이스는 그리 좋다고 볼 수 없다. 이 경우 나이와 성별 모두 타당하지 않은 입력값을 가지고 있다. 만약 프로그램이 이 테스트 케이스를 타당하게 입력으로 받아 처리한다면 명백하게 프로그램이 입력 필드들에 대한 검증 작업을 하지 않는다는 의미가 된다. 그러나 만약 프로그램이 이들을 입력으로 받아들이지 않는다면 테스터 입장에서는 어떤 필드가 문제가 되었는지를 알 수가 없다. 따라서 유효하지 않은 테스트 케이스를 설계하는 경우에는 한 번에 하나의 필드만 유효하지 않은 입력으로 구성하는 것이 바람직하다.
- 최소화 동등 분할(Minimized Equivalence Partitioning): 하나의 테스트 케이스와 하나의 분할된 클래스를 명시적으로 연결한 One-to-One 동등 분할과는 달리 이 방법은 하나의 테스트 케이스에 여러 개의 클래스가 포함되도록 한다. 예를 들면, 표 10.4에서 테스트 케이스 3은 One-to-One 동등 분할에서는 "100<나이" 클래스를 목표로 설계된 테스트 케이스이다. 그러나 최소화 동등 분할에서는 "100<나이"와 성별='F' 두 개의 클

래스를 모두 다루는 테스트 케이스로 간주한다. 따라서 One-to-One 동등 분할 방식보다 테스트 케이스의 수를 줄일 수 있다. 표 10.5는 최소화 동등 분할 방식을 사용하여 설계된 테스트 케이스들을 보여준다. 그러나 이 방식은 테스트 케이스 3과 같이 나이와 성별 모두 타당하지 않은 입력값들을 가지고 있다. 앞에서 이미 언급하였듯이 이러한 테스트 케이스는 가급적 피하는 것이 좋다. 이런 이유로 이 두 방식을 혼합하여 유효하지 못한 테스트 케이스는 One-to-One 방식으로 설계하고, 유효한 테스트 케이스는 최소화 동등 분할 방식을 이용하여 테스트 케이스를 설계하는 것도 고려할 만하다.

표 10.4 One-to-One 동등 분할에 의한 테스트 케이스 집합

테스트 케이스	나이	성별	예상 출력	동등 클래스
1	50	'M'	"입장 가능"	0<나이≤100
2	30	'M'	"입장 가능"	성별='M'
3	30	'F'	"입장 가능"	성별='F'
4	−10	'M'	"Invalid input"	나이≤0
5	105	'F'	"Too old"	100<나이
6	"abc"	'M'	"Invalid input"	나이=문자열
7	27.5	'F'	"Invalid input"	나이=실수
8	30	'D'	"Invalid input"	성별≠{'M', 'F'}
9	5	'F'	"입장 불가"	0<나이≤10
10	13	'M'	"보호자 동반 입장"	10<나이≤15
11	90	'M'	"보호자 동반 입장"	(80<나이≤100) ∧ (성별='M')
12	40	'M'	"입장 가능"	(30<나이≤80) ∧ (성별='M')
13	20	'F'	"입장 가능"	(16<나이≤30)
14	−10	'M'	"Invalid input"	나이≤0
15	12.5	'F'	"Invalid input"	나이=non-integer
16	25	'D'	"Invalid input"	성별≠{'M', 'F'}
17	104	'M'	"Too old"	나이>100
18	70	'F'	"여성 할인 입장"	(30<나이≤80) ∧ (성별='F')
19	85	'F'	"여성 할인 입장" ∧ "보호자 동반 입장"	80<나이≤100 ∧ (성별='F')
20	70	'M'	"입장 가능"	"노인 할인 입장": 60<나이≤100

표 10.5 최소화 동등 분할에 의한 테스트 케이스 집합

테스트 케이스	나이	성별	예상 출력	동등 클래스
1	65	'M'	"입장 가능"	0 < 나이 ≤ 100, 성별='M', (30 < 나이 ≤ 80) ∧ (성별='M') "노인할인입장": 60 < 나이 ≤ 100
2	40	'F'	"여성 할인 입장"	0 < 나이 ≤ 100, (30 < 나이 ≤ 80) ∧ (성별='F'), 성별='F'
3	−10	'D'	"Invalid input"	나이 ≤ 0, 성별 ≠ {'M', 'F'}
4	110	'M'	"Too old"	100 < 나이, 성별='M'
5	"abc"	'M'	"Invalid input"	나이=문자열 나이=non−integer 성별='M'
6	21.5	'F'	"Invalid input"	나이=실수 나이=non−integer 성별='F'
7	5	'F'	"입장 불가"	0 < 나이 ≤ 100, 0 < 나이 ≤ 10, 성별='F'
8	13	'M'	"보호자 동반 입장"	0 < 나이 ≤ 100, 10 < 나이 ≤ 15, 성별='M'
9	90	'M'	"보호자 동반 입장"	0 < 나이 ≤ 100, (80 < 나이 ≤ 100) ∧ (성별='M') 성별='M'
10	40	'M'	"입장 가능"	0 < 나이 ≤ 100, (30 < 나이 ≤ 80) ∧ (성별='M')
11	20	'F'	"입장 가능"	0 < 나이 ≤ 100, 16 < 나이 ≤ 30, 성별='F'
12	85	'F'	"여성 할인 입장" ∧ "보호자 동반 입장"	0 < 나이 ≤ 100, (80 < 나이 ≤ 100) ∧ (성별='F'), 성별='F'

심화노트 인터페이스 기반 IDM과 기능성 기반 IDM

P. Ammann과 J. Offutt은 입력 영역을 분할하는 두 가지 방식을 제안하였다: 인터페이스 기반 IDM (Interface−based Input Domain Modeling)과 기능성 기반 IDM(Functionality−based Input Domain Modeling)이다.

인터페이스 기반 IDM은 프로그램의 기능성이나 입력 인자들 간에 존재할 수 있는 관계 등을 고려하지 않고 각 입력 인자의 영역을 기계적으로 분할한다. 반면에 기능성 기반 IDM은 프로그램의 기능성 정보 등을 바탕으로 입력 영역을 분할한다. 인터페이스 기반 IDM만으로 분할된 클래스들을 조합하여 테스트 케이스를 설계하는 경우에는 유용한 테스트 케이스가 누락될 가능성이 있으며 이 경우에는 기능성 기반 IDM으로 테스트 케이스를 추가할 수 있다. ISO/IEC/IEEE 29119에는 기능성 기반 IDM에 직접적으로 해당되는 것이 없지만, 예제에서 보인 바와 같이 출력을 기반으로 입력 영역을 분할하면 기능성 기반 IDM과 유사한 결과를 가져올 수 있다.

10.3 분류 트리 기법

분류 트리 기법(Classification Tree Method)은 1993년 Grochtmann과 Grimm이 제안하였으며 동등 분할 테스트를 분류 트리를 이용하여 체계적으로 수행할 수 있게 해준다. 분류 트리 기법은 우선 테스트 대상 프로그램 행위에 영향을 줄 수 있는 특성들을 도메인 지식, 경험이나 프로그램의 명세 등을 이용하여 식별한다. 동일한 영역을 여러 다른 관점에서 볼 수 있게 해주는 이러한 특성들을 분류(Classification) 또는 테스트 관련 애스펙트(Test relevant aspect)라 한다. 이러한 특성에 따라 입력이나 출력 등 관심 영역을 여러 클래스로 분할한다.

그림 10.3은 분류 트리(Classification tree)와 테스트 케이스 조합표(Combination table)를 보여 준다. 분류 트리의 루트 노드는 테스트 대상 프로그램의 입력, 출력 등을 포함한 전체 영역을 나타내며 분류 노드(Classification node)(또는 애스펙트 노드, Aspect node)와 클래스 노드가 번갈아 있게 된다. 분류 트리의 말단 노드(Leaf node)는 테스트 케이스를 구성하는 클래스 또는 값을 표현하며, 동등 분할 테스트 영역에서 분할된 개개의 클래스에 해당한다. 동등 분할과 같이 이러한 말단 노드들이 나타내는 클래스들을 적절하게 조합하여 테스트 케이스를 구성한다. 조합하는 방법은 동등 분할 테스트와 같이 One-to-One과 최소화 방법을 사용할 수 있다. 또한, 나중에 설명할 조합 테스트에 사용하는 방법들로 테스트 케이스를 설계할 수 있다(심화노트 참조).

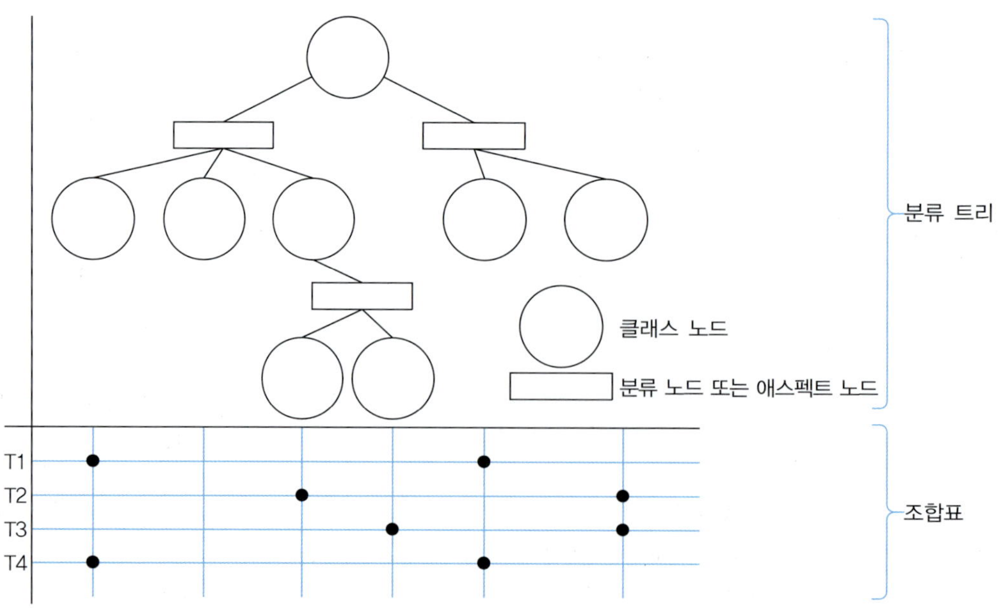

그림 10.3 분류 트리

심화노트 **분할 클래스 조합 방법**

분류 트리의 말단 노드가 나타내는 분할 클래스들을 조합하는 방법은 매우 다양하다. 한 가지 방법은 분할된 각 클래스가 최소한 하나의 테스트 케이스에 포함되도록 하는 조합이고, 또 다른 방법은 모든 가능한 클래스의 조합들이 테스트 케이스 집합에 포함되도록 하는 조합이다. ISO/IEC/IEEE 29119에서는 전자를 「Each choice 조합」이라고 하고 후자를 「All combinations 조합」이라고 한다. 이에 대해서는 조합 테스트에서 자세하게 설명한다.

그림 10.3에 격자로 그려진 조합표의 수평선에 있는 검은 점들은 테스트 케이스를 구성할 때 사용되는 클래스에 해당한다. 동등 분할 테스트와 같이 이 클래스가 나타내는 영역에서 값 하나를 선정하여 테스트 케이스를 구성한다. 물론 클래스의 어떤 값을 사용해도 무방하다.

분류 트리 기법은 그림 10.4의 절차로 수행된다.

(1) 명세 등을 분석하여 대상 클래스(처음에는 루트 노드)에 적용할 수 있는 애스펙트들을 식별한다. 만약 애스펙트가 식별되지 않으면 해당 클래스의 분할은 종료된다.
(2) 각 애스펙트에서 클래스를 여러 (서브)클래스로 분할한다.
(3) 각 (서브)클래스에 위 과정을 반복 수행한다.
(4) 분류 트리의 단말 노드를 적절하게 조합하여 테스트 케이스를 설계한다.

그림 10.4 **분류 트리 기법을 수행하는 절차**

Exercise 03

[Exercise 01]의 놀이동산 입장권 처리 시스템에 분류 트리 기법을 사용하여 테스트 케이스를 설계하여 보자. 그림 10.5는 예제를 분류 트리로 나타낸 것이다. 가장 먼저 해야 할 일은 테스트 대상 프로그램의 행위에 영향을 줄 수 있는 특성 즉, 애스펙트를 식별하는 것이다.

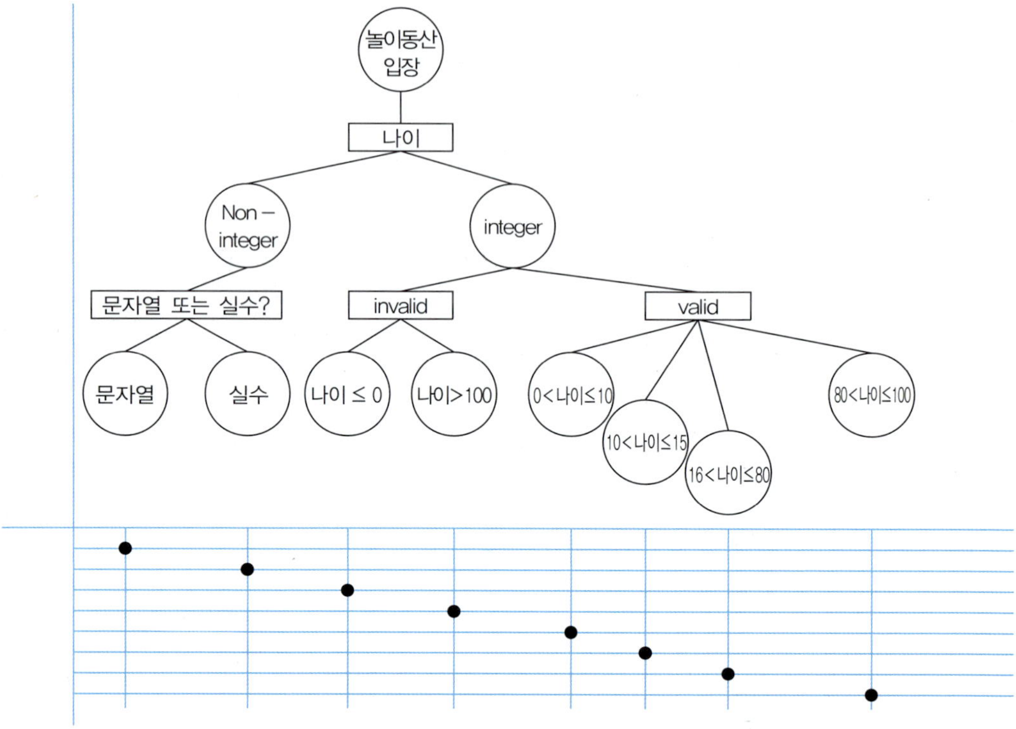

그림 10.5 **분류 트리**

이 예에서는 나이가 유일한 애스펙트이다. 그림 10.5에서 보면 나이를 2개의 클래스(Non- integer와 Integer)로 분할하였다. Non-integer (서브)클래스도 계속해서 문자열, 실수 클래스로 분할하여 유효하지 못한 테스트 케이스를 생성하도록 하였다. Integer 클래스도 Invalid 클래스와 Valid 클래스로 분할하였다. Invalid 클래스는 나이 제한 범위를 벗어난 두 개의 클래스(나이≤0, 나이>100)로 분할하였고 Valid 클래스는 유효한 출력("입장 불가", "보호자 동반 입장", "입장 가능", "too old")을 생성하는 나이 범위 각각을 클래스로 식별하였다. 분류 트리 하단의 조합표는 One-to-One 방식으로 테스트 케이스를 작성하였으며 모든 말단 클래스 각각이 하나의 테스트 케이스에 대응되도록 하였다. 표 10.6은 분류 트리 기법을 이용하여 생성된 테스트 케이스들을 실제 값으로 대입한 것이다.

표 10.6 테스트 케이스

테스트 케이스	입력(나이)	예상 출력	동등 클래스
T1	"abc"	"Invalid input"	나이=문자열
T2	27.5	"Invalid input"	나이=실수
T3	−10	"Invalid input"	나이≤0
T4	110	"too-old"	나이>100
T5	5	"입장 불가"	0<나이≤10
T6	13	"보호자 동반 입장"	10<나이≤15
T7	13	"입장 가능"	16<나이≤80
T8	85	"보호자 동반 입장"	80<나이≤100

10.4 경곗값 분석

소프트웨어 결함은 보통 입력 영역의 경계에서 발생하는 경향이 있다. 경곗값 분석(Boundary Value Analysis)은 입력 영역 경계 근처에 있는 값들을 이용하여 테스트 케이스를 설계하는 테스트 방법이다. 경곗값 테스트는 동등 분할과 마찬가지로 입력/출력 영역을 여러 클래스로 분할한다. 그러나 동등 분할이 입력이나 출력을 여러 클래스로 분할하고 각 클래스에서 임의의 값을 선정하는 것과는 달리 경곗값 분석은 클래스의 경계와 경계 근처에 있는 값들을 사용하여 테스트 케이스를 설계한다.

예를 들어, 어떤 프로그램의 정수형 입력 변수 X가 10과 20 사이의 범위를 가진다고 가정할 때 동등 분할 방식과 경곗값 테스트를 통한 테스트 케이스를 구해보자. 우선 동등 분할 방식을 사용하여 입력 영역을 분할한다. 입력 영역이 범위이기 때문에 입력 조건을 만족하는 하나의 클래스와 입력 조건을 만족하지 못하는 두 개의 클래스로 분할할 수 있다(그림 10.6 참조).

그림 10.6 동등 클래스 분할

따라서, 다음과 같은 테스트 케이스들을 추출할 수 있다:

- X=5(X<10을 만족하는 클래스에서 추출)
- X=15(10≤X≤20을 만족하는 클래스에서 추출)

- X=30(X > 20을 만족하는 클래스에서 추출)

같은 예제에 대해 경곗값 테스트를 수행해 보자. 변수 X의 범위가 10 ≤ X ≤ 20으로 주어졌기 때문에 경계와 경계 근처의 값들을 선택해야 한다. ISO/IEC/IEEE 29119에서는 두 가지 방식의 경곗값 분석(BVA)에 대해 기술하고 있다: 2-value BVA와 3-value BVA. 2-value BVA는 경곗값과 경계 외부에 있는 경계와 가장 가까운 값을 선정하며, 3-value BVA는 경곗값 경계 내부와 외부에서 경계와 가장 가까운 값을 선정한다. 우선 경곗값을 식별해보자.

- X=9(X가 정수이기 때문에 X < 10은 X ≤ 9로 표현)
- X=10, 20(10 ≤ X ≤ 20)
- X=21(X가 정수이기 때문에 X > 20은 21 ≤ X로 표현)
- X=32767(만약 16비트 정수형이라면 X가 표현할 수 있는 최대 정수)
- X=−32768(만약 16비트 정수형이라면 X가 표현할 수 있는 최소 정수)

표 10.7과 표 10.8은 2-value BVA와 3-value BVA를 수행한 결과를 보여 준다.

표 10.7 2-value BVA

id	입력(X)	경계
1	9, 10	9
2	9, 10	10
3	20, 21	20
4	20, 21	21
5	32767, 32768	32767
6	−32768, −32769	−32768

표 10.8 3-value BVA

id	입력(X)	경계
1	8, 9, 10	9
2	9, 10, 11	10
3	19, 20, 21	20
4	20, 21, 22	21
5	32766, 32767, 32768	32767
6	−32767, −32768, −32769	−32768

이러한 경곗값 분석의 효용성을 알아보기 위해 다음 경우들을 생각해보자.

- 만약 프로그램이 10≤X≤20을 10<X≤20으로 구현하였다면 X=10은 프로그램에서 다르게 처리되므로 이 결함을 검출할 수 있다. 그 이유는 그림 10.7에서 찾을 수 있다. 테스트로 10을 입력하면 올바르게 작성된 코드에서는 A 로직이 실행되어야 하지만 실제 구현된 프로그램(잘못된 프로그램)에서는 B 로직이 실행된다. 따라서 결함이 발견될 가능성이 커진다.
- 마찬가지로 10≤X≤20가 10≤X<20으로 구현되어도 X=20에 의하여 결함이 검출된다.
- 만약 프로그램이 10≤X≤20을 9≤X≤20으로 구현하였다면 X=9가 결함을 검출할 수 있다. 그 이유는 X=9는 원래 영역에서는 외부 영역의 한 값으로 취급되었으나 프로그램에서는 영역 내부에 있기 때문이다.
- 만약 10≤X≤20가 X≤20으로 구현되었다면, 즉 아래쪽 경계 부분이 빠졌다면 X=9가 이제는 영역 내부에 있게 되기 때문에 결함을 검출할 수 있다. 마찬가지로 10≤X≤20가 10≤X로 구현되었다면 X=21이 내부의 점으로 처리되어 결함이 검출될 수 있다.

경곗값 분석의 효용성 확인을 위하여 이 프로그램에 대해 동등 클래스 분할(ECP, Equivalence Class Partitioning)과 비교해 보자. 분할 규칙에 따라 입력 영역을 분할하면 「10≤X」가 하나의 클래스를 이루고 「X<10」가 또 하나의 클래스를 이룬다. 이로부터 테스트 케이스를 추출하면 {0, 50}을 추출할 수 있다. 이 두 테스트 케이스 중 어느 것을 구현된 프로그램에 실행하여도 올바른 로직을 실행하게 되어 오작동이 발생하지 않기 때문에 결함을 발견할 수 없다. 하지만 경곗값 분석은 경곗값 부근에 있는 것을 테스트로 사용하여 결함 발견 효용성을 높여준다는 것을 알 수 있다.

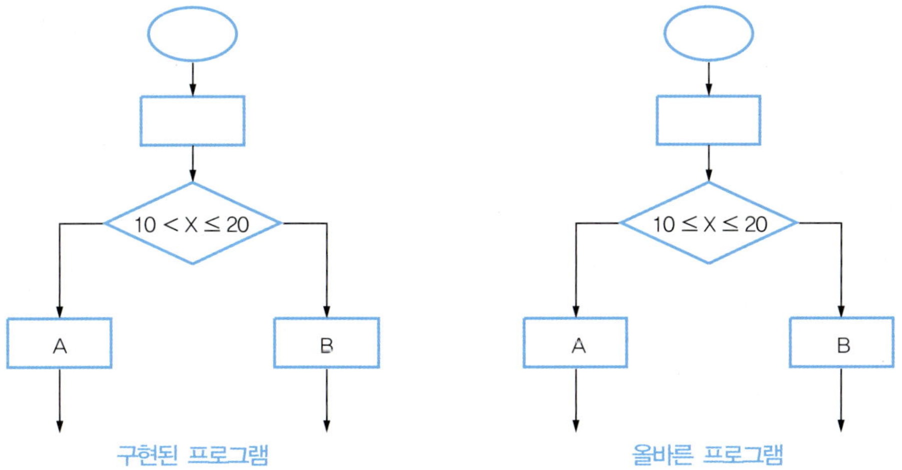

그림 10.7 경곗값 분석의 효용성

경곗값 분석은 그림 10.8의 절차로 수행된다.

(1) 명세에서 입력/출력들을 식별한다.
(2) 각 입력/출력에 대한 동등 분할을 수행한다.
(3) 각 분할된 클래스의 경곗값을 식별한다.
(4) 2-value BVA나 3-value BVA에 따라 경곗값 분석을 수행한다.
(5) (4)의 결과로 얻은 각 값에 대해 기대 출력을 명세로 구하여 테스트 케이스를 설계한다. 테스트 케이스를 구성할 때 식별된 한 경곗값에 대해 하나의 테스트 케이스를 구성하는 One-to-One 방법이나 하나의 테스트 케이스에 여러 개의 경곗값을 포함하는 최소화 방식을 사용할 수 있다.

그림 10.8 경곗값 분석

Exercise 04

두 개의 정수형 입력 변수 '나이'와 '신장'에 따라 처리를 달리하는 프로그램을 테스트하는 경우를 생각해 보자. 만약 각 입력 변수의 영역이 20≤나이≤50, 155≤신장≤190으로 주어졌을 때 2-value BVA를 수행하면 나이에 대해서는 경곗값으로 19, 20, 50, 51이 식별되고 신장에 대해서는 154, 155, 190, 191이 식별된다. 이들을 One-to-One 방식으로 테스트 케이스를 설계한 결과가 표 10.9이다. 예를 들어, 테스트 케이스 1부터 테스트 케이스 4는 나이 경곗값에 대한 테스트 케이스들이고, 나이 경곗값에 대해 신장 값으로 유효한 값을 선정하여 테스트 케이스들을 구성하였다. 마찬가지 방식으로 테스트 케이스 5부터 테스트 케이스 8은 신장의 경곗값을 사용하여 설계한 테스트 케이스들을 보여 준다.

표 10.9 One-to-One 방식에 의한 테스트 케이스 설계

테스트 케이스	1	2	3	4	5	6	7	8
나이	19	20	50	51	35	35	35	35
신장	170	170	170	170	154	155	190	191
기대 출력	reject	accept	accept	reject	reject	accept	accept	reject

표 10.10은 최소화 방식으로 테스트 케이스를 설계한 결과를 보여 준다. One-to-One 방식에 비해 테스트 케이스의 수가 반으로 줄어들었음을 알 수 있다. 그러나 테스트 케이스 1과 테스트 케이스 4처럼 모두 유효하지 않은 입력값들로만 이루어진 테스트 케이스가 생성되기 때문에 테스트 효과가 감소할 가능성이 있다.

표 10.10 최소화 방식에 의한 테스트 케이스 설계

테스트 케이스	1	2	3	4
나이	19	20	50	51
신장	154	155	190	191
기대 출력	reject	accept	accept	reject

10.5 조합 테스트

조합 테스트(Combinatorial test)는 테스트 대상 프로그램 내 여러 클래스의 각 입력 인자를 동등 분할이나 BVA 등의 방법으로 여러 클래스 또는 값으로 분할하였을 때 이들을 조합하여 테스트 케이스를 구성하는 방식이다. 예를 들어, 정수형 입력 인자가 3개 있는 int foo(int x, int y, int z)를 테스트한다고 하자. 그리고 각 입력 인자를 동등 분할을 통해 표 10.11과 같이 분할하였다고 하자. 즉, 입력 인자 x는 3개의 클래스(X1, X2, X3)로 y는 4개의 클래스(y1, y2, y3, y4)로 z는 2개의 클래스(Z1, Z2)로 분할하였다. Amman과 Offutt은 이렇게 개개의 입력 인자를 분할하는 과정을 인터페이스 기반 IDM이라 하였다(10.2절 심화노트 참조).

표 10.11 동등 분할을 통한 입력 인자 분할

입력 인자	x	y	z
동등 클래스	X1	Y1	Z1
	X2	Y2	Z2
	X3	Y3	
		Y4	

테스트 케이스를 구성하기 위해서는 이러한 입력 인자의 클래스들을 조합할 필요가 있다. 가장 간단한 조합 방식은 가능한 모든 클래스의 조합을 통해 테스트 케이스를 구성하는 것이다. 이 경우 3×4×2=24개의 테스트 케이스가 생성된다. ISO/IEC/IEEE 29119에서는 이처럼 모든 가능한 값(또는 클래스)의 조합을 생성하여 테스트 케이스를 구성하는 방법을 All combinations 테스트라 한다. 이외에도 ISO/IEC/IEEE 29119에서는 조합 테스트 방법으로 Each choice 테스트, 페어와이즈 테스트(Pairwise test) 및 Base choice 테스트를 제시한다.

- Each choice 테스트: 각 입력 인자의 분할된 클래스에서 최소한 하나의 입력값이 테스트 케이스에 포함되도록 한다.
- 페어와이즈 테스트: 각 인자의 값(또는 클래스)과 다른 인자의 값(또는 클래스)을 최소한 한 번은 조합을 하여 테스트하는 방법이다.
- All combinations 테스트: 모든 입력 인자의 모든 가능한 클래스 조합이 테스트 케이스들에 포함되도록 하는 것이다.
- Base choice 테스트: 기반이 되는 테스트 조합을 미리 선정한다. 기반 테스트는 사용자의 관점에서 선택될 빈도가 가장 높고, 일반적으로는 정상 동작할 수 있는 것을 선정하고 선정된 기반 테스트에서 하나의 인자에만 변경을 주며 나머지는 기반 테스트의 값으로 고정하여 테스트 케이스를 생성한다.

조합 테스트는 그림 10.9의 절차로 수행된다.

(1) 테스트 대상 프로그램의 입력들을 식별한다.
(2) 명세 등을 분석하여 각 입력 인자를 동등 분할이나 BVA등을 통해 여러 개의 값이나 클래스로 분할한다.
(3) 적절한 조합 테스트 방법을 선정하여 입력값(또는 클래스)들을 조합한다.
(4) 각 입력 조합에 대해 명세를 분석하여 기대 결과를 할당한다.

그림 10.9 **조합 테스트 절차**

Exercise 05

다음은 피자 주문과 관련된 프로그램의 명세이다.

명세 피자 도우에는 곡물, 나폴리 및 씬 크러스트가 있다. 곡물 도우는 10,000원이고 나폴리는 12,000원, 씬 크러스트는 14,000원이다. 토핑을 추가할 수 있는데 기본 토핑은 3,000원, 프리미엄 토핑은 5,000원이다. 전화로 주문하거나 온라인으로 주문할 수 있다. 온라인으로 주문하면 1,000원을 할인해준다.

표 10.12은 명세에서 입력을 식별하고 각 입력이 가질 수 있는 값들을 표기한 것이다.

표 10.12 **입력 인자와 값**

입력 인자	도우	토핑	주문
동등 클래스	곡물	기본	전화
	나폴리	프리미엄	온라인
	씬 크러스트		

표 10.13과 표 10.14는 각각 All combinations 테스트와 Each choice 테스트로 설계한 테스트 케이스 집합을 보여 준다.

표 10.13 All combinations 테스트에 따른 테스트 케이스 설계

테스트 케이스	입력			기대 출력
	도우	토핑	주문	
1	곡물	기본	전화	13000
2	곡물	기본	온라인	12000
3	곡물	프리미엄	전화	15000
4	곡물	프리미엄	온라인	14000
5	나폴리	기본	전화	15000
6	나폴리	기본	온라인	14000
7	나폴리	프리미엄	기본	17000
8	나폴리	프리미엄	온라인	16000
9	씬 크러스트	기본	전화	17000
10	씬 크러스트	기본	온라인	16000
11	씬 크러스트	프리미엄	전화	19000
12	씬 크러스트	프리미엄	온라인	18000

표 10.14 Each choice 테스트에 따른 테스트 케이스 설계

테스트 케이스	입력			기대 출력
	도우	토핑	주문	
1	곡물	기본	온라인	12000
2	나폴리	프리미엄	전화	17000
3	씬 크러스트	프리미엄	전화	19000

Each choice 테스트는 각 입력 인자의 클래스가 최소한 하나의 테스트 케이스에 포함되기 때문에 All combinations 테스트에 비해 테스트 케이스 수가 매우 적다.

다음 코드는 구현된 피자 주문 프로그램을 보여 준다.

```
int pizza_order(string dough, string topping, string order) {
   int pizza_price = 0;
   if (dough ==“곡물”) pizza_price = 10,000;
   if (dough ==“나폴리”) pizza_price = 12,000;
   if (dough ==“씬 크러스트”) pizza_price = 14,000;
```

```
    if (topping ==“기본”) pizza_price += 3,000;
    if (topping ==“프리미엄”) pizza_price += 5,000;
    if (order ==“온라인”) pizza_price -= 1,000;

    return pizza_price;
}
```

이 프로그램을 표 10.13의 All combinations 테스트 케이스로 테스트할 때 코드의 모든 영역이 실행됨을 볼 수 있다. 또한, 표 10.14의 Each choice 테스트 케이스도 코드의 모든 부분을 실행한다. 여기서 테스트 케이스의 수가 적더라도 테스트 효과는 유사함을 알 수 있다. 이는 코드가 어떤 결정을 내릴 때 여러 인자의 상호작용을 고려하지 않고 단 하나의 입력 인자에만 의존하기 때문이다. 이러한 형태의 프로그램은 Each choice 테스트도 효과적이다.

Exercise 06

다음은 [Exercise 05] 피자 주문과 관련된 프로그램 명세를 약간 수정한 것이다.

> 명세 피자 도우에는 곡물, 나폴리 및 씬 크러스트가 있다. 곡물 도우는 10,000원이고 나폴리는 12,000원, 씬 크러스트는 14,000원이다. 토핑을 추가할 수 있는데 기본 토핑은 3,000원, 프리미엄 토핑은 5,000원이다. 전화로 주문하거나 온라인으로 주문할 수 있다. 프리미엄 토핑을 추가하고 온라인으로 주문하면 1,500원을 할인해준다.

다음 코드는 명세를 구현한 프로그램을 보여 준다.

```
int pizza_order(string dough, string topping, string order) {
    int pizza_price=0;
    if (dough ==“곡물”) pizza_price = 10,000;
    if (dough ==“나폴리”) pizza_price = 12,000;
    if (dough ==“씬 크러스트”) pizza_price = 14,000;
    if (topping ==“기본”) pizza_price+ = 3,000;
    if (topping ==“프리미엄”) {
        pizza_price += 5,000;
        if (order ==“온라인”)
            pizza_price += 1,500;
            /*결함 pizza_price -= 1,500이 올바른 코드이다.*/
    }
    return pizza_price;
}
```

이 코드는 주석에서 볼 수 있듯이 결함이 있다. 표 10.14의 Each choice 테스트를 사용하여 구성한 테스트 케이스들은 결함을 검출할 수 없다. 그 이유는 프리미엄 토핑을 추가하고 온라인으로 주문하는 경우를 테스트하는 테스트 케이스가 없기 때문이다.

이와 같이 Each choice 테스트는 테스트 케이스를 줄일 수는 있지만, 입력 인자들의 상호작용에 따른 결함이 발생하는 경우는 테스트하지 않기 때문이다. 물론 All combinations 테스트는 입력 인자들의 상호작용을 테스트하는 테스트 케이스를 생성하지만, 입력 인자가 늘어날수록 테스트 케이스가 기하급수적으로 증가하는 단점이 있다.

표 10.15 **페어와이즈 테스트에 따른 테스트 케이스 설계**

테스트 케이스	입력			기대 출력
	도우	토핑	주문	
1	곡물	기본	전화	13000
2	곡물	프리미엄	온라인	12000
3	나폴리	기본	전화	15000
4	나폴리	프리미엄	온라인	14000
5	씬 크러스트	기본	온라인	18000
6	씬 크러스트	프리미엄	전화	19000

페어와이즈 테스트는 입력들의 모든 가능한 조합들을 테스트하는 대신 모든 입력값의 모든 짝(Pair) 조합을 테스트하는 방법이다. 즉, 모든 입력에 대해 존재할 수 있는 모든 상호작용을 고려하지 않고 모든 두 개의 입력 간에 가능한 모든 상호작용만을 고려한다. 표 10.15는 페어와이즈 테스트를 적용하여 All combinations 테스트 케이스의 개수를 12개에서 6개로 줄인 결과를 보여 준다. 좀 더 자세하게 살펴보면 도우와 토핑, 도우와 주문 및 토핑과 주문 간의 모든 가능한 조합이 포함되어 있음을 알 수 있다. 테스트 케이스 2와 테스트 케이스 4는 프리미엄 토핑을 추가했을 때 온라인으로 주문하는 경우를 테스트한다. 따라서 All combinations 테스트에 비해 테스트 케이스의 수를 줄이면서 Each choice 테스트로 검출하지 못한 결함을 검출할 수 있다.

심화노트 IPO 알고리즘

어떤 방법으로 페어와이즈 테스트 케이스들을 생성할까? 여러 방법이 존재하지만, 여기에서는 IPO(In-Parameter-Order) 방법에 대해 알아본다.
IPO 알고리즘은 프로그램이 p1, p2, …, pn개의 입력 인자를 가지고 있을 때 페어와이즈 테스트 케이스 집합은 다음과 같은 과정을 거쳐 만든다.

우선, 입력 인자 p1과 p2로 이루어진 모든 가능한 조합들의 집합을 구성한다.

입력 인자를 하나씩 추가하면서 수평확장(Horizontal Growth, HG)과 수직확장(Vertical Growth, VG)을 반복적으로 수행하여 입력 인자 pn까지 처리한다. 수평확장은 입력 인자를 추가하는 과정이고, 수직확장은 테스트 케이스를 기존 집합에 추가하는 과정이다.

IPO 알고리즘을 통해 표 10.12의 테스트 케이스 집합을 만드는 과정을 살펴보자.

① 처음 두 인자(도우, 토핑)의 모든 쌍을 구한다.

도우	토핑
곡물	기본
곡물	프리미엄
나폴리	기본
나폴리	프리미엄
씬 크러스트	기본

[② 수평확장] 도우 인자와 주문 인자 및 토핑 인자와 주문 인자 값들의 모든 쌍을 구하고 이 쌍들의 집합을 AP라 하자. 즉, AP={(곡물, 전화), (곡물, 온라인), (나폴리, 전화), (나폴리, 온라인), (씬 크러스트, 전화), (씬 크러스트, 온라인), (기본, 전화), (기본, 온라인), (프리미엄, 전화), (프리미엄, 온라인)}. ①에서 만든 테스트 케이스들을 주문 인자 값을 사용하여 수평확장한다. 이때 AP의 짝들을 가장 많이 포함되도록 하는 주문 인자 값을 사용한다.

도우	토핑
곡물	기본
곡물	프리미엄
나폴리	기본
나폴리	프리미엄
씬 크러스트	기본

⇒

도우	토핑	주문
곡물	기본	전화
곡물	프리미엄	
나폴리	기본	
나폴리	프리미엄	
씬 크러스트	기본	

위 표는 주문으로 수평확장할 때 값으로 "전화"를 사용하는 경우이다. 이 경우는 AP 중에서 "(곡물, 전화)", "(기본, 전화)"가 포함된다. 만약 "전화" 대신에 "온라인"을 사용했다면 "(곡물, 온라인)", "(기본, 온라인)"을 포함한다. 이와 같이 동일한 개수를 포함한다면 "전화"나 "온라인" 어떤 값을 사용해도 무방하다. 이 예에서는 "전화"를 사용하였다. 이와 같은 과정을 AP의 모든 짝이 테스트 케이스에 포함될 때까지 반복한다. 다음은 어느 정도 수평확장이 이루어진 상태를 보여 준다.

도우	토핑	주문
곡물	기본	전화
곡물	프리미엄	온라인
나폴리	기본	전화
나폴리	프리미엄	온라인
씬 크러스트	기본	
씬 크러스트	프리미엄	

현재 테스트 케이스들에 포함된 인자 값들의 짝들을 제거한 후 AP는 다음과 같다. AP={(씬 크러스트, 전화), (씬 크러스트, 온라인), (기본, 온라인), (프리미엄, 전화)}. 수평확장을 위해 주문 인자 값으로 "전화"를 사용하면 "(씬 크러스트, 전화)"만을 포함하지만 "온라인"을 사용하면 "(씬 크러스트, 온라인)", "(기본, 온라인)" 2개의 쌍을 포함한다. 따라서, 주문 인자에 대한 수평확장의 값으로 "온라인"을 선택한다.

도우	토핑	주문
곡물	기본	전화
곡물	프리미엄	온라인
나폴리	기본	전화
나폴리	프리미엄	온라인
씬 크러스트	기본	온라인
씬 크러스트	프리미엄	

AP에 포함되지 않은 쌍은 "(씬 크러스트, 전화)"와 "(프리미엄, 전화)"이다. 이를 모두 포함하게 하는 주문 인자 값은 "전화"이다. 남은 쌍이 더 없으므로 IPO 알고리즘 과정은 종료한다. 다음은 이 같은 과정을 거쳐 구한 최종 테스트 케이스들을 보여 준다.

도우	토핑	주문
곡물	기본	전화
곡물	프리미엄	온라인
나폴리	기본	전화
나폴리	프리미엄	온라인
씬 크러스트	기본	온라인
씬 크러스트	프리미엄	전화

[③ 수직확장] 만약 여전히 남은 쌍이 있다면 나머지 쌍을 포함하도록 테스트 케이스들을 추가한다. 이 예에서는 남아 있는 쌍이 없기 때문에 수직확장이 필요 없다.

Exercise 07

다음은 [Exercise 06] 피자 주문과 관련된 프로그램 명세를 약간 수정한 것이다.

명세 피자 도우에는 곡물, 나폴리 및 씬 크러스트가 있다. 곡물 도우는 10,000원이고 나폴리는 12,000원, 씬 크러스트는 14,000원이다. 토핑을 추가할 수 있는데 기본 토핑은 3,000원, 프리미엄 토핑은 5,000원이다. 전화로 주문하거나 온라인으로 주문할 수 있다. 만약 프리미엄 토핑을 추가하고 온라인으로 주문하면 1,500원을 할인해준다. 또한, 씬 크러스트 도우에 프리미엄 토핑을 추가하여 온라인으로 주문하면 500원 추가 할인해준다.

다음 코드는 명세를 구현한 프로그램을 보여 준다.

```
int pizza_order(string dough, string topping, string order) {
   int pizza_price = 0;
   if (dough=="곡물") pizza_price = 10,000;
   if (dough=="나폴리") pizza_price = 12,000;
   if (dough=="씬 크러스트") pizza_price = 14,000;
   if (topping =="기본") pizza_price+ = 3,000;
   if (topping =="프리미엄") {
       pizza_price += 5000;
       if (order=="온라인")
            pizza_price -= 1500;
           if (dough == "씬 크러스트")
                   pizza_price -= 700;
/*결함 pizza_price -= 500이 올바른 코드이다.*/

}
   return pizza_price;
}
```

이 코드는 주석에서 볼 수 있듯이 결함이 있다. 표 10.15의 페어와이즈 테스트 케이스들은 이 결함을 검출할 수 없다. 그 이유는 씬 크러스트 도우에 프리미엄 토핑을 추가하고 온라인으로 주문하는 경우를 테스트하는 테스트 케이스가 없기 때문이다. 이 경우는 All combinations 테스트로 검출할 수 있다. 표 10.13의 테스트 케이스 12로 결함을 검출할 수 있다.

Exercise 08	Base choice 테스트는 기반이 되는 테스트 조합을 미리 선정한다. 기반 테스트는 사용자의 관점에서 가장 선택될 빈도가 높으면서 일반적으로는 정상 동작할 수 있는 것을 선택한다. 기반 선정 조합은 우선 기반 조합을 선정하고 선정된 기반 테스트에서 하나의 인자에만 변경을 주고 나머지는 기반 테스트의 값으로 고정하여 생성한다.

표 10.12를 예를 들어, Base choice 테스트를 설명한다. (곡물, 기본, 전화)를 기반이 되는 테스트 조합이라고 하자. 표 10.16은 Base choice 테스트 케이스들을 보여 준다. 테스트 케이스 1은 기반이 되는 테스트 케이스 조합이고, 테스트 케이스 2는 도우와 토핑 인자의

기반이 되는 값은 고정하고 주문 인자의 값만 변경하여 만든 조합이다. 테스트 케이스 3은 도우와 주문 인자의 기반이 되는 값은 고정하고 토핑 인자의 값만 변경하여 만든 조합이다. 테스트 케이스 4, 테스트 케이스 5 및 테스트 케이스 6도 이러한 과정을 거쳐 만들어진다. 여기에서는 Exercise 05의 명세를 가정하여 기대 결괏값을 산출하였다.

표 10.16 Base choice에 따른 테스트 케이스 설계

테스트 케이스	입력			기대 출력
	도우	토핑	주문	
1	곡물	기본	전화	13000
2	곡물	기본	온라인	12000
3	곡물	프리미엄	전화	15000
4	나폴리	기본	전화	15000
5	씬 크러스트	기본	전화	17000

10.6 결정표 테스트

결정표 테스트(Decision table test)는 결정표를 이용하여 테스트 케이스를 설계하는 테스트 방법이다. 결정표는 조건을 기술하는 부분과 조건의 조합에 대해 취하는 행위를 기술하는 부분으로 구성된다. 그림 10.10은 결정표의 양식을 보여 준다.

		규칙(조건조합)			
조건	조건 1				
	조건 2				
	…				
	조건 n				
행위	행위 1				
	행위 2				
	…				
	행위 m				

그림 10.10 결정표 양식

Exercise 09

H 대학교에서는 성적이 C 이하인 학생들을 대상으로 여러 학습 상담 프로그램을 운영하고 있다. 성적이 B 이상인 학생들은 학습 상담 프로그램을 이수하지 않아도 된다. 성적이 C 이하인 학생들은 결석 일수가 3일 이상이면 A 학습 상담 프로그램을 받게 하고 결석 일수가 2일 이하이면 B 학습 상담 프로그램을 받게 한다. 또한, 1학년은 C 학습 프로그램을 동시에 받도록 하고 있다.

표 10.17은 위 명세를 결정표로 표현한 것이다. 결정표의 조건에서 T는 조건이 참인 경우이고, F는 거짓인 경우를 의미한다. 행위에서 T는 행위가 수행되는 경우이고, F는 행위가 수행되지 않는 경우를 의미한다.

표 10.17 **결정표 예**

		규칙							
		1	2	3	4	5	6	7	8
조건	성적 C 이하	Y	Y	Y	Y	N	N	N	N
	결석 일수 3일 이상	Y	Y	N	N	Y	Y	N	N
	1학년	Y	N	Y	N	Y	N	Y	N
행위	A 상담 프로그램	Y	Y	F	F	F	F	F	F
	B 상담 프로그램	F	F	Y	Y	F	F	F	F
	C 상담 프로그램	Y	F	Y	F	F	F	F	F

예제에서 보는 바와 같이 결정표는 문제를 분석할 때 생각할 수 있는 모든 조건과 조건들의 모든 가능한 조합에 취해야 할 행위를 열거한 표이다. 결정표를 만들면 가능한 조건 조합 중 어떤 경우가 누락되었는지 알 수 있다. 결정표 테스트는 그림 10.11의 절차로 수행된다.

(1) 명세 등을 분석하여 모든 조건을 분석한다.
(2) 모든 조건의 조합에 대한 행위를 결정한다.
(3) (1)과 (2) 단계를 통해 결정표를 만든다.
(4) 가능하지 못한 조건의 조합은 배제한다.
(5) 결정표를 축약할 수 있는지 파악한다.
(6) 결정표의 각 규칙이 최소한 한 번은 테스트될 수 있도록 테스트 케이스를 생성한다.

그림 10.11 **결정표 테스트**

Exercise 10

표 10.17에서 테스트 케이스를 생성해보자. 그림 10.11의 결정표 테스트 절차에서 (1)~(3)번 단계는 이미 수행되었으므로 (4)번 단계부터 수행한다. 결정표를 축약할 수 있는지 보기 위해서는 같은 행위를 선택하게 하는 두 가지 이상의 조건들이 있는지 살펴본다. 규칙 5-규칙 8은 성적이 B 이상이면 결석 일수와 1학년인지 상관없이 상담 프로그램을 받지 않아도 된다. 따라서 "성적이 B 이상" 조건만 성립하면 나머지 다른 조건들은 아무 의미도 없게 된다. 즉, 조건의 조합은 8개에서 5개로 줄어드는데, 이를 축약된 결정표로 나타내면 표 10.18과 같이 된다. 즉, 규칙 6, 7, 8을 하나의 규칙으로 통합하고 아무 의미가 없는 조건에는 '—' 표시로 상관없음을 나타냈다.

표 10.18 **축약된 결정표**

		규칙				
		1	2	3	4	5
조건	성적 C 이하	Y	Y	Y	Y	N
	결석 일수 3일 이상	Y	Y	N	N	Y
	1학년	Y	N	Y	N	Y
행위	A 상담 프로그램	Y	Y	F	F	F
	B 상담 프로그램	F	F	Y	Y	F
	C 상담 프로그램	Y	F	Y	F	F

축약된 결정표에서 테스트 케이스를 생성하는 것은 매우 간단하다. 각 규칙이 최소한 한 번은 테스트 될 수 있도록 테스트 케이스들을 생성한다. 이를 위해 규칙을 실행하는 데 요구되는 조건의 조합을 만족하는 입력 및 출력을 식별하여 테스트 케이스를 구성한다. 표 10.19는 표 10.18에서 생성되는 테스트 케이스 집합을 보여 준다.

표 10.19 **결정표 테스트 케이스 설계**

테스트 케이스	입력			기대 출력
	학점	결석 일수	학년	
1	D	3	1	A/C 상담
2	C+	4	3	A 상담
3	C	1	1	B/C 상담
4	D+	2	2	B 상담
5	B+	3	4	해당 없음

10.7 상태 전이 테스트

상태 전이 테스트(State-transition test)는 시스템을 상태 전이도(State-transition diagram, STD)로 모델링한 후 테스트 케이스들을 상태 전이도에서 체계적으로 선정하는 방법이다.

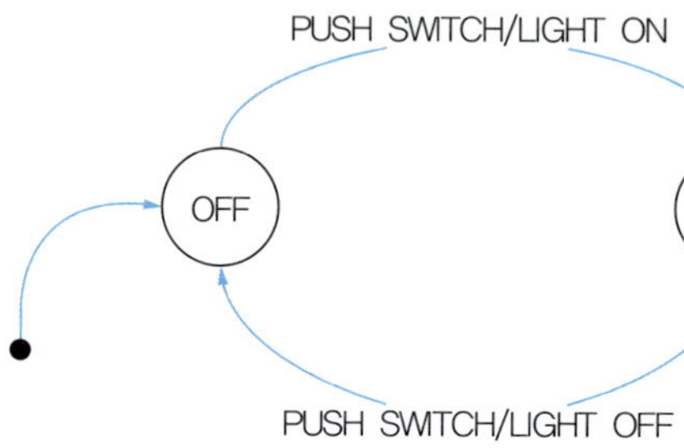

그림 10.12 형광등 상태 전이도

상태 전이도는 시스템 외부에서 들어오는 일련의 이벤트들에 대해 시스템 상태가 어떻게 전이되고 어떤 식으로 반응하는가를 나타내는 좋은 명세 수단이다. 예를 들면, 형광등은 "ON" 상태나 또는 "OFF" 상태에 있을 수 있는데 스위치 버튼을 누르는 외부 행위에 따라 "ON" 상태에서 "OFF" 상태로 전이되거나 역으로 "OFF" 상태에서 "ON" 상태로 전이된다.

그림 10.12는 형광등을 상태 전이도로 표현한 것이다. 상태 전이도에서 원은 시스템 상태를 표현하고 화살표는 상태 간의 전이를 나타낸다. "PUSH SWITCH"는 시스템 외부에서 시스템으로 들어오는 시스템의 상태 변화를 야기하는 이벤트를 나타낸다. "/" 다음에 나오는 명령은 시스템의 행위를 나타낸다. 또, 검은 원은 시스템의 시작점을 나타낸다. 이 예에서 시스템의 초기 상태는 "OFF" 상태이고, 스위치를 눌러(이벤트 "PUSH SWITCH"발생) 형광등을 켜고 끄는 과정을 모델링하였다.

ISO/IEC/IEEE 29119는 몇 가지 대표적인 상태 전이 테스트 방식을 소개한다.

- **상태 테스트**(State test): 상태 전이도의 모든 상태를 최소한 한 번 방문하는 테스트 케이스들을 설계한다.
- **단일 전이 테스트**(Single transitions test, 0-switch **테스트**): 상태 전이도의 모든 유효한 전이들을 최소한 한 번 방문하는 테스트 케이스들을 설계한다.
- **All transitions 테스트**: 유효한 전이를 포함하여 유효하지 않은 전이들도 최소한 한 번 방문하는 테스트 케이스들을 설계한다.

• 다중 전이 테스트(Multiple transitions test, N-switch test): 상태 전이도에 있는 N+1개의 전이 시퀀스들을 최소한 한 번 방문하는 테스트 케이스들을 설계한다.

그림 10.13은 All transitions 테스트로 상태 전이 테스트를 수행하는 과정이다. 다른 테스트 방법도 비슷한 절차로 수행한다. 그림 10.13에서 단계 (4)가 없다면 단일 전이 테스트를 수행하는 절차가 된다.

(1) 테스트하려고 하는 프로그램의 명세를 상태 전이도(State transition diagram)를 사용하여 모델링 한다.
(2) 상태 전이도에서 전이 트리(Transition tree)를 만든다. 이 과정은 심화노트를 참조한다.
(3) 전이 트리에서 각 전이 경로를 테스트하는 테스트 케이스들을 생성한다.
(4) 유효하지 않은 전이를 테스트하기 위한 테스트 케이스들을 생성한다.

그림 10.13 상태 전이 테스트를 수행하는 절차

심화노트 상태 전이도에서 전이 트리를 만드는 과정

상태 전이도에서 전이 트리를 만드는 과정은 다음과 같다.
(1) 상태 전이도의 초기 상태를 전이 트리의 루트 노드로 한다.
(3) 루트 상태에서 나오는 각 전이에 전이 목적 상태에 해당하는 노드를 추가하고 루트 노드에서 추가된 노드로 간선을 연결한다.
(3) 만약 목적 상태가 전이 트리에 이미 나와 있거나 종료 상태가 아니라면 이와 같은 과정을 각 목적 상태에 수행한다.

Exercise 11

다음은 테이프 재생기에 대한 명세이다.

명세 테이프 재생기는 재생(Play), 빠른 전진 이동(Fast forward) 및 빠른 재생(Fast play) 기능이 있다. 재생과 빠른 전진 이동은 각각 재생과 빠른 전진 이동 버튼을 통해 기능이 활성화되며 정지(Stop) 버튼을 사용하여 취소될 수 있다. 재생 모드에 있을 때 빠른 재생을 위해 빠른 전진 이동 버튼을 사용한다. 빠른 재생 모드에 있을 때는 빠른 전진 이동 버튼을 사용하여 빠른 전진 이동 모드로 전환하거나 정지 버튼을 사용하여 재생 모드로 돌아갈 수 있다. 빠른 전진 이동 모드에 있을 때는 재생 버튼을 사용하여 재생 모드로 바로 갈 수 있다.

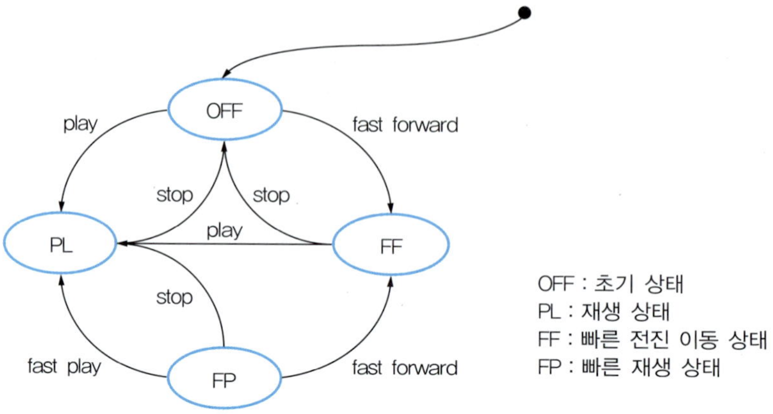

그림 10.14 테이프 재생기 상태 전이도

그림 10.14는 테이프 재생기 명세에서 구축한 상태 전이도를 보여 준다. 다음 단계에서는 상태 전이도에서 전이 트리를 만든다. 그림 10.15는 그림 10.14의 상태 전이도에서 생성된 전이 트리를 보여 준다.

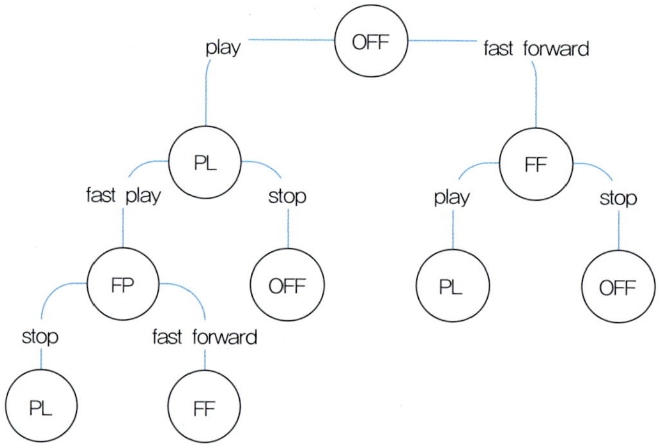

그림 10.15 전이 트리

전이 트리의 각 간선(Edge)이 하나의 테스트 케이스에 해당된다. 그림 10.15는 유효한 전이들만 테스트하는 테스트 케이스들을 보여 준다. 즉, 0-switch 테스트 또는 단일 전이 테스트를 수행한 결과이다.

표 10.20 단일 전이 테스트에 따른 테스트 케이스 집합

테스트 케이스	입력		예상 출력	
	시작 상태	이벤트	행위	목적 상태
1	OFF	play	–	PL
2	PL	fast play	–	FP
3	FP	stop	–	PL
4	FP	fast forward	–	FF
5	PL	stop	–	OFF
6	OFF	fast forward	–	FF
7	FF	play	–	PL
8	FF	stop	–	OFF

표 10.20의 테스트 케이스들은 유효한 전이만을 테스트한다. 즉, 상태 전이도에 명시적으로 기술된 상태와 이벤트의 조합만을 고려하여 만들었다. 그러나 더욱 철저한 테스트를 위해서는 이렇게 정상적인 경우만을 테스트해야 할 뿐만 아니라 유효하지 않은 경우에 대해서도 테스트할 필요가 있다. 여기에서 유효하지 않은 경우란 상태 전이도의 각 상태에서 명시되어 있지 않은 이벤트가 왔을 때를 말한다.

예를 들어, 테이프 재생기가 FP 상태에 있을 때 "Play" 이벤트에 대한 전이 정보가 상태 전이도에는 없다. 만약 현재 상태에서 기대하지 않은 이벤트를 만나면 일반적으로 시스템은 예외처리를 하고 상태는 변경되지 않는다. 표 10.21은 유효하지 않은 전이들을 테스트하는 테스트 케이스 집합이다. 표 10.20과 표 10.21의 테스트 케이스들은 All transitions 테스트 케이스 집합을 구성한다.

표 10.21 유효하지 않은 전이들을 테스트하는 테스트 케이스 집합

테스트 케이스	입력		예상 출력	
	시작 상태	이벤트	행위	목적 상태
1	OFF	stop	예외 발생	OFF
2	OFF	fast play	예외 발생	OFF
3	PL	fast forward	예외 발생	PL
3	PL	play	예외 발생	PL
4	FP	play	예외 발생	FP
5	FP	fast play	예외 발생	FP
6	FF	fast forward	예외 발생	FF
7	FF	fast play	예외 발생	FF

10.8 시나리오 테스트

기존의 요구사항 명세서에서 각 개별 기능에 대한 상세한 내용이 시나리오 형태로 기술되어 있다면 이를 이용해서 기능 테스트를 수행할 수 있다. 요구사항에서 기술된 대로 대부분 기능은 여러 번의 입/출력을 순차적으로 수행한다. 시나리오에 기반한 테스트 수행을 위해서는 요구사항에 기록된 기능의 동작 흐름을 분석하여 테스트 시나리오를 결정해야 한다. 그리고 결정된 테스트 시나리오를 기반으로 테스트를 수행하여 시스템이 요구사항에서 요구된 대로 동작하는지 확인한다.

요구사항 명세서를 기준으로 테스트 시나리오를 설계할 수 있지만, 실제로 프로젝트를 진행하다 보면 테스트 시나리오는 초기 요구사항의 시나리오와 큰 차이가 있는 경우가 많다. 예를 들어, 초기에 요구사항을 정의할 때는 미처 파악되거나 기술되지 않은 세부 기능이 실제로는 소스 코드로 구현될 수 있다. 그뿐만 아니라 요구사항 명세서를 작성한 후에 사용자 및 고객의 요청으로 새롭게 추가된 세부 기능들이 있을 수 있다. 그래서 테스트 시나리오는 초기에 정의된 요구사항 시나리오를 바탕으로 보완되거나 확장되는 것이 일반적이다.

하나의 요구사항에는 여러 가지 시나리오가 있을 수 있다. 예를 들어, ATM에서 우리가 출금할 때 원하는 금액을 성공적으로 출금하는 시나리오도 있지만, 카드가 판독이 안 되거나 입력한 암호가 부정확하거나 현금이 부족하거나 하는 다양한 상황이 있을 수 있다. 이때 정상적으로 출금하는 상황을 기본 시나리오라고 부르며 그 외의 각 상황을 대안 시나리오라고 부른다. 그림 10.16은 출금 기능에 대해서 기본 시나리오를 가운데 줄기로 표현하고 여러 개의 대안 시나리오는 이 줄기에서 분기되는 가지로 표현한 모습을 보여 준다.

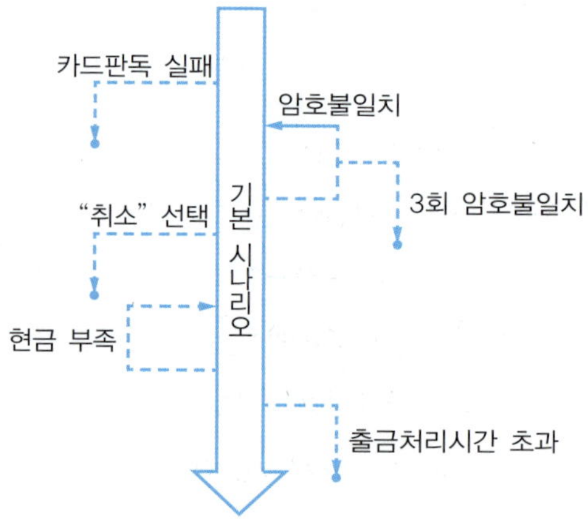

그림 10.16 다양한 시나리오

하나의 기능이 기본 시나리오도 가지면서 여러 개의 대안 시나리오도 가지므로 테스트를 누락시키지 않고 수행하려면 각 기능에 있는 기본 시나리오만이 아니라 당연히 기본 시나리오와 각 대안 시나리오를 테스트해야 한다. 그래서 하나의 기능이 가질 수 있는 각 시나리오를 하나의 그림으로 합쳐서 표현하고 이를 바탕으로 테스트 시나리오를 결정하는 것이 좋을 수 있다.

그림 10.18는 시나리오 테스트를 수행하는 과정이다.

(1) 테스트하려고 하는 프로그램의 명세를 분석하여 기본 시나리오 및 대안 시나리오들을 식별한다.
(2) UML 액티비티 다이어그램 등을 이용하여 식별된 시나리오들을 통합한 모델을 설계한다.
(3) 모델에서 테스트 시나리오를 추출하여 테스트 케이스로 매핑한다.

그림 10.17 **시나리오 테스트를 수행하는 절차**

Exercise 12 그림 10.18는 사용자 등록을 정상적으로 처리하는 시나리오와 유효하지 않은 ID, 패스워드, 이메일 주소 등에 대한 대안 시나리오들을 UML 액티비티 다이어그램으로 표현한 것이다.

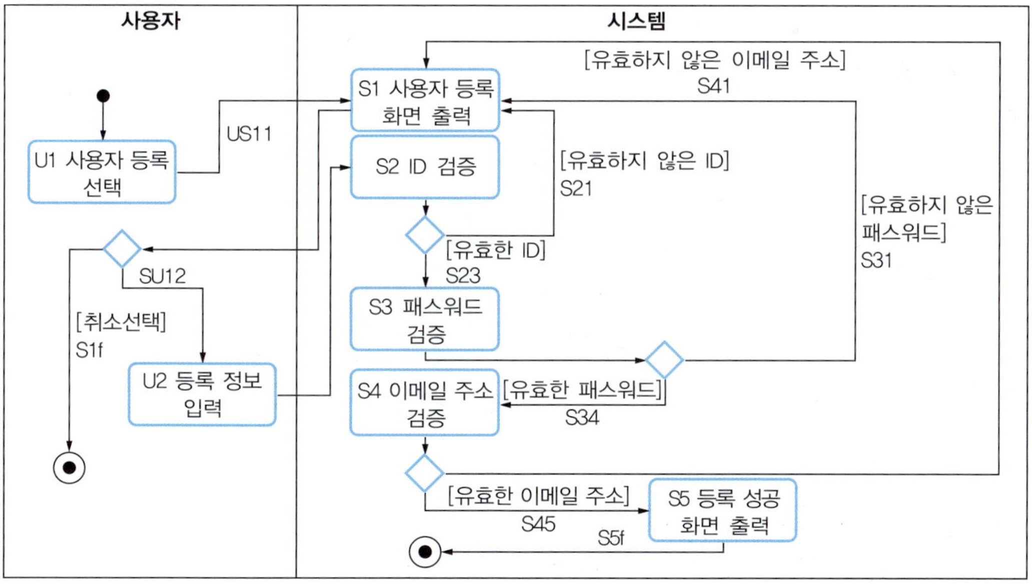

그림 10.18 **액티비티 다이어그램 예제: 사용자 등록**

사용자 등록 기능의 기본 시나리오는 다음과 같다. 사용자가 등록을 선택하면 시스템이 사용자 등록 화면을 출력한다. 그리고 사용자가 사용자 등록 정보를 입력하면 시스템이 입력된 등록 정보를 이용하여 사용자를 등록하고 등록 성공 화면을 출력한다.

사용자 등록 기능은 3개의 대안 시나리오를 가진다. 하나는 사용자가 사용자 등록 화면 등록 정보를 입력하지 않고 취소하는 것이고, 다른 대안 시나리오들은 유효하지 않은 ID, 패스워드 및 이메일 주소를 입력하였을 때 사용자 등록 화면으로 돌아가는 것이다.

Exercise 13	그림 10.18에서 다음과 같은 테스트 시나리오를 추출할 수 있다.

- 성공적인 등록을 하는 경우(U1→S1→SU12→U2→S2→S23→S3→S34→S4→S45→S5→S5f)
- 유효하지 않은 ID를 입력한 경우(U1→S1→SU12→U2→S2→S21→S1)
- 유효하지 않은 패스워드를 입력한 경우(U1→S1→SU12→U2→S2→S23→S3→S31→S1)
- 유효하지 않은 이메일 주소를 입력한 경우(U1→S1→SU12→U2→S2→S23→S3→S34→S4→S41→S1)

다음은 4개의 테스트 시나리오에 해당하는 테스트 케이스들이다.

테스트 항목		사용자 등록
테스트 케이스		기본 흐름 시나리오: 성공적인 사용자 등록
#	테스트 단계	예상 결과
1	사용자가 등록 버튼을 선택한다.	등록 화면 출력
2	ID/패스워드/이메일 주소를 올바르게 입력한다.	
3	등록 버튼을 클릭한다.	등록 성공 메시지가 출력된다.

테스트 항목		사용자 등록
테스트 케이스		대안 흐름 시나리오: 유효하지 않은 ID로 사용자 등록
#	테스트 단계	예상 결과
1	사용자가 등록 버튼을 선택한다.	등록 화면 출력
2	유효하지 않은 ID를 입력한다.	"ID가 유효하지 않습니다." 메시지를 출력하고 등록 화면으로 돌아간다.

테스트 항목		사용자 등록
테스트 케이스		대안 흐름 시나리오: 유효하지 않은 패스워드로 사용자 등록
#	테스트 단계	예상 결과
1	사용자가 등록 버튼을 선택한다.	등록 화면 출력
2	유효한 ID를 입력한다.	
3	유효하지 않은 패스워드를 입력한다.	"패스워드가 유효하지 않습니다." 메시지를 출력하고 등록 화면으로 돌아간다.

테스트 항목		사용자 등록
테스트 케이스		대안 흐름 시나리오: 유효하지 않은 이메일 주소로 사용자 등록
#	테스트 단계	예상 결과
1	사용자가 등록 버튼을 선택한다.	등록 화면 출력
2	유효한 ID를 입력한다.	
3	유효한 패스워드를 입력한다.	
4	유효하지 않은 이메일 주소를 입력한다.	"이메일 주소가 유효하지 않습니다." 메시지를 출력하고 등록 화면으로 돌아간다.

단순한 시스템일 경우 하나의 액티비티 다이어그램으로 전체 시스템의 테스트 시나리오를 표현할 수도 있다. 그러나 기능의 수가 많거나 동작 흐름이 복잡한 시스템의 테스트 시나리오를 모두 하나의 액티비티 다이어그램으로 표현한다면, 하나의 행위 모델에 다수의 기능뿐만 아니라 여러 기능 간의 상호작용 또한 함께 표현된다.

이와 같이 전체 시스템에 대한 테스트 시나리오를 단일 액티비티 다이어그램으로 표현하는 경우 구축된 행위 모델에 표현되는 정보가 많아지기 때문에 행위 모델 구축 및 분석이 어려워질 수 있다. 이처럼 복잡한 행위 모델의 구축, 분석, 그리고 테스트 케이스 설계를 위해서는 숙련된 인력과 많은 시간 투자 또는 상용 도구 지원이 필수적이다.

만약, 여유 자원이 충분하지 못하면 전체 시스템 단위가 아닌 요구사항 단위로 테스트 시나리오를 설계할 수 있다. 단, 요구사항 간의 의존성이 커서 하나의 요구사항만을 고려해서는 정확한 테스트가 힘들 것으로 예상되면 의존적인 요구사항들을 함께 고려하여 테스트 시나리오를 설계할 수도 있다.

Exercise 14	표 10.22는 그림 10.19에 보인 침입 탐지 시스템에 대한 요구사항이다. 이 시스템은 침입 탐지와 침입 발생 알림, 경보음 켜기, 침입 이력 조회의 4가지 기능을 제공한다.

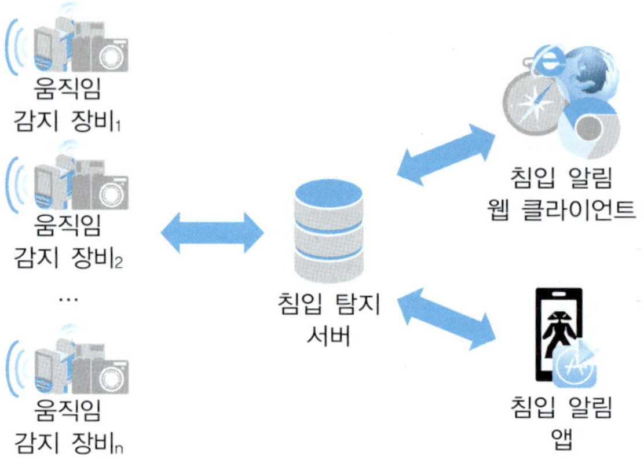

그림 10.19 **침입 탐지 시스템 구조**

표 10.22 **침입 탐지 시스템의 요구사항**

ID	요구사항 명	설명
FR-001	침입 탐지	적외선 카메라에 입력된 영상 정보를 분석하여 침입자 발생을 탐지한다.
FR-002	침입 발생 알림	침입자가 발생하면 사용자에게 웹 페이지와 iOS 및 Android OS 스마트폰 단말기의 앱을 통해 침입자 발생을 알린다.
FR-003	경보음 켜기	침입자가 발생하면 경보 발생기를 통해 침입자에게 경고음을 보낸다.
FR-004	침입 이력 조회	사용자가 요청할 때 웹 페이지를 통해 이전 탐지하였던 침입 탐지 정보를 출력한다.

침입 탐지 시스템에 대해서 기능 요구사항을 4개 정의하였다. 이 중에서 FR-001(침입 탐지 기능)과 FR-002(침입 발생 알림 기능)는 다른 2가지 기능에 비하여 더욱 밀접한 관련이 있다고 볼 수 있다. 왜냐하면, 침입이 탐지되면 이에 대한 알림 기능이 동작하기 때문이다. 그래서 이 두 가지 기능 요구사항을 포함하여 액티비티 다이어그램 형태로 테스트 시나리오를 정의한다. 그림 10.20는 침입자 알림 기능에 대한 테스트 시나리오이다.

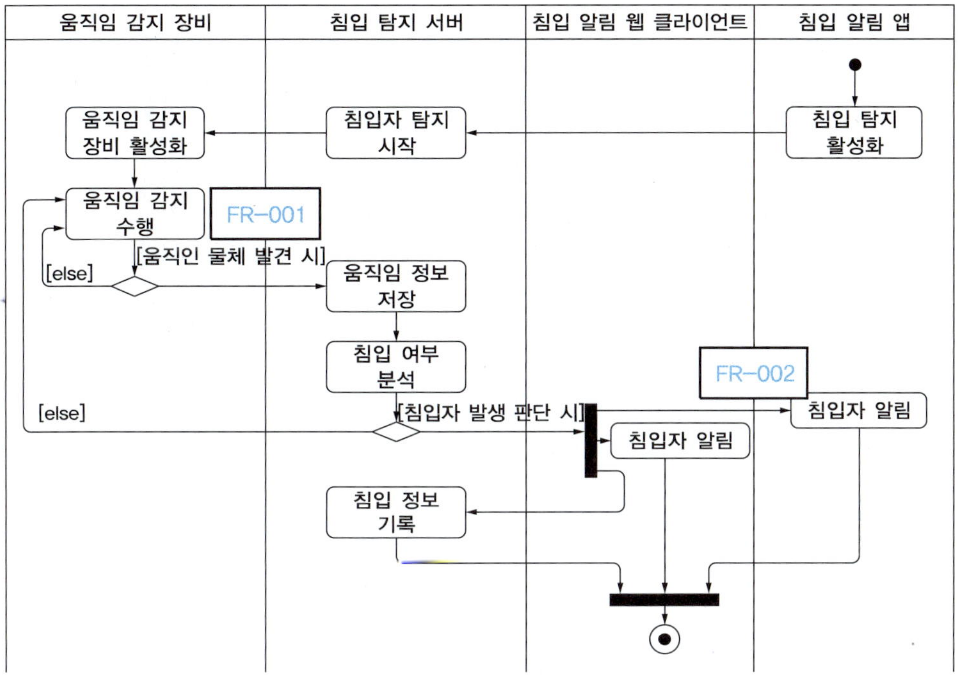

그림 10.20 침입 탐지 시스템 테스트 시나리오: 침입자 알림 기능

사용자가 침입자 알림 앱을 통해 침입 탐지 활성화를 요청하면 침입 탐지 앱이 침입 탐지 서버에 침입자 탐지 시작을 요청한다. 침입 탐지 서버는 등록된 움직임 감지 장비들을 활성화하여 움직임 감지를 수행한다. 움직임 감지 장비가 움직임을 보이는 물체를 발견하면 침입 탐지 서버에 이 데이터를 전송한다. 침입 탐지 서버는 전달받은 데이터를 통해 침입 여부를 분석하고 만약 침입자가 발생했다고 판단되면 침입자 발생 정보를 기록하고 침입자 발생을 침입 알림 웹 클라이언트와 침입 알림 앱을 통해 사용자에게 알린다.

테스트 케이스 생성을 위해 구축된 액티비티 다이어그램을 이용하여 테스트 시나리오를 추출한다. 테스트 시나리오를 추출하는 가장 간단한 방법은 액티비티 다이어그램에서 수행 가능한 경로들을 선택하는 것이다. 그러나 만약 액티비티 다이어그램에 루프가 존재하는 경우, 실행 가능한 경로의 수가 무수히 많을 수 있다. 예를 들어, 침입자 알림 기능 액티비티 다이어그램에는 움직임 감지 수행 후 움직이는 물체를 발견하지 못하는 경우와 침입 여부 분석 결과 침입자가 발생하지 않았다고 판단되는 경우가 무수히 반복되어 일어날 수 있다. 이러한 경우에는 경로 추출 시 각 Flow(간선)의 반복 방문 횟수를 제한하는 방법을 사용할 수 있다. 가장 간단한 방법은 모든 Flow를 적어도 한 번씩 방문하여 테스트 시나리오를 추출하는 것이다. 표 10.23은 각 Flow를 적어도 한 번씩은 방문하도록 하여 생성한 3가지 테스트 시나리오를 보여 준다.

표 10.23 **침입 탐지 시스템 테스트 시나리오**

<table>
<tr><th>시나리오</th><th>다이어그램</th><th>설명</th></tr>
<tr><td>1</td><td>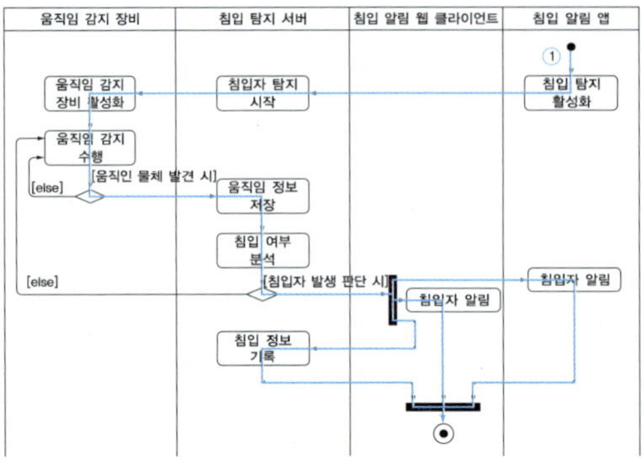
</td><td>1. 사용자가 침입 알림 앱을 통해 침입 탐지를 활성화함
2. 움직임 감지 장비가 움직인 물체를 감지함
3. 침입 여부 분석 결과 침입자 발생으로 판단됨
4. 침입 알림 앱/웹 클라이언트를 통해 사용자에게 알림</td></tr>
<tr><td>2</td><td>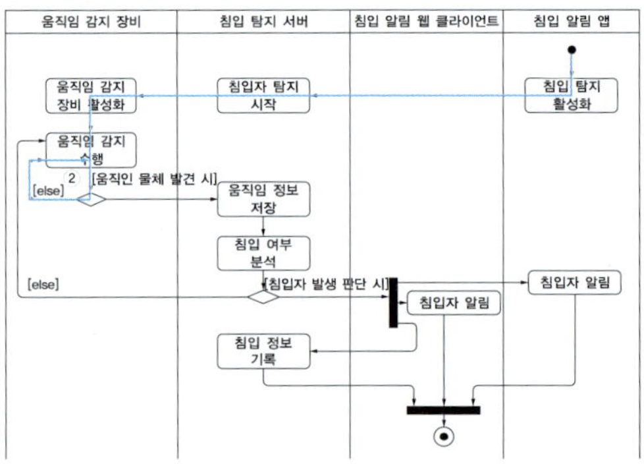
</td><td>1. 사용자가 침입 알림 앱을 통해 침입 탐지를 활성화함
2. 움직임 감지 장비가 움직인 물체를 감지하지 못함
3. 움직임 감지 장비가 계속해서 물체의 움직임을 관찰함</td></tr>
<tr><td>3</td><td>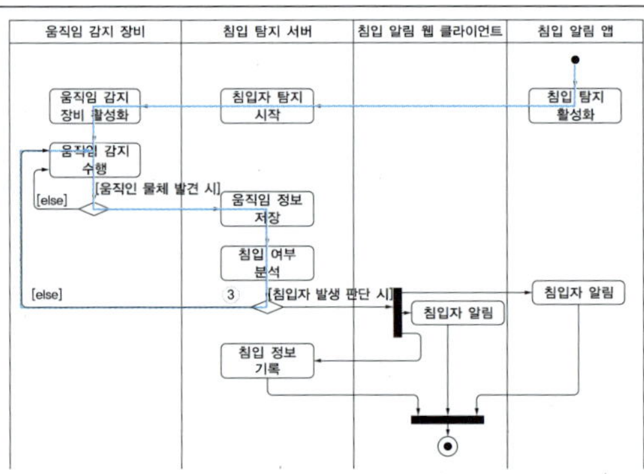
</td><td>1. 사용자가 침입 알림 앱을 통해 침입 탐지를 활성화함
2. 움직임 감지 장비가 움직인 물체를 감지함
3. 침입 여부 분석 결과 침입자 발생이 아닌 것으로 판단됨
4. 움직임 감지 장비가 계속해서 물체의 움직임을 관찰함</td></tr>
</table>

더 상세한 테스트가 필요한 경우 각 Flow별로 1번이 아닌, 최소 2번, n번 반복하도록 탐색 조건을 설정하여 테스트 시나리오를 생성할 수 있다. 또는 모든 Flow 쌍을 적어도 한 번씩 방문하는 방법을 사용하여 테스트 시나리오를 추출할 수도 있다.

시스템 테스트 수행을 위해서는 테스트의 흐름을 표현하는 테스트 시나리오만이 아니라 테스트를 위한 입력을 표현하는 테스트 데이터를 동등 분할, 경곗값 분석, 페어와이즈 방법 등을 사용하여 생성할 수 있다. 만약 더 상세한 테스트가 필요하면 액티비티 다이어그램의 가드 조건을 분석하여 테스트 데이터 생성을 위한 파티션을 더욱 세분화할 수 있다.

다음 단계로, 생성된 테스트 데이터와 시나리오를 분석하여 테스트 케이스를 생성한다. 표 10.24는 시나리오 1에 대해서 생성한 테스트 케이스를 보여 준다. 단계 1에서는 침입 탐지 웹 및 앱 클라이언트를 이용해서 침입 탐지를 활성화한다. 이에 대한 예상 출력으로는 웹과 앱에 활성화가 표시되어야 한다. 그리고 단계 2에서는 움직임 감지 장비를 통해서 적당한 크기와 온도 및 속도를 가진 물체를 인식시킨다. 이에 대한 예상 출력은 경보 발생기에서 경보가 울리고, 침입 탐지 웹 및 앱에서는 침입 정보가 출력되어야 한다.

표 10.24 시나리오 1에 대응하는 테스트 케이스

#	입력		예상 출력	
	움직임 감지 장비	침입 탐지 웹/앱 클라이언트	경보 발생기	침입 탐지 웹/앱 클라이언트
1	–	침입 탐지 활성화	–	활성화 표시
2	크기 12,500, 온도 40, 속도 0.1을 가진 물체가 카메라 앞에서 움직임	–	경보 울림	침입 정보 알림

Exercise

01 다음 보기를 읽고 동등 클래스 분할 기법으로 테스트 케이스를 설계하였다. 가장 적절한 테스트 케이스는 무엇인가?

> 우리 회사는 다음과 같은 인력 채용 규정을 따르고 있다. 21~23세까지는 Part-time으로만 채용 가능하고, 24~55세까지는 Full-time으로 채용이 가능하다. 20세 이하, 56세 이상은 채용이 불가능하다.

① {26, 30, 41, 52, 55}

② {19, 22, 35, 57, null}

③ {19, 20, 21, 23, 24, 25, 54, 55, 56}

④ {19, 31, 32, 50, 51, 52}

해설 ① 24세 이상 ~ 55세 이하 클래스에 해당하는 값으로만 이루어져 있음
③ 경곗값 분석에 해당하는 테스트 케이스임
④ 21세 이상 ~ 23세 이하, 56세 이상 클래스 값을 포함하지 않았고, 20세 이하, 24세 이상 ~ 55세 이하 값만 포함하고 있어 동등 클래스 분할 테스트 케이스로 적절하지 못함

02 다음의 명세를 동등 분할 테스트를 수행하여 테스트 케이스를 설계할 때 유효한 출력에 바탕을 둔 테스트 입력은 무엇인가?

> 공연 티켓을 예매하는 시스템에서 티켓의 수량을 입력하는 필드가 있다. 한 사람이 한 번에 구매할 수 있는 수량은 1장에서 5장까지이다. 1보다 작거나 5보다 큰 숫자가 입력되거나 정수가 아닌 값이 입력되면 invalid input 메시지가 출력된다.

① 입력 수량을 −5로 테스트한다.

② 입력 수량을 10으로 테스트한다.

③ 입력 수량을 5.3으로 테스트한다.

④ ①, ②, ③ 모두 유효한 출력에 바탕을 둔 테스트이다.

해설 모두 유효한 출력인 invalid input 메시지가 출력되게 한다.

정답 01 ② 02 ④

03 다음은 어떤 애플리케이션 프로그램의 사용자 인터페이스에 대한 설명이다. 최소의 each choice 테스트 케이스를 구하라. 단 기대 출력은 기술하지 않는다.

> 사용자 인터페이스 윈도우에 3개의 항목(m1, m2, m3)을 가진 리스트 메뉴와 3개의 라디오 버튼(r1, r2, r3)이 있다. 라디오 버튼 r1과 r2는 동시에 같이 선택될 수 없으나 r1이나 r2 반드시 하나는 선택되어야 한다.

해설

입력 인자	리스트 메뉴 M	라디오 버튼 그룹 (r1, r2)	r3
동등 클래스	m1	r1만 선택	선택 안됨
	m2	r2만 선택	r3 선택
	m3		

각 입력 인자의 분할된 클래스로부터 최소한 하나의 입력값이 테스트 케이스에 포함되도록 한다.

정답

테스트케이스	입력			기대출력
	M	라디오 그룹	r3	
1	m1	r1만 선택	선택 안됨	–
2	m2	r2만 선택	r3 선택	–
3	m3	r1만 선택	r3 선택	–

04 입력 인자(X)에 대해 10≤X≤30 제약조건이 있는 시스템을 개발 중이다. 개발자가 실수로 X≤30 조건을 누락하여 10≤X로 구현하였을 때, 다음 중에서 경계 누락 오류를 찾을 가능성이 가장 높은 테스트 입력값은 무엇인가?

① 9　　② 10
③ 30　　④ 31

해설 31은 10≤X≤30에서는 외부의 점으로 간주하고 10≤X에서는 내부의 점으로 간주하기 때문에 다른 처리를 하게 되어 다른 출력을 낼 가능성이 크다.

05 한국기업이 운영하는 웹사이트에서 비밀번호는 알파벳과 숫자를 제외한 특수 부호가 최소한 1개 이상 5 이하가 들어가야 한다. 경곗값 분석 방법을 사용하여 비밀번호 검사 기능을 테스트하려고 할 때 테스트 입력으로 적절한 것은?

> (가) ab#$cde　　(나) #$%@**
> (다) ab%%@k　　(라) abcde

① (가), (나), (다)　　② (가), (나), (라)
③ (나), (다), (라)　　④ (가), (다), (라)

정답 04 ④ 05 ②

해설 경곗값 분석(Boundary Value Analysis)은 입력 영역 경계 근처에 있는 값들을 이용하여 테스트 케이스를 설계하는 테스트 방법이다.
주어진 조건에서 1과 5의 경계에 있는 값을 테스트하는 것이 적절하다.
(가) 알파벳 5개, 특수부호 2개
(나) 특수부호 6개
(다) 알파벳 3개, 특수부호 3개
(라) 알파벳 5개

06 다음 보기를 읽고 페어와이즈 조합 테스트 기법으로 테스트 케이스를 설계하였다. 빈칸에 들어가는 테스트 케이스는 무엇인가?

소프트웨어 테스트를 위한 테스트 환경을 구축하고자 한다. 필요한 환경은 Windows 7, Windows 8, Windows 10의 3가지 운영체제와 admin 계정, user 계정이 필요하다. 또한, Internet Explorer 9, 10, 11의 3가지 브라우저 버전이 필요하다.

운영체제	권한	브라우저
Win 10	admin	IE 9
Win 8	admin	IE 11
Win 7	user	IE 9
Win 7	(가)	(가)
Win 8	user	IE 9
Win 7	user	IE 11
Win 8	user	IE 10
Win 10	user	IE 10
(나)	admin	(나)

① (가) (user, IE 10), (나) (Win 8, IE 9)
② (가) (admin, IE 10), (나) (Win 7, IE 10)
③ (가) (admin, IE 10), (나) (Win 10, IE 11)
④ (가) (user, IE 11), (나) (Win 10, IE 11)

정답 06 ③

해설 ① 처음 두 인자(운영체제, 권한)의 모든 쌍을 구한다.

운영체제	권한
Win 7	admin
Win 7	user
Win 8	admin
Win 8	user
Win 10	admin
Win 10	user

② 운영체제/권한/브라우저의 모든 쌍(AP)을 구한다.
AP={(Win 7, admin), (Win 7, user), (Win 8, admin), (Win 8, user), (Win 10, admin), (Win 10, user), (Win 7, IE 9), (Win 7, IE 10), (Win 7, IE 11), (Win 8, IE 9), (Win 8, IE 10), (Win 8, IE 11), (Win 10, IE 9), (Win 10, IE 10), (Win 10, IE 11), (admin, IE 9), (admin, IE 10), (admin, IE 11), (user, IE 9), (user, IE 10), (user, IE 11)}

③ ①에서 만든 테스트 케이스들을 전원 인자 값을 사용하여 수평 확장한다. 주어진 테스트 케이스가 커버하시 않은 AP는 조합은 (Win 7, admin), (Win 7, IE 10), (Win 10, IE 11), (admin, IE 10)으로 (가)에 들어가야 하는 테스트 케이스는 (admin, IE 10), (나)에 들어가야 하는 테스트 케이스는 (Win 10, IE 11)이다.

운영체제	권한
Win 7	admin
Win 7	user
Win 8	admin
Win 8	user
Win 10	admin
Win 10	user

운영체제	권한	브라우저
Win 10	admin	IE 9
Win 8	admin	IE 11
Win 7	user	IE 9
Win 7	admin	IE 10
Win 8	user	IE 9
Win 7	user	IE 11
Win 8	user	IE 10
Win 10	user	IE 10
Win 10	admin	IE 11

07 다음은 전기밥솥의 동작을 표로 나타낸 것이다. 페어와이즈 설계 기법을 적용하여 테스트 케이스를 설계할 때 도출될 수 있는 최소 테스트 케이스 개수는 몇 개인지 기술하시오.

모드	설정	전원
취사	현미	ON
보온	백미	OFF

해설 ① 처음 두 인자(모드, 설정)의 모든 쌍을 구한다.

모드	설정
취사	현미
취사	백미
보온	현미
보온	백미

② 모드/설정/전원의 모든 쌍(AP)를 구한다.
AP={(취사, 현미), (취사, 백미), (보온, 현미), (보온, 백미), (취사, ON), (취사, OFF), (보온, ON), (보온, OFF), (현미, ON), (현미, OFF), (백미, ON), (백미, OFF)}

③ ①에서 만든 테스트 케이스들을 전원 인자 값을 사용하여 수평 확장한다. 이때 AP의 짝들을 가장 많이 포함되도록 하는 인자값을 사용한다.

모드	설정
취사	현미
취사	백미
보온	현미
보온	백미

모드	설정	전원
취사	현미	ON
취사	백미	OFF
보온	현미	OFF
보온	백미	ON

08 다음 중 결정 테이블에 대한 설명으로 올바르지 않은 것은 무엇인가?

① 입력 조건의 모든 조합에 대한 시스템의 행동을 고려하여 테스트 케이스를 도출하는 기법이다.

② 복잡한 논리적 관계를 표현하기에 좋은 기법이다.

③ 가능한 모든 입력값들의 조합으로 테스트하는 것은 불가능하므로 모든 짝의 조합을 테스트하는 기법이다.

④ 누락된 요구사항이 있는지 검사하는데 좋은 기법이다.

해설 ③은 페어와이즈 조합 테스트에 대한 설명이다.

정답 07 4개 08 ③

09 결정 테이블 테스트는 논리적으로 의존적인, 가능한 모든 조건의 조합을 생성하는 테스트 설계 기법으로, 누락된 요구사항을 검사하고자 할 때 효과적으로 사용할 수 있다. [O/×]

해설
- 논리적으로 의존적인, 가능한 모든 조건의 조합을 생성한다.
- 복잡한 논리적 관계를 표현하기에 좋다.
- 누락된 요구사항을 검사하고자 할 때 쉽게 사용할 수 있다.

10 다음 상태 전이도에서 (가), (나), (다) 테스트 케이스들을 추출하였을 때 사용된 상태 전이 테스팅 방법은?

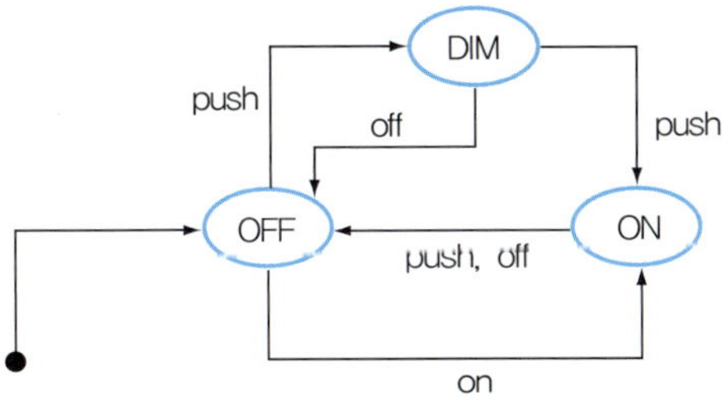

(가) OFF → push → DIM	(나) DIM → off → OFF
(다) OFF → on → ON	

① 상태 테스팅　② 0-switch 테스팅
③ all-transitions 테스팅　④ 3-switch 테스팅

해설 (가), (나), (다) 테스트 케이스는 모든 상태를 한번 방문하였으므로 이는 상태 테스팅 방법에 해당한다.
- 상태 테스트(State test): 상태 전이도의 모든 상태를 최소한 한 번은 방문하는 테스트 케이스들을 설계한다.
- 단일 전이 테스트(Single transitions test, 0-switch 테스트): 상태 전이도의 모든 유효한 전이들을 최소한 한 번은 방문하는 테스트 케이스들을 설계한다.
- All transitions 테스트: 유효한 전이를 포함하여 유효하지 않은 전이들도 최소한 한 번은 방문하는 테스트 케이스들을 설계한다.
- 다중 전이 테스트(Multiple transitions test, N-switch test): 상태 전이도에 있는 N+1개의 전이 시퀀스들을 최소한 한 번은 방문하는 테스트 케이스들을 설계한다.

11 명세 기반 테스트에서 테스트 대상의 특성에 따라 테스트 설계 기법이 결정될 수 있다. 테스트 대상이 상태 의존적인 동작을 가지는 경우에는 시나리오 테스팅, 결정표 테스팅, 그리고 상태 전이 테스팅을 적용하는 것이 일반적이다. [O/×]

해설 시나리오 테스팅과 상태 전이 테스팅은 상태 의존적인 동작을 하는 경우에 적합하다. 하지만 결정표 테스팅은 그렇지 않다.

정답 09 O 10 ① 11 ×

PART

03

테스트 프로세스

제11장 테스트 프로세스 개요

제12장 테스트 계획

제13장 테스트 설계/구현 및 테스트 환경 구축/관리

제14장 테스트 실행 및 결함 보고

제15장 테스트 모니터링/제어 및 테스트 종료

제16장 테스트 평가 및 개선

제 11 장 테스트 프로세스 개요

11.1 개 요

11.1.1 테스트 프로세스 필요성

지금까지는 테스트를 수행하기 위한 구체적인 접근 방법들을 소개하였다. 성공적인 테스트를 위해서는 효과적인 테스트 접근 방법뿐만 아니라 체계적인 테스트 수행을 위한 계획 수립과 관리가 필요하다. 또한 수행한 테스트를 평가하고 테스트 활동의 효과 및 효율성을 개선하는 노력도 필요하다.

소프트웨어 테스트는 테스트 설계 기법, 테스트 수행 시기, 테스트 유형 등에 따라서 다양하게 수행된다. 즉 테스트 설계 기법에 따라 정적 테스트, 동적 테스트를 수행하며, 테스트 수행 시기에 따라 컴포넌트 테스트, 통합 테스트, 시스템 테스트, 인수 테스트를 수행한다. 또한, 피처에 따라 성능 테스트, 신뢰성 테스트, 안전성 테스트 등 다양한 테스트 유형이 존재한다.

소프트웨어 테스터는 규모가 크고 복잡한 소프트웨어를 테스트하기 위하여 소프트웨어 테스트 기술을 효과적으로 적용해야 한다. 예를 들어 테스트 케이스를 생성하기 위하여 명세 기반 테스트를 사용할지 구조 기반 테스트를 사용할지 결정해야 하며, 컴포넌트 테스트를 어떤 기준에 따라서 종료하고 통합 테스트를 시작할지 결정해야 한다.

또한, 전체 소프트웨어 개발 프로젝트에서 테스트가 차지하는 비중이 상당하므로 테스트의 효과성과 효율성을 위한 테스트 관리의 중요성이 더욱 부각되고 있다. 시스템의 규모와 유형에 따라서 차이가 있지만, 전체 소프트웨어 개발 비용 중에서 대략 30%~50% 정도를 테스트가 차지하는 것이 현실이다. 그러므로 주어진 시간과 비용이라는 제약하에서 기대하는 테스트의 효과를 달성하려면 테스트를 체계적인 방식으로 수행할 필요가 있다.

그뿐만 아니라, 수행된 테스트 활동 자체에 대한 평가를 바탕으로 테스트 활동을 개선할 필요도 있다. 즉, 테스트에 소요된 비용과 테스트를 통하여 성취한 소프트웨어의 품질 개선 정도를 측정하여 수행된 테스트 활동이 얼마나 효과적이고 효율적인지 평가해야 한다. 그리고 평가를 통해 발견한 미비점을 바탕으로 기존 테스트 활동을 개선하여 테스트의 효과와 효율을 높여야 한다.

11.1.2 테스트 프로세스 개요

테스트를 효과적으로 그리고 효율적으로 수행하고 지속적으로 테스트 역량을 개선하기 위해서는 명확하게 정의된 프로세스를 바탕으로 테스트를 수행해야 한다. ISO/IEC/IEEE 29119에서는 테스트 프로세스를 조직 테스트 프로세스, 테스트 관리 프로세스, 동적 테스트 프로세스로 분류한다. 그림 11.1은 3개의 테스트 프로세스와 각 테스트 프로세스를 구성하는 활동을 보여 준다.

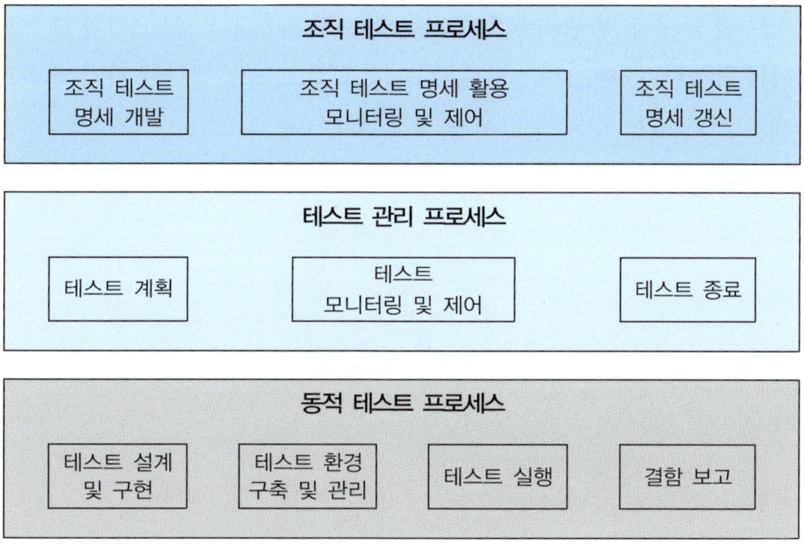

그림 11.1 테스트 프로세스 구성

- 조직 테스트 프로세스는 특정한 테스트 프로젝트가 아닌 조직 전체에 공통적으로 적용되는 조직 테스트 명세서를 개발하고 관리하는 것을 목적으로 한다. 조직 테스트 명세서는 조직 테스트 정책 명세서와 조직 테스트 전략 명세서로 구분된다.
  조직 테스트 명세서(조직 테스트 정책 명세서와 조직 테스트 전략 명세서)를 개발하고 이 명세서가 테스트 관리 프로세스 및 동적 테스트 프로세스에서 올바르게 적용되는지 모니터링하고 제어한다. 그리고 테스트 관리 프로세스 및 동적 테스트 프로세스의 수행 성과를 바탕으로 조직 테스트 명세서를 갱신한다.

• 테스트 관리 프로세스는 조직 테스트 프로세스를 기반으로 테스트 프로젝트의 수행을 관리하기 위한 프로세스이다. 즉, 테스트 수행 계획을 수립하고, 계획에 따른 테스트 수행을 모니터링하고 제어하며, 테스트 종료 활동을 수행한다.
  테스트 계획 활동에서는 테스트 계획서를 작성하며, 테스트 모니터링 및 제어 활동에서는 테스트 현황 보고서를 작성하고 테스트 종료 활동에서는 테스트 종료 보고서를 작성한다.

• 동적 테스트 프로세스는 테스트 계획서에 따라서 동적 테스트를 수행하기 위한 활동으로 구성된다. 즉, 테스트에 대한 설계 및 구현 활동을 수행하고, 테스트 환경을 구축하여 테스트를 실행하고 검출된 결함을 등록하고 관리한다.
  테스트 설계 및 구현 활동에서는 테스트 설계 명세서, 테스트 케이스 명세서, 테스트 절차 명세서, 테스트 환경 요건 명세서 그리고 테스트 데이터 요건 명세서를 작성한다. 그리고 테스트 환경 구축 및 관리 활동에서는 테스트 환경 준비 보고서와 테스트 데이터 준비 보고서를 작성한다. 테스트 실행 활동과 결함 보고 활동에서는 각각 테스트 실행 로그 및 결함 보고서와 결함 추적 보고서를 작성한다.

Exercise

01 테스트 프로세스의 필요성으로 거리가 먼 것은 무엇인가?

① 소프트웨어 품질 목표 달성에 프로세스가 중요한 역할을 하기 때문에
② 효율적이고 효과적인 테스트 수행을 위한 관리의 중요성이 부각되었기 때문에
③ 충분한 시간과 비용을 사용하여 체계적인 테스트 수행이 필요하기 때문에
④ 평가를 통한 테스트 활동 개선이 필요하기 때문에

해설 프로젝트의 제약 3요소는 예산, 시간, 품질이므로 항상 개발 시간이 충분치 못하다. 그러므로 주어진 시간과 비용 내에서 체계적인 테스트가 수행해야 한다.

02 테스트 프로세스는 개발 프로세스가 종료된 후에 시작되며, 한번 정립된 프로세스는 변경하지 않는 것이 효율적이다. [O/×]

해설 테스트는 개발 프로세스와 함께 진행되고, 테스트 프로세스는 지속적인 개선이 필요하다.

정답 01 ③ 02 ×

11.2 조직 테스트 프로세스

11.2.1 개요

조직 테스트 프로세스는 특정 테스트 프로젝트 수준이 아니라 조직 전체에서 수행될 모든 테스트 프로젝트의 공통적인 사항을 정의하는 데 초점을 둔다. 즉, 조직 테스트 프로세스의 결과물을 바탕으로 실제 수행되는 개별 테스트에 대한 관리가 수행된다. 그림 11.2는 조직 테스트 프로세스를 구성하는 활동과 테스트 관리 프로세스와의 관계를 보여 준다.

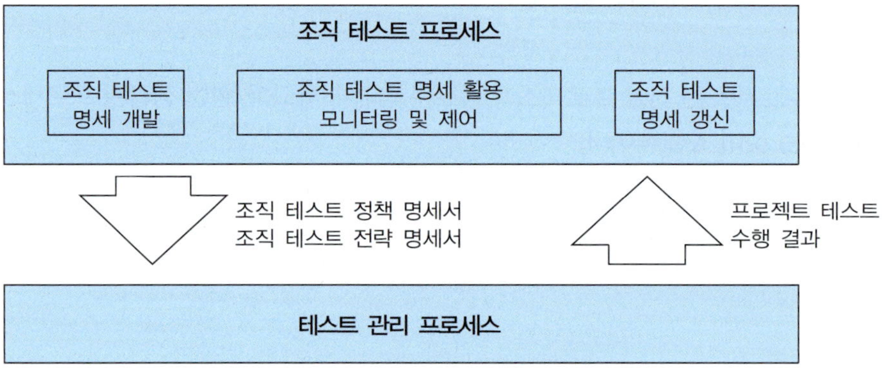

그림 11.2 조직 테스트 프로세스 개념

- 조직 테스트 프로세스는 조직 테스트 명세(즉 조직 테스트 정책 명세와 조직 테스트 전략 명세) 개발 활동, 조직 테스트 명세의 활용에 대한 모니터링 및 제어 활동 그리고 조직 테스트 명세 갱신 활동으로 구성된다.

- 개발된 조직 테스트 명세서는 테스트 관리 프로세스에 적용된다. 즉, 조직 테스트 정책 명세서 및 조직 테스트 전략 명세서는 테스트 관리 프로세스의 테스트 계획 활동에서 활용된다. 예를 들어, 조직 테스트 정책 명세서의 항목인 테스트 목적은 테스트 계획을 수립할 때 테스트 컨텍스트, 위험 목록, 테스트 전략 등에서 고려된다. 마찬가지로 조직 테스트 전략 명세서의 항목인 테스트 설계 기법, 테스트 환경 등은 테스트 계획을 수립할 때 활용된다.

- 조직 테스트 명세서는 실제 수행된 테스트 프로젝트의 수행 성과를 바탕으로 갱신된다. 즉, 테스트 프로젝트 수행을 통해서 기존 정책 및 전략의 부족한 점이 발견되면 이에 대한 보완을 위해 조직 테스트 정책 명세서 및 조직 테스트 전략 명세서를 갱신한다.

11.2.2 조직 테스트 프로세스 활동

조직 테스트 프로세스는 조직 테스트 명세서를 개발, 적용 그리고 유지하기 위한 3가지 활동으로 구성된다. 표 11.1은 조직 테스트 프로세스를 구성하는 활동을 보여 준다.

표 11.1 조직 테스트 프로세스 활동

항목	설명
조직 테스트 명세 개발	조직의 테스트 목표를 바탕으로 조직 테스트 정책 명세서 및 조직 테스트 전략 명세서를 개발한다.
조직 테스트 명세 활용 모니터링 및 제어	조직 테스트 명세서가 조직 내에서 효과적으로 활용되는지를 모니터링 하고 필요하면 테스트 관리 활동을 제어한다.
조직 테스트 명세 갱신	조직 테스트 명세서의 활용에 대한 피드백을 바탕으로 조직 테스트 명세서를 개신한다.

11.2.2.1 조직 테스트 명세 개발

조직 테스트 명세서는 조직 테스트 정책 명세서와 조직 테스트 전략 명세서로 분류된다. 그림 11.3은 조직 테스트 명세서의 각 유형과 관계를 보여 준다.

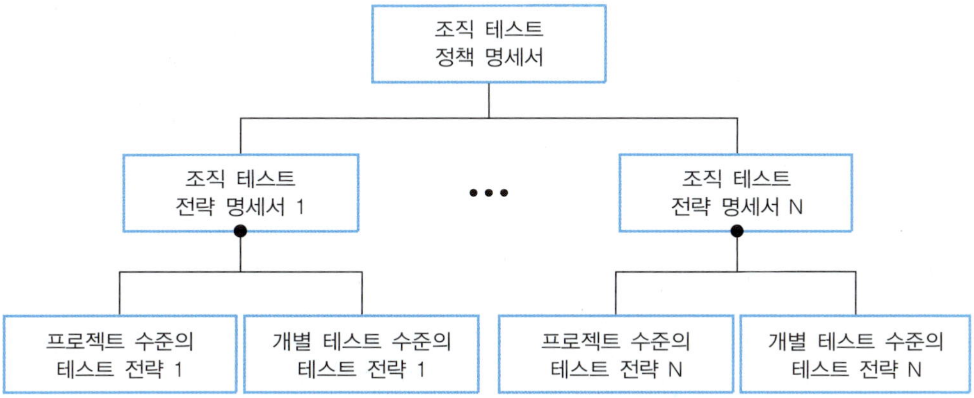

그림 11.3 조직 테스트 명세서의 유형과 관계

- 조직 테스트 정책 명세서는 최상위 수준의 명세로서 조직 차원의 테스트 목적과 원칙을 정의하며 테스트를 수행하는 구체적인 방법은 언급하지 않는다. 조직 테스트 정책에서 다루는 항목은 테스트 목적, 테스트 프로세스, 테스트 조직 및 역할, 테스트 표준, 테스트 자산 관리 그리고 테스트 프로세스 개선이 있다.

- 조직 테스트 전략 명세는 조직에서 수행할 테스트 프로젝트에 대한 기본적인 지침을 정의한다. 즉, 테스트 정책 명세서에 제시된 테스트 목적, 테스트 프로세스, 테스트 조직 및 역할, 테스트 표준 등을 바탕으로 테스트를 수행하기 위한 구체적인 방법을 정의한다. 규모가 작은 조직이거나 유사한 방식으로 테스트를 수행하는 조직은 하나의 조직 테스트 전략 명세서로 충분할 수 있다. 하지만 다양한 개발 방법론 또는 생명 주기를 사용하는 조직은 각 방법론 또는 생명 주기에 적합한 고유의 조직 테스트 전략 명세서를 정의해야 할 필요성이 있다. 예를 들어, V-모델 방식으로 수행하는 프로젝트와 애자일 방식으로 수행하는 프로젝트에 적합한 별도의 조직 테스트 전략 명세서를 정의할 수 있고, 마찬가지로 자동차, 의료, 무기체계 같은 안전 필수 소프트웨어 개발 프로젝트의 경우 별도의 조직 테스트 전략 명세서를 정의할 수도 있다.

조직 테스트 전략은 프로젝트 수준의 전략과 개별 테스트 수준의 전략으로 구성된다.

프로젝트 수준의 전략은 컴포넌트 테스트, 통합 테스트, 시스템 테스트 등의 특정 테스트 레벨과 성능 테스트, 신뢰성 테스트 등의 특정한 유형 테스트에 국한되지 않는 여러 개별 테스트에 공통적으로 적용될 수 있는 항목을 정의한다. 예를 들어, 위험 관리, 테스트 선택 및 우선순위, 테스트 문서화, 형상 관리, 결함 관리, 자동화 도구 등은 프로젝트 수준의 테스트 전략에 해당된다.

반면에 개별 테스트 수준의 전략은 프로젝트 테스트를 구성하는 각각의 구체적인 테스트에 적용하는 전략을 의미한다. 그림 11.4에서 볼 수 있듯이 개별 테스트는 레벨 테스트와 유형 테스트로 분류될 수 있다.

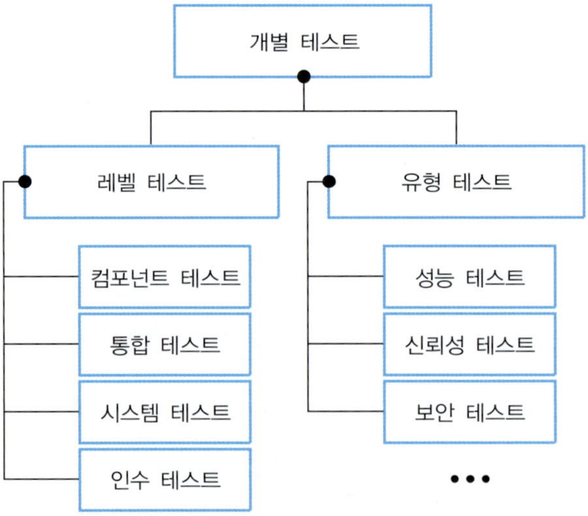

그림 11.4 **개별 테스트의 개념**

- 레벨 테스트는 컴포넌트 테스트, 통합 테스트, 시스템 테스트, 인수 테스트 등과 같이 소프트웨어 개발 단계와 대응하여 수행되는 테스트를 의미한다.
- 유형 테스트는 성능 테스트, 신뢰성 테스트, 보안 테스트 등과 같이 품질 속성별로 수행되는 테스트를 의미한다.

개별 테스트 수준의 전략 중 하나로 테스트 시작 및 종료 조건이 있다. 즉, 컴포넌트 테스트, 통합 테스트, 시스템 테스트 등의 레벨 테스트 및 성능 테스트, 신뢰성 테스트 등의 유형 테스트에 대하여 각 테스트를 시작할 수 있는 조건과 종료할 수 있는 조건을 정의할 수 있다.

개별 테스트 수준의 전략으로는 테스트 시작 및 종료 조건을 포함하여 테스트 독립성, 테스트 문서화, 테스트 설계 기법, 테스트 환경 및 테스트 데이터, 재테스팅 및 리그레션 테스팅, 테스트 메트릭, 그리고 테스트 완료 기준이 있다.

11.2.2.2 조직 테스트 명세 활용 모니터링 및 제어

개발된 조직 테스트 명세서는 실제 수행되는 테스트 프로세스에서 활용하며, 해당 테스트 프로세스 수행의 기본 지침으로써 사용된다. 예를 들어, 조직 테스트 정책 명세서에서 정의된 테스트 조직 및 역할, 테스트 자산 관리 등은 테스트 관리 프로세스의 테스트 계획 활동의 지침으로 사용된다. 그리고 조직 테스트 전략은 테스트 관리 프로세스의 테스트 계획뿐만 아니라 테스트 설계 및 구현, 테스트 환경 구축 및 관리, 테스트 실행, 결함 보고 등 동적 테스트 프로세스에서도 지침으로 사용된다.

따라서 테스트 관리 프로세스 및 동적 테스트 프로세스는 조직 테스트 명세서의 내용을 바탕으로 수행되어야 한다. 그리고 테스트 관리 및 동적 테스트 프로세스의 수행이 조직 테스트 명세서와 일치된 방식으로 진행되고 있는지 모니터링할 필요가 있으며 조직 테스트 명세와 일치하도록 필요하다면 테스트 관리 프로세스 및 동적 테스트 프로세스를 적절히 수정/보완한다.

11.2.2.3 조직 테스트 명세 갱신

조직 테스트 명세서는 조직에서 수행하는 전체 테스트에 대한 공통적인 지침이므로 모든 테스트의 효과 및 효율성에 영향을 미친다. 그러므로 효과적이고 효율적인 테스트를 수행할 수 있도록 조직 테스트 명세서를 지속적으로 갱신해야 한다.

우선, 실제 조직 테스트 명세서를 지침으로 하여 수행된 개별 테스트 프로젝트의 성과를 바탕으로 조직 테스트 명세서를 갱신할 수 있다. 예를 들어, 위험 관리 방법을 개선하거나, 새로운 테스트 레벨을 추가하는 등 프로젝트 수준의 조직 테스트 전략을 갱신할 수 있다.

또한, 변화하는 테스트 기술을 조직 테스트 명세서에 반영하여 최신 방식으로 테스트가 수행되도록 할 필요도 있다. 예를 들어, 신규로 도입되는 테스트 자동화 도구나 형상 관리 도구를 조직 테스트 전략에 반영하는 등이 이에 해당한다.

11.2.3 조직 테스트 정책

조직 테스트 정책은 조직 차원의 테스트 목적과 원칙을 정의한다. 조직 테스트 정책은 최상위 수준에서 테스트 명세를 정의하는 것이며 테스트를 수행하는 구체적인 방법은 조직 테스트 전략에서 정의된다.

조직 테스트 정책에서는 테스트를 수행하는 목적, 테스트 수행을 위한 표준 프로세스, 테스트를 수행할 조직과 역할, 적용하는 테스트 표준, 테스트 자산 관리 그리고 테스트 프로세스 개선 방법을 정의한다. 표 11.2는 조직 테스트 정책 명세서에 기술되는 항목을 보여 준다.

표 11.2 조직 테스트 정책 항목

항목	설명
테스트 목적	조직에서의 테스트에 대한 목적, 목표 그리고 테스트의 범위를 기술한다.
테스트 프로세스	조직에서 테스트를 수행할 때 준수할 테스트 프로세스를 명시한다.
테스트 조직 및 역할	테스트 활동을 수행하는 테스트 조직의 구조와 역할을 정의한다.
테스트 표준	테스트를 수행하면서 참고하고 준수해야 할 표준을 정의한다.
테스트 자산 관리	테스트의 결과물을 축적하고 이후 재사용하는 방법을 정의한다.
테스트 프로세스 개선	테스트 프로세스를 평가하고 개선하는 방법을 정의한다.

11.2.3.1 테스트 목적

조직 수준의 테스트에 대한 정책으로 조직 내에서 테스트를 수행하는 목적과 범위를 기술한다. 1장에서 설명한 것처럼 테스트는 1) 결함 검출을 통한 제품 품질 개선, 2) 품질 평가를 통한 의사 결정 지원, 3) 개발 프로세스 개선 지원을 목적으로 할 수 있으며, 현재 조직에서 어떤 목적에 초점을 두고 있는지 기술한다. 어떤 테스트 목적에 비중을 두느냐에 따라서 테스트 프로세스, 조직 및 역할, 테스트 표준, 테스트 자산 관리, 테스트 프로세스 개선 등의 다른 조직 테스트 정책 항목이 달라질 수 있다. 그리고 이러한 조직 테스트 정책을 바탕으로 조직 테스트 전략도 영향을 받게 된다.

그리고 조직 내에서 테스트에 기대하는 역할을 기술한다. 조직 내에는 설정된 테스트 목적을 달성하는 데 함께 사용될 수 있는 다양한 활동이 있다. 예를 들어 정형적 방법, 시뮬레이션 등은 결함 검출을 통한 품질 개선이라는 목적을 달성하기 위하여 테스트와 함께 사용될 수 있는 방법이다. 품질 개선이라는 목표을 달성하기 위해 정형적 방법, 시뮬레이션, 테스트를 함께 수행하는 조직 내에서 테스트에 바라는 역할과 기대를 설정하도록 한다.

11.2.3.2 테스트 프로세스

조직에서 테스트를 수행할 때 준수할 테스트 프로세스를 명시한다. 조직 차원의 표준적인 테스트 프로세스를 정의함으로써 모든 테스트 프로젝트가 일관성 있고 효과적인 방식으로 수행될 수 있도록 한다. 대표적으로 테스트 관리 프로세스, 동적 테스트 프로세스, 정적 테스트 프로세스가 명시될 수 있다.

- **테스트 관리 프로세스:** 테스트 활동에 대한 관리 프로세스를 명시한다. 즉 테스트 계획을 수립하고, 계획에 따라 동적 테스트 및 정적 테스트가 수행되는지 모니터링하며 테스트 활동이 종료되면 테스트 결과를 기록하고 테스트 자산이 추후 재사용될 수 있도록 관리하는 프로세스를 정의한다.

- **동적 테스트 프로세스:** 동적 테스트를 수행하기 위한 프로세스를 명시한다. 즉, 동적 테스트를 수행하기 위한 테스트 설계 및 구현, 테스트 환경 구축, 테스트 실행 및 결함 보고 등의 활동을 수행하는 프로세스를 정의한다.

- **정적 테스트 프로세스:** 정적 테스트를 수행하기 위한 프로세스를 명시한다. 즉, 정적 테스트의 유형을 명시하고 정적 테스트를 수행하는 역할과 그 절차를 정의한다.

각 프로세스는 프로세스를 구성하는 활동과 활동의 하위 작업을 구체적으로 정의해야 한다. 그리고 각 활동 및 작업을 수행할 역할, 활동 및 작업이 결과물에 대한 양식과 작성 방법도 정의될 필요가 있다. 각 테스트 프로세스에 대한 명세는 별도의 문서로 기술하고 여기서는 해당 문서를 참조한다.

11.2.3.3 테스트 조직 및 역할

테스트 활동을 수행하는 테스트 조직의 구조와 역할을 정의한다. 즉, 조직 차원의 테스트 정책과 전략을 수립하고 관리하는 역할과 이러한 테스트 정책과 전략을 준수하여 테스트에 대한 계획을 수립하고 모니터링하는 역할, 그리고 계획된 방식대로 동적 테스트 프로세스를 수행하는 역할을 정의한다. 테스트 조직의 구조를 다이어그램으로 표현하면 효과적으로 나타낼 수 있다. 그림 11.5는 테스트 조직을 구성하는 팀과 다양한 역할 간의 구조를 보여 준다.

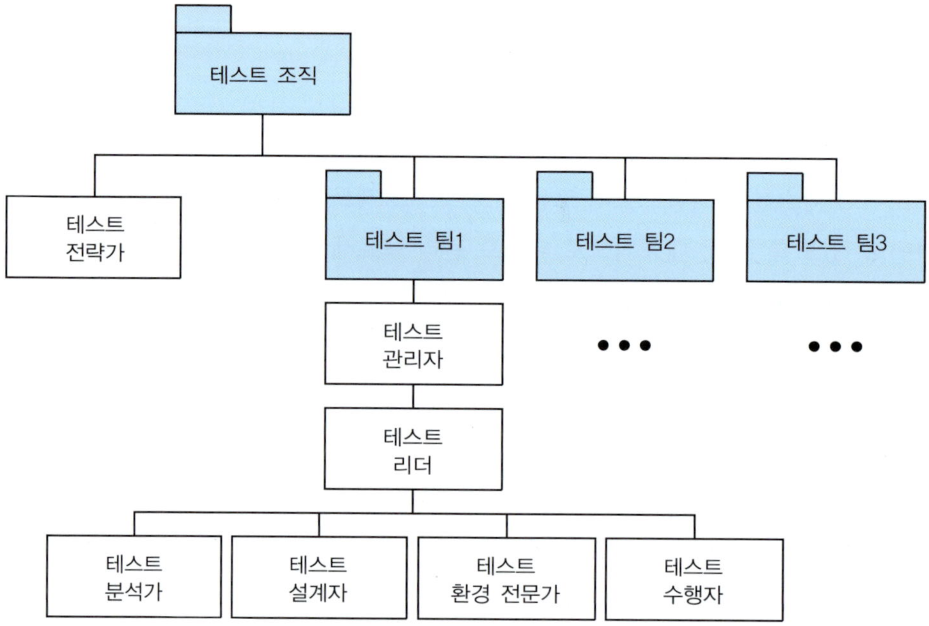

그림 11.5 **테스트 조직 구성의 예**

테스트 조직은 테스트 전략가와 여러 팀으로 구성된다. 각 테스트팀은 컴포넌트 테스트, 통합 테스트, 시스템 테스트, 인수 테스트 등의 레벨 테스트를 담당하거나 성능 테스트, 신뢰성 테스트 등의 유형 테스트를 담당할 수 있다. 또는 레벨 테스트와 유형 테스트의 조합도 담당할 수 있다.

테스트팀에는 팀에 부여된 테스트를 관할하고 책임지는 테스트 관리자가 있다. 그리고 테스트 관리자 하위에는 테스트 리더가 있고, 테스트 리더는 테스트 분석가, 테스트 설계자, 테스트 환경 전문가, 그리고 테스트 수행자를 관리한다. 표 11.3은 각 역할별로 담당하는 테스트 작업을 요약하여 보여 준다.

표 11.3 **테스트 조직 구성원 역할**

역할	담당 작업
테스트 전략가	조직 수준의 테스트 정책과 전략을 수립하고 관리한다.
테스트 관리자	테스트 관리 프로세스의 수행을 관리한다. 즉 테스트 계획 수립, 모니터링 및 제어 그리고 테스트 종료 활동의 수행을 관리한다.
테스트 리더	테스트 계획을 수립하고 테스트 모니터링 및 제어 활동을 수행한다.
테스트 분석가	테스트 컨텍스트를 바탕으로 테스트 전략을 수립한다.
테스트 설계자	테스트 전략에 따라서 테스트 케이스 및 테스트 절차를 개발한다.
테스트 환경 전문가	테스트 환경 요건을 충족하는 테스트 환경을 구축하고 관리한다.
테스트 수행자	개발된 테스트 절차에 따라 테스트를 수행하고 테스트 결과를 기록하며 결함 보고서를 작성한다.

성공적으로 테스트 활동을 수행하기 위해서는 각 역할을 맡은 담당자가 해당 역할을 올바르게 수행할 수 있는 역량을 가지고 있어야 한다. 따라서 각 역할별로 해당 역할에 필요한 역량 확보를 보증할 수 있는 객관적인 기준을 정의할 필요가 있다. 그리고 각 역할을 수행할 담당자가 해당 역량을 확보하는 데 필요한 교육/훈련도 정의한다.

11.2.3.4 테스트 표준

테스트를 수행하면서 참고하고 준수해야 할 표준을 정의한다. ISO, IEEE 등의 기관에서는 테스트 프로세스, 테스트 프로세스 평가, 소프트웨어 품질 모델 및 품질 평가, 형상 관리, 결함 관리, 위험 관리 등에 대한 표준을 정의하고 있다. 또한 자동차, 항공기, 열차 등의 도메인별로 테스트 관련 표준이 존재하므로 테스트 대상이 이러한 도메인에 해당된다면 이들 도메인별 표준도 준수할 필요가 있다.

표 11.4는 테스트 관련 기본적인 표준으로서 테스트 관리, 동적 테스트, 정적 테스트, 그리고 테스트 프로세스 평가에 대한 표준을 보여 준다.

표 11.4 테스트 관련 기본적인 표준

구분	관련 표준
테스트 관리	• ISO/IEC/IEEE 29119 Part 2 Test Processes • ISO/IEC/IEEE 29119 Part 3 Test Documentation
동적 테스트	• ISO/IEC/IEEE 29119 Part 2 Test Processes • ISO/IEC/IEEE 29119 Part 3 Test Documentation • ISO/IEC/IEEE 29119 Part 4 Test Techniques
정적 테스트	• IEEE Std. 1028-2008 Standard for Software Reviews and Audits • ISO/IEC 20246 Work Product Reviews
테스트 프로세스 평가	• ISO/IEC 33063:2015 Information Technology - Process Assessment - Process Assessment Model for Software Testing

표 11.5는 자동차, 항공기, 철도 등 도메인별로 요구되는 대표적인 테스트 관련 표준을 보여 준다.

표 11.5 도메인별 테스트 관련 표준

도메인	관련 표준
자동차	• ISO 26262-6:2018 Road vehicles - Functional Safety - Part 6: Product Development at the Software Level
항공기	• DO-178C Software Considerations in Airborne Systems and Equipment Certification
철도	• IEC 62279: 2015 Railway applications - Communication, Signalling and Processing Systems - Software for Railway Control and Protection Systems

또한, 표 11.6의 품질 모델, 품질 측정, 품질 보증, V&V, 위험 관리, 결함 관리, 형상 관리 등에 대한 관련 표준도 참고하도록 한다.

표 11.6 그 외 관련 표준

구분	관련 표준
품질 모델	• ISO/IEC 25010:2011 Systems and Software Engineering – Systems and Software Quality Requirements and Evaluation (SQuaRE) – System and Software Quality Models
품질 측정	• ISO/IEC 25023:2016 Systems and Software Engineering – Systems and Software Quality Requirements and Evaluation (SQuaRE) – Measurement of System and Software Product Quality
품질 보증	• IEEE Std. 730–2014 IEEE Standard for Software Quality Assurance Processes • IEEE Std. 1012–2012 IEEE Standard for System and Software Verification and Validation
위험 관리	• ISO/IEC 16085:2006 Systems and Software Engineering – Life Cycle Processes – Risk Management
형상 관리	• ISO 10007:2017 Quality Management – Guidelines for Configuration Management
결함 관리	• IEEE Std. 1044–2009 Standard Classification for Software Anomalies • ISO/IEC 20000–1:2011 Information Technology – Service Management – Part 1: Service Management System Requirements

- **품질 모델 및 측정**: ISO/IEC 25010은 소프트웨어 품질에 대한 표준 모델을 정의한다. 그리고 ISO/IEC 25025는 25010의 품질 특성을 정량적으로 측정하기 위한 척도를 정의한다.

- **품질 보증**: IEEE 730과 IEEE 1012는 각각 품질 보증 프로세스와 V&V에 대한 표준을 정의한다.

- **위험 관리**: ISO/IEC 16085는 위험 관리를 수행하는 절차를 정의한다.

- **형상 관리**: ISO 10007은 형상 식별, 형상 제어, 형상 상태 보고, 형상 감사 등의 형상 관리 활동을 수행하는 절차를 정의한다.

- **결함 관리**: IEEE 1044는 소프트웨어 결함을 기술하는 다양한 항목과 결함을 분류하는 방법을 정의한다. ISO/IEC 20000–1은 "8.2 Problem management" 절에서 문제(Problem)를 식별하고 기록하며 해결하고 종결하는 절차를 다룬다. ISO/IEC 12207은 "6.3.8 Quality assurance process" 절에서 식별된 문제를 기록하고 해결하여 종결하는 절차를 다룬다.

11.2.3.5 테스트 자산 관리

테스트 자산(Asset)은 테스트 프로젝트를 수행하면서 산출된 결과물 중에서 이후의 테스트를 위하여 재사용될 수 있는 결과물을 말한다. 예를 들어, 테스트 계획서, 테스트 설계 명세서, 테스트 케이스 명세서, 테스트 절차 명세서 등의 테스트 산출물은 재사용될 수 있다. 그뿐만 아니라 테스트를 수행하기 위하여 구축된 테스트 환경과 준비된 테스트 데이터도 테스트 자산에 해당된다.

이러한 테스트 자산을 체계적으로 저장하고 관리하여 이후의 테스트 프로젝트를 효율적으로 수행할 수 있도록 지원해야 한다. 그러므로 테스트 프로젝트가 종료되면 추후 재사용이 가능한 테스트 자산을 정리하여 저장하고 이를 테스트 종료 보고서에 기록한다.

특히, 리그레션 테스팅을 수행할 때 테스트 자산의 재사용은 중요한 역할을 한다. 리그레션 테스팅의 목적은 소프트웨어가 수정된 후에 변경이 올바르게 되었는지를 확인하는 것이다. 이때 기존 테스트에서 적용되었던 테스트 환경은 그대로 사용될 수 있다. 그뿐만 아니라 기존의 테스트 케이스, 테스트 절차 중에서 수정 후의 소프트웨어에도 그대로 적용 가능한 것들이 있다. 그러므로 테스트를 수행할 때 마련한 테스트 환경, 테스트 케이스, 테스트 절차 등은 리그레션 테스팅을 수행할 때 재사용될 수 있도록 자산으로 관리하는 것이 바람직하다.

11.2.3.6 테스트 프로세스 개선

테스트 활동을 수행한 이후에는 수행된 테스트 프로세스를 평가하고 지속적으로 개선하기 위해 노력해야 한다. 조직 테스트 정책에서는 테스트 프로세스를 평가하는 방법과 테스트 프로세스를 개선하는 방법을 정의한다.

테스트 프로세스는 소프트웨어에 존재하는 결함을 효과적으로 그리고 효율적으로 검출하는 것을 목적으로 한다. 그러므로 더 많은 수의 결함을 적은 비용으로 검출할수록 테스트 프로세스가 우수하다고 볼 수 있다. 테스트 프로세스는 다음과 같은 2가지 방법으로 평가될 수 있다.

- **테스트 케이스 기반 평가**: 개발된 테스트 케이스가 결함을 검출하면 테스트 프로세스는 우수하다고 판단할 수 있다.
- **결함 기반 평가**: 테스트를 통해서 많은 수의 결함을 검출하면 테스트 프로세스는 우수하다고 판단할 수 있다.

테스트 활동에 대한 평가를 바탕으로 테스트 프로세스를 구성하는 각 테스트 활동을 개선할 수 있다. 즉, 테스트 계획 활동을 개선하여 테스트 대상과 테스트 범위를 더욱 정확하고 세밀하게 설정할 수 있으며, 테스트 설계 및 구현 활동을 개선하여 더욱 효과적이면서 엄격한 방식으로 테스트 케이스와 테스트 절차를 개발할 수도 있다.

테스트 프로세스 개선은 테스트 종료 보고서에 기재되는 "교훈"을 바탕으로 수행될 수도 있다. 즉, 각 테스트 종료 보고서는 해당 테스트를 수행하면서 인지한 테스트 프로세스의 약점과 이에 대한 개선 방법을 "교훈"으로 기술한다. 그러므로 테스트 종료 보고서의 "교훈" 부분은 테스트 프로세스를 개선하는 방향으로 활용될 수 있다.

그리고 ISO/IEC 33063:2015는 소프트웨어 테스트 프로세스 평가 모델을 정의한다. 이 표준은 3개의 테스트 프로세스(조직 테스트 프로세스, 테스트 관리 프로세스, 동적 테스트 프로세스)를 정의하며, 여기에 더하여 정적 테스트 프로세스를 대상으로 테스트 프로세스의 역량을 레벨 0(미완료 수준)부터 레벨 5(혁신 수준)까지 평가하는 모델도 담고 있다. 그러므로 이러한 테스트 프로세스 평가 모델을 활용하여 현재 조직의 테스트 역량을 평가하고 개선 방향을 설정할 수도 있다.

11.2.4 프로젝트 수준의 조직 테스트 전략

프로젝트 수준의 조직 테스트 전략은 다양한 개별 테스트에 공통적으로 적용될 수 있는 전략을 의미한다. 예를 들어, 개별 테스트를 수행할 때 적용할 위험 관리 방안, 테스트 선택과 우선순위 방안, 테스트 문서화 등은 여러 개별 테스트에 공통적인 전략이다. 표 11.7은 프로젝트 수준에서 정의되는 조직 테스트 전략 항목을 보여 준다.

표 11.7 프로젝트 수준의 조직 테스트 전략 항목

항목	설명
위험 관리	테스트를 진행하면서 수행할 위험 관리 방법을 명시한다.
테스트 선택 및 우선순위	우선순위를 부여하고 이를 바탕으로 테스트를 선택하는 방법을 명시한다.
테스트 문서화	테스트를 수행하면서 작성할 산출물을 명시한다.
형상 관리	테스트 산출물에 대한 형상 관리 방법을 명시한다.
결함 관리	검출된 결함을 종결시킬 때까지의 관리 방법을 명시한다.
자동화 도구	테스트 활동을 자동화하기 위한 도구들을 명시한다.
수행 개별 테스트	레벨 테스트 및 유형 테스트 등 수행할 개별 테스트를 명시한다.

11.2.4.1 위험 관리

시간과 비용이 한정된 상황에서 최대의 성과를 달성하기 위해서는 효율적인 방식으로 테스트를 수행해야 한다. 예를 들어, 컴포넌트 레벨의 테스트를 수행할 때 전체 컴포넌트를 대상으로 하는 대신에 결함이 존재할 가능성과 해당 결함이 발생 시 미칠 수 있는 영향의 크기를 고려하여 일부 컴포넌트를 대상으로 테스트를 수행하는 편이 바람직하다. 마찬가지로 테스트 대상의 모든 요구사항이 아니라 문제가 있을 가능성이 큰 일부 기능을 대상으로 테스트를 수행하는 것이 바람직할 수도 있다.

이와 같이 한정된 자원이 가용한 상황에서 테스트의 효과를 높이기 위하여 위험 분석을 바탕으로 테스트의 대상과 피처를 선별하고 테스트 설계 기법의 수준 등을 결정할 필요가 있으며, 이러한 테스트 방법을 위험 기반 테스트라고 한다.

위험 기반 테스트를 수행하려면 각 테스트 대상 또는 피처를 중심으로 위험 분석이 선행되어야 한다. ISO/IEC 16085:2006에는 위험 관리 프로세스가 정의되어 있다. 위험 관리 프로세스를 구성하는 대표적인 활동으로는 위험 분석, 위험 조치 수행, 위험 모니터링이 있다.

- 위험 분석(Risk analysis)은 위험 요소 식별(Identification), 위험도 산정(Estimation), 그리고 위험 평가(Evaluation)를 통해서 수행된다. 프로젝트 수준의 조직 테스트 전략에서는 위험 기반 테스트를 수행할 때 적용되는 위험 분석 방법을 정의한다.

- 식별된 위험에 대하여 위험 평가를 바탕으로 적절한 조치 방안을 수립한다. 예를 들어, 위험도가 낮은 위험은 수용할 수도 있고, 높은 수준의 위험 요소는 위험을 회피하거나, 완화하거나 외부에 전가할 수 있다. 또한, 각 위험에 대한 비상 계획(Contingency plan)이 필요할 수도 있다.

- 위험 분석은 프로젝트 초기에만 수행되는 것이 아니라, 프로젝트 전 과정에 걸쳐서 지속적으로 수행되어야 한다. 초기에 분석된 위험뿐만 아니라 프로젝트가 진행되면서 새로운 위험이 발견될 수도 있다. 그리고 계획된 위험 조치가 실제로 수행되는지, 그리고 위험 조치에 따라서 위험도에 변화가 발생하는지 등을 지속적으로 모니터링할 필요가 있다.

테스트 프로젝트를 수행할 때는 테스트 프로세스에 위험 관리 활동이 포함되도록 해야 한다.

- 테스트 계획 활동에서는 위험 요소 분석과 위험 요소의 유형 및 내용에 따라서 적절한 조치 계획을 수립한다. 특히, 제품 유형의 위험에 대해서는 위험 분석 결과를 바탕으로 테

스트 대상의 선정, 테스트 범위의 결정, 그리고 테스트 설계 기법, 테스트 완료 기준 등 테스트 전략을 수립하여 테스트 계획서에 반영한다.

- 테스트 모니터링 및 제어 활동에서는 계획된 위험 조치 작업에 대한 모니터링과 기존 위험의 상태 변화 및 신규 위험 발견 등을 살피는 위험 모니터링도 함께 수행하여 위험 목록을 갱신하고 이를 테스트 현황 보고서에 포함한다.
- 테스트 종료 활동에서는 테스트 활동을 요약할 때 테스트가 종료될 때까지 해소되지 않은 위험에 대하여 해소되지 않은 이유와 소프트웨어 품질 등에 미치는 영향을 파악하여 테스트 종료 보고서에 포함한다.

11.2.4.1.1 위험 분석

그림 11.6은 위험 분석을 수행하는 절차를 보여 준다. 먼저 위험 요소를 식별하고 각 위험 요소에 대하여 발생 가능성과 영향도를 바탕으로 위험도를 산정한다. 그리고 각 위험 요소의 위험 수준과 위험 조치 계획을 수립한다.

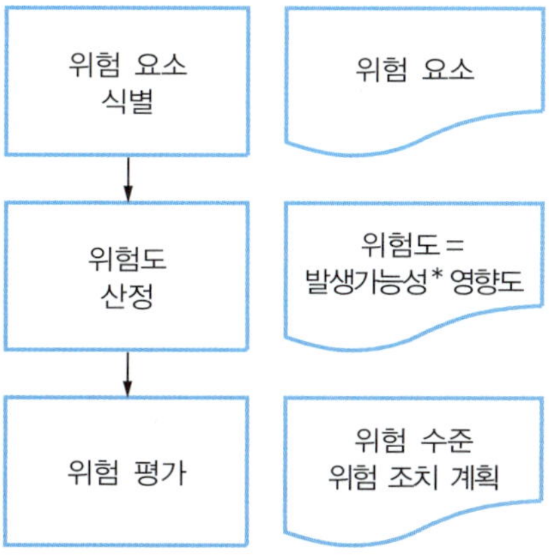

그림 11.6 위험 분석 절차

11.2.4.1.1.1 위험 요소 식별

일반적으로 위험 요소 식별은 시스템 또는 조직의 목적 달성에 영향을 줄 수 있는 이벤트 및 상황을 식별하는 것이 목표이다. 위험 요소는 체크리스트 또는 과거 데이터 검토와 같은 기존 사례를 비탕으로 식별될 수 있다. 또한, 선문가팀이 설문지, 브레인스토밍, 델파이, 시나리오 분석 등의 체계적인 방법으로 식별할 수도 있다. 그리고 PHA(Preliminary Hazard Analysis), HAZOP(Hazard and Operability Studies) 등과 같은 귀납적 추론 방법을 이용할 수도 있다.

11.2.4.1.1.2 위험도 산정

식별된 각 위험 요소에 대한 위험도를 산정한다. 각 위험 요소의 위험도는 발생 가능성(Likelihood)과 영향도(Impact)를 통해서 산정된다.

각 위험 요소별 발생 가능성은 정량적인 수치로 또는 정성적으로 산정될 수 있다. 그 방법으로는 1) 과거 사례 분석, 2) 폴트 트리 분석, 이벤트 트리 분석 등의 예측 방법, 3) 체계적인 전문가 의견 등이 있다.

영향도는 해당 위험 요소가 발생하였을 때 미치는 영향의 크기를 산정하는데, 발생 후의 결과에 대한 간단한 설명 또는 상세한 정량적인 분석을 통해서 산정될 수 있다. 영향도를 분석할 때는 위험 요소가 발생하였을 때의 즉각적인 영향뿐만 아니라 일정 시간이 흐른 후의 영향도까지 고려해야 하며, 위험이 직접적으로 발생 가능한 시스템 요소뿐만 아니라 인접한 다른 요소에서 발생할 수 있는 위험도도 고려하도록 한다.

11.2.4.1.1.3 위험 평가

위험 평가는 앞서 수행된 위험도 분석 결과를 바탕으로 개별 위험의 수준을 결정하고 이에 따른 조치 작업의 수행 여부를 결정한다.

위험 수준은 앞서 분석된 위험도 산정치와 조치 작업의 수행 여부 기준치(Threshold)를 비교하여 결정된다. 가장 단순한 방법은 하나의 기준치를 이용하여 각 위험 요소에 대한 조치 작업의 가부를 결정하는 것이다. 이 방법은 간단하게 조치 작업의 수행 필요성 여부를 평가할 수는 있지만 위험도 산정치와 조치 작업 가부 결정에 내재되었을지 모르는 불확실성을 반영하지 못하는 문제가 있다.

일반적인 다른 방법으로는 비용과 효과를 고려하여 3가지 등급으로 각 위험 요소를 평가하기도 한다. 1) 비용이 얼마가 들든 반드시 조치가 필요한 위험 요소는 상위 등급으로 분류되고, 2) 비용과 효과를 고려하여 조치 여부를 결정하는 위험은 중간 등급으로 분류된다. 그리고 3) 위험도가 낮아서 조치 작업을 수행하지 않아도 되는 위험 요소는 하위 등급으로 분류된다.

11.2.4.1.2 위험 조치 수행

무시할 수 없는 위험 요소 중 조치 작업이 필요하다고 평가된 각 위험 요소에 대해서는 적절한 조치 작업이 계획되고 수행되어야 한다. 위험 조치 작업은 위험 회피(Avoidance), 위험 완화(Mitigation), 위험 전가(Transfer), 위험 수용(Acceptance)으로 분류된다.

위험 요소의 발생 가능성을 낮추거나 영향도를 축소하는 방법으로 위험을 완화하는 조치를 수립할 수도 있다. 그뿐만 아니라 시스템의 범위를 조정하거나, 설계 및 구현을 통하여 아예 위험 요소를 제거할 수도 있다. 위험도가 낮거나 위험 회피・위험 완화를 하기에는 너무 많은 비용이 소요되는 경우 위험을 수용할 수도 있다. 또한, 위험에 대한 조치와 책임을 타 조직에 전가시킬 수도 있다.

또한 조치 작업이 필요하다고 평가된 각 위험에 대해서는 비상 계획(Contingency plan)도 수립하도록 한다. 비상 계획은 위험 회피, 위험 완화, 위험 전가 조치가 불가능하거나 실패하여 위험 요소가 발생하였을 경우에 취할 조치를 의미한다.

11.2.4.1.3 위험 모니터링

모든 위험 요소는 추적할 필요가 없을 때까지 지속적으로 모니터링되어야 한다. 프로젝트가 진행되면 각 위험 요소의 상태는 변경될 수 있다. 예를 들어, 위험의 발생 가능성이 변하거나, 위험 발생에 따른 영향도가 변할 수도 있다. 또한, 초기에 식별되지 않은 위험 요소가 새롭게 발견될 수도 있다.

그뿐만 아니라 계획된 위험 조치 계획이 수행되고 있는지 그리고 위험 조치 계획의 결과로 위험 상태가 변경되었는지도 지속적으로 모니터링할 필요가 있다. 그러므로 위험 모니터링에서는 프로젝트가 진행될 때 지속적으로 위험의 상태를 검토하고 갱신하며 새로운 위험 요소를 식별하고 분석하도록 한다.

11.2.4.1.4 테스트 선택 및 우선순위

테스트 대상의 피처를 확인하기 위해 일반적으로 많은 수의 테스트 케이스 및 테스트 절차가 개발되고 실행된다. 테스트를 효과적으로, 효율적으로 수행하기 위해서는 수많은 테스트 케이스 및 테스트 절차의 중요도를 바탕으로 우선순위를 부여하고 이 우선순위에 따라서 테스트 케이스 및 테스트 절차를 선택할 필요가 있다. 테스트에 대한 우선순위 전략은 일반적으로 다음 사항을 포함한다.

- **피처 집합의 우선순위:** 피처 집합은 유사한 피처이면서 동일한 방법으로 테스트 될 수 있는 피처의 그룹을 의미한다. 피처 집합은 테스트 설계 및 실행의 단위이다. 그러므로 피처 집합별로 우선순위를 부여하고, 이를 바탕으로 피처 집합별 테스트 케이스 및 테스트 절차를 개발하고, 실제 테스트 실행을 수행하는 순서를 결정할 수 있다.

• **테스트 케이스의 우선순위**: 피처 집합을 구성하는 각 피처에 대하여 많은 테스트 케이스가 개발된다. 따라서 각 테스트 케이스를 통해서 확인되는 구체적인 기능 등의 중요도를 고려하여 각 테스트 케이스에 우선순위를 부여할 필요가 있다.

• **테스트 절차의 우선순위**: 각 테스트 절차는 중요도에 따라서 우선순위가 부여되어 있다. 테스트 실행 활동을 수행할 때는 이 우선순위를 이용하여 먼저 수행할 테스트를 결정할 수 있다.

11.2.4.3 테스트 문서화

프로젝트 수준에서 수행하는 테스트 활동에서 작성해야 하는 테스트 문서를 식별한다. 각 테스트 문서별로 작성되는 시점과 승인 절차도 정의하도록 한다. 프로젝트 수준의 테스트 문서는 프로젝트 테스트에 대한 계획서와 프로젝트 테스트에 대한 종료 보고서가 해당된다.

그림 11.7은 프로젝트 수준의 테스트 문서와 개별 테스트와의 관계를 보여 준다. 즉 프로젝트 테스트 계획서는 컴포넌트 테스트, 성능 테스트, 인수 테스트 등의 개별 테스트에 대한 공통적인 계획을 포함하며, 각 개별 테스트의 수행 결과를 바탕으로 프로젝트 수준의 테스트 종료 보고서가 작성된다.

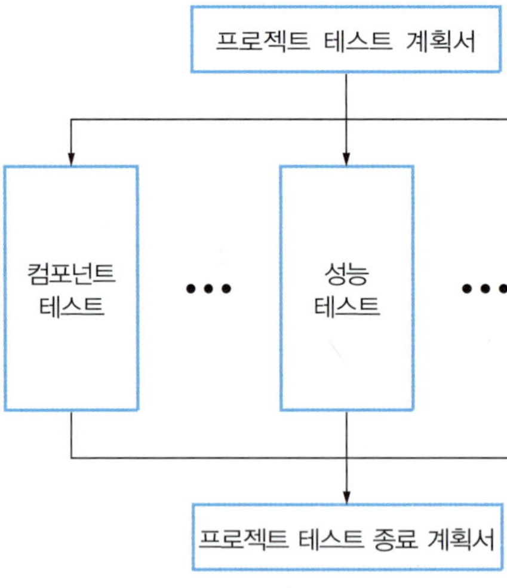

그림 11.7 **프로젝트 수준의 테스트 문서화 전략**

테스트 프로젝트를 구성하는 개별 테스트의 문서화는 개별 테스트의 수행 부분에서 결정된다. 그리고 개별 테스트 수준에서 작성하는 테스트 문서는 개별 테스트 수준의 테스트 문서화 전략에서 정의한다.

11.2.4.4 형상 관리

테스트 프로세스를 수행하면 다양한 산출물이 작성된다. 이러한 테스트 산출물은 테스트를 수행하는 테스트팀을 포함하여 여러 이해관계자가 공유해야 한다. 그러므로 소프트웨어 개발 산출물에 대하여 형상 관리를 수행하듯이 각종 테스트 산출물의 적합성과 무결성을 유지하기 위하여 형상 관리가 수행되어야 하며, 형상 관리 작업에 대한 계획을 수립하고 이를 형상 관리 계획서에 기록한다. 형상 관리 활동은 형상 식별, 형상 통제, 형상 상태 보고, 형상 감사로 구성된다. 그림 11.8은 테스트 산출물을 포함한 일반적인 산출물에 대한 형상 관리 활동의 개념을 보여 준다.

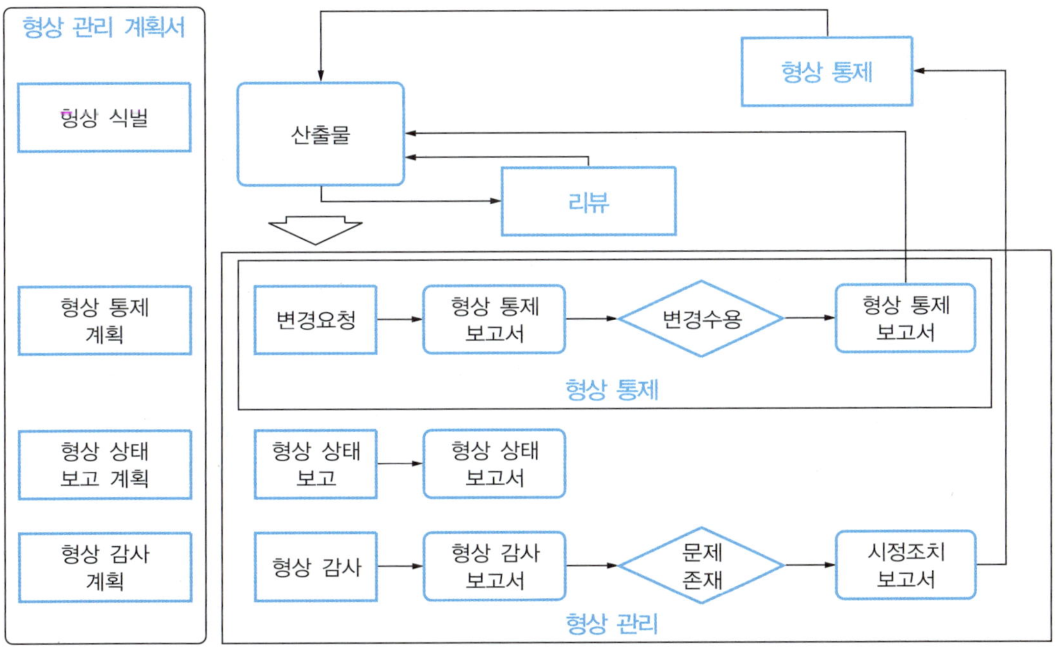

그림 11.8 **형상 관리**

- 형상 식별에서는 산출물 중에서 형상 관리의 대상 즉 변경 통제의 대상이 되는 산출물을 정의하고, 각 형상에 대한 식별자 규칙을 정의한다. 그리고 각 형상에 대한 베이스라인 기준을 정의한다.
- 형상 관리 대상으로 식별된 형상 항목 즉 산출물은 베이스라인으로 간주된 이후부터는 형상 통제를 받게 된다. 즉, 베이스라인으로 설정된 산출물의 변경은 변경 요청을 바탕으로 변경 승인 여부를 검토한다. 승인된 변경 요청에 대해서만 산출물에 대한 변경을 수행할 수 있다.
- 형상 상태 보고에서는 형상 항목에 대한 형상 관리 상태를 기록하고 보고하는 계획을 수립한다. 즉, 형상 관리 활동 및 각 형상 항목의 베이스라인에 대한 변경 이력과 각 변경

요청에 대한 처리 상태를 기록/보고하는 계획을 수립한다.

- 형상 감사에서는 형상관리 계획에 따라서 형상 관리가 진행되어 형상 항목의 무결성이 유지되고 있는지를 확인하기 위한 계획을 기술한다.

11.2.4.5 결함 관리

테스터는 테스트 절차를 실행하여 결함을 검출하는데, 테스트 대상의 실행 결과가 테스트 케이스 및 테스트 절차에 정의된 예상 결과와 상이하면 이를 근거로 결함이 존재한다고 판단한다. 결함은 시스템의 장애를 유발하고 결국은 시스템의 품질을 악화시키는 근본 원인이므로 식별된 결함은 디버깅을 수행하여 제거해야 한다. 테스트 조직 내에서 일관성이 있고 효율적인 방식으로 결함을 검출하고 해결하기 위해 다음 항목에 대한 전략을 정의할 필요가 있다.

- **결함 기록**: 식별된 결함에 대한 명확한 정보는 효율적인 디버깅을 위해서 필수적이다. 따라서 식별된 결함에 대하여 어떤 정보를 어느 수준으로 기술하고 이해관계자와 어떻게 공유할지에 대한 방법이 정의되어야 한다. 일반적으로 식별된 결함에 대해서는 결함이 검출된 상황, 발생한 문제, 심각도, 우선순위, 위험 분석 등을 결함 보고서에 기록한다.
- **결함 추적**: 결함은 시스템의 장애를 유발하므로 식별된 결함에 대한 적절한 조치가 필요하다. 즉, 각 결함은 개발자를 통해서 수정되고, 올바르게 수정이 되었는지 확인이 필요하다. 이와 같이 결함의 검출부터 수정, 확인 그리고 결함을 종결하는 전체 과정을 관리해야 한다. 그림 11.9의 결함 생명 주기는 결함의 검출부터 종결까지의 상황을 보여 준다.

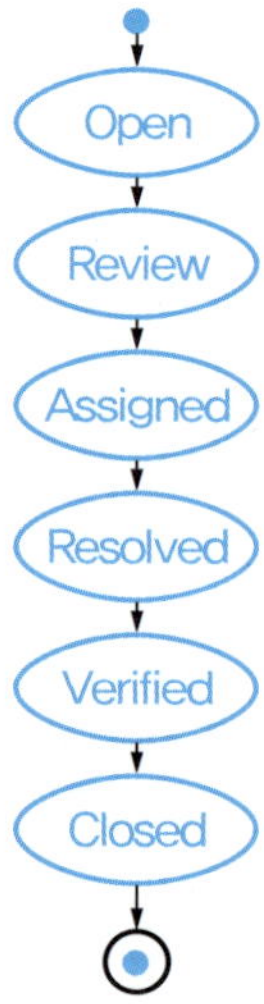

그림 11.9 결함 생명 주기

테스트 조직과 테스트 프로젝트에 따라서 이러한 결함 생명 주기를 적절하게 정의할 수 있다. 예를 들어 상황에 따라 새로운 결함의 상태를 추가하거나 어떤 기준으로 결함의 상태가 변경되는지 등도 정의가 필요하다.

11.2.4.6 자동화 도구

테스트 관리 프로세스 및 동적 테스트 프로세스 등을 효과적으로, 효율적으로 수행하기 위해서는 테스트 활동 수행을 지원하는 자동화 도구를 도입해야 한다. 테스트 프로젝트를 수행할 때 테스터가 사용할 수 있는 다양한 테스트 자동화 도구를 검토하여 결정한다.

표 11.8은 테스트 활동을 수행할 때 사용 가능한 자동화 도구의 유형과 대표적인 기능을 보여 준다. 테스트 관리, 요구사항 관리, 결함 관리, 형상 관리 등을 지원하는 도구들은 테스트 관리 도구로 분류된다. 그리고 리뷰 및 정적 분석을 지원하는 정적 테스트 도구와 테스트 케이스 및 테스트 절차와 테스트 데이터를 자동으로 생성하는 동적 테스트 도구가 있다. 테스트 절차의 실행, 단위 테스트 프레임워크, 테스트 결과 비교, 커버리지 측정 등을 지원하는 테스트 실행 도구도 있다.

표 11.8 **테스트 자동화 도구 유형**

도구 유형	도구 기능
테스트 관리	테스트 관리 도구, 요구사항 관리, 결함 관리(이슈 추적), 형상 관리
정적 테스트	리뷰 프로세스 지원, 정적 분석, 모델링
동적 테스트	테스트 설계, 테스트 데이터 준비
테스트 실행	테스트 실행, 테스트 하네스(harness)/단위 테스트 프레임워크, 테스트 비교기, 커버리지 측정

11.2.4.7 수행 개별 테스트

테스트 프로젝트를 수행하면서 포함해야 하는 개별 테스트, 즉, 수행할 컴포넌트 테스트, 통합 테스트, 시스템 테스트, 인수 테스트 등의 레벨 테스트와 성능 테스트, 신뢰성 테스트, 보안 테스트 등의 유형 테스트를 나열한다.

개별 테스트 선정 작업을 할 때에는 조직이 개발하는 소프트웨어의 규모와 특성을 고려해야 한다. 또한, 소프트웨어의 성능, 신뢰성, 보안 등 특성의 중요도에 따라 품질 특성별로 유형 테스트를 별도로 수행할 수 있다.

표 11.9 수행 개별 테스트 예시

순서	개별 테스트	목적
1	컴포넌트 테스트	시스템을 구성하는 각 컴포넌트의 기능에 대한 테스트를 수행
2	통합 테스트	컴포넌트 간의 연결에 대한 테스트를 수행
3	시스템 테스트	요구사항 명세서를 바탕으로 시스템 전체의 기능에 대한 테스트를 수행함
4	신뢰성 테스트	컴포넌트, 통합, 시스템 수준에서 신뢰성에 초점을 둔 테스트를 수행
5	성능 테스트	컴포넌트, 통합, 시스템 수준에서 성능에 초점을 둔 테스트를 수행
6	보안 테스트	시스템 수준에서 보안에 초점을 테스트를 수행
7	인수 테스트	사용자 환경에서 사용자 중심으로 기능, 성능, 신뢰성, 보안에 초점을 둔 테스트를 수행

11.2.5 개별 테스트 수준의 조직 테스트 전략

개별 테스트 수준의 조직 테스트 전략은 프로젝트 수준의 조직 테스트 전략에 명시된 개별 테스트(레벨 테스트 및 유형 테스트)별로 수립될 전략을 의미한다. 표 11.10은 각 개별 테스트별로 정의할 조직 테스트 전략 항목을 보여 준다.

표 11.10 개별 테스트 수준의 조직 테스트 전략 항목

항목	설명
테스트 독립성	기술적, 관리적, 재정적 측면에서 테스트 활동의 독립성을 기술한다.
테스트 문서화	개별 테스트 수준에서 수행되는 테스트 활동을 통하여 생성되는 산출물을 정의한다.
테스트 시작 및 종료 조건	동적 테스트 활동을 시작하기 위하여 만족되어야 하는 조건과 테스트 활동의 수행을 종료할 수 있는 조건을 정의한다.
테스트 설계 기법	개별 테스트에 적용할 테스트 설계 기법을 결정한다.
테스트 환경 및 테스트 데이터	개별 테스트 수행을 위하여 필요한 테스트 환경과 테스트 데이터를 기술한다.
재테스팅 및 리그레션 테스팅	재테스팅 및 리그레션 테스트를 수행하는 방법을 정의한다.
테스트 메트릭	개별 테스트 수행 현황을 모니터링하기 위하여 측정할 메트릭을 정의한다.
테스트 완료 기준	테스트 대상에 대한 테스트 완료 여부를 판단할 수 있는 객관적인 기준을 정의한다.

11.2.5.1 테스트 독립성

테스트는 독립적으로 수행될수록 결함이 쉽게 발견된다고 알려져 있다. 예를 들어, 소스 코드와 무관한 테스터에 비하여 소스 코드를 작성한 개발자가 결함을 찾는 것은 더욱 어렵다는 것이다. 테스트 독립성 전략에서는 테스트 활동을 소프트웨어 개발과 어느 정도 독립적으로 수행할지 그 수준을 정의한다.

IEEE Std. 1012-2012 Standard for System and Software Verification and Validation에 따르면 테스트를 포함한 V&V 활동이 개발 조직과 기술적 측면, 관리적 측면, 그리고 재정적 측면에서 독립적으로 수행되는 것이 바람직하다. 표 11.11은 이 표준에서 설명하는 독립성의 3가지 관점을 보여 준다.

표 11.11 테스트 독립성의 관점

관점	설명
기술적 독립성	개발에 참여하지 않은 인력이 테스트를 수행하며, 개발 조직과 다른 테스트 조직 고유의 도구를 사용한다. 개발 조직과 도구를 공유하는 경우 Qualification 테스트를 수행한다.
관리적 독립성	테스트 대상, 범위, 전략, 일정 등을 개발 조직 및 프로그램 관리 조직의 영향 없이 독자적으로 수립하고 진행 상황을 아무 제약 없이 프로그램 관리 조직에 보고할 수 있다.
재정적 독립성	개발 조직과 독립적으로 테스트에 예산이 투입될 수 있다. 즉, 개발 예산 부족이 테스트 활동의 수행에 영향을 주지 않는다.

기술적, 관리적, 그리고 재정적 측면의 독립성은 다양한 수준에서 결정될 수 있다. 표준에서는 독립적 V&V의 대표적인 형태로서 1) 최고 수준(Classical)의 형태, 2) 변형된(Modified) 형태, 3) 통합(Integrated) 형태, 4) 내부적(Internal) 형태, 5) 내장된(Embedded) 형태를 소개하고 있다. 표 11.12는 독립적 V&V의 5가지 형태를 보여 준다. 표에서, R, C, M은 각각 R(Rigorous): 철저한 독립성, C(Conditional): 조건적 독립성, M(Minimized): 최소의 독립성을 의미한다.

표 11.12 독립적 V&V의 형태

독립성 형태	기술적 측면	관리적 측면	재정적 측면
최고 수준의 형태	R	R	R
변형된 형태	R	C	R
통합된 형태	C	R	R
내부적 형태	C	C	C
내장된 형태	M	M	M

- **최고 수준(Classical)의 형태**: 기술적, 관리적, 재정적 측면에서 모두 철저한 수준의 독립성을 가진다. 일반적으로 외부의 다른 회사가 개발을 하고 제공자가 V&V를 할 때의 형태이다. 이 형태의 V&V는 시스템의 장애로 인한 피해가 심각(생명 위협, 미션 실패, 심각한 사회적 또는 경제적 손실 등)할 경우에 요구될 수 있다.

- **변형된(Modified) 형태**: 기술적 측면과 재정적 측면에서는 철저하게 독립적이지만 관리적 측면에서는 조건적으로 독립적인 형태이다. 이 형태는 대규모 시스템을 구축할 때 1차 통합사(Prime integrator)가 V&V를 포함한 전체 개발을 관리하는 경우에 나타날 수 있다. V&V 활동에 대한 보고가 1차 통합사에게 제공되므로 관리적 측면의 독립성은 약화된다.

- **통합된(Integrated) 형태**: 기술적 측면에서 조건적인 독립성을 가진다. 이 형태는 V&V의 결과를 개발 프로세스에 신속하게 제공하는 것에 초점을 둔다. 즉, 개발 조직과 V&V 조직이 협력하여 개발 중 산출물에 대한 리뷰를 수행하며, 개발 조직에서 수행한 인스펙션 및 워크쓰루 등의 리뷰에 대해서도 피드백을 제공한다. 그러므로 개발 조직과 V&V 조직의 성공 여부는 서로 의존적이다.

- **내부적(Internal) 형태**: 기술적, 관리적, 그리고 재정적 측면에서 모두 조건적인 형태이다. 이 형태는 개발 산출물에 직접적으로 관여하지 않을 수도 있지만, 개발 조직에 속한 개발자가 V&V 활동을 수행한다. 개발자와 동일한 환경에서 동일한 가정을 할 수 있으므로 결함을 간과할 가능성이 있다. 개발 조직에 속하므로 V&V 활동을 엄격하게 수행하는데 부정적인 영향도 받을 수 있다. 또한, 개발 조직이 V&V 예산도 통제하므로 재정적인 측면에서도 독립성은 약화된다.

- **내장된(Embedded) 형태**: 내부적 형태와 마찬가지로 개발에 직접적으로 참여하지 않은 개발 조직의 인력이 V&V 활동을 수행한다. 이 형태에서는 개발 절차 및 프로세스의 부합성에 초점을 둔다. 개발 조직이 수행하는 인스펙션, 워크쓰루 등의 리뷰에 직접 참여하는 등 개발 조직과 병행하여 V&V 작업을 수행한다. 이 형태에서는 산출물에 대한 독립적인 테스트를 명시적으로 수행하지 않는다.

시간, 비용, 위험, 그리고 목표로 하는 품질 수준 등을 고려하여 각 독립성 측면의 수준 및 전체적인 독립성 행태를 적절히 결정하도록 한다. 일반적으로 높은 수준의 독립성으로 테스트를 수행하는 것은 시간과 비용을 많이 필요로 하지만 위험 해소와 품질 확보 측면에서는 더 효과적일 수 있다.

위험 분석을 바탕으로 독립성 수준을 정할 수도 있는데, 높은 위험도에 대한 테스트를 수행할 때는 더 높은 수준의 독립성으로 수행하는 것이 바람직하다. 예를 들어, 성능 및 신뢰성 관련한 심각한 위험 요소가 있다면 성능 테스트와 신뢰성 테스트는 최고 수준 또는 변형된 형태의 독립성으로 수행하는 것을 고려해야 한다. 반대로 낮은 위험도에 대해서는 위험의 심각성과 함께 일정과 비용을 고려하여 통합된 형태, 내부적 형태, 그리고 내장된 형태를 적절하게 선택하여 수행하도록 한다.

11.2.5.2 테스트 문서화

개별 테스트 수준에서 수행되는 테스트 활동을 통하여 생성되는 산출물을 정의한다. 각 테스트 산출물에 대한 검토 및 승인 절차를 정의한다. 표 11.13은 개별 테스트를 수행하는 과정에서 작성되는 산출물을 테스트 관리 프로세스, 동적 테스트 프로세스, 정적 테스트 프로세스로 구분하여 보여 준다.

표 11.13 개별 테스트 수준에서의 문서화 전략

프로세스	산출물
테스트 관리 프로세스	테스트 계획서 테스트 현황 보고서 테스트 종료 보고서
동적 테스트 프로세스	테스트 설계 명세서 테스트 케이스 명세서 테스트 절차 명세서 테스트 환경 요건 명세서 테스트 데이터 요건 명세서 테스트 환경 준비 보고서 테스트 데이터 준비 보고서 테스트 실행 로그 결함 보고서 결함 추적 보고서
정적 테스트 프로세스	리뷰 보고서 정적 분석 보고서

각 테스트 산출물은 수행되는 개별 테스트 별로 작성된다. 예를 들어 컴포넌트 테스트에 대해서 컴포넌트 테스트 계획서, 컴포넌트 테스트 설계서, …, 컴포넌트 테스트 결함 보고서, 컴포넌트 테스트 종료 보고서를 작성한다. 마찬가지로 성능 테스트 및 인수 테스트가 수행

된다면 각 성능 테스트와 인수 테스트에 대해서도 동일한 유형의 테스트 문서를 작성한다. 그림 11.10은 프로젝트 수준의 테스트 산출물을 포함하여 컴포넌트 테스트, 성능 테스트, 인수 테스트가 수행될 때 테스트 산출물을 보여 준다.

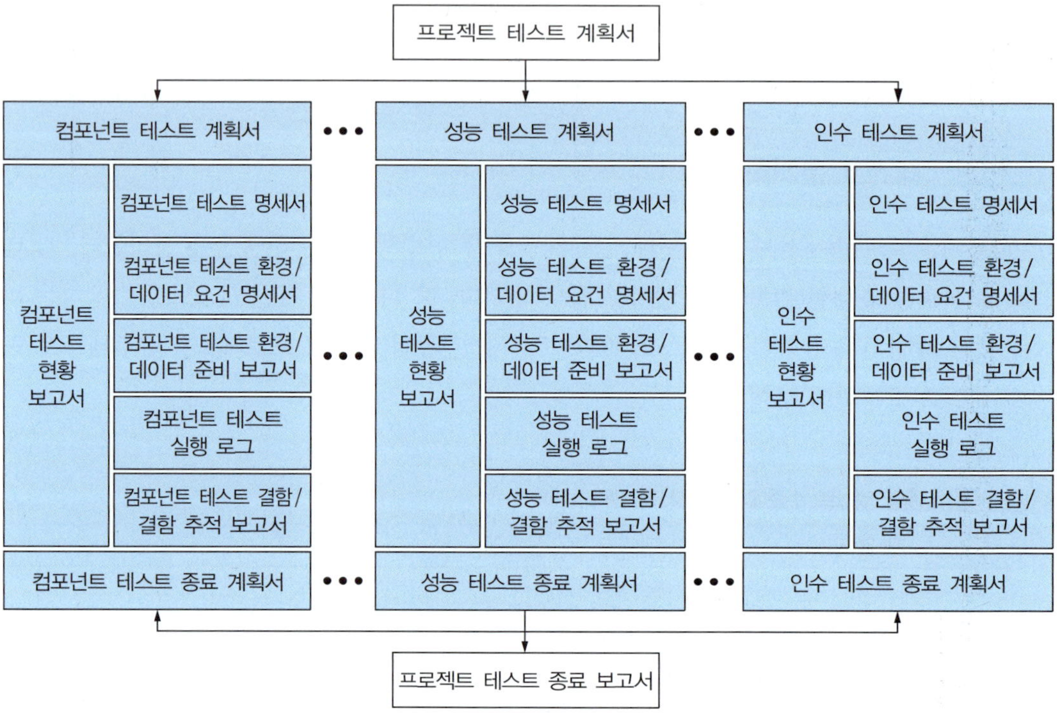

그림 11.10 **개별 테스트 수준에서의 테스트 문서화 전략 예**

프로젝트 수준의 테스트 계획서 즉 프로젝트 테스트 계획서를 바탕으로 컴포넌트 테스트, 성능 테스트, 인수 테스트 등의 개별 테스트에 대한 계획을 수립한다. 각 개별 테스트별로 동적 테스트를 수행하고 그 결과물을 작성한다. 각 개별 동적 테스트가 종료되면 컴포넌트 테스트 종료 보고서, 성능 테스트 종료 보고서, 인수 테스트 종료 보고서 등과 같이 개별 테스트에 대한 종료 보고서를 작성한다. 그리고 개별 테스트에 대한 종료 보고서들을 바탕으로 프로젝트 테스트 종료 보고서를 작성한다.

11.2.5.3 테스트 시작 및 종료 조건

테스트 시작 및 종료 조건은 동적 테스트 활동을 시작하기 위하여 만족되어야 하는 조건과 테스트 활동의 수행을 종료할 수 있는 조건을 말한다. 즉, 컴포넌트 테스트, 통합 테스트 등의 개별 테스트를 모호한 기준이 아니라 여기서 정의한 시작 조건이 충족될 때 개별 테스트를 시작하고 종료 조건이 충족될 때 테스트를 종료한다. 테스트 시작 및 종료 조건은 각 테스트 활동의 시작 및 종료 조건과 개별 테스트 프로세스의 시작 및 종료 조건으로 분류된다.

11.2.5.3.1 테스트 활동의 시작 및 종료 조건

동적 테스트 프로세스를 구성하는 각 활동별로 시작 조건과 종료 조건을 기술한다. 예를 들어, 테스트 설계 및 구현 활동의 시작 조건 및 종료 조건, 테스트 환경 구축 및 관리 활동의 시작 조건 및 종료 조건 등을 정의할 수 있다. 이러한 테스트 활동의 시작 및 종료 조건은 테스트 관리 프로세스의 테스트 모니터링 및 제어 활동에서 이용된다. 즉, 시작 조건이 충족되면 해당 활동의 시작을 허용하고 종료 조건이 충족되면 해당 활동의 종료를 허용한다. 그림 11.11은 각 테스트 활동에 대하여 해당 테스트 활동을 시작할 수 있는 조건과 종료라고 판단할 수 있는 조건이 있음을 보여 준다.

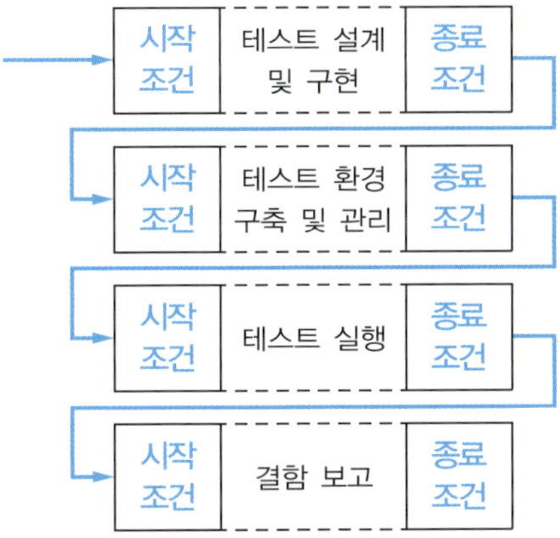

그림 11.11 **테스트 활동 시작/종료 조건**

테스트 활동의 시작 조건은 각 테스트 활동에 따라서 달라질 수 있다. 테스트 설계 및 구현 활동의 경우에는 피처 집합, 테스트 케이스 및 테스트 절차를 개발하기 위하여 필요한 개발 산출물(테스트 베이시스)이 준비되어 있음이 확인되어야 한다. 예를 들어, 컴포넌트 테스트는 승인된 상세 설계서가 테스트 베이시스로서 준비되어 있어야 한다. 그리고 통합 테스트는 승인된 구조 설계서가 필요하며, 시스템 테스트는 승인된 소프트웨어 요구사항 명세서가 시작 조건으로 필요하다.

그리고 테스트 환경 구축 및 관리, 테스트 실행, 그리고 결함 보고 활동의 경우에는 직전 수행 활동의 종료 조건이 해당 활동의 시작 조건에 해당된다. 예를 들어, 테스트 환경 구축 및 관리 활동이 시작될 수 있는 조건으로는 테스트 환경과 테스트 데이터에 대한 요건이 정의되어 있어야 하며 이는 테스트 설계 및 구현 활동을 종료하는 조건에 해당된다. 테스트 실행 활동은 테스트 구축 및 개발과 테스트 환경 구축 및 관리 활동의 결과물뿐만 아니라 테스트 대상이 빌드되어 실행 가능한 상태로 존재해야 시작 조건을 만족할 수 있다. 그리고 결함 보고 활동이 시작되려면 테스트 실행 활동을 통해서 테스트 실행 로그가 준비되어 있어야 한다.

테스트 활동의 종료 조건은 기본적으로 해당 활동에서 목표로 하는 결과물의 완료가 포함된다. 예를 들어, 테스트 설계 및 개발 활동의 종료 조건으로는 테스트 설계 명세서, 테스트 케이스 명세서, 테스트 절차 명세서, 테스트 환경 요건 명세서, 테스트 데이터 요건 명세서가 작성 완료되어야 한다.

또한, 테스트 활동 별 산출물 완료뿐만 아니라 테스트 완료 기준도 테스트 종료 기준으로 포함될 수 있다. 예를 들어, 컴포넌트 테스트에 테스트 완료 기준으로 "문장 커버리지 90% 이상이 되어야 한다."가 있다면 문장 커버리지를 충족시킬 수 있는 테스트 케이스 및 테스트 절차 개발이 테스트 설계 및 구현 활동의 종료 조건으로 고려될 필요가 있다. 마찬가지로 테스트 실행 및 결함 보고 활동에서도 문장 커버리지 90% 이상 달성을 종료 조건으로 고려할 수 있다.

11.2.5.3.2 개별 테스트 프로세스의 시작 및 종료 조건

프로젝트 수준의 조직 테스트 전략에서 테스트 프로젝트에서 수행해야 할 개별 테스트를 명시하였다. 예를 들어, 컴포넌트 테스트 - 통합 테스트 - 시스템 테스트 - 신뢰성 테스트 - 성능 테스트 - 인수 테스트 순서대로 테스트를 수행한다고 할 때, 각 개별 테스트를 시작할 수 있는 조건과 종료할 수 있는 조건을 정의해야 한다. 그림 11.12는 각 개별 테스트별로 시작 조건과 종료 조건이 명시됨을 보여 준다.

그림 11.12 테스트 프로세스의 시작 및 종료 조건

개별 테스트를 수행하는 순서에 따라 이전 개별 테스트의 종료 조건은 이후 개별 테스트의 시작 조건과 관계가 있다. 즉, 이전 개별 테스트의 종료 조건은 이후 개별 테스트의 시작 조건을 포함하여야 한다. 예를 들어, 통합 테스트의 시작 조건에는 통합 테스트 대상에 포함된 각 컴포넌트에 대한 테스트 종료가 포함되어야 한다.

테스트 시작 조건은 각 테스트 레벨에 따라서 구체화될 수 있다. 표 11.14는 컴포넌트 테스트, 통합 테스트, 시스템 테스트, 인수 테스트별로 대표적인 시작 조건을 보여 준다.

표 11.14 테스트 레벨별 테스트 시작 조건 예

테스트 레벨	테스트 시작 조건
컴포넌트 테스트	승인된 버전의 각 컴포넌트에 대한 상세 설계 명세서 각 컴포넌트의 승인된 빌드
통합 테스트	승인된 버전의 구조 설계 명세서 통합 대상에 포함된 컴포넌트에 대한 컴포넌트 테스트 완료 컴포넌트 테스트 종료 보고서
시스템 테스트	승인된 버전의 소프트웨어 요구사항 명세서 통합 테스트 완료 통합 테스트 종료 보고서
인수 테스트	시스템 테스트 완료 시스템 테스트 종료 보고서

테스트 종료 조건도 각 테스트 레벨에 따라서 구체화될 수 있다. 표 11.15는 컴포넌트 테스트, 통합 테스트, 시스템 테스트, 인수 테스트별로 대표적인 종료 조건을 보여 준다.

표 11.15 테스트 레벨별 테스트 종료 조건 예

테스트 레벨	테스트 종료 조건
컴포넌트 테스트	90% 이상 컴포넌트에 대한 테스트 완료 승인된 버전의 컴포넌트 테스트 종료 보고서
통합 테스트	90% 이상의 설계 단위 호출 커버리지 승인된 버전의 통합 테스트 종료 보고서
시스템 테스트	유스케이스 커버리지 100% 유스케이스 시나리오 커버리지 90% 이상 승인된 버전의 시스템 테스트 종료 보고서
인수 테스트	예측 신뢰도 99% 이상 예측된 미해결 결함 5개 이하 승인된 버전의 인수 테스트 종료 보고

그림 11.13은 테스트의 시작 및 종료 조건과 이를 확인하여 테스트 종료 활동을 시작하는 테스트 관리 프로세스 간의 관계를 보여 준다. 테스트 프로세스의 종료 조건이 충족될 때 테스트 관리 프로세스의 테스트 종료 활동이 시작된다. 그리고 다음 개별 테스트의 시작 조건이 충족되면 다음 개별 테스트가 시작된다. 이 때 테스트 시작 조건 및 종료 조건의 충족 여부를 판단하는 것은 테스트 관리 프로세스의 테스트 모니터링 및 제어 활동에 해당된다.

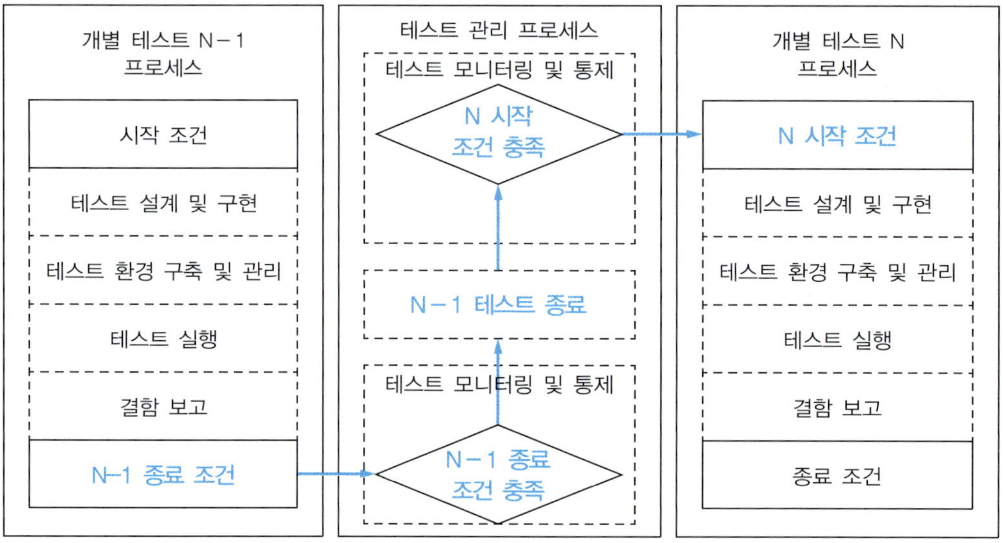

그림 11.13 테스트의 종료 및 시작 조건과 테스트 관리 프로세스

11.2.5.4 테스트 설계 기법

개별 테스트별로 적용할 테스트 설계 기법을 결정한다. 테스트 설계 기법은 정적 테스트와 동적 테스트로 분류된다. 그림 11.14는 테스트 설계 기법의 분류를 보여 준다.

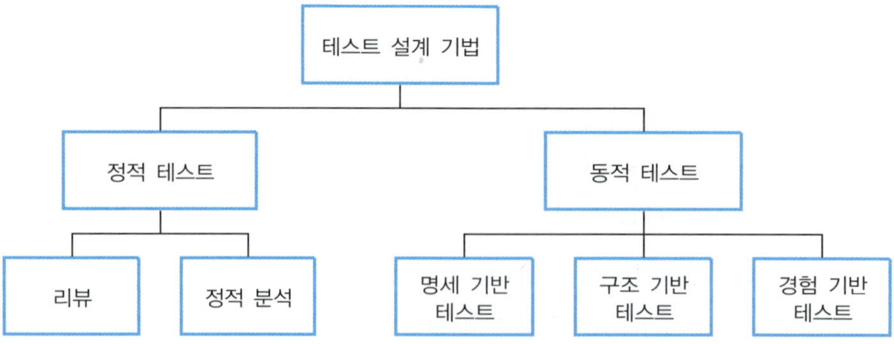

그림 11.14 테스트 설계 기법의 분류

수행할 개별 테스트에 따라 효과적인 테스트 설계 기법을 결정해야 한다. 예를 들어, 성능, 신뢰성과 같은 비기능 테스트는 시스템을 동작시켜 확인할 수 있으므로 정적 테스트보다는 동적 테스트가 보다 적합하다. 반면에 유지보수성은 소스 코드의 구조와 밀접하므로 동적 테스트보다는 정적 테스트를 통해서 확인될 수 있다. 표 11.16은 정적 테스트와 동적 테스트의 장단점을 보여 준다.

표 11.16 **테스트 설계 기법 비교**

유형	장점	단점
정적 테스트	• 구현물이 완성되기 전에 적용 가능함 • 실행을 위한 환경을 필요로 하지 않음 • 결함의 위치를 직접적으로 결정함	• 동적 특성(예 성능, 신뢰성, 가용성 등)을 확인하기 어려움
동적 테스트	• 동적 특성(예 성능, 신뢰성, 가용성 등)을 확인할 수 있음	• 구현물이 완성된 후에 적용 가능함 • 테스트 환경 및 데이터 등이 준비되어야 함 • 장애 확인 후에 결함의 위치는 분석이 필요함

표 11.16에서 볼 수 있듯이 정적 테스트와 동적 테스트는 각각 장단점이 있으므로 테스트 목적을 달성하면서 효율적으로 테스트를 수행하기 위해서는 정적 테스트와 동적 테스트를 모두 사용할 필요가 있다. 예를 들어, 소스 코드 등의 구현물이 완성되어 실행될 준비가 되기 전까지는 정적 테스트를 통하여 소프트웨어 산출물을 확인하고 구현물이 완성된 후에 동적 테스트를 추가 적용하여 실행을 통한 확인이 필수적인 품질 특성(성능, 신뢰성, 가용성 등)을 테스트한다.

표 11.17은 동적 테스트의 유형인 명세 기반 테스트, 구조 기반 테스트, 경험 기반 테스트별 설계 방법을 구체적으로 보여 준다.

표 11.17 동적 테스트 설계 기법

동적 테스트 유형	설계 기법
명세 기반 테스트	• 동등 분할 • 분류 트리 기법 • 경곗값 분석 • 신택스 테스트 • 조합 테스트 • 상태 전이 테스트 • 인과 그래핑 • 결정표 테스트 • 시나리오 테스트
구조 기반 테스트	• 문장 테스트 • 결정 테스트 • 조건 테스트 • 결정/조건 테스트 • 다중 조건 테스트 • 변형 조건/결정 테스트(MCDC) • 기본 경로 테스트
경험 기반 테스트	• 오류 추정 • 탐색적 테스트

이와 같은 3가지 유형의 동적 테스트 방법은 테스트 프로젝트의 상황에 따라서 병행하여 사용될 수 있다. 만약 테스트 케이스 및 테스트 절차를 개발하고 문서화할 충분한 시간이 확보되지 않았거나 재테스팅 및 리그레션 테스트를 추가적으로 수행할 가능성이 적다면 경험 기반 테스트를 우선 고려할 필요가 있다. 충분한 시간이 확보되었다면 경험 기반 테스트와 함께 명세 기반 테스트, 구조 기반 테스트를 함께 적용한다.

명세 기반 테스트와 구조 기반 테스트도 장점과 단점이 있으므로 테스트 프로젝트의 상황에 따라서 적절하게 선정해 적용하는 것이 바람직하다. 예를 들어, 명세 기반 테스트와 구조 기반 테스트 기법은 테스트 케이스를 설계할 때 참고하는 정보가 무엇이냐에 따라서 분류되며 이 특성은 각 테스트 설계 방법이 검출할 수 있는 결함의 유형에 영향을 미친다. 그림 11.15는 각 테스트 설계 방법과 검출 결함의 유형을 보여 준다.

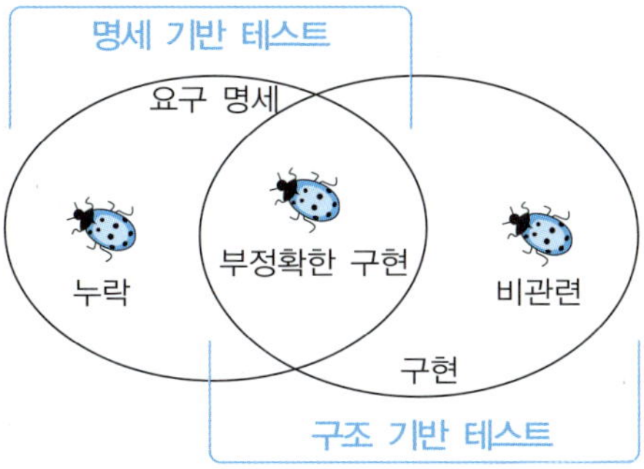

그림 11.15 명세 기반/구조 기반 테스트와 검출 결함의 유형

- 명세 기반 테스트는 명세 정보를 바탕으로 하므로 명세는 되었지만(소스 코드로 구현을 해야 하지만) 실제로 구현되지 않은 결함을 검출할 수 있다는 장점이 있다. 반면에 명세되지 않은 기능을 소스 코드가 가지고 있는지를 확인할 수는 없다.
- 구조 기반 테스트는 명세 기반 테스트와 반대로, 소스 코드를 바탕으로 하기 때문에 불필요하지만 구현되어 있는 기능을 검출할 수 있다. 그러나 요구 명세에 언급되어 있는 기능이 누락되지 않고 구현되었는지 확인할 수는 없다.

그러므로 테스트 케이스를 설계할 때는 명세 기반 테스트와 구조 기반 테스트를 함께 사용함으로써 누락 결함과 비관련 결함도 검출할 수 있도록 해야 한다. 표 11.18은 지금까지 설명한 명세 기반 테스트와 구조 기반 테스트에 대하여 테스트 케이스 설계 시 활용되는 정보와 적용되는 테스트 레벨 그리고 검출할 수 있는 결함 유형을 요약해서 보여 준다.

표 11.18 명세 기반 테스트와 구조 기반 테스트 요약

테스트 설계 기법	활용 정보	적용 테스트 레벨				결함 유형		
		컴포넌트	통합	시스템	인수	누락	부정확	비관련
구조 기반 테스트	소스 코드	○				○	○	
명세 기반 테스트	요구명세/ 구조 설계/ 상세 설계	○	○	○	○		○	○

- 구조 기반 테스트는 소스 코드와 관련된 정보를 바탕으로 한다. 그러므로 규모와 복잡도가 작은 컴포넌트/모듈 등을 대상으로 수행하는 것이 일반적이다. 즉, 구조 기반 테스트는 컴포넌트 레벨의 테스트에서 일반적으로 적용된다.

- 명세 기반 테스트는 소스 코드를 참조하지 않고 명세를 바탕으로 한다. 그러므로 상세 설계, 구조 설계, 요구분석 등의 명세를 바탕으로 테스트 케이스를 설계하므로 컴포넌트 테스트, 통합 테스트, 시스템 테스트, 인수 테스트에서 모두 활용 가능하다.

11.2.5.5 테스트 환경 및 테스트 데이터

테스트 환경은 테스트를 수행하기 위하여 필요한 모든 요소를 의미한다. 동적 테스트를 수행하기 위해서는 테스트 대상이 실행되어야 하며, 테스트 대상이 실행되려면 하드웨어, 운영체제 등의 시스템 소프트웨어, 외부 연동 시스템, 공존하는 응용 소프트웨어, 테스트 도구 등이 필요하다. 표 11.19는 대표적인 테스트 환경의 유형을 보여 준다.

표 11.19 **테스트 환경 유형**

테스트 환경 유형	설명
하드웨어	테스트 대상이 실행되기 위하여 필요한 하드웨어들
시스템 소프트웨어	테스트 대상이 실행되기 위하여 필요한 운영체제, 미들웨어 등의 시스템 소프트웨어
외부 연동 시스템	테스트 대상과 연동하는 외부의 시스템 및 장치들
공존 응용 소프트웨어	테스트 대상과 동일한 하드웨어 및 시스템 소프트웨어상에서 수행되는 응용 소프트웨어들
테스트 도구	테스트 실행 시 활용되는 자동화 도구들

본 절에서는 개별 테스트 수준에서 필요한 테스트 환경 요소를 식별하고 정의한다. 수행하고자 하는 개별 테스트의 유형에 따라서 테스트 환경 요소는 달라진다. 그림 11.16은 개별 테스트별로 별도의 테스트 환경이 필요함을 보여 준다.

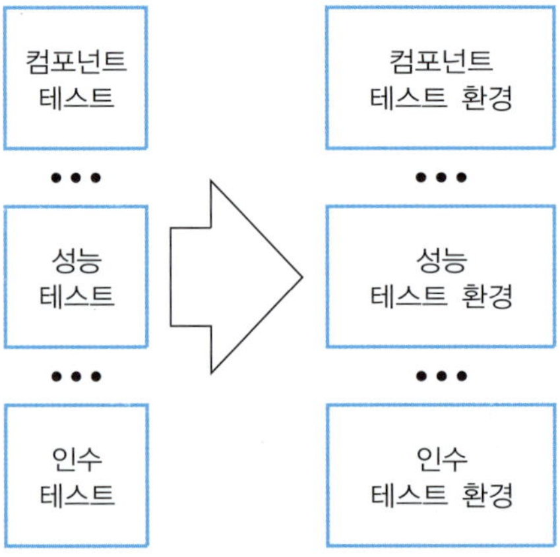

그림 11.16 **개별 테스트별 테스트 환경**

예를 들어, 컴포넌트 테스트는 테스트 대상이 실행될 때 이용하는 다른 컴포넌트가 있을 수 있다. 컴포넌트 테스트이므로 해당 의존 컴포넌트는 실제가 아니라 스텁으로 대체되어야 한다. 또한, 테스트 대상 컴포넌트를 실행시키기 위한 드라이버 프로그램이 필요할 수도 있다. 따라서 컴포넌트 테스트의 경우에는 드라이버와 스텁도 테스트 환경에 해당된다.

성능 테스트를 수행하는 경우에는 테스트 대상에 큰 규모의 부하를 생성하려는 목적으로 클라우드를 이용할 수도 있다. 그리고 가상의 대규모 부하를 생성하기 위한 테스트 도구를 사용할 수도 있다. 이러한 모든 것은 성능 테스트를 수행하기 위한 환경에 해당된다.

테스트를 수행할 때는 테스트 환경과 더불어 테스트 데이터가 필요하다. 테스트 데이터는 테스트 환경을 구성하거나 테스트 대상의 상태 및 입력값을 정의할 때 필요하다. 테스트 데이터가 단순한 하나의 값인 경우도 있지만, 대규모이거나 이미지, 동영상 또는 분포를 가지지만 불확실한 특성을 가진 데이터일 수도 있다. 따라서 테스트를 수행하기 위하여 테스트 환경과 더불어 필요한 테스트 데이터도 명확히 정의되고 준비되어야 한다.

11.2.5.6 재테스팅 및 리그레션 테스팅

동적 테스트 프로세스 수행과 더불어 재테스팅 및 리그레션 테스팅에 대한 전략을 수립한다. 즉, 소프트웨어가 수정되었을 때 어떤 방식으로 테스팅을 수행할지에 대한 전략을 수립한다. 재테스팅과 리그레션 테스팅은 목적과 방법상에 다소 차이가 있지만, 소프트웨어가 변경된 후에 수행된다는 측면에서는 동일하다.

재테스팅에 대해서는 변경이 발생한 후에 재테스팅을 수행할 개별 테스트를 선정하는 전략이 필요하다. 즉, 컴포넌트 테스트, 통합 테스트, 시스템 테스트, 성능 테스트, 신뢰성 테스트 등과 같은 전체 개별 테스트 수준에서 재테스팅을 수행할지, 아니면 일부 개별 테스트에서 수행할지 전략을 정의하도록 한다.

리그레션 테스팅도 마찬가지로 리그레션 테스트를 적용할 개별 테스트를 선정하는 전략이 요구된다. 즉, 컴포넌트에 대한 기능 추가, 결함 수정 등으로 소스 코드가 변경되었을 때 컴포넌트, 통합, 시스템 등 어느 레벨에서 리그레션 테스트를 수행할지 기준을 정의할 필요가 있다.

또한, 각 개별 테스트에서 리그레션 테스트를 수행할 때 기존 테스트 절차를 어떤 방식으로 활용할지에 대한 전략도 정의할 필요가 있다. 즉, Retest all 전략, 선택적 리그레션 테스트 전략, 테스트 최소화 전략, 테스트 우선순위화 전략을 적절히 선택하도록 한다.

재테스팅과 리그레션 테스팅은 모두 변경이 발생하였을 때 테스트를 반복적으로 수행하게 된다. 1회가 아니라 검출된 결함이 종결되었음을 확인할 때까지 반복적으로 수행한다. 게다가 컴포넌트 테스트, 통합 테스트, 시스템 테스트, 성능 테스트 등 여러 개별 테스트에서 수행한다. 그러므로 한정된 시간에 이러한 반복적 테스트를 효율적으로 수행하려면 테스트 자동화 도구의 적용이 중요하다. 즉, 테스트 자동화 도구를 이용하여 테스트 절차를 스크립트화하고 이를 자동으로 실행시키는 전략을 수립한다.

11.2.5.7 테스트 메트릭

테스트 메트릭은 테스트 현황을 정량적으로 파악하여 테스트의 진척도 및 시스템의 품질을 객관적으로 판단하기 위해 수집하는 측정 항목을 말한다. 예를 들어, 설계된 테스트 케이스 중에서 실행된 테스트 케이스의 비율을 이용해서 테스트 실행 활동의 진척도를 파악할 수 있다. 그리고 전체 문장 대비 통과된 테스트 케이스로 확인된 문장의 비율, 즉, 문장 커버리지로를 이용하면 테스트 관점에서 테스트 대상의 품질 수준을 파악할 수 있다.

그뿐만 아니라 테스트 메트릭은 테스트 완료 기준으로도 사용된다. 예를 들어, 문장 커버리지가 95% 이상이고 잔존 결함이 5개 이하라는 조건으로 테스트 완료 기준을 설정할 수 있다. 따라서 테스트 완료 기준에 사용되는 데이터는 테스트 메트릭에 포함되어야 한다.

테스트 활동 및 테스트 대상 소프트웨어를 평가하는데 각 테스트 활동별 메트릭을 사용할 수 있다. 표 11.20은 테스트 활동의 수행을 객관적으로 모니터링하기 위하여 사용될 수 있는 다양한 메트릭을 각 테스트 활동별로 요약해서 보여 준다. 자세한 설명은 테스트 계획을 참고하기 바란다.

표 11.20 **테스트 메트릭 유형**

테스트 활동	메트릭 예
테스트 계획	• 테스트 대상 수 • 피처 수
테스트 설계 및 구현	• 테스트 케이스 수 • 테스트 절차 수
테스트 환경 구축 및 관리	• 테스트 환경 준비율 • 테스트 데이터 준비율
테스트 실행	• 실행된 테스트 케이스(테스트 절차) 수 • 통과된 테스트 케이스(테스트 절차) 수
결함 보고	• 검출된 결함 수 • 상태별 결함 수

11.2.5.8 테스트 완료 기준

테스트 완료 기준은 테스트 완료 여부를 판단할 수 있는, 즉, 테스트 대상에 대하여 충분한 테스트를 수행하였다고 판단할 수 있는 객관적인 기준을 의미한다. 동적 테스트 활동이 종료된 후 수행된 테스트 활동에 대한 테스트 종료 보고서가 작성될 때 설정된 테스트 완료 기준에 따라서 테스트에 대한 완료 여부를 평가한다.

표 11.21은 대표적인 테스트 완료 기준을 보여 준다. 테스트 완료 기준은 테스트 케이스(테스트 절차), 커버리지, 결함 등의 정보를 바탕으로 한 기본 유형의 완료 기준이 있으며 또한, 신뢰도 예측, 결함 탐침, 복수 테스트 팀 등을 활용하는 분석 유형의 완료 기준이 있다.

표 11.21 테스트 완료 기준

유형	완료 기준 예
기본 유형	• 테스트 케이스(테스트 절차) 기반 방법 • 테스트 커버리지 기반 방법 • 결함 기반 방법
분석 유형	• 신뢰도 예측 방법 • 결함 탐침 방법 • 복수 테스트팀 방법

테스트 완료 기준은 수행되는 각 개별 테스트별로 구체적으로 설정한다. 예를 들어 컴포넌트 테스트를 수행할 때는 코드 커버리지가 테스트 완료 기준에 포함될 수 있다. 시스템 테스트의 경우에는 요구사항 커버리지 및 미해결 결함의 수가 테스트 완료 기준에 포함될 수도 있다.

앞에서 설명한 종료 조건과 지금 설명한 테스트 완료 기준은 서로 다른 것이지만 혼동의 여지가 있다. 테스트 종료 조건과 테스트 완료 기준의 차이점은 다음과 같다.

- 종료 조건은 동적 테스트 프로세스의 종료 조건을 포함하여, 각 동적 테스트 활동 종료 시 충족해야 하는 조건을 의미하지만, 테스트 완료 기준은 동적 테스트 활동의 최종 종료 시에 평가되는 기준을 의미한다. 즉, 종료 조건은 테스트 설계 및 구현, 테스트 환경 구축 및 관리, 테스트 실행, 그리고 결함 보고 등의 각 테스트 활동을 종료할 때 충족해야 하는 조건을 의미한다. 반면에 테스트 완료 조건은 동적 테스트 프로세스의 개별 활동이 아니고 동적 테스트 프로세스 자체가 종료되는 시점에 적용되는 기준이다.

- 종료 조건은 해당 테스트 활동의 종료를 위해서 반드시 충족되어야 하는 조건이다. 다시 말하면 해당 조건이 충족되지 않으면 테스트 활동을 종료할 수 없으며, 조건이 충족될 때까지 테스트 활동은 지속된다. 예를 들어, 컴포넌트 동적 테스트를 수행할 때 테스트 실행의 종료 조건으로 "모든 테스트 절차가 실행되어야 한다."가 있다면 모든 테스트 절차가 실행될 때까지 테스트 실행 활동은 지속된다.

반면에 테스트 완료 조건은 동적 테스트 프로세스가 종료된 후에 수행된 테스트가 얼마나 충분한지를 평가하기 위한 조건으로서 이 완료 조건이 충족될 수도 있고 그렇지 않을 수도 있다. 예를 들어, 컴포넌트 테스트에 대한 완료 조건으로 "문장 커버리지가 90% 이상이어야 한다."라고 한다면 테스트 종료 조건(모든 테스트 절차의 실행)은 충족되지만, 문장 커버리지는 90% 이하가 될 수도 있다.

11.2.6 산출물 요약

조직 테스트 프로세스에서는 조직 테스트 정책 명세서와 조직 테스트 전략 명세서를 작성한다. 표 11.22는 각 산출물을 구성하는 항목을 보여 준다.

표 11.22 조직 테스트 프로세스 산출물

산출물	주요 항목
조직 테스트 정책 명세서	• 테스트 목적 • 테스트 프로세스 • 테스트 조직 및 역할 • 테스트 표준 • 테스트 자산 관리 • 테스트 프로세스 개선
조직 테스트 전략 명세서	• 프로젝트 수준의 전략
	• 위험 관리 • 테스트 선택 및 우선순위 • 테스트 문서화 • 형상 관리 • 결함 관리 • 자동화 도구 • 수행 개별 테스트
	• 개별 테스트 수준의 전략
	• 테스트 독립성 • 테스트 문서화 • 테스트 시작 및 종료 조건 • 테스트 설계 기법 • 테스트 환경 및 테스트 데이터 • 재테스팅 및 리그레션 테스팅 • 테스트 메트릭 • 테스트 완료 기준

Exercise

01 다음은 조직 테스트 전략을 수립할 때의 고려 사항이다. 나머지와 성격이 먼 것은 무엇인가?

① 비용, 위험, 그리고 목표로 하고자 하는 품질 수준 등을 고려하여 전체적인 독립성 행태를 적절히 결정한다.

② 동적 테스트 프로세스를 구성하는 활동별로 시작 조건과 종료 조건을 기술할 수 있다.

③ 테스트 활동 및 테스트 대상 소프트웨어에 대한 평가를 위해서는 각 테스트 활동별로 메트릭을 정의한다.

④ 테스트를 통해서 식별된 결함을 기록하고 결함이 종결될 때까지 추적하는 절차를 정의한다.

해설 ① 테스트 독립성에 대한 설명이다.
② 테스트 시작 및 종료 조건에 대한 설명이다.
③ 테스트 메트릭에 대한 설명이다.
④ 결함 관리에 대한 설명이다.
①, ②, ③은 개별 테스트 수준에서의 전략이고 ④는 프로젝트 수준에서의 전략이다.

02 다음 설명 중에서 위험 조치에 대한 설명으로 가장 거리가 먼 것은?

① 비상 계획(Contingency plan)은 조치가 필요한 위험 중 위험도가 높은 위험을 대상으로 준비한다.

② 위험의 발생 가능성을 낮추거나 발생에 따른 영향도를 축소시키는 방안을 수립한다.

③ 위험에 해당되는 기능 및 비기능 피처에 대한 테스팅을 아웃소싱할 수 있다.

④ 상황에 따라서는 위험에 대한 특별한 조치 없이 모니터링만 할 수도 있다.

해설 ① 비상 계획은 조치가 필요하다고 판단된 모든 위험에 대해서 준비한다.
② 위험 조치 중 위험 완화에 대한 설명이다.
③ 위험 조치 중 위험 전가에 대한 설명이다.
④ 위험 조치 중 위험 수용에 대한 설명이다.

03 조직 테스트 정책 명세서는 최상위 수준에서의 테스트에 대한 명세로서 조직 수준에서의 테스트 목적과 원칙을 정의하며 테스트를 수행하는 구체적인 방법에 대해서는 언급하지 않는다. [O/X]

해설 맞는 설명이다.

정답 01 ④ 02 ① 03 O

04 조직 테스트 정책을 수립할 때 결정되는 사항을 3가지 이상 나열하시오.

해설 조직 테스트 정책에서는 테스트를 수행하는 목적, 테스트 수행을 위한 표준 프로세스, 테스트를 수행할 조직과 역할, 적용하는 테스트 표준, 테스트 자산 관리 그리고 테스트 프로세스 개선 방법을 정의한다.

- 테스트 목적: 조직에서의 테스트에 대한 목적, 목표 그리고 테스트의 범위를 기술한다
- 테스트 프로세스: 조직에서 테스트를 수행할 때 준수할 테스트 프로세스를 명시한다.
- 테스트 조직 및 역할: 테스트 활동을 수행하는 테스트 조직의 구조와 역할을 정의한다.
- 테스트 표준: 테스트를 수행하면서 참고하고 준수해야 할 표준을 정의한다.
- 테스트 자산 관리: 테스트의 결과물을 축적하고 이후 재사용하는 방법을 정의한다.
- 테스트 프로세스 개선: 테스트 프로세스를 평가하고 개선하는 방법을 정의한다.

정답 테스트 목적, 테스트 프로세스, 테스트 조직 및 역할, 테스트 표준, 테스트 자산 관리, 테스트 프로세스 개선 중에서 3개 이상 나열

05 다음 중에서 ISO, IEEE 등의 표준과 주제가 올바른 것은?

① ISO/IEC 33063 : 품질 모델

② IEEE 1028 : V&V

③ ISO/IEC 25023 : 자동차

④ ISO/IEC 16805 : 위험관리

해설 ① 테스트 프로세스 평가, ② 리뷰, ③ 품질 측정에 해당한다.

정답 05 ④

11.3 테스트 관리 프로세스

11.3.1 개요

테스트 관리 프로세스는 프로젝트 테스트 및 프로젝트 테스트를 구성하는 레벨 테스트(컴포넌트 테스트, 통합 테스트 등)와 유형 테스트(성능 테스트, 신뢰성 테스트 등)의 수행을 관리하는 것이 목적이다. 그림 11.17은 테스트 관리 프로세스와 조직 테스트 프로세스 그리고 동적 테스트 프로세스와의 관계를 포함해서 테스트 관리 프로세스를 구성하는 활동 및 산출물을 보여 준다.

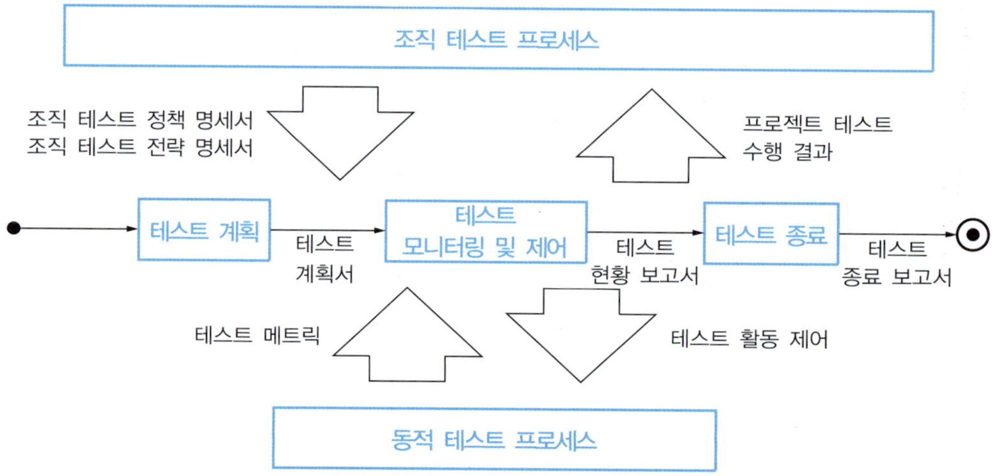

그림 11.17 테스트 관리 프로세스

- **테스트 계획**: 테스트 대상과 범위를 식별하고 조직 테스트 프로세스를 참고하여 테스트 전략을 수립한다.
- **테스트 모니터링 및 제어**: 동적 테스트 프로세스의 수행을 모니터링하여 테스트 현황을 파악하고 테스트 활동을 적절하게 제어한다.
- **테스트 종료**: 테스트가 종료되면 생성된 산출물을 관리하고 테스트 환경을 정리하며 테스트 종료 보고를 한다.

테스트 관리 프로세스는 프로젝트 전체의 테스트 관리뿐만 아니라 프로젝트 테스트를 구성하는 개별 테스트 관리에도 적용된다. 즉, 컴포넌트 테스트, 통합 테스트, 시스템 테스트, 인수 테스트 등의 레벨 테스트와 성능 테스트, 신뢰성 테스트, 보안 테스트 등의 유형 테스트에 대한 관리도 적용된다. 그림 11.18은 프로젝트 테스트와 개별 테스트 관리 간의 관계를 보여 준다.

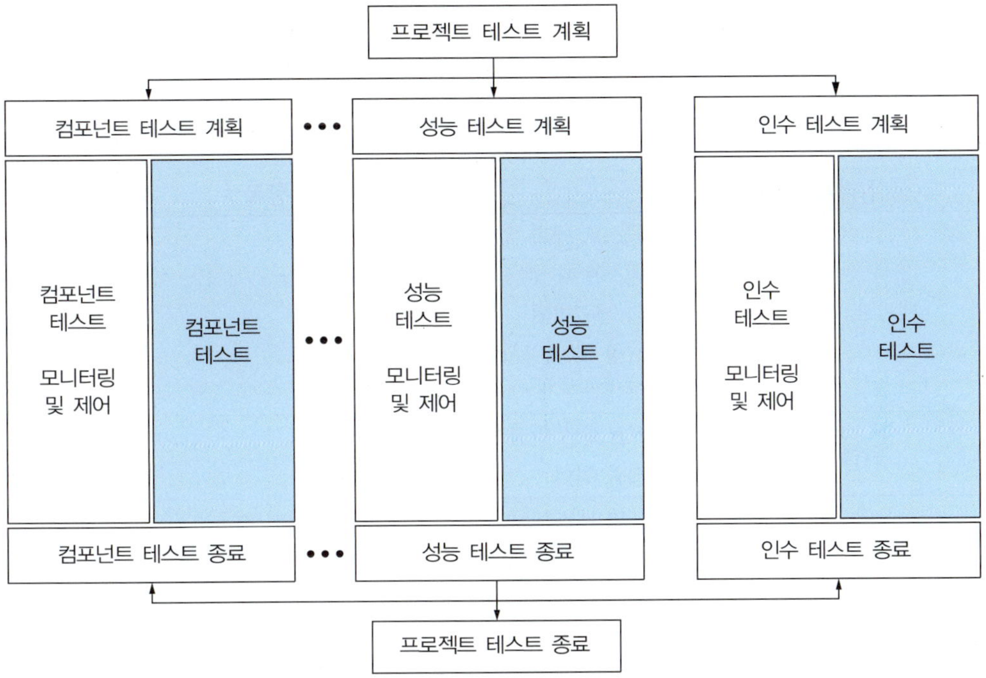

그림 11.18 **프로젝트 테스트 및 개별 테스트 관리**

프로젝트 테스트 계획은 프로젝트 수준의 테스트 계획으로서 프로젝트 테스트를 구성하는 개별 테스트를 결정한다. 그리고 프로젝트 테스트 계획을 바탕으로 컴포넌트, 통합, 성능, 인수 등의 각 개별 테스트 계획이 수립된다. 프로젝트 테스트 계획은 여러 개별 테스트에서 동일한 계획 내용을 정의하고 이를 개별 테스트 계획에서 참조하도록 한다.

계획 이후에는 각 개별적인 테스트에 대한 동적 테스트 프로세스가 수행된다. 각 개별 테스트 프로세스에 대한 테스트 모니터링 및 제어 활동이 수행된다. 각 개별 테스트의 수행이 끝나면 개별 테스트에 대한 테스트 종료 활동이 수행되고 프로젝트 테스트에 대한 종료 활동이 수행된다.

11.3.2 테스트 활동

11.3.2.1 테스트 계획

테스트 계획은 테스트 관리 프로세스의 시작 활동으로서 동적 테스트를 효과적이고 효율적으로 수행하기 위한 계획 수립을 목적으로 한다. 즉, 조직 테스트 정책 명세에 설정된 테스트 목적을 달성하기 위한 테스트 컨텍스트 설정, 위험 분석 수행, 다양한 측면에서 적절한 테스트 전략 수립, 테스트 수행 계획 수립을 목표로 한다. 표 11.23은 테스트 계획 활동을 통해서 결정되는 계획 항목을 보여 준다. 그리고 테스트 계획서는 이들 테스트 계획 항목들로 구성된다.

표 11.23 **테스트 계획서 요약**

상위 계획 항목	세부 계획 항목
테스트 컨텍스트	• 테스트 계획 유형 • 테스트 대상 • 테스트 범위 • 가정 및 제약사항 • 이해관계자
위험 분석	• 프로젝트 위험 • 제품 위험
테스트 전략	• 개별 테스트(프로젝트 테스트 계획서의 경우) • 테스트 산출물 • 테스트 설계 기법 • 테스트 환경 요건 • 테스트 데이터 요건 • 재테스팅 및 리그레션 테스팅 • 테스팅 중단 및 재시작 조건 • 테스트 메트릭 • 테스트 완료 조건 • 조직 테스트 전략과의 차이점
테스트 수행 계획	• 테스트 조직/인력과 역할 • 테스트 활동 및 일정 • 의사소통

11.3.2.2 테스트 모니터링 및 제어

테스트 모니터링 및 제어 활동은 테스트 계획서에 준하여 동적 테스트 프로세스가 수행될 수 있도록 각 테스트 활동을 모니터링하고 테스트 활동의 수행을 제어한다. 동적 테스트 프로세스의 수행에 대한 모니터링 결과와 이에 따른 제어 결과는 주기적으로 테스트 현황 보고서에 기록된다. 표 11.24는 테스트 현황 보고 항목을 보여 준다.

표 11.24 **테스트 모니터링 및 제어 활동 산출물 요약**

산출물	주요 항목
테스트 현황 보고서	• 보고 대상 기간 • 계획 대비 진척도 • 테스트 메트릭 • 신규 및 변경 위험 • 이후 테스트 계획

특히, 테스트 활동 제어는 대표적으로 다음을 포함한다.

- 테스트 프로세스의 시작 및 테스트 활동의 시작
- 계획 대비 진척도 점검에 따른 테스트 활동 제어
- 위험 변동에 따른 테스트 활동의 제어
- 테스트 활동의 종료 및 테스트 프로세스의 종료

11.3.2.3 테스트 종료

테스트 활동이 종료되면 테스트 프로젝트에서 생성된 결과물을 테스트 자산으로 관리한다. 그리고 테스트 프로젝트에서 사용되었던 다양한 테스트 환경 요소를 정리한다. 마지막으로 수행된 테스트 작업과 그 결과를 테스트 종료 보고서에 기록한다. 표 11.25는 테스트 종료 보고서에 기록되는 종료 보고 항목을 보여 준다.

표 11.25 **테스트 종료 활동 산출물 항목**

산출물	주요 항목
테스트 종료 보고서	• 테스팅 요약 • 계획 대비 차이점 • 테스트 메트릭 • 테스트 방해 요인 • 테스트 완료 평가 • 잔존 위험 • 테스트 산출물 • 재사용 가능한 테스트 자산 • 교훈

11.3.3 산출물 요약

표 11.26은 테스트 관리 프로세스를 수행하면서 작성되는 산출물을 보여 준다. 테스트 계획 활동에서는 테스트 계획서를 작성하며, 테스트 계획서에는 테스트 컨텍스트, 위험 분석, 테스트 전략, 테스트 수행 계획이 포함된다. 테스트 모니터링 및 제어 활동에서는 테스트 현황 보고서를 작성하며 계획 대비 진척도, 신규 및 위험 변경과 이후 테스트 계획 등이 포함된다. 테스트 종료 활동에서는 테스트 종료 보고서를 작성하며 테스팅 요약, 테스트 완료 평가, 잔존 위험 등이 포함된다.

표 11.26 테스트 관리 프로세스 산출물 요약

활동	산출물	주요 항목
테스트 계획	테스트 계획서	• 테스트 컨텍스트 • 위험 분석 • 테스트 전략 • 테스트 수행 계획
테스트 모니터링 및 제어	테스트 현황 보고서	• 보고 대상 기간 • 계획 대비 진척도 • 테스트 메트릭 • 신규 및 변경 위험 • 이후 테스트 계획
테스트 종료	테스트 종료 보고서	• 테스팅 요약 • 계획 대비 차이점 • 테스트 메트릭 • 테스트 방해 요인 • 테스트 완료 평가 • 잔존 위험 • 테스트 산출물 • 재사용 가능한 테스트 자산 • 교훈

Exercise

01 다음 중에서 테스트 관리 프로세스에 대한 설명으로서 부적절한 것은?

① 테스트 대상과 범위를 식별하고 조직 테스트 프로세스를 참고하여 테스트 전략을 수립한다.

② 테스트 실행 결과에 대한 분석을 바탕으로 결함을 식별하고 기록한다.

③ 동적 테스트 프로세스의 수행을 모니터링하여 테스트 상황을 파악하고 필요시 테스트 활동을 제어한다.

④ 테스트가 종료되면 생성된 산출물을 관리하고 테스트 환경을 정리하고 테스트 종료 보고를 한다.

해설 ① 테스트 관리 프로세스 중 테스트 계획에 대한 설명이다.
② 동적 테스트 프로세스 중 테스트 실행 활동에 대한 설명이다.
③ 테스트 관리 프로세스 중 테스트 모니터링 및 제어에 대한 설명이다.
④ 테스트 관리 프로세스 중 테스트 종료에 대한 설명이다.

02 테스트 관리 프로세스에 대한 설명으로 올바르지 않은 것은 무엇인가?

① 테스트 관리 프로세스는 테스트 계획, 모니터링 및 제어, 테스트 환경 정리 및 종료 보고를 수행하는 테스트 종료 단계로 구성된다.

② 개별 테스트의 특성을 고려하여 테스트 관리 프로세스를 정의할 때 조직 공통의 테스트 정책은 참조하지 않아도 된다.

③ 테스트 관리 프로세스는 조직 테스트 프로세스의 정책과 전략에 따라 계획, 모니터링 및 제어, 활동에 대한 결과를 관리하는 등의 테스트 활동을 제어할 수 있다.

④ 테스트 관리 프로세스는 프로젝트 전체의 테스트 관리뿐만 아니라 컴포넌트 테스트, 통합 테스트, 시스템 테스트, 인수 테스트 등의 개별 테스트 관리에도 적용한다.

해설 테스트 관리 프로세스의 최상위 프로세스인 조직 테스트 프로세스를 기반으로 개별 테스트 프로세스를 정의한다.

정답 01 ② 02 ②

11.4 동적 테스트 프로세스

11.4.1 개요

테스트 계획에서 정의된 테스트 대상, 테스트 범위 그리고 테스트 전략을 바탕으로 동적 테스트 프로세스가 수행된다. 그림 11.19는 테스트 관리 프로세스와의 관계를 포함하여 동적 테스트 프로세스를 구성하는 4개의 활동과 산출물을 보여 준다.

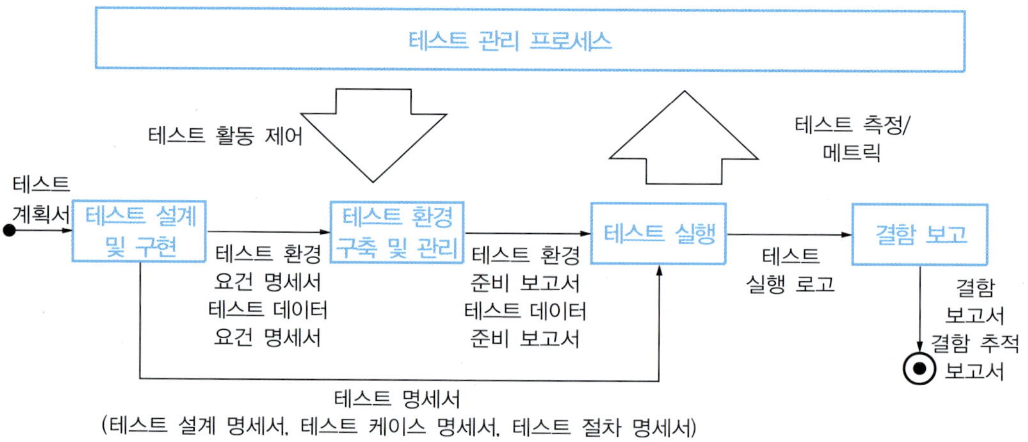

그림 11.19 동적 테스트 프로세스

- **테스트 설계 및 구현**: 테스트 계획에서 식별된 테스트 범위와 테스트 전략에 따라 테스트 케이스, 테스트 절차 등을 개발한다.
- **테스트 환경 구축 및 관리**: 테스트 실행을 위한 테스트 환경과 테스트 데이터를 준비한다.
- **테스트 실행**: 테스트 절차를 실행하고 테스트 실행 결과를 기록한다.
- **결함 보고**: 테스트 실행 결과에 대한 분석을 바탕으로 결함을 식별하고 기록한다.

11.4.2 테스트 활동

11.4.2.1 테스트 설계 및 구현

테스트 계획에 정의된 테스트 대상과 피처를 바탕으로 피처 집합을 식별하고 피처 집합에 포함된 각 피처를 세분화한다. 그리고 테스트 계획에서 수립된 테스트 전략을 구체화한다.

이어서 구체화된 테스트 전략에 따라서 테스트 케이스 및 테스트 절차를 개발한다. 또한, 테스트 실행에 필요한 테스트 환경과 테스트 데이터에 대한 요건을 정의한다. 표 11.27은 테스트 설계 및 구현 활동의 산출물인 테스트 설계 명세서, 테스트 케이스 명세서, 테스트 절차 명세서, 테스트 환경 요건 명세서, 테스트 데이터 요건 명세서의 구성 항목을 보여 준다.

표 11.27 **테스트 설계 및 구현 활동 산출물 요약**

산출물	주요 항목
테스트 설계 명세서	• 각 피처 집합에 대하여 – 목적 – 우선순위 – 피처 목록 – 구체적 테스트 전략
테스트 케이스 명세서	• 각 테스트 케이스에 대하여 – 목적 – 추적성 – 우선순위 – 선행 조건 – 입력 – 예상 결과
테스트 절차 명세서	• 각 테스트 절차에 대하여 – 목적 – 우선순위 – 시작 작업 – 실행 테스트케이스 목록 – 종료 및 정리 작업 – 다른 테스트 절차와의 관계
테스트 환경 요건 명세서	• 각 테스트 환경 항목에 대하여 – 테스트 환경 항목명 – 설명 – 요구사항 – 필요 시기 – 담당자
테스트 데이터 요건 명세서	• 각 테스트 데이터에 대하여 – 테스트 데이터명 – 설명 – 요구사항 – 초기화 필요 여부 – 보관 필요 여부 – 담당자

11.4.2.2 테스트 환경 구축 및 관리

테스트 환경 구축 활동에서는 주어진 테스트 환경 요건과 테스트 데이터 요건을 바탕으로 테스트 환경을 구축하고 테스트 데이터를 준비하여 테스트 실행이 진행되도록 지원한다. 표 11.28은 테스트 환경 구축 및 관리 활동의 산출물로서 테스트 환경 준비 보고서와 테스트 데이터 준비 보고서의 주요 항목을 보여 준다.

표 11.28 **테스트 환경 구축 및 관리 산출물 요약**

산출물	주요 항목
테스트 환경 준비 보고서	• 요약 • 각 테스트 환경 항목별 준비 상태
테스트 데이터 준비 보고서	• 요약 • 각 테스트 데이터별 준비 상태

11.4.2.3 테스트 실행

테스트 실행 활동은 테스트 설계 및 구현 활동에서 개발된 테스트 절차를 실행함으로써 수행된다. 테스트 절차를 실행하였을 때 테스트 대상의 실제 수행 결과와 예상 결과를 비교하여 테스트 결과를 기록한다. 표 11.29는 테스트 실행 활동의 산출물인 테스트 실행 로그를 보여 준다. 테스트 실행 로그는 테스트 실행 상황에 대한 설명과 함께 테스트를 수행하기 위한 작업과 발생한 이벤트를 나열한다.

표 11.29 **테스트 실행 활동 산출물 요약**

산출물	주요 항목
테스트 실행 로그	• 설명 • 테스트 작업과 이벤트 목록

11.4.2.4 결함 보고

테스트 실행을 통해 발견되어 적절한 조치가 필요한 이슈에 대해서는 결함으로 보고한다. 즉, 테스트 실행의 결과물인 테스트 실행 로그를 분석하여 결함이라고 판단이 되면 결함 보고서를 작성한다. 결함에 대한 효과적이고 효율적인 디버깅을 위하여 결함을 구체화하고, 고립화하고, 일반화하여 결함 보고서를 작성한다. 또한, 검출된 결함이 디버깅 되어 해결되고 종결되는 과정을 결함 추적 보고서에 기록한다. 표 11.30은 결함 보고 활동의 산출물인 결함 보고서와 결함 추적 보고서의 주요 항목을 보여 준다.

표 11.30 **결함 보고 활동 산출물**

산출물	주요 항목
결함 보고서	• 결함 컨텍스트 • 문제 설명 • 심각도 • 우선순위 • 위험 분석 • 결함 상태
결함 추적 보고서	• 결함 검토 정보 • 결함 해결 정보 • 결함 해결 검증 정보

11.4.3 산출물 요약

표 11.31은 동적 테스트 프로세스를 수행하면서 작성되는 산출물을 보여 준다. 테스트 설계 및 구현 활동을 통해서 테스트 설계 명세서, 테스트 케이스 명세서, 테스트 절차 명세서, 테스트 환경 요건 명세서, 테스트 데이터 요건 명세서가 작성된다. 테스트 환경 구축 및 관리 활동에서는 테스트 환경 준비 보고서와 테스트 데이터 준비 보고서가 작성된다. 테스트 실행 활동에서는 테스트 실행 로그, 그리고 결함 보고 활동에서는 결함 보고서와 결함 추적 보고서를 작성한다.

표 11.31 **동적 테스트 프로세스 산출물**

활동	산출물	주요 항목
테스트 설계 및 구현	테스트 설계 명세서	• 목적 • 우선순위 • 피처 목록 • 구체적 테스트 전략
	테스트 케이스 명세서	• 목적 • 추적성 • 우선순위 • 선행 조건 • 입력

		• 예상 결과
	테스트 절차 명세서	• 목적 • 우선순위 • 시작 작업 • 테스트 케이스 목록 • 종료 및 정리 작업 • 다른 테스트 절차와의 관계
	테스트 환경 요건 명세서	• 테스트 환경 항목명 • 설명 • 요구사항 • 필요 시기 • 담당자
	테스트 데이터 요건 명세서	• 테스트 데이터명 • 설명 • 요구사항 • 초기화 필요 여부 • 보관 필요 여부 • 담당자
테스트 환경 구축 및 관리	테스트 환경 준비 보고서	• 요약 • 각테스트 환경 항목별 준비 상태
	테스트 데이터 준비 보고서	• 요약 • 각테스트 데이터별 준비 상태
테스트 실행	테스트 실행 로그	• 설명 • 테스트 작업과 이벤트 목록
결함 보고	결함 보고서	• 결함 컨텍스트 • 결함 설명 • 심각도 • 우선순위 • 위험 분석 • 결함 상태
	결함 추적 보고서	• 결함 검토 정보 • 결함 해결 정보 • 결함 해결 검증 정보

Exercise

01 동적 테스트 프로세스에서는 테스트 계획에서 정의된 테스트 대상과 테스트 범위를 확장하여 광범위한 테스트를 수행하여 더 많은 결함을 검출할 수 있도록 한다. [O/×]

해설 테스트 대상과 범위는 계획에서 결정된다. 동적 테스트 프로세스에서는 범위를 세분화하고 전략을 구체화한다.

02 테스트 프로세스는 조직 테스트 프로세스, 테스트 관리 프로세스, 동적 테스트 프로세스로 구성된다. 다음 중 동적 테스트 프로세스를 구성하는 활동으로 올바르지 않은 것은?

① 테스트 설계 및 구현
② 테스트 환경 구축 및 관리
③ 테스트 실행
④ 테스트 모니터링 및 제어

해설 동적 테스트 프로세스는 테스트 설계 및 구현 → 테스트 환경 구축 및 관리 → 테스트 실행 → 결함보고의 활동으로 구성된다.
④ 테스트 모니터링 및 제어는 테스트 관리 프로세스의 활동 중 하나이다.

정답 01 × 02 ④

11.5 테스트 산출물

11.5.1 산출물 요약

표 11.32는 전체 테스트 프로세스의 산출물을 보여 준다. 조직 테스트 프로세스에서는 조직 테스트 정책 명세서와 조직 테스트 전략 명세서를 작성한다. 테스트 관리 프로세스에서는 테스트 계획서, 테스트 환경 보고서, 테스트 종료 보고서를 작성한다. 동적 테스트 프로세스에서는 테스트 설계 및 구현 활동에서 테스트 설계 명세서, 테스트 케이스 명세서, 테스트 절차 명세서 등을, 테스트 환경 구축 및 관리 활동에서 테스트 환경 준비 보고서, 테스트 데이터 준비 보고서를 작성한다. 테스트 실행 활동에서는 테스트 실행 로그를 작성하고 결함 보고 활동에서는 결함 보고서와 결함 추적 보고서를 작성한다.

표 11.32 테스트 프로세스 산출물 요약

테스트 프로세스	산출물
조직 테스트 프로세스	• 조직 테스트 정책 명세서 • 조직 테스트 전략 명세서
테스트 관리 프로세스	• 테스트 계획서 • 테스트 현황 보고서 • 테스트 종료 보고서
동적 테스트 프로세스	• 테스트 설계 명세서 • 테스트 케이스 명세서 • 테스트 절차 명세서 • 테스트 환경 요건 명세서 • 테스트 데이터 요건 명세서 • 테스트 환경 준비 보고서 • 테스트 데이터 준비 보고서 • 테스트 실행 로그 • 결함 보고서 • 결함 추적 보고서

11.5.2 산출물 간의 관계

그림 11.20은 조직 테스트 프로세스, 테스트 관리 프로세스, 그리고 동적 테스트 프로세스의 각 산출물 간 관계를 보여 준다.

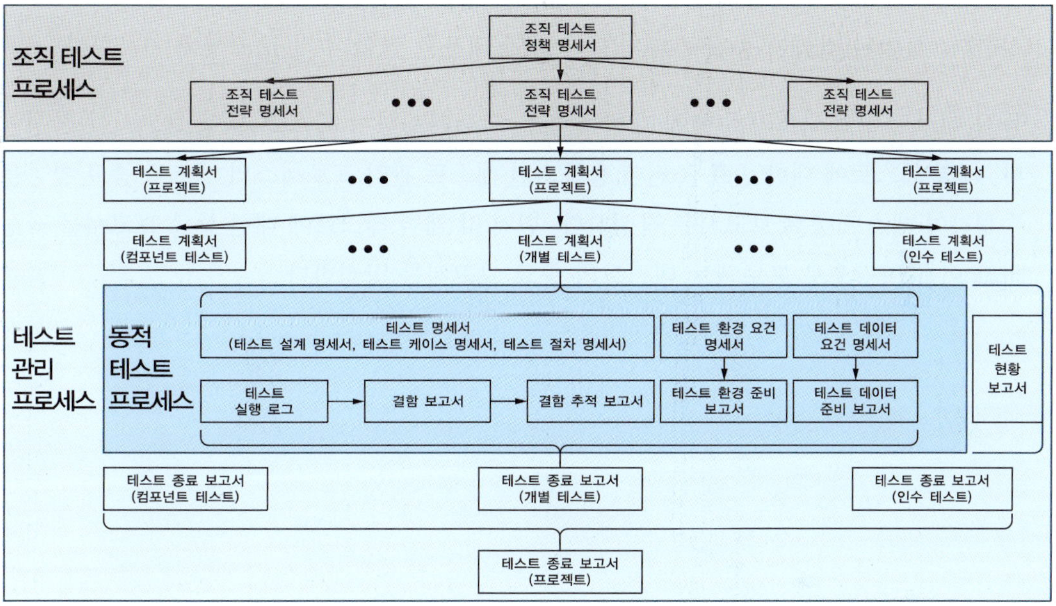

그림 11.20 **테스트 프로세스 산출물 간의 관계**

조직 수준의 테스트에 대한 최상위 문서로 조직 테스트 정책 명세서가 개발된다. 그리고 조직 테스트 정책 명세서의 테스트 목적, 테스트 프로세스, 테스트 조직 및 역할 등을 바탕으로 조직 테스트 전략 명세서가 개발된다. 조직의 규모가 작거나 테스트 대상들의 성격이 유사한 경우에는 1개의 조직 테스트 전략 명세서로 충분할 수도 있지만, 테스트 대상의 성격이 다르거나 다양한 종류의 개발 프로세스를 보유한 조직은 적합한 복수 개의 조직 테스트 전략 명세서가 개발될 수 있다.

조직 테스트 전략 명세서를 바탕으로 동적 테스트 프로세스 수행을 위한 테스트 계획서를 개발한다. 테스트 계획서는 테스트 프로젝트 수준과 실제 수행될 개별 테스트 수준에서 개발된다. 개별 테스트 계획은 컴포넌트 테스트, 통합 테스트 등의 레벨 테스트 계획과 성능 테스트, 신뢰성 테스트 등의 유형 테스트 계획을 의미한다.

또한, 각 개별 테스트별로 동적 테스트 프로세스의 산출물이 작성된다. 테스트 설계 및 구현 활동을 통해서 테스트 명세서(테스트 설계 명세서, 테스트 케이스 명세서, 테스트 절차 명세서)를 작성하고, 테스트 환경 요건 명세서와 테스트 데이터 요건 명세서를 작성한다. 테스트 환경 구축 및 관리 활동을 통해서 테스트 환경 준비 보고서와 테스트 데이터 준비 보고서를 작성한다.

테스트 실행 활동에서는 테스트 절차를 실행하며 그 결과를 테스트 실행 로그에 기록한다. 결함 보고 활동에서는 테스트 실행 로그 분석을 통하여 결함을 식별하여 결함 보고서를 작성한다. 식별된 결함이 종결될 때까지의 작업 내용을 결함 추적 보고서에 기록한다.

동적 테스트 프로세스의 수행에 대한 상황을 모니터링하여 테스트 현황 보고서를 작성한다. 개별 테스트에 대한 종료 조건이 충족되면 테스트 관리 프로세스의 테스트 종료 활동을 수행하여 테스트 종료 보고서를 작성한다. 먼저 각 개별 테스트에 대한 종료 보고서를 작성하고 이를 바탕으로 프로젝트 테스트의 종료 보고서를 작성한다.

제 12 장 테스트 계획

12.1 개 요

테스트 계획은 테스트 관리 프로세스의 시작 활동으로 동적 테스트를 효과적이고 효율적으로 수행하기 위한 계획 수립을 목적으로 한다. 즉, 테스트 목적을 달성하기 위한 테스트 컨텍스트를 설정하고 다양한 측면에서 저절한 테스트 전략을 수립하고 테스트 수행을 위한 계획을 수립한다.

테스트 계획은 조직 테스트 프로세스의 결과물을 바탕으로 수립되며 동적 테스트 프로세스 수행을 위한 제반사항을 포함한다. 그림 12.1은 테스트 계획 활동이 조직 테스트 프로세스 및 동적 테스트 프로세스와 어떤 관계가 있는지를 보여 준다.

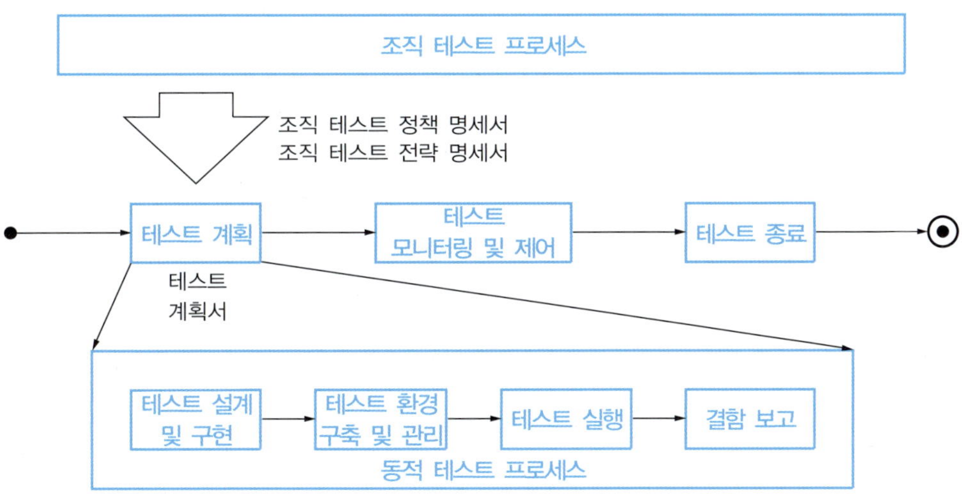

그림 12.1 테스트 계획

- 조직 테스트 정책 명세서 및 조직 테스트 전략 명세서를 참고하여 테스트 계획서를 작성한다. 예를 들어, 조직 테스트 정책 명세서에서 명시된 테스트 목적, 테스트 프로세스, 테스트 조직 및 역할 등을 바탕으로 현재 수행할 테스트에 맞추어 조정해 적용한다. 마찬가지로 조직 테스트 전략 명세서에서 명시된 위험 관리, 테스트 문서화, 형상 관리, 결함 관

리 등의 전략을 바탕으로 구체적인 테스트 계획을 수립한다.

- 테스트 계획서는 동적 테스트 프로세스 수행에 대한 구체적인 계획을 포함한다. 즉, 테스트 설계 및 구현 활동은 테스트 계획서에 정의된 테스트 설계 기법, 테스트 환경 요건, 테스트 데이터 요건 등을 바탕으로 수행된다. 재테스팅 및 리그레션 테스팅, 테스트 중단 및 재시작 조건 등은 테스트 실행 활동에서 반영된다.

- 테스트 계획서를 바탕으로 동적 테스트 프로세스가 수행되는지에 대한 모니터링 및 제어가 수행된다. 예를 들어, 테스트 메트릭을 활용하여 동적 테스트 프로세스의 수행 현황을 파악한다. 그리고 테스트 완료 기준을 바탕으로 수행된 테스트의 완료 여부를 평가하고 이를 테스트 종료 활동에서 작성하는 테스트 종료 보고서에 기록한다.

테스트 계획은 동적 테스트 프로세스 및 다른 테스트 관리 프로세스 활동에 대한 구체적인 방법과 수행 계획을 포함한다. 테스트 계획을 구성하는 상위 수준의 항목은 다음과 같다.

- **테스트 컨텍스트 명세**: 테스트 대상, 테스트 범위 등 테스트 수행의 배경이 되는 다양한 요소를 식별하고 명세한다.

- **위험 분석**: 테스트 프로젝트의 목적 달성에 방해가 될 수 있는 제품 및 프로젝트 유형의 위험 요소를 식별하고, 분석하여 조치 계획을 수립한다.

- **테스트 전략 수립**: 테스트 산출물, 테스트 설계 기법, 테스트 환경 요건 및 테스트 데이터 요건 등 테스트를 효과적이고 효율적으로 수행하기 위한 다양한 전략을 결정한다.

- **테스트 수행 계획 수립**: 테스트 조직/인력과 역할, 테스트 활동 및 일정 등의 수행 계획을 수립한다.

테스트 계획서는 테스트 계획 활동의 산출물로서 테스트 목적을 달성하기 위해 결정된 다양한 테스트 계획 사항을 포함한다. 표 12.1은 테스트 계획서를 구성하는 상위 수준의 항목을 보여 준다.

표 12.1 **테스트 계획 활동 산출물 요약**

산출물	주요 항목
테스트 계획서	• 테스트 컨텍스트 • 위험 분석 • 테스트 전략 • 테스트 수행 계획

12.2 테스트 컨텍스트 명세

구체적인 테스트 전략을 수립하기에 앞서서 테스트 수행의 배경이 되는 다양한 요소들을 테스트 컨텍스트로 식별하고 명세한다. 표 12.2는 테스트 컨텍스트를 구성하는 항목을 보여 준다.

표 12.2 테스트 컨텍스트 항목

항목	설명
테스트 계획 유형	테스트 계획서가 목표로 하는 테스트 계획의 유형을 명시한다.
테스트 대상	테스트하고자 하는 대상을 식별하고 명확하게 기술한다.
테스트 범위	기능 및 비기능 등 테스트하고자 하는 피처들을 나열한다.
가정 및 제약 사항	표준, 정책, 전략, 일정, 비용, 인력 등 테스트를 수행할 때 반드시 고려/준수해야 할 사항을 파악한다.
이해관계자	개발팀, 마케팅팀 등 테스트 프로젝트의 결과에 영향을 받는 이해관계자를 파악하고 의사소통 방법을 결정한다.

12.2.1 테스트 계획 유형

테스트 계획서가 목표로 하는 테스트 계획의 유형을 명시한다. 테스트 계획서는 프로젝트 테스트 계획서와 개별 테스트 계획서로 분류될 수 있다. 표 12.3은 테스트 계획의 유형을 보여 준다.

표 12.3 테스트 계획의 유형

테스트 계획 유형		설명
프로젝트 테스트 계획		테스트 대상에 대한 전체 개별 테스트를 포함하는 종합적인 계획
개별 테스트 계획	레벨 테스트 계획	컴포넌트/통합/시스템/인수 등 레벨 테스트의 수행에 대한 계획
	유형 테스트 계획	기능 및 품질(성능/신뢰성/보안성 등) 등 유형 테스트의 수행에 대한 계획

프로젝트 테스트 계획은 테스트 대상에 대한 최상위 수준의 종합적인 테스트 계획이다. 그러므로 프로젝트 테스트 계획에는 테스트 대상 및 테스트 범위를 바탕으로 수립한 개별 테스트 계획이 포함된다.

12.2.2 테스트 대상

테스트 대상, 즉, 테스트를 수행함으로써 결함을 검출하거나 품질을 평가하고자 하는 대상을 명시한다. 테스트 대상은 시스템 전체가 될 수도 있고, 시스템을 구성하는 개별 요소가 될 수도 있다. 또는 개별 요소 간의 연결을 대상으로 해서 테스트를 수행할 수도 있다. 그리고 이러한 테스트 대상의 유형을 기준으로 테스트 레벨이 결정된다. 표 12.4는 각 레벨 테스트별로 테스트 대상의 예를 보여 준다.

표 12.4 테스트 레벨별 테스트 대상 예

테스트 레벨	테스트 대상 예
컴포넌트 테스트	시스템을 구성하는 서브 시스템, 컴포넌트, 클래스, 함수 등의 개별적인 요소
통합 테스트	시스템을 구성하는 각 요소 간의 연결로서 서브 시스템 간의 연결, 컴포넌트 간의 연결, 클래스 간의 연결, 함수 간의 연결 등
시스템 테스트	시스템 전체
인수 테스트	시스템 전체

테스트 대상이 명확하게 식별되도록 테스트 대상의 이름과 함께 버전, 그리고 테스트 대상이 접근할 수 있는 위치 등도 명시하도록 한다.

또한, 테스트 대상을 이해하고 테스트 범위 설정을 도울 수 있도록 테스트 대상의 미션이나 비즈니스 목표 등을 기술한다. 직접 기술하지 않고 관련 문서를 명시할 수도 있다. 예를 들어, 시스템 테스트에는 요구사항 명세서가 필요하고 통합 테스트에는 구조 설계 명세서가 필요하다. 인수 테스트에는 설치 가이드, 사용자 매뉴얼 등이 필요하다.

12.2.3 테스트 범위

테스트 범위는 테스트를 통해서 확인하고자 하는 테스트 대상의 기능/비기능 등의 특성을 의미한다. 테스트 범위에 포함된 기능 및 품질 특성에 초점을 두고 테스트 케이스 및 테스트 절차가 개발되고 테스트 환경이 준비된다.

각 테스트 레벨 별로 초점을 두는 테스트 범위가 다를 수 있다. 예를 들어, 표 12.5는 각 테스트 레벨별로 대표적인 테스트 범위를 보여 준다. 일반적으로 컴포넌트 테스트 및 통합 테스트에서는 기능에 초점을 둔다. 다만 높은 수준의 위험도를 가진 컴포넌트에 대해서는 추가적으로 성능, 신뢰성 등의 비기능 특성을 테스트 범위에 포함할 수도 있다. 시스템 테스트 및 인수 테스트에는 기능 요구사항과 함께 요구사항 명세서에 정의된 비기능 요구사항도 테스트 범위에 포함된다.

표 12.5 **테스트 레벨별 테스트 범위 예**

테스트 레벨	테스트 범위
컴포넌트 테스트	• 각 컴포넌트의 기능적 요구사항 • 최고 수준의 위험도를 가지는 컴포넌트에 대해서는 성능과 신뢰성 등 포함
통합 테스트	• 컴포넌트 연결 간의 동작 • 최고 수준의 위험도를 가지는 컴포넌트 간 성능과 신뢰성 등 포함
시스템 테스트	• 시스템에 대한 기능 요구사항 전체 • 시스템에 대한 비기능 요구사항 전체
인수 테스트	• 시스템에 대한 기능 요구사항 전체 • 시스템에 대한 비기능 요구사항 전체

테스트 범위는 테스트하고자 하는 피처를 나열하는 방법으로 기술한다. 즉, 테스트 대상을 두고 테스트로 확인하고자 하는 개별적인 기능 및 품질 특성을 나열해 나가며 테스트 범위를 정의한다. 예를 들어, 표 12.6은 테스트 범위를 테스트에 포함될 피처를 이용하여 정의한 예를 보여 준다. 테스트 범위에 포함될 피처를 나열할 때는 피처의 유형도 함께 명시한다. 예를 들어, 침입 탐지, 침입 발생 알림, 알림 설정, 활성화 설정은 기능 유형의 피처가 되며, 탐지 판단 성능과 침입 발생 알림 성능은 성능 유형의 피처이다.

표 12.6 **테스트 범위 – 포함될 피처**

피처 유형	피처 명
기능	침입 탐지
	침입 발생 알림
	알림 설정
	활성화 설정
성능	탐지 판단 성능
	침입 발생 알림 성능
호환성	적외선 카메라 호환성
	움직임 센서 호환성
	소리 센서 호환성
	Android 단말기 호환성

테스트 범위에서 제외될 피처도 제외하는 사유와 함께 명시적으로 나열할 필요가 있다. 제외 사유는 위험도가 매우 낮거나 기존에 충분히 테스트 된 부분이거나, 이해관계자와 제외하기로 합의되었거나 하는 것들이 될 수 있다. 그리고 제외된 피처는 다음 테스트 범위에 포함될 수 있다. 표 12.7은 테스트 범위에서 제외될 피처와 제외 사유에 대한 예를 보여 준다.

표 12.7 테스트 범위 - 제외될 피처

피처 유형	제외 피처	제외 사유
기능	알림 방법	기존에 충분한 테스트 수행됨
호환성	운영 콘솔 호환성	위험도가 매우 낮음
	iOS 단말기 호환성	이후에 테스트할 범위

12.2.4 가정 및 제약사항

테스트를 수행할 때 참고해야 할 가정 및 제약 사항을 기술한다. 테스트를 수행하면서 반드시 준수해야 하는 표준, 조직 테스트 정책 및 조직 테스트 전략, 테스트 프로젝트 고객과의 계약, 테스트 일정, 비용, 투입 인력, 자동화 도구 그리고 테스트 환경 등이 있다면 기술한다.

12.2.5 이해관계자

테스트와 관련된 이해관계자를 식별한다. 여기에는 테스트에 요구사항을 제시하거나 테스트 결과에 관심을 가지는 이해관계자가 포함된다. 예를 들어, 테스트 대상을 구축 및 운영하거나 직접 사용하는 개발팀, 마케팅팀, 운영지원팀 등은 이해관계자가 될 수 있다.

각 이해관계자가 어떤 관점에서 테스트 프로젝트에 관심을 가지는지, 즉, 각 이해관계자가 테스트 프로젝트에 어떤 요구가 있는지를 식별한다. 또한, 각 이해관계자와의 의사소통 방법을 정의한다. 테스트 계획서를 포함하여 테스트 현황 보고서, 테스트 종료 보고서 등의 테스트 관리 프로세스 산출물은 이해관계자의 의사소통에서 중요한 역할을 한다.

예를 들어, 테스트 계획을 이해관계자와 공유하고 승인을 받은 후에 테스트 설계 및 구현 활동을 시작하는 것이 바람직하다. 테스트 현황 보고서를 통해 정기적으로 이해관계자와 테스트 상황을 공유하고 최신 정보를 교환할 필요가 있다. 그리고 테스트가 종료된 후에는 테스트 프로세스의 성과를 테스트 종료 보고서에 기록하여 이해관계자와 공유하는 것이 바람직하다.

12.3 위험 분석

테스팅을 수행하면서 고려해야 하는 위험 요소를 식별한다. 만약 조직 테스트 전략에서 이미 식별된 위험 요소가 있다면 이들도 포함한다. 이어서 각 위험 요소에 대한 위험을 평가하고 그 결과에 따라 적절한 조치를 계획하고 실행한다. 위험 관리 즉 위험 분석, 위험 조치 수행, 그리고 위험 모니터링은 조직 테스트 전략에 명시된 위험 분석 방법을 따라야 한다.

테스트 프로젝트에서 발생할 수 있는 위험 요소를 식별하고 각 위험 요소에 대하여 발생 가능성과 영향도를 바탕으로 위험도를 산정하고 위험 수준을 결정한다. 조치가 필요하다고 판단되는 수준의 위험 요소에 대해서는 조치 작업 계획을 수립한다. 조치 작업은 위험 수준과 비용 등을 고려하여 위험 회피, 위험 완화, 위험 수용, 위험 전가에 해당하는 조치를 계획한다. 그뿐만 아니라 각 위험 요소에 대하여 위험이 실제로 발생하는 경우에 어떻게 할지에 대한 비상 계획(Contingency plan)을 수립한다.

- 위험 회피(Risk Avoidance): 식별된 위험 요소가 발생할 가능성 또는 발생 영향을 제거하여 위험 요소 발생을 원천적으로 예방한다.
- 위험 완화(Risk Mitigation): 위험 요소 제거가 불가능하거나 너무 많은 비용이 필요하다면 위험도를 감소시키는 방법을 계획한다. 즉 위험의 발생 가능성을 낮추거나 발생에 따른 영향도를 약화하는 방안을 수립한다.
- 위험 수용(Risk Acceptance): 위험도가 매우 낮은 경우에는 위험에 대한 모니터링만 할 수도 있다. 그뿐만 아니라 위험 회피 또는 위험 완화를 하기에 너무 많은 비용이 소요되는 경우 위험을 수용할 수도 있다.
- 위험 전가(Risk Transfer): 테스팅 조직이 위험에 대한 조치를 수행하기에 비용, 역량 등이 적절하지 않다면 위험을 타 조직에 전가할 수 있다. 예를 들어, 위험에 해당되는 기능 및 비기능 피처에 대한 테스팅을 아웃소싱하거나 정형적 방법, V&V 분석 등의 다른 V&V 방법으로 위험을 전가시킬 수 있다.

테스트 프로젝트를 수행할 때의 위험 요소는 소프트웨어 제품(Product) 위험과 프로젝트 위험으로 분류된다. 프로젝트 위험은 테스트 수행과 관련된 위험으로 조직, 인력, 예산, 일정 등과 관련되며, 제품 위험은 기능 및 비기능 측면에서 제품이 목표로 하는 수준의 품질을 제공하지 못할 위험을 의미한다.

12.3.1 프로젝트 위험

테스트 프로젝트를 수행하면서 테스트 프로젝트의 목적 달성에 방해가 될 수 있는 프로젝트 유형의 위험 요소를 식별하고, 분석하며 조치 계획을 수립한다. 표 12.8은 프로젝트 위험 관리 계획의 예를 보여 준다. 각 위험 요소에 대하여 L(Likelihood, 발생 가능성)과 I(Impact, 영향도)를 바탕으로 위험도(E, Expose)를 평가하고, 적절한 조치 계획을 수립한다.

표 12.8 프로젝트 위험 관리 계획 예

위험 요소	L	I	E	조치 계획(완화)
인력 부족	2	4	8	• 필요 일정을 보수적으로 추정 • 수립된 일정을 엄격히 준수 • 현황 보고를 빈번하게
기술 및 경험 부족	2	3	6	• 각 인력에 대한 훈련 계획을 포함 • 훈련 시간을 충분히 확보 • 미숙련 인력의 산출물에 대한 검토 및 개선 시간을 충분히 확보

일반적으로 테스트 프로젝트를 포함하여 소프트웨어 프로젝트의 위험 요소는 다음과 같은 유형이 있다.

- **조직 관련 위험**: 테스트 프로젝트의 목적과 범위 등 테스트 정책에 대한 명확한 합의가 있는가? 테스트 관리, 동적 테스트, 정적 테스트 등에 대한 명확한 프로세스가 정의되어 있는가?
- **인력 관련 위험**: 충분한 인력이 확보되었는가? 필요한 역량을 보유하고 있는가? 기존에 유사한 도메인에서 테스트 프로젝트를 수행한 경험이 있는가?
- **비용 관련 위험**: 테스트 프로젝트를 완료할 수 있는 충분한 예산이 확보되었는가? 비용 추정은 정확한가? 인력에 대한 교육 및 훈련 비용도 고려되고 있는가?

• 일정 관련 위험: 충분한 시간이 확보되었는가? 일정이 현실적인가? 일정을 고려하여 테스트 범위 등이 조정될 수 있는가? 테스트 완료 예정일 조정이 가능한가?

12.3.2 제품 위험

제품 위험은 고객, 사용자 등 이해관계자의 기대를 충족하지 못할 가능성을 뜻한다. 예를 들어, 고객, 사용자가 요구한 중요한 기능이 구현에서 누락되거나 구현되었다 하더라도 고객, 사용자가 기대하는 방식으로 동작하지 않을 가능성이 있다면 제품 위험에 해당된다. 특히 고객, 사용자의 기대를 만족시키지 못하는 상황이 사용자 및 고객사의 큰 경제적 손실로 이어지거나 사용자를 다치게 하거나 심지어 사용자를 사망에 이르게 할 수 있는 상황도 제품 위험에 해당된다.

제품 유형의 위험이 식별되면 각 위험 분석 결과를 바탕으로 위험 조치를 도출하고 테스트 계획에 반영한다. 높은 수준의 위험을 유발할 수 있는 기능 및 비기능 요구사항을 테스트 범위에 반드시 포함해야 한다. 그리고 이러한 기능 및 비기능 피처는 강도 높은 테스트가 수행되도록 테스트 전략을 수립한다.

예를 들어, 컴포넌트 레벨부터 해당 기능 및 비기능 피처를 테스트할 수 있다. 더욱 강도 높은 테스트 설계 기법을 적용하여 많은 수의 테스트 케이스 및 테스트 절차를 개발하고 실행할 수도 있고 테스트 완료 기준을 더 높은 수준으로 설정하는 방법도 있다. 이러한 위험 분석을 바탕으로 테스트 계획을 수립하고 테스트 활동을 수행하는 방법에 대해서는 위험 기반 테스트를 참고하기 바란다.

12.4 테스트 전략 수립

지금까지 테스트 대상에 대한 테스트 범위를 식별하였다. 이어서 파악된 테스트 범위에 대한 테스팅을 효과적이고 효율적으로 수행하기 위한 테스트 전략을 수립해야 한다. 표 12.9는 테스트 계획을 수립할 때 결정될 테스트 전략 요소를 보여 준다.

표 12.9 테스트 전략 항목

항목	설명
개별 테스트	프로젝트 테스트 계획에는 프로젝트 테스트를 구성하는 개별 테스트를 명시한다.
테스트 산출물	테스트 활동을 통해서 작성할 산출물을 명시한다.
테스트 설계 기법	동적 테스트, 정적 테스트 등 적용할 테스트 설계 기법을 명시한다.
테스트 환경 요건	테스트 실행을 위한 테스트 환경 요소를 명시한다.
테스트 데이터 요건	테스트 실행 시 필요한 테스트 데이터를 명시한다.
재테스팅 및 리그레션 테스팅	재테스팅 및 리그레션 테스팅 방법을 명시한다.
테스팅 중단 및 재시작 조건	테스트 활동을 중단하거나 다시 시작하는 조건을 명시한다.
테스트 메트릭	테스트를 수행하면서 측정할 메트릭을 명시한다.
테스트 완료 기준	테스트의 완료 여부를 판단할 수 있는 기준을 명시한다.
조직 테스트 전략과의 차이점	조직 테스트 전략과의 차이점과 근거를 기술한다.

이러한 테스트 전략 항목 대부분은 조직 테스트 전략 명세서에서 정의한 개별 테스트 수행 차원의 표준적인 전략이다. 만약 조직 테스트 전략 명세서와 내용이 동일하면 해당 문서를 참조한다. 그리고 조직 테스트 전략 명세서와 내용이 다른 항목은 "조직 테스트 전략과의 차이점"에 요약해서 기술한다.

12.4.1 개별 테스트

개별 테스트는 개별 테스트 계획이 아니라 프로젝트 테스트 계획의 하위 요소이다. 프로젝트 테스트 계획에서는 프로젝트 테스트를 구성하는 개별 테스트를 나열한다. 구체적으로 보면 프로젝트 테스트에 포함되어 수행될 레벨 테스트 및 유형 테스트를 나열하는 것이다.

개별 테스트는 테스트 컨텍스트에서 파악된 테스트 범위를 바탕으로 결정될 수 있다. 테스트 범위에 포함된 기능 유형 및 비기능 유형 요구사항에 대한 테스트를 효과적이고 효율적으로 수행하기 위하여 어떤 레벨의 테스트를 수행할 것인지 결정한다. 또한, 비기능 유형의 요구사항에 따라서 성능, 신뢰성, 보안 등의 유형 테스트를 포함할 수도 있다.

그림 12.2는 프로젝트 테스트를 구성하는 다양한 개별 테스트의 예를 보여 준다. 레벨 테스트로는 컴포넌트, 통합, 시스템, 인수 테스트를 수행한다. 그리고 유형 테스트로는 성능 테스트, 신뢰성 테스트, 보안 테스트를 수행한다. 컴포넌트 테스트, 통합 테스트, 시스템 테스트는 기능에 초점을 두며, 인수 테스트는 기능과 보안, 신뢰성, 성능의 품질에 초점을 둔다. 성능 테스트와 신뢰성 테스트는 컴포넌트, 통합, 시스템 레벨에도 각각 수행된다. 그러나 보안 테스트는 시스템 수준에서만 수행된다.

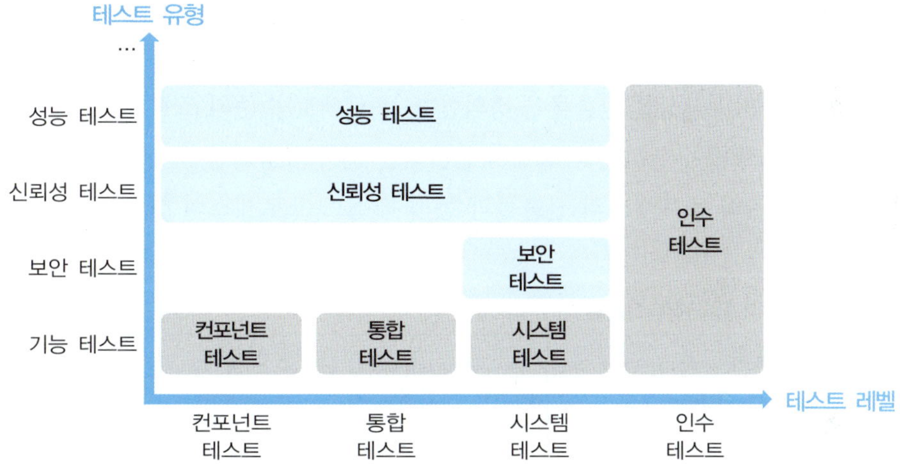

그림 12.2 **프로젝트 테스트 계획에 포함된 개별 테스트 유형**

테스트 전략은 각 개별 테스트마다 다를 수 있다. 예를 들어, 컴포넌트 테스트, 통합 테스트, 시스템 테스트, 성능 테스트별로 테스트 설계 기법, 테스트 환경, 테스트 완료 기준 등 테스트 전략이 달라질 수 있다. 그러므로 프로젝트 테스트 계획서와 별개로 개별 테스트별로 계획서를 작성한다. 예를 들어, 그림 12.3은 프로젝트 테스트 계획과 컴포넌트 테스트, 통합 테스트 등의 각 개별 테스트 계획의 관계를 보여 준다.

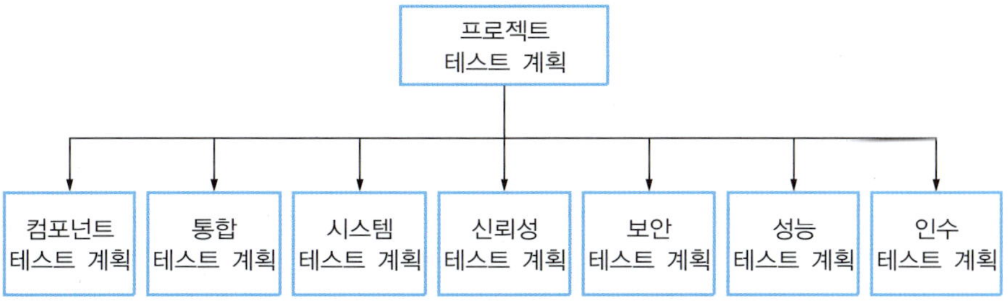

그림 12.3 **프로젝트 테스트 계획과 개별 테스트 계획**

개별 테스트 계획서에서 공통적인 내용은 프로젝트 테스트 계획서를 참조한다. 즉, 각 개별 테스트 계획에서 동일한 내용은 프로젝트 테스트 계획서에 기술하고 이를 참조하는 방식이다. 그리고 각 개별 테스트의 고유한 내용은 개별 테스트 계획서에서 기술한다.

여기서 나열되는 개별 테스트는 프로젝트 수준의 조직 테스트 전략과 일치해야 한다. 즉, 프로젝트 수준의 조직 테스트 전략에는 이미 수행할 개별 테스트가 제시되었으므로 이에 준해야 한다. 만약 조직 테스트 전략과 차이가 있다면 그 차이를 "조직 테스트 전략과의 차이점"에 기술한다.

12.4.2 테스트 산출물

테스트를 수행하면서 작성할 산출물을 정의한다. 프로젝트 수준의 조직 테스트 전략 명세서를 바탕으로 테스트를 수행하는 과정에서 산출되는 문서를 정의한다. 표 12.10과 표 12.11은 각각 테스트 관리 프로세스의 산출물과 동적 테스트 프로세스의 산출물을 보여 준다.

표 12.10 **테스트 관리 프로세스 산출물**

활동	산출물
테스트 계획	테스트 계획서
테스트 모니터링 및 제어	테스트 현황 보고서
테스트 종료	테스트 종료 보고서

표 12.11 **동적 테스트 프로세스 산출물**

활동	산출물
테스트 설계 및 구현	테스트 설계 명세서
	테스트 케이스 명세서
	테스트 절차 명세서
	테스트 환경 요건 명세서
	테스트 데이터 요건 명세서
테스트 환경 구축 및 관리	테스트 환경 준비 보고서
	테스트 데이터 준비 보고서
테스트 실행	테스트 실행 로그
결함 보고	결함 보고서 결함 추적 보고서

이러한 테스트 문서뿐만 아니라 테스트 입력과 출력, 그리고 테스트를 수행하기 위하여 개발된 자동화 도구도 테스트 산출물로 포함될 수 있다. 그리고 이러한 테스트 산출물이 언제 누구에게 제공될지에 대한 계획도 기술한다.

12.4.3 테스트 설계 기법

테스트 컨텍스트에서 명시된 테스트 대상과 피처를 바탕으로 테스트 설계 기법을 결정한다. 테스트 설계 기법은 정적 테스트 설계 기법과 동적 테스트 설계 기법으로 분류된다. 그림 12.4는 대표적인 정적 테스트 및 동적 테스트 방법을 보여 준다.

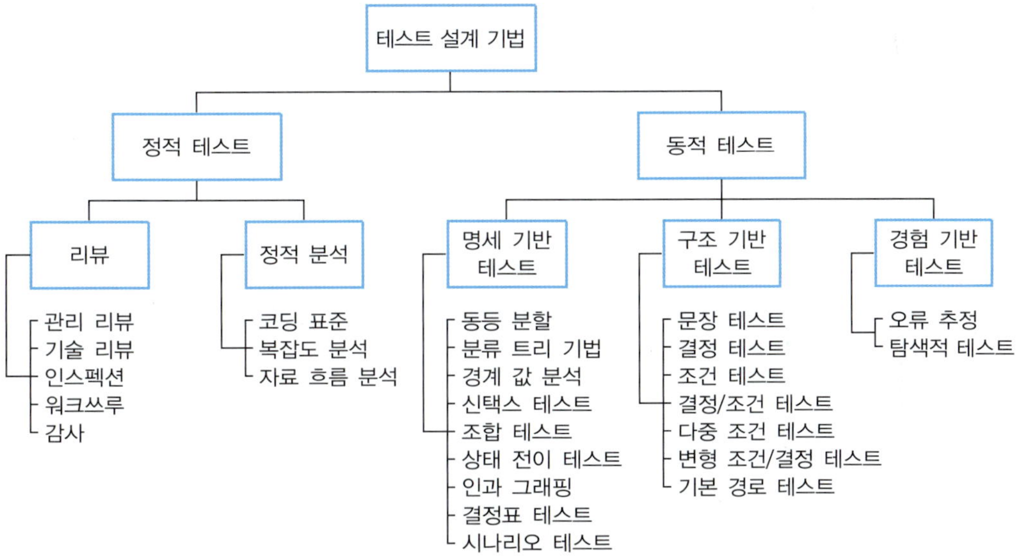

그림 12.4 **테스트 설계 기법 분류**

이렇게 다양한 테스트 설계 기법 중에서 높은 효과와 효율성을 달성할 수 있는 테스트 설계 기법을 적용해야 한다. 즉, 최대한 많은 수의 결함을 검출하면서 최소의 비용(테스트 케이스 및 테스트 절차의 수, 테스트 시간 등)이 소요되는 기법을 선택한다. 만약 이미 조직 테스트 전략 명세서에서 이러한 테스트 설계 기법이 선정되어 있다면 조직 테스트 전략 명세서의 테스트 설계 기법을 참조한다.

테스트 대상에 대하여 식별된 피처(기능 및 비기능 특성)를 효과적으로 테스트하기 위한 방법을 선정해야 한다. 예를 들어, 기능에 초점을 둔다면 기능의 동작에 영향을 줄 수 있는 다양한 값의 조합을 바탕으로 테스트를 수행할 필요가 있다. 반면에 성능에 초점을 둔다면 입력값의 다양성보다는 입력 자체의 규모와 빈도를 바탕으로 테스트를 수행하는 것이 바람직하다.

테스트 계획 활동 중에는 테스트 설계 기법을 선정하고 핵심적인 전략을 결정한다. 여기서 테스트 설계 기법은 테스트 설계 및 구현 활동에서 테스트 케이스 개발을 지원할 정도로 구체화된다. 예를 들어, 테스트 계획 활동에서는 동등 분할 방법을 적용할지 아니면 경곗값 분석을 적용할지를 결정한다. 그리고 테스트 설계 및 구현 활동에서는 동등 분할 방법인 경우에 구체적으로 One-to-One 동등 분할을 할지 아니면 최소화 동등 분할을 할지를 구체적으로 결정하는 것이다. 경곗값 분석의 경우에는 2-value 경곗값 분석인지 3-value 경곗값 분석인지를 구체화한다.

테스트 설계 기법 선정은 테스트 설계 기법 자체의 특성도 고려할 필요가 있다. 어떤 테스트 설계 기법은 입력 변수 간의 제약사항을 고려하는 방법일 것이고 어떤 설계 기법은 입력 변수 간의 제약사항을 고려하지 않는 방법일 수 있다. 그러므로 테스트 대상의 특성에 맞는 테스트 설계 기법을 선택해야 한다. 그림 12.5는 명세 기반 테스트 설계 기법을 선택하는 방법을 보여 준다.

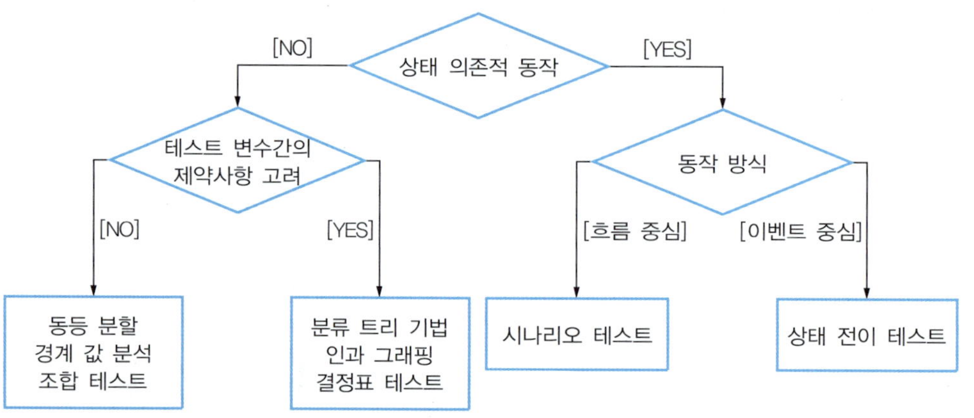

그림 12.5 **명세 기반 테스트 설계 기법 선택**

- **상태 의존적 동작 여부**: 테스트할 동작이 상태 의존적인지 아닌지에 따라서 테스트 설계 기법을 선정할 수 있다. 테스트 대상의 동작이 현재의 입력과 더불어 과거의 입력에도 영향을 받는 경우에 상태 의존적이라고 한다. 테스트 대상의 동작이 상태 의존적인 경우에는 시나리오 테스트 및 상태 전이 테스트가 적용된다. 반면에 동등 분할, 경곗값 분석, 분류 트리 기법 등은 상태 의존적이지 않은 동작을 테스트할 때 적용한다.

- **동작 방식**: 상태 의존적 동작은 동작 방식에 따라서 시나리오 테스트 또는 상태 전이 테스트 방법을 선택한다. 테스트 대상이 흐름 중심(Flow-based) 동작을 가지면 시나리오

테스트를 적용하고 이벤트 중심(Event-driven) 동작을 가지면 상태 전이 테스트를 적용한다.

- **테스트 변수 간의 제약사항 고려 여부:** 테스트하고자 하는 동작이 독립적이면, 동작에 영향을 주는 변수 간의 제약사항 고려 여부에 따라서 테스트 설계 기법을 결정한다. 변수 간의 제약사항을 고려하지 않는 경우에는 동등 분할 및 경곗값 분석, 조합 테스팅을 적용하고 제약사항을 고려하는 경우에는 분류 트리 기법, 인과 그래핑, 결정표 테스트를 적용한다.

12.4.4 테스트 환경 요건

테스트를 수행하기 위해 필요한 환경을 식별한다. 테스트 환경은 테스트 대상을 실행하기 위한 모든 환경으로 하드웨어, 운영 체제를 포함한 시스템 소프트웨어, 외부 연동 시스템, 공존하는 응용 소프트웨어, 테스트 도구 등을 포함한다.

테스트 계획을 수립할 때는 테스트 대상의 실행 환경을 식별한다. 하드웨어, 시스템 소프트웨어, 외부 연동 시스템 등 테스트 환경 유형 별로 필요한 환경 항목을 나열한다. 표 12.12는 테스트 계획 활동에서 식별한 테스트 환경의 예를 보여 준다.

표 12.12 **테스트 환경 예**

환경 항목 유형	환경 항목	설명
하드웨어	HP 서버	웹 애플리케이션 서버
시스템 소프트웨어	Oracle WebLogic 서버	웹 애플리케이션 서버
외부 연동 시스템	BMS	빌딩관리 시스템
테스트 도구	JMeter	성능 테스트 도구

그리고 각 환경 항목에 요건을 정의한다. 예를 들어, 하드웨어는 CPU 사양, CPU 성능, 메모리 및 디스크 크기 등 요건을 결정한다. 만약 테스트 계획을 수립하는 시점에 이러한 요건이 구체화되기 어려우면 테스트 설계 및 구현 활동에서 구체화하고 테스트 환경 요건 명세서에 기록한다.

개별 테스트에 따라서 필요한 테스트 환경은 달라질 수 있다. 예를 들어, 표 12.13은 컴포넌트 테스트, 통합 테스트, 시스템 테스트, 인수 테스트에 따른 일반적인 테스트 환경을 보여 준다. 기본적으로 시스템이 동작하는 실제 환경과 최대한 유사한 환경에서 테스트를 수행하는 것이 중요하다. 이는 테스트 환경과 실제 동작 환경의 차이가 크면 클수록 테스트 환경에서는 통과되었던 테스트 케이스가 실제 동작 환경에서는 실패할 수 있기 때문이다. 표 12.13에서 볼 수 있듯이 테스트의 수준이 높아질수록 테스트 환경이 실제 동작 환경에 근접해진다.

표 12.13 **테스트 레벨별 테스트 환경**

환경 항목 유형	단위 테스트	통합 테스트	시스템 테스트	인수 테스트
하드웨어	개발자	개발자	시스템 테스트 전용	실제 시스템과 동일함
시스템 소프트웨어				
외부 연동 시스템	고려안 됨	고려될 수 있음	시뮬레이션 또는 실제	실제
공존 응용 소프트웨어	고려안 됨	고려 안 됨	고려될 수 있음	고려함
테스트 도구	테스트 실행 지원 도구			

일반적으로 컴포넌트 테스트와 통합 테스트는 개발자 환경에서 테스트를 실행하고, 시스템 테스트와 인수 테스트는 테스트만을 위한 환경을 구성한다. 컴포넌트 테스트와 통합 테스트는 일반적으로 기능 테스트에 초점을 두며, 시스템 테스트와 인수 테스트는 추가적으로 성능, 신뢰도, 안전성, 가용성 등과 같은 비기능적인 요구사항에 대한 테스트도 수행된다. 시스템 테스트와 인수 테스트에서 테스트 환경을 추가로 구축하는 이유는 성능, 신뢰도, 안전성 등의 비기능적인 품질은 테스트 대상 시스템뿐만 아니라 하드웨어, 시스템 소프트웨어, 주변 시스템, 공존 소프트웨어 등을 포함한 운영 환경에 많은 영향을 받기 때문이다.

그러나 테스트 환경을 실제 운영 환경과 유사하게 구성하려면 비용, 구현 가능성 측면에서 어려움이 따른다. 실제 운영 환경과 유사한 하드웨어, 입/출력 장치, 시스템 소프트웨어를 추가적으로 구매하고 환경을 구성해야 한다. 또한, 대상 시스템과 연동되는 외부 시스템이 있더라도 해당 시스템과 실제로 연동하는 것은 그 시스템을 불안하게 할지 모르는 위험성이 따른다.

12.4.5 테스트 데이터 요건

테스트 케이스가 실행되기 위해서는 테스트 환경과 더불어 테스트 데이터가 필요하다. 표 12.14는 테스트 데이터의 유형을 보여 준다.

표 12.14 테스트 데이터 예

테스트 데이터 항목 유형	설명
테스트 대상 입력	테스트 절차 실행 시 테스트 대상에 입력되는 데이터
테스트 대상 상태	테스트 케이스의 선행 조건을 충족시키기 위하여 테스트 대상에 대하여 사용되는 데이터
테스트 환경 항목 상태	테스트 케이스의 선행 조건을 충족시키기 위하여 테스트 환경 항목에 대하여 사용되는 데이터

- **테스트 대상 입력 유형**: 테스트 케이스는 테스트 대상에 입력되는 데이터가 필요하다. 입력 데이터의 규모가 크고 복잡한 구조를 가지고 있는 경우에는 해당 데이터가 테스트 케이스와 별개로 파일 또는 데이터베이스에 정의되고 이를 참조할 수 있다.

- **테스트 대상 상태 유형**: 테스트 대상에 입력값을 전달하기에 앞서 테스트 대상이 특정 상태에 도달해야 할 경우가 있다. 이러한 상태는 각 테스트 케이스의 선행 조건에 명시된다. 따라서 테스트 대상을 테스트 케이스의 선행 조건에 명시된 상태로 설정하기 위한 테스트 데이터가 필요하다.

- **테스트 환경 항목 유형**: 테스트 케이스의 선행 조건에는 테스트 대상에 대한 상태뿐만 아니라 테스트 환경 항목에 대한 상태도 명시된다. 그러므로 각 테스트 환경 항목을 테스트 케이스의 선행 조건에서 요구하는 상태로 설정하기 위한 테스트 데이터도 필요하다.

테스트 계획을 수립할 때는 이러한 3가지 유형의 테스트 데이터를 식별한다. 각 테스트 데이터에 대한 이름과 역할을 간략하게 설명한다. 그리고 각 테스트 데이터에 대한 구체적인 요건을 식별한다. 예를 들어, 테스트 데이터의 규모, 저장 위치, 접근 권한 등을 결정한다. 만약 테스트 계획을 수립하는 시점에 이러한 요건을 구체화하기 어렵다면 테스트 설계 및 구현 활동에서 결정한다.

12.4.6 재테스팅 및 리그레션 테스팅

동적 테스트 프로세스의 수행과 더불어 재테스팅 및 리그레션 테스팅에 대한 전략을 수립한다. 즉 재테스팅과 리그레션 테스팅 각각에 대하여 어떤 조건에서 시작을 할지, 어떤 방법을 적용할지를 기술한다.

12.4.6.1 재테스팅

테스팅을 통해서 검출된 결함이 올바르게 해결되었는지 여부에 앞서 결함을 검출한 테스트 절차(테스트 케이스)를 활용해서 다시 테스팅을 수행해야 한다. 이 재테스팅은 검출된 결함의 해결 여부가 검증될 때까지 반복적으로 수행될 수 있다. 예를 들어, 1차 재테스팅에서 결함이 올바르게 해결되지 않았다는 것이 확인되면 개발자는 다시 해당 결함을 해결하기 위하여 디버깅과 소스 코드 수정을 수행할 것이다. 이 수정된 소스 코드를 대상으로 2차 재테스팅을 수행하게 된다.

이처럼 반복적으로 재테스팅이 수행되어야 하므로 재테스팅을 효율적으로 수행하기 위한 전략이 필요하다. 우선, 재테스팅은 기존 결함을 검출하였던 테스트 절차를 다시 수행하는 것이므로 테스트 절차를 자동적으로 수행하는 전략을 적용할 수 있다. 즉, 각 테스트 절차를 자동화 도구를 통해서 실행시킬 수 있도록 테스트 스크립트(Script)를 개발하여 실행하는 것이다. 한편, 테스트 스크립트 개발은 많은 시간이 필요하므로 Record&Playback 도구를 사용하여 테스트 스크립트를 자동 생성하는 방법을 이용할 수도 있다.

재테스팅은 컴포넌트 테스트, 통합 테스트, 시스템 테스트 등 여러 레벨에서, 그리고 성능 테스트, 신뢰성 테스트 등 여러 유형에서 수행될 수 있다. 만약 시스템 테스트를 수행하는 과정에서 검출 결함의 수정에 대한 재테스팅을 수행하는 경우라면, 먼저 수정이 발생한 개별 컴포넌트에 대하여 컴포넌트 테스트를 수행하고, 수정이 발생한 컴포넌트와 다른 컴포넌트 간의 통합 테스트를 수행한 후에 시스템 테스트에서 재테스팅을 수행한다. 마찬가지로 어떤 변경이 성능에 영향을 미친다면 성능 테스트에서도 재테스팅을 수행할 필요가 있다.

또한, 변경의 유형과 가용한 시간을 고려하여 재테스팅이 수행되는 개별 테스팅을 선정한다. 예를 들어, 컴포넌트에 발생한 변경이 컴포넌트 내부로 한정되고 컴포넌트 외부에 영향을 미치지 않는다면 통합 테스트의 재테스팅을 생략할 수 있다. 또는 재테스팅을 수행하는 결함의 심각도에 따라 선택적으로 재테스팅을 수행하는 전략을 수립할 수도 있다. 예를 들어, 낮은 심각도의 결함에 대해서는 컴포넌트 테스트와 통합 테스트에서는 생략하고 시스템 테스트에서 재테스팅을 수행할 수 있다.

12.4.6.2 리그레션 테스팅

리그레션 테스팅은 소프트웨어 변경이 발생한 후에 수행되는 테스트로 소프트웨어에 가해진 변경이 의도하지 않은 결함을 만들지 않았으며 시스템이 기존의 요구사항을 충족함을 검증하기 위하여 수행한다.

리그레션 테스팅은 특정 레벨에 한정되지 않고 컴포넌트 테스트, 통합 테스트, 그리고 시스템 테스트의 여러 레벨에서 수행될 수 있다. 즉, 변경이 발생한 컴포넌트를 대상으로 리그레션 테스팅을 수행하는 것뿐만 아니라 이 컴포넌트와 연결된 다른 컴포넌트와의 통합 테스트를 수행하고 변경된 컴포넌트와 관련된 기능 요구사항을 포함한 성능, 신뢰성 등의 품질에 대하여 시스템 테스트를 수행할 수도 있다. 그러므로 리그레션 테스팅 방법은 개별 테스트에 대한 계획서보다는 프로젝트 테스트 계획서에 기술한다.

주어진 시간과 비용에 따라 리그레션 테스팅을 전체 레벨에서 수행하지 않을 수도 있다. 리그레션 테스팅을 전체 레벨에서 수행하지 않는다면 테스팅을 수행할 테스트 레벨을 결정해야 한다. 예를 들어, 컴포넌트 레벨에서는 리그레션 테스팅을 수행한 후에 통합 테스트의 리그레션 테스팅은 생략하고 바로 시스템 테스트에서 리그레션 테스팅을 수행할 수 있다.

리그레션 테스팅을 수행할 테스트 레벨 결정은 소프트웨어에 가해진 변경의 유형과 그 영향에 대한 추정을 바탕으로 한다. 예를 들어, 컴포넌트 내부의 알고리즘 변경으로 그 영향이 컴포넌트 내부로만 한정되고 컴포넌트 간의 연결에 대한 영향이 적다면 컴포넌트 테스트와 시스템 테스트에서 리그레션 테스팅을 수행하고 통합 테스트에서는 생략할 수 있다. 또한, 변경의 유형이 기능에 한정되고 이로 인한 성능에 대한 영향이 미약하다면 성능 테스트의 리그레션 테스팅은 생략될 수 있다.

또한, 리그레션 테스팅을 수행할 각 개별 테스트에서 어떤 리그레션 테스팅 전략을 적용할지도 결정해야 한다. 표 12.15는 대표적인 리그레션 테스팅 전략을 보여 준다. 발생한 변경의 유형, 변경에 따른 영향 범위의 크기, 그리고 가용한 시간과 비용 등을 고려하여 적절한 전략을 선택한다.

표 12.15 리그레션 테스팅 전략

리그레션 테스팅 전략	설명
Retest-all 전략	기존에 개발된 모든 테스트 절차 수행
선택적 리그레션 테스트 전략	기존의 테스트 절차 중에서 일부를 선택하여 수행
테스트 최소화 전략	중복된 테스트 절차를 제거하여 테스트 절차의 수를 최소화
테스트 우선순위화 전략	우선순위가 높은 테스트 절차를 선정하여 수행

재테스팅과 마찬가지로 리그레션 테스팅도 기존 테스트 절차의 반복적인 수행이 필요하므로 테스트 절차를 자동화할 수 있는 도구를 활용하여 리그레션 테스팅의 효율성을 높이는 방법도 고려한다.

12.4.7 테스팅 중단 및 재시작 조건

테스트 계획에 따라 수행 중인 테스트 활동의 수행을 중단하거나 중단된 테스트 활동을 다시 시작할 수 있는 조건을 기술한다. 기본적으로 각 테스트 활동의 원활한 수행을 방해할 수 있는 상황을 중단 조건으로 설정할 수 있다. 그리고 테스트가 중단된 원인이 해결되어 테스팅을 다시 시작할 때 수행해야 하는 테스트를 명시한다. 표 12.16은 테스트 중단 및 재시작 조건의 예를 보여 준다.

표 12.16 테스트 중단 및 재시작 조건 예

중단 조건	재시작 조건
과도한 비율(예 50% 이상)로 테스트가 실패할 때 해당 테스트 중단	관련 결함 해결 후에 해당 테스트 전체 재시작
기본 시나리오 테스트 실패 시 대안 시나리오 테스트 중단	기본 시나리오 관련 결함 해결 후에 해당 유스케이스의 모든 시나리오 테스트 재시작
테스트 환경 문제로 테스트 실행 실패 시 동일 테스트 환경을 사용하는 모든 테스트 중단	테스트 환경 문제 해결 후에 동일 테스트 환경을 사용하는 모든 테스트 재시작

12.4.8 테스트 메트릭

테스트 활동 수행과 결과를 정량적으로 판단하는 데 사용할 측정 메트릭을 결정한다. 즉, 테스트 계획, 테스트 설계 및 구현, 테스트 환경 구축 및 관리, 테스트 실행, 그리고 결함 보고 활동 별로 해당 활동의 수행 상황을 파악할 수 있는 메트릭을 결정한다.

테스트 메트릭은 테스트 진척도를 파악할 때 지표로 이용될 수 있다. 즉, 테스트 현황 보고서에서 각 테스트 활동의 진척을 보고할 때 다양한 테스트 메트릭의 값을 제시한다. 예를 들어, 테스트 설계 및 구현 활동의 진척도는 개발된 테스트 케이스의 수 및 개발된 테스트 절차의 수를 통해서 파악할 수 있으며, 테스트 실행 활동의 진척도는 실행된 테스트 케이스 및 테스트 절차의 수를 통해서 파악할 수 있다.

그뿐만 아니라 테스트 메트릭은 테스트 완료 기준으로도 사용되어 테스트 종료 보고서에 테스트 완료 여부에 대한 평가 데이터로 활용된다. 예를 들어, 테스트 완료 기준으로 통과된 테스트 케이스 및 절차의 비율 또는 검출되었지만 아직 종결되지 않은 결함 수 등이 사용될 수 있다.

12.4.8.1 테스트 계획 활동 메트릭

테스트 계획 활동은 테스트 목적에 따라서 테스트 대상을 선정하고 각 테스트 대상별로 테스트 범위 즉 피처를 식별한다. 따라서 테스트 계획에서 식별된 테스트 대상 및 피처의 수를 통해서 테스트 활동에 대한 진척도를 파악할 수 있다. 표 12.17은 테스트 계획 활동에서 측정될 수 있는 메트릭을 보여 준다.

표 12.17 테스트 계획 활동 메트릭

메트릭	설명
테스트 대상 수	계획된 테스트 대상의 수
피처 수	계획된 전체 피처의 수

12.4.8.2 테스트 설계 및 구현 활동 메트릭

테스트 설계 및 구현 활동은 테스트 계획에서 식별된 테스트 대상별로 유사한 피처를 그룹화하여 피처 집합을 결정한다. 그리고 각 피처 집합별로 테스트 케이스와 테스트 절차를 개발하며 테스트 환경 요건과 테스트 데이터 요건을 결정한다. 표 12.18은 테스트 설계 및 구현 활동에서 측정될 수 있는 메트릭 중에서 테스트 설계 관련 메트릭을 보여 준다.

표 12.18 테스트 설계 및 구현 활동 메트릭 - 테스트 설계 관련 메트릭

메트릭	설명
피처 집합 수	각 테스트 대상별 피처 집합의 수
테스트 케이스 수	개발된 전체 테스트 케이스의 수
테스트 절차 수	개발된 전체 테스트 절차의 수
테스트 환경 항목 수	식별된 테스트 환경 항목의 수
테스트 데이터 수	식별된 테스트 데이터의 수

개발된 테스트 케이스 및 테스트 절차의 적합성, 즉, 테스트 케이스 및 테스트 절차가 목표로 하는 범위를 충분히 반영하였는지를 커버리지(Coverage)를 통해서 측정할 수 있다. 즉, 개발된 테스트 케이스 및 테스트 절차를 통해서 주어진 요구사항, 설계, 그리고 코드가 어느 정도 확인되었는지 측정할 수 있다. 표 12.19는 테스트 설계 및 구현 활동에 대한 커버리지 관련 메트릭을 보여 준다.

표 12.19 테스트 설계 및 구현 활동 메트릭 - 커버리지 관련 메트릭

메트릭	설명
요구사항 커버리지	$\frac{\text{개발된 전체 테스트 케이스(절차)로 확인되는 요구사항 요소 수}}{\text{전체 요구사항 요소 수}}$
설계 커버리지	$\frac{\text{개발된 전체 테스트 케이스(절차)로 확인되는 설계 요소 수}}{\text{전체 설계 요소 수}}$
코드 커버리지	$\frac{\text{개발된 전체 테스트 케이스(절차)로 확인되는 코드 요소 수}}{\text{전체 코드요소 수}}$

커버리지(Coverage)는 테스트 케이스 및 테스트 절차로 확인이 되는 테스트 베이시스(Basis)의 비중으로, 얼마나 충분한 테스트를 하는지 보여주는 정량적인 지표이다. 그림 12.6에서 볼 수 있듯이 테스트 커버리지는 테스트 베이시스의 유형에 따라서 요구사항 커버리지, 설계 커버리지, 코드 커버리지로 분류된다.

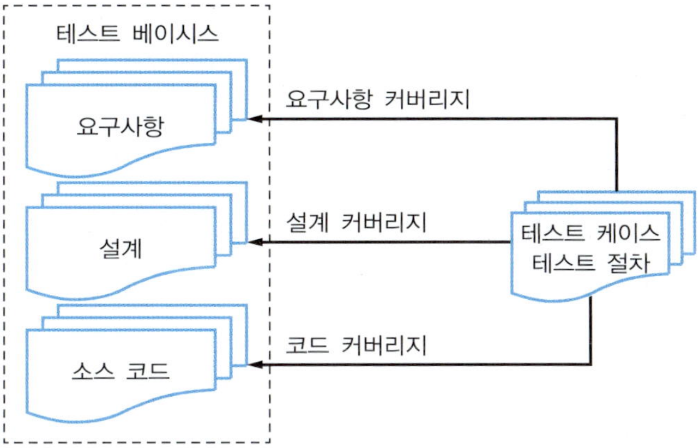

그림 12.6 **테스트 커버리지 개념**

요구사항 커버리지, 설계 커버리지 그리고 코드 커버리지는 구체적으로 확인할 요소에 따라서 세분하된다. 예를 들어, 요구사항 커버리지에는 테스트 케이스 및 테스트 절차가 전체 유스케이스 중에서 확인한 것이 얼마나 되는지를 보여 주는 유스케이스 커버리지가 있다. 그림 12.7은 각 테스트 커버리지 유형별로 구체적인 커버리지 기준을 보여 준다.

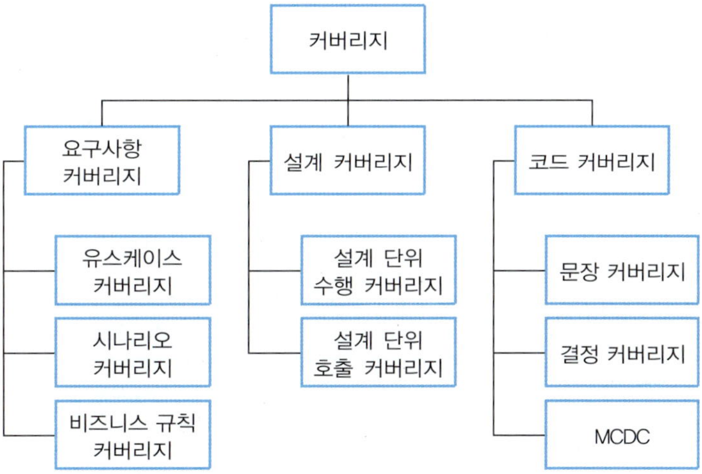

그림 12.7 **테스트 커버리지 유형**

요구사항 커버리지는 테스트 케이스 및 테스트 절차가 제시된 요구사항을 어느 정도 확인하고 있는지를 의미한다. 그림 12.8은 요구사항 커버리지의 개념을 보여 준다. 각 요구사항 요소에 대한 테스트 케이스 및 테스트 절차 개발 여부에 대한 추적성을 바탕으로 요구사항 커버리지를 계산할 수 있다. 요구사항 요소 R2의 경우에는 테스트 케이스 및 테스트 절차로 추적되지 않으므로 이는 요구사항 커버리지 100%를 달성하지 못하고 있다.

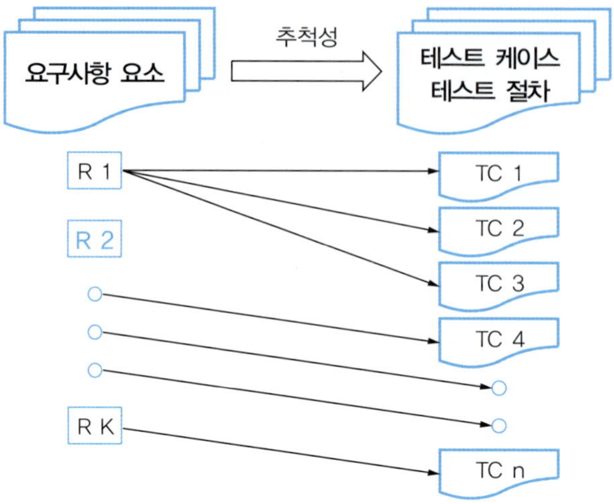

그림 12.8 요구사항 커버리지 개념

요구사항 커버리지는 요구사항의 세부 요소가 무엇인지에 따라서 구체적으로 정의될 수 있다. 표 12.20은 요구사항 요소로서 유스케이스, 시나리오, 비즈니스 규칙 등이 있을 때 정의되는 요구사항 커버리지를 보여 준다.

표 12.20 요구사항 커버리지 유형

요구사항 커버리지	설명
유스케이스 커버리지	$\frac{\text{1회 이상 확인된 유스케이스의 수}}{\text{전체 유스케이스의 수}}$
시나리오 커버리지	$\frac{\text{1회 이상 확인된 시나리오의 수}}{\text{전체 시나리오의 수}}$
비즈니스 규칙 커버리지	$\frac{\text{1회 이상 확인된 비즈니스 규칙의 수}}{\text{전체 비즈니스 규칙의 수}}$

설계 커버리지는 구조 설계, 상세 설계 등의 설계 활동 결과물에 대해서 테스트 케이스 및 테스트 절차가 얼마나 많이 확인할 수 있는지를 의미한다. 설계 커버리지는 기본적으로 개별적인 설계 요소에 대한 확인과 설계 요소 간의 연결에 대한 확인을 기준으로 결정된다. 예를 들어, 그림 12.9는 설계 결과로서 5개의 설계 단위(예 컴포넌트, 클래스 또는 함수)와 7개의 연결(설계 단위 간의 호출 등)을 보여 준다.

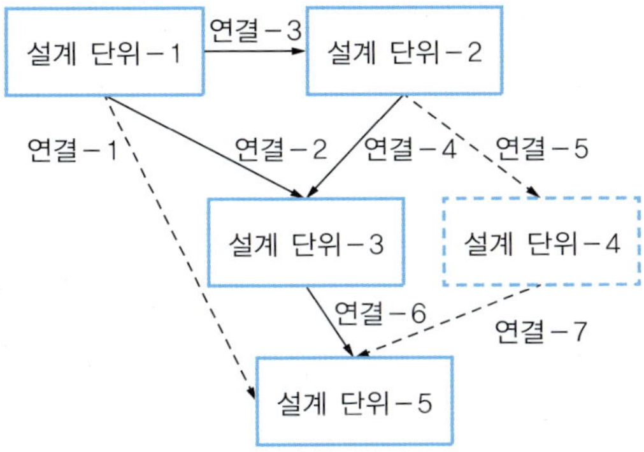

그림 12.9 **설계 커버리지 개념**

설계 단위에 대한 수행 커버리지는 전체 설계 단위 중에서 몇 개가 확인되었는지를 의미한다. 예를 들어, 그림에서 점선으로 표시된 설계 단위-4는 테스트 케이스 및 테스트 절차에 의해서 실행되지 않는 설계 단위를 의미한다. 따라서 설계 단위에 대한 수행 커버리지는 80%($\frac{4}{5}$)가 된다.

설계 커버리지의 두 번째 유형은 설계 단위 간 호출에 대한 커버리지로 전체 호출 중에서 테스트 케이스 및 테스트 절차를 통해서 확인이 될 수 있는 호출의 수를 의미한다. 예를 들어, 그림에서 점선으로 표시된 연결-1, 연결-5, 연결-7은 테스트 케이스 및 테스트 절차를 통해서 확인이 되지 않는 것을 의미한다. 그러므로 설계 단위 호출 커버리지는 57%($\frac{4}{7}$)가 된다.

설계 커버리지는 구조 설계 및 상세 설계의 결과물을 바탕으로 분석된다. 구조 설계와 상세 설계는 설계 단위가 상이하므로 앞에서 설명한 설계 커버리지는 설계 단위에 따라서 구체화된다. 즉, 설계 단위가 함수인 경우에는 함수를 기준으로 설계 커버리지가 정의되며, 설계 단위가 클래스 또는 컴포넌트인 경우에는 클래스 또는 컴포넌트를 기준으로 설계 커버리지가 정의된다.

예를 들어, 상세 설계에서 소프트웨어의 설계 단위로 함수들이 있고 함수 간의 호출 관계로 설계 결과가 정의된다면 함수를 기준으로 설계 커버리지를 정의한다. 표 12.21은 설계 단위가 함수인 경우의 설계 커버리지를 보여 준다.

표 12.21 **설계 커버리지 유형 – 함수 대상**

유형	설계 커버리지	설명
수행	함수 수행 커버리지	$\frac{\text{1회 이상 확인된 함수의 수}}{\text{전체 함수의 수}}$
호출	함수 호출 커버리지	$\frac{\text{1회 이상 확인된 함수 호출의 수}}{\text{전체 함수 호출의 수}}$

클래스가 설계 단위인 경우에는 각 클래스의 수준과 클래스가 가지는 연산의 수준에서 각각 수행 커버리지 및 호출 커버리지를 정의한다. 표 12.22는 클래스가 설계 단위인 경우에 설계 커버리지를 보여 준다.

표 12.22 **설계 커버리지 유형 – 클래스 대상**

유형	설계 커버리지	설명
수행	클래스 수행 커버리지	$\frac{\text{1회 이상 확인된 클래스의 수}}{\text{전체 클래스의 수}}$
	클래스 연산 수행 커버리지	$\frac{\text{1회 이상 확인된 연산의 수}}{\text{전체 연산의 수}}$
호출	클래스 호출 커버리지	$\frac{\text{1회 이상 확인된 클래스 호출의 수}}{\text{전체 클래스 호출의 수}}$
	클래스 연산 호출 커버리지	$\frac{\text{1회 이상 확인된 연산 호출의 수}}{\text{전체 연산 호출의 수}}$

컴포넌트가 설계 단위인 경우에는 각 컴포넌트의 수준과 컴포넌트가 가지는 인터페이스 및 인터페이스를 구성하는 연산의 수준에서 각각 수행 커버리지 및 호출 커버리지를 정의한다. 표 12.23은 컴포넌트가 설계 단위인 경우에 설계 커버리지를 보여 준다.

표 12.23 **설계 커버리지 유형 – 컴포넌트 대상**

유형	설계 커버리지	설명
수행	컴포넌트 수행 커버리지	$\frac{\text{1회 이상 수행된 컴포넌트의 수}}{\text{전체 컴포넌트의 수}}$
	인터페이스 수행 커버리지	$\frac{\text{1회 이상 확인된 인터페이스의 수}}{\text{전체 인터페이스의 수}}$
	인터페이스 연산 수행 커버리지	$\frac{\text{1회 이상 수행된 인터페이스 연산의 수}}{\text{전체 인터페이스 연산의 수}}$
호출	컴포넌트 호출 커버리지	$\frac{\text{1회 이상 수행된 컴포넌트 호출의 수}}{\text{전체 컴포넌트 호출의 수}}$
	인터페이스 호출 커버리지	$\frac{\text{1회 이상 수행된 인터페이스 호출의 수}}{\text{전체 인터페이스 호출의 수}}$
	인터페이스 연산 호출 커버리지	$\frac{\text{1회 이상 수행된 인터페이스 연산 호출의 수}}{\text{전체 인터페이스 연산 호출의 수}}$

코드 커버리지는 테스트 대상의 소스 코드 요소를 테스트 케이스 또는 테스트 절차가 얼마나 확인하는가를 의미한다. 소스 코드의 요소로는 문장, 결정, 조건 등이 있으며 각 요소별로 코드 커버리지의 유형이 정의된다. 표 12.24는 가장 대표적인 코드 커버리지의 유형을 보여 준다.

표 12.24 코드 커버리지 유형

코드 커버리지	설명
문장 커버리지	$\frac{\text{1회 이상 확인된 문장들의 수}}{\text{전체 실행 가능한 문장의 수}}$
결정 커버리지	$\frac{\text{1회 이상 확인된 결정 결과의 수}}{\text{전체 프로그램 결정 결과의 수}}$
MCDC 커버리지	$\frac{\text{1회 이상 확인된 MCDC를 만족하는 조건의 수}}{\text{전체 조건과의 수}}$

12.4.8.3 테스트 환경 구축 및 관리 활동 메트릭

테스트 환경 구축 및 관리 활동에서는 테스트 설계 및 구현 활동에서 결정된 테스트 환경 및 테스트 데이터를 준비한다. 따라서 계획된 테스트 환경과 테스트 데이터에 대한 준비 상황을 메트릭으로 정의할 수 있다. 표 12.25는 테스트 환경 구축 및 관리 활동에서 사용할 수 있는 메트릭을 보여 준다.

표 12.25 테스트 환경 구축 및 관리 활동 메트릭

메트릭	설명
테스트 환경 구축률	$\frac{\text{구축된 테스트 환경 항목의 수}}{\text{전체 테스트 환경 항목의 수}}$
테스트 데이터 준비율	$\frac{\text{준비된 테스트 데이터의 수}}{\text{전체 테스트 데이터의 수}}$

12.4.8.4 테스트 실행 활동 메트릭

테스트 실행 활동에서는 개발된 테스트 케이스 및 테스트 절차를 실행하고 예상 결과와 실세 결과를 비교하고 테스트 실행 결과를 기록한다. 따라서 테스트 실행 활동에서는 테스트 케이스 및 테스트 절차 실행과 그 결과를 바탕으로 한 메트릭을 정의할 수 있다. 표 12.26은 테스트 실행 활동에 대한 대표적인 메트릭을 보여 준다.

표 12.26 **테스트 실행 활동 메트릭 - 테스트 실행 관련 메트릭**

메트릭	설명
실행된 테스트 케이스(테스트 절차) 수	실행이 성공한 테스트 케이스(테스트 절차) 수
통과된 테스트 케이스(테스트 절차) 수	실행되어 통과된 테스트 케이스(테스트 절차) 수
실패 테스트 케이스(테스트 절차) 수	실행되어 실패한 테스트 케이스(테스트 절차) 수

개발된 테스트 케이스(테스트 절차)의 수를 기준으로 비율도 정의될 수 있다. 즉, 실행된 테스트 케이스(테스트 절차) 비율은 개발된 테스트 케이스(테스트 절차) 중에서 실행에 성공한 테스트 케이스(테스트 절차)의 비중으로 정의된다.

테스트 실행 활동 메트릭의 두 번째 유형으로는 커버리지 관련 메트릭이 있다. 커버리지 관련 메트릭은 실행된 테스트 케이스(테스트 절차)를 통해서 달성될 수 있는 요구사항 커버리지, 설계 커버리지, 코드 커버리지를 의미한다. 표 12.27은 테스트 실행 활동에 대한 커버리지 관련 메트릭의 예를 보여 준다.

표 12.27 **테스트 실행 활동 메트릭 - 커버리지 관련 메트릭**

메트릭	설명
실행된 테스트 케이스(테스트 절차)에 따른 요구사항 커버리지	실행된 테스트 케이스(테스트 절차)에 의해서 확인된 요구사항 수 / 전체 요구사항 수
통과된 테스트 케이스(테스트 절차)에 따른 요구사항 커버리지	통과된 테스트 케이스(테스트 절차)에 의해서 확인된 요구사항 수 / 전체 요구사항 수
실행된 테스트 케이스(테스트 절차)에 따른 설계 커버리지	실행된 테스트 케이스(테스트 절차)에 의해서 확인된 설계요소 수 / 전체 설계요소 수
통과된 테스트 케이스(테스트 절차)에 따른 설계 커버리지	통과된 테스트 케이스(테스트 절차)에 의해서 확인된 설계 요소 수 / 전체 설계 요소 수
실행된 테스트 케이스(테스트 절차)에 따른 코드 커버리지	실행된 테스트 케이스(테스트 절차)에 의해서 확인된 코드 요소 수 / 전체 코드 요소 수
통과된 테스트 케이스(테스트 절차)에 따른 코드 커버리지	통과된 테스트 케이스(테스트 절차)에 의해서 확인된 코드 요소 수 / 전체 코드 요소 수

12.4.8.5 결함 보고 활동 메트릭

결함 보고 활동은 테스트 실행 결과를 분석하여 식별된 결함을 기록한다. 표 12.28은 결함 보고 활동에 대한 메트릭을 보여 준다.

표 12.28 결함 보고 활동 메트릭

메트릭	설명
검출 결함 수	실행된 테스트 에서 검출된 결함의 개수
검출 결함 밀도	검출된 결함 개수 / 대상 코드 행수(KLOC)
상태별 결함 수	결함 생명 주기의 각 상태별 결함의 개수
결함 나이	결함이 보고되고 종결될 때까지 걸린 시간

또한, 보고 기간 내에 측정된 각 메트릭 값을 전체 기간으로 누적한 수치도 결함 보고 활동에서 메트릭으로 사용할 수 있다. 누적 검출 결함 수는 전체 기간에 걸쳐서 식별된 모든 결함의 수를 의미한다. 마찬가지로 상태별 누적 결함 수는 전체 기간에 걸쳐서 식별된 모든 결함을 각 상태(Open, Review, Assigned 등)별로 구한 수치이다.

그리고 이러한 메트릭을 시스템 전체가 아니라 개별 테스트 대상별로 구할 수도 있다. 예를 들어, 시스템을 구성하는 각 컴포넌트별 검출 결함 수, 컴포넌트별 검출 결함 밀도 등을 구할 수가 있다.

12.4.9 테스트 완료 기준

테스트 완료 기준은 테스트 완료 여부를 판단할 수 있는 객관적인 기준을 의미한다. 즉, 테스트 대상에 대하여 충분한 테스트를 수행하였다고 판단할 수 있는 기준을 의미한다. 예를 들어, 테스트 완료 기준을 강하게 하면 좀 더 엄격한 수준으로 테스팅을 수행한다는 의미이며, 그만큼 테스트 대상에 대하여 높은 수준의 품질을 기대할 수 있다. 이처럼 테스트 대상에 대하여 기대하는 품질 수준에 따라서 적절한 테스트 완료 기준을 설정할 수 있다.

동적 테스트 프로세스 활동은 설정된 테스트 완료 기준을 고려한다. 예를 들어, 높은 수준의 테스트 완료 기준이라면 이 기준을 달성하기 위하여 더 많은 테스트 케이스 및 테스트 절차가 개발되고 이를 효율적으로 실행하기 위한 자동화 도구가 필요하다.

테스트가 종료되었을 때 해당 테스트의 수행 결과가 설정된 테스트 완료 기준을 충족하였는지 평가한다. 즉, 테스트 종료 활동에서는 테스트 완료 기준에 따라서 수행된 테스트 활동을 평가하고 그 결과를 기록한다.

12.4.9.1 기본 유형의 테스트 완료 기준

기본적인 테스트 완료 기준은 테스트 케이스(테스트 절차) 유형, 테스트 커버리지 유형, 그리고 결합 유형으로 구분된다.

❑ 테스트 케이스(테스트 절차) 기반 방법

테스트 대상과 관련된 테스트 케이스 및 테스트 절차 중에서 어느 정도가 통과되었는지를 기준으로 삼는다. 예를 들어, "전체 테스트 케이스(테스트 절차) 중에서 일정 비율 이상이 통과되어야 한다." 또는 "특정 테스트 케이스(테스트 절차)들은 통과되어야 한다." 등이 기준으로 사용될 수 있다.

특히, 컴포넌트 테스트에서는 테스트 대상 모듈의 중요도에 따라서 테스트 케이스(테스트 절차) 통과 비율이 달라질 수 있고, 마찬가지로 통합 테스트에서도 중요한 기능 또는 비기능적 요소를 다루는 통합 시나리오는 좀 더 높은 테스트 케이스(테스트 절차) 통과 비율로 테스트 완료 여부를 판단한다.

❑ 테스트 커버리지 기반 방법

이 유형의 완료 기준에서는 테스트 케이스를 도출하는 기준 문서(즉 테스트 베이시스)의 내용이 얼마나 다루어졌는지를 기준으로 한다. 표 12.29는 시스템 테스트, 통합 테스트, 컴포넌트 테스트별 커버리지 기준을 보여 준다.

표 12.29 **테스트 레벨별 테스트 커버리지 기준**

테스트 레벨	테스트 커버리지	설명
시스템 테스트	요구사항 커버리지	요구사항 명세서에 명시된 각 요구사항의 테스트 여부
통합 테스트	설계 커버리지	설계 명세서를 바탕으로 설계 단위에 대한 수행 및 설계 단위 간의 호출에 대한 테스트 여부
컴포넌트 테스트	코드 커버리지	모듈의 소스 코드에 대한 테스트 여부

시스템 테스트를 수행할 때는 테스트 커버리지의 기준이 되는 요구사항 명세서의 내용을 얼마나 다루는지(Cover) 측면에서 테스트 완료 기준을 설정할 수 있다. 예를 들어, "전체

요구사항을 모두 다루어야 한다." 또는 "중요도가 높은 특정 요구사항을 다루어야 한다." 등이 테스트 완료 기준이 될 수 있다.

통합 테스트를 수행할 때는 설계 명세서에 명시된 컴포넌트, 클래스, 함수를 비롯한 설계 단위의 실행(설계 단위 수행 커버리지)과 설계 단위 간의 호출(설계 단위 호출 커버리지)을 얼마나 테스트하였는지를 테스트 완료 기준으로 설정할 수 있다.

컴포넌트 테스트를 수행할 때는 테스트 대상에 대한 소스 코드를 바탕으로 테스트 완료 기준을 정의할 수도 있다. 예를 들어, "95%의 문장 커버리지를 충족시켜야 한다." 또는 "90%의 결정 커버리지를 충족시켜야 한다."가 모듈에 대한 테스트 완료 기준이 될 수 있다.

❏ 결함 기반 방법

이 기준에서는 발견된 결함 정보를 바탕으로 테스트 완료 기준을 설정할 수도 있다. 예를 들면, "발견된 결함의 수가 일정 개수 이하이어야 한다." 또는 "심각하거나 중요한 결함은 존재하지 않아야 한다." 등이 테스트 완료 기준이 될 수 있다.

이러한 세 가지 유형은 단독으로뿐만 아니라 조합해서도 사용할 수 있다. 표 12.30은 컴포넌트 테스트 완료 기준의 예로 세 가지 유형의 기준을 함께 사용한 예를 보여 준다.

표 12.30 **컴포넌트의 테스트 완료 기준 예**

기준 유형	기준 예
테스트 케이스(테스트 절차) 기반 기준	• 90%의 테스트 케이스(테스트 절차)가 통과되어야 한다. • TCS-10 번과 TCS-20 번 테스트 케이스는 통과되어야 한다.
테스트 커버리지 기반 기준	• 95%의 문장 커버리지가 충족되어야 한다.
결함 기반 기준	• 2개 이하의 결함만이 허용된다. • 심각한 결함이 존재하지 않아야 한다.

12.4.9.2 분석 유형의 테스트 완료 기준

기본 유형의 테스트 완료 기준은 테스트 분석 및 설계 활동에서 생성된 테스트 케이스(테스트 절차)와 테스트 실행 활동에서 발견된 결함 정보에 바탕을 둔다. 따라서 테스트 설계 및 구현 활동과 테스트 실행 활동 그리고 결함 보고 활동의 결과물을 바탕으로 테스트 완료 기준의 충족 여부를 판단하는 것이 가능하다.

테스트 대상 및 테스트 결과에 대한 분석을 바탕으로 테스트 완료 기준을 설정할 수도 있다. 이러한 분석적 테스트 완료 기준으로는 신뢰도 예측 모델 방법, 결함 탐침 방법, 복수 테스트팀 방법이 있다. 이러한 방법은 동적 테스트 활동에 추가적인 노력이 필요하므로 시스템 테스트 및 인수 테스트 등 주요 의사 결정을 하는 경우에 테스트 완료 기준으로 사용될 수 있다.

❑ 신뢰도 예측 모델 기반 방법

테스트를 완료하는 시점은 테스트가 완료된 테스트 대상이 충분한 품질을 확보했는지 고려해야 한다. 일반적으로 테스트를 수행하면 할수록 많은 수의 결함을 검출하고 제거할 수 있으므로 높은 신뢰도를 달성할 수 있다. 만약 테스트 대상의 신뢰도가 만족스러운 수준이면 해당 시점에 테스트를 종료할 수 있다.

테스트 대상 특히 시스템에 대한 신뢰도는 실제 사용자들이 장시간 동안 시스템을 사용하는 과정에서 수집된 데이터로 확인할 수 있으며, 시스템을 테스트하는 과정에서는 신뢰도에 대한 예측만 가능하다. 그러므로 테스트 대상이 기대하는 신뢰도를 달성할 수 있는지 예측을 해야 한다.

신뢰도 예측 모델 기반 방법은 테스트 대상에 대해서 신뢰도를 예측하고, 목표로 삼은 수준 이상으로 신뢰도 달성이 예상되면 테스트가 완료되었다고 판단하는 방법이다. 기존에 수행된 유사한 다른 시스템에 대한 테스트의 수행 결과 또는 현재 테스트 중인 시스템에 대한 테스트 정보를 바탕으로 신뢰도에 대한 예측을 할 수 있다. 신뢰도 예측 모델을 적용할 때는 예측 모델에서 가정하는 상황이 현재 시스템에서 유효한지를 유의해야 한다. 예를 들어, 어떤 신뢰도 예측 모델에서 결함은 임의의 시간에 임의로 발생하고, 모든 결함은 신뢰도에 동일하게 영향을 미치며, 수정(Fix) 시간이 무시되기도 한다.

❑ 결함 탐침 기반 방법

결함 탐침 기반 방법은 테스트를 시작하기 전에 미리 다양한 유형의 결함을 시스템에 인위적으로 삽입해 놓는다(Seed). 테스트에서 발견된 결함 중에서 인위적으로 삽입된 결함의 비율을 구한다. 이 비율을 이용하여 시스템에 남아 있는 발견되지 않은 결함의 수를 예측하고, 이 수가 일정 수준 이하이면 테스트가 완료되었다고 판단한다.

결함 탐침 기반 방법에서는 삽입된 결함 중에서 발견된 결함의 비율이 시스템에 원래 존재하는 결함 중에서 테스트를 통해서 발견된 결함의 비율과 동일하다는 가정을 하고 있다. 그러나 삽입되는 결함은 테스터의 과거의 경험에 바탕을 두므로 편향될 가능성이 있으며, 새로운 유형의 시스템을 테스트할 때 위와 같이 균형적인 결함을 만드는 것은 어려울 수 있다.

❑ 복수 테스트팀 기반 방법

이 방법은 독립적인 두 개의 테스트팀이 동일한 시스템을 테스트하여 각각 발견한 결함의 수를 바탕으로 전체 결함의 수를 예측한다. 테스트팀 A와 B가 테스트를 수행하여 발견한 결함의 수를 각각 Na와 Nb라고 한다. 그리고 두 팀에서 공통적으로 발견된 결함의 수를 Nab라고 한다. Nab는 두 팀에서 발견한 결함을 비교하여 구할 수 있다.

복수 테스트팀 기반 방법으로 표 12.31의 값을 예측할 수 있다. 즉, 시스템에 존재하는 총 결함의 수, 발견되지 못한 결함의 수를 알 수 있다.

표 12.31 **복수 테스트팀 방법의 예측값**

N	시스템에 존재하는 전체 결함의 수	
Pa	테스트팀 A에 의해서 발견된 결함의 비율	Na / N
Pb	테스트팀 B에 의해서 발견된 결함의 비율	Nb / N
Pab	테스트팀 A와 B가 공통적으로 발견한 결함의 비율	Pa×Pb Nab / N
N(a)(b)	테스트팀 A 또는 B가 발견하지 못한 결함의 수	
P(a)(b)	테스트팀 A 또는 B가 발견하지 못한 결함의 비율	

만약 테스트팀의 독립성과 결함의 독립성을 가정한다면 다음의 식이 성립된다.

번호	식
(1)	$\mathrm{Pab} = \mathrm{Pa} \times \mathrm{Pb} = \dfrac{Nab}{N}$
(2)	$\mathrm{Pa} = \dfrac{Nab}{Nb}$
(3)	$\mathrm{Pb} = \dfrac{Nab}{Na}$
(4)	$\mathrm{P(a)(b)} = (1 - \mathrm{Pa}) \times (1 - \mathrm{Pb})$

위의 식 (1), (2), (3), (4)를 바탕으로 아래와 같이 N, Pa, Pb, P(a)(b), N(a)(b)를 계산할 수 있다.

$$N = \frac{Na \times Nb}{Nab}$$
$$Pa = \frac{Nab}{Nb}$$
$$Pb = \frac{Nab}{Na}$$
$$P(a)(b) = \frac{(Na - Nab) \times (Nb - Nab)}{Na \times Nb}$$
$$N(a)(b) = \frac{(Na - Nab) \times (Nb - Nab)}{Nab}$$

예를 들어, 만약 테스트팀 A가 80개의 결함을 발견하고 테스트팀 B가 90개의 결함을 발견하였으며, 조사를 통하여 두 팀에서 공통적으로 발견된 결함이 72개라고 하면, 즉, Na = 80, Nb = 90, Nab = 72라고 하면

$$N = \frac{80 \times 90}{72} = 100$$
$$N(a)(b) = \frac{(80 - 72) \times (90 - 72)}{72} = 2$$
$$P(a)(b) = \frac{(80 - 72) \times (90 - 72)}{80 \times 90} = 0.02$$

를 구할 수 있다. 이 결과에 따르면 전체 결함 중에서 2%만이 테스트를 통하여 검출되지 않았다고 예상된다. 만약, 테스트 완료 기준에서 미발견 결함이 2% 허용된다면 이 시점에서 테스트가 완료되었다고 판단할 수 있다.

이 방법은 동일한 시스템에 대해서 두 개의 테스트팀을 투입해야 하므로 테스트 비용이 많이 소요된다. 또한, 각 팀이 발견하는 결함이 서로 독립적임을 가정하지만, 두 팀이 사용하는 테스트 전략과 테스트 경험에 따라서 결함 발견의 독립성이 보장되기 어려울 수 있다.

12.4.9.3 개별 테스트의 테스트 완료 기준

테스트 완료 기준은 수행되는 각 개별 테스트별로 구체적으로 설정한다. 예를 들어, 컴포넌트 테스트는 코드 커버리지가 테스트 완료 기준에 포함될 수 있다. 시스템 테스트는 요구사항 커버리지 및 미해결 결함의 수가 테스트 완료 기준에 포함될 수도 있다. 인수 테스트는 신뢰성 예측 모형을 이용한 신뢰도도 포함될 수 있다. 표 12.32는 레벨 테스트 및 성능

유형 테스트에 대한 테스트 완료 기준의 예를 보여 준다.

표 12.32 개별 테스트별 테스트 완료 기준 예

테스트 레벨	테스트 완료 기준
컴포넌트 테스트	• 각 컴포넌트는 모든 테스트 절차가 통과되어야 한다. • 각 컴포넌트는 90% 이상의 문장 커버리지와 80% 이상의 결정 커버리지를 만족해야 한다. • 전체 컴포넌트 중에서 90% 이상의 컴포넌트가 위의 커버리지 조건을 충족해야 한다.
통합 테스트	• 컴포넌트 수행 커버리지는 95% 이상이어야 한다. • 컴포넌트 호출 커버리지는 80% 이상이어야 한다.
시스템 테스트	• 모든 테스트 절차가 통과되어야 한다. • 유스케이스 시나리오 커버리지는 100%가 되어야 한다. • 결함 탐침 방법을 사용하여 예상된 미검출 결함의 수는 5개 이하이어야 한다.
성능 테스트	• 경미한 수준의 결함을 제외한 모든 테스트 절차가 통과되어야 한다.
인수 테스트	• 모든 테스트 절차가 통과되어야 한다. • 신뢰도 예측에 따른 신뢰도가 99% 이상이어야 한다.

12.4.10 조직 테스트 전략과의 차이점

이 절에는 수립된 테스트 계획과 조직 테스트 전략의 차이점과 함께 다른 전략을 수립한 근거를 기술한다. 테스트 전략 대부분의 항목은 조직 테스트 전략 명세서에 정의된다. 그러므로 조직 테스트 전략 명세서와 동일한 내용은 단순히 참조로 기술하면 충분하다. 따라서 조직 테스트 전략 명세와 차이 나는 사항을 테스트 계획서에 기술한다.

예를 들어, 조직 테스트 전략 명세서의 "수행 개별 테스트"에는 보안 테스트가 명시되어 있지만 금번 테스트 프로젝트의 보안과 관련해서 기존에 이미 충분히 테스트 되었거나 심각한 수준의 위험이 없다면 보안 테스트를 별도로 수행하지 않고 시스템 테스트의 범위에 보안을 포함할 수 있다.

참고로 표 12.33은 테스트 계획서의 테스트 전략 항목에 해당되는 조직 테스트 명세서의 항목을 보여 준다. "테스팅 중단 및 재시작 조건"은 테스트 계획서에는 기술되지만, 조직 테스트 명세서에는 명시되지 않는다.

표 12.33 테스트 계획서의 테스트 전략과 조직 테스트 전략 명세서 비교

테스트 계획서 - 테스트 전략	조직 테스트 전략 명세서
개별 테스트	프로젝트 수준 - 수행 개별 테스트
테스트 산출물	개별 테스트 수준 - 테스트 문서화
테스트 설계 기법	개별 테스트 수준 - 테스트 설계 기법
테스트 환경 요건	개별 테스트 수준 - 테스트 환경 및 테스트 데이터
테스트 데이터 요건	개별 테스트 수준 - 테스트 환경 및 테스트 데이터
재테스팅 및 리그레션 테스팅	개별 테스트 수준 - 재테스팅 및 리그레션 테스팅
테스팅 중단 및 재시작 조건	해당 없음
테스트 메트릭	개별 테스트 수준 - 테스트 메트릭
테스트 완료 기준	개별 테스트 수준 - 테스트 완료 기준

12.5 테스트 수행 계획 수립

테스트 컨텍스트 명세에서 테스트 대상과 범위를 설정하였고, 테스트 전략 수립에서는 테스트 범위에 대한 효과적이고 효율적인 테스트 방법을 결정하였다. 이제는 결정된 테스트 방법을 실제로 수행할 조직/인력, 일정, 그리고 테스트 활동을 수행하면서 필요한 의사소통에 대한 계획을 수립한다. 표 12.34는 이와 같은 테스트 수행 계획 수립 항목을 보여 준다.

표 12.34 테스트 수행 계획 항목

항목	설명
테스트 조직/인력 및 역할	계획된 테스트 프로세스를 수행할 팀과 인력 계획을 수립한다.
테스트 활동 및 일정	테스트 프로세스를 구성하는 활동과 작업 그리고 일정 계획을 수립한다.
의사소통	테스트 프로세스를 수행하기 위하여 개발팀을 포함하여 이해관계자와 의사소통 계획을 수립한다.

12.5.1 테스트 조직/인력 및 역할

테스트 프로세스를 구성하는 테스트 활동을 수행할 역할별 인력을 정의한다. 조직 테스트 정책 명세서의 테스트 조직 및 역할을 참고하여 테스트팀을 구성하는 각 역할을 수행할 담당자를 명시한다. 표 12.35는 테스트팀의 역할별 담당 작업과 담당자를 정의한 예를 보여 준다.

표 12.35 테스트팀 역할과 담당자 예

역할	담당 작업	담당자
테스트 관리자	• 테스트 계획 관리 • 테스트 통제 • 테스트 종료 관리	○○○
테스트 리더	• 테스트 계획 수립 • 테스트 모니터링 • 테스트 현황 보고 • 테스트 종료	○○○
테스트 분석가	• 위험 분석 • 테스트 전략 수립	○○○
테스트 설계자	• 테스트 설계 • 테스트 케이스 개발 • 테스트 절차 개발 • 테스트 환경 요건 명세 • 테스트 데이터 요건 명세	○○○, ○○○
테스트 환경 전문가	• 테스트 환경 구축 • 테스트 데이터 준비	○○○
테스트 수행자	• 테스트 실행 • 결함 보고	○○○, ○○○, ○○○

프로젝트 테스트 조직을 계획할 때 프로젝트 테스트를 구성하는 개별 테스트별로 전문화된 팀을 구성할 수 있다. 예를 들어, 컴포넌트 테스트의 테스트 전략, 테스트 환경, 테스트 자동화 도구는 시스템 테스트와 다를 수 있으므로 컴포넌트 테스트를 수행할 팀과 시스템 테스트를 수행할 팀을 별도로 구성할 수 있다. 마찬가지로 성능 테스트, 신뢰성 테스트, 보안 테스트 등의 유형 테스트도 전문성이 필요하므로 별도의 팀을 구성할 수 있다.

그림 12.10은 이와 같이 개별 테스트별로 별도의 테스트팀을 구성한 예를 보여 준다. 물론 한 명이 동시에 여러 팀에서 역할을 수행할 수 있다. 예를 들어, 동일한 테스트 환경 전문가가 시스템 테스트팀, 신뢰성 테스트팀, 성능 테스트팀 등에서 같은 역할을 할 수도 있다.

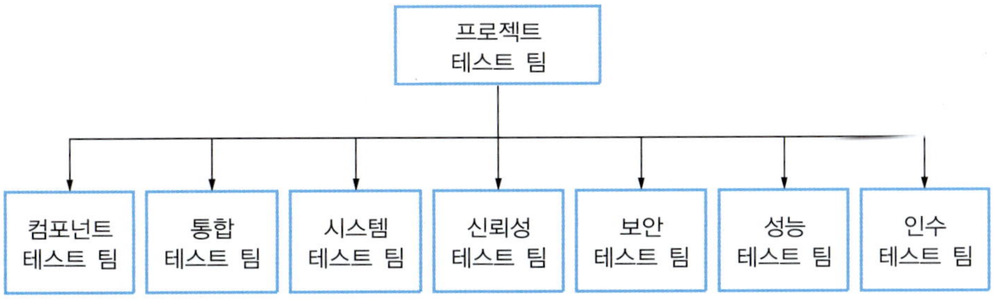

그림 12.10 프로젝트 테스트팀 구성 예

12.5.2 테스트 활동 및 일정

테스트 수행 활동과 세부 작업을 정의한다. 그리고 각 작업별로 담당자를 명시하고 시작일 및 종료일도 포함한다. 표 12.36은 테스트를 수행하기 위한 활동/작업과 담당자를 보여 준다. 테스트 수행 활동은 기본적으로 테스트 계획, 테스트 설계 및 구현, 테스트 환경 구축 및 관리, 테스트 실행, 결함 보고, 그리고 테스트 종료이며 순차적으로 수행된다. 그리고 테스트 설계 및 구현 활동부터 결함 보고 활동까지는 테스트 모니터링 및 제어 활동도 병행해서 수행된다.

표 12.36 **개별 테스트 활동 및 일정 계획 예**

활동	작업	담당자	시작일	종료일
테스트 계획	테스트 컨텍스트 명세	테스트 리더		
	위험 분석	테스트 분석가		
	테스트 전략 수립	테스트 분석가		
	테스트 수행 계획 수립	테스트 리더		
테스트 설계 및 구현	테스트 설계	테스트 설계자		
	테스트 케이스 개발	테스트 설계자		
	테스트 절차 개발	테스트 설계자		
	테스트 환경 요건 명세	테스트 설계자		
	테스트 데이터 요건 명세	테스트 설계자		
테스트 환경 구축 및 관리	테스트 데이터 준비	테스트 환경 전문가		
	테스트 환경 구축	테스트 환경 전문가		
테스트 실행	테스트 절차 선정	테스트 수행자		
	테스트 절차 실행	테스트 수행자		
	테스트 결과 비교	테스트 수행자		
	테스트 실행 기록	테스트 수행자		
결함 보고	테스트 결과 분석	테스트 수행자		
	결함 기록 및 추적	테스트 수행자		
테스트 모니터링 및 제어	테스트 모니터링	테스트 리더		
	테스트 활동 제어	테스트 리더		
	테스트 현황 보고	테스트 리더		
테스트 종료	테스트 자산 관리	테스트 리더		
	테스트 환경 정리	테스트 환경 전문가		
	테스트 종료 보고	테스트 관리자		

표 12.36은 프로젝트 테스트를 구성하는 각 개별 테스트의 세부 일정에 해당된다. 즉, 컴포넌트 테스트, 통합 테스트 등 각각의 개별 테스트에 대하여 표 12.36과 같이 테스트 계획

부터 테스트 종료 활동이 수행된다. 프로젝트 테스트 계획서에는 이러한 개별 테스트를 수행하는 일정 계획을 수립해야 한다. 예를 들어, 그림 12.3과 같이 프로젝트 테스트가 컴포넌트 테스트, 통합 테스트, 시스템 테스트, 신뢰성 테스트, 보안 테스트, 성능 테스트, 인수 테스트로 구성된 경우에 표 12.37과 같이 각 개별 테스트별 일정이 수립될 필요가 있다.

표 12.37 **프로젝트 테스트의 계획 예**

개별 테스트 프로세스	시작일	종료일
컴포넌트 테스트		
통합 테스트		
시스템 테스트		
신뢰성 테스트		
보안 테스트		
성능 테스트		
인수 테스트		

12.5.3 의사소통

테스트를 수행하는 과정과 그 결과는 테스트팀은 물론이고 개발팀과도 정기적으로 공유될 필요가 있다. 따라서 테스트 활동의 수행과 결과 정보를 필요로 하는 다양한 이해관계자들과 테스트 현황을 공유하기 위한 의사소통 계획을 수립해야 한다. 의사소통 계획을 수립할 때는 다음 사항이 포함되도록 한다.

- **의사소통 목적:** 테스트팀과 개발팀을 포함한 다양한 이해관계자는 서로 다른 목적으로 테스트 현황이 공유될 필요가 있다. 예를 들어, 테스트 설계 및 구현 활동에서 테스트 대상에 대한 정보는 개발팀과 협의하고 결정하며, 테스트팀에서 작성한 테스트 계획은 개발팀을 포함한 다른 이해관계자와 공유하고 검토할 수 있다.

- **의사소통 방법:** 의사소통 목적을 달성하기 위한 효과적인 의사소통 방법을 선택해야 한다. 유연한 형식의 정기회의가 될 수도 있고 관련 자료를 공유하는 방법도 가능하다. 그뿐만 아니라 정적 테스트에서 설명한 관리 검토, 기술 검토, 인스펙션 등의 방법을 사용할 수도 있다.

- **의사소통 일정:** 이해관계자와 정기 또는 비정기로 실시하는 의사소통 일정을 정의한다. 매주, 매월과 같이 정기적인 방식으로 진행될 수도 있으며 테스트 계획의 완료 시점, 테스트 설계 및 구현 완료 시점처럼 테스트 프로젝트를 수행하는 주요 시점(마일스톤)에 의사소통을 실시할 수도 있다.

12.6 산출물 요약

12.6.1 테스트 계획서

표 12.38은 테스트 계획서 산출물의 구성 항목을 보여 준다. 테스트 계획서는 상위 수준에서 테스트 컨텍스트, 위험 분석, 테스트 전략, 테스트 수행 계획을 기술한다. 테스트 컨텍스트는 테스트 계획 유형, 테스트 대상, 테스트 범위, 가정 및 제약 사항, 그리고 이해관계자를 기술한다. 위험 분석은 프로젝트 위험과 제품 위험을 기술한다. 테스트 전략은 수행할 개별 테스트, 테스트 산출물, 테스트 설계 기법 등을 기술하며, 테스트 수행 계획은 조직, 일정, 의사소통 방법을 기술한다.

표 12.38 테스트 계획서 구성

테스트 컨텍스트	
테스트 계획 유형	
테스트 대상	
테스트 범위	
가정 및 제약 사항	
이해관계자	
위험 분석	
프로젝트 위험	
제품 위험	
테스트 전략	
개별 테스트	
테스트 산출물	
테스트 설계 기법	
테스트 환경 요건	
테스트 데이터 요건	
재테스팅 및 리그레션 테스팅	
테스팅 중단 및 재시작 기준	
테스트 메트릭	
테스트 완료 기준	
조직 테스트 전략과의 차이점	
테스트 수행 계획	
테스트 조직/인력 및 역할	
테스트 활동 및 일정	
의사소통	

Exercise

01 테스트 프로세스 활동 중, 테스트의 범위, 수행 방법 및 일정을 수립하는 활동은 무엇인가?

① 테스트 계획 ② 테스트 모니터링 및 통제
③ 테스트 평가 ④ 테스트 실행

해설 테스트 계획은 테스트 관리 프로세스의 시작 활동으로 동적 테스트를 효과적이고 효율적으로 수행하기 위한 계획 수립(테스트 범위, 수행 방법, 일정 등)을 목적으로 한다.

02 테스트 계획을 수립할 때 고려되는 주요 이슈로 적절하지 않은 것은?

① 언제 테스트를 종료하는 것이 좋을까?
② 단위 테스트를 수행하는 것이 효과적일까?
③ 테스트 케이스를 생성할 때 소스 코드를 바탕으로 할까?
④ 어떤 코딩 스타일을 사용할까?

해설 ①, ②, ③ 테스트 계획 수립 시 주요 이슈이다.
④ 테스트보다는 개발(프로그래밍)에서 결정할 사항이다.

03 다음 중에서 테스트 계획을 수립할 때 테스트 컨텍스트를 설정하는 과정에 해당되지 않는 것은?

① 테스트 대상에 대한 테스트 완료 여부를 결정하는 기준을 정한다.
② 테스트 대상 및 테스트 범위를 바탕을 어떤 개별 테스트를 수행할지 결정하도록 한다.
③ 테스트 대상의 미션 또는 비즈니스 목표 등을 기술한다.
④ 각 테스트 레벨별로 초점을 두는 테스트 범위가 다를 수 있다.

해설 ① 테스트 전략에 해당한다.

04 테스트 계획을 수립할 때 테스트 컨텍스트에서는 테스트 대상, 테스트 범위, 가정 및 제약 사항 그리고 이해관계자를 정의한다. [O/×]

해설 맞는 설명이다.

정답 01 ① 02 ④ 03 ① 04 O

05 다음 중에서 테스트 전략을 수립할 때 고려할 사항만을 포함하고 있는 것은 무엇인가?

(가) 수행하는 테스트 활동의 수행을 중단시키고 중단된 테스트 활동을 다시 시작할 수 있는 조건을 기술한다.
(나) 테스트 활동의 수행과 그 결과에 대한 정량적인 판단을 위한 측정할 메트릭을 결정한다.
(다) 테스트 대상에 대하여 충분한 테스트를 수행하였다고 판단할 수 있는 기준을 의미한다.
(라) 테스트 프로젝트에서 발생할 수 있는 위험을 식별하고 적절한 대처 방안을 수립한다.

① (가), (나)
② (가), (나) (다)
③ (가), (다), (라)
④ (가), (나), (다), (라)

해설 (가) 테스팅 중단 및 재시작 조건, (나) 테스트 메트릭, (다) 테스트 완료 기준, (라) 위험 분석
(라) 위험 분석은 테스트 전략에 해당하지 않는다.

06 다음 중에서 테스트 완료 기준으로 사용되는 예를 모두 고른 것은?

(가) 95%의 문장 커버리지가 충족되어야 한다
(나) 90%의 테스트 케이스(테스트 절차)가 통과되어야 한다.
(다) 2개 이하의 결함만이 허용된다.

① (가)
② (가), (나)
③ (가), (다)
④ (가), (나), (다)

해설 (가), (나), (다) 모두 테스트 완료 기준의 예이다.

07 테스트 리소스 할당 및 일정 수립에 관한 설명으로 가장 올바른 것은?

① 테스트 역량보다는 가용한 테스터를 우선 배정한다.
② 테스트 가용 인원을 먼저 확인한 후 테스트 업무량을 산정한다.
③ 테스트 자동화 도구는 쉽게 사용할 수 있으므로 테스터 배정 시 테스트 자동화 도구 사용 여부는 고려하지 않는다.
④ 조직 내에 특정 테스트 업무를 수행할 테스터가 없다면, 외부에서 전문가를 찾는다.

해설 ① 테스터 역량을 고려해 테스트 업무를 배정해야 한다.
② 테스트 업무량 도출 후 테스트 가용 인원(리소스)을 배치한다.
③ 테스트 자동화 도구 사용 시 전문 지식과 경험이 필요하므로 이를 고려해 테스터를 배정한다.
④ 만일 특정 테스트 업무를 수행할 테스터가 조직 내에 없다면 외부에서 전문가를 찾아 원하는 일정에 참여할 수 있도록 계획한다.

정답 05 ② 06 ④ 07 ④

08 다음 중에서 테스트 역할과 담당 작업의 연결이 가장 올바른 것은?

① 테스트 관리자 - 테스트 현황 보고
② 테스트 리더 - 테스트 계획 수립
③ 테스트 분석가 - 테스트 케이스 개발
④ 테스트 수행자 - 테스트 환경 구축

해설 ① 테스트 리더 – 테스트 현황 보고
③ 테스트 설계자 – 테스트 케이스 개발
④ 테스트 환경 전문가 – 테스트 환경 구축

09 다음 중 테스트 계획서에 포함되지 않는 항목은 무엇인가?

① 테스트 범위
② 가정 및 제약 사항
③ 프로젝트 위험
④ 피처 집합별 피처 목록

해설 ④ 피처 집합별 피처 목록은 테스트 설계 명세서에 포함된다.

10 다음의 정보를 바탕으로 결함 나이를 구하시오.

- Open Date: 1월 1일
- Assigned Date: 1월 3일
- Resolved Date: 1월 10일
- Verified Date: 1월 15일
- Closed Date: 1월 17일

해설 결함 나이는 Open부터 Closed까지의 시간을 말한다. 주어진 정보에서 Open~Closed까지의 시간은 17일이다.

정답 08 ② 09 ④ 10 17일

제 13 장 테스트 설계/구현 및 테스트 환경 구축/관리

13.1 개 요

테스트 계획 활동 후에는 테스트 설계 및 구현 활동과 테스트 환경 구축 및 관리 활동이 수행된다. 그림 13.1은 테스트 설계 및 구현 활동과 테스트 환경 구축 및 관리 활동에서 수행하는 작업과 산출물들을 보여 준다.

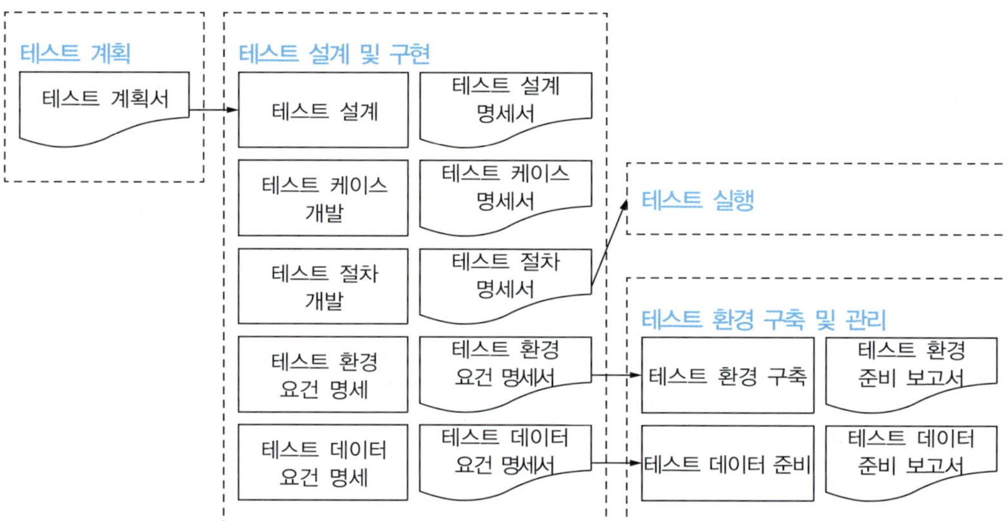

그림 13.1 **테스트 설계/구현과 테스트 환경/구축**

- **테스트 설계 및 구현:** 테스트 계획서를 바탕으로 테스트 범위와 테스트 전략을 구체화하며 이를 바탕으로 테스트 케이스 및 테스트 절차를 개발한다. 그리고 테스트 절차를 실행할 수 있는 테스트 환경 및 테스트 데이터에 대한 요건을 정의한다.

- **테스트 환경 구축 및 관리:** 테스트 설계 및 구현 활동에서 정의된 테스트 환경 요건과 테스트 데이터 요건에 따라서 테스트 환경과 테스트 데이터를 준비함으로써 테스트 실행 활동이 시작될 수 있도록 한다.

표 13.1은 테스트 설계/구현 활동과 테스트 환경 구축/관리 활동을 수행하면서 작성되는 산출물을 보여 준다. 테스트 설계 및 구현 활동에서는 테스트 명세서(테스트 설계 명세서, 테스트 케이스 명세서, 테스트 절차 명세서), 테스트 환경 요건 명세서, 테스트 데이터 요건 명세서를 작성한다. 그리고 테스트 환경 구축 및 관리 활동에서는 테스트 환경 준비 보고서와 테스트 데이터 준비 보고서를 작성한다.

표 13.1 **테스트 설계/구현 및 테스트 환경 구축/관리 산출물**

활동	산출물	설명
테스트 설계 및 구현	테스트 설계 명세서	각 피처 집합에 대하여 목적, 피처와 피처에 속한 세부 피처들, 우선순위, 구체화된 테스트 전략을 기술한다.
	테스트 케이스 명세서	각 테스트 케이스에 대하여 목적, 우선순위, 추적성, 선행조건, 입력, 예상 결과를 기술한다.
	테스트 절차 명세서	각 테스트 절차에 대하여 목적, 우선순위, 시작 작업, 실행 테스트 케이스 목록, 종료 및 정리 작업을 기술한다.
	테스트 환경 요건 명세서	테스트 실행을 위하여 필요한 각 테스트 환경 항목에 대하여 요구사항, 필요 시기, 담당자 등을 기술한다.
	테스트 데이터 요건 명세서	테스트 실행을 위하여 필요한 각 테스트 데이터에 대하여 요구사항, 초기화 필요 여부, 저장 필요 여부, 담당자 등을 기술한다.
테스트 환경 구축 및 관리	테스트 환경 준비 보고서	테스트 환경 준비 상황에 대한 보고로서 전체적인 준비 상태와 개별 환경 항목에 대한 준비 상태를 기술한다.
	테스트 데이터 준비 보고서	테스트 데이터 준비 상황에 대한 보고로서 전체적인 준비 상태와 개별 테스트 데이터에 대한 준비 상태를 기술한다.

13.2 테스트 설계 및 구현

13.2.1 개요

그림 13.2는 테스트 설계 및 구현 활동을 구성하는 작업과 산출물을 보여 준다. 테스트 설계 및 구현 활동은 1) 테스트 설계, 2) 테스트 케이스 개발, 3) 테스트 절차 개발, 4) 테스트 환경 요건 명세, 5) 테스트 데이터 요건 명세 작업으로 구성된다.

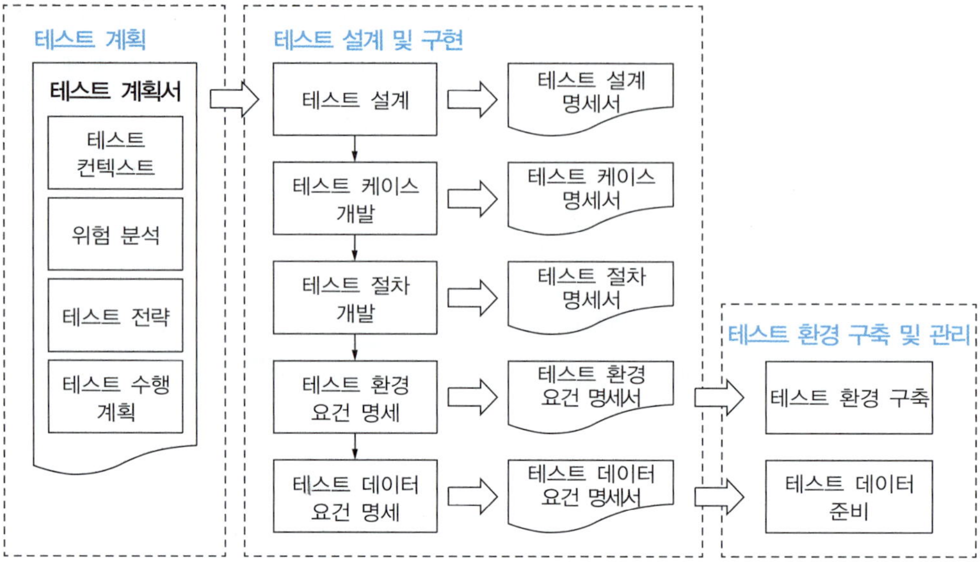

그림 13.2 **테스트 설계 및 구현**

테스트 설계 및 구현 활동은 테스트 계획서에 명시된 테스트 컨텍스트, 위험 요소, 테스트 전략과 테스트 수행 계획을 바탕으로 테스트 범위와 전략을 구체화하여 테스트 설계 명세서를 작성한다. 테스트 설계 명세서를 바탕으로 테스트 케이스 및 테스트 절차를 개발하여 테스트 케이스 명세서와 테스트 절차 명세서를 각각 작성한다. 그리고 테스트 절차를 실행하기 위한 테스트 환경 요건을 테스트 환경 요건 명세서에 작성하고, 필요한 테스트 데이터 요건을 테스트 데이터 요건 명세서에 작성한다.

테스트 설계 및 구현 활동에서는 테스트 범위와 테스트 전략을 구체화하여 테스트 케이스, 테스트 절차를 개발하고 테스트 환경 항목, 테스트 데이터를 정의한다. 그림 13.3은 테스트 설계 및 구현 활동의 핵심 용어와 테스트 계획 활동 용어 간의 관계를 보여 준다.

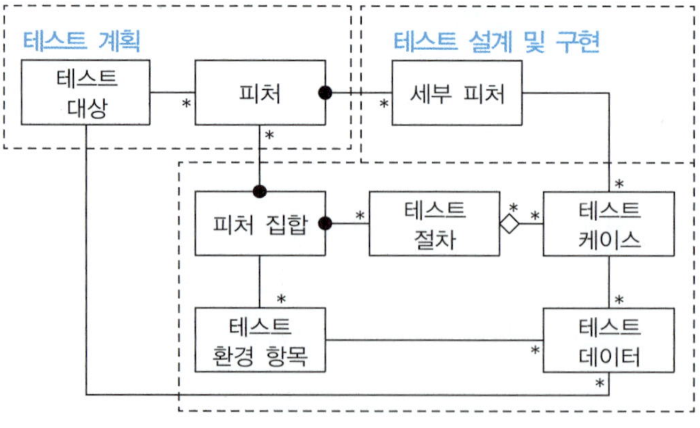

그림 13.3 **테스트 설계 및 구현 개념**

- 테스트 계획서에서는 테스트 대상에 대한 테스트 범위를 피처로 정의한다. 테스트 설계 및 구현 활동에서는 테스트 관점에서 유사한 성격을 가진 복수 개의 피처를 묶어서 피처 집합으로 정의한다. 피처 집합은 독립적인 테스트를 수행하는 단위이다. 그리고 테스트 계획의 각 피처를 구체화하여 복수 개의 세부 피처를 식별한다.

- 피처 집합을 구성하는 각 세부 피처에 대하여 테스트 케이스를 개발한다. 일반적으로 하나의 세부 피처에 대하여 복수 개의 테스트 케이스가 개발된다. 결국에는 피처 집합별로 많은 수의 테스트 케이스가 개발된다. 테스트 절차는 동일한 피처 집합에 속한 테스트 케이스들의 시퀀스로, 테스트 실행 단위이다. 하나의 피처 집합은 피처 집합에 속한 피처들, 결국 세부 피처를 확인하기 위한 테스트 절차들로 구성된다.

- 테스트 절차가 실행되기 위해서는 테스트 대상이 의존하는 테스트 환경의 구축이 필요하다. 그러므로 피처 집합에 속한 테스트 절차들을 실행하기 위해서는 HW, 시스템 SW 등 다양한 테스트 환경 항목이 필요하다.

- 테스트 케이스가 실행되기 위해서는 테스트 환경과 더불어 테스트 데이터가 필요하다. 즉, 테스트 케이스에서 테스트 대상에 대한 입력값과 테스트 환경 항목이 선행적으로 갖추고 있어야 하는 상태값을 테스트 데이터로 정의한다. 이러한 테스트 데이터는 테스트 케이스의 선행 조건 및 입력에서 참조된다.

표 13.2는 테스트 설계 및 구현 활동에서 작성하는 산출물을 보여 준다. 테스트 설계 명세서는 식별된 피처 집합별로 구체화된 테스트 전략과 세부 피처 등을 정의한다. 테스트 케이스 명세서는 세부 피처를 확인하기 위한 각 테스트 케이스의 선행 조건, 입력, 예상 결과 등을 정의한다. 테스트 절차 명세서는 실행할 테스트 케이스 목록과 함께 시작 방법, 종료 및 정리 방법 등을 정의한다. 테스트 케이스가 실행되기 위하여 필요한 테스트 환경 항목들과 테스트 데이터들은 각각 테스트 환경 요건 명세서와 테스트 데이터 요건 명세서에 정의한다.

표 13.2 테스트 설계 및 구현 산출물 요약

산출물	주요 항목
테스트 설계 명세서	• 각 피처 집합에 대하여 – 목적 – 우선순위 – 피처 목록 – 구체적 테스트 전략
테스트 케이스 명세서	• 각 테스트 케이스에 대하여 – 목적 – 추적성 – 우선순위 – 선행조건 – 입력 – 예상 결과
테스트 절차 명세서	• 각 테스트 절차에 대하여 – 목적 – 우선순위 – 시작 작업 – 실행 테스트 케이스 목록 – 종료 및 정리 작업 – 다른 테스트 절차와의 관계
테스트 환경 요건 명세서	• 각 테스트 환경 항목에 대하여 – 테스트 환경 항목명 – 설명 – 요구사항 – 필요 시기 – 담당자
테스트 데이터 요건 명세서	• 각 테스트 데이터에 대하여 – 테스트 데이터명 – 설명 – 요구사항 – 초기화 필요 여부 – 보관 필요 여부 – 담당자

13.2.2 테스트 설계

테스트 설계 작업에서는 테스트 계획서의 테스트 컨텍스트, 위험 분석, 테스트 전략 등을 바탕으로 테스트 범위와 테스트 전략을 구체화하여 테스트 설계 명세서를 작성한다. 그림 13.4는 테스트 설계 명세서의 주요 항목과 테스트 계획 항목과의 관계를 보여 준다.

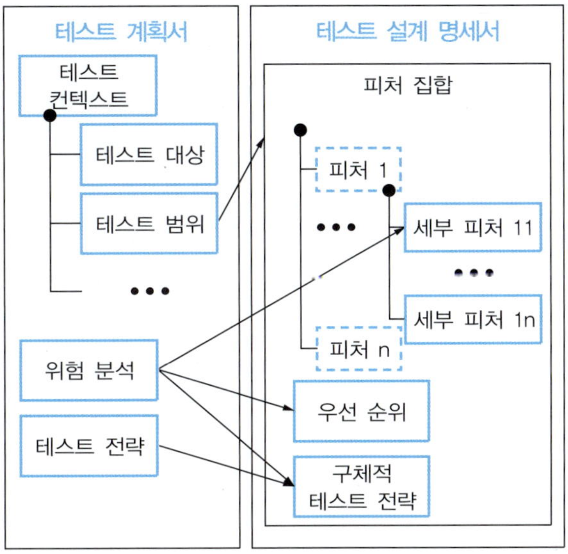

그림 13.4 **테스트 설계 작업**

테스트 설계 작업은 다음과 같이 수행된다.

- **피처 집합 식별**: 테스트 계획의 테스트 범위를 구성하는 피처를 바탕으로 피처 집합을 결정한다. 그리고 테스트 계획의 위험 요소 등을 고려하여 각 피처 집합에 대한 우선순위를 결정한다.
- **피처 구체화**: 피처 집합에 포함된 각 피처를 구체화하여 세부 피처들을 식별한다.
- **테스트 전략 구체화**: 테스트 계획의 위험 분석, 테스트 전략 등을 바탕으로 피처 집합별로 테스트 전략을 구체화한다.

13.2.2.1 피처 집합 식별

피처 집합은 테스트 대상에 대하여 식별된 피처들의 논리적 묶음(Group)이다. 표 13.3은 테스트 계획서의 피처를 바탕으로 피처 그룹을 정의한 예를 보여 준다.

표 13.3 피처 집합 예

피처 유형	피처 집합	피처
기능	침입 처리	침입 탐지
		침입 발생 알림
	설정	알림 설정
		활성화 설정
성능	침입 처리 성능	탐지 판단 성능
		침입 발생 알림 성능
호환성	센서 호환성	적외선 카메라 호환성
		움직임 센서 호환성
		소리 센서 호환성
	단말기 호환성	Android 단말기 호환성

피처 집합은 이후의 테스트 활동을 수행할 때 독립적으로 간주된다. 피처 집합은 테스트 설계 및 구현, 테스트 환경 구축 및 관리, 그리고 테스트 실행 활동의 단위가 된다. 따라서 피처 집합별로 테스트 케이스 및 테스트 절차가 개발된다. 그리고 테스트 실행도 피처 집합별로 수행될 수 있다.

피처 집합은 독립적으로 테스트가 수행될 수 있어야 하므로 다음의 관점을 고려하여 피처 집합을 결정하는 것이 바람직하다.

- 상호의존적으로 확인이 필요한 피처들은 동일한 피처 집합에 포함한다. 예를 들어, '침입 탐지' 피처와 '침입 발생 알림' 피처를 묶어서 테스트하고, 마찬가지로 '알림 설정' 피처와 '활성화 설정' 피처를 함께 테스트하는 것이 바람직하다. 반대로 말하면, 다른 피처 집합에 속한 피처들은 독립적으로 테스트하는 것이다. 예를 들어, '침입 처리' 피처 집합에 속한 피처들과 '설정' 피처 집합에 속한 피처들은 독립적으로 테스트 된다.
- 동일 테스트 전략을 적용하는 피처들은 동일한 피처 집합에 포함시킨다. 피처 집합은 테스트 수행을 실제로 수행하는 단위가 되므로 테스트 설계 기법, 테스트 환경, 테스트 완

료 조건, 테스트 중단 및 재시작 조건 등의 테스트 전략을 동일하게 적용하게 된다. 반대로 말하면, 상이한 테스트 전략을 적용해야 하는 피처들은 다른 피처 집합에 포함시킨다. 예를 들어, 일반적으로 기능 테스트와 성능, 호환성 등의 각 비기능 테스트는 서로 다른 테스트 전략이 필요할 수 있다. 그러므로 기능 유형의 피처들과 성능, 호환성 등 각 품질 유형의 피처들은 개별적인 피처 집합에 속하는 것이 일반적이다.

피처 집합을 식별한 후에는 각 피처 집합별로 우선순위를 부여한다. 우선순위는 이후의 테스트 설계 및 구현 활동 작업과 테스트 실행 활동을 수행할 때 활용된다. 예를 들어, 우선순위가 높은 피처 집합에는 더욱 엄격한 테스트를 수행하기 위한 테스트 설계 전략을 적용할 수 있다.

피처 집합에 대한 우선순위는 위험 분석 결과를 바탕으로 결정할 수 있다. 위험 분석에서는 각 피처별로 피처와 관련된 장애가 발생할 가능성과 장애가 발생하였을 때의 심각성을 바탕으로 위험도를 평가한다. 만약 높은 위험도를 가지는 피처가 많다면 해당 피처 집합에는 높은 우선순위를 부여한다.

13.2.2.2 피처 구체화

각 피처를 대상으로 실제 테스트를 통해 확인하고자 하는 세부적인 상황을 결정하여 각 피처별로 세부 피처를 정의한다. 표 13.4는 각 피처별로 구체적으로 식별된 세부 피처의 예를 보여 준다.

표 13.4 세부 피처 예

피처 집합	피처	세부 피처
침입 처리	침입 탐지	적외선 카메라를 이용한 탐지 움직임 센서를 이용한 탐지 소리 센서를 이용한 탐지
	침입 발생 알림	운영 콘솔 알림 iOS 단말기 알림 Android 단말기 알림
설정	알림 설정	콘솔/단말기 화면 설정 콘솔/단말기 소리 설정
	활성화 설정	침입 탐지 수동 활성화 침입 탐지 자동 활성화
침입 처리 성능	탐지 판단 성능	적외선 카메라 탐지 성능 움직임 센서 탐지 성능 소리 센서 탐지 성능
	침입 발생 알림 성능	운영 콘솔 알림 성능 iOS 단말기 알림 성능 Android 단말기 알림 성능
센서 호환성	적외선 카메라 호환성	카메라1, 카메라2, …
	움직임 센서 호환성	센서1, 센서2, …
	소리 센서 호환성	센서1, 센서2, …
단말기 호환성	Android 단말기 호환성	삼성 기기1, 기기2, … LG 기기1, 기기2, …

세부 피처는 각 피처에 해당되는 요구사항 명세서 등의 테스트 베이시스를 바탕으로 식별된다. 예를 들어, '침입 탐지' 피처의 요구사항 명세서에 침입 탐지를 위한 방법으로 적외선 카메라, 움직임 센서, 소리 센서가 명시되어 있다면 각 방법에 따라서 피처를 구체화한다.

각 세부 피처는 이름과 더불어 테스트할 사항을 구체적으로 설명해야 한다. 테스트할 사항에 대한 설명은 자연어, 표, 다이어그램 등의 적합한 표현법을 활용한다. 또는, 테스트할 사항을 명시하는 테스트 베이시스의 해당 부분에 대한 참조 사항만 나열할 수도 있다.

각 세부 피처에 대하여 우선순위를 결정하도록 한다. 이 우선순위는 테스트 설계 전략을 구체화하고 테스트를 실행할 때 사용될 수 있다. 예를 들어, 우선순위가 높은 세부 피처에는 더욱 강도 높은 커버리지를 적용하여 테스트 케이스를 개발할 수 있으며, 다른 세부 피처의 테스트 케이스에 비하여 우선적으로 실행될 수 있다.

세부 피처에 대한 우선순위도 위험 분석 결과를 바탕으로 결정될 수 있다. 즉, 높은 위험도로 평가된 피처의 세부 피처는 더욱 높은 우선순위를 부여받을 수 있다. 만약, 요구사항 명세서에 각 요구사항의 우선순위가 명시되어 있다면 세부 피처에 해당되는 요구사항의 우선순위도 고려될 수 있다.

13.2.2.3 테스트 전략 구체화

테스트 계획에서 정의된 테스트 전략을 바탕으로 각 피처 집합별로 테스트 전략을 구체화한다. 테스트 계획을 수립할 때 테스트 설계 기법, 테스트 환경 요건, 테스트 데이터 요건, 재테스팅 및 리그레션 테스팅, 테스트 중단 및 재시작 조건, 테스트 완료 기준, 테스트 메트릭, 테스트 산출물을 테스트 전략으로 정의하였다.

피처 집합에 포함된 피처의 특성을 고려하여 테스트 전략을 구체화한다. 예를 들어, 기능 유형의 피처 집합인지 아니면 성능 유형의 피처 집합인지에 따라서 테스트 환경 요건과 테스트 데이터 요건이 구체화될 수 있다. 그리고 피처 집합의 우선순위를 고려하여 테스트 완료 기준의 강도를 구체적으로 결정할 수 있다.

또한, 테스트 계획서의 테스트 설계 기법을 구체화한다. 예를 들어, 구조 기반 테스트 수행 시 테스트 계획서에 문장 테스트, 결정 테스트 등의 종류만 명시되었다면 구체적인 커버리지를 정의함으로써 테스트 설계 기법을 구체화한다. 커버리지를 설정할 때는 피처 집합의 우선순위를 고려할 수 있다. 즉, 우선순위가 높은 피처 집합은 높은 수준의 커버리지를 설정한다.

표 13.5는 명세 기반 테스트 설계 기법을 적용하는 경우 각 테스트 설계 기법에 따라서 전략을 구체화하는 예를 보여 준다. 예를 들어, 동등 분할 방법으로 테스트 케이스를 설계할 때는 One-to-one 동등 분할, 최소화 동등 분할, 또는 조합 테스트 방법 중의 하나를 구체적으로 결정한다. 경곗값 분석 시에는 2-value 경곗값 분석과 3-value 경곗값 분석 중에서 선택할 수 있다.

표 13.5 명세 기반 테스트 설계 기법 구체화

설계 기법	구체화 요소
동등 분할	• One-to-One 동등 분할 • 최소화 동등 분할 • 조합 테스트 방법
분류 트리 기법	• 최소화 전략 • 최대화 전략
경곗값 분석	• 2-value 경곗값 분석 • 3-value 경곗값 분석
신택스 테스트	• One-to-One 동등 분할 • 최소화 동등 분할 • 조합 테스트 방법
조합 테스트	• Each choice 테스트 • 페어와이즈 테스트 • All combination 테스트 • Base choice 테스트
상태 전이 테스트	• 상태 테스트 • 단일 전이 테스트 • All transition 테스트 • 다중 전이 테스트
시나리오 테스트	• 기본 시나리오 테스트 • 기본/대안 시나리오 테스트

13.2.2.4 테스트 설계 명세서

테스트 설계 작업의 결과물은 테스트 설계 명세서에 기록된다. 테스트 설계 명세서는 식별된 각 피처 집합별로 다음을 명시한다.

- **목적**: 해당 피처 집합을 통해서 확인하고자 하는 테스트 대상에 대한 목표 및 범위를 간략하게 기술한다.
- **우선순위**: 해당 피처 집합에 대한 우선순위를 기술한다.
- **추적성**: 해당 피처 집합에 포함된 피처에 요구사항 명세서, 구조 설계 명세서 등의 테스트 베이시스에 대한 참조 사항을 나열한다.
- **구체적 테스트 전략**: 해당 피처 집합에 대하여 적용하고자 하는 테스트 설계 기법, 테스트 환경 요건, 테스트 데이터 요건, 테스트 완료 기준 등 구체화된 테스트 전략을 기술한다.

- **피처 목록**: 해당 피처 집합에 포함된 피처들을 나열한다. 그리고 각 피처에 대해서는 세부 피처들을 기술한다. 각 세부 피처에 대해서는 다음을 기술한다.
  - 세부 피처 설명: 해당 세부 피처의 내용으로서 무엇을 테스트할지 기술한다.
  - 세부 피처 우선순위: 해당 세부 피처에 대한 우선순위를 기술한다.
  - 세부 피처 추적성: 세부 피처의 내용에 대한 테스트 베이시스의 해당 항목과 관련된 참조 사항을 나열한다.

13.2.3 테스트 케이스 개발

테스트 케이스는 테스트 대상에 존재할 수 있는 결함을 검출하거나 테스트 대상의 품질을 확인하기 위한 목적으로 테스트 대상을 실행하는 세부적인 상황을 정의한다. 테스트 케이스 명세서는 개발된 각 테스트 케이스에 대한 정의를 포함한다. 표 13.6은 테스트 케이스를 구성하는 항목을 보여 준다.

표 13.6 테스트 케이스 항목

항목	설명
목적	세부 피처를 바탕으로 테스트하고자 하는 구체적인 상황을 기술한다.
추적성	테스트 베이시스의 해당 항목에 대한 참조를 나열한다.
우선순위	우선순위를 기술한다. 우선순위가 높은 테스트 케이스를 우선적으로 실행한다.
선행 조건	테스트 케이스가 실행되기 위한 사전 조건을 기술한다.
입력	입력값과 입력값을 제공하는 행위를 기술한다.
예상 결과	입력에 대한 예상 출력과 동작 그리고 실제 결과와의 비교 방법을 기술한다.

❑ 목적

피처 집합별로 구체화된 테스트 범위와 테스트 전략을 바탕으로 테스트 케이스를 개발한다. 테스트 케이스는 확인하고자 하는 매우 구체적인 상황을 의미한다. 그러므로 피처를 구체화한 세부 피처를 바탕으로 테스트 케이스를 개발한다. 세부 피처 자체도 광범위하다면 세부 피처를 더욱 세분화하여 테스트 케이스를 개발한다.

❑ 선행 조건

선행 조건에서는 테스트 케이스가 실행되기 위해서 테스트 대상 및 테스트 환경 항목에 요구되는 특정 상태를 기술한다. 예를 들어, 적외선 카메라를 이용한 침입 탐지에 대한 테스트 케이스가 실행되기 위해서는 적외선 카메라가 동작할 수 있는 상태여야 하며, 테스트 대상도 침입 탐지가 활성화되어 있어야 한다.

이처럼 선행 조건은 각 테스트 환경 항목과 테스트 대상에 대한 특정 상태로 정의될 수 있다. 그리고 테스트 케이스를 실행하기 위한 선행 조건을 설정할 수 있는 테스트 데이터가 정의되어야 한다.

선행 조건은 테스트 환경 항목과 테스트 대상에 대한 조건으로 명시적으로 기술될 수도 있으며, 만약 다른 테스트 케이스의 실행을 통해서 선행 조건이 충족되면 해당 테스트 케이스를 참조할 수 있다.

❑ 입력

테스트 케이스 실행을 위해서는 테스트 대상을 동작하는데 필요한 입력값이 정의되어야 한다. 테스트 케이스에 직접 입력값을 명시할 수도 있으며 외부의 테이블, 파일, 데이터베이스 등에 데이터를 정의하고 이를 참고할 수도 있다. 이렇게 외부에 입력 데이터를 정의하는 경우에는 테스트 데이터 요건 명세서에 테스트 데이터를 정의하고, 테스트 케이스 명세에서는 해당 테스트 데이터를 참조하도록 한다. 예를 들어, 동일한 입력에 사용될 필요가 있는 많은 수의 입력값이 있거나, 하나의 입력이라 하더라도 복잡하면서 큰 규모의 데이터가 있다면 외부에 정의하고 이를 참조한다.

또한, 해당 입력값을 테스트 대상에 입력하는 행위(Action)도 정의할 필요가 있다. 예를 들어, 로그인 테스트 케이스에는 입력할 ID와 암호의 값뿐만 아니라 ID와 암호를 입력하고 로그인 버튼을 클릭하는 것도 명시한다. 그리고 입력 순서가 중요한 경우에는 각 입력 순서도 명시한다. 예를 들어, ID가 반드시 암호 먼저 입력되어야 한다면 이를 명시한다.

❑ 예상 결과

테스트 케이스가 실행되었을 때 입력에 따른 결과로서 기대되는 출력과 동작을 기술한다. 각 출력과 동작에 기대되는 값을 명시한다. 만약 허용 오차가 있다면 해당 오차도 함께 기술한다. 예를 들어, 실숫값으로 표현되는 위치, 속도, 색상 등을 비교할 때 오차가 허용될 수 있다.

그리고 예상 결과와 실제 결과를 비교하기 위하여 필요한 행위(Action)도 기술한다. 즉, 테스트 대상의 동작에 따라서 생성된 각 출력과 동작의 결괏값을 접근하고 추출하고 확인하기 위한 행위도 명시한다. 예를 들어, 테스트 대상이 결과를 파일 또는 데이터베이스에 저장하는 경우에는 결과가 저장된 파일 또는 데이터베이스 테이블의 이름과 위치 그리고 접근 방법 등을 기술한다.

13.2.4 테스트 절차 개발

테스트 절차는 테스트 실행의 단위로, 함께 수행될 테스트 케이스의 순서로 정의된다. 그림 13.5는 하나의 테스트 절차가 복수 개의 테스트 케이스 순서로 정의됨을 보여 준다. 각 테스트 케이스는 하나 이상의 테스트 절차에 포함된다. TC3 테스트 케이스는 2개의 테스트 절차에 모두 포함된다.

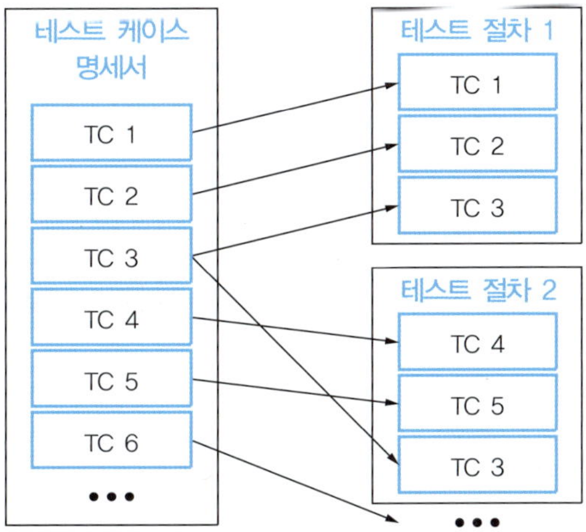

그림 13.5 **테스트 케이스와 테스트 절차**

테스트 절차 명세서는 개발된 각 테스트 절차들을 정의한다. 표 13.7은 테스트 절차를 구성하는 항목을 보여 준다.

표 13.7 **테스트 절차 항목**

항목	설명
목적	해당 테스트 절차를 통해서 테스트하고자 하는 구체적인 상황을 기술한다.
우선순위	우선순위를 기술한다. 우선순위가 높은 테스트 절차를 우선 실행한다.
시삭 삭업	포함된 테스트 케이스를 실행하기 위하여 준비할 작업을 기술한다.
테스트 케이스 목록	테스트 절차에 포함된 테스트 케이스를 실행 순서대로 기술한다.
종료 및 정리 작업	테스트 실행을 종료하는 방법과 종료 후에 수행할 작업을 기술한다.
다른 테스트 절차와의 관계	다른 테스트 절차와의 실행 순서 측면에서 관계를 기술한다.

❑ 시작 작업

테스트 절차 실행은 테스트 절차를 구성하는 테스트 케이스 목록의 각 테스트 케이스를 명시된 순서대로 수행함으로써 진행된다. 만약 테스트 케이스가 실행되는 데 필요한 상태와 그 상태를 준비하기 위한 작업이 필요하다면 이를 명시한다. 시작작업에는 테스트 케이스 목록의 첫 번째 테스트 케이스에 대한 선행 조건을 준비하는 작업들이 대표적으로 기술된다.

❑ 테스트 케이스 목록

테스트 절차를 구성하는 테스트 케이스들을 실행 순서와 함께 나열한다. 각 테스트 케이스는 개별적인 선행 조건을 정의한다. 만약 먼저 수행된 테스트 케이스 결과가 다음 테스트 케이스의 선행 조건을 충족할 수 없다면 이 선행 조건을 충족하는 데 필요한 작업을 테스트 케이스 사이에 기록한다.

❑ 종료 및 정리 작업

테스트 절차를 원만하게 종료하는 방법을 기술한다. 그리고 테스트 종료 후에 테스트 대상과 테스트 환경을 원래 상태로 설정하는 등 필요한 작업이 있다면 기술한다. 예를 들어, 테스트 실행 결과를 모니터링하기 위한 로깅 등을 종료하거나 데이터베이스를 초기화 하는 작업이 필요할 수 있다.

❑ 다른 테스트 절차와의 관계

이 테스트 절차와 실행 순서상에 의존 관계가 있는 테스트 절차를 기술한다. 즉, 이 테스트 절차보다 먼저 수행되어야 하는 테스트 절차, 이 테스트 절차와 동시에 수행되어야 하는 테스트 절차, 그리고 이 테스트 절차 이후에 수행되어야 하는 테스트 절차를 나열한다.

13.2.5 테스트 환경 요건 명세

테스트 대상 요소가 실행될 수 있는 하드웨어 및 소프트웨어를 포함한 환경이 정의되어야 한다. 즉, 테스트 계획 활동에서 식별된 테스트 환경 항목에 대한 구체적인 요건을 정의하여 테스트 환경 요건 명세서에 기록한다.

13.2.5.1 테스트 환경 요건

13.2.5.1.1 하드웨어 및 시스템 소프트웨어 환경

테스트 대상 요소가 실행될 수 있는 하드웨어 및 시스템 소프트웨어 환경을 정의한다. 즉, 시스템이 동작하는 특정 서버 및 클라이언트에 대한 하드웨어적인 규격(CPU, 주기억장치, 보조기억장치 등)과 성능, 신뢰도 등의 특성을 포함하여 필요한 주변 장치에 대한 규격을 정의한다.

테스트 대상이 동작하기 위한 운영체제, 미들웨어, 프레임워크 등과 같은 소프트웨어 플랫폼에 관해서도 구체적인 요건을 기술한다. 테스트 대상이 가정하는 구체적인 운영체제, 미들웨어, 프레임워크에 대한 제품명, 버전 그리고 필수적인 플러그인 등을 명시한다.

시스템 테스트에서는 가능하다면 실제 운영 환경에 근접한 테스트 환경을 구성하는 것이 권장된다. 예를 들어, 테스트를 위한 서버 및 클라이언트, 주변 장치, 운영체제, 미들웨어 등으로 구성된 테스트 환경을 구축하고 이 환경에서 시스템 테스트를 수행한다. 인수 테스트는 실제 사용자 환경을 테스트 환경으로 사용하는 것이 바람직하다. 하지만 아직 신뢰도가 보장되지 않은, 개발 중인 시스템이 기존에 운영되는 시스템에 악영향을 미칠 위험성이 있으므로, 인수 테스트 환경을 구성하여 테스트를 수행할 수도 있다.

컴포넌트 테스트와 통합 테스트 레벨에서는 개발자 환경에서 테스트를 수행하는 것이 일반적이다. 테스트를 수행하기 위한 별도 시스템을 구축하는 것은 아니지만, 가능한 한 시스템 동작 환경과 유사한 환경을 개발자 환경으로 구성함으로써 테스트 환경과 동작 환경의 차이에 따른 위험성을 줄이도록 한다. 예를 들어, 동작 환경과 동일한 운영체제와 미들웨어를 바탕으로 개발자의 개발 및 테스트 환경을 구성한다.

13.2.5.2 외부 연동 시스템

시스템 주변 요소, 즉, 연동되는 타 시스템도 테스트 환경으로 준비되어야 한다. 연동될 타 시스템을 직접 사용하기 어려운 경우에는 동일한 동작을 하도록 시뮬레이터를 개발하여 사용할 수 있다. 타 시스템이 주는 입력값과 입력 빈도, 처리 시간 등도 실제 연동할 시스템과 최대한 유사하게 구성해야 한다.

13.2.5.3 공존 소프트웨어

테스트 대상 소프트웨어는 하드웨어 및 시스템 소프트웨어 환경뿐만 아니라 함께 수행될 수 있는 다른 소프트웨어에 영향을 받는다. 이는 테스트 대상 소프트웨어와 함께 공존하는 다른 소프트웨어가 CPU, 메모리, 주변 장치 등과 같은 시스템의 자원을 공유하기 때문이다. 예를 들어, 공존 소프트웨어의 수와 그 소프트웨어들이 사용하는 메모리양에 따라서 테스트 대상 소프트웨어는 수행 속도 측면에서 영향을 받을 수 있다.

공존 소프트웨어는 테스트 대상의 성능, 신뢰도 등에 영향을 미칠 수 있으므로 주로 시스템 테스트 레벨에서 고려된다. 만약, 성능, 신뢰도 등과 같이 공존 소프트웨어에 영향을 받는 특성이 시스템의 매우 중요한 요구사항이라면 통합 테스트 레벨에서도 공존 소프트웨어를 고려할 수 있다.

먼저, 테스트 대상 시스템에 영향을 미칠 가능성이 있는 공존 소프트웨어를 결정해야 한다. 그리고 그 공존 소프트웨어를 테스트 대상 소프트웨어에 영향을 미칠 수 있는 상태로 설정한다. 성능 측면의 간섭을 고려한다면, 공존 소프트웨어가 사용하는 자원의 양을 전형적인 상황과 극한의 상황을 만들어서 테스트를 수행할 수 있다. 신뢰성 측면의 간섭을 고려한다면 그 공존 소프트웨어와 충돌이 발생할 가능성이 있는 시나리오를 파악하고 이를 테스트한다.

13.2.5.4 테스트 도구

효율적인 방식으로 테스트 케이스를 설계하거나 실행하기 위해서 테스트 도구를 적용하는 것이 바람직하다. 조직 테스트 전략과 테스트 계획 활동에서는 사용할 테스트 도구가 식별된다. 예를 들어, 테스트 환경을 구축하기 위해서 많은 수의 드라이버/스텁 또는 복잡한 시뮬레이터가 필요할 수 있다. 이러한 테스트 환경을 구축하는 도구를 사용할 수 있다면 많은 시간을 절약할 수 있다. 특히, 테스트 실행을 자동화하기 위한 도구들은 테스트 환경을 수립할 때 고려될 수 있다.

예를 들어, 성능 테스트를 할 때 가상의 사용자 입력을 인위적으로 생성하고 이를 테스트 대상에 자동 적용한 후에 그 결과를 관찰하는 도구를 활용할 수 있다. 또는, 캡처/재생 도구를 이용하여 사용자 입력을 기록하고 자동적으로 재현함으로써 테스트 데이터를 입력하는 데 소요되는 시간을 줄일 수 있다. 이 유형의 도구는 요구사항이 안정적이면서 반복적인 테스트를 수행하는 리그레션 테스트에 적합하다.

그뿐만 아니라, 단위 테스트 및 통합 테스트를 수행할 때 테스트 대상을 실행시키는데 필요한 테스트 드라이버와 스텁을 자동으로 생성해 주는 도구를 이용할 수도 있다.

이와 같은 테스트 도구에 대한 구체적인 요건을 정의함으로써 실제 테스트 도구를 원활하게 사용할 수 있도록 한다. 예를 들어, 테스트 도구에 필요한 기능, 필요한 입력과 출력 형식 등을 명시할 수 있다. 또는, 버전과 함께 도구 이름을 구체적으로 명시할 수도 있다.

13.2.5.5 테스트 환경 요건 명세서

테스트 환경 요건 명세서는 식별된 각 테스트 환경 항목들에 대하여 요건 등을 포함한 사항을 정의함으로써 이후에 수행되는 테스트 환경 구축 및 관리 활동에서 테스트 환경이 올바르게 구축될 수 있도록 한다. 테스트 환경을 구성하는 각 테스트 환경 항목에 대하여 다음을 정의한다.

- **테스트 환경 항목명:** 테스트 환경 항목의 이름이다. 테스트 계획 수립 활동에서 식별된 환경 항목에는 동일한 이름을 사용한다.
- **설명:** 해당 테스트 환경 항목이 어떤 목적으로 활용되는지를 기술한다. 해당 테스트 환경 항목이 필요한 개별 테스트의 이름과 피처 집합의 이름 등을 명시하면 테스트 환경 항목의 역할을 쉽게 파악할 수 있다.
- **요구사항:** 해당 테스트 환경 항목에 대한 구체적인 요건을 기술한다. 구체적인 요건은 테스트 환경 유형에 따라서 달라질 수 있다. 예를 들어, 하드웨어 유형의 테스트 환경 항목은 CPU, 메모리, 디스크, 네트워크 인터페이스 등의 사양을 기술한다. 시스템 소프트웨어 유형의 테스트 환경 항목은 구체적으로 버전을 포함한 제품명과 함께 반드시 포함되어야 하는 플러그인 등을 기술한다.
- **필요 시기:** 해당 테스트 환경 항목이 필요한 시점과 사용되는 기간을 기술한다. 동일 테스트 환경 항목이 여러 피처 집합에서 사용될 수 있으므로 각 활용되는 시점을 모두 기술한다.
- **담당자:** 해당 테스트 환경 항목을 준비하여 필요 시기에 사용될 수 있도록 책임지는 담당자를 기술한다.

13.2.6 테스트 데이터 요건 명세

13.2.6.1 테스트 데이터 요건

테스트 데이터는 테스트 케이스를 실행하는 데 필요한 데이터이다. 구체적으로 말하면 테스트 데이터는 테스트 케이스의 선행 조건과 입력에서 사용되는 데이터이다. 테스트 데이터가 하나의 문자, 숫자 등과 같이 단순한 형태라면 테스트 케이스에 직접 테스트 데이터를 명시하고 이러한 테스트 데이터를 준비하기 위한 특별한 작업이 불필요할 수 있다.

하지만 음성, 이미지, 동영상, 대량의 센서 데이터 등과 같이 규모도 크면서 형태가 복잡한 데이터가 테스트 데이터로 필요하다면, 이러한 테스트 데이터에 대한 요건을 구체적으로 정의해야 하고 테스트 환경 구축 및 관리 활동에서 테스트 데이터를 준비하기 위한 특별한 작업이 필요할 수 있다.

- **테스트 대상에 대한 입력 데이터:** 테스트 케이스를 실행하는 과정에서 테스트 대상에 입력되는 데이터이다. 예를 들어, 사용자 화면에서 사용자가 입력하는 값, 센서 시뮬레이터를 통해서 테스트 대상에 입력되는 데이터, 함수를 호출할 때 매개변수로 사용되는 데이터 등이 이 유형에 속한다. 함수 매개 변수와 같이 단순하지 않은 테스트 데이터는 데이터의 규모, 특성, 제약 사항, 빈도 등에 해당하는 요건을 정의한다.
- **테스트 대상의 상태 데이터:** 테스트 케이스 실행에 앞서 테스트 케이스에 명시된 선행 조건을 충족할 수 있는 특정 상태로 테스트 대상을 설정하는데 필요한 데이터이다. 시스템 테스트와 인수 테스트를 할 때 파일 또는 데이터베이스 등의 형태로 저장된 데이터가 이에 해당한다. 또한, 컴포넌트 테스트와 통합 테스트에서도 테스트 대상인 컴포넌트(들)를 특정 상태로 설정하기 위한 테스트 데이터를 결정할 필요가 있다.
- **테스트 환경 항목의 상태 데이터:** 각 테스트 환경 항목을 테스트 케이스에서 요구하는 상태로 설정하는데 필요한 데이터이다. 예를 들어, 외부 장치가 정상적인 상태여야 한다는 것이 테스트 케이스의 선행 조건이면 해당 장치를 정상 상태로 설정하기 위한 데이터가 필요하다. 또는, 신뢰성 테스트를 하는 경우에는 인위적으로 외부 장치를 비정상 상태로 설정할 수 있는 데이터가 필요하다. 성능 테스트, 신뢰성 테스트를 수행하기 위하여 사용되는 테스트 도구를 원하는 상태로 설정하기 위한 데이터도 이에 해당된다.

13.2.6.2 테스트 데이터 요건 명세서

테스트 데이터 요건 명세서는 식별된 각 테스트 데이터들에 대한 요건 등을 포함한 구체적인 사항을 정의함으로써 이후 수행되는 테스트 환경 구축 및 관리 활동에서 테스트 데이터가 준비되도록 한다. 각 테스트 데이터에 대하여 다음을 정의한다.

- **테스트 데이터명**: 테스트 데이터의 이름이다. 테스트 계획 수립 활동에서 식별된 경우에는 동일한 이름을 사용한다.
- **설명**: 해당 테스트 데이터의 역할을 쉽게 파악할 수 있도록 테스트 데이터가 어떤 목적으로 활용되는지 기술한다.
- **요구사항**: 해당 테스트 데이터에 관한 요건을 기술한다. 테스트 데이터의 값, 조건, 또는 값의 분포와 테스트 데이터의 규모, 접근 방법 등을 기술한다.
- **초기화 필요 여부**: 테스트를 수행하는 도중에 테스트 데이터를 초기화할 필요가 있는지 기술한다.
- **보관 필요 여부**: 테스트가 종료된 후에 테스트 데이터 보관 및 폐기 여부를 기술하고 그 방법도 기술한다.
- **담당자**: 해당 테스트 데이터를 준비하여 사용될 수 있도록 책임지는 담당자를 기술한다.

Exercise

01 다음 보기에서 테스트 분석 및 설계에 대한 올바른 설명을 모두 고른 것은 무엇인가?

> (가) 테스트 수행 시 사용될 테스트 케이스에 대한 생성 및 확보 전략을 수립한다.
> (나) 테스트 계획서에 기술된 테스트 목적을 달성하기 위한 구체적인 테스트 접근 방법을 정의한다.
> (다) 테스트 수행에 앞서 테스트에 사용될 테스트 데이터를 준비한다.
> (라) 테스트를 수행하기 위한 테스트 절차서를 작성한다.
> (마) 효과적인 커버리지 달성을 위하여 테스트 케이스는 가능한 한 많이 작성한다.

① (가), (나)　　② (나), (다), (라)
③ (가), (나), (라)　　④ (가), (나), (다), (마)

해설 (다) 테스트 실행에 대한 설명이다.
(마) 테스트 케이스는 중복되지 않고, 최소한의 케이스로 넓은 커버리지를 갖도록 하는 것이 좋다.

02 테스트 설계 명세에서는 각 피처를 구체화하여 세부 피처를 기술한다. 다음 중 세부 피처에 대한 명세 항목으로 가장 거리가 먼 것은?

① 세부 피처의 내용으로 무엇을 테스트할지 기술한다.
② 세부 피처의 우선순위를 기술한다.
③ 세부 피처에 적합한 테스트 설계 기법을 기술한다.
④ 세부 피처의 내용에 대한 테스트 베이시스의 해당 항목에 대한 참조를 나열한다.

해설 테스트 설계 기법은 세부 피처 및 피처별이 아니라 피처 집합 별로 기술된다.

03 테스트 설계 및 구현 활동은 테스트 계획서에 정의된 테스트 설계 기법, 테스트 환경 요건, 테스트 데이터 요건 등을 바탕으로 수행된다. [O/X]

해설 맞는 설명이다.

정답 01 ③ 02 ③ 03 O

04 다음 중에서 테스트 케이스에 대한 설명으로 가장 거리가 먼 것은 무엇인가?

① 피처를 구체화한 세부 피처를 바탕으로 테스트 케이스를 개발한다.
② 예상 결과와 실제 결과를 비교하는 행위(action)는 테스트 절차에 기술한다.
③ 테스트 케이스가 실행되기 위해서 테스트 대상 및 테스트 환경 항목에 대하여 요구되는 특정 상태를 기술한다.
④ 테스트 베이시스의 해당 항목에 대한 참조를 나열한다.

해설 테스트 케이스의 예상 결과 항목에는 예상 결과와 실제 결과를 비교하기 위하여 필요한 행위(action)도 기술될 수 있다.

05 테스트 절차는 여러 개의 테스트 케이스로 구성된다. 각 테스트 케이스는 선행 조건을 기술하고 있으므로 테스트 절차를 구성하는 테스트 케이스는 순서에 관계없이 나열해도 상관없다. [○/×]

해설 선행 조건만으로 테스트 케이스의 순서를 결정할 수 없다. 실행 순서대로 테스트 케이스를 나열한다.

06 테스트 설계 명세서는 피처 집합별로 설계 결과를 기술한다. 다음 중 피처 집합 별로 기술되는 항목과 거리가 먼 것은?

① 피처 집합을 통해서 확인하고자 하는 테스트 대상에 대한 목표 및 범위를 간략하게 기술한다.
② 피처 집합에 포함된 피처에 대하여 요구사항 명세서, 구조 설계 명세서 등의 테스트 베이시스에 대한 참조를 나열하도록 한다.
③ 피처 집합에 대하여 적용하고자 하는 테스트 설계 기법, 테스트 환경 요건, 테스트 데이터 요건, 테스트 완료 기준 등 구체화한 테스트 전략을 기술한다.
④ 피처 집합에 필요한 테스트 환경 항목에 대한 구체적인 요건을 기술한다.

해설 ① 목적, ② 추적성, ③ 구체화된 테스트 전략 → 테스트 설계 명세서에 기술된다.
④ 테스트 환경에 대한 요구사항으로 테스트 환경 요건 명세서에 기술된다.

정답 04 ② 05 × 06 ④

13.3 테스트 환경 구축 및 관리

13.3.1 개요

테스트 환경 구축 및 관리 활동은 주어진 요건에 따라서 테스트 환경을 구축하고 테스트 데이터를 준비하여 테스트 실행 활동을 지원하는 것을 목표로 한다. 그림 13.6은 테스트 환경 구축 및 관리 활동을 보여 준다.

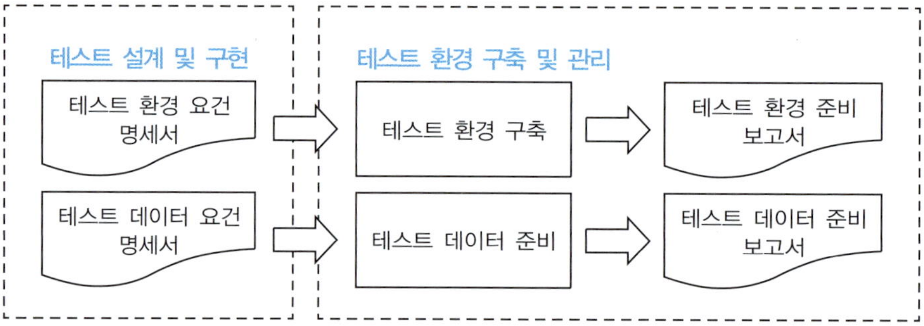

그림 13.6 **테스트 환경 구축 및 관리**

- **테스트 환경 구축**: 테스트 환경 요건 명세서에 명시된 각 테스트 환경 항목을 구축한다.
- **테스트 데이터 준비**: 테스트 데이터 요건 명세서에 명시된 테스트 데이터를 준비한다.

테스트 환경 구축 활동에서는 주어진 테스트 환경 요건 명세서 및 테스트 데이터 요건 명세서를 바탕으로 구축된 테스트 환경과 준비된 테스트 데이터에 대한 결과를 각각 산출물로 기록한다. 표 13.8은 테스트 환경 구축 및 관리 활동의 산출물로 테스트 환경 준비 보고서와 테스트 데이터 준비 보고서의 주요 항목을 보여 준다.

표 13.8 **테스트 환경 구축 및 관리 산출물 요약**

산출물	주요 항목
테스트 환경 준비 보고서	• 요약 • 각 테스트 환경 항목별 준비 상태
테스트 데이터 준비 보고서	• 요약 • 각 테스트 데이터별 준비 상태

13.3.2 테스트 데이터 준비

테스트 데이터 요건 명세서에 명시한 요구사항을 충족할 수 있는 데이터를 확보하여 테스트 케이스가 실행될 수 있도록 지원한다. 예를 들어, 동일 영상을 10K, 20K, 30K 크기의 파일로 준비해야 한다는 요건이 있다면 이러한 요건이 충족되도록 영상 파일을 준비한다. 테스트 데이터의 위치와 접근 방법도 충족할 수 있도록 해야 한다. 예를 들어, 파일이라면 요구되는 특정 위치에 저장하도록 하며 요구된 방식으로 접근 권한이 설정되어야 한다.

준비된 테스트 데이터가 주어진 요구사항을 충족하는지 검토한다. 구성이 복잡한 대규모 데이터의 경우에는 테스트 데이터를 자동 생성하는 도구를 활용할 수도 있다. 또한, 테스트 데이터가 주어진 요구사항을 충족하는지를 자동으로 검증하는 도구를 활용할 수도 있다.

전체 테스트 데이터에 대한 준비 상황은 테스트 데이터 준비 보고서에 기록한다.

- **요약**: 현재 시점에서 각 테스트 데이터에 대한 준비 상태를 바탕으로 전체 테스트 데이터의 준비 상황을 요약하여 설명한다. 예를 들어, 모든 테스트 데이터가 준비되었는지, 또는 준비 완료까지 어느 정도 시간이 소요될지 등을 기술한다.
- **각 테스트 데이터별 준비 상황**: 테스트 데이터 요건 명세서에 명시한 각 테스트 데이터에 대한 준비 상황을 기술한다. 요구사항을 충족하는 테스트 데이터가 준비되었는지 기술한다. 만약, 아직 준비가 부족하다면 그 원인을 기술하고 적용할 해결 방법, 예정 완료 일자 등도 기술한다.

13.3.3 테스트 환경 구축

테스트 환경 요건 명세서에 명시된 각 테스트 환경 항목을 구축하여 테스트 대상의 실행 환경을 지원한다. 즉, 테스트 케이스의 실행에 필요한 하드웨어, 시스템 소프트웨어, 외부 연동 시스템(또는 시뮬레이터), 공존 소프트웨어, 그리고 테스트 도구 등을 준비한다.

테스트 환경 요건 명세서에 명시한 규격의 하드웨어를 준비하며, 주어진 버전의 제품명을 가진 시스템 소프트웨어 및 공존 소프트웨어 등을 확보해서 설치한다. 외부 연동 시스템에 대해서도 실제 연동 시스템과 연동하기 위한 작업을 수행하거나 시뮬레이터를 사용하는 경우에는 시뮬레이터가 실제 연동 시스템과 비슷한 방식으로 동작할 수 있도록 설정한다. 이때 시뮬레이터를 위하여 준비된 테스트 데이터가 활용될 수 있다.

테스트 도구에는 테스트 도구를 올바르게 사용하기 위한 설정을 한다. 특히, 성능 테스트, 신뢰성 테스트 등의 경우에는 테스트 도구를 통해서 생성한 테스트 데이터가 테스트 대상의 동작에 영향을 주므로 테스트 데이터 요구사항을 충족할 수 있도록 도구를 설정한다.

준비된 테스트 환경이 테스트 환경 요건 명세서에 명시한 요구사항을 충족하는지 확인한다. 범용으로 사용할 수 있는 테스트 도구가 있다면 그러한 도구를 활용해서 테스트 환경 구축 완료를 확인할 수 있다. 또는, 자체적으로 테스트 환경을 검증하기 위한 프로그램을 개발하여 적용할 수도 있다.

전체 테스트 환경에 대한 준비 상황은 테스트 환경 준비 보고서에 기록한다.

- **요약**: 현재 시점에서 각 테스트 환경 항목에 대한 준비 상태를 바탕으로 전체 테스트 환경의 준비 상황을 요약하여 설명한다. 예를 들어, 모든 테스트 환경 항목이 준비되었는지, 또는 준비 완료까지 어느 정도 시간이 소요될지 등을 기술한다.
- **각 테스트 환경 항목별 준비 상황**: 테스트 환경 요건 명세서에 명시한 각 테스트 환경 항목에 대한 준비 상황을 기술한다. 요구사항을 충족하는 테스트 환경 항목이 구축되었는지 기술한다. 만약 아직 준비가 부족하다면 그 원인을 기술하고 적용할 해결 방법, 예정 완료 일자 등도 기술한다.

13.4 산출물 요약

13.4.1 테스트 설계 및 구현 산출물

13.4.1.1 테스트 설계 명세서

표 13.9는 테스트 설계 명세서 산출물의 구성을 보여 준다. 테스트 설계 명세서는 각 피처 집합별로 목적, 우선순위, 피처 목록, 구체적 테스트 전략, 그리고 추적성을 기술한다. 각 피처에는 목적과 세부 피처 목록을 기술한다. 각 세부 피처에는 설명, 우선순위, 추적성을 기술한다.

표 13.9 테스트 설계 명세서 구성

<table>
<tr><th colspan="8">피처 집합 목록</th></tr>
<tr><th rowspan="3">목적</th><th rowspan="3">우선
순위</th><th colspan="4">피처 목록</th><th rowspan="3">구체적
테스트
전략</th><th rowspan="3">추적성</th></tr>
<tr><th rowspan="2">목적</th><th colspan="3">세부 피처 목록</th></tr>
<tr><th>설명</th><th>우선
순위</th><th>추적성</th></tr>
<tr><td rowspan="4"></td><td rowspan="4"></td><td rowspan="2"></td><td></td><td></td><td></td><td rowspan="4"></td><td rowspan="4"></td></tr>
<tr><td></td><td></td><td></td></tr>
<tr><td rowspan="2"></td><td></td><td></td><td></td></tr>
<tr><td></td><td></td><td></td></tr>
<tr><td></td><td></td><td colspan="4"></td><td colspan="2"></td></tr>
<tr><td></td><td></td><td colspan="4"></td><td colspan="2"></td></tr>
</table>

13.4.1.2 테스트 케이스 명세서

표 13.10은 테스트 케이스 명세서 산출물의 구성을 보여 준다. 각 테스트 케이스에 대한 식별자를 기술한다. 이 식별자는 테스트 절차 명세서에서 사용된다. 그리고 각 테스트 케이스에 대하여 목적, 추적성, 우선순위, 선행 조건, 입력, 예상 결과를 기술한다.

표 13.10 **테스트 케이스 명세서 구성**

테스트 케이스 식별자	
목적	
추적성	
우선순위	
선행 조건	
입력	
예상 결과	

13.4.1.3 테스트 절차 명세서

표 13.11은 테스트 절차 명세서 산출물의 구성 항목을 보여 준다. 각 테스트 절차는 목적, 우선순위, 시작 작업, 테스트 케이스 목록, 종료 및 정리 작업, 다른 테스트 절차와의 관계를 기술한다. 테스트 케이스 목록은 테스트 절차에 포함되는 테스트 케이스에 대한 참조(테스트 케이스 식별자)와 해당 테스트 케이스 실행 시 추가적으로 필요한 선행 조건을 기술한다.

표 13.11 **테스트 절차 명세서 구성**

목적	
우선순위	
시작 작업	
테스트 케이스 목록	
테스트 케이스 식별자	추가 선행 조건
TC1	
TC2	
…	
종료 및 정리 작업	
다른 테스트 절차와의 관계	

13.4.1.4 테스트 환경 요건 명세서

표 13.12는 테스트 환경 요건 명세서 산출물의 구성 항목을 보여 준다. 테스트 환경 식별자는 테스트 설계 명세서와 테스트 케이스 등에서 구체적인 테스트 환경을 지칭하기 위하여 사용될 수 있다. 각 테스트 환경 항목에 이름, 설명, 요구사항, 필요시기, 담당자를 기술한다.

표 13.12 **테스트 환경 요건 명세서 구성**

테스트 환경 식별자				
테스트 환경 항목 명세				
환경 항목명	설명	요구사항	필요시기	담당자

13.4.1.5 테스트 데이터 요건 명세서

표 13.13은 테스트 데이터 요건 명세서 산출물의 구성 항목을 보여 준다. 테스트 데이터 식별자는 테스트 설계 명세서와 테스트 케이스 등에서 구체적인 테스트 데이터를 지칭하기 위하여 사용될 수 있다. 각 테스트 데이터는 이름, 설명, 요구사항, 초기화 필요 여부, 보관 필요 여부, 담당자를 기술한다.

표 13.13 **테스트 데이터 요건 명세서 구성**

테스트 데이터 식별자					
테스트 데이터 명세					
테스트 데이터명	설명	요구사항	초기화 필요 여부	보관 필요 여부	담당자

13.4.2 테스트 환경 구축 및 관리 산출물

13.4.2.1 테스트 환경 준비 보고서

표 13.14는 테스트 환경 준비 보고서 산출물의 구성 항목을 보여 준다. 요약에서는 테스트 환경 준비에 대한 전체적인 요약을 기술한다. 각 테스트 환경 항목에는 개별적으로 준비 상태를 기술한다.

표 13.14 테스트 환경 준비 보고서 구성

요약	
테스트 환경 준비 상태	
테스트 환경 항목명	준비 상태
테스트 환경 항목 1	
테스트 환경 항목 2	
...	

13.4.2.2 테스트 데이터 준비 보고서

표 13.15는 테스트 데이터 준비 보고서 산출물의 구성 항목을 보여 준다. 요약에서는 테스트 데이터 준비에 대한 전체적인 요약을 기술한다. 각 테스트 데이터에는 개별적으로 준비 상태를 기술한다.

표 13.15 테스트 데이터 준비 보고서 구성

요약	
테스트 데이터 준비 상태	
테스트 데이터명	준비 상태
테스트 데이터 1	
테스트 데이터 2	
...	

Exercise

01 다음 중 테스트 환경에 대한 요구사항 정의와 가장 거리가 먼 것은 무엇인가?

① 테스트 대상 요소가 실행될 수 있는 하드웨어 및 시스템 소프트웨어 환경이 정의되어야 한다.
② 하드웨어의 경우 규격(CPU, 메모리 등)은 추후에 정의하도록 한다.
③ 시스템 테스트 수준에서는 가능하다면 운영 환경에 근접한 환경을 구성하는 것이 권장된다.
④ 컴포넌트 테스트 수준에서는 개발자 환경에서 테스트를 수행하는 것이 일반적이다.

해설 ② 구체적인 규격이 정의되어야 한다.

02 다음 중 테스트 환경 요건 명세서에 기재되는 내용과 거리가 먼 것은 무엇인가?

① 해당 테스트 환경 항목이 어떤 목적으로 활용되는지 기술한다.
② 해당 테스트 환경 항목의 중요도와 우선 선위를 기술한다.
③ 해당 테스트 환경이 필요한 시점과 사용되는 기간을 기술한다.
④ 해당 테스트 환경을 준비하여 필요시기에 사용될 수 있도록 책임을 지는 담당자를 기술한다.

해설 ① 활용 목적, ③ 필요시기, ④ 담당자는 모두 테스트 환경 요건 명세서의 항목이다.
② 테스트 환경 항목에 대한 중요도와 우선순위는 환경 요건 명세서에 기술되지 않는다.

03 테스트 환경 구축 및 관리 활동은 주어진 요건에 따라서 테스트 환경을 구축하고 테스트 데이터를 준비하여 테스트 계획 활동을 지원하는 것을 목표로 한다. [O/×]

해설 테스트 환경 구축 및 관리 활동은 테스트 실행 활동을 지원하는 것을 목표로 한다.

04 다음에서 설명하고 있는 테스트 활동은 무엇인가?

> 테스트 케이스의 실행에 필요한 하드웨어, 시스템 소프트웨어, 외부 연동시스템(또는 시뮬레이터), 공존 소프트웨어, 그리고 테스트 도구 등을 준비하는 활동이다.

① 테스트 케이스 명세
② 테스트 데이터 준비
③ 테스트 환경 구축
④ 테스트 실행

정답 01 ② 02 ② 03 × 04 ③

제 **14** 장

테스트 실행 및 결함 보고

14.1 개 요

테스트 실행 활동은 테스트 설계 및 개발 활동에서 개발된 테스트 절차들을 실행하여 실행 결과를 테스트 실행 로그에 기록한다. 결함 보고 활동은 이러한 테스트 실행 로그를 분석하여 결함들을 식별하고 이를 결함 보고서에 기록함으로써 검출된 결함의 해결을 시작할 수 있도록 한다. 그림 14.1은 테스트 실행 활동과 결함 보고 활동이 수행되는 세부 작업을 보여 준다.

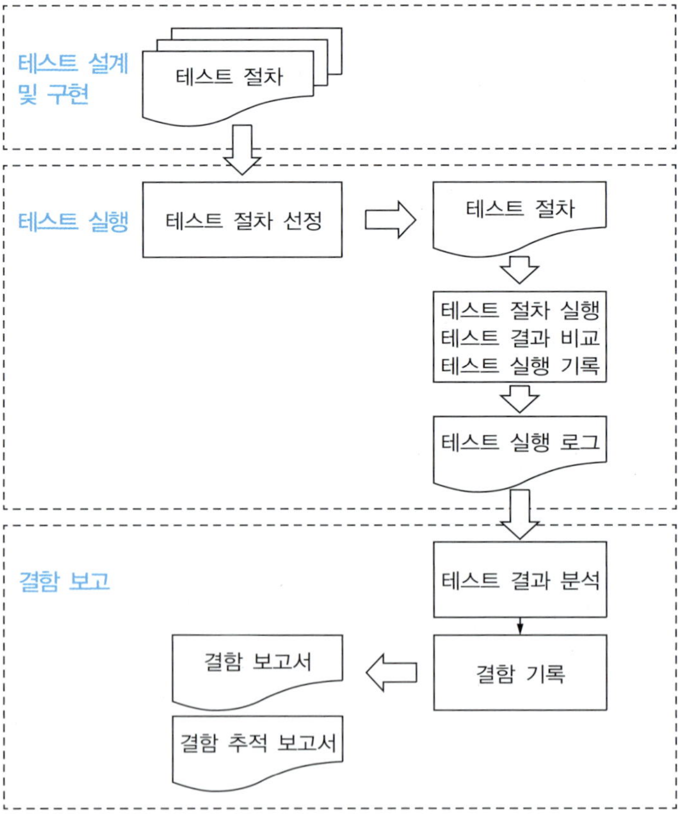

그림 14.1 테스트 실행 및 결함 보고

• **테스트 실행**: 주어진 테스트 절차 중에서 실행하고자 하는 테스트 절차를 선정한다. 그리고 선택된 테스트 절차를 실행하고 테스트 결과를 비교하며 그 결과를 테스트 실행 로그로 기록한다.

• **결함 보고**: 테스트 실행 로그를 바탕으로 테스트 결과를 분석하여 결함을 식별한다. 그리고 식별된 결함을 결함 보고서로 기록한다. 또한, 식별된 결함이 해결되고 종료될 때까지의 과정을 결함 추적 보고서에 기록한다.

표 14.1은 테스트 실행 활동과 결함 보고 활동을 수행하면서 작성하는 산출물을 보여 준다. 테스트 실행 활동에서는 설명, 테스트 작업과 이벤트 목록을 포함하는 테스트 실행 로그를 작성한다. 그리고 결함 보고 활동에서는 검출된 각 결함에 대하여 결함 보고서를 작성하고, 결함에 대한 처리(검토, 해결, 해결 검증 등) 과정은 결함 추적 보고서에 작성한다.

표 14.1 **테스트 실행 및 결함 보고 활동 산출물**

활동	산출물	설명
테스트 실행	테스트 실행 로그	테스트 실행 결과 테스트에 대한 전반적인 설명, 수행된 테스트 작업과 이벤트를 나열한다.
결함 보고	결함 보고서	검출된 각 결함에 대하여 결함 컨텍스트, 결함 설명, 심각도, 우선순위, 위험 분석, 결함 상태를 기술한다.
	결함 추적 보고서	보고된 각 결함이 종결될 때까지의 결함 검토 정보, 결함 해결 정보, 결함 해결 검증 정보를 기술한다.

14.2 테스트 실행

14.2.1 개요

테스트 설계 및 구현 활동에서 개발된 테스트 절차를 실행함으로써 테스트 실행 활동이 수행된다. 테스트 절차를 실행하였을 때 테스트 대상의 실제 수행 결과와 예상 결과를 비교하여 테스트 결과를 기록한다. 그림 14.2는 주어진 테스트 절차를 바탕으로 테스트 실행을 수행하는 세부 작업을 보여 준다.

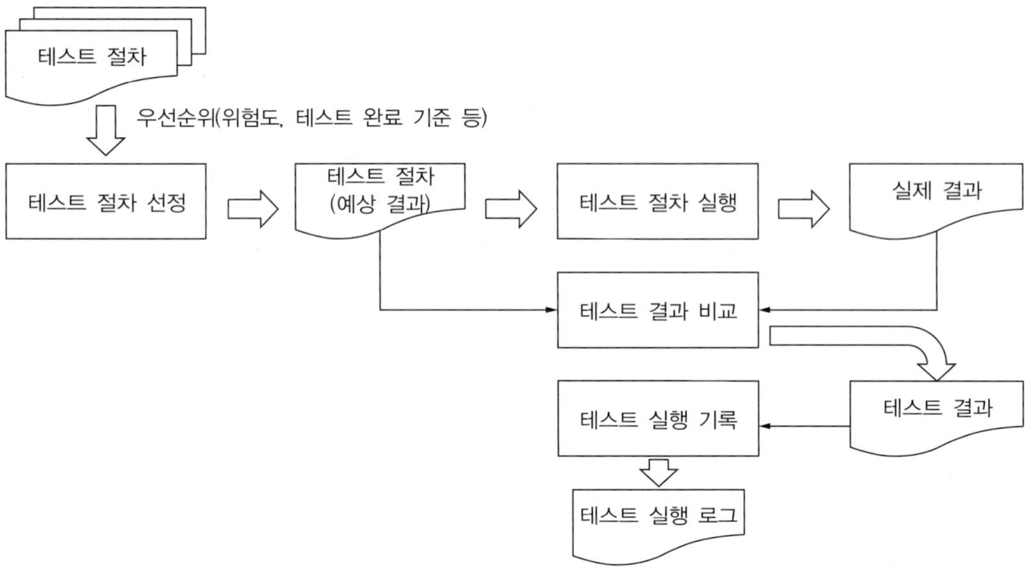

그림 14.2 **테스트 실행**

주어진 테스트 절차 중에서 우선순위를 고려하여 테스트 절차를 선택한다. 선택된 테스트 절차를 실행하여 관찰된 실제 결과와 예상 결과를 비교한다. 그리고 이러한 작업들을 테스트 실행 로그에 기록함으로써 결함 식별을 돕는다.

표 14.2는 테스트 실행 활동의 산출물을 보여 준다. 테스트 실행 활동에서는 수행된 테스트 실행 작업들을 테스트 실행 로그에 구체적으로 기록한다.

표 14.2 **테스트 실행 활동 산출물 요약**

산출물	주요 항목
테스트 실행 로그	• 설명 • 테스트 작업과 이벤트 목록

14.2.2 테스트 절차 선정

테스트 설계 활동에서 일반적으로 수많은 테스트 케이스 및 테스트 절차가 개발된다. 따라서 수많은 테스트 케이스들 중에서 어떤 것을 먼저 실행할지 결정이 필요하다. 테스트 케이스 실행 순서 결정은 우선순위를 이용한 방법과 테스트 완료 기준을 이용한 방법이 있다.

14.2.2.1 우선순위 전략

효율적인 테스트를 수행하기 위하여 피처 집합, 테스트 케이스, 테스트 절차마다 우선순위를 정의하고 있다. 따라서 테스트 절차를 선택할 때 이들 우선순위를 활용할 수 있다.

- **피처 집합 우선순위**: 각 피처 집합은 그 중요도에 따라서 우선순위가 부여되어 있다. 그러므로 테스트를 수행할 때는 우선순위가 높은 피처 집합에 테스트를 우선 수행하는 것이 바람직하다. 따라서 우선순위가 높은 피처 집합의 테스트 절차를 우선순위가 낮은 피처 집합의 테스트 절차보다 먼저 선택한다.
- **테스트 케이스 우선순위**: 각 테스트 케이스는 그 중요도에 따라서 우선순위가 부여되어 있다. 그러므로 테스트를 수행할 때는 우선순위가 높은 테스트 케이스를 먼저 사용한다.
- **테스트 절차 우선순위**: 각 테스트 절차는 그 중요도에 따라서 우선순위가 부여되어 있다. 그러므로 우선순위가 높은 테스트 절차를 먼저 선택하여 테스트한다.

14.2.2.2 테스트 완료 기준 전략

테스트 계획에서는 테스트 완료 여부를 판단하는 기준을 정의하였다. 테스트가 종료되면 이러한 테스트 완료 기준에 따라서 테스트 완료 여부를 평가하고 이를 테스트 종료 보고서에 기록한다. 따라서 테스트 완료 기준 달성에 가장 큰 기여를 할 수 있는 테스트 절차를 먼저 실행하는 것이 바람직하다. 표 14.3은 테스트 완료 기준에 따라서 테스트 절차를 선택하는 예를 보여준다.

표 14.3 테스트 완료 기준별 테스트 절차 선택 예

테스트 완료 기준		테스트 절차 선택
(1)	90% 이상의 모듈이 통과되어야 한다.	아직 통과되지 않은 모듈에 관한 테스트 절차 선택
(2)	TCS-10과 TCS-20 테스트 케이스는 통과되어야 한다.	TCS-10과 TCS-20을 포함하는 테스트 절차 선택
(3)	95%의 문장 커버리지가 충족되어야 한다.	문장 커버리지를 증가시킬 수 있는 테스트 절차 선택
(4)	심각한 결함이 존재하지 않아야 한다.	심각한 결함과 관련된 테스트 절차 선택

(1)과 같이 테스트 완료 기준이 테스트를 통과한 모듈의 비율이 일정 값 이상이 되어야 하는 경우에는 통과된 모듈의 비율을 높일 수 있는 테스트 절차를 먼저 선택해야 한다. 즉, 아직 통과되지 않은 모듈을 테스트 대상으로 하는 테스트 절차를 선택하는 것이 효율적이다. (2)와 같이 특정 테스트 케이스의 통과가 요구되는 경우에는 해당 테스트 케이스를 포함하는 테스트 절차를 우선 선택한다. (3)과 같이 문장 커버리지가 일정 비율 이상이 되어야 하는 경우에는 문장 커버리지를 높일 수 있는 테스트 절차를 선택한다. (4)와 같이 특정한 수준의 결함이 없어야 하는 경우에는 해당 수준의 결함을 검출할 수 있는 테스트 절차를 우선적으로 선택한다.

14.2.3 테스트 절차 실행

앞서 설명된 방법에 따라서 테스트 절차를 선택한 후에는 구축된 테스트 환경에서 선택된 테스트 절차를 실행한다. 테스트를 실행하는 주체는 테스트 레벨에 따라서 달라질 수 있다. 표 14.4는 각 레벨별 테스트를 실행하는 일반적인 주체를 보여 준다.

표 14.4 테스트 실행 주체

테스트 레벨	개발자	테스터	사용자
컴포넌트 테스트	⊙	⊙	
통합 테스트	⊙	⊙	
시스템 테스트	⊙	⊙	⊙
인수 테스트		⊙	⊙

컴포넌트 테스트는 개별적인 모듈이 테스트 대상이며 개발자가 테스트를 직접 실행시키는 것이 일반적이다. 이는 개발자가 개발자 환경에서 컴포넌트 테스트를 수행하면 테스트 환경의 구축비용을 줄일 수 있고, 테스트 결과를 정확하고 신속하게 이해할 수 있기 때문이다. 그러나 역할이 매우 중요한 모듈은 테스터가 참여하여 컴포넌트 테스트를 수행할 수도 있다.

통합 테스트는 개발자들이 직접 통합 테스트를 실행할 수 있고, 테스터가 진행할 수도 있다. 테스터가 통합 테스트를 수행하는 경우에는 더 전문적인 기술을 이용하여 객관적인 관점에서 체계적으로 테스트를 수행할 수 있다.

개발자들이 통합 테스트를 완료한 후에 개발자 환경에서 시스템 테스트를 수행할 수 있지만, 테스터가 주도적으로 중요한 역할을 하는 테스트가 바로 시스템 테스트이다. 테스터는 일반적으로 요구사항 명세서를 바탕으로 명세 기반 테스트 기법을 사용하여 테스트 케이스를 생성하여 테스트를 수행함으로써 시스템이 요구사항 명세서를 충족하는지를 검증한다. 그리고 사용자가 시스템 테스트에 참여할 수도 있다. 이러한 경우, 좀 더 사용자 관점에서 테스트 케이스들이 시도될 수 있다는 장점이 있을 수 있다. 그리고 원칙적으로 인수 테스트는 사용자의 환경에서 사용자가 수행한다.

14.2.4 테스트 결과 비교

테스트 절차를 실행하여 테스트 절차를 구성하는 각 테스트 케이스에 대하여 예상 결과와 테스트 대상의 실행 결과를 비교한다. 예상 결과는 테스트 케이스에 명시되어 있거나 테스트 스크립트를 개발한 경우에는 스크립드에 내장되어 있거나 관련된 파일에 있을 수 있고, 탐색적 테스팅을 수행하는 경우에는 예상 결과가 문서화되지 않았을 수도 있다.

예상 결과와 실제 결과의 비교를 더 객관적이고 명확하게 수행하기 위해서는 예상 결과를 구체적으로 기술하는 것이 바람직하다. 예를 들어, 실숫값에 대해서는 비교가 필요한 유효숫자의 자리를 정의하는 것이 바람직하다. 그리고 사용자 화면의 경우에는 화면을 구성하는 항목들의 배치, 각 항목의 색상 및 표시 메시지 내용 등도 구체적으로 정의되고 비교되어야 한다.

테스트 케이스에 따라서 비교될 결과는 화면뿐만 아니라 소리, 진동, 파일, 데이터베이스 테이블, 네트워크 등의 다양한 형태의 값이 될 수 있다. 그러므로 비교 값의 형태에 따라서 적합하게 예상 결과를 정의하는 것이 바람직하다. 또한, 테스트 결과의 비교를 지원하는 자동화 도구를 사용하는 것도 권장된다. 매우 빠른 속도로 출력이 발생하거나 많은 양이 출력되거나 매우 정교한 수준으로 엄격한 비교가 요구되는 경우에는 특히 도구의 도움이 필요하다.

14.2.5 테스트 실행 기록

테스터는 테스트 절차를 실행하는 과정에서 실제로 수행한 구체적인 작업과 목격된 이벤트들을 시간대별로 테스트 실행 로그 문서에 기록한다. 표 14.5는 테스트 실행 로그의 예를 보여 준다.

표 14.5 **테스트 실행 로그 예**

1. 테스트 실행 로그 식별자: TL-02
2. 설명

   테스트 대상: TI-1

   테스트 환경: Windows XP SP2, MM 2GB, HD 120GB

3. 테스트 작업과 이벤트

시간	테스트 실행 세부 작업	관련 결함
	테스터 A가 테스트를 시작함	
	시스템을 부팅함	
	TI-1을 실행함	
	TCS-01을 TP-01에 따라서 적용함	
	실행 결과가 TCS-01의 예상 결과와 다름	DR-01
	TI-1을 종료함	
	TI-1을 실행함	
	TCS-02를 TP-2에 따라서 적용함	
	실행 결과가 TCS-02의 예상 결과와 동일함	
	그러나 예상치 않게 파일-1이 삭제됨	DR-02
	…	…

❑ 설명

테스트 실행 로그 문서에서는 로그가 발생한 테스트 대상, 수행된 테스트 케이스, 적용된 테스트 절차 등을 간략하게 명시한다.

❑ 테스트 작업과 이벤트

시간대별로 테스터가 수행한 세부 작업을 기록한다. 일반적으로 테스트 대상 실행 준비 작업, 테스트 케이스를 입력하는 작업, 테스트 대상 실행 작업, 테스트 결과 관찰 작업 등이 기술된다. 기존의 테스트 케이스 및 테스트 절차를 그대로 적용하는 경우에는 해당 테스트 케이스 및 테스트 절차에 대한 식별자를 기술한다.

그리고 예상과 다른 결과가 관찰되거나 또는 전혀 예상치 않은 이벤트가 발생하면 해당 이벤트를 구체적으로 기술해야 한다. 만약, 이 이벤트를 바탕으로 결함을 식별하고 결함 보고서를 작성하였다면 작성된 결함 보고서의 식별자를 기록한다.

Exercise

01 다음 중 테스트 실행에 설명으로 가장 거리가 먼 것은 무엇인가?

① 수많은 테스트 케이스 중에서 어떤 것을 먼저 실행시킬지 결정해야 한다.
② 효율적인 테스트를 수행하기 위하여 테스트 절차에 부여된 우선순위를 활용한다.
③ 테스트 완료 기준은 테스트 실행이 완료된 후 시점에서의 평가이므로 테스트 실행과 관련성이 없다.
④ 컴포넌트 테스트, 시스템 테스트 등의 테스트 레벨에 따라서 테스트 실행의 주체가 달라진다.

해설 테스트 완료 기준을 적용해서 테스트 절차를 선택할 수도 있다.

02 효율적으로 테스트 실행 활동을 수행하기 위해서는 적절한 기준으로 실행할 테스트 절차를 선택할 필요가 있다. 테스트 완료 기준의 달성에 가장 크게 기여할 수 있는 테스트 절차를 먼저 실행시키는 것이 바람직하다. [O/X]

해설 테스트 완료 기준 전략에 대한 설명이다.

03 테스트 실행 시 단계별 활동으로 올바르지 않은 것은?

① 리그레션 테스트 케이스 선택 시, 대상이 영향받을 부분이 작은 것부터 실행
② 테스트 케이스 실행 시, 사전에 정의된 테스트 환경을 대상으로 테스트 절차에 따라 실행
③ 테스트 케이스 실행 시, 시간대별로 오류를 기록하고 필요 시 테스트 재연이 가능하도록 작성
④ 테스트 결함분석 시, 발견된 결함을 분석하고 각 결함을 구체적으로 정의하여 개발자에게 통보

해설 ① 테스트 케이스 선택 시, 테스트 대상이 영향받을 수 있는 부분이 큰 것부터 실행하여야 함

04 테스트의 실행 주체로 컴포넌트 테스트는 개발자와 테스터가, 통합 테스트는 개발자와 사용자가, 시스템 테스트는 개발자와 테스터 및 사용자가, 인수 테스트는 테스터와 사용자가 실행의 주체가 된다. [O/X]

해설 테스트의 실행 주체로 컴포넌트 테스트는 개발자와 테스터가 통합테스트는 개발자와 테스터가 시스템 테스트는 개발자와 테스터 및 사용자가 인수테스트는 테스터와 사용자가 실행의 주체가 된다.

정답 01 ③ 02 O 03 ① 04 X

05 다음에서 설명하는 리뷰 방법은 무엇인가?

> 이 리뷰방법에서는 작성자 본인이 보통 회의를 주재하며 기록자 역할도 담당할 수 있고, 절차 및 작업물에 대한 개요 설명 단계를 회의의 한 부분으로 다룰 수 있다. 이 리뷰 방법으로 결함을 검출할 뿐만 아니라 참가자들의 교육이나 지식 공유를 위해 수행되기도 한다.

① 관리 리뷰(Management review)
② 워크쓰루(Walkthrough)
③ 인스펙션(Inspection)
④ 감사(Audit)

정답 05 ②

14.3 결함 보고

14.3.1 개요

테스트 실행 활동에서 적절한 조치가 필요한 이슈를 발견하면 결함으로 보고한다. 사실 결함을 포함하여 다양한 이슈가 식별될 수 있으므로 결함보다는 광범위한 의미인 인시던트(Incident)가 더 적합한 용어이겠지만, 테스트의 결과라는 측면에서 결함이라고 부르겠다. 참고로 ISO/IEC/IEEE 29119-2 표준에서는 테스트 인시던트 보고(Test Incident Reporting)라고 한다.

그림 14.3은 테스트 실행 활동의 결과물인 테스트 실행 로그를 바탕으로 결함 보고가 진행되는 세부 작업을 보여 준다. 테스트 실행 로그를 분석하여 결함을 식별하면 결함 보고서를 작성한다. 결함 해결이 효과적이고 효율적으로 수행되도록 결함의 구체화, 고립화, 일반화를 목표로 테스트 결과를 분석한다.

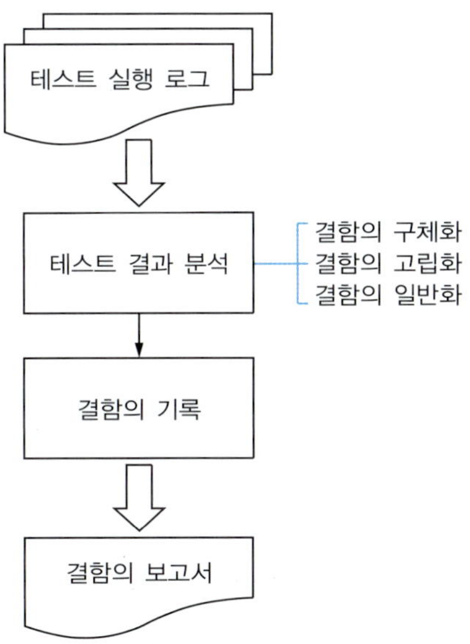

그림 14.3 결함 보고

테스트 실행 결과물에 대한 분석을 바탕으로 검출된 결함은 결함 보고서에 기록된다. 그리고 검출된 결함 수정, 수정 적절성 확인 등 일련의 작업을 결함 추적 보고서에 기록하고 개발자 등을 포함한 이해관계자와 의사소통한다. 표 14.6은 결함 보고 활동의 산출물인 결함 보고서와 결함 추적 보고서의 주요 항목을 보여 준다.

표 14.6 결함 보고 활동 산출물

산출물	주요 항목
결함 보고서	• 결함 컨텍스트 • 결함 설명 • 심각도 • 우선순위 • 위험 분석 • 결함 상태
결함 추적 보고서	• 결함 검토 정보 • 결함 해결 정보 • 결함 해결 검증 정보

14.3.2 테스트 결과 분석

테스터는 테스트 절차 실행을 통하여 발견된 결함을 추가적으로 분석하여 결함 발생 상황을 더욱 명확하게 파악해야 한다. 즉, 결함이 유발된 상황의 테스트 데이터, 기대하였던 값, 실제 관찰된 값과 테스트 절차 및 테스트 환경 등을 명확히 파악할 필요가 있다.

이는 결함 발생 상황이 구체적이고 명확히 정의되어야만 개발자가 결함을 통보받은 후 효율적으로 해결할 수 있기 때문이다. 이를 위해서 테스터는 테스트 실행 결과를 분석하여 결함을 구체화, 고립화, 일반화한 후에 해당 결함을 기록하는 것이 바람직하다.

14.3.2.1 결함의 구체화

개발자는 보고된 결함의 원인을 찾기 위하여 결함을 재연해야 한다. 따라서 발견된 결함을 재연(Reproduce) 가능할 정도로 결함 관련 테스트 데이터, 테스트 절차, 테스트 환경이 명확히 파악되어야 한다. 다시 말하면 결함을 검출할 때의 상황, 즉, 테스트 데이터, 테스트 절차, 그리고 테스트 환경을 구체화함으로써 발견된 결함을 재연할 수 있는 충분하고 명확한 상황을 파악해야 한다.

테스트 실행을 통하여 예상치 않은 결함을 발견한 경우에는 여러 회 동일한 테스트 실행을 시도하여 결함 발생과 관련된 상황을 구체적으로 파악한다. 그리고 지속적으로 일관되게 발생하지 않고 간헐적으로 발생하는 결함은 시도 횟수 대비 결함 발생 횟수의 정보도 함께 결정될 수 있도록 한다.

14.3.2.2 결함의 고립화

결함은 사용된 테스트 데이터, 적용된 테스트 절차, 구축된 테스트 환경 등에 따라서 발생할 수 있다. 결함의 발생에 직접적인 영향을 미치는 구체적인 상황이 효과적인 디버깅에 도움을 줄 수 있다. 예를 들어, 결함의 발생 원인이 사용된 입력값 때문인지, 적용된 테스트 절차인지, 또는 테스트 환경 때문인지를 자세하게 분석할 필요가 있다. 그림 14.4는 사용된 테스트 데이터, 테스트 절차, 테스트 환경 중에서 일부 요소에서만 결함이 발생하는 상황임을 보여 준다.

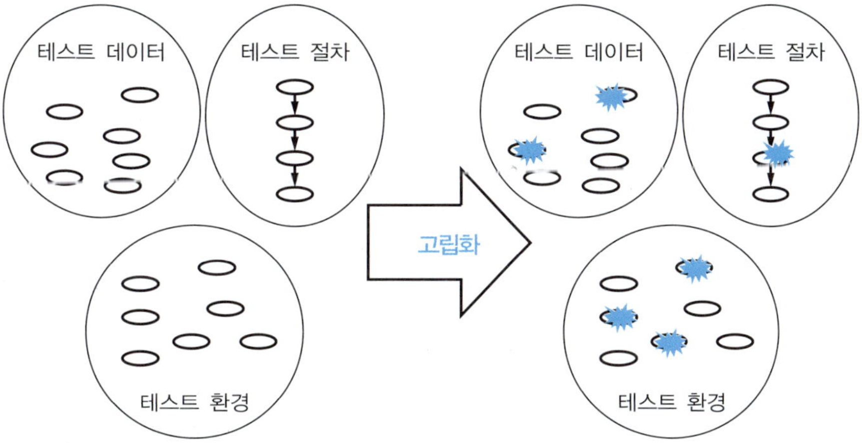

그림 14.4 결함의 고립화

따라서 결함이 발견되면 사용된 테스트 데이터, 테스트 절차, 테스트 환경을 구성하는 요소에 대해 어떤 요소가 결함 발생에 영향을 미치는지를 구체적이고 자세하게 분석한다. 결함 발생의 구체적인 상황을 파악하기 위해서는 결함의 발생에 영향을 미치는 것으로 추정되는 중요 요소를 바꿔가면서 테스트를 수행한다.

예를 들어, 결함의 구체적인 원인이 테스트 환경으로 추측된다면 테스트 데이터와 테스트 절차는 동일하게 사용하면서 다른 테스트 환경에서 테스트를 수행해 봄으로써 결함 발생의 근본적 요인이 테스트 환경에 있다고 생각할 수 있다.

14.3.2.3 결함의 일반화

결함의 발생에 영향을 주는 요소를 최대한 일반적으로 기술하는 것이 바람직하다. 예를 들어, 변수 X의 값이 −1, −2일 때 결함 발생을 발견하였다면 추가적인 분석/테스트를 통해서 X의 값이 −1, −2뿐만 아니라 음의 정수일 때 동일한 결함이 발생한다는 것을 파악할 수 있다.

또 다른 예로 윈도우 8 운영체제가 결함 발생의 요소라고 파악이 되었을 때 추가 테스트를 실행하여 윈도우 8뿐만 아니라 윈도우 7과 윈도우 10 등에서도 동일한 결함이 발생함을 발견하였다면 윈도우 8 운영체제 대신에 위의 모든 운영체제에서 결함이 발생한다고 판단하는 것이 타당할 것이다. 그림 14.5는 동일한 결함을 발생시킬 수 있는 여러 가지 상황을 조합함으로써 결함 발생 상황을 일반화하는 모습을 보여 준다.

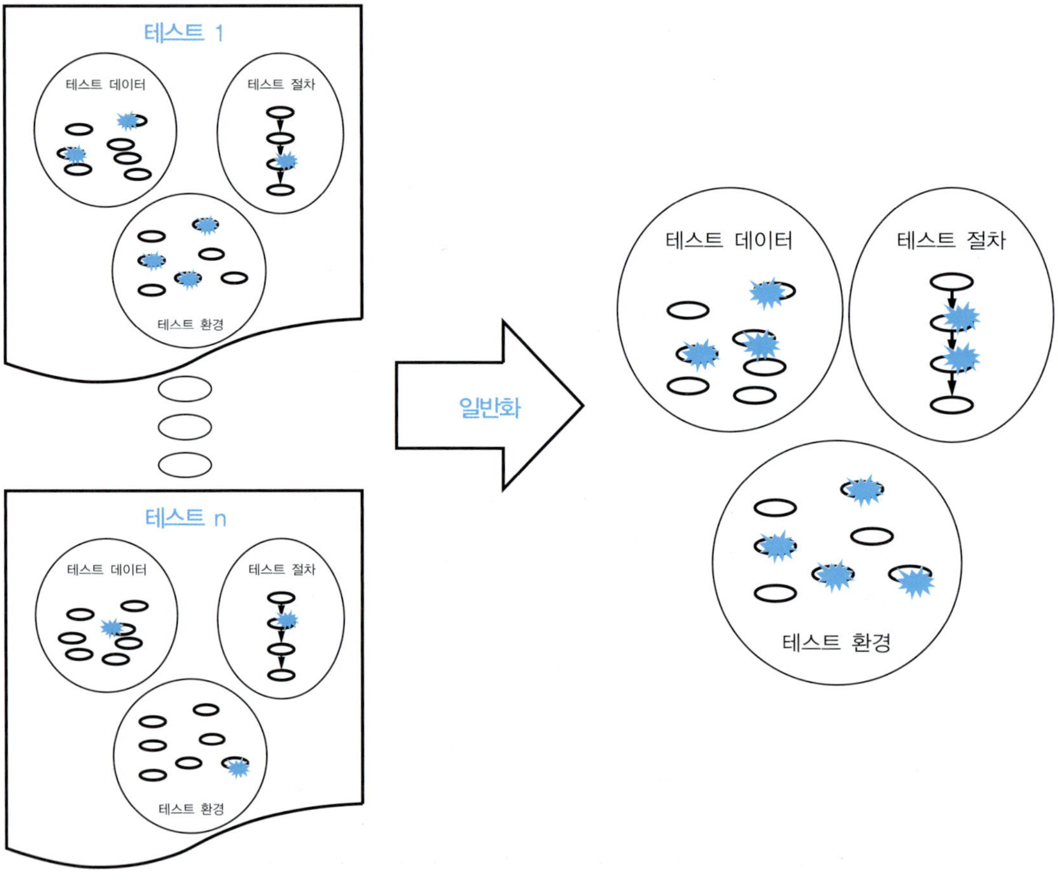

그림 14.5 결함의 일반화

14.3.3 결함 기록

테스트 결과 분석을 바탕으로 식별된 결함은 결함 보고서에 기록된다. 결함 보고서는 버그 보고서(Bug Report), 테스트 사건 보고서(Test Incident Report), 문제 보고서(Anomaly Report) 등으로도 불린다. 결함 보고서에 각 결함에 대하여 기록해야 할 중요한 항목은 다음과 같다.

- **결함 컨텍스트**: 어떤 상황에서 해당 결함이 식별되었는지 기술한다. 테스트 및 개발자가 결함을 정확히 이해하고 재연하는 것이 가능하고, 결함의 제거를 도울 수 있는 충분한 정보가 명확하게 기술되어야 한다.
  다음 사항을 포함하여 결함 발생 상황을 구체적으로 기술한다. 테스트 환경, 테스트 절차, 그리고 테스트 케이스는 해당 명세가 있다면 이에 대한 참조를 포함할 수 있다.

  - 개별 테스트: 결함을 검출한 개별 테스트를 명시한다. 즉, 컴포넌트 테스트 수행 중에 발견한 결함인지, 통합 테스트 중에 발견한 결함인지 등을 기술한다.
  - 테스트 대상: 결함이 검출된 테스트 대상을 고유하게 지칭한다.
  - 테스트 환경: 결함을 발생시킨 테스트 환경을 구체적으로 기록한다.
  - 테스트 절차 및 테스트 케이스: 결함을 발생시킨 테스트 실행 절차 및 테스트 케이스를 기술한다. 그리고 결함을 발생시킨 구체적인 테스트 데이터도 명시한다.

- **결함 설명**: 목격된 결함이 재연되고 해결될 수 있도록 상세하게 기술한다.
  - 실제 결과: 실제로 관찰된 결괏값을 기록한다. 결과가 화면으로 나오는 경우 화면을 캡처하거나, 파일로 출력 가능한 경우 파일로 결과를 기록할 수 있다. 결함을 고립화하고, 일반화하여 결함의 해결을 도울 수 있는 정보도 기술한다.
  - 이상 상황: 실제 결과와 예상 결과의 차이점에 대한 분석 내용 및 예상치 않게 발견된 오동작 상황을 기록한다.

- **심각도**: 발견자의 관점에서 볼 때 기술적인 측면과 비즈니스적인 측면을 모두 고려하여 검출된 결함이 미칠 수 있는 영향의 범위와 크기를 바탕으로 심각도를 기술한다. 결함 해결에 소요되는 예상 시간도 기술할 수 있다. 또한, 임시로 적용할 수 있는 우회 방법(Workaround)도 있다면 기술한다.

- **우선순위**: 검출된 결함 해결의 긴급성(Urgency)을 기술한다. 대부분의 조직은 3단계에서 5단계 정도로 우선순위를 부여한다. 예를 들어, 즉시 해결, 다음 릴리스에서 해결 등이 될 수 있다.

- **위험 분석**: 검출된 결함과 관련된 새로운 위험에 대한 분석 결과를 기술한다. 또는 기존 위험의 갱신 상태, 즉, 발생 가능성, 영향도에 따른 위험도의 변경이 있다면 이점도 기술한다.

- **결함 상태**: 검출된 결함에 대한 조치 상태를 기록한다. 이는 현재 상태로 Open, Assigned, Resolved, … 등이 될 수 있다. 결함 상태에 대해서는 바로 이어서 설명되는 결함 추적을 참고하기 바란다.

14.3.4 결함 추적

테스터가 테스트 절차를 실행하여 발견한 결함은 결함 보고서로 기록된다. 발견된 결함은 적절한 개발자를 선정하여 수정을 요청해야 한다. 그림 14.6은 소프트웨어 개발 과정에서 개발자와 테스터 간의 협력 관계를 보여 준다.

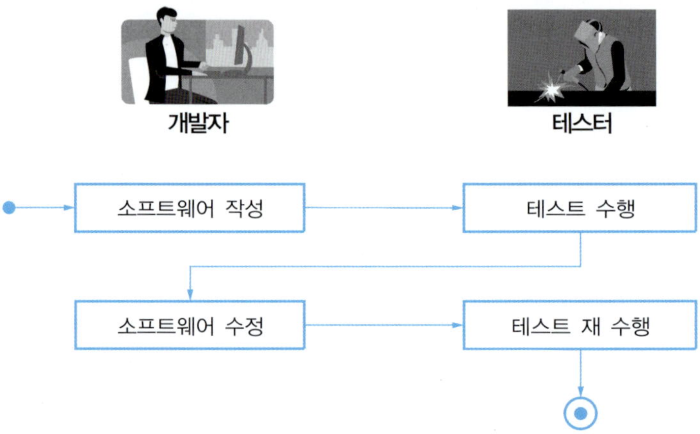

그림 14.6 **개발자와 테스터의 협업**

우선 개발자는 소프트웨어를 작성한 후 테스터에게 전달한다. 테스터는 계획된 테스트 전략에 따라서 테스트 케이스 및 테스트 절차를 생성하고 테스트를 수행한다. 테스터는 테스트 절차를 실행하는 과정에서 소프트웨어에 존재하는 결함을 검출할 수 있으며, 검출된 결함은 다시 개발자에게 통보되어 결함 수정을 요청한다. 개발자는 요청된 결함을 수정하고 다시 테스터에게 전달한다. 테스터는 요청된 결함이 정확하게 해결되었는지, 그리고 이 수정으로 인해 새로운 결함이 발생하지는 않았는지 점검하기 위하여 테스트를 실행한다.

14.3.4.1 결함 생명 주기

위 과정을 개발자와 테스터의 관점이 아니라 발견된 결함의 관점에서 보면 각 결함은 발견(Open)된 후에 종결(Closed)될 때까지 여러 가지 상황에 놓인다. 그림 14.7은 결함 생명 주기로 각 결함의 발견과 종결 사이의 상황 변화를 보여 준다. 결함 생명 주기를 구성하는 대표적인 결함의 상태로는 "Open", "Review", "Assigned", "Resolved", "Verified", "Closed", "Reopen", "Deferred" 등이 있다.

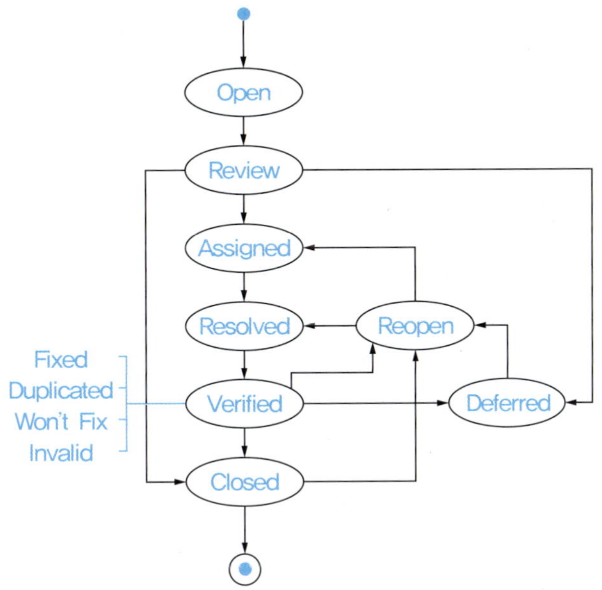

그림 14.7 결함 생명 주기

“Open” 상태는 테스터가 테스트 절차를 실행하여 발견한 결함을 분석 후 구체화, 고립화, 일반화한 결함으로서 보고된 상황을 뜻한다. 즉, 앞에서 소개한 결함 보고서에 기록되어 결함 추적의 대상이 된 상황을 뜻한다.

“Review” 상태는 “Open”된 결함의 처리 방안을 검토하는 상태이다. 각 결함은 위험성, 즉, 발생 가능성, 심각성, 긴급성을 바탕으로 이번에 수정되거나(Assigned 상태로 이동), 다음 릴리스에서 수정되거나(Deferred 상태로 이동) 또는 무시(Closed 상태로 이동)될 수 있다.

“Deferred” 상태는 “Open”된 결함을 곧바로 수정하지 않고 다음 릴리스에서 해결하기로 연기된 상태를 뜻한다. 그림에서 볼 수 있듯이 “Deferred”된 결함은 적절한 시점에 “Reopen”되어 결함 처리가 시작될 수 있다.

만약, 결함을 해결하기로 결정하였다면, 우선 수정 담당자가 결정되어야 한다. “Assigned” 상태는 결함을 수정할 개발자가 결정되고 그 개발자에게 결함 해결이 요구된 상태이다. “Resolved” 상태는 개발자가 자신에게 할당된 수정 해결을 처리한 상태이다. 요청된 결함을 처리하는 방법은 구체적으로 보면 다양한 경우가 있다.

개발자가 요청된 결함을 수정한 경우(Fixed), 요청된 결함이 기존의 다른 결함과 중복되는 경우(Duplicated)가 있을 수 있다. 그리고 개발자가 분석을 해 보니 지금 수정이 필요할 정도로 중요하거나 긴급한 것이 아니라서 수정을 하지 않은 경우(Won't Fix)도 있을 수 있다.

또한, 개발자가 분석을 해 보니, 프로그램의 문제가 아니라 결함 보고 자체가 문제가 있다고 판단할 수도 있다. 즉, 테스트 케이스 및 테스트 절차에 문제가 있는 경우(Invalid)가 있을 수 있다.

"Resolved" 상태는 결함 해결 요구에 대해 개발자의 처리 결과(Fixed, Duplicated, Won't fix, Invalid)만 제시된 상태이며, 개발자의 처리가 합당하거나 정확한지에 대한 검증은 이루어지지 않은 상태이다. 즉, 개발자가 "Fixed"라고 했지만 결함이 정확하게 수정된 것인지 아직 확인되기 전이다. 그리고 개발자가 "Invalid"라고 하였다면 실제 이 결함 보고 자체에 문제가 있는지 검증이 필요하다.

"Verified" 상태는 개발자의 결함 처리가 합당한지, 정확한지 검증이 된 상태이다. 검증 방법은 "Resolved"의 유형에 따라서 달라진다. 개발자가 "Fixed"라고 결함 수정을 보고하면 테스터는 결함이 정확하게 수정되었는지를 확인하기 위해서 재테스팅을 수행한다. "Duplicated"인 경우에는 개발자가 동일하다고 보고한 결함과 이번 결함이 동일한 것인지 그리고 동일한 이전 결함이 적절히 처리되었는지를 검증해야 한다. 만약 개발자가 "Won't Fix"라고 처리를 하였다면 테스트 관리자는 실제로 해당 결함이 중요하지 않거나 긴급한 처리가 필요하지 않은지 확인해야 한다.

"Verified" 상태 다음에 결함이 어떤 상태로 되는지는 검증 결과에 따라서 달라진다. 만약, "Fixed"에 대해서 정확한 수정이 이루어졌다고 판단이 되면 결함은 "Closed"로 이동하게 된다. 그러나 결함이 정확하게 수정되지 않았다면 "Reopen" 상태로 이동하여 다시 수정을 요구할 수 있다. 표 14.7은 개발자가 처리한 네 가지 유형의 결함 처리에 대해서 테스터가 검증하고 난 이후의 상태를 요약하여 보여 준다.

표 14.7 결함 처리 유형별 Verified 이후의 상태

Verified 이후의 상태	정확	부정확
Fixed	Closed	Reopen
Duplicated	Closed	Reopen
Won't Fix	Deferred	Reopen
Invalid	Closed	Reopen

14.3.4.2 결함 처리 시나리오

결함이 Open된 후에 Closed되는 시나리오는 다양하다. 대표적인 세 가지 시나리오를 설명하면 다음과 같다.

14.3.4.2.1 경미한 결함의 무시 시나리오

발견된 결함을 검토(Review)하였을 때 매우 경미한 결함이고 시스템에 미치는 영향이 무시될 수 있다고 판단되는 경우에는 "Open" - "Review" – "Closed" 상태로 이동될 수 있다. 그림 14.8은 경미한 결함이 어떤 상태로 이동하는지를 보여 준다.

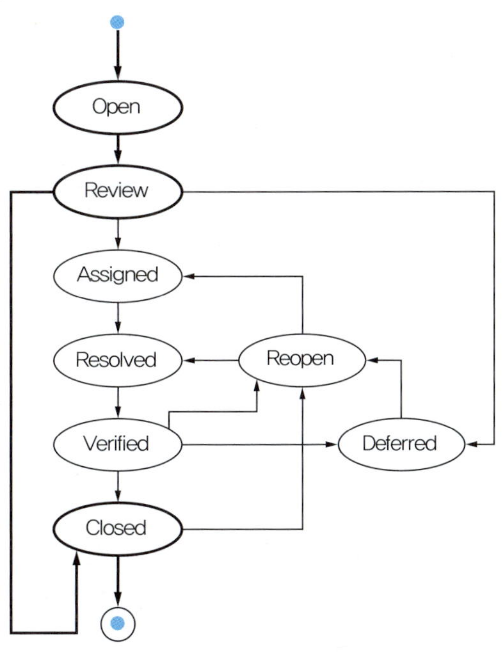

그림 14.8 경미한 결함은 무시되는 시나리오

14.3.4.2.2 차후에 결함을 처리하는 경우

발견(Open)된 결함을 검토(Review)하였을 때 다음 릴리스에서 적절한 처리를 하는 것이 바람직하다고 판단되면 "Open" – "Review" – "Deferred" 상태로 이동될 수 있다.

다음 릴리스에 대한 테스트를 수행할 때 "Deferred"에서 "Reopen"이 된 후에 담당 개발자가 결정된다("Assigned" 상태). 그러면 담당 개발자가 적절하게 처리("Resolved" 상태)를 한다. 표 11.7에서 볼 수 있듯이 개발자의 처리에 대한 검증("Verified" 상태) 결과에 따라서 결함은 수정(Fixed)되어 종료되거나("Closed" 상태), 다시 다음에 처리하기로 "Deferred" 될 수 있다. 그림 14.9는 차후에 처리하기로 미루어진 결함이 처리되는 시나리오를 보여 준다.

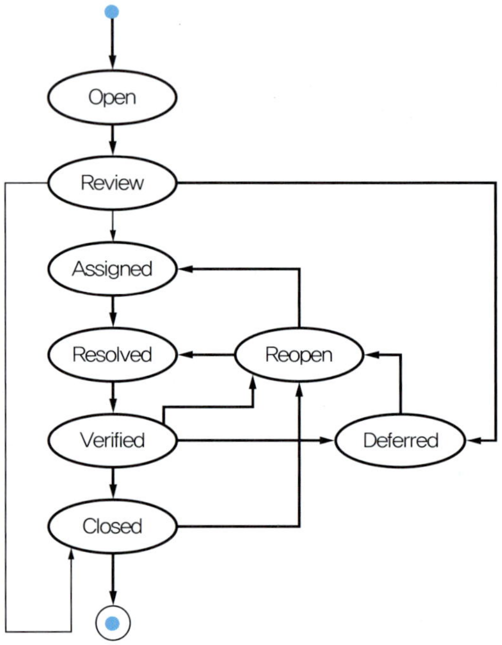

그림 14.9 **차후에 결함을 처리하는 시나리오**

14.3.4.2.3 이번 릴리스에서 결함을 처리하는 경우

발견된 결함을 검토(Review)하였을 때 이번 릴리스에서 처리하는 것이 바람직하다고 판단되면 해당 결함을 처리할 담당 개발자를 결정하고 수정을 요청한다. 즉, 결함은 "Open" – "Review" – "Assigned" 상태로 이동될 수 있다. 개발자는 수정 요청을 처리하며("Resolved"), 처리 유형과 처리 결과에 따라서 이후의 결함 상태가 결정된다(표 14.7 참고).

그림 14.10은 이번 릴리스에서 결함을 처리하는 시나리오를 보여 준다. 그림 14.9와 비교하면 차후 릴리스에서 결함을 처리하는 시나리오와 거의 동일하다. 다만 그림 14.9에서는 차후에 결함을 처리하므로 "Review" 상태에서 "Deferred"로 상태가 이동하는 반면에 그림 14.10은 이번 릴리스에서 처리를 하는 경우이므로 "Review" 상태에서 바로 "Assigned" 상태로 이동된다.

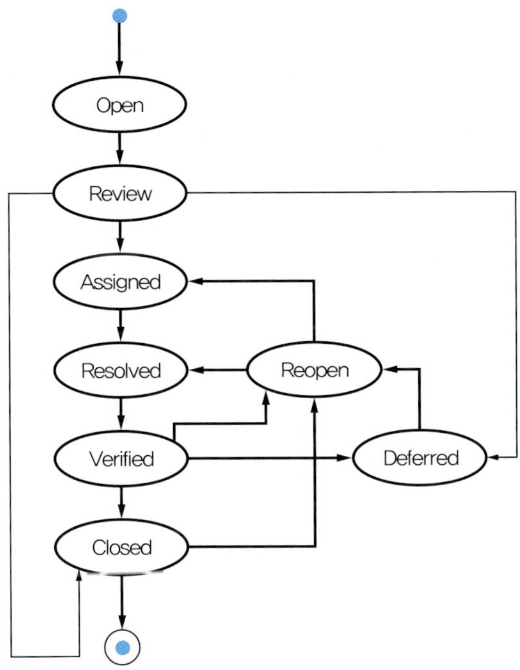

그림 14.10 이번 릴리스에서 결함을 처리하는 시나리오

14.3.4.3 결함 추적 보고서

지금까지 설명한 것처럼 테스터가 검출한 결함은 개발자를 할당하여 결함을 해결하거나, 다음 버전으로 미루거나 심지어 해당 결함을 무시할 수도 있다. 이렇게 결함의 등록을 시작으로 최종적으로 결함을 종결할 때까지 개발자 및 테스터가 수행한 작업을 명확하게 기록해야 한다.

표 14.8은 결함 보고서에 보고된 각 결함에 대한 검토, 해결, 그리고 해결에 대한 검증 작업을 기록하는 결함 추적 보고서 양식의 예를 보여 준다. 검토 정보는 보고된 결함에 대한 처리 유형으로서 1) 담당자 할당, 2) 처리 연기, 3) 결함 무시를 기록한다. 결함 해결 정보는 담당자가 자신에게 할당된 결함에 대한 해결 결과를 기록한다. 그리고 결함 해결 검증 정보는 담당자의 해결 결과의 적절성에 대한 검증을 수행한 결과를 기록한다.

표 14.8 결함 추적 보고서 양식 예

결함 검토 정보			
결함 식별자			
검토자		검토 일자	
처리 유형	☑ 담당자 할당 ☐ 처리 연기 ☐ 결함 무시		
검토 설명			
결함 해결 정보			
해결자		해결 일자	
해결 유형	☑ Fixed ☐ Duplicated ☐ Won't Fix ☐ Invalid		
해결 설명			
결함 해결 검증 정보			
검증자		검증 일자	
검증 결과			
검증 설명			

결함 추적 보고서는 결함을 발견한 테스터, 결함 해결을 할당받은 개발자, 결함 수정을 검증하는 테스터 등 일반적으로 다수 이해관계자에게 공유될 필요가 있다. 따라서 결함의 등록과 이에 대한 처리 과정을 다수 이해관계자가 쉽게 공유할 수 있도록 문서 대신에 결함 추적 지원 도구를 이용하는 것이 효과적이다.

테스트 자동화 도구의 일종으로 결함 추적 지원 도구는 결함의 기록과 결함 처리 및 검증 기록 그리고 결함의 처리 상황을 다양한 기준으로 분석하여 보고서를 작성하는 기능을 제공한다. 결함 추적 지원 도구를 이용하면 현재 진행 중인 테스트의 상황을 종합적으로 파악할 수 있다.

Exercise

01 식별된 결함은 결함 생명 주기에 따라서 관리된다. 각 결함이 가지는 상태의 변화로 가장 올바른 것은?

① Open – Assigned – Verified – Review – Resolved – Closed
② Open – Review – Assigned – Resolved – Verified – Closed
③ Open – Assigned – Verified – Resolved – Review – Closed
④ Open – Assigned – Resolved – Review – Verified – Closed

해설

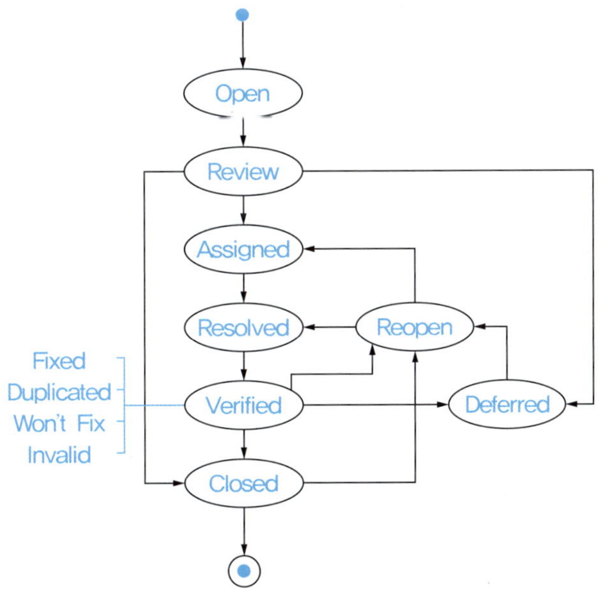

[결함 생명 주기]

- "Open": 테스터가 테스트 절차를 실행하여 발견한 결함을 분석 후 구체화, 고립화, 일반화한 결함으로서 보고된 상황
- "Review": "Open"된 결함의 처리 방안을 검토하는 상태
- "Assigned": 결함을 수정할 개발자가 결정되고 그 개발자에게 결함 해결이 요구된 상태
- "Resolved": 개발자가 자신에게 할당된 수정 해결을 처리한 상태
- "Verified": 개발자의 결함 처리가 합당한지, 정확한지 검증이 된 상태
- "Closed": Fixed에 대해서 정확한 수정이 이루어졌다고 판단되어 종료한 상태

정답 01 ②

02 다음 중 결함 보고서에 기재되는 내용과 거리가 먼 것은 무엇인가?

① 검출된 결함이 영향을 미칠 수 있는 요구사항을 기술한다.

② 실제 결과와 예상 결과와의 차이점에 대한 분석 내용 및 예상치 않게 발견된 오동작 상황을 기록한다.

③ 검출된 결함과 관련된 새로운 위험 요소에 대한 분석 결과를 기술한다.

④ 결함을 고립화하고, 일반화하여 결함의 해결을 도울 수 있는 정보도 기술한다.

해설 ② 결함 설명, ③ 위험 분석, ④ 결함 설명에 해당한다.
① 결함과 관련된 요구사항을 기술하지는 않는다.

03 다음 설명에 해당하는 산출물로 올바른 것은?

- 테스트 수행 시 발생한 사건을 기록한 문서
- 오류 이해 및 재현을 할 수 있도록 상세히 기록
- 해당 오류가 테스트 활동에 미칠 수 있는 영향을 기록
- 오류 발생 가능성, 심각성, 긴급성 등을 바탕으로 오류의 위험도 기록

① 테스트 종료 보고서

② 테스트 절차 보고서

③ 테스트 결함 보고서

④ 테스트 케이스 명세서

해설
- 테스트 종료 보고서 : 테스팅 요약, 계획 대비 차이점, 테스트 메트릭, 테스트 방해 요인, 테스트 완료 평가, 잔존 위험, 테스트 산출물, 재사용 가능한 테스트 자산, 교훈
- 테스트 절차 보고서 : 테스트 목표, 테스트 케이스, 준비/시작/테스트 상세/종료/복원 절차, 결과 측정 방법
- 테스트 케이스 명세서 : 테스트 대상, 입력 명세, 출력 명세, 테스트 환경, 의존 테스트 케이스

04 테스트 결함 보고서에 기록되지 않는 것은?

① 결함에 대한 요약　　② 결함 수정 방법

③ 결함의 심각도　　④ 결함 우선순위

해설 결함 수정 방법은 테스트 결함 보고서에 기록되지 않는다.

정답 02 ① 03 ③ 04 ②

05 다음 중 테스트 결함 보고서에 일반적으로 기재되지 않는 항목은?

① 테스트 절차

② 테스트 케이스

③ 오류 발생 시간

④ 오류의 수정 예상 비용

해설 테스트 결함 보고서는 오류를 재연할 수 있을 정도로 테스트 절차, 테스트 케이스, 테스트 환경을 기술한다. 또한 오류가 심각성과 긴급성도 기술한다. 오류의 수정 예상 비용은 기재되지 않는다.

정답 05 ④

14.4 산출물 요약

14.4.1 테스트 실행 산출물

14.4.1.1 테스트 실행 로그

표 14.9는 테스트 실행 로그 산출물의 구성을 보여 준다. 테스트 실행을 수행한 테스터와 테스트 실행의 컨텍스트 측면에서 테스트 대상, 테스트 환경 등을 설명한다. 그리고 시간대별로 실제 수행된 테스트 작업과 그 결과를 기술한다. 특히, 결함이 식별된 경우는 해당 결함에 대한 식별자를 기술한다.

표 14.9 테스트 실행 로그 구성

테스트 로그 식별자		
테스터		
설명		
테스트 로그		
시간	세부 작업	관련 결함

14.4.2 결함 보고 산출물

14.4.2.1 결함 보고서

표 14.10은 결함 보고서 산출물의 구성을 보여 준다. 결함 보고서는 결함 식별자, 결함을 발견한 테스터와 발견 일시를 기록한다. 그리고 결함을 발견할 때 수행된 구체적인 개별 테스트, 테스트 대상, 테스트 환경, 테스트 케이스 및 테스트 절차 등을 결함 컨텍스트에 기술한다. 실제 실행 결과 및 발견된 이상 결과를 결함 설명에 기술한다. 그리고 결함의 심각도, 우선순위, 관련 위험 분석 결과와 현재 결함의 상태를 기술한다.

표 14.10 결함 보고서 구성

결함 식별자	
테스터	
발견 일시	
결함 컨텍스트	
결함 설명	
심각도	
우선순위	
위험 분석	
결함 상태	

14.4.2.2 결함 추적 보고서

표 14.11은 결함 추적 보고서 산출물의 구성을 보여 준다. 결함 추적 보고서는 보고된 결함을 해결하고 종결시킬 때까지의 처리 과정을 포함한다. 참고로, 결함 추적 보고서는 ISO/IEC/IEEE 29119-3 표준에 포함되어 있지는 않다.

결함 추적 보고서는 추적 대상이 되는 결함의 식별자를 먼저 작성한다. 그리고 결함에 대한 검토 정보, 결함 해결 정보, 결함 해결 검증 정보를 기술한다. 결함 검토 정보는 결함 보고서를 바탕으로 Assigned, Deferred, Closed의 검토 결과를 기술하고 그러한 결과에 대한 기준과 Assigned인 경우에는 할당된 개발자를 검토 설명에 기술한다. 결함 해결 정보는 할당된 개발자가 어떻게 결함을 해결하였는지를 기술한다. 결함에 대한 판단은 Fixed, Duplicated, Won't Fix, Invalid 등이 될 수 있으며 상세한 내용을 해결 설명에 기술한다. 이러한 해결에 대한 검증 결과는 해결 검증 정보에 기술한다. 즉, Fixed가 제대로 되었는지를 확인하기 위하여 수행한 재테스팅 결과를 기술한다. 또는 Duplicated, Won't Fix, Invalid인 경우에도 이러한 판단이 타당하고 정확한지 검증한 결과를 기술한다.

표 14.11 결함 추적 보고서 구성

결함 검토 정보			
결함 식별자			
검토자		검토 일자	
처리 유형	☑ 담당자 할당 ☐ 처리 연기 ☐ 결함 무시		
검토 설명			
결함 해결 정보			
해결자		해결 일자	
해결 유형	☑ Fixed ☐ Duplicated ☐ Won't Fix ☐ Invalid		
해결 설명			
결함 해결 검증 정보			
검증자		검증 일자	
검증 결과			
검증 설명			

제 15 장 테스트 모니터링/제어 및 테스트 종료

15.1 개 요

테스트 프로세스를 수행하는 전 과정에서 테스트 활동이 계획에 일치하여 수행하는지 모니터링할 필요가 있다. 만약, 실제 수행 상황이 계획과 일치하지 않으면 적절한 조치를 해야 한다. 예를 들어, 테스트 설계 및 구현 활동에서 테스트 범위에 포함된 각 테스트 피처에 대한 테스트 케이스 및 테스트 절차가 어느 정도 개발되고 있는지 모니터링할 수 있다. 만약, 계획보다 지체되고 있다면 테스트 관리자는 지체된 원인에 대한 분석 결과를 바탕으로 적절한 조치를 수행한다.

그림 15.1은 테스트 모니터링 및 제어 활동과 테스트 종료 활동을 보여 준다. 테스트 모니터링 및 제어 활동은 동적 테스트 프로세스를 구성하는 모든 테스트 활동의 수행에 대한 모니터링과 제어 결과 등을 테스트 현황 보고서에 기록한다. 테스트 종료 기준이 충족되면 테스트 종료 활동을 수행하고 테스트 종료 보고서를 작성한다.

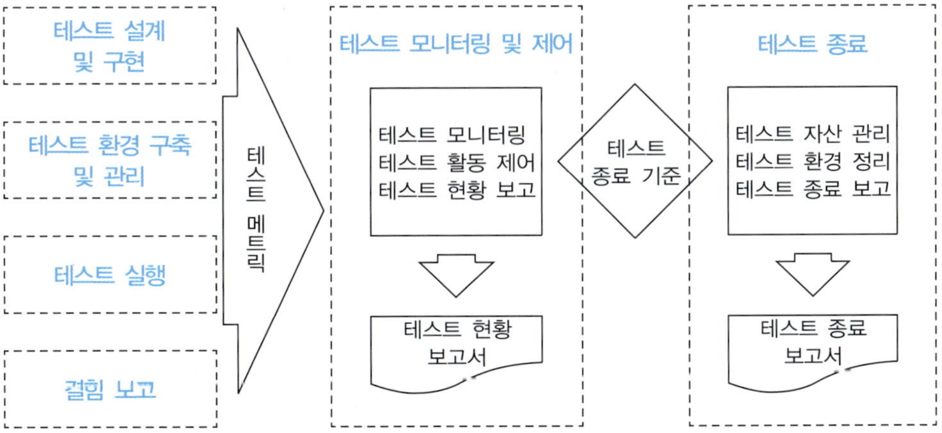

그림 15.1 테스트 모니터링/제어와 테스트 종료

- **테스트 모니터링 및 제어**: 각 동적 테스트 프로세스의 수행 상황을 테스트 메트릭을 이용하여 파악한다. 이를 바탕으로 필요하다면 적절한 조치를 결정하고 모니터링 및 제어 현황을 테스트 현황 보고서에 기록한다. 테스트 계획서에 정의된 테스트 종료 기준이 충족되는 경우에는 테스트 종료 활동을 시작하게 된다.

- **테스트 종료**: 테스트가 종료되면 테스트 수행 중 생성된 산출물을 관리한다. 그리고 테스트 환경을 약속된 상태로 정리하고 수행한 테스트 작업들과 그 결과를 테스트 종료 보고서에 기록한다.

표 15.1은 테스트 모니터링 및 제어 활동과 테스트 종료 활동에서 작성하는 산출물을 보여준다. 테스트 모니터링 및 제어 활동에서는 계획 대비 진척도, 테스트 방해 요인, 테스트 메트릭 등을 포함하는 테스트 현황 보고서를 작성한다. 그리고 테스트 종료 활동에서는 수행한 테스트 활동에 대한 요약, 계획 대비 차이점, 테스트 메트릭 등을 포함하는 테스트 종료 보고서를 작성한다.

표 15.1 **테스트 모니터링/제어 및 테스트 종료 산출물**

활동	산출물	설명
테스트 모니터링 및 제어	테스트 현황 보고서	계획 대비 진척도, 테스트 메트릭, 신규 및 변경 위험, 이후 테스트 계획을 기술한다.
테스트 종료	테스트 종료 보고서	수행한 테스트 활동에 대한 요약, 계획 대비 차이점, 테스트 방해 요인, 테스트 메트릭, 결함 목록, 잔존 위험, 테스트 완료 평가, 테스트 산출물, 재사용 가능한 테스트 자산, 교훈을 기술한다.

15.2 테스트 모니터링 및 제어

15.2.1 개요

테스트 모니터링 및 제어 활동은 테스트 계획서에 준하여 동적 테스트 프로세스가 수행될 수 있도록 각 테스트 활동을 모니터링하고 테스트 활동의 수행을 제어한다. 그림 15.2는 테스트 모니터링 및 제어 활동을 구성하는 작업들과 함께 관련된 동적 테스트 프로세스 활동과 테스트 종료 활동의 관계를 보여 준다.

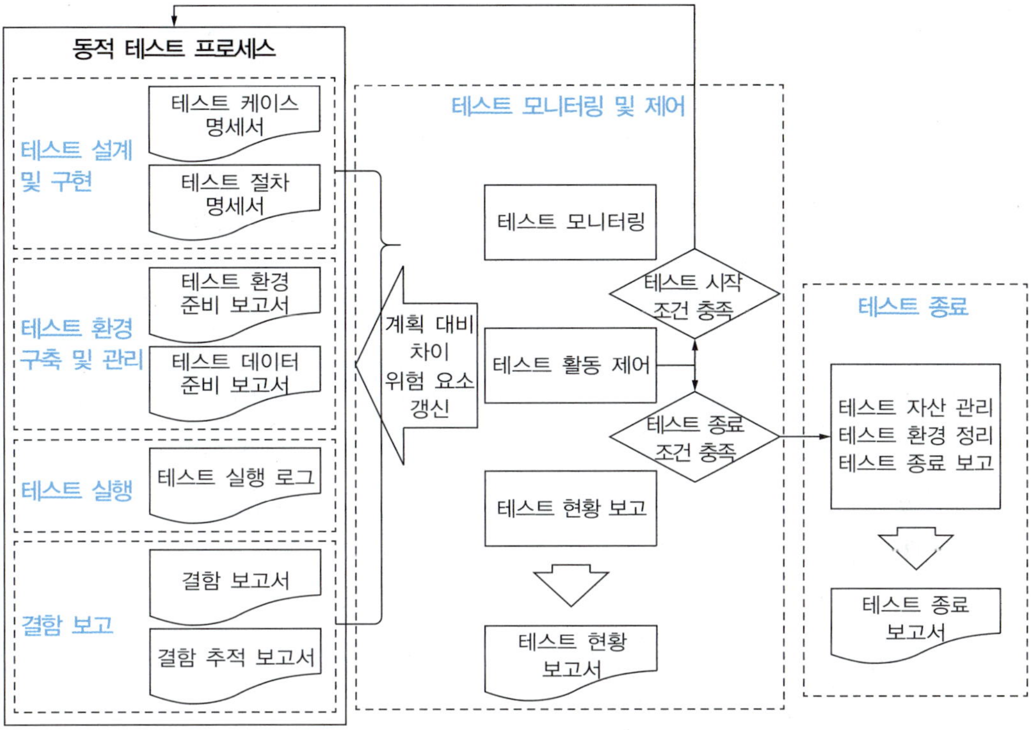

그림 15.2 **테스트 모니터링 및 제어 활동**

표 15.2는 테스트 모니터링 및 제어 활동의 산출물로 작성되는 테스트 현황 보고서의 주요 항목을 보여 준다. 테스트 현황 보고서는 보고 대상 기간의 테스트 활동 계획 대비 진척도, 테스트 활동 수행 방해 요인, 테스트 메트릭 등을 포함한다.

표 15.2 **테스트 모니터링 및 제어 활동 산출물 요약**

산출물	주요 항목
테스트 현황 보고서	• 보고 대상 기간 • 계획 대비 진척도 • 테스트 메트릭 • 신규 및 변경 위험 • 이후 테스트 계획

15.2.2 테스트 모니터링

테스트 프로세스를 수행하는 전 과정에서 테스트 활동이 계획에 일치하여 수행하는지 모니터링할 필요가 있다. 모니터링을 통해서 테스트 활동의 실제 진척도가 수립된 테스트 계획과 차이가 있는지 파악한다. 만약, 차이가 있다면 테스트를 지연시키는 원인도 분석한다.

또한, 테스트 활동 모니터링을 수행하면서 위험 관리 작업도 수행한다. 즉, 모니터링을 통해서 새로운 위험 요소를 식별하고 식별된 위험에 대한 위험도 산정과 평가를 수행하며 이를 테스트 활동의 제어에 반영한다. 마찬가지로 기존에 식별된 위험의 상황이 변경되었는지 모니터링하고 이를 고려하여 테스트 활동을 제어한다. 예를 들어, 기존 위험의 위험도가 상승하였다면 더욱 강한 테스팅을 수행할 수 있도록 테스트 설계 기법 및 테스트 완료 기준 등을 조정할 수 있다.

테스트 프로세스의 활동 중에서 테스트 설계 및 구현 활동과 테스트 실행 활동이 큰 비중을 차지한다. 테스트 설계 및 구현 활동은 각 테스트 대상별로 다양한 설계 기법을 적용하여 다수의 테스트 케이스와 테스트 절차를 개발할 때 많은 시간이 투입된다. 그리고 테스트 실행 활동은 다수의 테스트 절차 및 테스트 케이스를 반복적으로 실행하여 결함을 검출하므로 역시 많은 시간이 필요하다. 따라서 테스트 모니터링은 테스트 설계 및 구현 활동과 테스트 실행 활동에서 중요성이 더 높다고 볼 수 있으며, 본 절에서는 테스트 실행 활동에 초점을 두고 테스트 모니터링을 소개한다. 테스트 활동의 실제 상황을 객관적으로 분석하고 판단하기 위해서 테스트 계획을 수립할 때 테스트 메트릭을 정의하였다. 따라서 테스트 계획에서 결정된 메트릭을 이용하여 테스트 상황에 대한 정량적인 모니터링을 할 수 있다. 표 15.3은 특히 테스트 실행 및 결함 보고 활동에서 측정될 수 있는 메트릭을 보여 준다.

표 15.3 **테스트 실행 및 결함 보고 관련 메트릭 예**

메트릭 유형	메트릭
테스트 실행 유형	실행된 테스트 절차(테스트 케이스) 비율 통과된 테스트 절차(테스트 케이스) 비율 실패한 테스트 절차(테스트 케이스) 비율
커버리지 유형	요구사항 커버리지, 설계 커버리지, 코드 커버리지
결함 유형	검출 결함 수, 검출 결함 밀도, 상태별 결함 수, 결함 나이 등

테스트 산출물 중에서는 결함 보고서와 결함 추적 보고서가 테스트 모니터링 측면에서 중요한 역할을 한다. 결함 보고서와 결함 추적 보고서는 식별된 결함에 대한 정보와 각 결함에 대한 처리 작업을 담고 있다. 또한, 결함 처리 상태를 바탕으로 테스트 관리자는 테스트 활동이 계획에 일치하여 진행되고 있는지 그리고 테스트를 종료할지를 판단한다.

예를 들어, 그림 15.3은 발견된 결함들을 심각도별로 분류하여 그 비율을 그래프로 보여 준다. 테스트 관리자는 이 그래프를 통하여 테스트 활동을 종료하거나 적용된 테스트 기법이 얼마나 효과적인지를 판단할 수 있다. 예를 들어 심각도가 높은 결함의 비율이 상대적으로 낮으면 테스트를 종료하겠다는 판단을 할 수도 있다. 반대로 심각도가 높은 결함의 비율이 상대적으로 높으면, 적용된 테스트 기법이 높은 심각도의 결함을 검출하는 데 효과적이라고 판단할 수 있다.

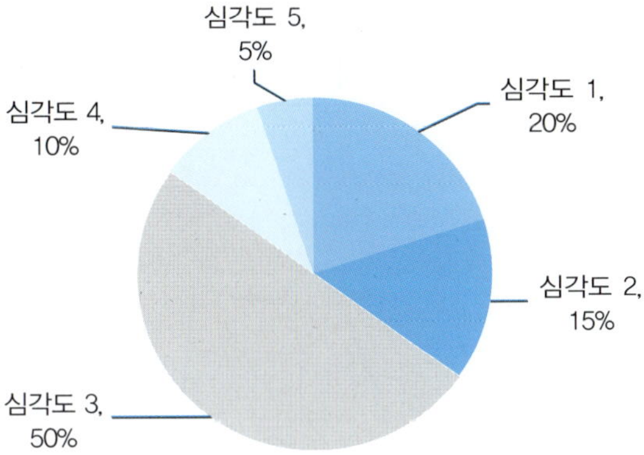

그림 15.3 결함의 심각도별 비율

그림 15.4는 시스템을 구성하는 서브시스템별로 발견된 결함의 수를 보여 준다. 결함을 설명하고 있는 결함 보고서를 통하여 테스트 대상을 파악할 수 있으므로 그림과 같이 각 서브시스템 또는 모듈별로 발생한 결함의 수를 구하는 것이 가능하다.

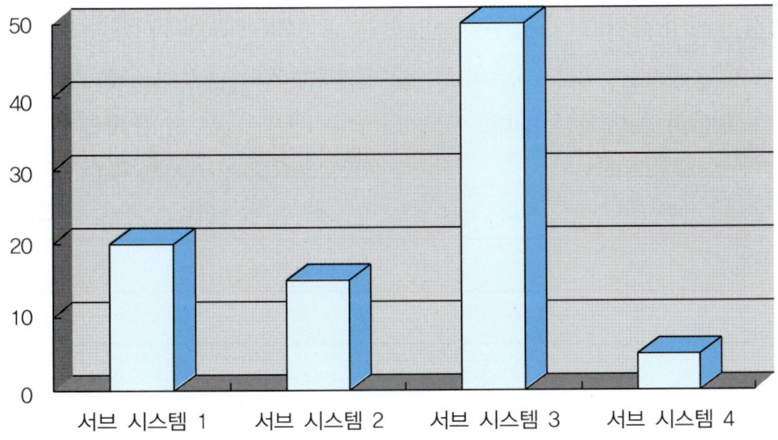

그림 15.4 서브시스템별 발생 결함의 수

만약, 이 그래프가 테스트를 수행하는 과정 중에서 얻은 것이라면 서브시스템3이 결함을 많이 가지고 있고 앞으로도 많은 결함이 발생하리라 예측할 수 있다. 테스트 관리자는 이 예측을 바탕으로 서브시스템3에 대한 테스트 노력을 조정할 수도 있다. 그리고 향후에 유사한 시스템을 테스트하는 경우에 이 정보를 바탕으로 테스트 계획을 수립할 수 있다.

그림 15.5는 새로 발견되어 등록된 결함 즉 "Open" 결함의 수를 테스트 날짜별로 보여 준다. 테스트 관리자는 테스트 종료 여부를 판단할 때 이 그래프를 이용할 수 있다. 예를 들어, 이 그래프는 전반부에는 계속해서 새로운 결함이 발견되지만, 후반부에 접어들면서 발견 결함의 수가 급감하고 비교적 작은 수의 결함이 발견되고 있음을 보여 준다. 이런 패턴일 때 테스트 관리자는 정확한 판단이라고 확신할 수는 없지만, 후반부에서는 발생 결함의 수가 적고 계속해서 적어지고 있으므로 테스트를 종료해도 좋다고 판단할 수 있다.

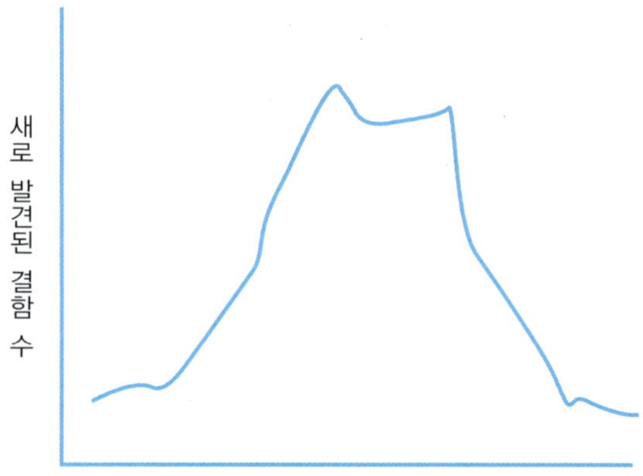

그림 15.5 **날짜별 발견된 결함 수**

그림 15.6은 발견된 결함의 수를 누적하여 보여 준다. 누적 결함 수가 후반부에서 증가하지 않고 일정하게 유지되는 것은 후반부에서는 결함이 새롭게 발견되지 않고 있다고 판단할 수 있다. 이 그래프는 그림 15.5의 그래프를 바탕으로 결함의 수를 누적시킨 것이며 새로운 정보를 표현하고 있지는 않다.

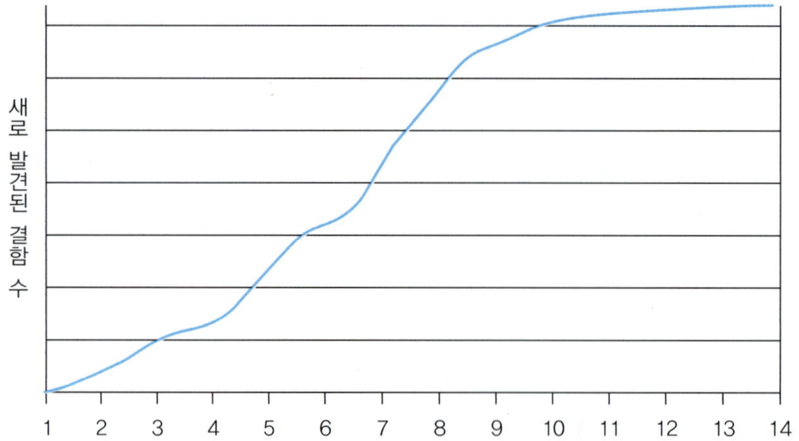

그림 15.6 **발견된 누적 결함 수**

그림 15.7은 새롭게 발견된 결함(Open), 해결된 결함(Resolved)과 검증(Verified)되고 종결된 결함(Closed)의 수를 상태별로 누적하여 보여 준다.

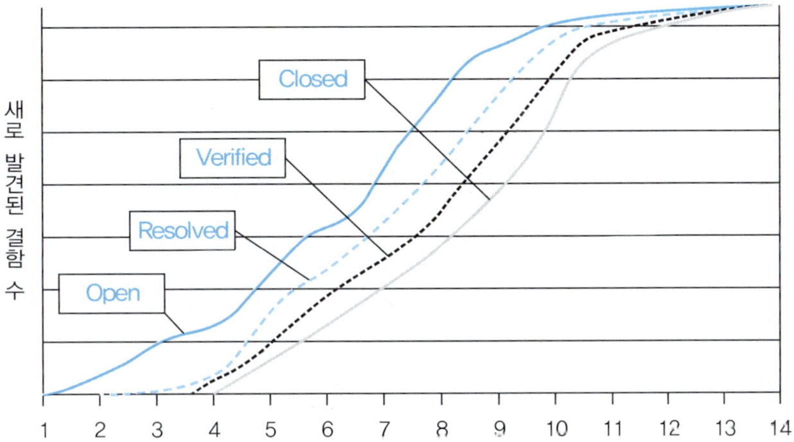

그림 15.7 상태별 누적 결함 수

이 그래프를 바탕으로 개발자와 테스터가 수행할 작업의 양에 대한 예측이 가능하다. 그래프에서 Open 곡선과 Resolved 곡선 사이의 공간은 Open 되었지만 아직 Resolved 되지 않은 결함들을 뜻한다. 따라서 이것은 개발자가 결함 수정 등의 해결 작업을 해야 함을 의미한다. 그리고 Resolved 곡선과 Verified 곡선 사이의 영역은 Resolved 되었지만 아직 Verified 되지 않은 결함들을 뜻한다. 따라서 이 영역은 개발자가 수정한 사항을 다시 재테스팅하여 검증해야 하는 작업을 의미한다.

그림 15.8은 결함 나이(Defect age)별 결함의 수를 보여 준다. 결함 나이는 결함이 보고(Open)된 이후 종결(Closed)이 될 때까지의 시간을 말한다. 결함은 검출되면 적절한 시간 이내에 해결되는 것이 바람직하므로 결함 나이는 합의된 일정 기간을 설정하는 편이 바람직하다. 만약, 결함 나이가 큰 결함들이 있다면 그 원인을 분석해서 적절히 조치해야 한다.

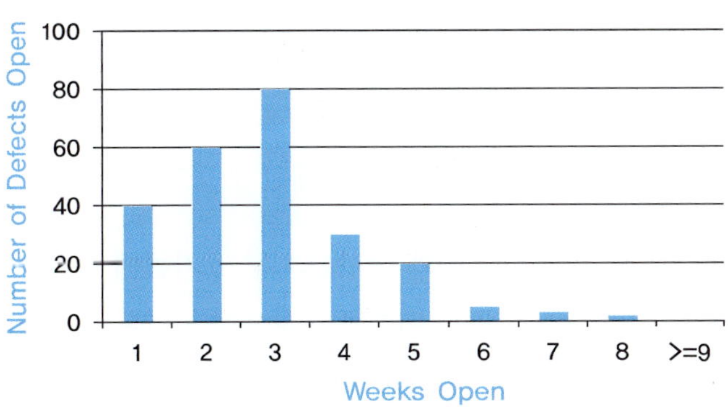

그림 15.8 결함 나이

15.2.3 테스트 활동 제어

동적 테스트 프로세스의 활동을 메트릭 등을 이용한 모니터링을 바탕으로 적절히 제어한다.

15.2.3.1 테스트 활동 제어 유형

테스트 활동에 대한 모니터링을 바탕으로 다음과 같은 4가지 유형의 제어가 수행될 수 있다.

- **동적 테스트 활동의 시작:** 테스트 계획서에는 동적 테스트 프로세스 또는 동적 테스트 활동에 대한 시작 조건이 정의되어 있다. 테스트 모니터링을 통해서 명시된 시작 조건이 충족되면 해당 테스트 활동을 시작한다.
- **동적 테스트 활동의 종료:** 테스트 계획서에 명시된 동적 테스트 프로세스 또는 동적 테스트 활동의 종료 조건이 만족되면 해당 테스트 활동을 종료한다.
- **테스트 계획과의 차이:** 만약 실제 테스트 진행 상황이 테스트 계획서에 명시된 일정과 상이하다면 이를 해결하기 위한 작업이 수행될 수 있다.
- **위험 관리:** 새로운 위험이 식별되거나 기존 위험에 변동이 발생하면 테스트 활동을 적절히 제어할 필요가 있다.

15.2.3.2 테스트 활동 제어 방법

테스트 계획과 실제 테스트 활동의 수행에 차이가 있으면 위험 관리 측면에서는 다음과 같은 방법으로 테스트 활동에 대한 제어(조치)가 필요하다. 또한, 새로운 위험이 식별되거나 기존 위험의 상태가 변경된 경우에는 다음과 같은 테스트 제어가 수행될 수 있다.

❑ 테스트 컨텍스트 관점의 테스트 활동 제어

모니터링의 결과 상황에 따라서 테스트 컨텍스트에 대한 조정도 필요할 수 있다. 즉, 테스트 대상, 테스트 범위, 가정 및 제약사항 등에 대한 변경이 필요할 수 있다.

예를 들어, 새로운 위험이 발견되어 이에 대한 조치로서 기존에 누락되었던 컴포넌트가 테스트 대상에 포함될 수도 있으며, 기존 테스트 대상에서 누락되었던 테스트 피처가 새롭게 추가될 수도 있다.

❑ 테스트 전략 관점의 테스트 활동 제어

모니터링의 결과 상황에 따라서 다양한 테스트 전략의 조정이 필요할 수 있다. 즉, 새로운 개별 테스트를 추가하거나, 테스트 설계 기법을 조정하거나, 테스트 환경을 조정하거나, 재테스팅 및 회귀 테스팅 기준을 조정할 수 있다.

만약, 시스템 테스트를 수행할 때 컴포넌트 간의 연동과 관련된 결함이 다수 식별되었다면 누락하였던 통합 테스트를 수행하거나, 통합 테스트를 추가적으로 수행할 수 있다. 테스트 피처와 관련된 기능 및 품질의 위험도가 상승하면 해당 테스트 피처에 대한 테스트 설계 강도를 상향 조정할 수도 있다. 예를 들어, 기존에는 결정 커버리지 90%로 테스트 케이스를 설계하였지만 이를 상향 조정하여 결정 커버리지 100%로 테스트 케이스를 보강할 수 있다.

❑ 테스트 수행 계획 관점의 테스트 활동 제어

모니터링의 결과 상황에 따라서 일정 조정, 인력 조정, 의사소통 등이 필요할 수 있다. 예를 들어, 테스트 절차의 실행 비율이 계획보다 지체되고 있다면 이를 만회하기 위해서 인력을 추가 투입할 수 있고 테스트 실행 일정을 연기할 수도 있다. 새로운 위험이 많이 식별되거나 기존 위험들의 발생 가능성이 커지는 상황이라면 이해 관계자들과 더 빈번히 테스트 상황을 공유할 필요도 있다.

15.2.4 테스트 현황 보고

테스트 모니터링 결과와 이에 따른 제어 작업 등을 포함하여 진행 중인 테스트 프로세스에 대한 현황은 정기적으로 보고하는 것이 필요하다. 테스트 계획에서는 테스트팀을 포함하여 개발 팀과의 의사소통을 위해 테스트 현황을 정기적으로 보고하도록 계획되어 있다. 즉, 테스트 현황을 보고하는 시점/주기, 보고 목적, 그리고 보고 방법 등의 계획에 따라서 테스트 현황 보고를 수행하면 된다. 특히, 다음의 항목을 테스트 현황 보고에 포함한다.

- 보고 대상 기간: 보고의 대상이 되는 테스트 활동의 기간을 기술한다.
- 계획 대비 진척도: 테스트 계획서에 정의된 계획을 기준으로 한 진척도를 기술한다. 만약, 계획 대비 지체되는 작업이 있다면 그 원인을 분석하고 테스트 프로젝트에 미칠 수 있는 영향을 기술한다. 그리고 이 문제를 해소하기 위한 방법도 기술한다.

- **테스트 메트릭**: 보고 대상 기간 동안의 테스트 활동에 대한 메트릭 측정값을 기술한다. 테스트 계획서의 테스트 메트릭을 기준으로 기술하며 개발된 테스트 케이스 및 테스트 절차의 수, 실행된 테스트 케이스 및 테스트 절차의 수, 통과된 테스트 케이스 및 테스트 절차의 수, 검출된 결함의 수 등은 대표적인 메트릭이다.

- **신규 및 변경 위험**: 금번 보고 대상 기간 동안에 새롭게 식별된 위험에 대한 분석 결과를 기술한다. 또한, 기존 위험의 변경, 즉, 위험의 해소, 발생 가능성 변경 등을 기술한다.

- **이후 테스트 계획**: 다음 보고 시점까지 수행할 테스트 활동에 대한 계획을 기술한다. 특히 테스트 활동의 수행을 지체시킨 요인에 대한 조치, 새롭게 발견된 위험에 대한 회피, 완화, 전가, 수용 등의 조치 계획을 포함한다.

Exercise

01 다음 중 테스트 모니터링 및 제어 활동에서 테스트 활동에 대한 제어에 대한 설명으로 가장 거리가 먼 것은?

① 동적 테스트 활동의 시작을 결정한다.

② 동적 테스트 활동의 종료를 결정한다.

③ 테스트 계획과의 차이를 보완하기 위한 작업을 결정한다.

④ 테스트 완료 기준을 바탕으로 테스트 완료 여부를 결정한다.

해설 ④ 테스트 완료 기준 평가는 테스트 종료 활동에서 수행된다.

02 다음 중 테스트 모니터링에 대한 설명으로 올바르지 않은 것은 무엇인가?

① 테스트 활동에 대한 모니터링 수행에서는 위험 관리 작업을 생략한다.

② 테스트 계획과 활동에 차이가 있다면 테스트 진척도를 지연시키는 원인을 분석한다.

③ 모니터링을 통해서 테스트 활동의 실제 진척도가 수립된 테스트 계획과 차이가 있는지 파악한다.

④ 테스트 계획에서 결정된 메트릭을 이용하여 테스트 상황에 대한 정량적인 모니터링을 수행한다.

해설 ① 테스트 활동에 대한 모니터링을 수행하면서 위험 관리 작업도 수행될 필요가 있다. 즉, 모니터링을 통해서 새로운 위험 요소가 식별될 수가 있으며 식별된 위험에 대한 위험도 산정과 평가를 수행하고 이를 테스트 활동의 제어에 반영할 필요가 있다.

03 다음은 테스트 프로세스 중 테스트 모니터링 및 제어 단계에 관한 내용이다. 올바르지 않은 설명은 무엇인가?

① 계획된 일정에 따라 테스트가 진행되고 있는지 조사한다.

② 테스트 종료 기준을 만족하면 테스트 활동을 종료하도록 승인한다.

③ 계획 대비 차이가 있더라도 계획된 테스트 활동은 한 사이클 동안은 유지한다.

④ 측정되고 수집된 테스트 지표를 통해 테스트 계획 대비 진척도를 모니터링한다.

해설 테스트 모니터링 및 제어 단계는 테스트 계획에 따라 테스트가 진행되고 있는지를 자세히 조사하고 계획 대비 차이가 있으면 계획된 테스트 활동을 조정하는 단계이다. 설정(Set up) → 모니터(Monitor) → 제어(Control) → 보고(Report) 단계로 이루어진다.
③번은 모니터링 및 제어 단계에서는 계획 대비 차이가 있는 경우 계획된 테스트 활동을 조정하는 것이 적합하므로 틀린 답이다.

정답 01 ④ 02 ① 03 ③

04 다음 중 테스트 모니터링 및 제어 활동으로 올바르지 않은 것은?

① 결함 발견율, 조치율, 수정율 및 결함 추이를 관리한다.

② 계획된 일정 대비 테스트가 정상적으로 수행되는지 확인한다.

③ 테스트를 수행할 인적 자원에 대한 역량 및 역할을 결정한다.

④ 정기적 또는 비정기적으로 회의를 통해 테스트 진행 상태를 확인한다.

해설 ③ 테스트 계획 단계에서 테스트를 수행할 인적 자원에 대한 역량 및 역할을 결정한다.

05 다음에 해당하는 테스트 활동은 무엇인가?

- 테스트 관리자는 정기적으로 테스트 활동 진행을 점검하기 위해 검토 회의를 개최하고 테스트 진행 상태를 확인한다.
- 검토 회의에서는 수립된 일정계획과 실제 테스트 상태 및 테스트 진행 상황을 비교한다.
- 실제 테스트 진행 상황이 계획과 다를 경우 그 원인 및 파급 효과를 분석한다.

① 테스트 분석 및 설계 ② 테스트 구현 및 실행

③ 테스트 모니터링 및 제어 ④ 테스트 실행 완료 및 보고

정답 04 ③ 05 ③

15.3 테스트 종료

15.3.1 개요

테스트 활동이 종료되면 테스트 프로젝트에서 생성된 결과물을 이후 테스트 프로젝트에서도 재사용될 수 있도록 테스트 자산으로 관리한다. 그리고 테스트 프로젝트에서 사용되었던 다양한 테스트 환경 요소들을 약속된 상태로 정리한다. 마지막으로 수행된 테스팅 작업과 그 결과를 테스트 종료 보고서에 기록한다. 표 15.4는 테스트 종료 활동의 산출물인 테스트 종료 보고서의 주요 항목을 보여 준다.

표 15.4 테스트 종료 활동 산출물 요약

산출물	주요 항목
테스트 종료 보고서	• 테스팅 요약 • 계획 대비 차이점 • 테스트 방해 요인 • 테스트 메트릭 • 결함 목록 • 잔존 위험 • 테스트 완료 평가 • 테스트 산출물 • 재사용 가능한 테스트 자산 • 교훈

15.3.2 테스트 자산 관리

수행된 테스트에서 작성된 산출물 중 추후 재사용될 수 있는 테스트 자산을 식별한다. 예를 들어, 테스트 계획서, 테스트 설계 명세서, 테스트 케이스 명세서, 테스트 절차 명세서 등은 나중에 비슷한 유형의 프로젝트에서 재사용될 가능성이 크다.

이와 같이 재사용 가능성이 있는 것으로 식별된 테스트 자산은 추후 재사용을 위하여 형상 관리 시스템 같은 공유 시스템에 저장한다. 즉, 각 테스트 자산을 형상 관리 대상 항목으로 식별하고 형상 관리 방법을 적용해서 고유의 식별자를 부여한다. 그리고 조직 내에서 형상 항목을 공유하기 위한 시스템에 테스트 자산을 저장한다. 그리고 저장된 테스트 자산에 대한 적절한 형상 통제를 수행하고 형상 상태를 보고한다.

15.3.3 테스트 환경 정리

테스트 환경 요소는 테스트 계획을 수립할 때 식별되고 테스트 설계 및 구현 활동에서 구체화된다. 그리고 각 테스트 환경 요소는 테스트 환경 구축 및 관리 활동에서 준비된다. 테스트가 종료되면 테스트 실행 시 사용되었던 테스트 환경을 원래의 상태로 복구한다. 즉, 테스트 대상을 실행시키기 위하여 다양한 테스트 환경 요소가 필요했는데, 이들 테스트 환경 요소를 테스트에 사용하기 이전의 상태로 복구한다.

15.3.4 테스트 종료 보고

테스트 활동이 종료되면 그동안 수행하였던 테스트 활동 결과를 테스트 종료 보고서에 기록한다. 테스트 종료 보고서는 테스트 보고서 또는 테스트 요약 보고서 등으로 불리기도 한다. 테스트 종료 보고서는 테스트 요약, 계획 대비 차이점, 테스트 메트릭, 테스트 방해 요인, 잔존 위험, 테스트 완료 평가, 테스트 산출물, 재사용 가능한 테스트 자산, 그리고 교훈을 기록한다.

15.3.4.1 테스트 종료 보고서

15.3.4.1.1 테스트 요약

테스트 보고서 전체 내용의 간략한 요약으로 테스트 대상, 테스트 환경, 관련된 테스트 문서, 테스트의 전반적인 결과를 기술한다.

종료 보고서 작성 대상이 되는 테스트 대상을 나열한다. 나열되는 각 테스트 대상은 관련된 테스트 계획서, 테스트 케이스 명세서에 사용된 테스트 대상과 동일한 이름 및 식별자를 가져야 한다.

각 테스트 대상별로 관련된 테스트 계획서, 테스트 설계 명세서, 테스트 케이스 명세서, 테스트 절차 명세서, 테스트 실행 로그와 결함 보고서를 명시한다. 마찬가지로 각 테스트 문서에 대한 식별자를 일관되게 사용하여 테스트 문서를 지칭해야 한다.

테스트를 실행한 테스트 환경을 간략히 기술한다. 테스트 환경 요건 명세서의 테스트 환경은 테스트 환경을 실제로 구축하기 위해 구체적이고 상세히 기술해야 하지만, 테스트 종료 보고서에 기술되는 테스트 환경은 테스트 종료 보고서의 결과를 이해하고 판단하는 데 필요한 수준에서 간략하게 기술할 수 있다.

수행된 테스트의 전반적인 결과를 간략히 기술한다. 예를 들어, 컴포넌트 테스트 종료 보고서는 테스트를 통과한 모듈의 수와 비율 등이 전반적인 테스트 결과로서 기술될 수 있다. 시스템 테스트와 인수 테스트의 경우에는 통과된 테스트 절차의 수와 비율 등을 기술한다.

15.3.4.1.2 계획 대비 차이점

초기에 수립된 테스트 계획은 테스트 설계 및 구현, 테스트 환경 구축 및 관리, 테스트 실행 등의 테스트 활동에 대한 구체적인 지침이라고 볼 수 있다. 그러나 실제 수행된 테스트 활동은 기존에 정의된 계획과 차이가 생길 수 밖에 없다.

만약, 기존에 수립된 계획과 실제로 수행된 테스트 활동 사이에 차이가 있다면, 그 변동 사항과 변동이 필요했던 이유를 기술한다. 예를 들어, 테스트 계획을 수립할 때 예상된 값에 비하여 높은 위험 수준이 있다고 판단되었다면 이에 따라서 테스트 설계 및 구현 활동에 변동이 발생할 수 있을 것이다. 이때, 예상보다 높은 위험 수준의 테스트 피처에 대한 테스트를 수행하기 위해서 기존에 선택하였던 테스트 설계 기법보다 효과적인 테스트 기법으로 변경하고 테스트 완료 기준을 강화할 수 있다. 그리고 보다 효과적인 테스트 설계 기법과 강화된 테스트 완료 기준으로 인해서 기존보다 많은 수의 테스트 케이스 및 테스트 절차가 생성될 수 있으며, 더 많은 수의 테스트 절차를 실행하기 위해서 테스트 자동화 도구를 도입할 필요가 있고, 테스트 자동화 도구의 도입은 테스트 절차의 변경을 유발할 수도 있다.

테스트 보고서 변동의 원인(예상보다 높은 위험 수준)과 이로 인해 발생한 변동사항을 요약하여 기술한다. 테스트 관리자는 이 변동 사항 부분을 통하여 초기의 테스트 계획과 실제로 수행된 테스트 활동 사이에 어떤 차이가 있었고 그 이유가 무엇인지를 쉽게 파악할 수 있다.

15.3.4.1.3 테스트 방해 요인

테스트 활동 수행을 방해했던 요인과 그러한 상황을 어떻게 해결하였는지를 기술한다. 표 15.5는 테스트 활동 및 작업을 수행할 때 발생할 수 있는 방해 요인과 이에 대한 해결책의 예를 보여 준다.

표 15.5 **테스트 방해 요인**

활동	작업	방해 요인	해결책
테스트 계획	테스트 컨텍스트 명세	테스트 대상에 대한 정보 부족	개발팀 참여
테스트 설계 및 구현	테스트 케이스 개발	테스트 대상의 동작에 대한 명세 부재	테스트 모델 구축
테스트 실행	테스트 결과 비교	음성 등에 대한 정확한 비교가 어려움	결과 비교 도구 도입
결함 보고	결함 기록	모든 결함이 긴급한 것으로 보고됨	우선순위 부여 기준 구체화

15.3.4.1.4 테스트 메트릭

수행한 테스트 활동을 요약하며, 테스트 활동에 대한 메트릭을 정리한다. 테스트 현황 보고서와 마찬가지로 테스트 계획에서 명시된 테스트 메트릭에 대한 측정치를 기술한다. 다만 여기서는 테스트 종료 시점의 최종적인 메트릭 측정치를 보여 준다. 표 15.6은 테스트 종료 보고서에서 제시되는 테스트 메트릭의 예를 보여 준다.

표 15.6 **테스트 메트릭**

활동	작업	값
테스트 설계 및 구현	테스트 케이스 수	
	테스트 절차 수	
테스트 실행	실행된 테스트 케이스(테스트 절차) 수	
	통과된 테스트 케이스(테스트 절차) 수	
	실패 테스트 케이스(테스트 절차) 수	
	요구사항 커버리지	
	설계 커버리지	
	코드 커버리지	
결함 보고	검출 결함 수	
	검출 결함 밀도	
	상태별 결함 수	

그뿐만 아니라, 테스트 활동을 수행하는 데 얼마나 많은 노력을 투입하였는지를 기술한다. 표 15.7은 테스트 활동에 대한 요약의 예를 보여 준다. 각 테스트 활동별로 투입된 노력을 투입 시간, 투입 일자 등으로 기술한다.

표 15.7 **테스트 활동 요약**

테스트 활동	투입 노력
테스트 계획	
테스트 설계 및 구현	
테스트 환경 구축 및 관리	
테스트 실행	
결함 보고	
테스트 모니터링 및 제어	
테스트 종료	

15.3.4.1.5 결함 목록

테스트 활동으로 검출한 각 결함에 대한 최종 상태를 요약한다. 표 15.8은 테스트 종료 보고서에 기록되는 결함 목록의 예를 보여 준다.

표 15.8 **결함 목록**

결함 식별자	최종 결함 상태	미종결 이유

검출된 각 결함에 대한 결함 식별자를 기술한다. 이 결함 식별자는 결함 보고서와 결함 추적 보고서의 결함 식별자와 동일하므로 결함 식별자를 이용하면 결함에 대한 모든 정보를 구할 수 있다.

검출된 각 결함에 대한 현재 상태를 기술한다. 결함의 현재 상태는 결함 보고 활동에서 설명한 결함 생명 주기의 상태를 의미한다. 따라서 결함이 해결되고 이에 대한 검증이 완료되어 종결된 결함은 "Closed"로 표시되며, 아직 종결되지 않은 결함은 "Closed" 이외의 상태로서 "Review", "Assigned", "Resolved", "Deferred" 등의 상태에 있을 수 있다. 이와 같이 최종적으로 종결되지 않은 결함에 대해서는 그 이유를 함께 기술한다.

참고로 ISO/IEC/IEEE 29119의 테스트 종료 보고서(Test Completion Report) 항목에서는 검출된 결함에 대한 최종 결과를 기술하지는 않지만 결함 정보는 테스트 완료 평가 및 테스트 결과에 대한 분석이 중요하므로 테스트 종료 보고서에 포함하였다.

15.3.4.1.6 잔존 위험

테스팅이 종료될 때까지 적절하게 조치되지 않은 위험을 나열한다. 즉, 테스트 활동을 통해서 완전하게 해소되지 않았거나, 새롭게 식별된 위험을 나열한다. 표 15.9는 테스트 종료 시점에 해소되지 않은 위험을 나열하는 예를 보여 준다. 미해소된 각 위험에 대하여 위험도와 완전히 해소되지 않은 이유 그리고 이 위험으로 인하여 소프트웨어의 품질에 미치는 영향을 기술한다.

표 15.9 미해소 위험 목록

위험	위험도	미해소 이유	영향

15.3.4.1.7 테스트 완료 평가

테스트 종료 보고서는 테스트 완료 여부에 대한 평가 결과를 기록한다. 표 15.10은 테스트 완료 평가의 양식을 보여 준다.

표 15.10 테스트 완료 평가

테스트 완료 기준	평가 결과	설명

테스트 완료 기준은 테스트 계획서에 명시된 각 기준을 사용한다. 예를 들어, 테스트 절차 통과 비율, 요구사항 커버리지, 미해결 결함의 수 등이 될 것이다. 만약, 테스트 계획서에 명시된 테스트 완료 기준을 통과하지 못했다면 그 이유를 설명한다.

또한, 테스트가 종료된 시점의 위험 상태도 테스트 완료 평가를 수행할 때 고려한다. 위험에 대한 기준은 테스트 계획서에 명시적으로 테스트 완료 기준으로 제시되지 않았지만, 앞에서 나열한 잔존 위험에 대한 결과를 바탕으로 테스트 완료 여부에 대한 평가를 수행한다.

15.3.4.1.8 테스트 산출물

테스트 활동을 수행하여 작성된 테스트 산출물을 나열한다. 각 테스트 산출물별로 명확한 이름과 최종 버전, 그리고 저장 위치 등을 명시한다. 표 15.11은 테스트 보고서에 기록되는 테스트 산출물의 예를 보여 준다.

표 15.11 **테스트 산출물 예시**

활동	산출물 명	버전	위치
테스트 계획	프로젝트 테스트 계획서	2.0	…
	컴포넌트 테스트 계획서		
	통합 테스트 계획서		
	…		
테스트 설계 및 구현	컴포넌트 테스트 설계서		
	컴포넌트 테스트 케이스 명세서		
	컴포넌트 테스트 절차 명세서		
	통합 테스트 설계서		
	…		
테스트 환경 구축 및 관리	컴포넌트 테스트 환경 준비 보고서		
	컴포넌트 테스트 데이터 준비 보고서		
	통합 테스트 환경 준비 보고서		
	…		

15.3.4.1.9 재사용 가능한 테스트 자산

테스트 산출물을 포함하여 추후 재사용 가능한 테스트 자산을 나열한다. 추후 공유되고 재사용될 수 있도록 표 15.11의 양식처럼 구체적으로 기록한다.

15.3.4.1.10 교훈

테스트를 통하여 얻은 교훈을 나열한다. 이 교훈들은 추후에 조직의 테스트 프로세스를 개선하는 데 활용될 수 있다. 다음의 사항이 교훈으로 나열될 수 있다.

- 효과적으로 수행된 테스트 활동과 성공을 이끈 원칙 분석
- 비효율적으로 즉, 잘 수행되지 못한 테스트 활동과 그 원인에 대한 분석
- 테스트 프로세스, 개발 프로세스를 포함한 프로세스 개선 제안

15.3.4.2 개별 테스트 종료 보고서와 프로젝트 테스트 종료 보고서

수행할 개별 테스트마다 테스트 계획서를 작성하였듯이 마찬가지로 수행된 개별 테스트마다 테스트 종료 보고서를 작성한다. 예를 들어, 컴포넌트 테스트는 컴포넌트 테스트 종료 보고서, 통합 테스트는 통합 테스트 종료 보고서를 작성한다. 마찬가지로 성능 테스트를 수행하였다면 성능 테스트 종료 보고서를 작성한다.

프로젝트 수준의 테스트 계획서를 바탕으로 컴포넌트 테스트, 통합 테스트, 시스템 테스트, 인수 테스트 등의 개별 테스트에 대한 테스트 계획서를 수립했듯이 개별 테스트에 대한 테스트 종료 보고서를 바탕으로 프로젝트 수준의 테스트 종료 보고서를 작성한다. 그림 15.9는 프로젝트 테스트와 개별 테스트에 대한 테스트 계획서 및 테스트 종료 보고서 간의 관계를 보여 준다.

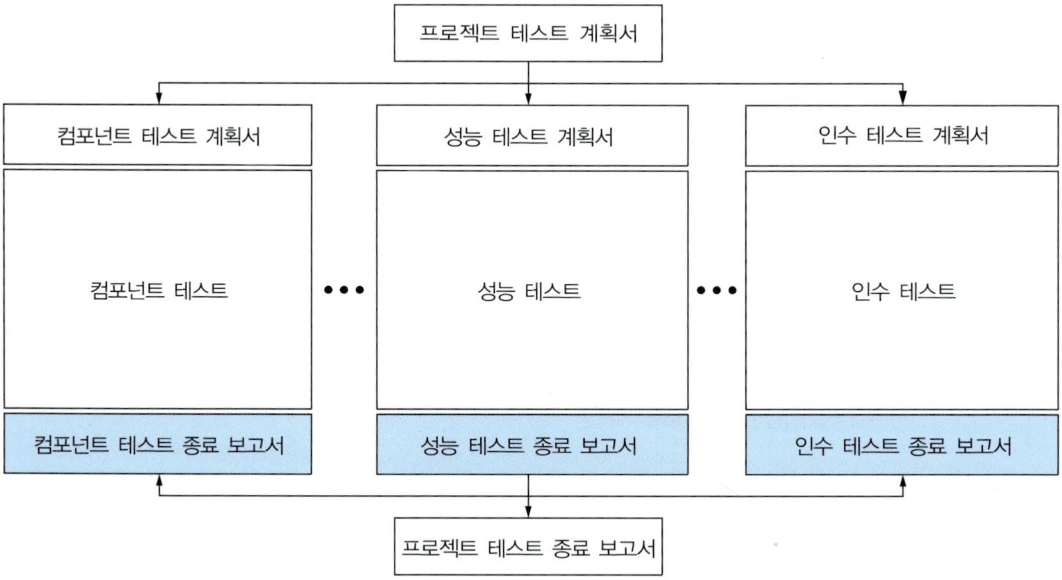

그림 15.9 **프로젝트 및 개별 테스트 수준의 종료 보고**

테스트 종료 보고서는 테스트 결과에 대한 종합적인 평가를 담고 있다. 따라서 각 레벨 테스트 종료 보고서는 다음 레벨의 테스트 실행을 시작할 준비가 되었는지를 판단하는 데 이용될 수 있다. 예를 들어, 컴포넌트 테스트 보고서에는 컴포넌트 테스트를 통과한 모듈의 비율과 각 모듈별 통과 여부가 기록된다. 또한, 컴포넌트 테스트 계획서의 기준에 따라서 충분히 테스트가 되었는지와 충분히 테스트 되지 않은 모듈들이 기록되어 있다.

이 정보는 통합 테스트를 실행할 준비가 되었는지 판단할 때 이용될 수 있다. 만약, 컴포넌트 테스트 요약 보고서에 통합 테스트에서 사용되는 모듈들이 충분히 테스트 되었다고 기록되지 않았을때 통합 테스트를 실행하는 것은 바람직하지 않다.

마찬가지로 통합 테스트 보고서는 시스템 테스트를 실행할 준비가 되었는지 판단할 때 이용할 수 있다. 마지막으로 인수 테스트 보고서는 시스템이 출시될 준비가 되었는지 판단할 때 이용할 수 있다. 즉, 인수 테스트 보고서에 기재된 테스트 완료 평가, 잔존 위험 등이 시스템의 출시 여부에 영향을 미치게 된다.

15.4 산출물 요약

15.4.1 테스트 모니터링 및 제어 산출물

15.4.1.1 테스트 현황 보고서

표 15.12는 테스트 현황 보고서 산출물의 구성 항목을 보여 준다. 테스트 현황 보고서는 보고 기간, 계획 대비 진척도, 테스트 방해 요인, 테스트 메트릭, 신규 및 변경 위험, 그리고 이후 테스트 계획을 기술한다.

표 15.12 테스트 현황 보고서 구성

보고 기간	
계획 대비 진척도	
테스트 방해 요인	
테스트 메트릭	
신규 및 변경 위험	
이후 테스트 계획	

15.4.2 테스트 종료 산출물

15.4.2.1 테스트 종료 보고서

표 15.13은 테스트 종료 보고서 산출물의 구성 항목을 보여 준다. 테스트 종료 보고서는 테스팅 요약, 계획 대비 차이, 테스트 메트릭, 테스트 방해 요인, 결함 목록, 잔존 위험 요소, 테스트 완료 평가, 테스트 산출물, 재사용 가능한 테스트 자산, 그리고 교훈을 기술한다.

표 15.13 테스트 종료 보고서 구성

테스팅 요약	
계획 대비 차이점	
테스트 방해 요인	
테스트 메트릭	
결함 목록	
잔존 위험	
테스트 완료 평가	
테스트 산출물	
재사용 가능한 테스트 자산	
교훈	

Exercise

01 다음 중 테스트 종료 보고에 포함되는 항목과 거리가 먼 것은?

① 결함 목록　　② 잔존 위험
③ 테스트 산출물　　④ 신규 및 변경 위험

해설 ④ 신규 및 변경 위험은 테스트 현황 보고서에 기록된다.

02 테스트 종료 보고의 첫 번째 항목은 수행된 테스트에 대한 요약이다. 다음 중 테스트 요약에 포함되는 내용과 가장 거리가 먼 것은?

① 종료 보고서 작성의 대상이 되는 테스트 대상을 나열한다.
② 테스트 대상별로 관련된 테스트 계획서, 테스트 설계 명세서, 테스트 케이스 명세서 등을 명시한다.
③ 테스트를 실행한 테스트 환경을 간략히 기술한다.
④ 재사용 가능한 산출물과 테스트를 통해서 얻은 교훈을 기술한다.

해설 ④ 재사용 가능한 산출물과 교훈은 테스트 요약과 별개의 항목으로 기술된다.

03 다음 중 테스트 종료에 대한 설명으로 올바르지 않은 것은?

① 테스트에서 생성된 결과물이 재사용될 수 있도록 자산으로 관리한다.
② 테스트 환경과 테스트 데이터에 대한 요건을 정의한다.
③ 수행된 다양한 테스트 환경 요소들을 사용하기 이전의 상태로 복구시킨다.
④ 미해소된 위험에 대하여 해소되지 않은 이유와 품질에 미치는 영향을 분석한다.

해설 ② 테스트 환경 항목 구축은 테스트 실행

04 다음 중 테스트 종료 조건에 대한 기준(Exit Criteria)으로 올바르지 않은 것은?

① 전체 요구 사항 중 테스트를 통해 확인된 요구 사항 비율
② 준비된 테스트 케이스의 통과율(Pass rate)
③ 해당 제품 개발자의 승인 여부
④ 발견된 결함 수 대비 수정된 결함 수

해설 테스트 종료 판단은 테스트 수행 결과, 잔여 결함 수준, 고객의 승인 여부 등으로 결정한다.

정답 01 ④ 02 ④ 03 ② 04 ③

05 테스트 프로세스를 구성하는 활동 중에서 일반적으로 테스트 실행이 가장 많은 시간이 소요된다. [O/×]

해설 테스트 프로세스 구성하는 활동 중에서 일반적으로 테스트 실행이 가장 많은 시간을 소요된다. 즉 많은 수의 테스트 절차를 적용하여 그 결과를 관찰하고 예상 결과와 비교하는 데는 많은 시간이 소요된다.

06 테스트 평가 및 개선 활동 산출물인 테스트 평가 보고서는 테스트 프로세스의 마지막 단계에서 작성되는 모든 테스트 활동과 결과를 요약한 문서이다. [O/×]

해설 테스트 평가 보고서는 테스트 프로세스의 마지막 단계에서 작성되는 모든 테스트 활동과 결과를 요약한 문서이다.

정답 05 O 06 O

제 16 장 테스트 평가 및 개선

16.1 개 요

지금까지는 테스트를 효과적으로 수행하기 위한 동적 테스트 프로세스 즉 테스트 계획을 수립하고 테스트 설계 및 구현과 테스트 환경 구축 및 관리 활동을 통해서 테스트 절차와 테스트 환경 및 테스트 데이터를 준비한 후에 테스트 실행 활동을 통해 결함을 검출하였다. 한정된 일정과 비용으로 테스트를 수행하려면 각 테스트 활동이 효과적이면서 효율적으로 수행되어야 한다. 이 장에서는 효과적으로 그리고 효율적으로 테스트를 진행하였는지를 평가하고 개선하는 방법을 설명한다.

구체적으로 말하면 테스트 활동에 대한 평가는 수행된 테스트 활동이 얼마나 많은 결함을 얼마나 효율적으로 검출하였는가를 기준으로 수행될 수 있다. 이 결함 검출 능력에 대한 평가를 바탕으로 테스트 관리자는 동적 테스트 프로세스가 적절히 진행되었는지 판단하고 향후 개선 방향을 설정한다.

그리고 ISO/IEC 33063:2015는 소프트웨어 테스트 프로세스를 평가하기 위한 모델을 정의한다. 이 표준에서는 지금까지 설명한 3개의 테스트 프로세스(조직 테스트 프로세스, 테스트 관리 프로세스, 동적 테스트 프로세스)와 추가적으로 정적 테스트 프로세스를 대상으로 테스트 프로세스의 역량을 레벨 0(미완료 수준)부터 레벨 5(혁신 수준)까지 평가하는 모델을 정의하고 있다.

16.2 테스트 활동 평가

기본적으로 테스트 활동에 대한 평가는 테스트 효과성 평가와 테스트 효율성 평가로 구분된다. 테스트 효과성 평가는 테스트를 통하여 얼마나 많은 결함을 검출하였는지 평가한다. 그리고 테스트 효율성 평가는 그러한 테스트 효과를 달성하는 데 소요된 비용까지 반영된 메트릭이다. 따라서 테스트 효율성 메트릭은 일반적으로 다음과 같이 계산될 수 있다.

$$\text{테스트효율성} = \frac{\text{테스트 효과성}}{\text{테스트 비용}}$$

테스트 비용으로는 투입된 테스트 인력의 수, 소요된 테스트 시간 등을 생각할 수 있다. 테스트에 소요된 비용은 일반적으로 테스트 결과 및 활동을 요약한 테스트 종료 보고서로부터 산출할 수 있다. 따라서 여기서는 테스트를 통하여 얼마나 많은 결함을 검출하였는가에 초점을 두고 있는 테스트 효과성을 설명한다.

표 16.1은 테스트 효과성을 평가할 때 사용될 수 있는 메트릭의 예를 보여 준다. 테스트 효과성 평가 메트릭은 테스트 케이스 기반 메트릭과 결함 기반 메트릭으로 분류될 수 있다.

표 16.1 테스트 효과성 평가 메트릭

유형	평가 메트릭	설명
테스트 케이스 기반 메트릭	테스트 케이스 실패율	성공적인 테스트 케이스의 비율
	테스트 케이스 효율성	결함당 사용된 테스트 케이스 수
결함 기반 메트릭	검출 결함 수	검출된 결함의 수
	검출 결함 밀도	단위 크기 당 검출된 결함의 수
	결함 검출 비율	전체 결함 중에 검출된 결함의 비율
	결함 구속 효율성	해당 단계에서 발생한 결함을 검출하는 비율

16.2.1 테스트 케이스 기반 메트릭

테스트 케이스를 테스트 대상에 적용하였을 때 테스트 케이스에 명시된 예상값과 다른 결과가 관찰되면 테스트 대상은 기대와 다른 동작을 하는 것으로 판단할 수 있다. 즉, 실패(Fail)된 테스트 케이스는 테스트 대상에 존재하는 결함을 검출하는 데 기여할 수 있다. 또한, 여러 개의 테스트 케이스 실패가 실제로는 동일한 하나의 결함과 관련이 될 수도 있다. 따라서 결함 하나를 검출하기 위하여 사용된 테스트 케이스의 수를 이용해서도 테스트 케이스가 얼마나 효과적인지를 평가할 수 있다.

❑ 테스트 케이스 실패율

테스트 케이스 실패율은 사용된 전체 테스트 케이스 중에서 테스트 대상이 기대와 다른 결과를 보인, 즉, 실패한(Failed) 테스트 케이스의 비율로 정의된다. 예를 들면, 테스트 케이스 실패율 100%는 모든 테스트 케이스에 대해서 테스트 대상이 기대와 다르게 동작했음을 뜻한다. 이는 사용된 각 테스트 케이스가 결함을 검출할 가능성이 있으므로 매우 효과적인 테스트를 수행하였다고 볼 수 있다.

그림 16.1은 테스트 케이스 실패율의 정의를 보여 준다. 테스트 설계 및 구현 활동에서 생성된 테스트 케이스의 수를 구할 수 있다. 그리고 각 테스트 케이스를 실행할 때 실행 결과는 통과 또는 실패로 기록된다. 그러므로 생성된 테스트 케이스를 실행한 결과로 테스트 케이스 실패율이 계산될 수 있다.

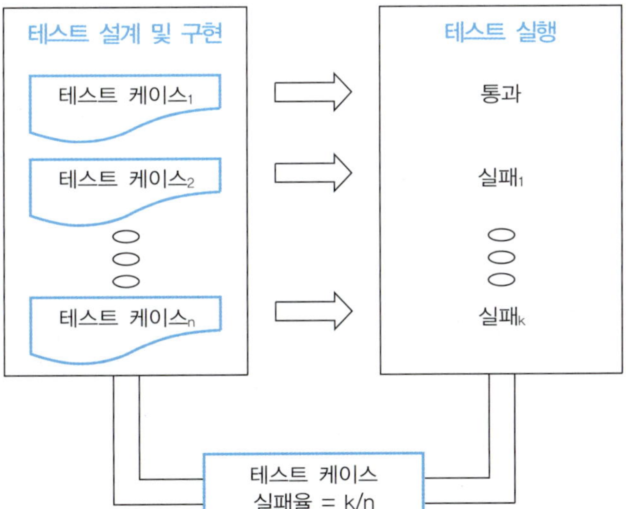

그림 16.1 **테스트 케이스 실패율**

그러므로 테스트 케이스 실패율은 테스트 설계 및 구현 활동에서 테스트 케이스를 생성하기 위하여 사용된 테스트 설계 기법이 해당 테스트 대상의 피처를 얼마나 효과적으로 테스트하고 있는지를 의미한다고 볼 수 있다. 예를 들어, 시스템 성능 테스트를 위한 테스트 설계 및 구현에서는 시스템의 성능을 테스트하기 위한 테스트 설계 기법을 선택하고 이를 바탕으로 테스트 케이스들을 정의할 것이다. 만약, 이 테스트 케이스 중에서 실패를 유발하는 테스트 케이스가 많다면 이것은 시스템의 성능 테스트를 위하여 적용된 테스트 설계 기법이 효과적이라고 판단할 수 있다.

❑ 테스트 케이스 효율성

실패한 각 테스트 케이스가 서로 다른 결함을 의미하지 않을 수도 있다. 즉, 여러 개의 테스트 케이스가 결국 동일한 하나의 결함을 검출하는 데 기여할 수도 있다.

그림 16.2는 실패한 테스트 케이스들과 이들을 통하여 검출된 시스템 결함과의 관계를 보여 준다. 그림에서 볼 수 있듯이, 테스트 케이스2와 테스트 케이스3은 각각 실패한 테스트 케이스이지만 실제로는 동일한 하나의 결함을 검출하는 역할을 하는 것으로 파악되었다.

따라서 테스트 케이스가 결함을 검출하는 데 얼마나 효과적인지를 더욱 정확하게 평가하려면 실패한 테스트 케이스의 비율 대신에 검출된 결함의 수가 고려되어야 한다. 이런 목적을 위하여 테스트 케이스 효율성은 하나의 결함을 검출하기 위하여 사용된 테스트 케이스의 수로 정의되며, 테스트 케이스 효율성은 검출된 전체 결함 수를 생성된 전체 테스트 케이스 수로 나누어 구할 수 있다.

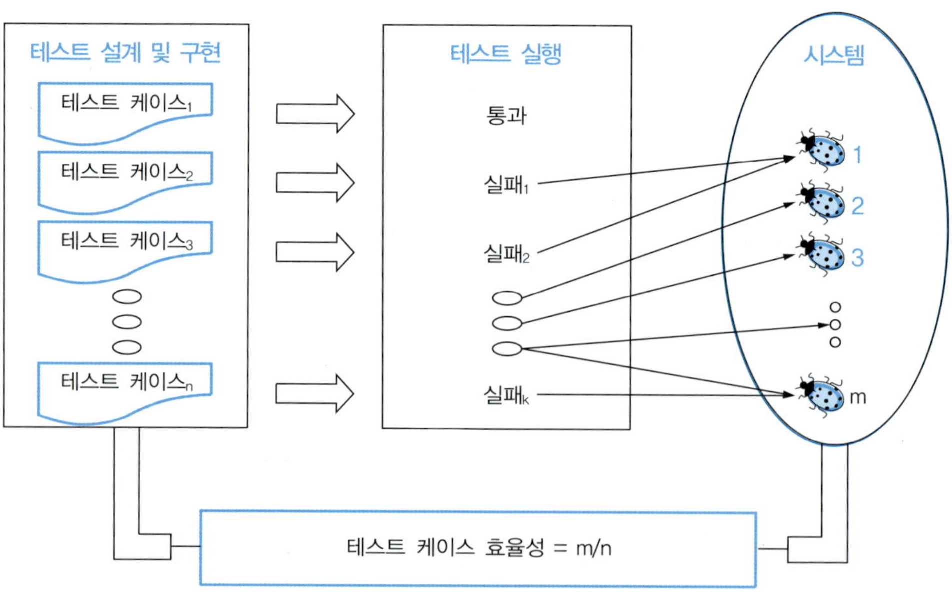

그림 16.2 **테스트 케이스 효율성**

16.2.2 결함 기반 메트릭

검출된 결함을 바탕으로 테스트 활동을 평가할 수도 있다. 결함 기반 메트릭으로는 검출 결함 수와 검출 결함 밀도 그리고 결함 검출 비율과 결함 구속 효율성이 있다.

❑ 검출 결함 수와 검출 결함 밀도

만약, 효과적인 테스트를 진행하였다면 더 많은 수의 결함을 검출할 수 있을 것이다. 따라서 테스트를 통하여 검출된 결함의 수는 테스트의 효과성을 평가하는 척도로서 고려될 수 있다. 예를 들어, 표 16.2는 각 레벨 테스트를 통하여 검출된 결함의 수를 보여 준다.

표 16.2 레벨 테스트의 검출 결함 수

테스트 레벨	컴포넌트 테스트	통합 테스트	시스템 테스트	인수 테스트	합계
검출 결함 수	50	10	25	15	100

그러나 검출된 결함의 수는 테스트 효과성을 평가하기 위한 척도로서 부적합할 수도 있다. 그 이유는 검출될 수 있는 결함의 수는 근본적으로 시스템에 이미 존재하고 있는 결함의 수에 의존하기 때문이다. 즉, 많은 결함이 있는 시스템에서 더 많은 수의 결함을 찾을 수 있기 때문이다. 따라서 검출 결함의 수는 테스트 활동뿐만 아니라 소프트웨어 개발 활동의 품질에 의존하므로 테스트 활동만을 평가하기 위한 척도로서 부적합할 수 있다.

검출 결함 밀도는 검출된 결함의 수를 시스템의 규모로 나눈 값으로 시스템 규모 측면에서는 객관화된 기준이라고 볼 수 있다. 시스템의 규모로는 KLOC(Kilo-Line Of Code) 또는 기능 점수(Function point)가 사용될 수 있다.

검출 결함 밀도가 시스템의 규모를 고려하였다고는 하지만 근본적으로 시스템에서 발생할 수 있는 결함은 규모뿐만 아니라 시스템의 복잡도에도 큰 영향을 받는다. 예를 들면, 병행성이 있는 소프트웨어가 크기는 작아도 더 많은 결함을 가질 가능성이 크다. 따라서 검출 결함 밀도도 테스트 효과성을 평가하는데 객관적으로 사용되기에는 부적합할 수 있다.

그러나 유사한 시스템에 대한 테스트 데이터를 장기간 축적하였다면 축적된 과거 데이터와의 비교를 통하여 상대적으로 테스트 활동의 효과성을 평가할 수 있다. 즉, 결함의 발생에 영향을 미치는 요인들이 동일한 시스템을 개발하고 테스트하면서 검출 결함 수와 검출 결함 밀도에 대한 데이터를 축적하였다면, 이 값들과 지금 수행한 테스트에서 구한 검출 결함 수와 결함 밀도를 비교함으로써 현재 테스트 활동이 얼마나 효과적인지를 상대적으로 평가할 수 있다.

❑ 결함 검출 비율과 결함 구속 효율성

적용된 테스트 기법이 얼마나 효과적인가는 “존재하는 전체 결함 중에서 얼마나 많은 결함을 검출하였는가?”를 뜻한다. 결함 검출 비율은 존재하는 결함의 수 대비 검출된 결함의 수로 정의된다.

$$\text{결함검출비용} = \frac{\text{검출된 결함의 수}}{\text{존재하는 결함의 수}}$$

검출된 결함의 수는 앞에서 설명했듯이 실패한 테스트를 분석하여 구할 수 있다. 그러나 존재하는 전체 결함의 수를 정확히 파악하는 것은 불가능하다. 실제로 존재하는 결함이 영원히 발견되지 않는다면 문제가 되지 않는다. 따라서 “발견될 수 있는 전체 결함 중에서 얼마나 많은 결함을 검출하였는가?”가 테스트 효과성 평가 척도로써 사용될 수 있다.

표 16.3은 주요 개발 및 테스트 단계별로 발생한 결함의 수와 검출된 결함의 수를 보여 준다. 결함은 요구사항 분석, 설계 그리고 구현 단계에서 발생할 수 있다. 표에서는 세 단계에 걸쳐서 총 355개의 결함이 발생했음을 보여 준다. 요구사항 분석, 설계 그리고 구현 단계에서는 정적 테스트를 수행해서 결함을 검출할 수 있으며 구현 단계 이후에는 컴포넌트 테스트, 통합 테스트, 시스템 테스트, 인수 테스트를 통하여 결함을 검출할 수 있다.

표 16.3 **발생 결함 및 검출 결함의 분포**

개발 단계	발생 결함 수	검출 결함 수
요구사항 분석	60	15
설계	115	35
구현/컴포넌트 테스트	180	83
통합 테스트		62
시스템 테스트		90
인수 테스트		30
사용자 운영		40
합계	355	355

표에서 볼 수 있듯이 "요구사항 분석" 단계에서는 60개의 결함이 발생하였지만, 그중에서 15개만이 검출되었다. 그리고 "설계" 단계에서는 115개의 결함이 새롭게 발생하였으며, "설계" 단계에서 검출된 결함은 35개이다. "사용자 운영" 단계의 결함 40개는 실제로 사용자가 시스템을 운영하는 과정에서 보고된 결함을 뜻한다. 여기서 결함 검출 비율은 다음과 같이 계산된다.

$$\text{결함 검출 비율} = \frac{15+35+83+62+90+30}{15+35+83+62+90+30+40} = \frac{315}{355} = 88.7\%$$

쉽게 계산하면 결함 검출 비율은 다음과 같이 계산될 수 있다.

$$\text{결함 검출 비율} = \frac{\text{테스터가 검출한 결함의 수}}{\text{테스터가 검출한 결함의 수+사용자가 발견한 결함의 수}}$$

결함 검출 비율은 테스트에 대한 전반적인 평가뿐만 아니라, 테스트 레벨 별, 테스트 대상별로 계산될 수도 있다. 즉, 컴포넌트 테스트, 통합 테스트, 시스템 테스트, 인수 테스트별로 얼마나 많은 비율로 결함을 검출하였는지를 평가할 수 있다. 만약, 시스템 테스트가 상대적으로 효과적이지 않았다면 시스템 테스트에 대한 계획과 동적 테스트 활동에 대하여 자세한 분석을 수행하고 개선을 시도할 필요가 있다.

표 16.4는 결함이 발생한 단계와 각 단계별로 검출된 결함의 수에 대한 상세한 정보를 보여준다. 표에 따르면 요구사항 분석 단계에서 발생한 총 60개의 결함 중에서 15개는 요구사항 분석 단계에서 검출되고 나머지 45개는 이후의 단계에서 검출되었음을 알 수 있다.

표 16.4 단계별 결함 검출 비율

결함 검출 단계	결함 발생 단계			검출 결함 수	결함 검출 비율
	요구사항 분석	설계	구현		
요구사항 분석	15			15	25.0%
설계	5	30		35	21.9%
구현/컴포넌트 테스트	3	20	60	83	27.2%
통합 테스트	2	30	30	62	27.9%
시스템 테스트	10	30	50	90	56.3%
인수 테스트	5	5	20	30	42.9%
사용자 운영	20	0	20	40	
합계	60	115	180	355	88.7%

이와 같이 도입된 단계에서 검출되지 않고 다음 단계로 전달되는 결함을 누락 결함(Escape)이라고 부른다. 요구사항 분석에서는 총 45개의 누락 결함이 있으며 설계, 구현/컴포넌트 테스트, 통합 테스트, 시스템 테스트, 인수 테스트, 사용자 운영 단계에서 각각 5개, 3개, 2개, 10개, 5개, 20개의 요구사항 결함이 검출/발견되고 있다.

마찬가지로 설계 단계에서는 총 115개의 결함이 발생했으며 그 중에서 30개만이 설계 단계에서 검출되었다. 그리고 설계 단계에서는 설계 결함뿐만 아니라 요구사항 분석 단계에서 누락된 요구사항 결함 중에서 5개를 검출하고 있다.

결함 검출 비율은 각 단계별로 계산될 수 있다. 예를 들어, 요구사항 분석 단계에는 검출된 결함의 수가 15이고 존재하는 결함의 수는 60개이므로 결함 검출 비율은 25%가 된다. 마찬가지로 설계 단계의 결함 검출 비율은 설계 단계에서 존재하는 결함의 수 중에서 설계 단계에서 검출된 결함의 수로 결정된다. 설계 단계에서 발견된 결함은 총 35개이다. 그리고 설계 단계에는 요구사항 결함 60개 중에서 이미 검출된 15개를 제외한 45개의 결함과 설계 단계에서 새로 추가된 115개의 결함이 존재한다. 따라서 설계 단계의 결함 검출 비율은 다음과 같이 계산될 수 있다.

$$\text{설계 단계의 결함 검출 비율} = \frac{35}{(60-15)+115} = 21.9\%$$

표 16.4의 가장 우측 열은 각 단계별 결함 검출 비율을 보여 준다. 표에서 볼 수 있듯이 요구사항 분석, 설계, 구현/컴포넌트 테스트 단계가 시스템 테스트와 인수 테스트에 비하여 결함 검출 비율이 낮다. 이는 요구사항 분석, 설계, 구현/컴포넌트 테스트에서 적용된 테스트 기법이 상대적으로 효과적이지 않음을 의미한다. 따라서 테스트 관리자는 이들 단계에서의 테스트 계획 및 동적 테스트 활동 개선을 고려할 필요가 있다.

결함 검출 비율을 계산할 때는 검출된 결함이 발생한 시점을 구분하지 않는다. 예를 들어, 설계 단계의 결함 검출 비율의 분자에 있는 35개의 결함 중에서 30개만이 설계 단계의 결함이고 5개는 요구사항 분석 단계의 결함이다. 반면에 결함 구속 효율성(Containment efficiency)은 해당 단계에서 발생한 결함만을 고려하며 다음과 같이 정의된다.

$$\text{결함 구속효율성율} = \frac{\text{검출된 해당 단계의 결함 수}}{\text{해당단계에서 발생한 결함 수}}$$

예를 들어, 설계 단계에서는 115개의 결함이 발생하였으며 이 중에서 30개의 설계 결함이 검출되었으므로 설계 단계의 결함 구속 효율성은 $\frac{30}{115} = 26.1\%$ 가 된다. 마찬가지로 구현 단계의 결함 구속 효율성은 $\frac{60}{180} = 33.3\%$ 가 된다.

낮은 결함 구속 효율성은 해당 단계에서 발생한 결함 중에서 많은 수가 검출되지 않고 다음 단계로 전달되는 것을 뜻한다. 그리고 발생한 결함은 개발 단계가 진행될수록 수정에 소요되는 비용은 매우 증가된다. 따라서 높은 결함 구속 효율성을 달성하도록 노력해야 한다.

만약, 높은 결함 검출 비율이면서 낮은 결함 구속 효율성을 보인다면 이것은 많은 결함을 검출하기는 하지만 해당 단계에서 발생한 결함이 아니라 이전 단계에서 누락되어 현재 단계로 전달된 결함을 많이 검출하는 것을 의미한다. 따라서 현재 단계에서 발생한 결함의 검출 비율을 높이도록 해야 한다.

16.3 테스트 활동 개선

16.3.1 테스트 계획 활동 개선

테스트 계획 활동에서는 테스트 대상과 범위 그리고 테스트 종료 기준을 결정함으로써 테스트 활동이 어떤 것을 대상으로, 무엇에 초점을 두고, 언제 종료될지에 대한 중요한 결정이 이루어진다. 테스트 평가 결과에 따라서 각 요소는 적절히 조정될 수 있다.

테스트 효과성과 효율성을 높이기 위하여 위험 분석을 바탕으로 테스트 대상, 피처 그리고 테스트 전략 등을 결정하였다. 즉, 위험 분석이 테스트 계획의 가장 핵심적인 요소가 된다. 다시 말하면 위험 분석의 정확성이 테스트 효과와 효율성에 많은 영향을 미친다.

따라서 효과적인 테스트가 수행되지 않았다면 위험 분석 방법 개선을 고려해야 한다. 즉, 테스트하고자 하는 피처와 관련된 결함의 발생 가능성을 예측하는 방법을 개선하거나, 결함이 발생하였을 때 미치는 심각성을 보다 정확하게 추정하고, 결함 수정에 대한 긴급성을 더욱 정확하게 판단할 수 있도록 해야 한다.

위험 분석 방법이 개선되면 그 결과에 따라서 테스트 대상, 피처 등이 영향을 받는다. 예를 들어, 기존에는 위험 수준이 낮았던 피처에 개선된 위험 분석 방법에 따라 높은 위험 수준이 부여될 수 있다. 높은 위험 수준으로 변경된 피처에는 강화된 수준의 테스트를 적용하므로 테스트 대상이 확장되고 테스트 피처도 기존보다 더욱 상세화될 수 있다. 또한 각 테스트 대상별 테스트 완료 기준도 강화될 것이다.

16.3.2 테스트 설계/구현 및 테스트 환경 구축/관리 활동 개선

테스트 전략을 조정하여 테스트 강도를 변화시킬 수 있다. 즉, 강한 수준의 테스트 기법과 테스트 완료 기준을 사용하여 더욱 강도 높은 테스트를 실행할 수 있다. 이는 테스트 기법과 적합성 기준을 높이면 더 많은 수의 테스트 케이스를 더 세부적인 상황에 대해 생성하게 되고 이를 통해 더 많은 결함이 검출되리라 기대되기 때문이다.

테스트 케이스 및 테스트 절차 개발, 테스트 환경 구축, 테스트 절차 선택 및 실행, 테스트 절차 실행 결과 관찰 및 비교 등과 같은 테스트 세부 작업에 대한 자동화의 가능성을 검토하여 가능하다면 자동화를 도입해 테스트의 효율성을 높이도록 한다. 또한, 기존에 사용되는 테스트 도구의 자동화 기능을 충분히 활용하여 테스트 활동의 효율성을 높일 수도 있다.

테스트 완료 기준을 조정하여 테스트 목적의 달성 수준에 영향을 줄 수 있다. 예를 들어, 성능 테스트 계획서에서 테스트 완료 기준을 강화함으로써 시스템의 성능에 대한 확신(Assurance) 수준을 높일 수 있다.

16.3.3 테스트 실행 및 결함 보고 활동 개선

테스트 프로세스를 구성하는 활동 중에서 일반적으로 테스트 실행에 가장 많은 시간이 소요된다. 즉, 다수의 테스트 절차를 적용하여 그 결과를 관찰하고 예상 결과와 비교하는 데는 많은 시간이 소요된다. 그러므로 테스트 실행에 소요되는 시간을 줄이면 전체 테스트에 소요되는 시간을 줄일 수 있다.

적용한 자동화 지원 도구가 실제로 테스트 활동에서 어떻게 사용되는지를 분석하여 도구의 효율성을 평가한다. 또한, 선택된 테스트 자동화 도구의 활용도를 높일 수 있는 방법을 강구하고 적용하여 테스트 실행에 소요되는 시간을 줄이도록 해야 한다.

또한, 테스트 도구를 적극적으로 그리고 효과적으로 활용하여 테스트 설계 및 구현 활동과 테스트 실행이 진행되고 있는지를 분석한다. 즉, 테스트 프로세스를 정의할 때 명시적으로 그리고 구체적으로 선택된 테스트 도구를 활용함으로써 실제로 테스트 자동화에서 기대하는 효율성을 달성해야 한다.

설령 자동화 도구를 활용하더라도 너무 많은 테스트 절차 때문에 테스트 실행에 과도한 시간이 소요된다면, 근본적으로 테스트 케이스 및 테스트 절차의 수를 줄이는 방안을 고려할 수 있다. 예를 들어, 품질에 심각한 영향을 미치지 않는다면 테스트 범위를 줄이거나 기존보다 약화된 기법을 적용하여 테스트 케이스의 수 자체를 줄이는 방법도 고려될 수 있다.

또한, 결함 분석 시 구체화, 일반화, 고립화가 충분하지 않은 경우에 개발자는 해당 결함을 정확하게 재연하여 효율적으로 수정하는 데 어려움이 있을 수 있으므로 이때는 결함 분석 및 추정 방법을 조정함으로써 발견된 결함의 수정 비용을 줄일 수 있다.

16.3.4 테스트 활동 평가에 따른 개선

표 16.1에서는 테스트 효과성을 평가할 때 사용될 수 있는 메트릭을 소개하였다. 이 테스트 효과성 메트릭 결과는 테스트 활동 개선의 방향을 결정할 때 활용될 수 있다. 그림 16.3은 소개된 6개의 메트릭을 이용하여 테스트 활동을 평가하고 그 결과에 따라서 테스트 세부 활동을 적절히 조정/개선하는 모습을 보여 준다.

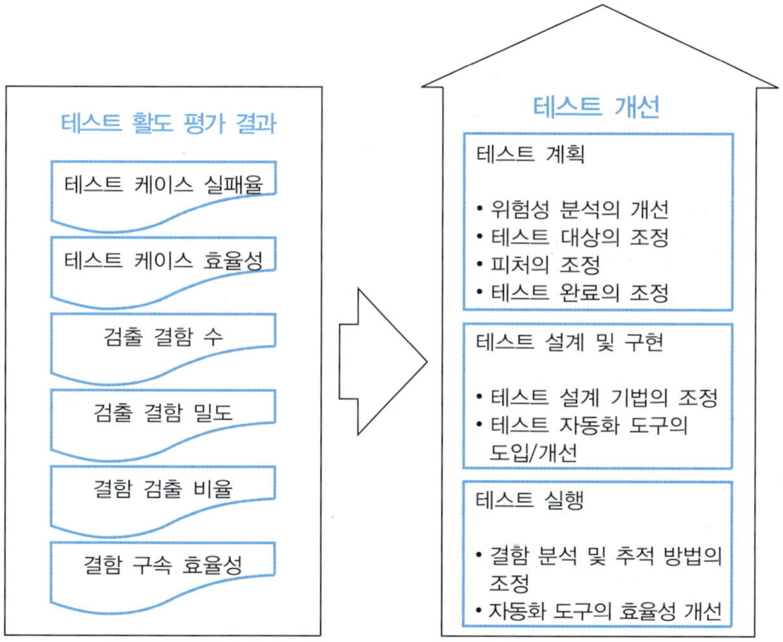

그림 16.3 테스트 활동 평가에 따른 테스트 개선 방향 수립

- **낮은 테스트 케이스 실패율**: 이는 결함을 검출하지 못하고 통과(Pass)되는 테스트 케이스가 많음을 뜻한다. 따라서 결함을 검출할 가능성이 큰 테스트 케이스를 정의해야 한다. 예를 들어, 경험 기반 테스트를 적용하여 이전에 간과되었던 특이상황을 추가고려하여 해당 결함을 검출할 수 있다. 또는 테스트 케이스들이 편향적으로 생성된 탓에 결함이 없는 상황은 아닌지 확인한다. 특히, 체계적인 기법으로 생성된 테스트 케이스가 아니라 사용자의 실제 데이터를 바탕으로 테스트를 하는 경우에는 사용자 데이터의 대부분이 결함을 검출하지 못하는 경우가 생길 수 있다.
  컴포넌트 테스트에서 테스트 케이스 실패율이 낮으면 해당 모듈이 이미 높은 수준의 품질에 도달해 있기 때문일 수 있다. 즉, 모듈 자체에 결함이 거의 없는 경우에도 대부분의 테스트 케이스가 실패(Fail)될 것이다. 만약 체계적이면서 강도 높은 테스트 기법으로 테스트 케이스를 생성하여 적용하였다면 해당 모듈은 충분히 테스트 되었으며 근본적으로 결함이 적은 것으로 추정될 수 있다. 이렇게 충분히 테스트 되어 결함이 적은 것으로 간주될 수 있는 모듈은 변경이 없다면 리그레션 테스트를 수행할 때 제외하여 컴포넌트 테스트에 소요되는 비용을 줄일 수도 있다.

- **낮은 테스트 케이스 효율성**: 하나의 결함을 발견하는 데 많은 수의 테스트 케이스가 사용되는 것을 뜻한다. 만약 테스트 케이스 실패율은 낮지 않은 상황에서 테스트 케이스 효율성이 낮은 것은 그림 16.2에서 볼 수 있듯이 실패한 여러 테스트 케이스들이 결국은 동일한 결함을 검출하고 있기 때문이다. 따라서 실패한 테스트 케이스가 개별적인 결함을 검출할 수 있도록 테스트 케이스 생성 방법을 개선할 필요가 있다.
  예를 들어, 동등 분할에서 결정된 동등 클래스별로 2개의 테스트 케이스를 생성하였을 때, 사실은 각 동등 클래스별로 생성된 2개의 테스트 케이스가 동일한 결함을 검출하게 될 수 있다. 따라서 이런 경우라면 각 동등 클래스별로 1개의 테스트 케이스를 사용하도록 조정함으로써 테스트 케이스 효율성을 높일 수 있다. 또 다른 예로서 상태 전이 테스트를 하는 경우 루프(loop)를 2회 테스트하기 위하여 생성된 테스트 케이스가 1회 테스트하기 위한 테스트 케이스와 동일한 결함을 검출할 수도 있다. 이런 경우에도 루프를 1회 테스트하기 위한 테스트 케이스를 사용하도록 조정할 수 있다. 그러나 테스트 케이스의 효율성을 높이고자 했던 기대와 달리 발견될 수 있는 결함을 누락시키는 상황이 생길 수도 있으므로 주의해야 한다.
  요약하면 테스트 케이스 간의 독립성을 높여서 여러 테스트 케이스가 동일한 결함을 검출하는 것을 예방할 수 있다. 구조 기반 테스트와 연관하여 생각해 보면 각 테스트 케이스에 의해서 실행되는 문장들이 서로 독립적이어야 한다. 만약 2개의 테스트 케이스가 동일 문장을 실행한다면 2개 중의 아무 테스트 케이스나 사용해도 결함을 찾을 수 있기 때문이다. 또한, 낮은 테스트 케이스 효율성도 낮은 테스트 케이스 실패율과 마찬가지로 근본적으로 해당 모듈에 결함이 적기 때문일 수도 있다. 즉, 낮은 테스트 케이스 효율성의 원인이 낮은 테스트 케이스 실패율일 수 있다. 이런 경우에는 앞에서 설명했듯이 충분한 강도의 테스트를 적용하였음에도 결함이 적은 것이므로 해당 모듈을 컴포넌트 테스트에서 제외시키는 것도 고려할 수 있다.

- **낮은 검출 결함의 수와 검출 결함 밀도**: 앞에서 설명한 것처럼 적은 수의 결함이 검출되었다고 해서 테스트 방법에 문제가 있다고 단정하기는 어렵다. 즉, 근본적으로 테스트 대상에 적은 수의 결함이 있었기 때문에 검출된 결함의 수가 적을 수 있다. 그러나 유사한 시스템에 대해서 축적된 데이터가 있다면 서로 비교하여 현재 테스트 활동에 대한 평가가 가능하다. 따라서 유사한 시스템에 대한 기존의 테스트에서 검출된 결함의 수 또는 결함 밀도보다 작은 수의 결함을 검출하거나 검출된 결함의 밀도가 낮다면 현재 수행된 테스트 활동이 효과적이지 않음을 뜻할 수 있다.
  이 경우에는 테스트 계획 활동을 분석하여 테스트 대상과 테스트 범위를 부적절하게 설정하였는지를 검토할 필요가 있다. 즉, 테스트 대상과 범위가 부적절하여 시스템에 존재하는 결함을 검출하지 못하는 테스트 케이스들이 사용되었을 가능성이 있다. 이런 경우에는 테스트 계획 활동에서 수행한 위험 분석에 따른 테스트 대상과 범위의 설정을 개선할 필요가 있다. 그뿐만 아니라 추가적으로 결함 검출 비용과 결함 구속 효율성을 측정하여 충분한 결함을 검출하지 못한 개발 단계 및 테스트 수준을 조사해 본다. 이 조사 결과에 따라서 결함 검출 능력이 낮은 개발 단계 또는 테스트 레벨에서 적용한 테스트 전략의 효과성을 보다 상세히 분석해 보도록 한다.

- **낮은 결함 검출 비율과 결함 구속 효율성**: 우선 낮은 결함 검출 능력을 보이는 단계의 테스트 범위를 확대해 볼 수 있다. 예를 들어, 컴포넌트 테스트를 일부 모듈에 대해서만 수행하고 통합 테스트를 하는 경우, 모듈의 결함이 통합 테스트 단계에 와서야 발견되었다면, 즉, 구현/컴포넌트 테스트에서 낮은 결함 구속 효율성이 목격되는 경우에는 컴포넌트 테스트에 더 많은 노력을 투입하도록 한다. 테스트 대상이 되는 모듈의 범위를 확대하여 더 많은 수의 모듈에 다수의 테스트 케이스를 적용해야 하므로 테스트 실행의 효율성을 높일 수 있도록 컴포넌트 테스트의 자동화 도구 활용도를 높여야 한다.
  또한, 낮은 결함 검출 능력을 보이는 단계의 테스트 강도를 강화하여 더 많은 결함을 검출할 수 있다. 예를 들어, 요구사항 분석 또는 설계 단계에서 인스펙션을 이용하여 정적 테스트를 하였다면, 인스펙션을 효과적으로 수행하지 못했던 원인을 분석하여 개선할 수도 있다. 즉, 인스펙션에 대한 충분한 준비가 안되었는지, 과도하게 오랜 시간 동안 인스펙션을 했는지, 또는 체크리스트가 불충분하여 결함을 검출하지 못했는지를 분석한다. 만약, 특정 테스트 레벨에서 낮은 결함 검출 능력을 보였다면 위험 분석을 개선하여 테스트 대상과 테스트 범위를 더 정확히 결정할 수 있게 하고, 테스트 전략도 더욱 강화한다.

16.4 테스트 프로세스 평가 모델

16.4.1 개요

ISO/IEC 33063:2015[6]는 소프트웨어 테스트 프로세스에 대한 평가 모델을 정의한다. 그림 16.4는 테스트 프로세스에 대한 평가 모델의 개념을 보여 준다. 프로세스 평가 모델은 프로세스 관점의 축과 역량 관점의 축으로 구성된다.

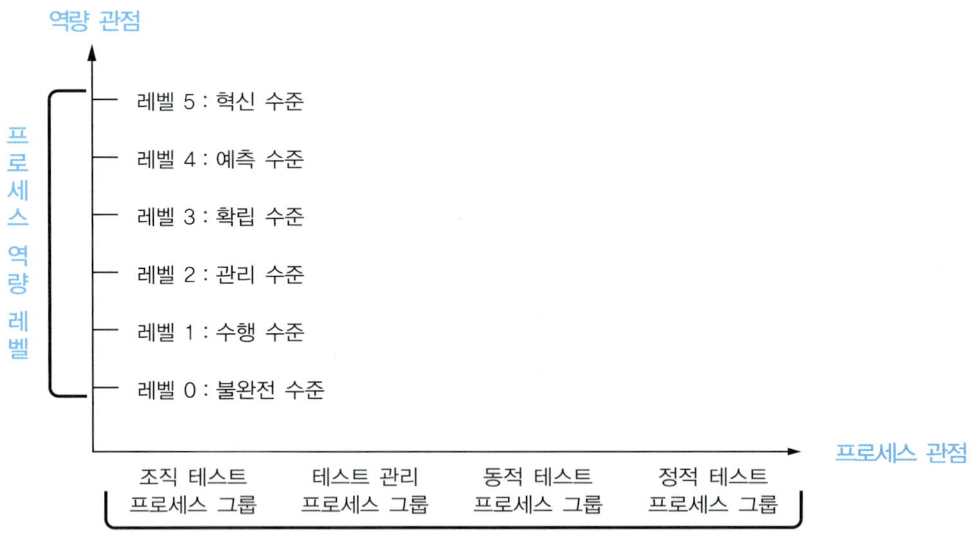

그림 16.4 ISO/IEC 33063:2015 테스트 프로세스 평가 모델

- 프로세스 관점은 평가 대상이 되는 프로세스에 대한 프로세스 참조 모델을 정의한다. ISO/IEC 33063에서는 ISO/IEC/IEEE 29119-2에서 정의하고 있는 테스트 프로세스를 참조 모델로 사용한다.

6) Information Technology – Process Assessment – Process Assessment Model for Software Testing

• 역량 관점은 각 프로세스의 역량에 역량 레벨을 정의한다. ISO/IEC 33063은 ISO/IEC 33020에 정의된 6개의 역량 레벨을 준용한다. 레벨 0은 가장 낮은 역량을 의미하며, 레벨 5가 가장 높은 수준의 역량을 의미한다.

16.4.2 프로세스 참조 모델

프로세스 관점에서는 평가 대상인 프로세스에 대한 참조 모델을 정의하고 있다. 프로세스 참조 모델은 4개 그룹으로 조직 테스트 프로세스 그룹, 테스트 관리 프로세스 그룹, 동적 테스트 프로세스 그룹, 정적 테스트 프로세스 그룹으로 정의된다. 표 16.5는 4개의 프로세스 그룹을 구성하는 각 테스트 프로세스를 보여 준다.

표 16.5 프로세스 그룹별 테스트 프로세스

프로세스 그룹	프로세스
조직 테스트 프로세스 그룹	조직 테스트 프로세스
테스트 관리 프로세스 그룹	테스트 계획 프로세스 테스트 모니터링 및 제어 프로세스 테스트 종료 프로세스
동적 테스트 프로세스 그룹	테스트 설계 및 구현 프로세스 테스트 환경 구축 및 관리 프로세스 테스트 실행 프로세스 결함 보고 프로세스
정적 테스트 프로세스 그룹	소프트웨어 리뷰 프로세스 정적 분석 프로세스

ISO/IEC 33063에서는 기본적으로 ISO/IEC/IEEE 29119 표준을 프로세스 참조 모델로 사용하고 있다. 즉, 조직 테스트 프로세스 그룹, 테스트 관리 프로세스 그룹, 동적 테스트 프로세스 그룹은 29119-2와 부합된다. 참고로 29119-2에서는 결함 보고 프로세스 대신에 테스트 인시던트 보고 프로세스(Test incident reporting process)라고 정의하고 있다.

정적 테스트 프로세스 그룹에는 소프트웨어 리뷰 프로세스와 정적 분석 프로세스가 정의되어 있다. 정적 테스트 프로세스 그룹의 프로세스들은 29119-2에 정의되어 있지 않으며 대신 ISO/IEC 15504-5 등을 참고한다.

16.4.3 프로세스 역량 레벨

각 프로세스별 역량의 수준은 레벨 0에서부터 레벨 5까지 정의된다. 표 16.6은 각 역량 레벨의 의미를 정의하고 있다.

표 16.6 프로세스 역량 레벨

프로세스 역량 레벨	설명
레벨 0: 미완료(Incomplete) 수준	프로세스가 이행되지 않거나 프로세스 목적(Purpose)을 달성하지 못한다.
레벨 1: 수행(Performed) 수준	이행된 프로세스가 프로세스 목적을 달성한다.
레벨 2: 관리(Managed) 수준	앞서 서술된 수행된 프로세스가 관리되는 방식(계획, 모니터링, 조정)으로 이행되고, 작업 산출물이 적절하게 수립되고, 통제되고, 유지된다.
레벨 3: 확립(Established) 수준	앞서 서술된 관리된 프로세스가 프로세스 성과를 달성할 수 있는 정의된 프로세스를 사용하여 이행된다.
레벨 4: 예측(Predictable) 수준	앞서 서술된 확립된 프로세스가 프로세스 성과를 달성하기 위해 정의된 제한 내에서 운용된다. 정량적 관리에 대한 요구가 식별되고, 변동의 이상 원인을 식별하기 위해 측정 자료가 수집되고 분석된다.
레벨 5: 혁신(Innovating) 수준	앞서 서술된 예측 가능한 프로세스가 조직의 변경에 대응하기 위해 지속적으로 개선된다.

각 역량 레벨은 1개 이상의 프로세스 속성(Attribute) 충족을 기준으로 해당 레벨의 달성 여부가 평가된다. 표 16.7은 각 역량 레벨별로 만족되어야 할 프로세스 속성을 보여 준다.

표 16.7 역량 레벨별 프로세스 속성

프로세스 역량 레벨	프로세스 속성
레벨 0: 미완료 수준	없음
레벨 1: 수행 수준	PA 1.1 프로세스 수행
레벨 2: 관리 수준	PA 2.1 수행 관리 PA 2.2 작업 산출물 관리
레벨 3: 확립 수준	PA 3.1 프로세스 정의 PA 3.2 프로세스 전개(Deployment)
레벨 4: 예측 수준	PA 4.1 정량적 분석 PA 4.2 정량적 통제
레벨 5: 혁신 수준	PA 5.1 프로세스 혁신 PA 5.2 프로세스 혁신 이행

레벨 0은 미완료 수준이므로 만족할 프로세스 속성이 없다. 레벨 1은 프로세스의 목적을 달성할 수 있도록 프로세스가 이행된 수준에 해당되며 "PA 1.1 프로세스 수행" 하나의 프로세스 속성으로 평가된다.

레벨 2 관리 수준에서부터 레벨 5 혁신 수준까지는 각각 2개의 프로세스 속성이 정의되어 있다. 레벨 2 관리 수준에서는 PA 2.1 수행 관리 프로세스 속성과 PA 2.2 작업 산출물 관리 프로세스 속성이 정의된다. 표 16.8은 각 프로세스 속성에 대한 간략한 설명을 보여 준다.

표 16.8 프로세스 속성 설명

프로세스 속성	설명
PA 1.1 프로세스 수행	프로세스의 목적을 달성하는 정도를 말한다.
PA 2.1 수행 관리	프로세스의 수행이 관리되는 정도를 말한다.
PA 2.2 작업 산출물 관리	프로세스를 통해서 생산되는 작업 산출물이 적절하게 관리되는 정도를 말한다.
PA 3.1 프로세스 정의	정의된 프로세스의 전개를 지원하기 위하여 표준 프로세스가 관리되는 정도를 말한다.
PA 3.2 프로세스 전개	프로세스 성과(Outcome)를 달성하기 위하여 표준 프로세스가 정의 프로세스로서 전개되는 정도를 말한다.
PA 4.1 정량적 분석	정보에 대한 니즈가 정의되고, 프로세스 요소 간의 관계가 식별되고 데이터가 수집되는 정도를 말한다.
PA 4.2 정량적 통제	예측 가능한 프로세스의 수행을 관리하기 위하여 객관적인 데이터가 사용되는 정도를 말한다.
PA 5.1 프로세스 혁신	프로세스 정의 및 전개에 대한 혁신적인 접근 방식을 조사하여 프로세스의 변경을 식별하는 정도를 말한다.
PA 5.2 프로세스 혁신 이행	프로세스의 정의, 관리 및 수행에 대한 변경이 프로세스의 혁신 목적을 달성하는 정도를 말한다.

16.4.4 프로세스 평가 지표

각 프로세스의 달성 정도를 평가하기 위하여 평가 지표(Assessment indicator)가 사용된다. 프로세스 평가 지표는 수행 지표(Performance indicator)와 역량 지표(Capability indicator)로 분류된다. 표 16.9는 수행 지표 및 역량 지표가 적용되는 역량 수준과 구체적인 지표의 유형을 보여 준다.

표 16.9 프로세스 평가 지표 유형

범주	적용 역량 수준	평가 지표 유형
수행 지표	1	Base practice Work product
역량 지표	1-5	Generic practice Generic resource Generic work product

수행 지표는 레벨 1의 역량 수준을 평가할 때 사용된다. 즉, 수행 지표는 개별적인 프로세스의 목적을 달성하였는지에 대한 평가 지표로서 개별 프로세스별로 구체적으로 정의된다. 수행 지표는 Base practice와 work product 유형이 존재한다.

표 16.10은 "테스트 모니터링 및 제어" 프로세스의 목적(Purpose)을 보여 준다. 이 목적을 달성할 수 있는 수준이 Level 1: 수행 수준이 된다. 프로세스명, 프로세스 목적은 프로세스 참조 모델인 ISO/IEC/IEEE 29119-2의 정의와 동일하다.

표 16.10 프로세스 목적 예

프로세스 식별자	TM.2
프로세스명	테스트 모니터링 및 제어
프로세스 목적	테스트 모니터링 및 제어 프로세스의 목적은 테스팅 진척이 테스트 계획과 조직 테스트 명세서에 부합하는지를 판단하는 것이다. 또한, 필요한 경우에 적절한 제어 작업을 시작시키고 테스트 계획에 대한 변경을 식별하는 것이다.

그림 16.5는 "테스트 모니터링 및 제어" 프로세스에 대한 성과(Outcome)를 보여 준다. 프로세스 성과(Outcome)도 프로세스 참조 모델인 ISO/IEC/IEEE 29119-2의 정의와 동일하다.

a) 테스트 진척과 위험의 변경을 모니터링하기 위한 적절한 메트릭을 수집하는 방법을 준비한다.
b) 테스트 계획 대비 진척도가 모니터링된다.
c) 테스트 관련 위험 요소가 새롭게 식별되거나 변경되는 것을 식별하고, 분석하며 적절한 작업을 시작한다.
d) 필요한 제어 작업을 시작시킨다.
e) 필요한 제어 작업을 관련된 이해관계자와 의사소통한다.
f) 테스팅의 종료에 대한 판단을 결정한다.
g) 테스트 진척도 및 위험 요소에 대한 변경을 이해관계자에게 보고한다.

그림 16.5 프로세스 성과 예

그림 16.6은 "테스트 모니터링 및 제어" 프로세스를 평가하기 위한 지표의 Base practices를 보여 준다. 각 Base practice는 해당 Base practice가 충족되었을 때 달성할 수 있는 성과(Outcome)를 명시하고 있다. 예를 들어 BP1: 준비 Base practice가 달성되면 성과 a 즉 "테스트 진척과 위험의 변경을 모니터링하기 위한 적절한 메트릭을 수집하는 방법을 준비한다."가 달성된다.

TM.2. BP1: 준비 [성과: a]
TM.2. BP2: 모니터링 [성과: b, c]
TM.2. BP3: 제어 [성과: d, e, f]
TM.2. BP4: 보고 [성과: g]

그림 16.6 수행 지표 – Base Practices 예

표 16.11은 "테스트 모니터링 및 제어" 프로세스를 평가하기 위한 지표로서 Work product를 보여 준다. Work product는 해당 Base practice를 수행할 때 입력으로 필요한 산출물과 수행의 결과물을 구분해서 나열하고 있다. 각 산출물에 대해서는 해당 산출물을 통해서 달성될 수 있는 성과도 함께 명시하고 있다. 예를 들어, 출력 산출물에 제시된 "테스트 계획서"에 의해서 성과 a와 성과 c가 달성되며, "테스트 현황 보고서"에 의해서는 성과 b, d, e, f, g가 달성된다.

표 16.11 수행 지표 – Work Product 예

입력		출력	
산출물명	성과	산출물명	성과
조직 테스트 명세서	a		
테스트 계획서	a, b	테스트 계획서	a, c
테스트 메트릭 결과	b		
		테스트 현황 보고서	b, d, e, f, g

역량 지표는 역량 레벨1–레벨5에서 사용되는 지표로 Generic practice(GP), Generic resource (GR), 그리고 Generic work product(GWP)로 분류된다. 예를 들어, 표 16.12는 "PA 2.1 수행 관리"에 대한 정의로서 해당 프로세스가 완료되었을 때 달성해야 하는 성취 결과를 보여 준다. 즉 PA 2.1 수행 관리가 완료되는 경우에는 "a) 프로세스의 수행 목표가 식별된다."에서부터 "h) 관련된 당사자 간의 인터페이스가 효과적인 의사소통과 책임의 명확한 할당을 보장하기 위해 관리된다."까지의 성과를 달성할 수 있다.

표 16.12 **프로세스 속성 예**

프로세스 속성	PA 2.1 수행 관리
성취 결과	a) 프로세스의 수행 목표가 식별된다. b) 프로세스의 수행이 계획된다. c) 프로세스의 수행이 감시된다. d) 프로세스의 수행이 계획을 만족하기 위하여 조정된다. e) 프로세스를 수행하기 위한 책임과 권한이 정의되고, 할당되고, 의사소통된다. f) 프로세스를 수행하는 인원이 책임을 실행하기 위해 준비된다. g) 프로세스를 수행하는데 필요한 자원과 정보가 식별되고, 이용 가능하게 되고, 할당되고, 사용된다. h) 관련된 당사자 간의 인터페이스가 효과적인 의사소통과 책임의 명확한 할당을 보장하기 위해 관리된다.

그림 16.7은 PA 2.1 프로세스 속성을 평가하기 위한 역량 지표로서 Generic practice를 보여 준다. 즉 PA 2.1의 평가를 위해서는 GP 2.1.1에서부터 GP 2.1.8까지 8개의 Generic practice가 사용된다.

GP 2.1.1 프로세스의 수행 목표를 식별한다.
GP 2.1.2 식별된 목표를 충족하기 위한 프로세스의 수행을 계획한다.
GP 2.1.3 계획 대비 프로세스의 수행을 감시한다.
GP 2.1.4 프로세스의 수행을 조정한다.
GP 2.1.5 프로세스를 수행하기 위한 책임과 권한을 정의한다.
GP 2.1.6 할당된 책임의 실행하기 위하여 프로세스를 수행할 수 있도록 준비시킨다.
GP 2.1.7 계획에 따라 프로세스를 수행하기 위한 자원을 식별하고, 이용 가능하게 한다.
GP 2.1.8 관련된 당사자 간의 인터페이스를 관리한다.

그림 16.7 **역량 지표 – Generic Practices 예**

그리고 그림 16.8은 PA 2.1 프로세스 속성을 평가하기 위한 역량 지표로서 Generic resource를 보여 준다. 즉 PA 2.1의 평가를 위해서는 인적 자원, 시설과 인프라 자원 등 8개의 Generic resource가 사용된다. 각 Generic resource별로 해당 resource가 확보되었을 때 달성할 수 있는 성취 결과가 명시된다. 예를 들어, "문제와 이슈 관리 체계"가 확보되면 성취 결과 d 즉, "프로세스의 수행이 계획을 만족하기 위하여 조정된다."를 달성할 수 있다.

- 식별된 목표, 책임, 권한을 가진 인적 자원 [성취 결과: a, e, f, g, h]
- 시설과 인프라 자원 [성취 결과: a, e, g, h]
- 시간과 비용 보고를 포함한 프로젝트 계획, 테스트 관리, 제어 도구 [성취 결과: b c, d]
- 작업 흐름 관리 시스템 [성취 결과: e, h]
- 이메일 및/또는 기타 의사소통 체계 [성취 결과: e, h]
- 정보 및/또는 경험 저장소 [성취 결과: b, c, f, g]
- 문제와 이슈 관리 체계 [성취 결과: d]

그림 16.8 **역량 지표 – Generic Resources 예**

그림 16.9는 PA 2.1 프로세스 속성을 평가하기 위한 역량 지표로서 Generic work product를 보여 준다. 즉, PA 2.1의 평가를 위해서는 Plan, Report, Record 3개의 Generic work product가 사용된다. 각 Generic work product별로 해당 Work product가 생산되었을 때 달성할 수 있는 성취 결과가 명시된다. 예를 들어, Report이 경우에는 b, c, d의 성취 결과를 달성할 수 있다.

Plan [성취 결과: a, b, c, d, e, f, g, h]
Report [성취 결과: b, c, d]
Record [성취 결과: c, d, e, f, g, h]

그림 16.9 **역량 지표 – Generic Work Product 예**

Exercise

01 테스트 프로세스 활동 중, 테스트 프로세스 자체에 대한 효율의 향상과 개선을 목적으로 하는 활동은 테스트 평가이다. [O/×]

해설 맞는 설명이다.

02 다음과 같이 테스트가 수행되었다. 테스트 케이스 효율성은 얼마인가?

- 개발된 테스트 케이스 수 = 10개
- 예상 결과와 동일한 결과가 산출된 테스트 케이스 수 = 4
- 디버깅을 통해서 확인된 결함 수 = 1

① 10%
② 6%
③ 4%
④ 1%

해설

$$\text{테스트 케이스 효율성} = \frac{\text{검출된 전체 결함의 수}}{\text{생성된 전체 테스트 케이스 수}}$$

주어진 보기에서 테스트 케이스 효율성은 결함 수(1) / 테스트 케이스 수(10) = 10%이다.

03 다음 중에서 ISO/IEC 33063의 프로세스 역량 레벨에 대한 설명으로 가장 부적절한 것은?

① 수행 수준: 프로세스의 목적을 달성하는 정도를 말한다.
② 관리 수준: 수행된 프로세스가 관리되는 정도, 작업 산출물이 적절하게 관리되는 정도를 말한다.
③ 확립 수준: 프로세스 성과를 달성할 수 있는 정의된 프로세스를 사용하여 이행되는 정도를 말한다.
④ 최적화 수준: 예측 가능한 프로세스가 조직의 변경에 대응하기 위해 지속해서 혁신 목적을 달성하는 정도를 말한다.

해설 ④ 혁신(Innovating) 수준에 대한 설명이다.

정답 01 O 02 ① 03 ④

04 다음 표에서 설계 단계의 결함 구속 효율성을 구하시오.

결함 검출 단계	결함 발생 단계		
	요구사항분석	설계	구현
요구사항분석	10		
설계	5	20	
구현/단위 테스트	5	20	50
통합 테스트	5	20	25
시스템 테스트	5	10	55
인수 테스트	5	0	15
운영	5	0	5
합계	40	70	150

해설 결함 구속 효율성은 해당 단계에서 발생한 결함을 검출하는 비율을 말한다.
주어진 표에서 설계 단계에 도입된 결함의 수는 70개이고 그 중에서 설계 단계에서 검출된 결함의 수가 20개이므로 20 / 70 = 28.6 %이다.

05 테스트 평가 및 개선 단계에 대한 설명으로 가장 적절한 것은?

① 테스트 계획서에 명시한 테스트 종료 기준에 따라 테스트를 종료한다.
② 테스트 종료 후 테스트 활동의 효과성과 효율성에 대해 평가한다.
③ 테스트 평가 및 개선 계획 단계에서 테스트 계획서를 작성한다.
④ 테스트 환경을 구축하고 테스트 데이터를 준비한다.

해설 ① 테스트 종료 단계
③ 테스트 계획 단계
④ 테스트 환경 구축 단계

06 테스트 프로세스의 마지막 단계에서 작성되는 문서로, 테스트 활동 평가 결과와 테스트 개선방안을 작성하는 문서는 테스트 평가보고서이다. [O/X]

07 다음 중 테스트 프로세스의 마지막 단계에서 모든 테스트 활동과 결과를 요약한 문서로, 테스트 활동에 대한 평가와 개선방안이 기술되는 문서는 무엇인가?

① 테스트 결함 보고서
② 테스트 활동 보고서
③ 테스트 평가 보고서
④ 테스트 현황 보고서

정답 04 20 / 70 = 28.6% 05 ② 06 O 07 ③

08 테스트 평가 및 개선 활동에 대한 설명으로 올바르지 않은 것은?

① 적용된 테스트 프로세스의 효율성에 대한 평가를 테스트 활동 중 지속적으로 수행한다.

② 향후 수정되어야 할 테스트 프로세스 활동에 대한 검토 · 분석 의견을 제시한다.

③ 새롭게 적용된 활동 및 도구 · 기법에 대한 평가를 수행한다.

④ 발견된 오류 유형을 통해 각 단계별 테스트 기법을 평가한다.

해설 테스트 평가 및 개선 활동은 전체 테스트 활동이 완료된 후, 그 동안 모니터링을 통해 수집된 정보를 활용하여, 평가를 수행하는 것이 일반적입니다. 업무의 효율을 위해서 테스트 활동 중에 평가를 수행하지는 않습니다.

09 다음의 테스트 결과를 평가한 것으로 올바른 설명은 무엇인가?

설계된 테스트 케이스	테스트 케이스 실행 결과	발생된 결함
테스트 케이스 1	실패	결함 A
테스트 케이스 2	실패	결함 A
테스트 케이스 3	실패	결함 A
테스트 케이스 4	통과	없음
테스트 케이스 5	통과	없음
테스트 케이스 6	실패	결함 A
테스트 케이스 7	실패	결함 B

① 테스트를 통해 결함을 발견하였으므로 재사용 가능한 테스트 케이스 후보로 볼 수 있다.

② 결함을 검출하는데 많은 수의 테스트 케이스가 사용되었다.

③ 해당 모듈이 이미 높은 수준의 품질에 도달하였다.

④ 사용된 테스트 케이스의 효율성이 높다.

해설 [테스트 케이스 실패율] = 실패된 테스트 케이스 / 설계된 테스트 케이스 수

- 5/7 = 71%
- 테스트 케이스 실패율이 낮은 경우 : 결함을 검출하지 못하고 통과(Pass)되는 테스트 케이스가 많은 것
- 테스트 케이스 실패율이 높은 경우 : 결함을 검출할 가능성이 높은 것으로 효과적인 테스트를 수행한 것

[테스트 케이스 효율성] = 발생된 결함 수 (중복 제외) / 설계된 테스트 케이스 수

- 2/7 = 29%
- 테스트 효율성이 낮은 경우 : 하나의 결함을 검출하는데 많은 수의 테스트 케이스가 사용된 것

정답 08 ① 09 ①

부록

SW테스트전문가(CSTS) 자격시험 예제

○ 일반등급

○ 고급등급

SW테스트전문가(CSTS) 자격시험(FL)

문항번호	검정유형	문제당 배점
1번 ~ 50번	선택형(4지선다)	1.5점
51번 ~ 60번	선택형(진위형(○/×))	1.0점
61번 ~ 70번	서답형(단답)	1.5점

01 에러(Error)의 정의로 올바른 것은 무엇인가?

① 결함의 원인으로 사람에 의하여 생성된 실수를 말한다.

② 결함(Fault), 버그(Bug)와 동일한 의미이다.

③ 프로그램의 실행 결과와 올바른 결과의 차이를 말한다.

④ 제품에 포함된 결함을 의미한다.

02 테스트 케이스 설계를 위한 다음의 용어 정의 중 올바르지 않은 것은 무엇인가?

① 요구사항(Requirement): 사용자가 제품에 기대하는 기능 혹은 품질 특성

② 테스트 시나리오(Test Scenario): 테스트가 필요한 상황

③ 테스트 케이스(Test Case): 입력 + 사전 조건 → 사후 조건 + 예상 출력

④ 테스트 스크립트(Test Script): 테스트 케이스를 작성한 문서

03 소프트웨어 테스트에 관한 설명 중에서 올바른 것은 무엇인가?

① 프로그램의 오류를 발견하여 프로그램의 품질을 높이는 활동이다.

② 테스트는 프로그램에 결함이 존재하지 않음을 보여 주기 위한 목적으로 수행한다.

③ 타당하지 않고 예상하지 못한 경우들에 대해서는 테스트를 수행하지 않아도 된다.

④ 프로그램을 가장 잘 이해하는 개발자가 직접 테스트를 수행하는 것이 효과적이다.

04 완벽한 소프트웨어 테스트는 불가능하다. 다음 중 그 이유를 가장 잘 설명한 것은?

① 테스트 조직이 작아 할당할 수 있는 테스터가 적기 때문이다.

② 테스트 지식이 부족하고 테스트 전략과 계획의 완성도가 낮기 때문이다.

③ 개발 일정 대신 테스트 일정을 줄여 결과적으로 충분한 테스트 일정을 확보하지 못하기 때문이다.

④ 무한 입력값, 무한 시간, 코드 내 무한 경로 등을 모두 고려해 테스트할 수 없기 때문이다.

05 테스팅과 디버깅에 대한 설명으로 올바르지 않은 것은 무엇인가?

① 테스팅의 목적은 알려지지 않은 결함의 발견에 있다.
② 테스팅은 외부 개입을 배제하고, 시스템 내부관련자가 수행하는 것이다.
③ 디버깅은 이미 알고 있는 오류를 수정하는 것이다.
④ 디버깅의 주요작업은 오류의 위치를 파악하고 이를 적절히 수정하는 것이다.

06 소프트웨어 개발 단계별 테스트에 대한 설명으로 올바른 것은?

① 단위 테스트: 모듈을 통합하는 과정에 사용되는 인터페이스를 대상으로 상호 작용이 올바르게 이루어지는지 검증하는 테스트
② 통합 테스트: 개발 시스템이 인수 조건을 만족하는지 검증하는 테스트
③ 시스템 테스트: 시스템이 명세된 요구사항에 맞게 개발되었는지 기능 및 비기능 측면을 확인하는 테스트
④ 인수 테스트: 하나의 소프트웨어 단위가 정상적으로 기능을 수행하는지 여부를 확인하는 테스트

07 통합 테스트를 위한 다음의 전략 중 적절하지 않은 것은 무엇인가?

① 하향식 통합: 상위 모듈을 먼저 테스트하고 하위의 모듈들을 통합하는 방법으로서, 하위 모듈을 대체할 수 있는 테스트 스텁이 필요하다.
② 상향식 통합: 하위 모듈을 먼저 테스트하고 상위의 모듈들을 통합하는 방법으로서, 상위 모듈의 역할을 대신하는 테스트 드라이버가 필요하다.
③ 샌드위치 통합: 상향식 통합과 하향식 통합을 동시에 진행한다.
④ 빅뱅 통합: 가장 널리 사용되는 방법으로서, 전체 모듈을 한꺼번에 통합한 후, 단위 테스트를 생략하고 시스템 테스트로 바로 진행한다.

08 테스트 전략에 대한 설명으로 가장 올바른 것은?

① 테스트 전략은 테스트를 효과적으로 수행하여 테스트 대상의 품질을 향상시키기 위한 전략적 접근법으로 테스트 설계 단계에서 수립한다.
② 테스트 전략은 테스트 레벨, 유형, 사람, 도구, 절차, 방법, 자원 등과 같은 테스트 요소들에 대해 타당한 근거를 기반으로 결정한다.
③ 테스트 설계 기법이나 테스트 실행 순서 등은 테스트 결과에 영향을 미치므로 테스트 전략 요소로 사용할 수 없다.
④ 조직의 테스트 철학과 개요를 정의한 문서로써 모든 프로젝트의 테스트에 반영해야 한다.

09 테스트 프로세스와 관련된 설명으로 부적절한 것은 무엇인가?

① 테스트 프로세스는 개발 프로세스가 종료된 후에 시작되는 것이 바람직하다.
② 테스트 프로세스는 효율적이고 효과적인 테스트 수행을 위하여 필요하다.
③ 테스트 활동 자체에 대한 평가를 통하여 지속적으로 테스트 프로세스에 대해 개선하는 것이 바람직하다.
④ 테스트 프로세스의 개선은 테스트 비용을 줄이면서 높은 품질의 소프트웨어를 개발하는 데 도움을 줄 수 있다.

10 다음은 무엇에 대한 설명인가?

> 테스트가 테스트 요구사항을 얼마큼 만족하는지 나타내는 용어로 “테스팅 정도에 대한 양적 평가”를 결정하는 것이다. 이를 근거로 얼마나 더 해야 할지 또는 테스트를 멈출지 결정할 수 있다.

① 테스트 효율성
② 테스트 조건
③ 테스트 케이스 실패율
④ 테스트 커버리지

11 테스트 시 프로그램의 특정 모듈에서 평균이상의 결함이 발견되었다. 이에 대한 대응 방안으로 올바른 것은 무엇인가?

> (가) 해당 부분에 대한 테스트가 충분하므로 다른 모듈들에 대해 더 많은 테스트 노력을 기울인다.
> (나) 많은 결함이 발견되었다는 의미는 그 부분에 더 많은 결함이 존재할 수 있다는 것이므로 그 부분에 대해 더 많은 테스트 노력을 기울여야 한다.
> (다) 모듈에서 발생한 결함의 수와 관계없이 모든 모듈을 동일한 테스트 노력으로 테스트를 수행하는 것이 효율적이다.
> (라) 소프트웨어 설계나 구조에 심각한 문제가 많은 결함을 유발하였는지 조사하고, 구조를 개선함으로써 더 많은 결함의 발생을 예방하도록 한다.

① (가), (나)
② (나), (라)
③ (다), (라)
④ (가), (라)

12 테스트 프로세스의 필요성으로 거리가 먼 것은 무엇인가?

① 소프트웨어 품질목표 달성에 프로세스가 중요한 역할을 하기 때문에
② 효율적이고 효과적인 테스트 수행을 위한 관리의 중요성이 부각되었기 때문에
③ 충분한 시간과 비용을 사용하여 체계적인 테스트 수행이 필요하기 때문에
④ 평가를 통한 테스트 활동 개선이 필요하기 때문에

13 테스트 프로세스 활동 중, 테스트의 범위, 수행방법 및 일정을 수립하는 활동은 무엇인가?

① 테스트 계획
② 테스트 모니터링 및 통제
③ 테스트 평가
④ 테스트 실행

14 다음 테스트 문서 중에서 작성 시점이 다른 것은 무엇인가?

① 테스트 절차서
② 테스트 로그
③ 테스트 사건 보고서
④ 테스트 요약 보고서

15 A 씨는 신규 개발한 소프트웨어에 대한 테스트 계획을 수립하고 있다. 이 과정에서 기술적으로 어려운 '보안 인증' 모듈에 강도 높은 단위 테스트를 수행하기 위해 Unit Test Framework를 사용하기로 하였다. 다음 중 Unit Test Framework를 사용하는 이유로 올바르지 않은 것은?

① 기본 경로(Basis Path)들을 확인함으로써 구조적 테스트를 강화하고자 한다.
② 경계값(Boundary Value)을 확인함으로써 입력값 범위에 따른 처리 결과를 확인하고자 한다.
③ OS, 파일 시스템, 하드웨어 또는 시스템 상호 간의 연결성을 테스트하고자 한다.
④ 에러 핸들링 경로를 확인함으로써 기능의 안정적 동작을 확인하고자 한다.

16 테스트 리소스 할당 및 일정 수립에 관한 설명으로 가장 올바른 것은?

① 테스트 역량보다는 가용한 테스터를 우선 배정한다.
② 테스트 가용 인원을 먼저 확인한 후 테스트 업무량을 산정한다.
③ 테스트 자동화 도구는 쉽게 사용할 수 있으므로 테스터 배정 시 테스트 자동화 도구 사용 여부는 고려하지 않는다.
④ 조직 내에 특정 테스트 업무를 수행할 테스터가 없다면, 외부에서 전문가를 찾는다.

17 위험 기반 테스트 계획에서 위험도에 영향을 주는 요인으로 올바르지 않은 설명은?

① 많은 사용자에게 영향을 미치는 경우는 더 높은 위험성을 가진다.
② 관련 법규, 협력 업체와의 계약 등은 위험성에 영향을 주지 않는다.
③ 오류의 발생 빈도가 위험성에 많은 영향을 미칠 수가 있다.
④ 신뢰도에 심각한 영향을 미칠 수 있다면 위험성 측면에서도 많은 영향을 미친다.

18 테스트 효과성 평가 메트릭에 대한 설명으로 적절하지 않은 것은?

① 커버리지 기반 기준에서는 요구사항 커버리지, 설계 커버리지, 코드 커버리지를 기준으로 평가할 수 있다.
② 개발 단계에서 생성된 결함을 해당 단계에서 검출하는 비율로 효과성을 평가한다.
③ 테스트 케이스 통과 기반 기준에서는 각 테스트 케이스의 심각도를 고려한다.
④ 테스트 케이스의 실패율이 통과 기준이 될 수 있다.

19 다음 중 결함 관리에 대한 설명으로 적절하지 않은 것은?

① 테스트 실행을 통하여 발견된 오류는 일반화, 고립화, 구체화되어 기록된다.
② 해당 오류가 재연될 수 있도록 구체적으로 오류를 기술해야 한다.
③ 일반적으로 오류를 발견한 테스터가 해당 오류를 수정한다.
④ 발견된 오류는 테스트 사건 보고서에 기록된다.

20 테스트 목적에 대한 설명으로 적절하지 않은 것은?

① 테스트 목적은 테스트 수준에 따라서 달라질 수 있다.
② 테스트 목적은 테스트 유형에 따라서 달라질 수 있다.
③ 테스트 목적은 테스트 대상 시스템의 비기능 측면을 중점적으로 고려한다.
④ 테스트 목적은 테스트 분석 및 설계 활동에서 구체화된다.

21 테스트 환경 구축 및 점검 단계에 대한 설명으로 가장 올바른 것은?

① 테스트 환경 구축 업무는 개발자 또는 시스템 담당자의 도움 없이 항상 테스터가 진행한다.
② 요구 및 정의대로 테스트 환경이 구축되었는지를 확인한다.
③ 테스트 환경 구축 점검에는 체크리스트보다 테스트 케이스를 사용하는 것이 효과적이다.
④ 테스트를 실행하면서 테스트 환경 요구 사항을 확인하고 테스트 환경을 구축한다.

22 결함 생명 주기에 대한 설명으로 올바른 것은?

① 결함 생명 주기는 조직 및 프로젝트의 특성에 상관없이 동일하게 정의한다.
② 결함 관리는 결함 해결 과정 전반을 모니터링 한다.
③ Open된 결함을 즉각적으로 수정하지 않고 다음 릴리즈로 연기된 상태는 결함 생명 주기에 해당하지 않는다.
④ 테스터가 할당된 수정요구를 처리한 상태를 Verified라고 한다.

23 테스트 계획을 수립할 때 고려되는 주요 이슈로 적절하지 않은 것은?

① 언제 테스트를 종료하는 것이 좋을까?
② 단위 테스트를 수행하는 것이 효과적일까?
③ 테스트 케이스를 생성할 때 소스 코드를 바탕으로 할까?
④ 어떤 코딩 스타일을 사용할까?

24 다음 중 테스트 문서에 대한 설명으로 적절하지 않은 것은?

① 테스트 설계 명세서에 따라 테스트 케이스와 절차가 정의된다.
② 테스트 로그에는 테스트 케이스를 생성하는 과정이 자세하게 기록된다.
③ 테스트 절차서에는 테스트 케이스를 실행시키는 절차가 정의된다.
④ 테스트 케이스 명세서에는 구체적인 테스트 접근 방법과 테스트 통과 기준이 기록된다.

25 테스트 케이스 명세서에 대한 설명으로 적절하지 않은 것은?

① 테스트 케이스가 입력될 테스트 대상이 명시된다.
② 테스트 대상에 입력될 값과 예상 출력값이 명시된다.
③ 입력값에 의해서 실제로 출력될 값을 관찰하는 방법이 명시된다.
④ 해당 테스트 케이스 고유의 테스트 환경이 있다면 이를 명시한다.

26 테스트 케이스에 대한 설명으로 올바르지 않은 것은 무엇인가?

① 하나의 테스트 절차서로 여러 개의 테스트 케이스를 실행할 수 있다.
② 오작동(Failure)을 유도해 낼 수 있도록 설계해야 한다.
③ 테스트 목적에 따라 테스트 케이스를 다르게 선택해야 한다.
④ 많은 테스트 케이스로 넓은 커버리지를 수행해야 정상적으로 테스트했다고 볼 수 있다.

27 다음 설명에 부합되는 테스트 설계기법은?

> 프로그램 내부 논리 구조를 참조하지 않고 사용자의 요구사항이나 설계 정보 등을 이용하여 테스트 케이스를 개발하는 방법이다.

① 클리어박스 테스트　　② 구조기반 테스트
③ 그레이박스 테스트　　④ 명세기반 테스트

28 다음은 자동 온도 조절 장치에 관한 설명이다. 동등 클래스 분할 기법을 사용하여 선정할 수 있는 최소의 테스트 입력값들은 무엇인가?

> 온도가 20도 아래로 떨어지면 히터 세기를 강으로 작동시키고, 온도가 25도 이상이 되면 히터의 작동을 중단시킨다.

① 17, 23, 32
② 18, 19, 20, 25
③ 20, 23, 25, 30
④ 23, 25

29 다음은 어느 대학교의 학점 평가 프로그램에 대한 설명이다. 다음 프로그램에 동등 클래스 분할 기법 적용 시, 시험점수에 대한 테스트 케이스로 적절한 것은?

> 총점은 시험점수와 리포트 점수를 합한 점수이고, 시험점수는 75점이 만점, 리포트 점수는 25점이 만점이다. 성적은 정수 형태만 입력할 수 있다.

① '시험점수 < 0', '시험점수 > 100'
② '시험점수 < 0', '0 ≤ 시험점수 ≤ 75', '75 < 시험점수'
③ '시험점수 < 0', '0 ≤ 시험점수 < 25', '25 ≤ 시험점수 < 75', '75 < 시험점수'
④ '시험점수 < 25', '25 ≤ 시험점수 ≤ 100', '100 < 시험점수'

30 다음 구조기반 테스트 기법에 대한 설명 중 올바르지 않은 것은 무엇인가?

① 조건 커버리지는 분기문을 구성하는 각 기본 조건들이 참/거짓이 되는 모든 경우를 고려하는 것을 기준으로 하는 테스트 기법이다.
② 조건 커버리지를 수행하면 분기 커버리지를 수행하지 않아도 된다.
③ 다중조건 커버리지는 각 기본 조건들의 가능한 모든 논리조합이 테스트 될 수 있도록 하는 방법이다.
④ 조건/분기 커버리지는 분기커버리지와 조건 커버리지의 문제점을 해결하기 위한 방법이다.

31 다음은 영화 티켓 예약 프로그램의 상태 전이도를 도식화한 그림이다. “예약됨”에서 “사용됨”으로 전이되는 경우에 대해 테스트 케이스를 작성하려고 할 때, 도출된 테스트 케이스로 적합한 것은 무엇인가?

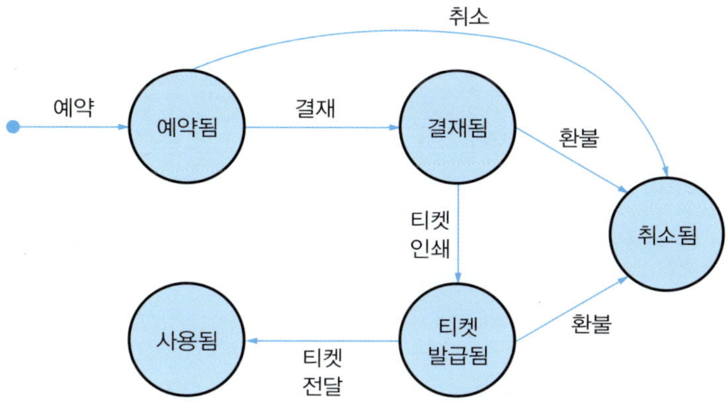

①

TC#	입력		예상출력
	상태	입력값	
1-1	예약됨	결재	결재됨
1-2	결재됨	티켓인쇄	사용됨

②

TC#	입력		예상출력
	상태	입력값	
1-1	예약됨	결재	결재됨
1-2	결재됨	티켓인쇄	티켓 발급됨
1-3	티켓 발급됨	티켓전달	사용됨

③

TC#	입력		예상출력
	상태	입력값	
1-1	결재됨	티켓인쇄	티켓 발급됨
1-2	티켓 발급됨	티켓전달	사용됨

④

TC#	입력		예상출력
	상태	입력값	
1-1	예약됨	결재	결재됨
1-2	결재됨	환불	취소됨
1-3	취소됨	환불	티켓 발급됨
1-4	티켓 발급됨	티켓전달	사용됨

32 다음은 전면에 부착된 초음파 센서값에 따라 장애물을 피하는 로봇에 대한 요구사항 명세이다. 경계값 분석을 통하여 선정되는 테스트 입력값들로 가장 효율이 높은 것은 무엇인가?

- 0~5cm까지는 후진
- 10cm까지는 좌회전
- 100cm까지는 전진

① 0, 1, 2, 5, 25, 50, 100, 101

② −1, 0, 3, 8, 15, 100, 150

③ −1, 0, 5, 6, 10, 11, 100, 101

④ 0, 1, 2, 10, 11, 100, 101, 102

33 입력 인자(X)에 대해 10≤X≤30 제약조건이 있는 시스템을 개발 중이다. 개발자가 실수로 X≤30 조건을 누락하여 10≤X로 구현하였을 때, 다음 중에서 경계 누락 오류를 찾을 가능성이 가장 높은 테스트 입력값은 무엇인가?

① 9 ② 10

③ 30 ④ 31

34 어느 시스템에서 버튼이 눌러졌을 때의 액션은 시스템이 현재 어떤 기능을 수행하고 있는지에 따라 달라진다고 한다면 이를 테스트하는데 가장 적합한 테스트 방법은 무엇인가?

① 리그레션 테스트 ② 상태 전이 테스트

③ 결정 테이블 테스트 ④ 페어와이즈 테스트

35 한 테스트 집합이 90%의 분기 커버리지를 달성하였다는 사실이 의미하는 것은 무엇인가?

① 프로그램의 10개 문장이 있다면 테스트 집합에 의해 그중 9개가 실행되었다는 의미이다.

② 프로그램의 10개 분기가 있다면 테스트 집합에 의해 그중 9개가 실행되었다는 의미이다.

③ 이 프로그램에 대해 10개의 테스트 입력 데이터 중에서 9개가 실행되었다는 의미이다.

④ 10개의 테스트 입력 데이터 중에서 9개가 오류를 검출하였다는 의미이다.

36 다음 프로그램에 대하여 100% 문장 커버리지를 만족하는 테스트 데이터는 무엇인가? (※ 단, short circuit evaluation은 없다고 가정한다)

```
IF (( X > 1 ) AND ( Y == 1 ))
       Z = Z / X
END
IF (( X == 2 ) OR ( Z > 1 ))
       Z = Z + 1
END
```

① X=5, Y=1, Z=10
② X=1, Y=1, Z=2
③ X=2, Y=2, Z=5
④ X=3, Y=1, Z=0

37 다음 설명 중에서 인스펙션에 해당하는 것을 모두 고른 것은 무엇인가?

(가) 완성된 결과물이 아닌 중간 산출물을 대상으로 한다.
(나) 참가자의 역할이 명확하다.
(다) 검토 결과에 따라 다음 단계로 진행할지 여부를 승인한다.
(라) 체크리스트를 사용한다.

① (가), (나)
② (가), (다)
③ (나), (라)
④ (다), (라)

38 공식 검토 참가자에 대한 설명 중 올바르지 않은 것은?

① 주재자(Moderator)는 공식 검토를 계획하고 공식 검토 회의를 운영하며, 회의 종료 후 사후 관리를 한다.
② 작성자(Author)는 검토 대상 산출물 작성자로서 문서에 대한 책임이 있으며, 검토 시 해당 산출물에 관해 설명한다.
③ 검토자(Reviewer)는 검토 실행을 결정하고 프로젝트 일정 내에서 검토 시간을 할당하며, 검토 목표가 달성되었는지 판단한다.
④ 기록자(Recorder)는 회의 내용을 기록하고 모든 이슈 사항, 결함, 정의되어야 할 문제점 등을 문서화한다.

39 정적 테스트에 대한 설명으로 타당하지 않은 것은 무엇인가?

① 동적 테스트 방법에서 검출하기 힘든 오류들을 찾아낸다.
② 가능한 개발 초기에 오류들을 찾아내어 품질을 향상시킨다.
③ 프로그램 개발단계에서 산출되는 결과물에서 결함을 찾아낸다.
④ 코드 분석을 기반으로 프로그램을 실행하여 오류를 찾아낸다.

40 워크쓰루에 관한 설명으로 올바르지 않은 것은 무엇인가?

① 회의 시작 전에 참가자들이 작업물에 대해 철저한 준비를 해야 한다.
② 보통은 개발자에 의해 회의가 진행된다.
③ 회의를 주재하기 위해 별도의 훈련을 필요로 하지 않는다.
④ 회의의 결과가 잘 처리되었는지 확인하는 작업을 생략할 수 있다.

41 인스펙션에 대한 설명으로 올바른 것은 무엇인가?

① 인스펙션의 목적은 가능한 한 개발 초기에 검사하고 제품에서 결함을 찾아내기 위한 취지로 개발되었다.
② 인스펙션은 주재자, 개발자, 기록자, 검토자의 역할이 명확하며, 효과적인 인스펙션을 위해서 개발자가 주재자의 역할을 하는 것이 바람직하다.
③ 인스펙션에서 발견된 문제점은 담당자가 책임지고 수정하므로 추가적인 확인을 하지 않는 것이 일반적이다.
④ 작업물로부터 오류를 발견하여 더 나은 품질의 소프트웨어를 개발하는 것뿐만 아니라, 개발자의 능력을 평가하는 것을 목적으로 하기도 한다.

42 각 공식 검토 종류에 대한 설명으로 옳지 않은 것은 무엇인가?

① 요구사항 검토(Software Requirement Review, SRR) - 요구사항의 적절성, 기술적 타당성, 요구사항의 완전성, 검증 가능성 등을 검토한다.
② 예비설계 검토(Preliminary Design Review, PDR) - 소프트웨어 아키텍처의 기술적 타당성을 검토한다.
③ 상세설계 검토(Critical Design Review, CDR) - 코딩 단계 전 상세설계의 기술적 타당성, 완벽성 및 정확성을 검토한다.
④ 테스트 준비 검토(Test Readiness Review, TRR) - 시스템 및 인수 테스트의 결과와 테스트 절차의 완전성을 검토한다.

43 정적 분석을 통해 식별할 수 있는 결함 유형과 거리가 먼 것은?

① 초기화하지 않고 사용한 변수
② 선언 후 사용하지 않은 함수
③ 선언 후 사용하지 않은 변수
④ 요구사항과 다른 연산 결과

44 심볼릭 실행과 관련이 없는 것은 무엇인가?

① 동적 분석 방법
② 프로그램 테스트 데이터 자동 생성
③ 실행 불가능한 경로 검출
④ 주어진 경로가 실행 가능한지 검사

45 테스트 자동화 도입을 고려하는 시점에 대한 설명으로 올바르지 않은 것은?

① 요구사항 명세서에 테스트 자동화에 대한 요구를 명시한다.
② 자동화에 필요한 API, 로그, 도구 등이 초기에 계획되어야 한다.
③ GUI 테스트 자동화의 경우, GUI가 확정되는 구현단계 이후부터 자동화를 계획한다.
④ 테스트 자동화 전략이 테스트 총괄 계획서에 포함되고 프로젝트 초기에 이해 관계자와 합의되어야 한다.

46 테스트 자동화에 대한 설명으로 가장 올바른 것은?

① 버튼 클릭 하나로 모든 테스트가 자동화될 수 있다.
② 테스트 자동화 계획은 프로젝트 요구사항 분석 단계에서 수립한다.
③ 모든 테스트 케이스는 100% 자동화가 가능하다.
④ 자동화 도구 선정 즉시 조직 전체에 적용한다.

47 다음 테스트 도구 중 테스트 실행 자동화에 해당하지 않는 것은?

① 캡처/재생 도구
② 메모리 테스트 도구
③ 성능 테스트 도구
④ 커버리지 분석 도구

48 보안성 품질 특성에 대한 설명으로 가장 적절한 것은?

① 보안성의 부특성은 성숙성, 가용성, 접근성이다.
② 보안성은 소프트웨어가 정보 및 데이터를 올바르게 보호하는 능력을 의미한다.
③ 보안성 결함은 명세 및 구조 기반 테스팅 기법으로 모두 검출할 수 있다.
④ 보안성의 부특성인 접근성은 데이터가 인가되지 않은 접근으로부터 보호되는 비율, 암호화 및 복호화가 정확히 구현된 비율 등으로 측정한다.

49 프로그램이 얼마나 손쉽게 테스트 가능한지를 나타내는 특성과 가장 거리가 먼 것은?

① 단순성(Simplicity) ② 관찰 용이성(Observability)
③ 운용 용이성(Operability) ④ 견고성(Robustness)

50 다음 중 성능 효율성 테스트의 부특성은 무엇인가?

① 운용 용이성 ② 자원 활용성
③ 상호 운용성 ④ 회복 가능성

51 테스트 프로세스는 개발 프로세스가 종료된 후에 시작되며, 한번 정립된 프로세스는 변경하지 않는 것이 효율적이다. [O/X]

52 결함의 고립화(Isolation)란, 결함이 발견되었을 때, 사용된 테스트 데이터, 테스트 절차, 테스트 환경 등을 구성하는 어떤 요소가 결함 발생에 영향을 미치는지 분석하는 것이다. [O/X]

53 테스트 프로세스 활동 중, 테스트 프로세스 자체에 대한 효율의 향상과 개선을 목적으로 하는 활동은 테스트 평가이다. [O/X]

54 결정 테이블 테스트는 논리적으로 의존적인, 가능한 모든 조건의 조합을 생성하는 테스트 설계 기법으로, 누락된 요구사항을 검사하고자 할 때 효과적으로 사용할 수 있다. [O/X]

55 구조기반 테스트는 특성상 시스템 및 인수 테스트 단계에서만 수행한다. [O/×]

56 오류 추정은 특정 소프트웨어에 대해 테스터의 직관과 경험을 활용하여 어떤 유형의 결함이 발생할 것을 예측하여 테스트하는 방법이다. [O/×]

57 프로그램 코드에 대해 자료 흐름 분석을 수행할 때 dd, kk, ~u, du는 이상 패턴에 해당한다. [O/×]

58 요구사항 분석서, 설계서, 코드, 테스트 관련 문서 등 소프트웨어 개발 관련 모든 문서와 산출물이 정적 테스트 대상이 될 수 있다. [O/×]

59 서로 다른 시스템과의 상호연동능력을 확인하기 위한 테스트로, 테스트하고자 하는 제품이 다른 제품과 공통으로 환경 및 자원을 공유하면서 그 제품에 유해한 영향을 미치지 않고 올바른 기능을 수행할 수 있는지 확인하는 테스트는 이식성 테스트이다. [O/×]

60 Beizer의 소프트웨어 테스트 진화 과정에서 프로그램을 개발할 때 처음부터 테스트가 용이하도록 테스트 용이성을 고려하여 프로그램을 설계하는 단계는 prevention-oriented 단계이다. [O/×]

61 다음은 테스트 용이성에 대한 설명이다. 어떤 특성에 대한 설명인지 용어를 기재하시오.

> 테스트할 대상 영역의 문제가 발생한 곳을 고립시켜, 독립적으로 모듈을 테스트할 수 있도록 설계하였다.

62 다음의 설명에 해당하는 테스트 유형을 기재하시오.

> - 오류를 수정한 후 오류가 정상적으로 수정되었는지 확인한다.
> - 오류 수정 중 발생된 코드 변경으로 인해, 새로운 오류가 발생하지 않았는지 확인한다.
> - 전체 테스트 케이스를 모두 재실행하는 것은 비효율적이므로 테스트 일정 및 예산・비용 등을 고려해서 재실행할 테스트 케이스를 신중하게 선택 및 개발해야 한다.

63 다음 괄호 안에 들어갈 알맞은 단어를 기재하시오.

> 테스트 수행 시 실제로 수행한 작업과 발생한 오류들을 시간대별로 기록한 것으로, 필요 시 테스트를 동일하게 재연할 수 있도록 작성하는 문서를 테스트 (　　　) (이)라고 한다.

64 다음은 구조기반 테스트 커버리지에 대한 설명이다. 어떤 테스트 커버리지에 대한 설명인지 기재하시오.

> • 각 기본 조건식 및 전체 조건식의 결과 값이 참(True)과 거짓(False)을 적어도 한 번 이상 실행시키는 것을 기준으로 하는 테스트 방법
> • 테스트 케이스 수트에 의해 실행된 전체 조건식과 기본 조건식이 몇 %인지 측정

65 다음은 전기밥솥의 동작을 표로 나타낸 것이다. 페어와이즈 설계 기법을 적용하여 테스트 케이스를 설계할 때 도출될 수 있는 최소 테스트 케이스 개수는 몇 개인지 기재하시오.

모드	설정	전원
취사	현미	ON
보온	백미	OFF

66 다음의 제어 흐름도를 이용하여 분기 커버리지를 100% 달성하고자 할 때, 테스트 케이스 최소 개수를 기재하시오.

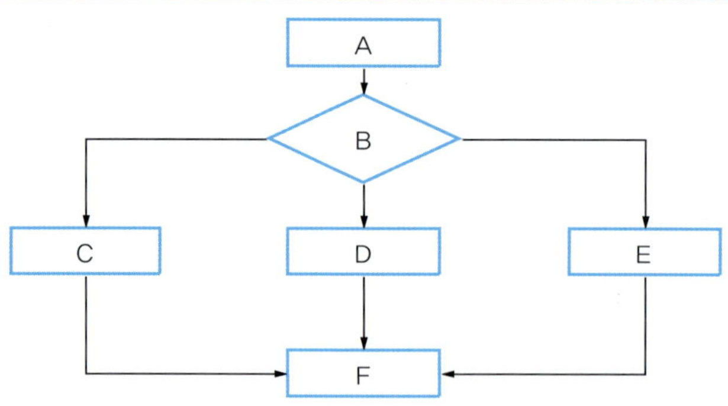

67 아래와 같은 제어 흐름 그래프를 갖는 프로그램이 있다. "A → B → G → I → J"의 경로로 테스트를 수행했을 때, 문장 커버리지는 몇 %인지 기재하시오.

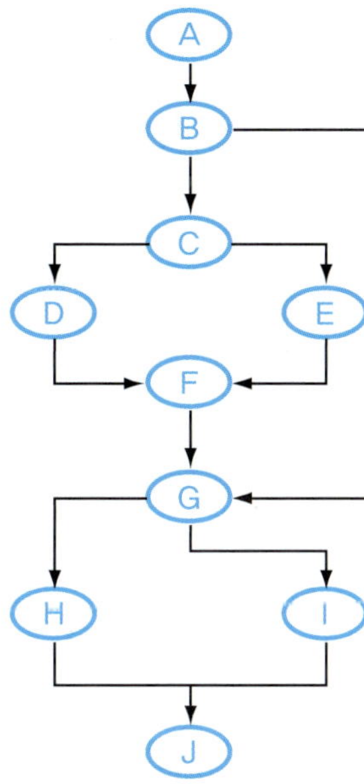

68 다음 프로그램을 테스트하기 위한 테스트 케이스가 다음과 같이 3개가 있다. 조건 커버리지를 100% 만족하는 최소 개수의 테스트 케이스를 구하고자 할 때, 사용하지 않아도 되는 테스트 케이스는 무엇인지 작성하시오.

프로그램	[테스트 케이스]

IF ((X>1) AND (Y==1))
    Z=Z/X
END
IF ((X==2) OR (Z>1))
    Z=Z+1
END
	TC1 : (X=1, Y=2, Z=2)
	TC2 : (X=2, Y=1, Z=6)
	TC3 : (X=0, Y=0, Z=1)

69 다음의 자료 흐름도에서 변수 x에 대한 오류 패턴을 하나만 적으시오.

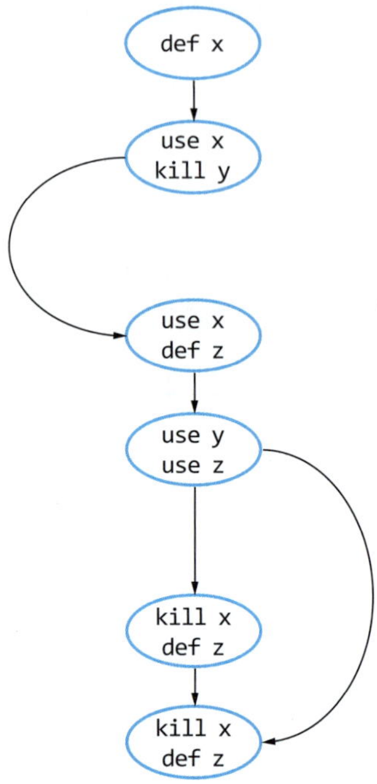

70 다음은 ISO/IEC 25010 품질 특성에 관한 설명이다. 어떤 품질 특성에 대한 설명인지 적으시오.

> 규정된 조건에서 규정된 기간 동안 오동작 없이 의도된 기능을 수행하는 소프트웨어의 능력을 말하며, 부특성으로는 성숙성, 가용성, 장애 허용성, 회복 가능성이 있다.

정답표

선택형(4지선다, 진위○/×)						서답형(단답)	
번호	정답	번호	정답	번호	정답	번호	정답
1	①	21	②	41	①	61	분할용이성(decomposability)
2	④	22	②	42	④	62	회귀(Regression) 테스트
3	①	23	④	43	④	63	로그(Log)
4	④	24	②	44	①	64	조건/결정(분기) 커버리지
5	②	25	③	45	③	65	4개
6	③	26	④	46	②	66	3개
7	④	27	④	47	④	67	50%
8	②	28	①	48	②	68	TC1
9	①	29	②	49	④	69	kk
10	④	30	②	50	②	70	신뢰성(Reliability)
11	②	31	②	51	X		
12	③	32	③	52	O		
13	①	33	④	53	O		
14	①	34	②	54	O		
15	③	35	②	55	X		
16	④	36	①	56	O		
17	②	37	③	57	X		
18	③	38	③	58	O		
19	③	39	④	59	X		
20	③	40	①	60	O		

SW테스트전문가(CSTS) 자격시험(AL)

문항번호	검정유형	문제당 배점
1번 ~ 50번	선택형(4지선다)	1.2점
51번 ~ 60번	선택형(진위형(○/×))	1.0점
61번 ~ 70번	서답형(단답)	1.5점
71번 ~ 75번	서답형(작업)	3.0점

01 다음 중 통합 테스트에서 결함이 발견되는 경우의 원인 또는 사례에 대한 설명이 아닌 것은?

① 개별적인 모듈에 대한 테스트가 충분하지 않았다.
② 제한된 특정 상황만을 반영한 테스트 드라이버 또는 스텁을 사용하여 테스트하였다.
③ 모듈 간 동일한 전역 변수 사용으로 인한 예기치 못한 상호작용 발생을 고려하였다.
④ 임의의 모듈에 대해 예외 사항을 고려하지 않았다.

02 테스트 엔지니어가 소프트웨어 제품의 요구사항 또는 설계를 검토할 때 테스트 용이성(Testability)을 주의 깊게 보아야 한다. 다음 중 테스트 용이성에 대한 설명으로 올바르지 않은 것은?

① 테스트 대상 프로그램이 문제를 일으키는 곳을 독립적인 모듈로 고립화시킬 수 있어야 한다.
② 소프트웨어 시스템은 가능한 한 이해하기 쉽게 설계되어야 한다.
③ 프로그램 실행의 최종 결과뿐만 아니라 중간 결과도 쉽게 파악할 수 있도록 설계해야 한다.
④ 프로그램 오작동이 발생하면 멈추어 더는 테스트 작업을 진행할 수 없도록 해야 한다.

03 소프트웨어 품질 관련 표준(ISO/IEC 25010)에서 정의하고 있는 8가지 품질 주 특성(Quality Characteristics)에 속하지 않는 것은?

① 호환성 ② 신뢰성
③ 완전성 ④ 이식성

04 소프트웨어 릴리즈 후에 다양한 이유로 변경이 발생한다. 다음 중 유지보수 단계에서 발생하는 변경 요인으로 올바르지 않은 것은?

① 사용 중 발견된 결함의 수정 요구
② 사용 환경의 변화로 인한 새로운 기능 추가 요구
③ 소프트웨어 시스템 운영 환경의 변경에 따른 적응 요구
④ 개발 중 고객과의 의사소통 부족에 따른 잘못된 요구사항 정의 수정 요구

05 다음 중 SW 품질 주특성과 부특성의 연결이 올바르지 않은 것은?

① 기능 적합성 - 기능 정확성, 기능 완전성
② 신뢰성 - 복구성, 분석성
③ 이식성 - 설치성, 대체성
④ 성능 효율성 - 시간 반응성, 자원 효율성

06 아래 보기는 오류의 유형에 대한 설명이다. 올바른 설명을 모두 고른 것은?

(가) 요구사항에 명시되어 있는데 구현되지 않은 경우
(나) 요구사항대로 구현되었는데 정상 동작하지 않는 경우
(다) 요구사항과 무관한 기능이 구현된 경우
(라) 요구사항에 명시되어 있지 않은데 구현된 부분에서 정상 동작하지 않는 경우

① (가)
② (가), (나)
③ (가), (나), (다)
④ (가), (나), (다), (라)

07 컴포넌트 구성이 아래 그림과 같을 때 단위 테스트 횟수, 하향식 통합 테스트 횟수, 시스템 테스트 횟수가 모두 올바른 것은?

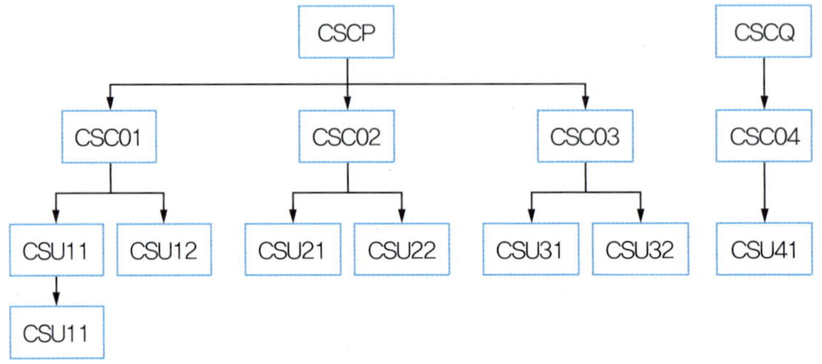

* CSCP, CSCQ, CSC, CSU 등은 시스템을 구성하는 주요 컴포넌트를 나타낸다.
* 화살표는 컴포넌트가 하위 컴포넌트를 호출하는 것을 의미한다.
* 컴포넌트가 연결되지 않은 것은 서로 다른 시스템을 의미한다.

① 13, 11, 1 ② 14, 12, 2
③ 13, 12, 2 ④ 14, 13, 1

08 아래와 같은 시스템 구성에서 성능 테스트의 단계적 접근 방식 중 ⓑ에 대한 설명으로 올바른 것은?

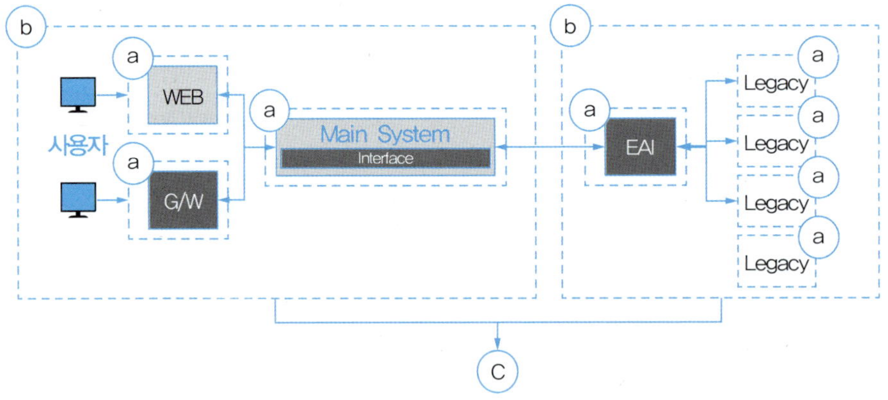

① 단위 성능 테스트로 단위 업무를 개발하여 성능 테스트 수행 및 성능 진단
② 연계 성능 테스트로 단위 업무의 성능이 점검된 시스템을 대상으로 부분 연계 성능 테스트 수행
③ 통합 성능 테스트로 시스템 전체를 연계하여 통합 성능 테스트를 수행
④ 임계 성능 테스트로 임계 부하 상황(Peak치 성능)에서의 성능 테스트를 수행

09 다음 테스트 자동화 프레임워크 필요성에 대한 설명으로 올바르지 않은 것은?

① 테스트 대상 시스템에 대한 의존도 최대화
② 테스트 케이스 중복 최소화
③ 테스트 스위트(Test Suite)의 효율적 구성 및 관리
④ 테스트 수행 및 결과의 저장 및 관리(DB화)

10 다음 소프트웨어 생명 주기 모형 중 진화적 개발 모델에 대한 설명이다. 올바르게 설명한 것은 무엇인가?

① 요구사항이 프로젝트 시작부터 명확하게 정의된 프로젝트에 적합한 개발 모델이다.
② 이 개발 모델은 시스템의 모든 구성 요소를 한꺼번에 개발 완료하는 방식이다.
③ 폭포수 모델보다 프로젝트 관리가 용이하여 소규모 프로젝트에 적합한 개발 모델이다.
④ 단계마다 테스트가 수행되므로 발생하는 문제점을 해결할 방안을 마련할 수 있다.

11 다음 설명 중 가장 올바르지 않은 것은?

① 기능 테스트는 기능 요구사항 측면에서의 결함 검출 및 충족 여부 확인을 목적으로 한다.
② 기능 테스트는 시스템 통합 이후의 최종 사용자 관점에서 시스템의 정확한 기능을 확인할 수 있는 테스트를 말한다.
③ 비기능 테스트는 기능성을 제외한 성능, 보안성, 신뢰성 등 품질 요구사항 측면에서의 결함 검출 및 충족 여부 확인을 목적으로 한다.
④ 비기능 테스트는 일반적으로 시험 비용 절감을 위해 시스템 테스트 또는 인수 테스트에서 진행된다.

12 테스트 단계와 주요 범위의 연결이 가장 올바른 것은?

① 단위 테스트 단계 – 단위 내 로직이나 기능, 통합전략
② 통합 테스트 단계 – 단위 간 인터페이스, 시스템 전체
③ 시스템 테스트 단계 – 시스템 전체, 단위 간 인터페이스
④ 인수 테스트 단계 – 시스템을 구성하는 전체 모듈, 요구 명세서의 기능

13 다음에서 설명하는 특징과 테스트 단계를 올바르게 연결한 것은?

(가) 사용자 또는 제3자 테스트, 사용자 환경, 다양한 형태의 테스트 가능(알파 테스트, 베타 테스트)
(나) 개발자 중심의 코드 레벨 테스트, 개발 환경, 개발자 또는 개발 지식이 있는 테스터가 수행, 테스트 대상 소프트웨어를 독립적으로 실행시킬 환경 필요(테스트 드라이버, 테스트 스텁)
(다) 개발자 중심의 코드 레벨 테스트, 개발 환경, 개발자 또는 개발 지식이 있는 테스터가 수행, 소프트웨어 통합에 필요한 환경 필요(테스트 드라이버, 테스트 스텁)
(라) 제3자 중심의 명세 기반 테스트, 소프트웨어 기능 및 비 기능 요구사항 만족 여부 검증, 사용자 환경 또는 사용자 환경과 최대한 유사한 환경 구성 필요

① (가) 인수 테스트 (나) 단위 테스트 (다) 통합 테스트 (라) 시스템 테스트
② (가) 시스템 테스트 (나) 단위 테스트 (다) 통합 테스트 (라) 인수 테스트
③ (가) 시스템 테스트 (나) 통합 테스트 (다) 단위 테스트 (라) 인수 테스트
④ (가) 인수 테스트 (나) 통합 테스트 (다) 단위 테스트 (라) 시스템 테스트

14 다음 중 단위 테스트 계획에 대한 설명으로 올바르지 않은 것은?

① 필요에 따라서 일부 모듈에 대해서만 단위 테스트를 수행한다.
② 모듈 간 상호작용에 대한 고려가 필요하다.
③ 단위의 규모는 소프트웨어의 기본 구성 요소의 규모와 다를 수가 있다.
④ 구체적인 테스트 기법은 단위의 특성에 따라서 클래스 테스트, 컴포넌트 테스트 등이 고려될 수 있다.

15 테스트와 관련된 다음의 설명 중 올바른 것은?

① 성숙도가 높은 테스트는 결함이 발견된 소프트웨어 모듈을 확인하고, 이를 해결하기 위해 소스 코드를 어떻게 수정해야 하는지 알려준다.
② 단순한 소스 코드의 철자를 바로잡거나 알고리즘의 부정확한 구현을 정확하게 수정하는 작업을 정적분석이라 한다.
③ 초기에 결함을 검출한 테스트 케이스를 이용하여 다시 테스트하는 것을 스모크테스트라 한다.
④ 유지보수 단계에서 소프트웨어가 수정된 후, 기존 프로그램이 변경된 부분으로 인해 영향을 받지 않았는지 검사하기 위한 테스트를 회귀(Regression) 테스트라 한다.

16 테스트 자동화 도입의 목적으로 올바르지 않은 것은?

① 테스트 프로세스 절차 축소
② 테스트의 효율성 및 효과성 향상
③ 테스트 커버리지 확장
④ 테스트 실행 및 결과의 객관성 향상

17 테스트 자동화에 대한 설명으로 올바르지 않은 것은?

① 동일한 SW 제품을 다양한 환경에서 테스트해야 할 필요가 있을 때 유용하다.
② 신뢰성 테스트를 위해 동일한 기능을 10,000번 수행하여 메모리 누수(Memory Leak), 비정상 종료 등을 확인하는 데 유용하다.
③ 한번 작성된 테스트 스크립트를 반복 실행하는 경우, 시간과 비용 면에서 효율적이다.
④ 테스트 자동화는 모든 테스트 유형에서 시간 소모적인 수동 테스트를 대체하여 테스트 비용을 줄이고 효율성을 높인다.

18 다음 중 위험기반 테스트에 대한 설명으로 올바르지 않은 것은?

① 시스템의 복잡도 등을 통하여 오류의 발생 가능성을 추정하는 것은 비현실적이다.
② 위험도는 오류가 발생하였을 때 미치는 영향과 해당 오류가 발생할 가능성이 고려되어야 한다.
③ 낮은 위험성을 가지는 오류는 테스트 대상에서 제외될 수도 있다.
④ 위험성의 정도에 따라서 테스트 접근 방법이 고려될 수 있다.

19 다음 중 워크쓰루(Walkthrough)의 특징으로 올바른 것은?

① 주로 작성자의 요청으로 이루어지며, 완성된 결과물을 대상으로 한다.
② 참가자의 역할이 명확하게 구분되어 있다.
③ 참가자들은 회의에 참여하기 전에 작업물을 정확히 숙지해야 한다.
④ 후속 작업에 대한 검사가 생략될 수 있다.

20 자료 흐름 이상 패턴과 그에 대한 설명으로 올바르지 않은 것은?

① uk(use-kill)는 사용 후 문제가 있으면 폐기함을 의미한다.
② du(define-use)는 문제가 없고 정상적인 것을 의미한다.
③ ud(use-define)는 문제가 없고 자료가 사용된 후 다시 정의된 것을 의미한다.
④ dk(define-kill)는 전혀 자료가 사용되지 않음을 의미한다.

21 아래 프로그램에 대한 테스트 데이터는 다음과 같다. 문장 커버리지 측정 결과는 무엇인가?

```
1.   IF ((earnings > 100000) AND (membership=='Platinum'))
2.      point = 1000
     ELSE
3.      point = 300
     END
4.   IF (fine > 50)
5.      point = point - 100
     END
```

```
테스트 데이터
earnings = 100015
membership = 'gold'
fine = 43
```

① 40%　　② 60%
③ 80%　　④ 100%

22 다음 프로그램에 대한 100% 문장 커버리지를 만족하는 최소의 테스트 케이스 개수는 몇 개인가?

```
IF ((period > 30) AND (period <= 45))
   budget = budget - 1000
END
IF ((color == 'Red') OR (color == 'Yellow'))
   balloon = 500
ELSE
   balloon = 300
END
```

① 1개　　② 2개
③ 3개　　④ 4개

23 아래의 테이블을 이용하여 페어와이즈(pairwise) 조합 테스트 케이스를 설계한 결과로 올바른 것은?

Machine	OS	Protocol
IBM	Windows	TCP
HP	Unix	UDP

①

TC	Machine	OS	Protocol
1	IBM	Unix	UDP
2	HP	Windows	UDP
3	IBM	Windows	TCP

②

TC	Machine	OS	Protocol
1	IBM	Windows	TCP
2	IBM	Unix	UDP
3	HP	Windows	TCP

③

TC	Machine	OS	Protocol
1	IBM	Unix	TCP
2	IBM	Windows	UDP
3	HP	Windows	UDP
4	HP	Unix	TCP

④

TC	Machine	OS	Protocol
1	IBM	Windows	TCP
2	IBM	Unix	UDP
3	HP	Windows	UDP
4	HP	Unix	TCP

24 다음 중에서 화이트박스 테스트 기법에 해당하는 것을 모두 고른 것은 무엇인가?

(가) 문장 커버리지
(나) 탐색적 테스트
(다) 자료 흐름 테스트
(라) 결정 테이블 테스트
(마) 경계 값 분석
(바) 인스펙션
(사) 뮤테이션 테스트
(아) 기본경로 테스트

① (가), (다), (사), (아)
② (가), (나), (바), (사)
③ (가), (다), (마), (바)
④ (가), (라), (사), (아)

25 다음 소스 코드에 대하여 100% 다중 조건 커버리지를 만족하는 최소의 테스트 케이스 개수는 몇 개인가?

```
IF ((impact > 90 OR date>5) AND (severity == 'Major'))
   handling = 24
ELSE
   handling = 48
END
```

① 2
② 4
③ 6
④ 8

26 다음 소스 코드에 대하여 100% MC/DC 커버리지를 만족하는 테스트 케이스는 무엇인가?

```
IF ((score>90 AND period>2) OR membership == 'gold')
   fee = 15000
ELSE
   fee = 25000
END
```

①

TC#	score	period	membership
1	91	3	basic
2	90	3	gold
3	89	3	basic
4	91	2	basic

②

TC#	score	period	membership
1	91	3	gold
2	90	3	gold
3	89	3	basic
4	91	2	basic

③

TC#	score	period	membership
1	91	3	basic
2	90	3	gold
3	89	3	basic
4	89	2	basic

④

TC#	score	period	membership
1	91	3	gold
2	90	3	gold
3	89	3	basic
4	89	2	basic

27 분기 커버리지에 대한 설명으로 올바르지 않은 것은 무엇인가?

① 분기 커버리지를 만족하는 테스트 케이스 집합이 반드시 문장 커버리지를 만족하는 것은 아니다.
② 프로그램의 모든 분기가 적어도 한 번은 테스트 되도록 테스트 케이스를 선정하는 방법이다.
③ 각 분기(결정)의 참과 거짓을 적어도 한 번 이상 실행시키는 것을 기준으로 한다.
④ 분기 커버리지는 문장 커버리지보다 강력한 형태의 기준을 가진 테스트 방법이다.

28 페어와이즈 조합 테스트에 대한 설명으로 올바르지 않은 것은?

① 호환성 테스트에 주로 사용된다.
② 입력값이 T/F 이진의 논리적 관계를 갖는 경우 적용이 용이하다.
③ 입력 변수 개수와 입력 가능 값이 많을수록 테스트 케이스 도출 복잡도가 높다.
④ IPO 알고리즘을 이용하여 테스트 케이스를 도출할 수 있다.

29 체크리스트 기반 테스트(Checklist-based Test)에 대한 설명으로 올바르지 않은 것은?

① 체크리스트가 일차적으로 만들어지면 테스트를 수행하는 동안 변경할 수 없다.
② 체크리스트는 기능 테스트와 비기능 테스트를 포함한 다양한 테스팅 기법을 위해 생성될 수 있다.
③ 테스트 경험과 노하우를 정리하고 이를 누락 없이 테스트한다.
④ 테스트하거나 평가해야 할 내용과 경험을 나열해 놓은 것을 활용한다.

30 테스트 프로세스와 관련된 설명으로서 올바르지 않은 것은 무엇인가?

① 테스트 프로세스는 시스템의 품질을 평가하고 개선하기 위하여 효과적이고 효율적으로 테스트를 수행하기 위한 활동들을 포함한다.
② 테스트 프로세스는 시스템에 대한 요구사항 명세서, 프로젝트 계획서 등의 개발 산출물을 바탕으로 테스트 계획을 수립하는 것으로 시작된다.
③ 테스트를 수행한 후에는 테스트에 든 시간/비용과 테스트를 통하여 개선된 품질 정도를 바탕으로 테스트 활동 자체에 대한 평가를 수행한다.
④ 총괄 테스트 계획은 모든 테스트 단계를 총괄적으로 관리하기 위한 것으로 각 테스트 단계별 테스트 계획은 수립하지 않아도 된다.

31 테스트 계획 수립 시 테스트 범위, 목적, 대상에 대한 설명으로 올바르지 않은 것은?

① 테스트 계획 수립 시 테스트 범위와 목적별로 테스트 설계 명세서가 작성될 수 있다.
② 시스템 테스트의 경우 정확한 성능검증을 위해 실제 운영데이터는 사용하지 않는다.
③ 테스트 계획 수립 시 기능 및 품질 특성에 맞는 목표를 설정한다.
④ 통합 테스트의 경우 모듈이나 컴포넌트 집합, 서브 시스템 등으로 구분하여 계획을 수립할 수 있다.

32 테스트 일정 수립 시 고려해야 할 사항이 아닌 것은?

① 시스템 테스트는 기능이 아닌 비기능(품질) 특성을 측정할 수 있도록 계획을 수립해야 한다.
② 테스트 대상의 시스템 규모, 설계 수준, 투입 자원 등의 특성에 따라 테스트 단계와 일정을 계획한다.
③ 계획된 테스트 일정을 준수할 수 있도록 실현 가능한 계획을 수립해야 한다.
④ 통합 테스트는 컴포넌트 연계, 시스템별 연계에 따라 여러 번의 테스트 일정을 수립할 수 있다.

33 테스트 계획 및 설계 시 테스트 단계에 따른 입력 산출물과 결과 산출물의 짝으로 올바르지 않은 것은?

	테스트 단계	입력 산출물(테스트 적합성 기준)	결과 산출물
①	인수 테스트 계획	요구사항 정의서	인수 테스트 계획서
②	통합 테스트 계획	인터페이스 분석서, 구조설계명세서	테스트 평가 보고서
③	시스템 테스트 설계	프로세스 정의서, 요구사항 명세서	시스템 테스트 설계서
④	단위 테스트 계획	화면설계서, 상세설계 명세서	단위 테스트 케이스 명세서

34 다음 중 테스트 실행 산출물에 대한 설명으로 올바르지 않은 것은?

① 테스트 결함 보고서는 테스트 실행 과정에서 발생한 오류를 기록한다.
② 테스트 요약 보고서는 테스트 실행 전 테스트 수행 절차를 요약하여 기록한다.
③ 테스트 로그는 수행된 테스트 과정을 재실행할 수 있도록 테스트 과정을 기록한다.
④ 테스트 결함 보고서는 오류 발생 시간과 예상 결과 및 실제 결과를 기록한다.

35 다음은 결함 제거 효율성을 계산하기 위한 기초 데이터이다. 결함 제거 효율성(Defect Removal Efficiency)을 계산한 값으로 올바른 것은?

> 제품 개발 중에 QA 테스트에 의해 120개의 결함이 발견되었다. 발견된 결함 중 우선순위에 따라 100개의 결함을 제거한 후 추가로 40개의 결함이 발견되었다.

① 50%
② 62.5%
③ 75%
④ 83.3%

36 다음은 위험도 분석표 작성방법이다. 올바른 순서는 무엇인가?

> (가) 영향도 분석　　(나) 위험식별
> (다) 위험도 결정　　(라) 발생 가능성 분석

① (가) → (나) → (라) → (다)
② (나) → (라) → (가) → (다)
③ (나) → (라) → (다) → (가)
④ (라) → (다) → (가) → (나)

37 프로젝트 수준의 조직 테스트 전략 항목으로 가장 거리가 먼 것은?

① 우선순위를 부여하고 이를 바탕으로 테스트를 선택하는 방법을 명시한다.
② 테스트를 진행하면서 수행할 위험 관리 방법을 명시한다.
③ 테스트를 수행하면서 작성할 산출물을 명시한다.
④ 검출된 결함 내역을 조직에서 관리한다.

38 테스트 환경 구축에 대한 설명으로 올바르지 않은 것은?

① 테스트 환경 구축은 테스트 대상을 고려하여 구축해야 한다.
② 테스트 환경 준비 보고서에는 각 테스트 환경의 항목별 준비 상태를 기록한다.
③ 준비된 테스트 데이터로 요구 사항 충족 여부를 검증할 수 있어야 한다.
④ 인수 테스트 환경은 개발환경과 동일하게 구축한다.

39 다음 중 테스트 종료 보고에 대한 설명으로 올바른 것은?

① 테스트 완료 기준은 테스트 계획서에 근거한다.
② 테스트 실행 시점의 메트릭 측정치를 보여 준다.
③ 계획대로 진행된 결과 위주로 보여 준다.
④ 해소되지 않은 잔존 위험은 나열하지 않는다.

40 다음 중 테스트 프로세스의 마지막 단계에서 모든 테스트 활동과 결과를 요약한 문서로, 테스트 활동에 대한 평가와 개선방안이 기술되는 문서는 무엇인가?

① 테스트 결함 보고서
② 테스트 활동 보고서
③ 테스트 평가 보고서
④ 테스트 현황 보고서

41 테스트 평가 및 개선 활동에 대한 설명으로 올바르지 않은 것은?

① 적용된 테스트 프로세스의 효율성에 대한 평가를 테스트 활동 중 지속적으로 수행한다.
② 향후 수정되어야 할 테스트 프로세스 활동에 대한 검토・분석 의견을 제시한다.
③ 새롭게 적용된 활동 및 도구・기법에 대한 평가를 수행한다.
④ 발견된 오류 유형을 통해 단계별 테스트 기법을 평가한다.

42 테스트 케이스 준비 방법에 대한 설명으로 올바르지 않은 것은 무엇인가?

① 테스트 적합성 기준 문서를 기반으로 테스트 케이스가 설계되었는지 확인한다.
② 단위・통합 테스트의 경우 테스트 설계 기법에 따라 생성된 별도의 테스트 데이터를 사용한다.
③ 인수 테스트의 경우 운영 데이터를 사용해도 무방하다.
④ 회귀 테스트 시 기존 테스트 케이스가 아닌 새로운 테스트 케이스를 사용한다.

43 테스트 분석 및 설계 단계에서 테스트 전략 수립 시 수행되는 활동에 대한 설명으로 올바르지 않은 것은?

① 소스 코드에 대한 접근이 쉽고 모듈화가 잘 되어있는 경우, 구조기반 테스트 기법을 적용하면 효율적이다.
② 테스트 전문가의 역량이 우수하고 경험이 풍부할 경우, 경험기반 테스트 기법을 적용할 수 있다.
③ 시스템 테스트를 위해서는 명세기반 테스트와 구조기반 테스트를 동시에 사용하는 것이 효과적이다.
④ 코드 기반 커버리지 속성을 이용하면 테스트 커버리지 측정이 용이하다.

44 다음 중 테스트 대상 종료 기준으로 성격이 다른 하나는 무엇인가?

① 90%의 테스트 케이스가 통과되어야 한다.

② 95%의 문장 커버리지가 충족되어야 한다.

③ 2개 이하의 오류만이 허용된다.

④ 예상 신뢰도 99% 이상을 달성해야 한다.

45 테스트 프로세스가 필요한 이유로 올바르지 않은 것은 무엇인가?

① 소프트웨어 개발 시 테스트 비중의 증가로 다양한 테스트 설계 기법, 수행 시기, 유형 등이 고려되어야 하기 때문이다.

② 소프트웨어 품질 목표 달성에 테스트 프로세스가 중요한 역할을 하기 때문이다.

③ 효과적으로 테스트를 수행하기 위해서는 충분한 비용을 투자하여 체계적으로 수행하는 것이 중요하기 때문이다.

④ 테스트 활동은 효과성 및 효율성 등 정량적 평가를 바탕으로 지속적으로 개선해야 하기 때문이다.

46 다음 중 결함 생명주기에서 결함의 “Assigned” 상태에 대한 설명으로 올바른 것은?

① 테스트 수행으로 발견된 결함을 분석하여 보고된 상태

② 개발자에 의한 결함 처리가 합당하고 정확한지 검증된 상태

③ 결함 수정을 위해 담당 개발자가 결정되고 수정이 요구된 상태

④ 정확한 수정이 이루어졌다고 판단되는 오류를 마감하는 상태

47 총괄 테스트 계획서에 포함되는 항목이 아닌 것은 무엇인가?

① 테스트 범위 선정 ② 테스트 조직 구성

③ 테스트 전략 수립 ④ 테스트 수행 절차

48 테스트 실행에 관하여 설명한 것 중 올바르지 않은 것은?

① 테스트 수행에 앞서 실제로 사용될 테스트 데이터를 준비한다.

② 테스트 대상이 구동될 테스트 환경을 준비한다.

③ 테스트 실행 결과는 테스트 요약 보고서, 테스트 로그, 테스트 설계 명세서 형태로 기록한다.

④ 최대한 소프트웨어의 실제 동작 환경과 동일하게 구축한다.

49 사용된 전체 테스트 케이스 중에서 테스트 대상이 예상했던 결과와 다른 결과를 보인(실패한) 테스트 케이스의 비율을 테스트 케이스 실패율이라고 한다. 테스트 케이스 실패율이 낮은 경우에 대한 추측으로 올바르지 않은 것은?

① 결함 검출 가능성이 낮은 테스트 케이스로 테스트 되었다.

② 해당 모듈은 이미 높은 수준의 품질에 도달해 있을 수 있다.

③ 특정 기능에 편중된 테스트 케이스로 결함 없는 상황만 테스트 되었다.

④ 테스트 분석 및 설계 활동에서 사용된 테스트 기법이 효과적임을 반증하는 것이다.

50 테스트 효과성 평가 메트릭과 그 설명이 올바르게 연결된 것은?

(가) 검출 결함 밀도	(A) 하나의 결함을 검출하기 위해 사용된 테스트 케이스 수
(나) 결함 검출 비율	(B) 존재하는 모든 결함 중 검출된 결함의 비율
(다) 테스트 케이스 효율성	(C) 결함을 검출한 테스트 케이스의 비율
(라) 테스트 케이스 실패율	(D) 테스트 대상의 크기 당 검출된 결함의 수

① (가) – (D) ② (나) – (A)

③ (다) – (C) ④ (라) – (B)

51 위험관리는 잠재 위험이 문제로 발현되기 전에 대응책을 생각해내는 과정으로, 프로젝트 관리 계획에 포함시키지 않는다. [O/X]

52 소프트웨어 생명 주기 모델 중 애자일(Agile) 개발 모델은 프로세스와 문서 위주의 방법론으로 요구사항의 변경이 빈번하게 발생하는 경우에 적합한 방법이다. [O/X]

53 형식적인 테스트 계획이나 테스트 케이스 없이 테스트 결과에 따라 테스트 전략을 변경해 나가는 테스트 방식을 위험 기반 테스트라고 한다. [O/X]

54 위험도를 분석할 때 장애 발생 가능성과 영향도를 측정하여 테스트 대상에 대한 우선순위를 결정한다. [O/X]

55 조건/분기 커버리지는 다중 조건 커버리지보다 더 많은 부분을 커버하지만 테스트케이스 개발에 더 적은 시간과 비용이 요구된다. [O/X]

56 다중 조건 커버리지는 각 조건문 내 기본 조건식의 가능한 논리적인 조합이 적어도 한번 테스트 되도록 테스트 케이스를 도출하는 방법이다. [O/×]

57 소프트웨어 정적 분석 기법인 자료 흐름 분석에서는 변수가 정의(Define)되고 참조(Use)된 위치에 따라 프로그램의 테스트 패스(test path)가 결정된다. [O/×]

58 다음 제어 흐름도에 기본 경로 테스팅 기법을 적용하여 테스트 케이스를 도출한 결과는 아래와 같다. [O/×]

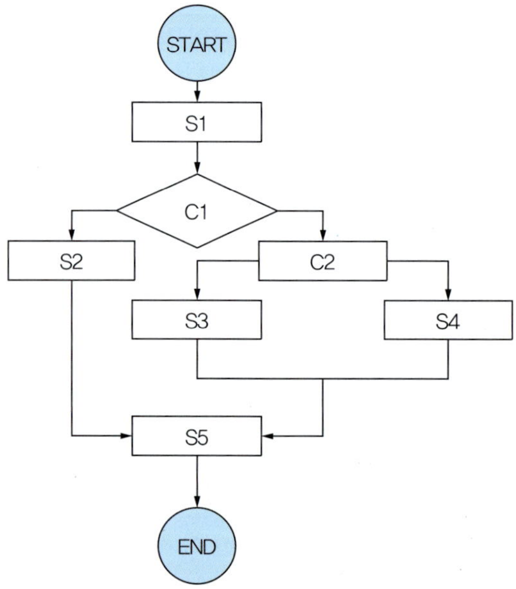


```
TC1: S1 -> C1 -> S2 -> S5
TC2: S1 -> C1 -> C2 -> S3 -> S5
TC3: S1 -> C1 -> C2 -> S4 -> S5
```

59 테스트 프로세스를 구성하는 활동 중에서 일반적으로 테스트 실행이 가장 많은 시간이 소요된다. [O/×]

60 테스트 완료 기준의 달성에 가장 크게 기여할 수 있는 테스트 절차는 나중에 실행시키는 것이 바람직하다. [O/×]

61 성능 테스트에서 사용하는 용어로, 성능이 더 이상 증가하지 않는 지점을 나타내는 용어는 무엇인가?

62 다음은 실제 Fail 된 테스트가 Pass로 기록되어 테스트 실행 결과를 잘못 판단한 원인에 대한 설명이다. 이들 설명에 적합한 용어는 무엇인가?

- 부정확한 테스트 오라클에 기인
- 테스트 결과 분석 Algorithm 오류에 기인
- 테스트 결과 분석의 지나친 자동화에 기인

63 입력 인자(X)에 대해 0≤X≤20 제약조건을 0<X≤20으로 잘못 구현하였을 때, 경계값 분석 테스트 기법을 사용하여 이 오류를 찾아낼 가능성이 높은 테스트 입력값은 무엇인지 기재하시오.

64 다음은 테스트 설계기법에 관한 설명이다. 아래에 해당하는 테스트 설계기법은 무엇인가?

요구사항 명세서에서 개별 기능에 대한 상세한 내용이 시나리오 형태로 기술되어 있을 때, 요구사항에 기록된 기능의 동작 흐름을 분석하여 테스트를 설계하는 기법

65 다음 구조 기반 테스트에 대한 설명 중 옳은 설명의 번호를 모두 쓰시오.

(가) 구조 기반 테스트는 모듈 레벨에서 사용할 수 있다.
(나) 이상적인 구조 기반 테스트는 프로그램의 모든 경로를 최소한 한번은 실행하는 것이다.
(다) 조건 테스트와 결정 테스트를 모두 만족하는 테스트는 결정/조건 테스트이다.

66 특정 프로그램에 대해 어떤 테스트 데이터 집합이 100%의 기본경로 커버리지를 만족한다면, 동일한 테스트 데이터 집합을 사용했을 때 반드시 100%의 커버리지를 만족하는 테스트 케이스 설계 방법을 하나 적으시오.

67 다음 요구사항에 대한 MC/DC를 만족하는 최소 테스트 케이스는 몇 개인가?

> 어린이 (만 12세 이하)이거나, 어른일 경우 60세 이상이고 지역주민일 경우 입장료가 50% 할인된다.

68 이것은 테스터의 직관과 경험에 의해 특정한 형태의 에러가 있을 것을 예상하고, 그러한 에러를 일으키는 장애와 결함을 드러내는 테스트 케이스를 설계하는 기법이다. 개발자가 자주하는 실수, 과거에 발생했던 장애 이력, 소프트웨어의 기본 상식 등을 리스트로 만드는 접근 방법으로 테스트 케이스를 설계한다. 이 테스트 설계 기법은 무엇인가?

69 다음은 명세기반 테스트 기법을 설명한 것이다. 빈칸에 들어갈 알맞은 용어는 무엇인가?

> (　　　　) 테스트는 소프트웨어나 시스템 입력의 결과로 입력값 / 출력값 영역을 유한개의 상호 독립적인 집합으로 나누어 수학적인 등가 집합을 만든 후, 각 등가 집합의 원소 중 대표값을 선택하여 테스트 케이스를 도출하는 기법이다.

70 테스트 설계 및 구현 활동에서 작성되는 일반적인 테스트 문서를 1개 적으시오.

※ 답을 여러 개 기재한 경우 첫 번째 답안만 채점

71 통합 테스트 전략 중에 점진적 통합 테스트 방식 3가지와 각 방식의 시작지점을 기술하고, 스텁과 드라이버 중 무엇이 필요한지 모두 서술하시오.

72 다음 연산에 대한 제어 흐름 그래프를 표현하고 순환 복잡도를 산출하시오.

```
if (x == 1) {
    printf("line 1");
    if (y > 0) {
        printf(“line y”);
    }
} else if (x == 2){
    printf("line 2");
} else {
    printf("line other");
}
printf("line end");
```

73 다음 제어 흐름도에 대하여 기본 경로 테스팅 기법을 적용하여 최소 테스트 케이스를 도출하시오.

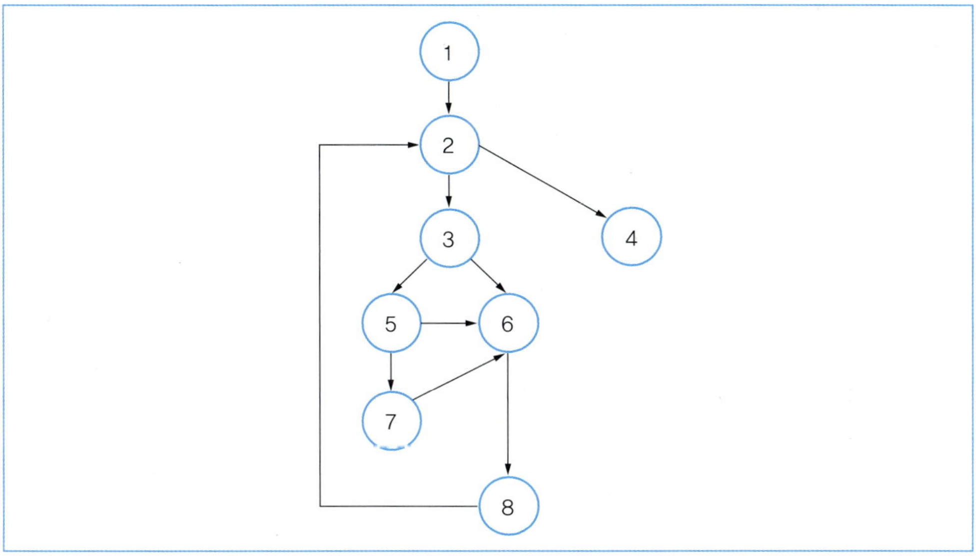

74 다음은 설계 컴포넌트의 수행 커버리지를 나타낸 그림이다. 주어진 그림을 분석하여 설계 컴포넌트(설계 단위1~5)의 수행 커버리지(%)를 계산하고, 만약 통합 테스트 완료 기준이 설계 컴포넌트 수행 커버리지 95% 이상이어야 한다고 가정했을 때, 현재 조건에서 완료 기준을 충족하는지 여부를 답하시오.

(조건) 설계 컴포넌트는 총 5개의 동일한 레벨로 구성되어 있고, 컴포넌트별 호출 커버리지는 계산에서 제외한다. 범례와 같이 실선은 수행, 점선은 미수행을 의미한다.

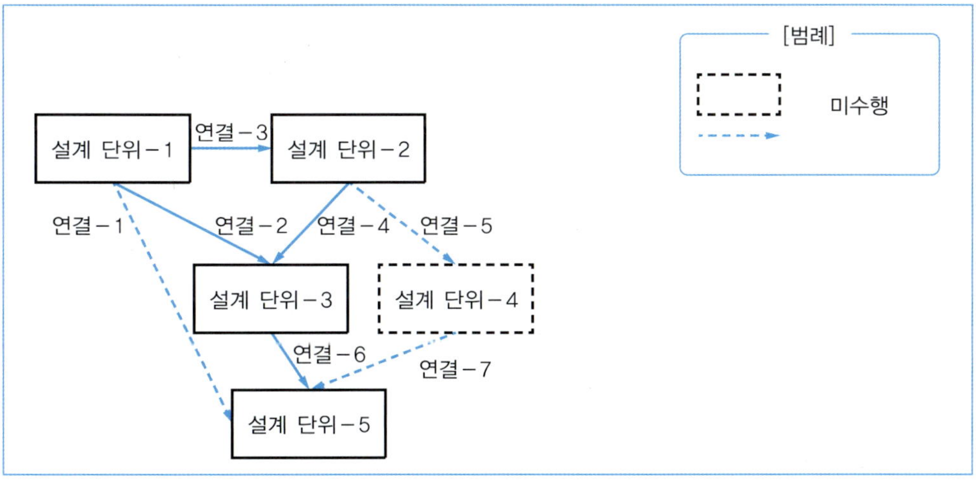

75 다음의 테스트 수행 결과를 보고 최종테스트 진척관리 항목인 테스트 수행시간, 테스트 케이스 실행률, 결함수정률을 계산하시오. (※ 단, 소수점 첫째 자리에서 반올림)

〈테스트 수행 결과〉

요구사항	테스트 케이스	예상 결과	1차 결과	2차 결과	활동 시간
회원 가입 기능	회원 정보 모두 입력 후 가입	가입 성공	가입 실패	가입 성공	1h
	회원 정보 미입력 후 가입	가입 실패	가입 성공	가입 실패	1h
회원 정보 갱신	비밀번호 미입력 정보 갱신	갱신 실패			–
	비밀번호 일치 후 정보 갱신	갱신 성공			–
회원 정보 조회	비밀번호 입력 후 조회	조회 성공			–
	비밀번호 미입력 후 조회	조회 실패			–
회원 탈퇴	회원 탈퇴 취소	회원 유지	회원 삭제	회원 삭제	2h
	회원 탈퇴 요청	회원 삭제	회원 삭제	회원 삭제	1h

테스트 진척 관리 항목	측정 결과
테스트 수행 시간(hour)	
테스트 케이스 실행률(%)	
결함 수정률(%)	

정답표

선택형(4지선다, 진위○/×)						서답형(단답)	
번호	정답	번호	정답	번호	정답	번호	정답
1	③	21	②	41	①	61	포화지점 / Saturation Point / 임계점
2	④	22	②	42	④	62	거짓 음성 / False negative / type Ⅱ error
3	③	23	④	43	③	63	0
4	④	24	①	44	④	64	시나리오 테스트
5	②	25	④	45	③	65	가, 나, 다
6	④	26	①	46	③	66	결정(분기) 커버리지
7	②	27	①	47	④	67	4(개)
8	②	28	②	48	③	68	에러(오류) 추정
9	①	29	①	49	④	69	동등 분할
10	④	30	④	50	①	70	테스트 절차서(테스트 절차 명세서) / 테스트 케이스 명세서 / 테스트 설계 명세서
11	②	31	②	51	X		
12	④	32	①	52	X		
13	①	33	②	53	X		
14	②	34	②	54	O		
15	④	35	②	55	X		
16	①	36	②	56	O		
17	④	37	④	57	O		
18	①	38	④	58	O		
19	④	39	①	59	O		
20	①	40	③	60	X		

정답표

서답형(작업)	
번호	정답
71	* 통합 방식 : 하향식, 상향식, 샌드위치 방식 * 방식 설명 : • 하향식 : (1) 가장 상위에 있는 모듈부터 시작 (2) 하위 모듈 대치할 스텁이 필요 • 상향식 : (1) 하위 모듈을 먼저 통합 (2) (테스트) 드라이버가 필요 • 샌드위치 : (1) 하향식과 상향식 절충 (2) (테스트) 드라이버와 스텁이 필요
72	* 제어 흐름 그래프 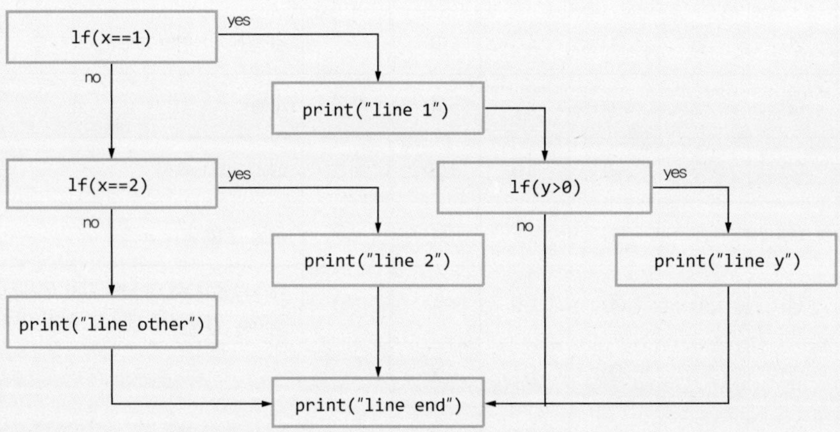 * 순환 복잡도 E(Edge) − N(Node) + 2 = 10 - 8 + 2 = 4 분기문의 수 + 1 = 3 + 1 = 4
63	TC1: 1–2–4 TC2: 1–2–3–6–8–2–4 TC3: 1–2–3–5–6–8–2–4 TC4: 1–2–3–5–7–6–8–2–4
74	(1) 총 설계단위 5개 중 실선은 총 4개로 구성되어 있음 = $\frac{4}{5} \times 100 = 80\%$ (2) 완료기준은 설계 컴포넌트 수행 커버리지 95%이상이어야 하므로 완료 기준을 충족하지 못함.
75	*테스트 수행 시간: 테스트 활동 시간의 합 = $1+1+2+1=5(h)$ *테스트 케이스 실행률(%): 설계된 테스트 케이스의 실행 비율 = $\frac{4}{8} \times 100 = 50(\%)$ *결함 수정률(%): 발견된 결함 개수 대비 수정된 결함의 개수 = $\frac{2}{3} \times 100 = 67(\%)$

참고문헌

IEC 62279:2015 Railway applications – Communication, signalling and processing systems – Software for railway control and protection systems

IEEE Std. 1012–2012 IEEE Standard for System and Software Verification and Validation

IEEE Std. 1028–2008 Standard for Software Reviews and Audits

IEEE Std. 1044–2009, IEEE Standard Classification for Software Anomalies

IEEE Std. 730–2014 IEEE Standard for Software Quality Assurance Processes

IEEE Std. 829–2008 IEEE Standard for Software and System Documentation

ISO 10007:2017 Quality management – Guidelines for configuration management

ISO 26262–6:2011 Road vehicles Functional Safety – Part 6: Product Development at the Software Level

ISO 9241–11:2018, Ergonomics of human–system interaction — Part 11: Usability: Definitions and concepts

ISO/IEC 12207:2017, Systems and software engineering – Software life cycle processes

ISO/IEC 16085:2006 Systems and software engineering – Life cycle processes – Risk management

ISO/IEC 20000–1:2011 Information Technology – Service Management – Part 1: Service Management System Requirements

ISO/IEC 20246 Work Product Reviews

ISO/IEC 25010:2011, Systems and software engineering – Systems and software Quality Requirements and Evaluation (SQuaRE) – System and software quality models

ISO/IEC 25023:2016 Systems and software engineering – Systems and Software Quality Requirements and Evaluation (SQuaRE) – Measurement of System and Software Product Quality

ISO/IEC 30130:2016, Software engineering – Capabilities of software testing tools

ISO/IEC 33063:2015 Information Technology – Process Assessment – Process Assessment Model for Software Testing

ISO/IEC 9899–2011, Information technology – Programming languages – C

ISO/IEC/IEEE 29119, Software and systems engineering – Software testing

Aditya P Mathur, Foundations of Software Testing, Addison-Wesley Professional; 1 edition, 2008

Alan M. Davis, Software Requirements: Objects, Functions, and States Prentice-Hall, 1993

Edsger W. Dijkstra, Structured programming, Academic Press Ltd., London, UK, 1972

F. Nielson, H. R. Nielson, and C. Hankin, Principles of Program Analysis, Springer Science & Business Media, 2005

Gelperin, D., and Hetzel, B, The Growth of Software Testing, Magazine

Communications of the ACM, 1988

Glenford J. Myers, Corey Sandler, Tom Badgett, The Art of Software Testing, Wiley, 2011

Ian Sommerville, Software Engineering, Pearson, 2017

James Reason, Human error, UK: Cambridge University Press, 1990

J. Ganssle, The Art of Programming Embedded Systems, Academic Press, 1992

James A. Whittaker, Exploratory Software Testing: Tips, Tricks, Tours, and Techniques to Guide Test Design, Addison-Wesley Professional; 1 edition, 2009

Karl E. Wiegers, Peer Reviews in Software: A Practical Guide, Addison-Wesley, 2002

Kent Beck, Test Driven Development: By Example Addison-Wesley Professional; 1 edition, 2002

Kief Morris, Infrastructure as Code: Managing Servers in the Cloud, O'Reilly Media; 1 edition, 2016

Lisa Crispin and Janet Gregory, Agile Testing – A Practical Guide for Testers and Agile Teams, Addison-Wesley Professional; 1 edition, 2009

M. Fagan, Design and Code Inspections to Reduce Errors in Program Development, IBM Systems Journal, 1976

M. Hitz and B. Montazeri, Measuring Coupling and Cohesion, In Object-Oriented Systems, In Proc. Int. Symposium on Applied Corporate Computing, 1995

Mark Utting and Bruno Legeard, Practical Model-based Testing: A Tools Approach, Morgan Kaufmann; 1 edition, 2006

Paul Ammann, Jeff Offutt, Introduction to Software Testing 2nd Edition, Cambridge University Press; 2 edition, 2016

Paul M. Duvall, Steve Matyas, and Andrew Glover, Continuous Integration: Improving Software Quality and Reducing Risk, Addison-Wesley Professional; 1 edition, 2007

RAC, Introduction to Software Reliability: a state of the art review, Reliability Analysis Center, 1996

Rex Black, Critical Test Processes: Plan, Prepare, Perform, Perfect, Addison-Wesley Professional; 1 edition, 2003

Rick D. Craig and Stefan P. Jaskiel, Systematic Software Testing, Artech House, 2002

Robert C. Martin, The Clean Coder: A Code of Conduct for Professional Programmers, Prentice Hall; 1 edition, 2011

Robert C. Martin, Clean Code: A Handbook of Agile Software Craftsmanship, Prentice Hall; 1 edition, 2008

Roger S. Pressman and Bruce Maxim, Software Engineering: A Practitioner's Approach 8th Edition McGraw-Hill Education, 2014

T. Gilb, Tom, and Dorothy Graham, Software Inspection, Wokingham, England ; Reading, Mass. : Addison-Wesley, 1993

Asa Shiho, 완벽한 IT 인프라 구축을 위한 Docker(2판), 정보문화사, 2018

앨런 페이지, 켄 존스톤, 비제이 롤리슨, 소프트웨어 테스팅: 마이크로소프트에선 이렇게 한다, 에이콘출판사, 2009

엘프리드 더스틴, 톰 개럿, 버니 가우프, 소프트웨어 테스트 자동화 구축과 6가지 핵심 활동, 에이콘출판사, 2015

전민수, UI 사용성 테스트 실무, 멘토르출판사, 2011

정인상, 오픈 소스 소프트웨어로 실습하는 소프트웨어 공학, 생능출판사, 2017

조셉 두마스, 제니스 레디쉬, 사용성 테스트 가이드 북, 한솜미디어, 2004

한/카네기멜론 기술교류협회, 최신 소프트웨어 공학 기법, 브이아이랜드(V.I.LAND Co.Ltd), 2002

RTCA/DO-178C, Software Considerations in Airborne Systems and Equipment Certification, 1992

S. Yoo and M. Harman, Regression Testing Minimization, Selection and Prioritization: A Survey, 2012

Software Tech News, Software Quality and Software Economics, 2010

Thomas J. McCabe, A Complexity Measure IEEE, 1876

Y. Lei and K. C. Tai, In-parameter-order: a test generation strategy for pairwise testing, IEEE, 1998

A. Watson, A. and T. McCabe, Structured Testing: a testing methodology using the cyclomatic complexity metric, National Institute of Standards and Technology, 1996

Federal Aviation Administration, System Safety Handbook, 2000

C4ISR Architecture Working Group Levels of Information System Interoperability, 1998

현미환,박민수,이태석,최현규, 웹사이트 사용성 개선을 위한 단계별 전략, 한국과학기술정보연구원, 2011

S. Elbaum, A. Malishevsky, and G. Rothermel, Prioritizing Test Cases for Regression Testing, In Proceeding of the 2000 ACM SIGSOFT international symposium on Software testing and analysis, 2000

Thomas J. Walsh, A Software Reliability Study Using a Complexity Measure, AFIPS Conference Proceedings, AFIPS Press, 1979

배현섭, 윤광식, 고장혁, 조완수, 안병래, 국방 정보 시스템간의 상호운용성 시험 기법, 한국정보과학회, 2005

MISRA, MISRA-C:2012 Guidelines for the Use of the C Language in Critical Systems, 2013

MISRA, MISRA-C++:2008 Guidelines for the Use of the C++ Language in Critical Systems, 2008

MISRA, Report 5: Software Metrics, 1995

NASA, NASA Software Safety Guidebook, 2004

Project Management Institute, A Guide to the Project Management Body of Knowledge, 6th Edition, 2017

전자정부서비스 호환성 준수지침, 2017

http://robotframework.org/

http://www.evosuite.org/

http://www.pairwise.org/tools.asp

http://www.uml.org/

https://ronjeffries.com/xprog/articles/

https://www.katalon.com/

https://www.seleniumhq.org/

https://www.seleniumhq.org/projects/grid/

11Mockito 프레임워크 사이트 https://site.mockito.org/

찾아보기

A

All combinations 테스트 216
All transitions 테스트 226
APFD 60
Assigned 393

B

Base choice 테스트 216
Basis Path Test 188
Boundary Value Analysis 211

C

CAPTCHA 134
Closed 394
Combinatorial test 215
Control flow graph 167
Cyclomatic complexity 154

D

Decision Condition Test 180
Decision table test 223
Deferred 393
Defined 158
Duplicated 393

E

Each choice 테스트 216
Equivalence partitioning 201

F

FGI 79
FIRST 원칙 48
Fixed 393
Functional Suitability 71

I

IDD 114
IDM 207
Incremental 111
IPO 알고리즘 219
ISO 25010 품질 특성 69

K

Killed 158

L

LCOM 84
Little's law 74

M

MCDC 커버리지 186, 331
MTTF 80

O

One-to-One 동등 분할 205
Open 393

R

Record&Playback 128
Reopen 394
Resolved 393, 394
Review 393

S

SDLC 109
SEARCH 모델 125

Static analysis 150
STLC 109

T

TDD 116, 117

U

Used 158

V

V&V(Verification & Validation) 14, 110
V-모델 107, 109
Validation 14, 110
Verification 14, 110
Verified 394

W

Won't Fix 393

X

XP 115

ㄱ

가능성 93
가용성 80
간선 벡터(Edge vector) 189
감사 31, 142, 150
개별 테스트 314
거짓 양성(False positive) 134
검증 110
검토자 147
결정 커버리지 175, 331
결정 테스트 173
결정/조건 커버리지 181
결정/조건 테스트 180
결정표 테스트 223, 224
결함 2, 3, 5
결함 관리 259, 268
결함 기록 101, 268, 390
결함 기반 메트릭 433
결함 나이(Defect age) 411
결함 보고 98, 101, 298, 379, 387
결함 보고서 402
결함 상태 391
결함 생명 주기 392
결함 설명 391
결함 추적 102, 268, 392
결함 추적 보고서 397, 398, 403
결함 컨텍스트 391
결함 허용성 80
결함검출비용 434
결함의 고립화 389
결함의 구체화 388
결함의 일반화 389
경곗값 분석 211
경험 기반 20
경험 기반 테스트 31, 34
고강도 테스트 97
공존 소프트웨어 364
공존성 75
관리 리뷰 31, 142, 144
교훈 423
구조 기반 20
구조 기반 테스트 31, 33, 167, 169
구조 설계 단계 108
구조적 테스트 167
균형적 테스트 97
글래스 박스 테스트 167
기능 적합성 13, 30, 67, 69, 71
기능(Functional) 테스트 13, 30
기록자 146
기밀성 81
기본 경로 테스트 188

기본 블록 167
기술 리뷰 31, 142, 145
긴급성 93

ㄴ

나선형 모델 112, 113
낭독자 146
내구성 테스팅 73
노드 169
누락 3, 4

ㄷ

다중 전이 테스트 227
다중 조건 테스트(Multiple Condition Test) 181, 182
단위(Unit) 테스트 16
단일 전이 테스트 226
단축연산 172, 183, 187
데이터 주도(Data-Driven) 프레임워크 129
동등 분할 201
동등 클래스(Equivalent class) 201
동료 검토 145
동적 테스트 20, 32
동적 테스트 프로세스 248, 255, 296
디버깅 7, 8

ㄹ

레벨 테스트 17
리그레션 테스팅 37, 57, 283, 322, 323
리뷰 19, 31, 142
리뷰 프로세스 143

ㅁ

만족도 77
명세 기반 20
명세 기반 테스트(Specification-based test) 31, 33, 200
모델 기반 테스트 39
모듈 기반(Modular Based) 프레임워크 129
모의 객체 48
무결성 81
문장 커버리지 172, 331
문장 테스트 170

ㅂ

발생 가능성 264, 312
벤치마크(Benchmark) 72
변형된 조건/결정 테스트(MCDC) 184
보안성 13, 30, 67, 70
보안성 테스트 81
복구성 80
복잡도 분석 154
부가적 테스트 97
부인 방지성 81
부정확한 구현 3, 4
부하 테스팅 73
분류 트리 기법 208
블랙박스 테스트 200
비관련 3, 4
비기능(Non-functional) 테스트 13, 30
비상 계획 265
빅뱅(Big-bang) 방식 52

ㅅ

사용성 13, 30, 67, 69
사용성 테스트 77
사용자 오류 방지성 78
사용자 인터페이스 심미성 79
상세 설계 단계 108
상태 전이 테스트 226
상태 테스트 226
상호운영성 75
선형(Linear) 프레임워크 129
설계 커버리지 326

성능 효율성 13, 30, 67, 69, 71
성숙성 80
소프트웨어 생명 주기 모델 37
수행 지표 445
순차적 개발 모델 107
순환 복잡도 154, 155, 156
스트레스 테스팅 73
스파이크 테스팅 73
시나리오 테스트 230, 231
시스템 테스트 16, 28, 56
신뢰성 13, 30, 67, 70
신뢰성 테스트 80
심각도 391
심각성 93

ㅇ

애자일 개발 모델 113
역량 지표 445
영향도 264, 312
오류 2, 3
오류 추정 34
외부 연동 시스템 363
요구사항 분석 108
요구사항 커버리지 326
우선순위 101, 265, 391
우선순위 전략 381
운영 용이성 78
운영 프로파일(Operational profile) 72
워크쓰루 31, 142, 149
위험 관리 259, 262
위험 기반 테스트 38
위험 모니터링 265
위험 분석 263, 311, 391
위험 수용 264, 311
위험 완화 264, 311
위험 요소 식별 92, 263
위험 전가 264, 311
위험 조치 수행 264
위험 평가 264
위험 회피 264, 311
위험도 312
위험도 산정 93, 264
유지보수성 13, 30, 67, 70
유지보수성 테스트 82
의사소통 343
이슈 관리 도구 131
이식성 13, 30, 67, 70
이식성 테스트 85
이터레이션(Iteration) 111
이해관계자 310
인수 테스트 28, 56
인스펙션(Inspection) 31, 142, 145
인시던트 보고 387
인증성 81
인지적 워크쓰루 79
인터페이스 수행 커버리지 330
인터페이스 연산 수행 커버리지 330
인터페이스 연산 호출 커버리지 330
인터페이스 호출 커버리지 330

ㅈ

자동화 도구 269
자료 흐름 분석 158
작성자 146
잔존 위험 422
장애 2, 3
재테스팅 7, 8, 283, 322
적합 인식성 78
점진적 통합 52
접근성 79
정적 분석 19, 31, 150
정적 테스트 19, 31, 142
정적 테스트 프로세스 255
제어 흐름 167

제어 흐름 그래프 167
제품 위험 313
조건 커버리지 178
조건 테스트(Condition test) 176, 177
조직 테스트 전략 252
조직 테스트 정책 254
조직 테스트 정책 명세서 251
조직 테스트 프로세스 247, 250
조합 테스트 215
주재자 146
진화적 개발 모델 111
짝 프로그래밍 115

ㅊ

책임성 81
최소화 동등 분할 205
침입 테스트 81

ㅋ

커버리지 326
컴포넌트 수행 커버리지 330
컴포넌트 테스트 45
컴포넌트 호출 커버리지 330
컴포넌트(Component) 16
컴포넌트(또는 단위) 테스트 28
코드 커버리지 326
코딩 108
코딩 표준 150
클래스 수행 커버리지 330
클래스 연산 수행 커버리지 330
클래스 연산 호출 커버리지 330
클래스 호출 커버리지 330
키워드 주도(Keyword-Driven) 프레임워크 129

ㅌ

탐색적 테스트 35
테스트 계획 98, 290, 291
테스트 관리 프로세스 248, 255, 290
테스트 대상(Test item) 16, 308
테스트 데이터 요건 101, 321, 366
테스트 데이터 요건 명세서 367, 375
테스트 데이터 준비 370, 371
테스트 데이터 준비 보고서 376
테스트 데이터 준비율 331
테스트 도구 364
테스트 독립성 271
테스트 레벨 16, 28
테스트 메트릭 284, 325, 420
테스트 모니터링 102, 407
테스트 모니터링 및 제어 102, 290, 292, 406
테스트 목적 2
테스트 범위 308
테스트 분류 27
테스트 설계 353
테스트 설계 기법 18
테스트 설계 도구 126
테스트 설계 명세서 358
테스트 설계 및 구현 100, 296, 348, 349
테스트 스크립트 22
테스트 실행 101, 298, 378, 379
테스트 실행 도구 128
테스트 실행 로그 402
테스트 완료 기준 285, 333
테스트 원칙 11
테스트 유형 17, 29
테스트 자동화 123
테스트 자산 관리 260, 417
테스트 전략 구체화 100, 357
테스트 전략 수립 314
테스트 절차 21
테스트 절차 개발 361
테스트 절차 명세서 374
테스트 절차 선정 380
테스트 절차 선택 101

테스트 절차 실행 382
테스트 절차 우선순위 381
테스트 종료 102, 290, 293, 406, 417
테스트 종료 보고 102, 418
테스트 종료 보고서 418, 426
테스트 주도 개발 116
테스트 컨텍스트 명세 307
테스트 케이스 21
테스트 케이스 개발 359
테스트 케이스 기반 메트릭 430
테스트 케이스 명세서 374
테스트 케이스 실패율 431
테스트 케이스 우선순위 381
테스트 케이스 효율성 432
테스트 표준 257
테스트 프로세스 246, 255
테스트 프로세스 평가 모델 442
테스트 현황 보고서 425
테스트 환경 22, 100
테스트 환경 구축 370, 371
테스트 환경 구축 도구 127
테스트 환경 구축 및 관리 298, 348, 370
테스트 환경 구축률 331
테스트 환경 요건 101, 319, 363
테스트 환경 요건 명세 362
테스트 환경 요건 명세서 365, 375
테스트 환경 정리 418
테스트 환경 준비 보고서 376
테스트 활동 개선 437
테스트 활동 제어 102, 412
테스트 활동 평가 430
테스트의 진화 과정 10
테스트효율성 430
테스팅 7, 108
통합 테스트 16, 28, 50

ㅍ

페어와이즈 테스트 216
폭포수 모델 107
품질 모델 259
품질 보증 15, 259
품질 측정 259
프로세스 역량 레벨 444
프로세스 참조 모델 443
프로세스 평가 지표 445
프로젝트 위험 312
피처 구체화 100, 356
피처 집합 식별 354
피처 집합 우선순위 381
피처(Feature) 17

ㅎ

학습 용이성 78
함수 수행 커버리지 329
함수 호출 커버리지 329
형상 관리 259, 267
호환성 13, 30, 67, 69
호환성 테스트 75
화이트박스 테스트 167
확인 110
효과성 77
효율성 77
휴리스틱 평가 79